汉译世界学术名著丛书

圣 徒 与 罪 人

——一部教宗史

〔英〕埃蒙·达菲 著

龙秀清 译

商务印书馆
The Commercial Press

Eamon Duffy

SAINTS AND SINNERS

A History of the Popes

Copyright © Eamon Duffy 1997

New Material © Eamon Duffy 2006

Originally Published by Yale University Press

根据耶鲁大学出版社 2006 年版译出

汉译世界学术名著丛书
出 版 说 明

我馆历来重视移译世界各国学术名著。从20世纪50年代起，更致力于翻译出版马克思主义诞生以前的古典学术著作，同时适当介绍当代具有定评的各派代表作品。我们确信只有用人类创造的全部知识财富来丰富自己的头脑，才能够建成现代化的社会主义社会。这些书籍所蕴藏的思想财富和学术价值，为学人所熟悉，毋需赘述。这些译本过去以单行本印行，难见系统，汇编为丛书，才能相得益彰，蔚为大观，既便于研读查考，又利于文化积累。为此，我们从1981年着手分辑刊行，至2022年已先后分二十辑印行名著900种。现继续编印第二十一辑，到2023年出版至950种。今后在积累单本著作的基础上仍将陆续以名著版印行。希望海内外读书界、著译界给我们批评、建议，帮助我们把这套丛书出得更好。

商务印书馆编辑部

2022年10月

献给珍妮

目　　录

第三版说明 …………………………………………… 1
致谢 …………………………………………………… 3
第二版前言 …………………………………………… 5
前言 …………………………………………………… 7

第一章　"磐石之上"(约33—461年) ……………… 11
　　一、从耶路撒冷到罗马 …………………………… 11
　　二、罗马主教 ……………………………………… 26
　　三、君士坦丁时代 ………………………………… 39
　　四、教宗罗马的诞生 ……………………………… 56

第二章　两个帝国之间(461—1000年) …………… 70
　　一、哥特诸王治下 ………………………………… 70
　　二、伟人格雷戈里 ………………………………… 84
　　三、教廷的拜占庭之囚 …………………………… 100
　　四、西部诸帝国 …………………………………… 118

第三章　位于国家之上(1000—1447年) ………… 148
　　一、教宗改革时代 ………………………………… 148
　　二、从教廷改革到教宗君主 ……………………… 170
　　三、教宗权力的顶峰 ……………………………… 183

四、流亡与分裂 ·· 199

第四章　抗议与分裂（1447—1774 年） ················ 228

　　一、文艺复兴时期的教宗 ······································ 228

　　二、基督教国度的危机 ·· 253

　　三、反宗教改革 ·· 268

　　四、绝对主义时代的教宗 ······································ 293

第五章　教宗与人民（1774—1903 年） ··················· 314

　　一、教会与革命 ·· 314

　　二、从恢复到回应 ··· 330

　　三、庇护九世：越山主义的胜利 ···························· 361

　　四、自由面孔下的越山主义：利奥十三世 ·············· 386

第六章　上帝的谕示（1903—2005 年） ···················· 403

　　一、绝不妥协的时代 ·· 403

　　二、抨击现代主义 ··· 411

　　三、独裁者的时代 ··· 420

　　四、梵二会议时代 ··· 450

　　五、教宗沃伊蒂瓦 ··· 469

　　六、我们现代的生活方式 ······································ 491

附录一　历任教宗与对立教宗表 ···································· 506

附录二　小辞典 ··· 525

附录三　新教宗如何产生 ·· 535

参考文献 ··· 541

索引 ·· 571

第三版说明

在这个新版中,我及时更新了参考书目,大幅度地修订和扩充了第六章,补充了有关庇护十二世研究的新进展、约翰·保罗二世之死和本笃十六世当选等内容。

埃蒙·达菲

2006年8月

致　　谢

我要对许多人表达我的谢意：感谢"玉成此事者"（onlie begetter）哈里·普里查德·琼斯（Harri Prichard Jones）和他的妻子蕾娜（Lenna），他们的友谊和真正凯尔特式的好客使我感动；感谢欧普斯（Opus）电视台及其工作人员，尤其要感谢默文·威廉姆斯（Mervyn Williams）邀请我撰写本书；感谢摄影师海登·登曼（Heyden Denman）和阿曼达·里斯（Amanda Rees），他导演了以本书为脚本的系列电视节目；感谢德文的约翰·吉兰德斯（John Gillanders of Derwen）的无限耐心和技术指导；感谢耶鲁大学出版社，尤其要感谢责任编辑彼得·詹姆斯（Peter James）、为本书收集图片的希拉·李（Sheila Lee）、设计封面并（与我一起）参与本书面世全过程的萨莉·萨尔韦森（Sally Salvesen），以及出版王子约翰·尼科尔（John Nicoll）。最后，露丝·丹尼尔（Ruth Daniel）一丝不苟地审读了清样，再次对她表示感谢。

第二版前言

因为《圣徒与罪人》要出新版，我有机会纠正一些错误（幸好不多），除了第一、二章，其余各章节我都做了扩写和修订，并及时更新了参考书目。对叙述约翰·保罗二世时期的教廷一章，我做了大幅度重写和扩充，细心的读者会发现与前一版本的判断有较多差异。我还增添了一个简略的附录，解释约翰·保罗二世在1996年制定的选举新教宗的程序。修订过程很大程度上得益于初版评论家们的洞见与批评，特别要感谢帕特里克·柯林森（Patrick Collinson）、诺布尔（T. F. X. Noble）和西蒙·迪奇菲尔德（Simon Ditchfield）。初版的插图深受好评，尽管出版商考虑到文本本身值得重印而将它制作成一本插图精美的图书，这为作者带来了赞誉，但也不可避免地会带来某些缺憾。这个版本不如初版豪华，但我希望书中的大量图片和说明文字能够拓展和深化文本的叙述，而不只是装饰而已。[*] 非常感谢萨莉·萨尔韦森和露丝·阿普林（Ruth Applin）设计了新版封面。最后，我再次诚心诚意地将本书献给我的妻子珍妮。

埃蒙·达菲

2001年圣玛利亚·抹大拉节

---

[*] 中文版未收录这些插图。——译者

前　　言

有近九亿人，*迄今为止世界上最大的一个群体，将教宗视为他们的属灵领袖。他的职权象征着上帝对信徒们的心灵、精神和良知的统治；教宗的话，不仅在权力的殿堂，而且在信徒们的卧房中也举足轻重。教廷是最古老，同时可能也是最有影响力的人间组织。第一位教宗在约两千年前继承圣彼得宝座之时，罗马帝国刚刚诞生。当卡罗尔·沃伊蒂瓦（Karol Wojtyla）在1978年成为第261任教宗的时候，他所代表的教廷不仅在罗马帝国与拜占庭帝国灭亡之后存留下来，更经历了加洛林高卢帝国、中世纪德意志帝国、西班牙帝国、大英帝国，以及希特勒的第三帝国。而沃伊蒂瓦本人，在苏联解体的过程中，同样扮演了举足轻重的角色。

在历史潮流中，教宗从来就不只是一个旁观者，而是一个重要的参与者。随着罗马帝国的崩溃，蛮族起而填补了它留下的真空；在缺乏任何其他组织的情况下，教宗亲自担负起打造西部命运的责任，扮演了欧洲助产士的角色，扶植了几位皇帝，也罢黜过几位反叛教会的君王。为了维持和平，教宗曾为殖民强权而将世界划分为已知世界与有待探索的世界两个部分，或将几个国家和大陆

---

* 据2004年统计，全世界天主教徒为1,101,930,000人，占全体基督徒的50%，世界人口的17%。——译者

拖入战火，鼓动基督教的西方对穆斯林的东方发动"圣战"。

因此，在世界史上，教廷的历史是一个最重要也是最特殊的制度的历史。它涉及人类社会和文化的方方面面。近至当代对有关生与死、堕胎与死刑的道德性、资本主义或核战争等议题的关注，远到西方艺术史，如委托米开朗琪罗、拉斐尔、布拉曼特与贝尔尼尼的艺术创作，教廷都一直是，并仍将是人类许多最迫切、最根本，也最为丰富的关切的核心。

本书与六集电视节目相配合，试图概述从使徒彼得到约翰·保罗二世时期的整个教廷的历史。它从追溯加利利的卑微渔夫彼得变成一个王朝的挂名首脑和基石开始，进而描述这个王朝的力量如何逐渐强大到足以挑战最强大的世俗统治者，直至主宰五分之一以上的世界人口的宗教信奉为止。本书不是神学著作，但作为一部教宗史，不可能也不应该完全避开神学。我会尽力解释本书涉及的神学问题，以便非专业的读者能够理解教廷在发展成为一个宗教与政治组织的过程中经历的重大事件。至于这个演进过程是否合理，任由读者评说，我不想申辩或反驳。当然，对罗马天主教徒来说（我也是其中一个），教宗的故事是上帝在历史中通过神意关怀人类的一个至关重要的纬度，也是教会本身权力与责任合理发展的必然过程。不过，绝不是所有基督徒都接受这一主张；对有些人而言，教廷，至少是现代形式的教廷，是一个充满灾难的死胡同，也是基督教分裂的主要原因。对非基督徒而言，教宗的故事只不过是人类无数故事中的一个，无数表现人类希望和抱负形式的又一种表述而已。不过，无论读者持何种信念，我希望我的叙述能够为人们理解世界上这一最为古老也最有影响力的制度提供一个框架。

前　言

本书只是一部教宗史（*a* history of the popes）——尚不敢自称是完备的教宗史（*the* history of the popes）。以一卷的篇幅来审视一个如此古老、与人类的历史与文化如此息息相关的制度，只能做到概述而已，没有一个历史学家会声称，他有能力完全掌握一个跨越两千年的速写。历史并不是只有一个故事情节，因为历史不是根据情节来发展的；而且，教廷一直处于各有其故事情节的诸多不同的人类故事与事业的中心。当然，主题的确重复发生。在撰写本书的过程中，我发现，教廷不论是单纯地存在，甚或极度地自我膨胀，都一直有助于确保基督教国度（Christendon）的地方教会具有某种普世基督教的视野，使它们不致分崩离析而陷入狭隘的宗教民族主义，或完全屈从于世俗统治者的强权意志；认识到这一点，我深感震惊。从蛮族时代的意大利或加洛林时代的欧洲，到启蒙时代或独裁时代，教廷都一直保存着鲜活的人类价值观念；而这种价值观，超越了历史返祖现象和强权政治规则，并证明了那些不受思想潮流左右的真理的客观性。尽管它仍有罪过，尽管它不断压制"错误"，但在我看来，教廷就整体而言仍是一股平衡人类自由的力量，是一位精神巨人。

我试图保证本书的叙述合理并具有包容性，并使它能够准确反映所涉议题和事件的最新知识。但不可避免的是，要把这么多的内容压缩进如此狭小的空间，必然涉及激烈而痛苦的取舍过程——我不指望我关于何为中心何为边缘的判断能够得到每个人的同意。

教宗史的每个侧面，同样也不容易处理。第二章讨论所谓"黑暗时代"的教宗，其中一些材料涉及复杂的神学问题和陌生的历史，这可能会让一些读者感到气馁。但我还是要较为详细地加以讨论，因为教廷从东部游离转向西部发展的根本取向，是在这几个世纪里决定的。同样，读到文艺复兴时期的教宗那一部分，读者可能也会感到惊讶，书中对相对无闻的尼古拉五世的着墨，远远超过恶名昭著的"博尔贾教宗"（Borgia Pope）亚历山大六世，这并不是因为尼古拉虔敬且受人尊敬，而亚历山大丑闻缠身且堕落放荡（虽然这些都是事实），而是我认为，比起多姿多彩也更有名气的"花花太岁"亚历山大来，尼古拉五世的生涯更能告诉我们文艺复兴时期教宗的本质与目标。对此，读者们不难做出自己的判断。最后，对约翰·保罗二世或其前任时期教廷的本质或重要性，要形成一个成熟的评估，目前当然还言之过早。与本书的其他部分相比，最后一章提供的更多是有待验证的即时报道与个人观点。

我力图不用太多的技术援助，以免有碍阅读。为数不多的注释只是为了标明延展性的引文或可能引发争议的引文，而某个主题更为详尽的文献指南，则可以在书后列出的以章为序或以专题为序的"参考文献"中找到。"小辞典"对专门术语提供了简洁的解释；我还附录了一份历任教宗与对立教宗的年表。

埃蒙·达菲
于剑桥大学圣玛利亚·抹大拉学院
1997年圣彼得与圣保罗节

第一章 "磐石之上"
（约 33—461 年）

一、从耶路撒冷到罗马

在罗马圣彼得大教堂圆顶内围,有一行高达六英尺的大字,这段文字引自《马太福音》第 16 章基督对使徒彼得说的话:"你是彼得,在这磐石之上,我将建立我的教会,我要把天国的钥匙交给你。"这段文字冠于使徒之墓上,远远地隐藏在高高的祭坛之后,宣示着被亿万基督徒视为彼得在世继承人所拥有的权威。依据这段文字,一般认为,彼得被基督立为使徒之首和尘世教会之首,这一地位在彼得的继承人教宗之间代代传承。当教宗在圣彼得圣坛上主持弥撒时,《新约》与现代世界、天堂和尘世,便连为一体。

教宗与使徒间的继承传统,几乎要追溯到基督教有文字记录之始。180 年,一位早期基督教作家、里昂的伊里奈乌斯(Irenaeus of Lyons)在捍卫正统基督教时,就确立了这一传统。在他看来,罗马教会乃是"伟大而辉煌的教会","由于其权威地位,各地凡忠信之教会,皆应以它为据"。伊里奈乌斯认为教会是"由两位荣耀的使徒彼得与保罗创建与组织的",而教会信仰也是由绵延不绝的主教绪统承传给后世的,首任主教就是由两位使徒亲自选定并祝圣的。他还一一列出了继承两位使徒的主教的名字,包括莱纳斯

（Linus）、阿纳克利特（Anacletus）、克莱门特（Clement）、伊瓦利斯图斯（Evaristus）、亚历山大（Alexander）、塞克图斯（Sixtus）等，一直到伊里奈乌斯的朋友、时任罗马主教伊留德里（Eleutherius，174—189年），这个名单是现存最早的教宗世系表。①

现代教宗权位的所有重要申明，似乎都源自福音书中有关"磐石"的说法，以及伊里奈乌斯关于早期罗马主教的使徒世系的记述。然而，事情并不如此简单。教宗尽管可以借由彼得而将他们肩负的使命追溯到基督，但对伊里奈乌斯来说，罗马教会的权威来自彼得与保罗两位使徒共同建立的基础，而非彼得一位。传统认为，彼得与保罗大约64年被尼禄处死于罗马，这个说法在2世纪时已被普遍接受；而在2世纪末期，到罗马的朝圣者会被引领去瞻仰两位圣徒的"遗迹"，也就是他们的陵墓与纪念碑：彼得的遗迹在梵蒂冈山丘上，保罗的遗迹则在奥斯大道（Via Ostiensis）旁，位于城墙之外通往海岸的道路上。但在《新约》中，对这一切并无描述。圣彼得在罗马的生涯与蒙难诸细节，是由后世传说补充的，其中包括他与异教始祖大西门（Simon Magus）之间的摩擦、*他显示的奇迹，以及企图逃离罗马迫害——他在逃离途中遇到基督显灵并予以斥责，因而返回罗马就难（此即"你往何处去"［Quo Vadis］的传奇故事）。最后在尼禄时期，他被倒悬钉死在梵蒂冈广场的十字架上。这些故事，被早期教会的一些大思想家如奥利金（Origen）、

---

① 与达玛苏一世以前的教宗史相关的早期文本，绝大多数已译为英文并收录于 J. T. Shotwell and L. R. Loomis, *The See of Peter*, New York 1927, 1991年重印版。后文所引伊里奈乌斯之《驳异端三》（*Contra Haereses* III）中的一段，见该书第265—272页。

* 详见《新约·使徒行传》8:9—24。——译者

安布罗斯(Ambrose)、奥古斯丁(Augustine)等人,视为严肃的历史;不过,那只是虔诚的浪漫传说,算不上历史。事实上,有关彼得的晚年生涯抑或他殉难的方式和地点,我们并无可靠的记载。彼得与保罗都没有在罗马建立教会,在这两位使徒立足之前,该城已有基督徒活动了。我们不能像伊里奈乌斯那样,假设两位使徒在此确立了主教传承绪统,以继续他们的事工。一切迹象表明,在两位使徒死后近百年中,罗马并没有出现任何一位主教。事实上,无论我们怎么努力,要在罗马寻找彼得绪统的坚实线索,似乎都会四面碰壁,白费功夫。

基督教会的领导地位,如果要与罗马和彼得本人发生联系,本身也需要一些解释。基督教是一种东方宗教,诞生于1世纪巴勒斯坦的宗教与政治动荡之中。其核心人物是一位周游各地的拉比(Rabbi)*,其门徒宣称他就是犹太人期盼已久的弥赛亚。罗马人以他冒充以色列王的名义,将其处死;后来,人们根据犹太经典中的故事与预言来诠释他的死亡与复活,并竭力宣称他就是犹太人渴望并期待的救世主。耶路撒冷是基督宣教的第一个中心,耶路撒冷教会一直由弥赛亚家族的成员领导,第一任首领是耶稣的"兄弟"雅各(James)。

然而,在弥赛亚死后的十年中,基督教逃离了巴勒斯坦,沿着海道与"罗马和平"(Pax Romana)大道,向北进入安提柯(Antioch),由此前往以弗所(Ephesus)、哥林多(Corinth)和帖撒罗尼迦(Thessalonica);向西抵达塞浦路斯、克里特和罗马。这其中,塔速士的保罗(Paul of Tarsus)贡献最大,他是一位拉比,能说

---

* 拉比:犹太经师。——译者

希腊语,通达人情世故。与耶稣的十二位门徒不同,他本身是一位罗马公民。他不顾基督徒同侪(包括耶稣门徒)的反对,坚信耶稣的生活与受难并不只是实现了犹太的律法与预言,而且对整个世界都有重要意义,使整个人类都能与上帝达成和解与和平。基于对耶稣的信仰,保罗深信,上帝已将曾为以色列人所独有的生命、导引与转化力量赐给了全人类。他对基督教使命的重新诠释,使得这个流传于罗马帝国偏僻角落的默默无闻的异教,汇入了古代晚期的主流信仰。随着时间的流逝,整个世界随之改变。

保罗建立并造访过许多教会,他写给这些教会的书信在《新约》中占有最大的篇幅;他皈依的故事和他的宣讲,见于《使徒行传》,也是《新约》文本的另一项重要内容。在早期教会史上,他无疑是最重要的人物,其地位无人能相抗衡。但是他从未成为教会的领导者。教会最初并不存在一个中心,虽然耶路撒冷建有教会,但它在70年就毁于罗马人之手,而且当时帝国境内,已有几个繁荣的教会,如安提柯(耶稣的门徒在此首次被称为"基督徒")、哥林多、以弗所和罗马。保罗的影响很大,甚至越出他自己建立的教会。但他从未见过耶稣,也不是基督教创始成员之一。尽管他宣称并被承认拥有"使徒"地位,但并非十二门徒之一,也从未跟随上帝之子耶稣穿行于巴勒斯坦。相较之下,彼得截然不同。

《新约》里有多种声音。它并不只是一本书,而是一个文库,建立在半个多世纪的不同传承之上,包括人们记忆中的耶稣言行、早期基督徒的布道辞、赞美诗、礼拜仪式,以及早期教会的创教宗师写的书信。尽管如此,福音书还是为使徒彼得提供了一幅极有说服力的肖像。彼得本名西门·巴·约拿(Simon Bar Jonah),曾是加利利的渔夫,为人热心、冲动、慷慨。他与兄弟安德鲁(Andrew)

最早回应耶稣的召唤,放弃旧有生活,成为"捕人的渔夫"。依据四部福音书,他对耶稣赤胆忠心、无限忠诚,却常常误解耶稣的使命与意向;他曾愤怒地拒绝基督关于自己受难的预言;在"最后的晚餐"上拒绝耶稣为他洗脚;在客西马尼园(Gethsemane)里,当神殿警卫逮捕耶稣时,他激动得拔剑企图护卫耶稣。彼得总是先行动后思考。他曾在大祭司的庭院外否认自己认识基督,随即又极度懊悔。这些记述与其他资料中呈现的彼得,颇为吻合。

在四部福音书中,彼得都是众使徒之首,至少是他们的发言人。在《马太》《马可》《路加》福音中,彼得的名字总是被放在十二使徒的首位。在每一部福音书中,他也总是第一个被耶稣召唤的门徒。在恺撒利亚腓立比(Caesarea Philippi),在耶稣生涯的转折点上,是彼得领悟并承认他是弥赛亚,因而首次明确表达出教会对主的信仰。得到耶稣允许,在山上目睹耶稣显现圣容的几位使徒中,彼得是第一位;而在当时因惊吓与恐惧而(愚笨地)向基督大声呼喊的人,也是彼得。

福音书的所有作者中,马太最坚持彼得的核心地位。马太尤为详尽地叙述了彼得在恺撒利亚腓立比的信仰表白。在《马太福音》中,耶稣声明彼得的信仰直接得自上帝的启示。为示褒奖,耶稣将西门改名为"矶法"(Kephas),意为"磐石彼得"(Peter, the Rock)。接着就宣布"我要把我的教会建造在这磐石之上,我要把天国的钥匙给你,凡你在地上捆绑的,在天上也要捆绑"。这段文字后来被视为教宗权柄的特许状(《马太福音》16:13—23)。类似的情景也出现在《约翰福音》最后一章。基督以对话的形式有意提醒我们,彼得在耶稣受难时曾三次背叛他。他三次问彼得:"你爱我吗?"彼得一再回答:"你是无所不知的,你知道我爱你。"对此回答,耶稣三次吩咐说:"你牧养我的羔,你喂养我的羊。"在约翰与马太看来,彼得得天独厚,领受了一项特殊的使命,这是以他的信仰表白和对基督的忠信为基础的(《约翰福音》21:15—17)。彼得在福音书中的特殊地位,他肩负的捆绑与释放、喂养基督的羔羊的使命,都源自于他作为基督的首要见证者与信仰卫士的角色。随后这些观念经过教会的复杂解释,决定性地形成了基督徒对真正权威的本质与根源的理解。彼得的职责,即宣扬教会的信仰,并护卫和培育这种信仰,奠定了罗马信众群体和他们的主教自我解释的基础,并相信这个使徒的责任和特权会永存于世。

彼得与保罗之间的关系似乎并不融洽,这不足奇怪。保罗对彼得的态度尖刻,充满自卫性。保罗本人在《新约》最早的文献《加拉太书》中提及彼得的部分,也提供了这种不睦的证据。保罗急于证明他的独立主张有理,似乎决定尽可能地不向这位前辈使徒让步。不过,他仍然承认了彼得的特殊地位。他告诉我们,他皈依之后就去拜见彼得以征询意见,并跟彼得相处了15天;除了主的兄弟雅各外,他没有见到其他使徒。他还告诉我们,彼得负责掌管巴勒斯坦以外的犹太流民教会,他自己如何被差遣去向外邦人传教。在《使徒书信》(Epistle)第二章中,[*]保罗述说了他如何在安提柯公然责备彼得。他"当面违抗彼得",抗议这位使徒首领为了安抚那些担心违反"洁食律法"(kosher law)的强硬派犹太基督徒,而停止与外邦人基督徒同桌进食。保罗提及这个故事,旨在维护自己的独立权威,可能也想借此表达他更加忠实于福音教诲,反对彼

---

[*] 详见《新约·加拉太书》2:11—14。——译者

得屈从于恶意批评的拙劣作风。然而,整个叙述不乏修辞的力量,保罗知道他的读者会为他"(甚至)当面违抗彼得"的鲁莽而感到震惊,因而才这样叙述。如果保罗的读者们不承认彼得特别崇高的权威,那他的责难就不会造成大胆抗命的震撼效果,而这显然是这段文字的意图所在。

在保罗的笔下,彼得是最具有权威的使徒,也是对流散于地中海地区的犹太人负有使命的首领。这一形象在《使徒行传》前半部描绘得更加成熟和细致。虽然其他门徒也扮演了重要角色,但在《路加福音》续篇*前面几章中,彼得是主角。他带领其他11位使徒在五旬节当日宣布耶稣复活,主持新教会的会议,行了许多神迹,被天使从狱中救出,甚至先于保罗担当了外邦人使徒的角色,因为他见到从天而降的异象,得知上帝的意旨而为百夫长柯尼留斯(Cornelius)施洗。** 然而,当他在《使徒行传》第12章逃离牢狱之灾后,就神秘地从《使徒行传》和《新约》中消失了。路加只是令人费解地告诉我们,彼得将他逃狱的消息转告耶路撒冷教会的现任领袖雅各后,就"离开前往别处去了"。至于他随后的生涯,《新约》再未提及。

《保罗书信》《使徒行传》和四部福音书,都没有直接告诉我们任何有关彼得死亡的事情,也没有提及彼得的特殊地位可以传给某位"继任者"。因此,从《新约》中并不能推导出一套教宗理论。然而,除非彼得的权威在他死后仍然具有意义,否则很难解释福音书和《使徒行传》为何继续对彼得感兴趣。马太显然就是这样认为

---

* 即《使徒行传》——译者

** 见《使徒行传》2—5、10。——译者

的,他的福音可能是为安提柯教会写的。他叙述了耶稣赐予彼得天堂的钥匙以及捆绑和释放的使命,在随后几段中,提到了规范教会生活的几个指示。彼得在基督徒社群(community)中的权威是基于耶稣的这一承诺:"凡你们在地上所束缚的,在天上也要束缚;凡你们在地上所释放的,在天上也要释放。"(《马太福音》18:18)彼得被公认为创立了安提柯教会,而这种一字不差地重复基督在《马太福音》第16章第18—19节对他说的有关束缚与释放的话,用意似乎在于:在马太看来,彼得的权威继续存在于他的社群。

《新约》中那些属于彼得本人的作品,也证明了同样的意思:彼得的权威永远存留于基督徒社群。据说《彼得前书》是彼得写的,是他在受迫害期间从"巴比伦"发出的书信,巴比伦是早期基督徒对罗马的"密称"(code-name)。然而,许多学者发现,这封信函隐含着一份早期基督徒的受洗布道辞,而其典雅的希腊文风也绝非出自彼得之手。很可能,它代表的是彼得的教诲,但却是由某个行家里手整理的。不过,无论该信是否由他亲写,信中描绘的彼得,不只是一位使徒与基督救赎事工的见证者,更是教会长老或掌教者具有权威与责任的根源。他写信给"你们中的长老",对于这位"同样是长老"的使徒而言,是非同寻常的,借此表明使徒已将他的权威传给了使徒所创教会的现任长老。彼得也敦促其他信徒要服从长老,因为长老担任着牧羊人的角色,负责照料基督的羊群,而"首席牧羊人"(Chief Shepherd)就是羊群的榜样。当然,这种比喻直接源于《旧约》中的几段文字,这些文字将上帝喻为牧民之神,但它与《约翰福音》赋予彼得的使命——"你牧养我的羔,你喂养我的羊"——惊人地相似,不可能只是巧合。

在2世纪，基督教作品中已出现了对罗马"优先权"（precedence）的普遍信仰，而且被毫无异议地接受了。最初，这一信仰立足于这一申明：彼得与保罗都是在尼禄统治时殉道于罗马。关于此事，《新约》不能提供多少帮助。《约翰福音》最后一章只是神秘地提到年迈的彼得"伸出手来"，被带到他不愿去的地方——早期教会相信，这指的是他被钉在十字架上（《约翰福音》21：18）。我们已经知道，《彼得前书》显示他当时在罗马，而这是一封写给受迫害者的慰问信。该信描绘了读信人承受的"火炼的试验"和苦难情景，但没有直接提及彼得之死的任何信息。同样，《使徒行传》结束于保罗在罗马"公开传教，且未受阻碍"，也没有任何关于他殉道的线索。

虽然如此，我们没有理由怀疑彼得与保罗在公元1世纪60年代中叶尼禄迫害时期被处死于罗马。这个古老的传说有强有力的证据：早期基督教作家普遍接受了这种说法，其他地方的教会也没有竞相宣称拥有两位使徒的见证或遗物，尤其是，2世纪罗马围绕两位圣徒的"遗迹"而出现了圣徒崇拜之风。所谓"圣徒遗迹"（trophy），就是他们殉教与埋葬之处的神龛。这些遗迹，大约在公元200年，曾被罗马的一位神职人员提及，20世纪的考古学也戏剧性地证明了它们的存在。1939年，在修缮圣彼得大教堂的地下室时，发现了梵蒂冈山丘斜坡上的一处古代异教徒的墓地。4世纪时，君士坦丁大帝在这个墓地上兴建了一座早期的基督教堂。发掘结果清楚地表明，君士坦丁的工匠们不辞辛劳地让整座教堂指向异教公墓中的某个位置；而在君士坦丁很久以前，这个位置一直有一个小神龛或圣物，建造时间为165年。这个神龛尽管已经损毁，但仍然留在原来的位置，里面有一些人骨残片。1965年，教宗保罗六世(Paul Ⅵ)宣布这些残骨是圣彼得的遗骸。不幸的是，由于发掘方法和一些发掘物件存在争议，我们无法确定这个神龛就是圣彼得的坟墓；而那些残骨也是在神龛的墙角而不是在中央位置发现的。因此，不能肯定它们就是圣彼得的，尤其是，被砍头的罪犯常常被抛尸于无名坟堆上。此次发掘发现的，有可能是彼得被处决的地方，而非他的墓地。无论怎样，不管它是彼得的墓地或是他的衣冠冢，存在神龛这一事实有力地证明了早期罗马人的坚信：彼得殉难于梵蒂冈广场或其附近。

早期文献也支持这一传统说法。大约96年，一封以罗马教会名义写给哥林多基督徒的信中，提到彼得与保罗身为"我们的使徒"，因见证真理而受难，"他们因在统治者面前作证"而走向荣耀。大约在107年，安提柯主教依格纳修(Ignatius)在写给罗马基督徒的信中，也宣称"我不能像彼得和保罗那样命令你们"，这清楚地表明他相信这两位使徒曾是罗马教会的领袖。进而，在两代人后，伊里奈乌斯写道，教会"是由彼得和保罗这两位荣耀的使徒在罗马创建和组织起来的"。[①]

由于这些原因，大多数学者接受了早期基督教传统的说法，认为彼得与保罗死于罗马。然而，尽管他们在罗马生活、传教和死亡，但严格说来，他们并没有在那里"创立"教会。保罗写给罗马人的书信，是在他或彼得到达罗马之前写的，而且是写给一个已经存在的基督徒社群。1世纪的罗马，犹太人口庞大且仍在增加，可能多达50,000人以上，他们散布于罗马城内，但特别聚集于与市中心隔河相望的特拉斯特维勒(Trastevere)城区，那里有十多个犹太

---

① 这些段落见 Shotwell and Loomis, *See of Peter*, pp. 72, 236-239, 265-272。

会堂。这些罗马犹太人是一个正在扩张且颇为自信的群体,他们渴望皈依基督教,与巴勒斯坦和耶路撒冷保持着稳固的联系。耶路撒冷是第一个基督教传播中心,因此犹太人相信基督在公元1世纪40年代初期就为他们找到了前往罗马的道路,这不足奇怪。公元49年,他们在罗马的犹太会堂中已成为一股重要势力,并因为他们的信仰而造成了一些麻烦。根据异教史家苏维托尼乌斯的说法,* 犹太人中因为基督(Chrestus,基督早期的通用名)信仰而骚乱不断,引起罗马皇帝克劳狄(Claudius)的警觉,于公元49年将他们逐出罗马。这次驱逐不可能赶走 50,000 名犹太人,但犹太基督徒肯定必须离开,其中两人就出现在《新约》中。犹太基督徒制棚者亚居拉(tent-maker Aquila)和其妻百基拉(Priska or Priscilla),就是克劳狄驱逐的受害者。他们到了哥林多,成为使徒保罗的朋友(《使徒行传》18:2),并随他去了以弗所。不过,他们最后又回到了罗马,他们的家成了一个教会的聚会之所(《罗马书》16:3—5)。

罗马的基督徒组织是一个教会(*a* church),请注意,不是整个教会(*the* Church),表明它是从犹太社群中发展出来的。罗马的犹太会堂与安提柯的会堂不同,它没有一个中心组织。每个会堂各行礼拜,各选首领,各自照顾自己的会员。同样,由于会堂原本就是避难场所,其组织似乎反映了早期罗马基督徒社群的组织模式:由一群独立的教会组成,各自在社群中较富有的成员的家中聚会。这种家庭教会,每个都有自己的首领即长老(the elders or

---

* 苏维托尼乌斯(Gaius Suetonius Tranquillus,约69—约122年);罗马帝国早期的历史学家,著有《罗马十二帝王传》等。——译者

"presbyters")。它们大多数是由移民所组成,其中有很高比例的奴隶或自由人(freedman)——教宗伊留德里的名字就是"自由人"的意思。

事实上,最初并没有"教宗",也没有主教,因为在罗马的教会中,长老或主教职位是慢慢发展起来的。在1世纪末期,第一代信徒们那种松散的教会形态,才在诸多方面变得更加组织化,即每个城市由一位主教领导,辅以一个"长老团"(college of elders)。这个发展,至少有一部分原因是为了回应虚假教义即异端野燎原般的传播。当时,不断出现彼此冲突的宣教师(teachers),每人都宣称自己宣讲的才是"真正的"基督教,教会因而发展出一套更紧密也更具等级性的组织结构,而事后看来,它对于维护教会的统一与真理似乎不可或缺。主教权位的单线传承,像比赛中传递接力棒一样,将使徒们的教诲传递下去,这不仅保证了基督教真理的纯正血统,也为教会的统一提供了聚焦点。

这一发展中的关键人物是安提柯的依格纳修,他是来自小亚细亚的主教。大约107年,他被逮捕并押往罗马处决。他沿途给其他教会写了一系列书信,内容大都是呼吁他们团结在主教身边。不过,他给罗马教会的信,对主教只字未提,这一证据强有力地表明当时罗马尚未出现这一职位。令人迷惑的是,有一份文献却支持了罗马有主教这一印象,这份文献有时被认为是第一份教宗通谕(Encyclical)。在依格纳修到达罗马之前十年左右,罗马教会写信给哥林多教会,试图平息当地发生的纷争和混乱。这封信没有署名,但向来被认为是罗马长老克莱门特(Clement)所写。在古代教宗世系表中,他被列为圣彼得之后的第三位教宗。围绕他的名字,后来形成许多传说,如他被放逐到克里米亚,被绑在船锚上丢进海里淹死,因此被当作殉道者而备受尊崇。但事实上,克莱门特从未申称以主教名义写信,他的书信都是以罗马全体基督徒的名义发出的;他也从未在信中表明自己的身份或以自己的名义写信,而且有关他的一切,我们一无所知。书信本身,也并没有区分长老和主教,而在提及长老时,总是用复数,可见当时的哥林多教会与罗马教会一样,都是由一群长老或主教而非由一位主教单独领导的。

大约三十年后,罗马教会的组织仍然如此。2世纪早期的一篇颇具远见的专论《赫玛斯的牧羊人》(The Shepherd of Hermas),提到"教会的统治者"或"主持教会的长老"时,总是以集体的形式,再次表明作者无意区分主教与长老。文中的确提到克莱门特(这个克莱门特与至少三十年前写那封信的作者,是否为同一个人,我们不能肯定),但其身份不是主持教会的主教。相反,作者告诉我们克莱门特是负责"给外地城市"写信的长老——其实就是罗马教会的外联秘书。

我们所知的有关1世纪罗马教会的一切,都能证实这一概略画面。无论是该城的基督徒本身抑或其他人等,都认为罗马是一个单一的教会,就像保罗的《罗马书》申明的那样。然而,这种单一身份背后的社会现实是,他们并不是一个会众群,而是分散在以私人住所为基地的组织松散的许多教会里;或者,随着时间的推移,出现了新的社群,就在租来的市场上或公共浴室的大厅里聚会。当时,尚不存在任何支配性的独自统领的职位,而是长老们或首领们共同分担责任,但各司其职,如前述的外联秘书的工作。在君士坦丁皈依之前,这样的宗教社群中心(tituli)超过24个。

罗马是帝国的心脏,凡欲传布讯息者,自然会汇集于此,当然也是彼得与保罗两位使徒的首选之地。早期基督教要与帝国境内兴起的其他新宗教争夺生存空间,它们的地理分布可以说明这个事实,如圣克莱门特(San Clemente)和圣百基拉等古老教堂(即赫赫有名的保罗的朋友亚居拉和百基拉的家的遗址)的下面,就有几个拜日教(Mithraic)的神龛。迟至2世纪,罗马基督徒社群的语言还不是拉丁语,而是希腊语,希腊语正是日益向东部(而非西部)发展的帝国的通用语言。罗马基督徒会众本身,也反映了帝国首都的文化熔炉特性,许多团体与其成员的原居住地仍然保持着强烈的民族和文化的联系。结果,罗马教会的生活,就成了帝国境内基督教在文化、教义与仪式方面存在多样性的缩影。譬如,在2世纪初期,小亚细亚诸教会已开始将犹太逾越节(尼撒月14日)奉为复活节来欢庆,不管此日是否为礼拜天。从小亚细亚来到罗马的那些基督徒会众,自然维持了这种地域性习俗,从而使他们有别于"本土"(native)会众。后者每个礼拜天都欢庆复活节,当时尚未形成一个独特的年度祭奠节日。尽管存在这些差异,"本土的"罗马会众的掌教长老与这些外来社群仍然维持着良好的关系,会将自己欢庆圣餐时经祝圣的面包分送给他们,以示两者在根本上是统一的。

12　　罗马基督徒在习俗上的多样性,并不只限于历法。在1—2世纪,整个罗马世界的基督教,正处在一种剧烈的、富于创造性的发酵状态。那些后来被视为主流的正统教义,与不久便被划为离经叛道的"异端"的福音版本,一起共存于基督教内。但"外道"(outré)与正统,并不总是容易一眼就能分辨出来,而早期罗马基督徒社群要面对的,也绝不只是共有几个相互竞争的福音版本。因为罗马就像一块磁石,吸引着各省的长老、学者与基督徒络绎不绝地来到这里,他们渴望观看古老的教堂,并从中学习,更重要的是,要去瞻仰两位最伟大的使徒的安息之地。

在他们中间,有不少宣讲师和思想家,他们决心要在帝国这座最伟大的城市里留下自己的标记。其中就有"异端始祖马西昂"(arch-heretic Marcion),他于 140 年到达该城。马西昂否认基督救赎,拒绝整部《旧约》和大部分《新约》的内容,并宣称《旧约》中那个易怒的造物主上帝,和耶稣基督之父即那位充满爱心的上帝,判若两人。他来自黑海,是一位富有的船东,曾以凭证的形式向罗马教会捐赠了一大笔钱(22,000 塞斯提斯*,大致相当于一个贵族公民一年的收入)。如此规模的财富雄辩地证实了:罗马庞大的城市下层组织无所不包,拥有照料孤寡老弱的社会福利机制,其不断拓展的救助项目,也扩及帝国其他地方的贫穷教会。马西昂在罗马担任了几年颇为称职的基督教宣讲师,直到 144 年被罗马的诸位长老逐出圣餐共融(communion),他的钱也被退了回去。

但马西昂只是其中最有影响的人物,其实这一时期,这类"外道"宣讲师很多,如叙利亚哲学家塔提安(Tatian)拒绝整个希腊文明,因为它与福音书相抵牾;而瓦伦提(Valentinus)则宣扬一套怪诞的灵智学说(gnostic,源于希腊语"知识"一词),认为至上神(Supreme God)发出了 30 种"灵体"(aeons)或"属灵能量"(spiritual powers),雌雄搭配,基督和圣灵就是其中的一对。所有这些人,至少在最初,都在罗马教会松散的组织中活动过,而瓦伦

---

* 塞斯提斯(sesterces)为古罗马铜币。罗马币制分为金币(奥里斯)、银币(第纳尔)、铜币等种。兑换率大致为:1 奥里斯(aureus)= 25 第纳尔(denarius)= 100 塞斯提斯(sesterces)= 400 阿斯(as)= 1600 夸德伦斯(quadrans)。——译者

提一度甚至有望当选主教或掌教长老。

二、罗马主教

13　　正是在 2 世纪中期礼仪与教义混乱的背景下，罗马接受了"君主式的主教"(monarchic episcopate)，即单独由一位主教来统领教会。在整个地中海世界，主教统领逐渐被视为抵抗异端邪说的关键力量。正如伊里奈乌斯在《驳异端篇》(*Treatise against the Heresies*)中所说："教会中还有人能够发现真相并知道使徒们的传统……（因而）我们能够一一叫出使徒在教会中所任命的那些主教的名字，以及直到我们这个时代的所有继任者的名字。"[①]虽然无法确定罗马主教一职出现的具体日期，也无法确认谁是第一任教宗，但可以肯定地说，这一发展过程完成于公元 150 年代中期，也就是安尼塞图(Anicetus)时代。当时年迈的士麦那(Smyrna)主教波利卡普(Polycarp)正造访罗马，他与安尼塞图友好地辩论了有关复活节日期的问题。时年八十有余的波利卡普，曾经见过"受人敬爱的"老年使徒约翰。他因而坚决主张，小亚细亚诸教会（以及他们在罗马的移民亚族群体）奉逾越节为复活节的习俗直接源自使徒的权威。安尼塞图则较为谦逊地为他的诸位前辈长老奉行的惯例辩护，表示没有专门的复活节。

此时，来自异端的压力，加之教会也需要一个更加严密的组织，两者推动了一场基督教运动，以便强化与淬炼它的自我理解、确立它的边界，并澄清其基本信仰。作为这一发展与自我分析过

[①] Shotwell and Loomis, *See of Peter*, pp. 266-267.

程的一分子,罗马教会开始更为自觉地思考它的使徒血统。正是在安尼塞图时代,罗马教会首次试图利用信徒们的记忆来回忆克莱门特这类首席长老的名字,以编纂一份罗马主教世系表。可能也是在安尼塞图时期,献给彼得与保罗的祭奠神龛,首次在梵蒂冈与奥斯大道旁建了起来。这是利用建筑物来体现教会宣称的与使徒具有传承关系,这种做法一直延续到 3 世纪。至少从 230 年起,历任主教都葬于圣卡利斯托地下墓室(Catacomb of San Callisto)中的一间专门的"教宗墓室",该墓穴位于阿庇安大道(Appian Way)旁,2 世纪晚期的某个时候为教会所得。

这些纪念碑就等于是建筑物化的世系表,越来越明晰地表现了当时罗马教会与使徒间的传承意味。这种象征功能,在伊里奈乌斯为罗马提供的那份最早的教宗世系表中,也非常清楚地发挥了作用。伊里奈乌斯强调使徒与主教之间的相似性,一一列举出了从彼得到当时在位的伊留德里之间 12 位罗马主教的名字。第六位主教被称为塞克图斯(Sixtus)。整个世系表看起来过于井然有序而启人疑窦。

罗马教会变为单由一位主教领导的实际过程,肯定不像这份世系表那样秩序井然。历任主教都不断尽力扩展他们的权威,规范该城的教会生活。公元 240 年代,教宗法比安(Fabian)将罗马城分成七个区,每区设一位执事(deacon)来管理,可视为追求良好秩序而长期努力的一部分。但直到 3 世纪,罗马的基督教依旧争吵不休、歧见迭出、易于分裂。我们知道有几个这样的异质团体,如活动于 2 世纪末,即维克多(Victor)和泽菲林(Zephyrinus)任主教时期的西奥多派(Theodotians)。这些"西奥多分子",在一位富有的拜占庭皮革商和一位银行家(两人都叫西奥多[Theodotus])

的资助下,宣称耶稣只是一个大好人,他在受洗时才成为上帝的养子,复活时才升为神。他们的观点未能获得官方的支持,但他们的经济实力意味着他们能够自成一派,能够为他们自己的主教支付薪水。在下一个世纪,其他的异质因子如希波利图斯(Hippolytus)或诺瓦蒂安(Novatian),较之马西昂或瓦伦提,要正统得多,但却更难处理,因为他们背后也有黑手要挑战罗马正统主教的权威。

从一开始,罗马主教就必须面对棘手的教会统一与管辖权问题。这种着眼于未来的结果,到了2世纪最后一任教宗维克多(Victor,189—198年)时期,已经变得清晰。维克多是罗马基督徒的第一位拉丁领袖,他出任主教标志着教会正在溢出它原来根植于内的移民氛围。维克多为主教职位注入了一种拉丁式的严谨。他恪守教纪,决心敲打罗马教会中的异质成分,使其归入正轨,并采取了严厉的措施。正是维克多将西奥多派开除了教籍,也是他罢免了数名曾在罗马"主流"社群中宣扬灵智派教义的神职人员。但他行使权威最重要的一次是针对一直困扰教会的复活节日期问题。

关于这个事件,我们的资料来自百余年后优西比乌(Eusebius,260或265—339或340年)所著《教会史》的详细描述。据尤氏所述,维克多向罗马城外的所有教会发起了挑战,因为这些教会在逾越节,也就是犹太历7月14日(即所谓的四旬节[Quartodecimans])当天庆祝复活节,而非在逾越节之后的星期天——这个日期是现在的罗马教会与西方世界普遍采用的日期。根据优西比乌的说法,事情后来发展成维克多与小亚细亚诸教会之间的全面冲突,而后者的立场得到以弗所主教波利克拉底

(Polycrates)的全力支持。整个地中海世界召开了一系列区域性的"教职会议"(synod)来辩论这个问题,事后,维克多庄严地将所有奉守四旬节的教会开除教籍。伊里奈乌斯曾恭敬地向维克多进谏,提醒他早期的罗马长老们态度较为宽容,尽管有分歧,但仍然"送圣餐"给那些奉四旬节为复活节的教会。

此事非常棘手,不只是因为圣饼经过漫长的海路送到小亚细亚诸教会之前就会变质变硬而已。更重要的是,它已成为几个世纪以来针对教宗权威的争议的焦点,因为无论是教廷的朋友或敌人,都将维克多的高压手段视为罗马在向整个基督教国度伸张它的管辖权,当成是教宗试图以罗马的习俗来规范所有教会。事实上,极有可能是优西比乌误解了资料来源。他写于4世纪,当时他心目中的英雄、第一位基督教皇帝君士坦丁,正力图为教会强制推行统一的复活节,以解决这一棘手问题。优西比乌叙说的这个四旬节之争的故事,是作为君士坦丁类似关切的一种预演。不过,故事透露的有关分送圣饼的细节,表明这场争论最初的确是发生于罗马城内,应当被视为主要是一个内部事务。维克多并不是要在地中海周边四处出击,到处挑衅,而只是试图统一罗马城内所有教会的习俗,这也是更为普遍的追求内部统一与秩序的一部分。帝国所辖的亚洲教会也许会抗议维克多指责他们的习俗,因为他们相信这个习俗源自于使徒约翰。但维克多的破门律只是针对罗马城内的亚洲基督徒会众,而不是向他没有直接管辖权的那些教会胡乱开火。[1]

---

[1] Eusebius, *History of the Church*, ed. A. Lauth, Harmondsworth 1989, pp. 170-174(V/24).

当时,维克多主教可能并没有向普世教宗管辖权迈出第一步。尽管如此,罗马教会具有特殊权威的观念已广为流传。2世纪初,伊格纳修夸张地写到,罗马教会"在罗马人的土地上是最为卓越的……最受爱戴……未曾蒙受任何外来的污染或褪色,保持了本色"。他谴责其他教会,但对于罗马教会,他只是赞扬。这种推崇论调,在这一世纪也得到其他人的回应。在伊里奈乌斯那里,我们就读到了这样一种主张:"每个教会,也就是各地的信徒,都必须服从这个(罗马)教会,因为它拥有卓越的权威,此权威源于它一直连绵不断地保留了使徒传统……"①

这种"卓越的权威"源自罗马保留了不是一位而是两位最伟大的使徒的见证,这个事实比任何事情都重要。就像伊里奈乌斯的同代人、非洲神学家德尔图良(Tertulian)写的那样:罗马是"幸福的教会……两位使徒把他们所有的教诲,连同他们的鲜血,都浇灌在了这里"。罗马基督徒对这种"幸福"越来越引以为豪,到了3世纪,他们对彼得与保罗的敬奉更加深化了。3世纪中期,在现今圣塞巴斯蒂安教堂所在的地方,出现了一个新的崇拜中心。在那里,至今还留有数百处召唤罗马两位伟大的守护圣徒的涂鸦,如"保罗和彼得,为维克多祈祷吧","保罗,彼得,为伊拉图斯(Eratus)祈祷吧","彼得和保罗,保护你们的仆人吧!神圣的灵魂呀,请保佑读者",诸如此类,表达了罗马民众敬奉他们的热情。自258年始,罗马市民在6月29日庆祝彼得与保罗的联合节日,表明了两位使徒

---

① Shotwell and Loomis, *See of Peter*, p.267.但更好的译文,可见 J. Stevenson, *A New Eusebius*, London 1963, p.119。

第一章 "磐石之上"(约33—461年)

在罗马教会自我意识中的核心地位。①

这种使徒声望,又因罗马教会居于帝国心脏而锦上添花。但在早期基督徒的眼中,它并不一定是步入辉煌的捷径,因为早期教会有一股强烈的反罗马传统。罗马是一座浸泡着圣徒们鲜血的罪恶之城,也是一波接一波迫害浪潮的发源地。《启示录》中有一个幸灾乐祸于罗马即将毁灭的异象:"巴比伦大城倾倒了! 倾倒了!"(《启示录》14:8)只要帝国继续迫害教会,这样的呼喊就会一直存在,甚至持续到中世纪。但依据同一预兆,罗马的教会要饱受迫害之祸,就像彼得与保罗在尼禄治下遭到杀害表明的那样,而它的见证在帝国的眼中显得更加荣耀。坚信两位使徒"创建"罗马教会,主要源于这一事实,即他们在这里流下的鲜血为他们所传福音的真理做了最后的见证(marturion)。

不过,基督教在罗马的快速成长却产生了更为世俗性的结果。罗马的教会,即便在遭到迫害时,也非常富有。由于当地基督徒社群的普世特性,罗马教会因而特别能够认识到信仰的普世性,领悟它在整个罗马世界传播的普世意义。这种意识,从69年克莱门特致哥林多教会的书信中可以读出来,该信展现了罗马教会对其他教会的责任意识。罗马的基督徒社群一直以实际的方式,如为需

---

① 在圣塞巴斯蒂安教堂兴起的彼得与保罗崇拜引发了许多问题,尤其是是否曾有一段时间两位使徒安葬于此。一直有人认为,这个神龛原属一个分裂教派,孤立于其他陵墓,是由对立教宗诺瓦蒂安(Antipope Novation)的一些支持者建立的,以对抗梵蒂冈的官方崇拜,但这个看法没有确切的证据。更可能的是,有人认为圣塞巴斯蒂安教堂的神龛是一个非官方的"民间"神龛,当局被迫采取措施,以免它失控于主教。不管怎样,该崇拜证明两位使徒越来越重要。圣塞巴斯蒂安遗址的描述和规划方案,见 D. W. O'Connor, *Peter in Rome*, New York 1969, pp. 135-158;对文中所引铭文的讨论与例证见 H. Chadwick, 'St Peter and Paul in Rome', in his *History and Thought of the Early Church*, London 1982, pp. 31-52。

要帮助的教会赠送钱财、提供建议或予以谴责等,来表达它的全局关怀。哥林多主教狄奥尼修斯(Dionysius)在 2 世纪中期曾致信教宗索特(Soter),感谢他在财政上的资助。他接着说,索特的附信在哥林多教会做礼拜时被当众宣读,就像不时仍会宣读克莱门特的来信那样。① 此外,由于许多贵族皈依教会,即便在遭到迫害的时期,罗马主教还是愈来愈有影响力。教宗维克多能够利用康茂德皇帝(Commodus)的情妇基督徒玛西娅(Marcia),来解救被押往罪犯流放地撒丁矿山的基督徒囚徒。求助罗马主教来仲裁教义纷争的惯例,不仅源于罗马社群因继承两位在此宣教与殉教的使徒而备感自豪,从更为世俗的角度看,也因为教宗是一位重要显贵,一位保护者。这一惯例在后来的教会纷争中,成为正统教义支持者整军备战的关键后援。

但在这个阶段,罗马教会的声望主要不是源于罗马主教的地位或权威,而是因为整个罗马教会都笼罩在使徒的荣耀中,并得到 2—3 世纪其他基督徒社群的尊崇。大约在 200 年时,小亚细亚赫洛波利斯(Heropolis)主教亚伯西斯(Abercius)的墓志铭以寓言的形式写道,他曾奉基督的旨意来到罗马,"见到了帝国,也瞧见了一位穿着金袍金鞋的皇后;我还看到了一位执掌金印的人"。② 甚至在主教出缺时,罗马教会的崇高地位,即"执掌金印的人",仍然岿然不动。教宗法比安去世于德西乌斯大迫害(Decian Persecution, 250—251 年)后,主教一职长期悬缺,但罗马的长老与执事们继续

---

① Shotwell and Loomis, *See of Peter*, pp. 252-253.
② 引自 K. Schatz, *Papal Primacy from its Origins ti the Present*, Collegeville, Minnesota, 1990, p. 6。

履行监督和照顾其他教会的职责(这已成为罗马教会的本质工作),并给北非的教会送了四封建议与劝勉信。这几封信,一如克莱门特和索特的书信,被当地信徒传抄,在做礼拜时朗读。这些信透露出一种日益明晰的、为罗马教会独有的自豪感与责任意识:"枷锁缠身的弟兄向你们致敬,这里的神父和整个教会也向你们致敬,保持监督所有奉主名之人,系我们的职责所在。"①

到了3世纪初期,罗马教会已成为地中海世界全体基督徒公认的参照标准,甚至可能具有上诉法院的功能。亚历山大里亚的神学大师奥利金年轻时曾到罗马朝圣,当他被攻击为宣讲异端邪说时,他不仅给当地主教,也给遥远的罗马主教法比安写信,诉请支持。对早期基督徒而言,使徒的权威不是一件古玩,而是关涉一个特殊社群的根基的事实。使徒在这里鲜活地生活过,是真理珍贵的担保人。使徒的教会拥有的不只是使徒的血统,他们能够以创教者的声音发言,并为达成使徒的教诲提供了鲜活的路径。而且,独一无二的是,两位使徒的权威在罗马聚合。保罗具有的根本性权威,不是根植于制度和组织,而是源于不折不扣的直接承自于上帝的福音;而圣彼得的权威,象征着教会在天堂与人间的管辖权,他的捆绑与喂养之权都是基督本人授予的。保罗之言与彼得之权在罗马融为一体。

然而,我们也要牢记,所有这些有关罗马教会与主教特殊地位的象征,都只是量的问题,而非质的问题。其他的基督教社群尽管不能宣称拥有两位使徒的继承权,但使徒的权威和相应的责任与地位,仍可以在别的教会出现。其他主教和教会也向外地分发礼

---

① Shotwell and Loomis, *See of Peter*, pp. 334-337.

物,寄送建议、斥责或鼓励的信函,并与那些被认为犯有严重错误的教会断绝共融。伊里奈乌斯和德尔图良在称颂罗马教会的荣耀时,称赞的只是一种普遍现象中最为突出的例子。德尔图良敦促说:"来,让我们回顾一下使徒的各个教会……亚该亚离你非常近,那儿有哥林多。如果你离马其顿尼亚不远,可以去腓立比;如果你能进入亚洲,可以去以弗所。但若你离意大利近,那就去罗马,那是我们权威(在非洲)近在咫尺的源头。"[1]

德尔图良是奥古斯丁以前非洲最伟大的神学家,从他的言论来看,非洲是承认罗马权威的重要性的。但即便是非洲,可以获得也可以撤销这种忠诚。3世纪教会生活中分歧最大的问题之一,是如何处理那些在迫害期间背弃信仰的人。当时,基督教在帝国境内已经兴盛起来,到3世纪初已成为一股不容忽视的力量。在罗马,它已变成一个十足的财主;251年时,教会已聘用了46名长老、7名执事、7名副执事、42名襄礼员、52名低阶神职人员、诵经员和司门员;超过1,500名寡妇与其他穷人接受济贫金。城内信徒总数可能多达50,000人。

当时的帝国,内有分裂之忧,外有哥特游牧部落之患,不断扩张且惹人注目的基督教,就成了一只理想的替罪羊。教宗卡利克图斯(Callistus,约217—222年)被一名不法暴徒杀害于特拉斯特维勒,很可能就是因为基督教最近扩展到这个人口拥挤的城区而使他暴怒。247年,罗马高举传统神灵庆祝建城一千年。当时,帝国的弊端被归咎于越来越多的人拒绝崇拜这些神祇,攻击基督徒的暴乱随之四处蔓延。250年,皇帝德西乌斯对教会发动了一场

---

[1] Shotwell and Loomis, *See of Peter*, pp. 267,294.

有计划的迫害。基督徒领袖遭到围捕,被强迫向异教神祇献祭,以换取一纸服从证书。主教与其他领袖是首要目标,其中许多人面对迫害,忠勇可嘉。教宗法比安(236—250年)属于第一批被捕者,在狱中死于酷刑。但也有大批的人屈服,因为教会非常成功地吸收了大量表面上皈依的人,结果适得其反:帝国各地的基督徒都争先恐后地表示服从法律,以致负责献祭的官员不堪重荷,只得驱散人群,叫他们改日再来。

基督教非常看重为信仰蒙难的价值。殉教(Martyr)一词的本意即"见证"(witness),殉教者的死亡是对真理做最终的见证。相反,有些人在迫害之下屈服,向异教神祇焚香献酒,以便通过罗马帝国的测试,证明他们是良民;还有一些人,只是交出了圣书或圣器——这些人被认为是放弃获得救赎的叛教者。对于他们的最终命运,以及他们能否重获教会成员身份,教内意见针锋相对,分歧极大。在非洲,基督徒社群就因为这个问题而最终分裂了。其强硬派出现于4世纪,以其领袖的名字称为多纳图斯派(Donatists)。该派认为,与堕落教士的任何接触,包括与那些未曾向异教神灵献祭而只是交出圣书或教会财物的叛教者接触,都会污染教会和它的所有成员,并使得其举行的圣礼无效。多纳图斯派因而独自建立了一个纯洁的教会,有自己的长老和主教。

罗马教会也经历了痛苦的迫害,迫害中既有英勇献身者,也有苟且屈服者。两种经历在它的主教身上都体现出来。教宗法比安的英雄壮举,为教宗塞克图斯二世(Sixtus II,257—258年)所效法。他被捕于258年,当时他正在一个地下墓室主持丧葬礼,为避免伤及无辜,他主动把自己交给负责围捕的军官,随即与他的几名执事被一同斩首。相反,稍后在303年皇帝戴克里先(Diocletian)

发动的那次迫害中,教宗马西利努斯(Marcellinus,296—304年?)就屈服于压力,交出了数册经书,并向异教神献祭。一年之后他饱受羞辱而死,罗马教会随之将他唾弃。

在罗马,亦如非洲,在如何对待这些堕落者的问题上,也形成软、硬两种态度。在为教宗法比安守灵期间,罗马迟迟没有选出新的主教,直到迫害停止。在此期间,杰出的长老诺瓦蒂安(Novatian)一直扮演着治理教会的领导角色,而一切证据都表明,他期望自己顺理成章地当上主教。不料,大多数神职人员和他们的俗界支持者却选出一位能力远不如他的主教柯尼留斯(Cornelius,251—253年)。诺瓦蒂安拒绝接受这个结果,他的支持者也拥护他当主教,并得到意大利南部乡村三位主教的祝圣,从而与柯尼留斯形成对立。几乎可以肯定,这出闹剧的关键在于两人对堕落者的态度。诺瓦蒂安是强硬派,认为教会不应该重新接纳那些曾背弃信仰的人,而柯尼留斯则倾向于在他们做了适当的补赎之后,恢复他们的教籍。很可能,选出这个平庸之辈,就是为了执行这样一项更切合实际也更加仁慈的教牧政策。

柯尼留斯为人温和,素无野心,深得同侪主教们的支持。他在罗马召集了60名主教来支持他的要求——那些拥护诺瓦蒂安的主教应承认他的权威,并向远方教会征集共融信函。尤其是,他得到了非洲主教领袖、迦太基主教西普里安(Cyprian of Carthage)的认可。西普里安对主教职位有高明的见解,强调每个主教在自己教会中的尊严。他承认罗马教座(See of Rome)的特殊地位,认为那是"彼得的宝座,是首席教会,也是教会统一的唯一根基"。但西普里安这样说,并不是指其他主教要服从教宗。他本人,与早期教会的其他主教一样,都自称"教宗"(Pope),直到6世纪后,这一头衔才为罗马主教专有。基督的确曾将教会建立在彼得身上,但所有的使徒和主教都完整地拥有这种不可分割的使徒权威。因此,西普里安对罗马的遵从是有限度的,而这种有限遵从,随着罗马贵族斯蒂芬当选为教宗,在几年之内就达到了极限。

斯蒂芬一世(Stephen Ⅰ,254—257 年)是朱利安家族的成员,在教宗维克多而非柯尼留斯时期,曾任主教。他为人专横,性格急躁,处事霸道。有位西班牙主教在德西乌斯迫害期间因堕入异教而被废黜,但斯蒂芬不仅轻率地允许他重新参加圣餐共融,还恢复了他的主教职位。这种冒失很快就把他自己送进了西普里安的黑名单。另一挑衅事件也发生于此时。阿尔勒(Arles)主教是诺瓦蒂安分子,他拒绝为那些曾经叛教的悔过者举行圣事,即便他们已躺在灵床上;但斯蒂芬却没有采取任何反击措施。里昂主教向西普里安汇报了此事——这对于他们理解的主教对所有教会共同分担责任,以反对教宗的排他性角色,是一个有趣的注解。当时,西普里安诉请斯蒂芬对阿尔勒主教处以破门律,却白费力气。这种诉请当然也是对罗马最高管辖权的默认。尽管如此,教宗显然对西普里安的介入颇为不满。而当斯蒂芬直接插手非洲,挑战西普里安对异端分子重施洗礼的做法时,双方最终决裂。西普里安虽然处事温和,乐意接纳悔改的叛教者回归教会,但他拒绝承认强硬的诺瓦蒂安派教会主持的任何圣事,当时该派已经分裂出去,并在非洲建立了自己的教会。由诺瓦蒂安派教士施洗的信徒,当时正在谋求获准参加天主教的圣餐共融:他们要像异教徒那样重新受洗。

西普里安的做法是依据一条严苛的信条:在天主教会这一看得见的共融体之外,无人能够享有恩典。罗马则持较为温和的看法:凡奉三位一体之名正确施行的洗礼,都是有效的,不论施洗者的身份如何,也不论他是否属于异端或分裂分子——这个看法最后成为公认的教义。斯蒂芬因而颁令:分裂者回归教会不用重新受洗,只须行坚振礼即可。

然而,西普里安拒绝接受这项命令,并组织了两次非洲主教教职会议予以谴责。教宗尽管没有被指名道姓,但很明显,他就是西普里安在开场白中批判的目标:"我们中间,无人自封为主教中的主教,或行使着暴君般的权力,逼迫他的同侪俯首听命。"[①]不足奇怪,他派往罗马去通知教宗的那位教士,没有机会传达任何消息就被遣回了。对于非洲主教们的无礼行为,斯蒂芬勃然大怒,写信给小亚细亚诸教会,威胁说,如果他们遵照西普里安的强硬路线对沦为异端的教徒重新施洗,就断绝与他们圣餐共融。但他还没来得及实现这个威胁,就去世了。

这个事件具有更为广泛的意义。虽然斯蒂芬的这封信没有留下来,但我们从西普里安对该信的评论中,发现斯蒂芬为支持他对非洲教会的谴责,援引了《马太福音》第 16 章:"你是彼得,在这磐石之上,我将建立我的教会。"教宗柯尼留斯在位期间,西普里安曾写了《天主教的统一》(Unity of the Catholic Church),在这篇专论中,他支持自己与教宗的权威,反对诺瓦蒂安分裂教会,强调彼得宝座的独特地位是教会统一的基础。他现在重写这份专论,删除了这些段落,否认罗马主教独享基督对彼得的承诺。这项承诺的确是罗马教座的基础,但也是每一位主教的特许状,他们都享有给予彼得的掌管钥匙的权力。因此,在西普里安看来,斯蒂芬"如此大肆炫耀他的主教宝座,坚持他拥有彼得的继承权",愚蠢至

[①] 这场争论的所有文本均见 Shotwell and Loomis, *See of Peter*, pp. 399-420。

极。① 然而,耐人寻味的是,甚至在他与斯蒂芬的冲突达到顶点的时候,西普里安仍然避免公然抨击罗马的权威,对教宗粗暴对待他的特使,他也严守机密。罗马仍然是教会统一的根本象征,与它断然决裂是不可想象的。

斯蒂芬去世于257年,次年,他的继任者希腊籍教宗塞克图斯壮烈殉教,六周后,西普里安本人也被处死,这场有可能是灾难性的冲突随之化解。塞克图斯、柯尼留斯和西普里安三人,后来都出现于罗马教会最庄严的祈祷辞《弥撒经》中,受到后人纪念。但在许多方面来看,这都是教宗权的第一次重大危机,对未来具有重要意义。斯蒂芬援引《马太福音》第16章,迄今所知,是教宗第一次申称拥有独自源于彼得的权威;也是教宗第一次试图对其他主教行使权力,而这种权力,无论在量上还是质上,均有别于并高于其他主教的权力。终斯蒂芬一任,罗马教会的首席权已获得其他教会的欣然认同,这主要是出于对这个曾得到两位伟大使徒祝福的教会的尊敬,两位使徒曾在这里向犹太人和外邦人传教并殉难;而罗马教会在1—2世纪时,对其他基督徒社群的广施恩惠与牧灵关怀,也拔高了它的形象。斯蒂芬与西普里安之间的冲突,使得教宗权利的裂变潜势变得明显了。

三、君士坦丁时代

3世纪的罗马帝国因内战而分裂,瘟疫与疾病肆掠横行。皇帝走马灯似的轮换(47年中有25位皇帝,只有一位得善终),军队

---

① Shotwell and Loomis, *See of Peter*, p. 415.

掌握了废立大权,而帝国军队里,令人担忧的外邦人越来越多。随着东部宗教与新哲学的发展,旧的秩序逐渐崩溃,对许多人来说,这是一个极度焦虑的时代。对教会而言,从对照角度与部分结果来看,这是一个成长与整合的时代。在帝国的大熔炉中,似乎唯有基督教提供了一个包罗万象的知识与道德的参照体系,一部以生动故事传达的可供芸芸众生安身立命的简易法典。耶稣的许多格言,正好击中哲学家们支吾其词的要害。教会的主教架构则提供了一个卓越的网路,不仅穿越整个文明世界,也远达一些未开化的地区;而它的慈善活动也为(基督徒)贫民提供了一条活路,因为国家不再有资源或意愿去救助;而在德西乌斯迫害时期,殉道者的决绝提供了一个确定的大胆无畏的榜样,这与官方异教的萎靡不振形成强烈对比。这一世纪的最后四十年,教会终于得到免于被迫害的自由,基督教在帝国许多城市已成为一股支配性的力量,尤其在帝国东部。尼可米底亚皇宫(Nicomedia)是戴克里先最喜欢的宫殿,站在这个宫殿的阶梯上,可以俯瞰该城基督徒新建的大教堂的美景。

戴克里先来自达尔马提亚(Dalmatian),是一个顽强的职业军人,也是一个力行改革的伟大皇帝,他对教会发动了帝国的最后一次大迫害。二十年来,戴克里先一直满足于宽容基督教(他的妻子与女儿可能都是基督徒),但是他的恺撒(Caesar,仅次于他的军事首领)伽勒留(Galerius)是一个狂热的异教徒。戴克里先改革的前景,是以回归传统(即异教的)价值为基础的,因此,基督教显然是一大障碍。298年,异教祭司在安提柯行占卜术时,指责基督徒官员在场妨碍了仪式(基督徒在仪式期间画十字以防恶鬼近身),这足以触发酝酿已久的冲突,迫害随之爆发。最初的目标,是将基督徒从文官系统和军队中驱逐出去,关闭和捣毁教堂,并逼迫教士向异教妥协。但因伽勒留的推波助澜,迫害逐渐升级为血腥屠杀。死亡人数在帝国东部及北非最多,相对而言,西部大多未受损害。但罗马却因教宗马西利努斯的怯懦投降而成为一桩丑闻;而非洲教会,就因为与这个叛教者的共融问题而永久分裂了,这是此次迫害的后遗症之一。不过,此时的基督教在帝国境内已根深蒂固,不可能就此被扑灭。305 年,戴克里先退位,伽勒留继承大统。他尽管厌恶基督教,却在 311 年临终之际被迫颁布了一道基督教宽容令。此年,君士坦丁登基为帝,教会的命运终于发生了逆转。

早在 306 年,当君士坦丁的父亲帝国西部军队总司令康斯坦蒂乌斯(Constantius)去世时,他就在约克被军队拥立为帝。与他的父亲一样,君士坦丁原本信奉太阳神(Sol Invictus),但他的母亲海伦娜(Helena)则是一名基督徒,他的姊妹名叫阿纳斯塔西娅(Anastasia),意为"耶稣复活"。当时,君士坦丁本人正在转向基督教,312 年 12 月,他掌控了罗马城,并在罗马城外的米尔汶桥(Milvian Bridge)击败了对手马克森皇帝(Maxentius)。他将这个意外的胜利归因于神佑,但他所说的神具体是什么,却极具争议性。数年后,他告诉历史学家优西比乌说,还在高卢时,有一次开战前他曾向太阳神祈祷求助;第二天,天空便出现了一个金光闪闪的十字架和"以此(标记)征服"几个字。在与马克森开战时,他的军旗上早已绣着这个"标语"(labarum),十字标记则用希腊文的基督(Chi Ro)一词组成,刻在士兵们的盾牌上。

君士坦丁不是一个缜密善思之人,在他身上,将基督认同为太阳神似乎没有问题。不过,一般公认,到了 312 年,他肯定已成为一名基督徒。为纪念战胜马克森,他兴建了君士坦丁凯旋门,门上的铭文极为慎重地避免提到任何"不朽的神明"(Immortal Gods)字样,而是含糊地将他的胜利归功于"神的护佑"。他皈依基督教可能是渐次的。直到315年,基督符号(Chi Ro)才出现在帝国钱币上;而在他登基五年后,他铸发的钱币上仍铸有他身为太阳神信徒的肖像,或刻有异教神的形象。

虽然如此,从他登基的那一刻起,基督教在帝国境内的命运就永远地改变了。无论他内心信奉如何,他已经认识到教会并不是帝国统一和改革的主要障碍,而是改革的最大希望所在。基督教可以为罗马帝国提供一整套共同的价值观和一神教,这都是帝国当时所急需的。基督教于是从一个受迫害的教派变成了最受欢迎的宗教。随之颁布的一系列敕令,授予"基督徒和其他所有人"(词的顺序在这里很重要)以宗教自由。没收的教产被发还(没有对购买者进行补偿),基督教教士被免于承担公职责任,并为教会事工设立公共基金。

对罗马的教会而言,这是一笔远远超出想象的意外之财。在官方的教宗年代纪《教宗纪年》(Liber Pontificalis)中,早期的条目相当干瘪,多据残存记忆或纯属杜撰而来。但写到教宗塞尔维斯特(Sylvester,314—335年)条目时,不厌其烦的细节描述骤然大增,连篇累牍地一一详述君士坦丁的善举,尤其是君士坦丁将在城内外修建的几座大教堂:一座主教座堂、一座洗礼堂和教宗的拉特兰教宫——该教宫一部分改建于君士坦丁之妻芙斯塔(Fausta)的宫殿,另一部分则新建在帝国骑兵队营房的废墟上(很不幸,他们曾为马克森而战)。此外,还有在塞索琳(Sessorian)故宫内的耶路撒冷圣十字教堂(Santa Croce in

Gerusalemme)。在梵蒂冈,彼得神龛所在的位置上,建了几座巨大的公墓教堂,而在3世纪共同敬奉彼得与保罗之处,修建了圣塞巴斯蒂安教堂(San Sebastiano)。但这些建筑只是冰山一角。为了维护它们,君士坦丁给教会恩赐了大笔地产——这些地产遍及努米底亚(Numidia)、埃及、亚得里亚海诸岛、哥索岛(Gozo),还有提尔(Tyre)、塔速士、安提柯的多处农场,以及罗马本地的花园、房舍、面包房和公共浴室等。许多贵重金属也瀑布似的流入教会:拉特兰大殿的七座银制祭坛,各重200磅;100多个银制圣杯;一个真人大小的纯银基督君主像,围绕着12位使徒与4位天使,均手持银枪,以宝石当眼睛;还有一个挂有50只海豚的纯金烛台;洗礼堂内,有1只纯金羔羊和7头纯银雄鹿,它们口中流出的清水,落入花斑岩雕制的圣洗池中。[①]

这些善举的本意,是要在适宜的帝国基础上,建立起对基督的崇拜。拉特兰教宫规模宏大,可以容纳上万会众,比市政广场(Forum)上的任何世俗大殿都要大。然而,君士坦丁并没有将基督教的象征物强行建立在罗马传统的中心地带。他在城内修建的两座大教堂——拉特兰教宫和圣十字教堂,都位于城市边缘,靠近城墙而不在市中心;而且,与圣彼得大教堂一样,它们都是建立在帝国的私人地产而非公共土地上。罗马仍然保留着异教信仰;324年,君士坦丁离开罗马,前往他的新都君士坦丁堡,该城位于博斯普鲁斯的拜占庭,更为接近帝国在东部与多瑙河流域诸省的腹地,而把罗马留给了保守的元老家族。在他们眼中,代代相传的异教

[①] R. Davis ed., *The Book of Pontiffs* (*Liber Pontificalis*), Liverpool 1989, pp.14-26.

极为宝贵,就像在 19 世纪的波士顿*,新教之于卡伯特家族(Cabots)和罗威尔家族(Lowells)那样,因为异教既是真正的罗马特质(Romanitas)的标志,也是旧钱币的标记,更是反抗皇帝新奉的这种讨厌、庸俗的平民宗教的见证。

对君士坦丁而言,基督教意味着和睦,意味着统一于真理。他相信,上帝借着教会的胜利,扶持他登上皇位,旨在为整个文明世界(Oecumene)带来和平。不过,他很快就发现教会本身极为分裂。上帝交给他用来打造人间和谐的神授工具竟然本身就不和谐。他毫无畏惧地亲自动手恢复基督教的合一,并自信这也是上帝让他执掌帝国的使命。这一目标与信心,也为他的继任者分享,他们不惜任何代价,将教会的统一视为帝国的首要工作;然而,具有讽刺意味的是,正是这一政策使得他们与教宗之间冲突迭起。

君士坦丁首次遭遇的基督教分裂,不久就发生了。在北非,迦太基新任主教西赛里安(Caecilian)在 311 年已接受祝圣,但主持祝圣仪式的主教中,有一位被怀疑在大迫害时期曾交出几部《圣经》。因此,在就职典礼上,强硬派基督徒宣称西赛里安的祝圣礼无效,因为有叛教者(traditor)牵涉其中,并拥立了自己的主教。邻近地区的主教和会众也分为两派。强硬派不久便因为其首席主教的名字而被称为多纳图斯派,北非教会由此再度发生严重的分裂。在君士坦丁掌权的六个月内,已有多纳图斯派教徒接近他,请求他从高卢(当地从未出现叛教者)选派主教来裁决谁是真正的迦

---

* 关于波士顿,有一首名诗:"And this is good old Boston, The home of the bean and the cod, Where, the Lowells speak only to Cabots, And the Cabots speak only to God."诗中提及的这两个家族当时都是信奉新教的望族,卡伯特本人是新教牧师。——译者

太基主教。

当时皇帝还未受洗,而他皈依基督教一事非洲也尚不知晓,因此,这个诉请非同寻常,具有重大意义。北非教会长期以来的惯例,是参照罗马主教的意见来裁定或判决内部争议,但对于多纳图斯派而言,这种做法毫无吸引力,因为罗马神学否认一个"叛徒"主教涉入圣事便会使圣事无效。但是,他们选择向皇帝本人而不是向教宗米迪亚德斯(Miltiades,311—314 年)提出诉请,这超乎常规;君士坦丁是否领悟其中政治意味,令人怀疑,但他写信给教宗,命令他与三位高卢主教联合调查,并向他汇报结果,这是皇帝第一次直接插手教会事务。

西赛里安与多纳图斯都来到罗马参加听证会;但同时,米迪亚德斯召集了 15 位意大利主教与他和高卢主教们一同列席会议,因而将调查委员会变成了较为常规的教职会议。不出所料,313 年10 月,这个会议将多纳图斯开除教籍,宣布西赛里安为真正的迦太基主教。米迪亚德斯试图劝说多纳图斯派主教回归主流或"大公的"群体,承诺会保留他们的主教身份。但多纳图斯派教徒非常顽固,再次向君士坦丁上诉,君士坦丁一点也不顾及教宗的情面,再度做了答复。他将许多主教召集到阿尔勒开会,指派叙拉古主教和阿尔勒主教监督会议进程。当时,米迪亚德斯已经去世,新任教宗塞尔维斯特一世(Sylvester Ⅰ,314—335 年)没有出席会议。虽然如此,参会者本着教宗的特权高于皇帝的善意,将会议记录及时附在一封信中,谦恭地向塞尔维斯特做了汇报,并惋惜教宗不能离开罗马这座"使徒至今仍有宝座,他们的鲜血永不停息地见证着上帝的荣耀"的城市。他们还请求教宗将他们的决议传达给其他主教,这显然是承认他的地位更高。

君士坦丁对北非基督徒的分裂深感气馁。当时,他已击败东部的异教皇帝李锡尼(Licinius),迁居新的基督教首都"新罗马"君士坦丁堡。但北非的分裂,较之东部基督徒之间难以想象的巨大鸿沟,根本不值一提。事情出在埃及。亚历山大里亚(Alexandria)有位长老阿里乌斯(Arius),生活简朴,素有苦行美誉,为城中修女所效仿。他已被该城主教废除长老身份,因为他布道说,逻各斯(Logos),即化为耶稣肉身的上帝之言(Word of God),并不是上帝本身,而是一个受造物;他尽管与天使一样,在万有之先创自于无,却无限高于天使。阿里乌斯认为,他的说教是协调基督教的"道成肉身"(Incarnation)与"上帝统一性"(unity of God)这两大根本教义的唯一方法。事实上,这种说教抽空了基督教的核心教义,即耶稣的生与死具有救赎的力量,因为那是上帝自己的意旨。但最初,众人并未领悟阿里乌斯主义的全部内涵,他因而得到了广泛的支持。身为宣传大师(master-publicist)的阿里乌斯,还创作了一些具有神学味的海上民谣,让水手与码头工人在亚历山大里亚的码头上传唱,赢得了草根阶层的广泛支持。神学争辩于是不仅爆发于宣教大厅,也遍及地中海东部地区的街头酒肆。

对于神学问题,君士坦丁大多感到迷惑不解,虽然他身边的教士,不乏阿里乌斯的支持者,包括头脑迟钝的恺撒利亚主教优西比乌(Eusebius of Caesarea),他是教会史家,君士坦丁的钦定传记作者。但显而易见,必须采取措施来平息纷争,因为它已危及君士坦丁将基督教视为帝国凝聚力的初衷。325年,他在尼西亚(Nicaea)召开主教大会以解决这个问题。但参加会议的西部主教屈指可数,包括迦太基主教和米兰主教。教宗塞尔维斯特派了两名神父代表他出席会议。

尼西亚公会议(Council of Nicaea)由皇帝召开,他也主持了部分议程。对基督教会而言,这是一件具有重要意义的大事。在历届"普世"或大公的会议中,这是第一次;大公会议也因此而逐渐被认为在信仰问题上具有约束的权威。对于阿里乌斯的支持者来说,这次大公会议是一场十足的灾难。阿里乌斯及其追随者遭到谴责,公会议还发布了一个《信经》(Creed),其中明申基督与圣父"同质"(homousios),这是对其真实神性的彻底确认。

尼西亚公会议只是阿里乌斯争议的开始,而不是结束。失败的阿里乌斯派,只是在执意尽快解决争端的皇帝的威逼下,才被迫妥协,保持了沉默,内心却并不服。因而,会议一结束,他们就重整旗鼓,反驳大公会议对他们的攻击。君士坦丁的儿子,帝国东部的继承人康斯坦蒂乌斯(Constantius)就接受了阿里乌斯的信仰。君士坦丁本人,坚定地持守尼西亚信仰,毕竟这是他的大公会议。不过,他一直期盼也从未放弃解决这个争端,希望能够找到某种可以涵盖双方分歧的说法。337年,君士坦丁临终之际,最终由他的阿里乌斯派礼拜员(chaplian)尼科米底亚的优西比乌(Eusebius of Nicomedia)施洗。他的遗体穿着新受洗者的白袍;身边围绕的,是一个开始分崩离析的帝国。

在尼西亚公会议上,正统信仰的主要护卫者是阿塔纳修斯(Athanasius)执事,328年,他升任亚历山大里亚主教。阿塔纳修斯是当时最伟大的神学家,为人果敢,精力充沛,却不讲策略,粗蛮斗狠;虽身为主教,却只会以挥胳膊的方法来加强教纪。335年,在君士坦丁登基30周年庆典即将来临之前,他的许多敌人趁机要求重新平定教内纷争。他们说服君士坦丁相信:阿塔纳修斯曾经威胁说,如果皇帝干涉他的话,他就要切断埃及对君士坦丁堡的谷物供给；他们成功了，阿塔纳修斯遭到罢免、被开除教籍并流放到高卢。他的支持者随之也被一一清除。

这些斗争震撼了基督教东部世界。埃及沙漠中的苦行僧，在埃及的圣安东尼（St Anthony of Egypt）的领导下联合起来，支持阿塔纳修斯和尼西亚信仰。但在整整三十年里，所有这一切在帝国西部只有些许微弱的回音。西部的神学家不愿费心于希腊语的微妙，而在3世纪末才取代希腊语而成为罗马教会通用语的拉丁语，甚至还找不到合适的专门术语来描述这场纷争。教宗在尼西亚没有起作用，尽管在公会议教令文件上，作为一种殊荣，他的使节在大会主席科尔多瓦的霍西乌斯（Hosius of Cordoba）签名后，就先于一切主教签字。不过，罗马历届主教都信守尼西亚教义，像支持使徒信经一样全力支持阿塔纳修斯。当阿塔纳修斯的支持者涌入帝国西部避难时，罗马满腔热情地予以接待，并不过多地琢磨他们的神学观点。339年，教宗朱利安（Julius，337—352年）公开接纳阿塔纳修斯，亲自为他举行共融礼，并传唤他的阿里乌斯派敌人（他们聚集在安提柯）到罗马来开会，以解决这个问题。但直到他设定在罗马开会的日期后，才收到一封语中带刺的回函，挑衅说他无权接纳一个被东部主教教职会议谴责的人进入共融。他们承认，罗马是一个著名的教会，其正统人尽皆知。不过，一切主教都是平等的，而且，罗马属灵权威的基础——使徒彼得和保罗，首先是从东部来到罗马的。因此，是与一小撮阿塔纳修斯这样的异端分子共融，还是与东部大多数主教共融，教宗必须做出选择。

这是对教宗权威的直接挑战。对于罗马在广义教会中的地位，东部与西部在认识上的裂痕显然在扩大。这一裂痕的严重程度，在三年后即343年召开的灾难性的萨尔迪迦公会议（Council of Sardica)上一览无遗。君士坦丁死后,皇族陷入争夺权力的内乱,经过一番厮杀后,君士坦丁仅存的两个儿子,共同统治帝国。统治东部的康斯坦蒂乌斯,是一位公然的阿里乌斯派;统治米兰以西的君士坦斯(Constans),则是一个忠诚的天主教徒,也是阿塔纳修斯与教宗朱利安的坚强后盾。鉴于神学分歧已危及帝国本已脆弱的统一与安定,兄弟二人决定在萨尔迪迦(即现今保加利亚的索菲亚)联合召开一次东西两部教会都参加的公会议。双方各有80位主教出席,会议由西部代表的领袖科尔多巴的霍西乌斯主持,他曾担任尼西亚公会议主席,经验丰富。

萨尔迪迦公会议是一场闹剧,开会的目的,原本是弥补裂痕,结果适得其反。会议伊始,西部的主教们就允许阿塔纳修斯及其支持者与他们平起平坐,毫不顾及阿里乌斯派的感受,而后者本来希望在这次会议上重新讨论这一问题。东部代表因而被激怒,拒绝进入会场;作为对抗,他们召开了自己的大公会议,将霍西乌斯、阿塔纳修斯和教宗都开除教籍。西部主教们针锋相对,宣布恢复阿塔纳修斯的教籍,将他的几位主要对手逐出教会,颁布一系列教会法规确认:凡涉及帝国境内其他主教的事务,罗马有权作为最高上诉法庭;并寄了一封例行信函给朱利安,也就是他们的"头,即使徒彼得宝座的继承人"。[①]《萨尔迪迦教规》(The Canons of Sardica)对于罗马宣称具有首席权而言,至关重要。在罗马教会的记录中,它们被书写在一个荣耀的位置,即紧跟在尼西亚教规后面,以致后来被误认为是尼西亚公会议制定的。如此一来,罗马乃一切教会之首脑的主张,就被认为有历届公会议中的第一次,也是

[①] 有关萨尔迪迦的文献,见 Shotwell and Loomis,*See of Peter*,pp.503-534。

最伟大的那次公会议作为坚强后盾。

随后几年,君士坦斯坚定不移的支持使得天主教一方声威大震,康斯坦蒂乌斯甚至被迫归还阿塔纳修斯的教座(很短暂)。但在350年,君士坦斯被杀,康斯坦蒂乌斯成为整个帝国的主人。对尼西亚信仰和教宗权而言,这是一个大灾难。康斯坦蒂乌斯与他的父亲一样,将基督教视为帝国统一不可或缺的力量。基督的人性之争必须解决,而他也着手解决,他的方法就是压制所有支持阿塔纳修斯和《尼西亚信经》的人。352年,教宗朱利安去世。他处理阿里乌斯问题,立场坚定,从容淡定,但对于对手,也能做到机智圆通,彬彬有礼。他的继位者利贝留斯(Liberius,352—366年),虽在罗马虔诚贵妇中不乏热忱的追随者,对尼西亚信经也一直坚定信守,但处事却不够沉稳练达。东部主教们游说他罢免阿塔纳修斯。利贝留斯于是很不明智地请求康斯坦蒂乌斯召开大公会议,以便重新确认尼西亚信仰。不料,康斯坦蒂乌斯却连续召开了两次教职会议(一次是353年,在阿尔勒举行;另一次是355年在米兰举行),逼迫与会的主教们谴责阿塔纳修斯。有几位主教因拒绝谴责而遭到流放。

利贝留斯对此大为震惊,立刻罢黜自己的使节,因为他屈服于压力而同意谴责阿塔纳修斯。颇有权势的宫廷宦官优西比乌(不要与恺撒利亚的优西比乌混淆)被派往罗马对教宗施压。利贝留斯拒绝接见,优西比乌留在圣彼得神龛上的一份皇帝的礼物,也被他命人扔掉。利贝留斯写信给皇帝说,他之所以反对,不是因为要固执己见,而是要坚持"众使徒的信条……我从未为罗马城的主教职位增添任何光彩,也从未让它遭受任何损伤;而我也一直盼望有机会保护和守卫我们的信仰不受污染,这种信仰是历任主教长期传承下来的,其中很多人为之殉教"。① 皇帝被激怒了,下令逮捕教宗,并押到米兰来见他。皇帝身边的阿里乌斯派教士趁机进献谗言,说利贝留斯的反抗不过是老式的罗马共和主义在作怪,意在博取元老院的喝彩。皇帝斥责说,绝大多数主教都谴责阿塔纳修斯,唯独教宗偏要支持他。利贝留斯提醒皇帝说,在《旧约》中,沙得拉(Shadrach)、米煞(Mesach)和亚伯尼歌(Abednego)都是独自抵抗崇拜偶像的暴君尼布甲尼撒(Nebuchadnezzar),并斥责那些控告教宗是叛徒的弄臣说:"你们使我们的皇帝变成了尼布甲尼撒。"教宗拒不屈服,被放逐到色雷斯。他最后的一项反抗举动,是将皇帝给他做路费的 500 金币退了回去,并建议把它赏给阿里乌斯派的米兰主教,暗示他就是犹大。②

利贝留斯面对帝国压力展现出的勇气,预演了主宰整个中世纪欧洲史的教权与皇权之间的斗争。但是,他的决心并没有保持多久。康斯坦蒂乌斯非常厌恶他,但也知道,如无教宗的支持,他就不能长期控制教会,因此一刻不停地继续施压。身陷流亡、远离家园的利贝留斯,在一邦御用教士们的劝诱下,最终立场软化,同意将阿塔纳修斯逐出教会,并签署了一纸公文,宣称逻各斯"在存有和一切事物中就像父亲"(the *Logos* was '*like* the father in being' and in all things),这种空洞的说法其实并没有否定《尼西亚信经》,却削弱了它的效力。358 年,教宗终于获准回到罗马。

此时的罗马,已经严重分裂。355 年,当利贝留斯被放逐后,皇帝任命了一位新教宗,即利贝留斯的执事长菲利克斯(Felix),

---

① Shotwell and Loomis, *See of Peter*, pp. 561, 571.
② Ibid., pp. 572-576.

由阿里乌斯派主教在米兰皇宫为他祝圣就职。菲利克斯显然地位不稳,但帝国的支持就是最有力的保证,罗马也有许多教士拥护他。康斯坦蒂乌斯不愿就此废黜菲利克斯,命令利贝留斯和他共同行使主教职权。罗马民众不能接受这样的安排。他们掀起街头骚乱,支持利贝留斯,高喊:"一个上帝,一个基督,一个主教!"菲利克斯被迫退位,他在郊区建了一座教堂,过上半隐居的生活,但在城内的教俗人士中,仍不乏追随者。利贝留斯的威望,因其流放期间的可耻投降而受到极大的损害,但他尽全力恢复自己的名誉,在坚持《尼西亚信经》的同时,促成阿里乌斯争辩双方的温和派达成和解。阿塔纳修斯尽管没有完全原谅他,却也将他的失足归咎于脆弱,表示压力之下可以理解。

利贝留斯的继任者达玛苏(Damasus,366—384年),曾在利贝留斯和菲利克斯手下担任执事,他承担了前任教宗遭遇放逐的某些后果。他在366年当选时,就经过激烈的竞争,因而需要面对对立教宗乌尔西努斯(Ursinus),只是在罗马警察与一群暴民的帮助下,他才摆脱了这个对手。达玛苏是阿里乌斯主义的死对头,在正统的新皇帝支持下,他毅然镇压城内的异端。但在他任期内发生的街头巷战与屠杀乌尔西努斯的支持者一事,使他不断遭到道义上的谴责,而且他也过多地依赖城市当局和帝国权威的善意和支持。

达玛苏竭力避免卷入仍在撕裂东部教会的阿里乌斯之争,不支持任何一方。伟人巴西尔(Basil the Great)等尼西亚信仰的支持者,在东部承受着很大的压力,不断乞求他给予支持。但达玛苏一直虚与委蛇,并向东部教会一连发出数封信函,措辞高傲,称呼当地的同侪主教为"孩子们",而不是以传统的模式称为"弟兄们"。

这种自抬身价的举动被察觉了，并引起公愤。尽管无意涉足错综复杂的东部神学论战的噩梦，但达玛苏认为，对东部主教们而言，正确的做法是奉行罗马标准来确立他们的正统教义。西班牙将军狄奥多西（Theodosius）接掌大位后，他的地位得到了极大的强化。狄奥多西是一位厌恶阿里乌斯主义的虔诚天主教徒，380年2月，他颁布了一道敕令，要求帝国境内所有臣民尊奉"由圣彼得带到罗马……且由教宗达玛苏明确奉行"的基督宗教（Christian religion）。次年，狄奥多西在君士坦丁堡召开了尼西亚公会议以来的第一次大公会议。尽管西部主教无人参加，教宗达玛苏甚至没有派代表，这次会议还是拟定了一个信经，并把它并入《尼西亚信经》，从而圆满地解决了阿里乌斯之争。这个《君士坦丁堡-尼西亚信经》（Constantinopolitan/Nicene Creed），在天主教与英国国教的每个主日圣餐礼上，至今仍被朗诵。

然而，除了教义问题，君士坦丁堡大公会议还颁布了一系列教规教纪，全都直接针对罗马自称在整个教会中具有首席权这一核心问题。会议发布的教令规定，各教区发生的诉讼案，应由各主教在自己的辖区内听审——这是对罗马自称是所有这类案件的最高上诉法庭的直接抗辩。教令进而规定，"君士坦丁堡主教理所当然地享有与罗马主教同样的崇高荣耀，因为君士坦丁堡是新罗马"。[1]

最后这一条是罗马绝对不能接受的，原因有二。首先，它是对帝国投降，任由帝国控制教会，因为君士坦丁堡并不像罗马那样具有宗教权力，除了世俗地位，它一无所有。更糟糕的是，这条教规

---

[1] Shotwell and Loomis, *See of Peter*, p.686.

的措辞,暗示罗马的首席权并非源自于彼得与保罗亲手所创的教会的使徒血统,而是来自罗马曾是帝国首都这个事实。达玛苏及其继承人都拒绝接受这条教规,次年,西部主教云集罗马开会,颁令驳斥,宣布罗马宝座对其他所有教会拥有首席权,这不仅因为主对彼得的承诺"你是彼得"(Tu es Petrus),还因为它是彼得和保罗共同创立的。主教们进一步解释说,如果罗马是第一个彼得宝座,那么,第二个宝座不是君士坦丁堡,而是亚历山大里亚,因为它是圣马可奉彼得之命按照罗马的样式创立的;第三个是安提柯,因为彼得来到罗马之前,曾是那里的主教。

达玛苏担任教宗期间,东、西两部教会对于罗马的宗教重要性的认识,分歧越来越大。利贝留斯时期的街头骚乱,表明帝国对教会疏于管理。而帝国奉行的统一压倒一切的优先政策,则会造成教宗与皇帝之间的冲突。但罗马本身正在逐渐远离帝国政务的中心。君士坦丁以后,没有一位皇帝居住在罗马,甚至西部皇帝也是以北部作为基地,如特里尔、阿尔勒,尤其是米兰。康斯坦蒂乌斯就曾以米兰为中心,企图将阿里乌斯主义强加于帝国西部;而阿里乌斯派主教奥克森(Auxentius)一直掌管着米兰教会,直到374年去世为止。

奥克森死后,安布罗斯接任主教。他是一名公职人员,为人正派,无可挑剔,接任之前任米兰总督,尚未受洗。而正是安布罗斯,而不是达玛苏或其继承人西里修斯(Siricius,384—399年),成为了4世纪最后二十五年西部教会生活的主要人物。安布罗斯为提升米兰教座的影响力,竭力使之呈现大都市的气派,以取代罗马在意大利北部诸教区的影响;他还介入意大利乃至远达巴尔干的主教任命;并吸引皮亚琴察、博洛尼亚,甚至北非的教士与宗教人士到米兰来。他主持兴建了一系列雄伟的教堂,以便将米兰建成一座基督教首府;这样的雄心壮志,是异教依然弥漫的罗马无望达成的。米兰新教堂(The Basilica Nova at Milan)现已埋在米兰大教堂(Duomo)之下,它曾是一座教堂巨无霸,几乎堪比教宗的圣约翰·拉特兰教宫(St John Lateran)。如此宏伟的教堂,在罗马之外,绝无仅有。阿里乌斯派在米兰根深蒂固,安布罗斯接任后,便发起了回归尼西亚正统的运动,动员西部主教支持这项天主教事业。更重要的是,在与皇室数度冲突后,他划出了教俗权力之间的边界:拒绝帝国军队中的阿里乌斯派使用米兰城中任何一座教堂;否认帝国法庭有权审判教会案件;禁止教会资金被用来重建毁于一次宗教暴乱的会堂;甚至,还将皇帝狄奥多西逐出教会,因为他在一位帝国官员被杀后,曾下令屠杀帖撒罗尼迦(Thessalonica)平民以示惩罚。安布罗斯是西部教会的真正领袖,而他的传记作者保利努斯(Paulinus)也意味深长地评论他"心怀一切教会",这句话从此成为教宗们的口头禅。

　　安布罗斯的生涯,有助于揭示教宗首席权在大公会议时代的局限性。但安布罗斯在意大利的支配地位,是建立在高扬而非企图削弱教宗权威这一基础之上的。他自幼成长于教宗利贝留斯时期的罗马,在圣彼得教堂,利贝留斯曾亲手将修女的头纱戴在他妹妹的头上,这位教宗也是他家的常客。每逢教宗光临,家族中的女性总是环绕着他并亲吻他的手,安布罗斯为此着迷,这个男孩常常模仿教宗庄严的走路方式,像他那样伸手让家中女性亲吻,惹得亲友们开怀大笑或十分恼火。正是从利贝留斯的生涯中,他学到了反抗帝国苛政的第一课,因此,安布罗斯发起的提升米兰影响力的运动,不存在任何反教宗的因素。事实上,教宗的高度特权对安布罗斯极为重要,因为他常常将自己的行为辩解为是在代行教宗职权。381 年,他策划了阿奎莱亚公会议(Council of Aquilea),会议致函皇帝,表示支持达玛苏,反对对立的教宗乌尔西努斯,信中称罗马为"整个罗马帝国的头",从罗马流出"使徒们的神圣信仰……和庄严共融的一切权利"。① 不足奇怪,安布罗斯的阿里乌斯派敌人骂他是马屁精,说他卑躬屈膝,一味巴结达玛苏,不过是想狗仗人势,自壮身威。对于支持者,安布罗斯把米兰对彼得与保罗的敬拜,提升为是他们对两位使徒保持宗教忠诚的一种共同誓约。达玛苏将两位使徒的一些遗物送给他,以示鼓励——罗马送来的这个装有使徒遗物的银盒,至今仍保存于米兰的圣拿撒路教堂(San Nazaro)。就教会建制而言,安布罗斯时代的北部意大利,仍是一片生僻的荒野。在这片异教流行的广袤土地上,只有稀稀落落的少数几个教区,除了共同忠诚于罗马和罗马的两位使徒外,它们之间互不相干,也不与米兰发生联系。安布罗斯在当地的支配地位,不仅昭示着教宗领导权在西部的局限性,也表明了对这种领导权的急迫需要,无论是象征层面的需要还是实际性的需要。因此,如果教宗权在 4 世纪还不存在的话,那它也必将被发明出来。

四、教宗罗马的诞生

　　君士坦丁的皈依将罗马主教推进了帝国权力的中心。他们原本就有权有势,现在又成了与城中最富有的元老们平起平坐的显贵。整个罗马世界的百姓,现在都期望主教来担任法官、总督,甚

---

① R. B. Eno, *The Rise of the Papacy*, Wilmington, Delaware 1990, pp. 80-84.

而超级公仆的角色。甚至在非洲教省,奥古斯丁也曾抱怨说,自己身为主教,却俗务缠身,苦不堪言。就罗马主教而言,要在一个异教盛行的帝都执掌教会,而这个首都既是世界中心的象征,也是罗马民众认同感之所在,因而主教的世俗职能也就更为复杂。324年,君士坦丁抽身离开罗马城,前往帝国东部创建一个基督教首都。打造基督教罗马的重任,就落在教宗的身上。

他们从建教堂开始着手,将简陋的社群中心教堂改建得更为雄伟,并新建了一些公共设施,初期的这些建筑,尚不能与雄伟庄严的帝国建筑拉特兰大教堂和圣彼得大教堂相提并论。随后数百年间,教宗的教堂建筑计划扩展到了罗马城内——教宗马可(Mark,336年)兴建的圣马可教堂(San Marco)与朱庇特神庙近在咫尺;教宗利贝留斯在艾司奎琳(Esquiline)建了一座庞大的教堂(今圣母玛利亚大教堂);教宗达玛苏的圣阿纳斯塔西娅教堂(Santa Anastasia)建于帕拉丁(Palatine)山脚;教宗朱利安所建的基座位于现今特拉斯特维勒区的圣母玛利亚教堂(Santa Maria)所在处;教宗阿纳斯塔修斯时期(Anastasius,399—401年)所建的圣普登齐亚教堂(Santa Pudenziana)紧靠戴克里先的公共浴室(Baths of Dicletian);教宗西莱斯廷(Celesine,422—434年)则在阿文丁山丘(Aventine)的贵族住宅区内,兴建了圣萨宾娜教堂(Santa Sabina)。

这些教堂建筑,展现了后君士坦丁时代基督教在罗马的乐观自信。教宗已成为统治者,并开始显出统治者的风范。达玛苏完美地体现了这种逐渐成形的恢宏气魄。他与其前任利贝留斯一样,本为职业教士,温文尔雅;然而,当他身处罗马的豪华寓所时,也是一个冷酷的弄权者,会毫不犹豫地动员罗马警察与基督徒暴民来支持他。曾有人与他竞选教宗,但他的支持者占有绝对的数量优势——就如《教宗纪年》所说:"他们认可达玛苏接任教宗,是因为他更强,支持者也更多;这就是达玛苏为何得到认可。"① 达玛苏的下层支持者中,包括了几群臭名昭著、蛮横无忌的罗马掘墓人(fossores),他们发动了街头巷战,最后攻下了现今的圣母玛利亚大教堂,血腥屠杀了137名乌尔西努斯的支持者。

达玛苏与乌尔西努斯是为了权位而相互争斗,异教史学家阿米亚努斯·马西利努斯(Ammianus Marcelinus)不无嘲讽地评论说:

> 我不否认,那些为了实现野心而垂涎这个位置的人,会不择手段地动用一切资源来争夺这个职位。因为,他们一旦获得了这个职位,就能一劳永逸了,众多贵妇的奉献会让他富可敌国,可以乘着豪华马车四处周游,前呼后拥,而举办的奢豪宴会,即便皇族饮宴也难以媲美……②

阿米亚努斯在此提到的贵妇赠礼,并非无的放矢。370年,帝国曾颁令禁止教士造访富有的寡妇或女继承人的居所,而达玛苏本人也曾被戏称为"女士的取悦者"(matronarum auriscalpius)。不过,罗马教会和主教们身上新出现的这种市侩气息(worldliness),并不是神职人员的唯一发明。3世纪中期以来,基督教与世俗文化一直在逐渐融合。远在君士坦丁时代之前,罗马城四周的基督

---

① Davis, *Book of Pontiffs*, p. 29.
② Shotwell and Loomis, *See of Peter*, p. 633.

徒地下墓穴艺术,已明显呈现出这种趋势。随着帝国接受基督教为国教,这个融合过程大为加速。在达玛苏时期的罗马,富有基督徒之间互赠的礼物就含有基督教标记,它们通常被嵌入维纳斯像、海神海怪像和展现异教风格婚礼的图像内。

然而,教会的这种罗马化并不只是世俗化而已,这个帝都的主教还必须得面对这个城市和这个教座的罗马特质。于是,他们着手探寻这种"罗马特质"的宗教维度,对于教宗权的本质而言,这富有深意。教宗达玛苏对这项任务特别用心。他以基督教而不是以异教的立场,来诠释罗马的过去。他将教会拉丁化(Latinise),并将拉丁基督教化(Christianise)。他任命当时最伟大的拉丁学者,达尔马提亚的长老哲罗姆(Jerome)担任他的秘书,授权他将教堂里使用的粗制滥造的拉丁文本《圣经》,转化为较为高雅优美的拉丁文。哲罗姆的译本后来称为《拉丁通俗本圣经》(the Vulgate Bible),他的工作并没有完成,但他将古代以色列和早期教会使用的经文译成了罗马人能够辨识的习惯用语,古代部落的立约法规也转化为罗马的法庭语言;哲罗姆的《圣经》文本里,耶稣对彼得所许诺言中的"捆绑"与"释放",也译为罗马人熟悉的法律用语,这就强化了教宗独特权力的合法性。

对达玛苏来说,圣徒们的荣耀理所当然也是罗马的荣耀。许多罗马的殉教者原本来自外地,但因他们殉难于此,也就成为了罗马的荣誉市民。达玛苏收集了许多伟大圣徒的遗体,重新安葬,并树碑立传,亲自撰写碑文,字体以古典风格精心设计。他为圣塞巴斯蒂安教堂里的彼得与保罗联合神龛所作的题词,就是一个代表。东部主教在教宗朱利安时期曾提出,彼得与保罗既属于罗马,同样也属于东部的基督徒。达玛苏的这段题词就是直接针对这一主张而发的:"凡寻求彼得与保罗之名的人,不论是谁,都应该知道圣徒们曾居住于此。使徒们来自东部,这我们愿意承认,但由于他们的宝血……罗马有更大的特权宣称他们为市民。你们这两颗新星啊!达玛苏以此赞颂你们!"[1]异教徒钟爱的"永恒之城"罗马(Rome Aeterna),由于教宗权及其继承彼得与保罗遗产之故,此时已呈现出一种崭新而明确的基督教意蕴。但这并不是一场不战而胜的胜利。最有名的冲突发生于384年,以辛玛古(Symmachus)为首的异教元老们,要求保留元老院中具有异教风味的"胜利祭坛"(Altar of Victory)。达玛苏动用安布罗斯代表他在米兰游说,祭坛终于被拆除,但留下了一座女神雕像,后世只好将它解释为一个天使。伟大的拉丁赞美诗作者普鲁登提乌斯(Prudentius)尽管十分了解保守的元老家族仍信奉异教,但还是欢呼罗马成为一个以基督教信仰为纽带的世界之都:"基督既然赐予你们罗马人一座基督教城市,一座像世界其他地方那样的基督教首都;那么,彼得与保罗会赶走朱庇特。"在普鲁登提乌斯的祈祷词描绘的景象中,两位使徒就身穿罗马元老们的托加袍(toga),出现在建于4世纪末的圣普登齐亚教堂的马赛克拱顶。[2]

教宗权的罗马化,并非只展现于外在的装饰。教宗们开始自觉地以罗马国家的程序,来塑造自己身为基督教领袖的行为与风范。在达玛苏生命的最后岁月中,西班牙的塔拉戈纳(Tarragona)主教致信教宗,询问教会日常生活安排问题。达玛苏尚未回信就

---

[1] Chadwick, 'St Peter and Paul in Rome', pp. 34-35; R. Krautheimer, *Rome*: *Profile of a City*, 312-1308, Princeton 1980, pp. 39-41.

[2] Krautheimer, *Rome*, p. 41.

过世了，这封信于是成为继任教宗西里修斯（Siricius，384—399年）办公桌上的第一件公务。教宗以教令（decretal）的形式回信，这种教令直接模仿帝国复文（imperial rescript）；而且，教令也如同复文一样，提供权威性的裁决，以确立相关事件的法定判例。西里修斯还称赞这位主教向"就如你身体的头"的罗马求教，指示他向周围各教省的主教传阅"我们做出的有益条例"，因为"没有一位主的祭司有不知晓使徒宝座钦定法规的自由"。①

西里乌斯显然不清楚他正在发明什么，因为他援引的只是前任教宗们的"一般教令"，而这种答复询问的形式早已成为例行常规了。然而，他的回函说明了教宗们采用的惯用语和思路，而这种用语与思路将有助于形成西部基督教国度的整个心灵世界。罗马稳定的使徒传统及其见证的古老真理，此时已被认为不再单单是传承古代的传统，而是可以明确地以立法的形式来加以发扬。法律成为罗马教会的当务之急，而教宗被视为教会至高无上的立法者。正如教宗英诺森一世（Innocent Ⅰ，401—417年）在致非洲主教的信中说的那样："是神的权威而非人的权威颁令规定：任何教省，无论距离多么遥远多么偏僻，在采取任何举措时，在知晓本座旨意之前，不得擅自行事；因此，每个决定都由我们授权确认。"②

罗马教座这种坚定的信念，部分是因为罗马的神职人员沉浸在一种独特的精神世界中。在教宗的宫室周围，已经发展出一种完整的教士文化（clerical culture），置身于这种文化的人通常出身贵族，他们对自己的传统怀有强烈的自我意识并深以为荣：哲罗姆

---

① 完整的信见 Shotwell and Loomis, *See of Peter*, pp. 699-708。
② Eno, *Rise of the Papacy*, p. 94.

封他们为"元老院"。达玛苏本人就是这一世界的产物,他的父亲是一个资深的罗马教士,曾创建一座以自己名字冠名的教堂。教宗博尼法斯(Boniface)的父亲也是一位罗马教士。英诺森一世是前任教宗阿纳斯塔修斯一世(Anastasius Ⅰ,399—401年)的儿子,曾在其父手下担任执事。事实上,资深教士从前任教宗的七位执事中选出教宗,已成为惯例。执事的服饰和教宗相似,是很特别的宽袖袍,上面有两条紫带。这些执事组成了教宗行政管理的核心。博尼法斯一世(Boniface 1,418—422年)、利奥一世(Leo 1,440—461年)与菲利克斯三世(Felix Ⅲ,483—492年)死后,都是由他们的执事长(archdeacon)继承。在这个神职人员圈里,记忆可以维持得更长久,记录也得以小心地保留下来。罗马的传统被视为神法的一部分,因此要妥善保存。西莱斯廷一世(Celestine 1,422—432年)宣布:"法律条文统治着我们,我们不要践踏这些条文:我们必须服从教会法。"[1]

这些主张在帝国西部大多没有受到挑战。即便在四分五裂的非洲,尽管希腊籍教宗佐西玛(Zosimus,417—418年)因缺乏经验与手腕,曾经干涉该地的教会事务,使得非洲诸位主教极为不满,他们也没有公然拒绝。英诺森一世确信,信仰一直是从罗马的两位使徒那里传播到意大利各地、高卢、西班牙、非洲和西西里的,这些主张总体上被接受了,而罗马在理论上与实际层面的首席权随之也被承认了。然而,在实际层面上,这种首席权在西部各地的境遇差别极大,理解也判然有别。在意大利半岛大部分地区,教宗实际上是唯一的大主教(Archbishop),他的权力非常广泛而直接。

---

[1] Eno, *Rise of the Papacy*, p. 100.

教宗召集并主持教职会议、任命主教、直接插手规范纪律并执行教规。在意大利外,罗马主教的权威只能直达西部的某些地区,在这些地方,教宗已经成功地建立了代牧区(vicariate),任命了主教代理并通过他们实行监管,如在4世纪高卢的阿尔勒(6世纪时,教宗辛玛古[Symmachus,498—514年]曾恢复这个代牧区),4世纪晚期以后的伊利里亚(Illyria,现巴尔干地区);在西班牙的塞尔维亚,教宗辛朴力修(Simplicius,468—483年)一度也设有代牧区。这些使徒代牧被认为分担了教宗"对所有教会的关怀",教宗们也许可他们穿上特殊的教宗白色羊毛圣带或"披肩",以示共司教宗的牧灵权。

在其他地区,教宗的权威只限于西部宗主教(Patriarch of the West),与亚历山大里亚、安提柯,最后还有君士坦丁堡与耶路撒冷的宗主教平起平坐。教宗的宗主教权威,固然因为彼得权威的荣耀而得到极大的提升,但这种荣耀只是一种道德权威,而非管理权力,是暂时的而非持续的。各地方教会,自行管理教会事务,自选主教且不必呈报罗马,自行召开教职会议,自行规划教会生活和礼拜仪式。罗马的重要性不在于它无时不在,而在于它是一种根本资源,是帝国西部唯一的使徒教座,最重要的,是它在特殊情形下具有上诉法庭的功能。最后的这项功能,对形成教宗理论至关重要:在这一上诉过程中建立起来的"判例法",通过教令或书信的形式而被正规化,体现的是历代教宗的旨意。在适当的时候,这些教令会被整理成册,并在形成西部关于教会的思想及教宗权在其中的核心地位的过程中,起到关键性的作用。

对高卢、非洲和西班牙诸教会而言,教宗首席权的典型表现方式不是执行罗马来的法规,他们对此肯定会拒绝。相反,彼得的牧灵权体现为偶尔干预,几乎总是以答复当地请求的形式出现,旨在为地方教会的决议与行为赋予使徒权威的庄严性。比如,在围绕帕拉纠(Pelagius)关于自由意志与恩典的教义的论战中,圣奥古斯丁和他的非洲主教同侪就向教宗英诺森一世报送了一份教职会议决议的记录。他写道:"为了让我们的涓涓细流汇入您那博大的喷水池,我们希望您能保证我们的这股小溪流,无论溪水多么少,能够与您那条大河流自于同一源头;我们也希望您能回函,以便我们能够共享一种恩典。"①值得注意,非洲主教这里请求的不是指导,而是对他们所做决议的一种最后敲定,承认教义争执已经彻底解决,用奥古斯丁的话来说,就是"争论结束了"(causa finite est)。然而,意味深长的是,对他们的信,教宗英诺森不是视为请求同意结案,而是在请求权威决断。非洲主教们众口一词地强调他们的权威与罗马主教的权威源于同一源头,而英诺森则说"一切"溪流都发源于罗马。强调点的这种差异,对教宗权的未来张扬具有重要意义。

 帝国东部则是另外一回事。这里的确承认教宗的荣誉首席权(primacy of honour)承继于彼得,但教宗由此推演而来的实际权力则是被忽视或被彻底否决的。罗马被视为五个资深的宗主教区(patriatchate)之一,五大宗主教区(Pentarchy)均有使徒基础,它们的和谐与一致才是教会权威的根本基础。例如,在东部教会看来,得到五大宗主教区共同认可的公会议(council),才是一次真正的大公会议(general council);而在西部,唯有教宗的认定才是最根本的标准。更重要的是,君士坦丁堡宣称自己是新罗马,这对教宗的首席权是一个持续的威胁,遭到历任教宗的坚决反对。从

---

① 引自 Schatz, *Papal Primacy*, p.35。

380年代起,教宗们在帖撒罗尼迦设立了一个代牧区,在任命新主教等相关事务上,授予主教广泛的代理权,以防教宗在巴尔干的传统势力沦丧于君士坦丁堡。421年,这个代牧区遭受威胁,当时它已正式成为东部帝国的一部分,东部皇帝将其教会管辖权转给了君士坦丁堡宗主教。教宗博尼法斯困兽犹斗,竟然成功地保住了他在当地的权力,从而宣示了教宗对一切教会的监管权,即使在东部也不例外。

所有这些发展,都汇集于早期教会最杰出的教宗伟人利奥(Leo the Great,440—461年)身上。他当选教宗之前,曾是西莱斯廷与塞克图斯三世(Sixtus III,432—440年)手下一位极具影响力的执事。利奥虽不是生于罗马,但周身散发出罗马特质(Romanitas),这种特质已成为古代晚期教宗独有的标志。他将自己就任教宗的周年庆典日(9月20日)当作他的"生日",在一系列布道中大加宣扬,并在纪念彼得与保罗的节日中,将教宗的身份与彼得熔铸在一起。利奥的这种身份感是相当神秘的。彼得永远端坐在彼得宝座上,利奥虽然是一位"不肖之子",却继承了彼得所有的权力。这样,彼得本人的所有言行均体现在利奥的作为中:"因此,如果我们做对了任何事,颁布了正确的教令;如果有任何事物是因为我们的每日祈祷而蒙上帝怜悯恩赐,那都是由于彼得的工作与功劳,因为他的权力依然鲜活,他的权威依然留在他的宝座上。"[1]服从彼得的权威,就是服从基督的权威;否定彼得的权威,就是将自己置身于教会的奥秘之外。[2] 在利奥看来,彼得来到帝

---

[1] Eno, *Rise of the Papacy*, pp. 102-109.
[2] Ibid., pp. 102-109.

国的中心是奉神意行事,旨在将福音从罗马传播到整个世界。正如古代罗马是由罗慕路斯和勒摩斯创建一样,基督教罗马是重新建立于彼得和保罗的身上,成为教会的心脏。

利奥就是据此行事的,展露他的全部才华来增强教宗在整个西部的权威。他保存下来的信函显示了他活动的大致范围:给非洲、高卢和意大利发出的长长的劝告信,内容涉及打击异端,训斥脱离罗马惯例,为当地在教士任命和惯例上出现的分裂、混乱和违规行为开药方。他加强了教宗对米兰和意大利北部诸教区的控制。当阿尔勒的希拉里(Hilary)越轨宣示他对高卢诸主教拥有宗主教的权力时,他将其权力限定在他自己的教区,并说动西部皇帝正式确认了教宗对西部一切教会的管理权。利奥深知自己的职责是确保宣扬正统信仰。对罗马的摩尼教,他采取了严厉措施,不惜动用警察和教会谴责;他还组织西班牙主教打击当地的普里西里派异端。*

利奥不会说希腊语,但担任执事时曾与东部多有接触。担任教宗后,全力将教宗的影响扩展到东部,但他觉察到此事必须小心谨慎。他曾毫不留情地谴责他在伊利里亚的代理人、帖撒罗尼迦主教阿纳斯塔修斯,因为他僭越权力,侵害了当地都主教(metropolitan,有权监管一个教省其他主教的大主教)的权利,并逐渐触犯当地主教。他坚持认为,阿纳斯塔修斯只是一个代表,并无"完整的权力"(*plenitudo potestatis*),这种权力只属于彼得和利奥。

---

* 普里西里派(Priscillianist):4—6世纪流行于西班牙和高卢一带的一个异端教派,其教义系诺斯替教派和摩尼教的混合物。得名于其首领阿维拉主教普里西里(Priscillian,约340—385年),380年被斥为异端,385年被以行邪术的罪名处死。——译者

不过，利奥广泛地使用干预和权威性的语言，并不是要伸张他的主权，更不是要直接行使这一权力。他的文字渗透着仪式用语的特征，从中可知，在他看来，彼得的牧灵权是一份代表整个教会悉心守护的天职，也是一个确保一切都遵从使徒传统和教会法规的使命。"如果我们不能精心监察赋予我们的职责，"他宣称，"在愿意我们成为哨兵的上帝面前，我们将无法原谅自己。"罗马的特权是一份用来建造整个基督徒共同体的厚礼："主对彼得表现出一种特别的关注，尤其关心彼得的信仰，就像是，如果领袖的精神保持不被征服，那么在未来，其他人就更有保障一样。这样，在彼得身上，所有人的信心都得到了坚定，神恩的帮助也因此得以传递，这种力量通过基督传递给彼得，由彼得传递给众使徒。"[①]

　　帝国东部的异端邪说，为教宗提供了利奥心目中最伟大的一次牧灵权的运用。431年，以弗所大公会议宣布，玛利亚不只是耶稣的母亲，更是"身怀上帝者"（the God bearer）、是"上帝之母"（Mother of God），因而确认了基督的神性。在会议即将结束时，围绕基督神性与人性结合的确切本质问题，引起了很大的争议。耶稣的人性是否被其神性所吸收？在他降生为人后，是否兼具神人二性或是只有一性？在何种情况下基督是真正的神？在何种情况下他是真正的人呢？这场争议犹如昔日的阿里乌斯问题，令人担忧，双方辩士都向罗马寻求支持。其中一人优迪克（Eutyches）宣称，基督降生为人后只有一个性，因此作为人，他与我们根本不同。当优迪克向利奥诉请支持时，利奥大为震惊。他就降生为人

---

① J. Tillard, *The Bishop of Rome*, London 1983, p. 91; R. B. Eno (ed.), *Teaching Authority in the Early Church*, Wilmington, Delaware 1984, pp. 161-162.

问题写了一篇专论,驳斥优迪克并教导说,在基督身上兼具人性与神性两种本质,两者互不混合,互不混淆,永远且真实地结合于一个位格,因此,可以将耶稣的所作所为和他的神性特质都归因于他的人性,反之亦然。

我手中的这份《宝卷》(Tome),曾以书信形式送给君士坦丁堡主教弗拉维亚(Flavian),并不一定是真本,但措辞清晰、精准而明确,并成为451年的卡尔西顿(Chalcedon)大公会议解决这个问题的基础。这次会议由利奥的使节主持,参加会议的主教们十分热烈地欢迎宣读利奥的这份文件,宣告这是"彼得通过利奥发言"。其实,这不过是利奥信念中的"所有"教宗发言的方式,他还认为,大公会议之所以采纳他的教诲是因为那是教宗的教诲。自达玛苏时代以来,罗马的神学家一直认为,正是教宗的支持赋予了大公会议特殊的权威,并使得大公会议截然不同于其他形式的主教会议。然而,参加卡尔西顿大公会议的主教们并不这么认为。他们承认使徒宝座的特殊威仪与荣耀,但他们并未因此而认为罗马主教所说的一切都是真理,而且,他们似乎还认为,彼得只是"在这一特殊场合"才通过利奥发言。因此,他们采用利奥对此问题的解决方案,不只是因为这是他的意见,而是因为他们判定那是真理。为强调这一点,在大公会议的第28条教规中,他们重申了君士坦丁堡大公会议的主张,即君士坦丁堡在罗马之后取得了优先权,"因为它是新罗马"。东部与西部在教宗权认识上的差异,在这里表达得最为清晰明了;而利奥直到两年后才签字,接受了卡尔西顿会议的决议。

伟人利奥为教宗权在古典世界的行使提供了明确的形式,并为后世张扬这种权力设立了模式。在他的周围,古老的罗马已然成为废墟,曾被视为罗马军团潜在兵源的蛮族军队,蹂躏着意大利。401年,他亲眼目睹了哥特人对罗马的洗掠,此事震动了文明世界。远在圣地隐居的哲罗姆,认为那就是世界末日。当他试图就此口述一封信时,泪流满面而语不成声:"这座曾经统领全世界的城市被攻陷了。"(*capta est urbs quaetotum cepit orbem*)然而,接下来的情况更糟。452年,就像《教宗纪年》所说的,利奥"为了罗马的名声",不得不前往曼图亚(Mantua)去说服匈奴人阿提拉(Attila the Hun)将他的军队撤出罗马。他竟然奇迹般地成功了。然而,在455年,他所能做到的最好的事,是说服汪达尔人盖塞瑞克(Caiseric the Vandal)的军队满足于肆意掠夺,而不要将罗马付之一炬。掠夺持续了整整14天。当他们离开后,利奥全力补救损失。他熔掉圣彼得大教堂自君士坦丁以来罗马光辉时期留下的银器,为那些被洗掠一空的教堂铸造圣餐杯。

对利奥来说,罗马是真正的世界之首(*caput orbis*),但唯有基督教的罗马才是"永恒之城",而不是他周围正在毁灭的千年古迹。罗马帝国已经诞生,因此基督教也会步入辉煌。属灵的罗马,建立在两位使徒的鲜血上,存活于彼得的继承人与代言人的身上,不可能被毁灭。甚至在君士坦丁皈依的那段兴盛时代,教宗也必须在教会与帝国之间划清界限,因为周围环绕的一切帝国的标志,都是异教的。教宗利贝留斯经受的考验和安布罗斯对皇帝的违逆,已经让西部诸教会明白:上帝与恺撒,尽管可以联盟,却不能画上等号。在利奥对教宗权的憧憬中,教宗是一个帝国(*imperium*)的首领,只是这个帝国并不属于这个世界,教会已然找到了一个理想,这个理想将带领教会度过分崩离析的古典世界,而走向未来。

第二章　两个帝国之间
（461—1000年）

一、哥特诸王治下

476年，日耳曼将军、鲁吉人奥多亚克（Odoacer the Rugian）罢黜了西部帝国的最后一任皇帝，意大利成为一个蛮族王国。不过，从帝国转变为王国、从穿托加袍换成穿裤装，需要经历数代人才能完全呈现出难以想象的冲击力。意大利的蛮族国王追求自身利益，但至少在初期，他们仍是以遥远的君士坦丁堡皇帝的名义统治的，保留并尊重罗马元老院，接受"罗马人的贵族"荣耀头衔。即便奥多亚克的继任者西奥多里克（Theoderic），为人凶悍，只会用金制牌子上的印模签名，也接受并利用了帝国的名义。西奥多里克换上了罗马服饰，并把皇帝的肖像铸在他发行的货币上面。哥特诸王以亚德里亚海岸为基地，仍定都于西部帝国旧都拉文纳（Ravenna），罗马的魅力因而得以保存下来。正如西奥多里克宣称的："如果能够的话，每个哥特人都想成为罗马人，但没有一个罗马人想变成哥特人。"

教宗权是将西部世界与罗马过去、与现存帝国连接起来的最为具体的纽带。在利奥的理念中，基督教罗马是上帝授意的神意工具；教宗作为利奥这一理念的继承者，古都的第一公民和意大利中部最有势力的人,每当新君举行登基大典时,他们就会带领元老院向罗马皇帝的肖像致敬。教宗心向东部,他们对皇帝的忠诚又由于意大利诸蛮王信奉否认基督神性的阿里乌斯异端派而增强。哥特人对意大利北部的统治,破坏了当地的天主教神职体系,而教宗的权威与西奥多里克手下信奉阿里乌斯派的主教形同水火。

在此情况下,教宗很容易沦为不过是拜占庭派驻蛮族意大利境内的一位礼拜堂神父而已。但教宗和皇帝的关系也不总是一帆风顺,在5世纪末期,君士坦丁堡和罗马在基督教的基本教义上是相互冲突的。卡尔西顿大公会议的基本教诲受教宗利奥那篇专论的影响很大,罗马教会也将这届大会的教诲视为基督教信仰的明确表达。该会议明申耶稣基督既有完整的神性,也有完整的人性,两性互不混淆,同存于一个位格(person)。对西部神学家而言,这个"兼具二性"(two natures)的公式,是基督与他降世救赎的人类完全一样的基本保证,它主张基督在救赎过程中具有真实的人性。对于东部的许多基督徒来说,则正相反,他们强调一种双重本质的基督论(two-nature Christology),以至于否认基督神性的真实性,进而威胁到永恒的上帝自己通过人子耶稣受难和死亡这一颠扑不破的真理。对于信守这种观点的基督徒而言,基督的人性被他那庄严的神性彻底吸收了,就像一滴水融入一杯葡萄酒中一样。

帝国绝大部分地区支持这种反卡尔西顿的一性论神学(希腊文为"monophysite"),尤其是埃及,当地众多的沙漠修士都支持这一理论。东部帝国皇帝当时正在努力维持分散领土的统一,对一性论派的感情无法采取不闻不问或淡漠的态度,至少是无法承受丢失帝国粮仓——埃及产粮区的风险。因此,好几任皇帝都努力寻求妥协方案。484年,君士坦丁堡宗主教阿卡西乌斯(Acacius)采用了亲一性论派的神学,并得到皇帝芝诺(Zeno)的支持,罗马和君士坦丁堡因而彼此断绝了圣礼共融。更令人气愤的是,有位支持卡尔西顿教义的修士在阿卡西乌斯宗主教主持弥撒时,把教宗的破门律用针别在他的外袍上。一场所谓的阿卡西乌斯教会分裂就此开始,东西教会分裂延续了三十五年。

因此,教宗也许憎恶蛮族诸王,并渴望与某个天主教帝国建立更为紧密的联系。但事实上,帝国皇帝有支持异端的嫌疑。这种疑虑使得教宗对属世与属灵领域做出了越来越明确的区分,并抗拒皇帝宣称自己拥有高于教会的权威。教宗杰拉斯一世(Gelasius Ⅰ,492—496年)认为自己是帝国的忠诚公民,宣布"生为罗马人,我热爱、尊敬并推崇罗马帝国"。但他不愿费心告知皇帝阿纳斯塔修斯一世(Anastasius Ⅰ,491—518年)他当选的消息,并声明了他服从的限度:

> 最尊敬的皇帝陛下,世上主要有两种权力,主教的属灵权威和皇帝的权力。其中,教士的权力要重要得多,因为凡为王者,端坐神授的审判宝座时,得由它授权。我最亲爱的儿子,陛下您知道,尽管您身居高位,对世人拥有无上的权力,但在信仰上,陛下也必须服从那些负责神事之人,必须向他们寻求陛下的获救之道。陛下知道,事关领受圣餐、虔敬主持圣礼之事,陛下也必得服从教会的权威,而非顺从陛下您的意志……如果信徒必须心诚悦服于普通神父……那么,对于那位端坐宝座之人,那位上帝授意他优越于一切神父之人,那位一直决

断整个教会事务之人,应该给予多大的遵从呢?[①]

对于听惯了东部主教们那套谦恭的宫廷语言的阿纳斯塔修斯来说,这种言论很不顺耳。不管怎样,杰拉斯奠定了随后数十年间帝国与教廷之间关系的基调。阿纳斯塔修斯是一位虔诚的业余神学家,曾经是悬缺的安提柯主教的候选人。对于教宗的这番高谈阔论,他颇不以为然,他在517年告诉教宗何尔米斯达(Hormisdas,514—523年)说:"尊敬的先生,你可以反对我,可以侮辱我;但你不能命令我。"[②]

对于拉文纳的哥特政权来说,罗马和君士坦丁堡之间的紧张关系是一桩好事。国王西奥多里克是阿里乌斯派信徒,但对于他的天主教臣民,却也是一位聪明和宽容的统治者,他与历任教宗维持着良好的关系。这种友好姿态在罗马引起了复杂的反应,元老院和富有的罗马家族都盼望与拜占庭和解,恢复帝国在意大利的统治。元老和神职人员分裂为亲哥特派和亲拜占庭派,这种分离在教宗阿纳斯塔修斯二世(Anastasius Ⅱ,496—498年)去世后达到顶点,并导致双方各自选出对立的教宗。大神父劳伦斯(Archpriest Laurence)是俗界贵族推荐的候选人,他不惜代价,急于与皇帝和解,甚而愿意在教义上做出让步。而神职界推举的候选人则是执事辛玛古;不寻常的是,他刚从异教改宗而来,但坚决维护罗马教义的纯正和教宗的权利。罗马民众在这个议题上也各

---

① 杰拉斯书信文本,见 S. Z. Ehker and J. B. Morall, *Church and State through the Centuries*, London 1954, p.11(译文略有改动)。

② P. Brown, *The World of Late Antiquity*, London 1971, pp.146-148.

择阵营,随后引发流血冲突。为了结束冲突,双方候选人到拉文纳请求国王西奥多里克仲裁。据教宗编年史家所载,西奥多里克"做出了公平的裁决,谁先被授予神职,且所领导的派系人数最多,谁就执掌使徒宝座",结果辛玛古(Symmachus,498—514年)被选为教宗。但这绝非巧合,因为辛玛古是一位反拜占庭而亲哥特的人士。作为安抚,劳伦斯被匆匆授予努西利亚(Nuceria)主教。请求一位信奉异端的蛮族人来裁决教宗选举纷争,可谓一大奇观,对于帝国在意大利的权威也绝非好事。

但在君士坦丁堡,一股要求解决与罗马决裂的压力正在形成。神学主宰着5世纪君士坦丁堡的民间信念,就像足球或棒球主导着现今的曼彻斯特或纽约那样。甚至在竞技场上的绿队和蓝队都采用了神学口号。皇帝虽然是热忱的一性论者,但君士坦丁堡绝大多数人却支持卡尔西顿教义。当皇家礼拜堂和圣索菲亚大教堂(Hagia Sophia)的礼拜仪式又添入一性论因素时,血腥暴乱爆发了。暴民们在城内横冲直撞,以支持神人二性神学,整个城市陷入恐怖的情绪之中。阿纳斯塔修斯被迫与辛玛古的继任者教宗何尔米斯达寻求和解,邀请他在色雷斯举行一次教职会议来解决争议。然而,教宗或皇帝都无意妥协。

这个僵局因阿纳斯塔修斯猝死而被打破。宣布继位的查士丁(Justin)出身于农民军人,说拉丁语,信仰单纯,个性直率,是一位卡尔西顿派天主教徒,对微妙的神学差异没有耐心。他利用民众的广泛支持,强迫东部主教们接受教宗何尔米斯达草拟的一份信条,谴责阿卡西乌斯和他的说法,承认卡尔西顿信条的权威性。该信条援引了基督在《马太福音》第16章对彼得说的"你是彼得"那段话,承认罗马作为使徒宝座因而一直保留着真正信仰而享有的首席权，并将与罗马圣礼共融视为检验天主教会成员资格的基本标准。对教宗权而言，这无异于一个平地惊雷，在一千三百年后的梵蒂冈第一届大公会议上，这份"何尔米斯达信条"被援引来作为教宗永无谬误论(papal infallibility)的证据。[①]

不出所料，这个解决方案震惊了东部世界，但也标志着帝国与教廷之间真正和解的开始。查士丁和他的侄子查士丁尼(Justinian)(他辅佐他的叔叔并在527年继承皇位)决定恢复帝国对意大利的直接统治。与教廷和解是这个计划的关键。对发生的这一切，西奥多里克了如指掌，而在他于526年去世前的数年里，他对一切含有拜占庭情感的事物都偏执多疑，认为这是背叛。524年，深受信任的顾问、神学家波依修斯(Boethius)被他下狱，因为所谓的写给君士坦丁堡的叛国信。

西奥多里克认为自己是一切阿里乌斯派基督徒的守护者。他对皇帝的行为极为愤怒，因为查士丁狂热的天主教信仰在东部已演化为一场镇压异端的运动。皇帝把阿里乌斯派教堂没收，重新用来做天主教的礼拜；帝国统治下的阿里乌斯派哥特人也被强迫皈依天主教。西奥多里克决心制止这项政策，他将何尔米斯达的继承人、亲帝国的教宗约翰一世(John Ⅰ,523—526年)传唤到拉文纳，命令他带领一个由元老和前执政官(ex-consul)组成的代表团前往君士坦丁堡，去说服皇帝停止迫害、发还没收的教堂，允许被迫皈依之人恢复他们的阿里乌斯派信仰。

这项任务对教宗而言是一个极大的羞辱，他敏锐地感到自己

[①] 其拉丁文本见 C. Rahner ed., *Henrici Denzinger*, *Enchyridion Symbolorum*, Barcelona, Freiburg, Rome 1957, no. 171-172。

的身份尴尬,宣扬正统的宗师居然要当异端分子的辩护人。约翰以极大的勇气,坦然拒绝了国王要求皇帝允许改宗者恢复异端信仰的愿望。不过,他也同意尽力为现存的阿里乌斯派教徒谋求宽容,请求皇帝停止没收阿里乌斯派教堂。约翰拖着老迈的病体,于526年初出发,刚好在复活节(4月19号)前夕抵达君士坦丁堡,成为第一位访问君士坦丁堡的教宗。

教宗到达君士坦丁堡后,原本以为是一项耻辱的任务,不料却变成一场大胜利,教宗受到了英雄般的接待。全城出动到十二里以外来迎接他,皇帝更是奉他为上宾,华彩铺地,拜伏在他的面前(这种礼遇曾使得教宗杰拉斯大为高兴)。复活节当天在圣索菲亚大教堂礼拜时,约翰被安排的宝座高于宗主教,在皇帝面前用拉丁文而非希腊文主持弥撒,使用的礼拜仪式也是罗马而非君士坦丁堡的仪式:他获准把复活节冠加冕在皇帝头上,这项荣誉通常为宗主教独有。教廷文秘署(chancery)的文书,对于东部拒绝罗马宣称的彼得权已变得麻木不仁,却欣喜若狂地记录了皇帝给予教宗的崇高礼遇,以及希腊人因为能够"接受使徒圣彼得代理人的荣耀"而表现出的感激之情。①

皇帝查士丁同意放下对阿里乌斯派的敌意,归还他们的教堂,但拒绝允许那些已强制改宗的阿里乌斯派信徒回到原先的错误信仰。然而,这项要求,却是此次使命中西奥多里克最为关注的事情。因而,当教宗和元老团回到拉文纳后,西奥多里克十分震怒,认为他们没有尽全力促成皇帝做出实际的让步,反而津津乐道于教宗受到的隆重礼遇。由于旅途劳顿,且惊惧于国王的深深敌意,

---

① Davis, *Book of Pontiffs*, p.49.

约翰在抵达拉文纳不久的几天内去世。他的遗体被带回罗马,安葬于圣彼得大教堂内,他的陵墓迅即成为一个显示治疗奇迹的名胜。

然而,教宗对哥特国王仍有利用的价值。当君士坦丁堡积极备战,准备收复西部时,拉文纳宫廷想尽办法争取时间。短命的教宗阿格丕一世(Agapetus Ⅰ,535—536年)似乎可以成为盟友。阿格丕出身贵族,来自于著名的罗马神职家族,是一位精研教父(Church Fathers)的学者,也是一位十足的严守教规人士,当贝利撒留公爵(Count Belisarius)成功地重新征服北非后,他不惜冒犯皇帝查士丁尼,坚决主张强硬改造当地信奉阿里乌斯派的哥特人,强制推行"再天主教化"(recatholicise)。在拉文纳,阿格丕看起来像是一位亲哥特的教宗,意大利最后一任哥特王西奥多哈特(Theodohad)因而派他前往君士坦丁堡,力图劝说查士丁尼放弃即将进攻意大利以恢复帝国统治的计划。

查士丁尼很快就向教宗申明,重新征服意大利的决定不容改变。阿格丕是否竭尽全力劝阻他,值得怀疑。然而从神学的角度看,教宗当然愿意扫除一切障碍。查士丁尼的悍妻西奥多拉(Theodora)曾是一位演员,风传生性淫荡,年轻力壮的侍卫轮番上阵,也会精疲力竭。她也是一位虔诚的一性论者,在皇宫中保有一座异端修士的修院。西奥多拉对查士丁尼具有巨大的影响力,并让一性论者安提摩斯(Anthimous)担任了君士坦丁堡宗主教。教宗阿格丕决定不与这个人发生任何接触,并拒绝与他共同主持圣餐礼;皇帝对他的蛮横相当愤怒,出言威吓,他则表明自己绝不受胁迫。他花了很长时间才有机会晋见虔诚的查士丁尼,但他却对外宣称说,自己好像是站在迫害基督徒的异教皇帝戴克里先的面前。他要求与宗主教进行一场公开辩论,并在辩论中轻易地证明了安提摩斯的观点值得怀疑。心悦诚服的查士丁尼"在使徒宝座面前屈尊降贵,拜倒在圣洁的教宗阿格丕的脚下"。他同意废黜并流放宗主教,并邀请教宗为信奉正统教义的新任宗主教祝圣,新任宗主教需要在何尔米斯达信条的扩增版上签名以证明其信仰。君士坦丁堡宗主教因而拜服于罗马教宗在教义上的纯正性。

然而,阿格丕未能享受到他的胜利,在访问君士坦丁堡的第六周,他就病倒去世了。他的遗体以铅皮包裹运回罗马下葬。但他出使帝国首都的使命再次证明了罗马对维护正统的义无反顾;而皇帝对教宗的敬重和教宗为新任宗主教祝圣,都证明了教宗对整个教会(包括东部和西部)的首席权。

教宗阿格丕的猝逝有可能使得这些成果付之东流。维吉里(Vigilius)是教廷派驻君士坦丁堡的宗使(Apocrisiary),他出身贵族,父亲和兄弟都曾是执政官。满怀雄心壮志的他很快就巴结上了君士坦丁堡宫廷的实权派西奥多拉皇后。他摆出一副同情一性论的面孔,赢得皇后支持他选举教宗。作为回报,维吉里承诺遭流放的一性论者安提摩斯重新担任宗主教,甚而不惜否认查尔西顿公会议的教义。带着西奥多拉为他提供的用于贿赂的钱袋,他匆匆忙忙地将教宗阿格丕的遗体运回罗马,但为时已晚。哥特国王西奥多哈特已抢在帝国提名候选人之前,任命教宗何尔米斯达的儿子西尔维(Silverius,536—537年)为教宗。教宗大位似乎就要从维吉里的手指间滑走了。

但维吉里并非等闲之辈。536年12月,帝国将军贝利撒留代表查士丁尼"解放"罗马,并在帕拉丁丘(Palatine Hill)自立为总督。他的妻子安东妮娜(Antonina)是西奥多拉的闺密,她与维吉里共同说服贝利撒留逮捕了西尔维,捏造的罪名是他阴谋打开罗马城门让哥特军队进入。西尔维不仅被降为修士,还被放逐到安纳托利亚(Anatolia)的一个无名小镇。教宗大位宣告悬缺。神职界则顺从地选举维吉里(537—555年)为教宗。

随后的事就更糟。流放地所在的安纳托利亚的主教为教宗西尔维辩护。他谒见查士丁尼,如实举报了这一滔天罪行,并强调世间有许多世俗国王,但教宗却只有一个。查士丁尼恼怒之余,命人将西尔维送回罗马公平决断,如系清白则官复原职。但维吉里已立稳脚跟,全然不加理会。可怜的西尔维一到罗马就被逮捕,再度被流放到帕尔马利亚岛(Palmaria)。数月后死于营养不良。一位教宗,况且他还是一位教宗的儿子,就这样被另一位教宗处心积虑地废黜和谋杀了。

但维吉里也算恶有恶报。查士丁尼急需找到调解帝国内部一性论争议的办法。543年,他的智囊提出了一项看似公平的解决方案。他们挑出三位早已去世的作家,对其作品大加讨伐,这三人都支持"神人二性"的基督论,因而都成为一性论者厌恶的具体对象。这些备受攻击的作品被称为"三章"(Three Chapters),[*] 它们使得查士丁尼和他的政府远离卡尔西顿信仰,却没有正面驳斥那届大公会议的正式教诲。

君士坦丁堡宗主教和其他东部主教尽管有些勉强,还是签名谴责"三章"。但在西部,凡危及卡尔西顿权威性的举动,必然招致

---

[*] 具体指莫普苏斯蒂亚的西奥多(Theodore of Mopsuestia,350—428年)、塞勒斯的西奥多勒(Theodoret of Cyrus,约393—457年)、埃德萨的伊巴斯(Ibas of Edessa,?—457年)三位早期神学家的作品。——译者

群情激愤，而维吉里，无论其个人观点如何，终究不敢附和帝国的这一命令。在帝国正全力进攻以重新收复意大利的情况下，这无疑是一大隐患。查士丁尼绝不能容忍一位与帝国其他主教意见相左的教宗。545年11月，当维吉里主持圣塞西莉亚节（St Cecilia's Day，罗马的重要节日）庆典之时，查士丁尼派人将他逮捕并送上一艘船，经由西西里押往君士坦丁堡。

在罗马，几乎没有人为维吉里掬同情之泪。据《教宗纪年》载，当教宗的船驶离码头时，人群向这艘船丢掷石块并大声辱骂，因为他们将城中的种种不幸，都归咎于维吉里争夺教宗大位时所使用的卑鄙手段。然而，当他在547年1月抵达君士坦丁堡时，却受到查士丁尼的盛礼接待，这使他再萌野心。他装出一副意志坚定的模样，和"异端分子"宗主教曼纳斯（Menas）恢复圣礼共融；随即在548年4月，他公布了一份庄严的判决（Iudicatum），谴责"三章"，仅保留了一块显示坚强的遮羞布，声称谴责"三章"绝不意味着冒犯卡尔西顿的权威。

西部的反应犹如火山爆发。维吉里被公认为是背叛罗马正统教义的叛徒。非洲的主教们正式将他开除教籍，他身边的许多亲信也与他断绝关系。面对这些足以分裂帝国的敌意，查士丁尼允许教宗收回他的"判决"，但却与他秘密约定：在时机成熟时再重申谴责"三章"。教宗和皇帝都同意召开大公会议来处理此事。但查士丁尼不是一位静观其变的人，551年他颁布了一份长篇诏令，再次严斥"三章"。

甚至维吉里，也无法继续承受帝国施加的压力。他决定挽救自己在西部残存不多的声誉，组织各方反抗皇帝的诏令。他召集当时在君士坦丁堡的所有主教举行了一次教职会议，再度开除君

第二章 两个帝国之间(461—1000年)

士坦丁堡宗主教的教籍。在随之而来的冲突中,教宗为了躲避帝国军队的追捕,逃到圣彼得与圣保罗教宫里寻求避难。旁观者亲眼见到宫廷侍卫抓住他的头发、胡子和衣服试图将他拖走,但老迈的教宗紧紧抱住祭坛的圆柱不放(以致祭坛被拖倒打碎),围观的人群群情激愤,强迫士兵放开了这位圣彼得的继承人。由于众意难违,皇帝只得在次日派贝利撒留登门向教宗道歉。教宗知道自己不再安全,于是连夜逃往博斯普鲁斯,在召开卡尔西顿大公会议的那座教堂里寻求避难。

如果维吉里在这时去世,那么他早期生涯中的丑闻,可能会因为他勇敢捍卫卡尔西顿信仰而得到宽恕。不料他却与查士丁尼重修旧好,553年5月,原来商定的大公会议(第五届)在君士坦丁堡如期举行,会议程序受到帝国压力的操纵,西部教会几乎无人出席,而出席的每一个人都十分清楚自己该怎么做。

教宗拒绝出席这次大公会议,并公布了自己精心雕琢的一份神学宣言,谴责"三章"的某些而非全部观点。但查士丁尼此时已不再需要小心翼翼地尊重西部的感受,他的大军在意大利已经击败了哥特人,罗马已牢牢地掌握在拜占庭帝国的手中。因此他决定一劳永逸地制裁维吉里。他派人在大公会议上公布了维吉里与他往来的秘密书信,揭露了教宗一再保证会谴责"三章"一事。维吉里名誉扫地。大公会议不仅谴责"三章",也谴责了教宗。查士丁尼还正式断绝了与维吉里圣礼共融,并特别强调他拒绝的是维吉里这个人,而不是罗马宝座:"不是宝座本身,而是坐在宝座上的人。"(non sedem, sed sedentem)颜面尽失的教宗在家中被捕,身边的神职随从也遭到监禁或送到矿山服役。555年,他终于获准离开君士坦丁堡。启程之前,心灰意冷之下,他发布一系列撤销过去言论的羞辱声明。但他没能回到罗马,途经叙拉古时死于胆结石。

维吉里事件对教廷造成了一系列沉重的打击。罗马在过去一个世纪里赢得的威望和领导地位丧失殆尽,教廷的声誉也蒙受羞辱。而且,维吉里的行为也使得教廷蒙上了长长的阴影。他在罗马的继承人帕拉纠一世(Pelagius Ⅰ,556—561年),是一位老迈的贵族,在"三章"问题上,他强化维吉里的神学立场以抗拒皇帝的压力,扮演了一个非常值得尊敬的角色。然而,他决心要不择手段地当上教宗,因而在维吉里一死,他就完全背离了原来的立场。为求得皇帝的支持,他幡然接受了第五次大公会议对"三章"的谴责。

公正而言,帕拉纠的改旗易帜有可能是出于真心:大公会议和教宗本人对此事都已做出决断,这一事实可能影响了他的态度。然而在西部,他的做法遭到一致谴责,被斥为为一己之私而背信弃义。他同意对"三章"的谴责,等于确认了维吉里的失败,将教宗在西部(尤其是在意大利北部和亚德里亚海沿岸诸省)的声望彻底摧毁。米兰和阿奎莱亚教区,以及伊斯特提亚(Istria)的所有主教,从此与罗马中断共融。直到五十年后,米兰与罗马才恢复共融,而伊斯特提亚教会的分裂则持续了一个半世纪。在高卢,所有主教也以怀疑的眼光看着他,罗马通过阿尔勒教宗代牧区(papal vicatiate)建立起来的紧密联系,也遭到侵蚀。五十年后,爱尔兰修士科隆巴(Columbanus)致信教宗博尼法斯四世(Boniface Ⅳ,608—615年)时,用爱尔兰双关语提醒他注意维吉里的下场,告诫他必须确保使徒宝座的正统教义:"请您警觉(*vigila*)并不能证明您就会像维吉里(Vigilius)那样行事,他可不够警觉(*vigilant*)。"此外还说,"教会的正常状态将得以保证。您的孩子们将成为头,而您……将成为教会的尾;因此,您的决断将成为那些一直保留天主教信仰之人的决断,无论他们是谁,也无论他们多么年轻。"[1]

维吉里事件也暴露了皇帝和教宗对未来展望的根本歧异。在君士坦丁堡的温室气氛中,已蕴育出一种帝国御用神学,它将皇帝的地位提升到任何主教之上。君士坦丁就自诩第十三使徒,他将基督受难十字架上的一个钉子,插在自己的马鬃头上。拜占庭帝国的皇帝们都证明自己是君士坦丁的当然继承人。查士丁尼与杰拉斯一样,相信的确有两种权力统治着这个世界,即皇帝的权力与教宗的权力;但与杰拉斯不同的是,他坚信在这种联盟中,拥有更高地位的是皇帝,而非教宗。监督主教们履行其分内工作,是皇帝的职责;照顾一切教会、任免主教、决断正统教义的范围,也属于皇帝。因此,是皇帝而不是教宗,才是上帝在尘世的代理人;世界之主(Kosmocrator)的名号也属于他,他统治着一个帝国、一部法典、一个教会。拜占庭的宫廷礼仪也强调了皇帝职位的这种准神圣(quasi-divine)的特性。他的侍从在他莅临之时,要行庄严的跪拜礼;他的诏令也被奉为神旨,甚至要求接受诏令之人恭敬地亲吻这些写有文字的羊皮纸,仿佛上面写着神圣的经文。

东部主教们认为,没有任何理由可以挑战皇帝的这种地位。他们认同皇帝的基督教使命是神授予的;他们认为自己的角色就是那位由上帝膏立(anointed)的皇帝的恭顺伙伴。然而,对教宗而言,他们久经崇高的使徒荣誉感的侵润,饱受罗马公民传统与元老家族的熏陶,这样的价值观对他们来说似乎显得很陌生。教宗与皇帝或许有共同利益;而皇帝在适当的场合,可能也会对资深主教

---

[1] 引自 Schatz, *Papal Primacy*, p.54.

和圣彼得的继承人诚挚致敬。但是，在拜占庭的帝国观念和罗马的神学氛围之间，存在着日渐加大的隔膜。在帝国重新征服意大利之后的数年里，教宗们在努力迎合意大利和西部需求的过程中积累的经验，使得原来的隔阂扩大为一条鸿沟。

二、伟人格雷戈里

533年，贝利撒留在北非发动了一次历时甚短的漂亮战役，击败了汪达尔人，帝国重新征服了非洲。从哥特人手中收复意大利的战争开始于次年。这场战争断断续续地打了二十年，结束时已没有欢笑，只留下了一个人烟稀少、赤地千里的意大利。战争创痛与紧随其后的饥荒，加上横扫整个半岛的几波瘟疫天灾，致使高达三分之一的人口死亡。政治局势同样恶劣，推翻哥特王国证明是一场灾难，而不是解放。恢复帝国统治并未使得罗马贵族时来运转。相反，每个重要职位都由东部来的职业官员出任，意大利沦为了希腊的殖民地。此外，一如预料，为了支付大笔金钱给特权阶级，帝国课税远远重于哥特人的税，也更为彻底，以致查士丁尼派驻意大利的首席税官被人谑称为"剪刀手"。从6世纪40年代开始，幸存下来的罗马古老家族大多开始向东移民到君士坦丁堡，显然那里才有帝国奠定的一切机会和成果。

罗马遭受的灾难较之意大利更为深重。其传统的统治阶级被扫荡殆尽，与君士坦丁堡宫廷隔着漫长的海上旅程，而在新的帝国秩序中又没有实际的地位。拉文纳一如哥特王国时期，仍旧是帝国统治下意大利的政治中心。在这里，查士丁尼和西奥多拉将他们的肖像安设在圣维塔勒大教堂（San Witale）祭坛的后面，象征着

第二章 两个帝国之间(461—1000年)

拜占庭王权与教权的结合,令人无法遗忘。帝国派驻意大利的总督(Exarch)也驻节于此,代表皇帝统治意大利。而罗马则被弃之不顾,任由乌鸦肆意鼓噪。在经受反复围攻和掠夺后,546年,托提拉*(Totila)攻陷罗马并大肆破坏。罗马的人口从公元400年的80万人,降到公元500年的10万人,饱受托提拉之掠后,只剩下3万人。教宗帕拉纠的墓志铭写到,自己身陷"一个正在破落的世界",沦落到向高卢主教们乞求衣食以接济城中穷人乃至曾经的富人的地步。元老院也化为一片废墟,战争毁坏了罗马辉煌的建筑。原用于供应城中浴室、蓄水池、喷泉的许多大水渠,包括转动雅尼库隆山丘(Janiclum Hill)上的玉米磨坊的水渠,都被哥特人故意截断,或被小偷盗走铅制的内层。珍贵的漏水从山上渗到周围的平原,使得罗马的坎帕尼亚(Campagna)平原逐渐转化为湿热的沼泽地,这种情况一直延续到墨索里尼时代。

6世纪末,罗马的人口再度攀升到大约9万人。但其中多数人是新一轮入侵造成的难民。因为帝国的征服,在击败哥特入侵者的同时,却也扫除了更大灾难的唯一障碍,即半是异教、半是阿里乌斯派的数以万计的伦巴德人于568年从奥地利南迁。569年9月他们攻陷米兰,其国王阿尔波因(Alboin)自封为"意大利之主"。574年,伦巴德人控制了半个意大利半岛,并切断了拉文纳与罗马之间的联系。他们的统治达两百年之久。

伟人格雷戈里(Gregory the Great,590—604年)就生活在这样一个时代。他大约540年出生于饱受哥特战争之苦的一个名门

---

* 托提拉(Totila,? —552年):东哥特国王(541—552年),曾屡次打败拜占庭军,545年围攻罗马,次年攻陷。552年在与拜占庭作战时,重伤而亡。——译者

贵族家庭。这个家族拥有为教会和城市服务的尊贵传统。格雷戈里是教宗菲利克斯三世(Felix III)的曾孙,也是教宗阿格丕一世的亲戚。他本人在 30 多岁时,曾出任罗马市长(prefect),这是城中最高的俗界官职,他的兄弟也随他步入政界。格雷戈里的父亲乔尔迪安(Gordianus)是教会的专员(regionary)之一,这是一个俗界官职,负责管理罗马教区的俗产。他的母亲西尔维娅(Sylvia)与他的三位姑姑一样,孀居后成为修女。她们遵循罗马通行的生活誓言,隐居于自己的闺房中。据说,他的两位姑姑在去世前不久,都曾有幸目睹他们的教宗祖先"圣"菲利克斯。

　　罗马贵族从尘世退隐教会的做法,绝不仅仅限于贵族妇女。在某些方面,它反映了教会在西部生活中越来越具有主导地位。在当时的西部世界,一切行为似乎都会导致灾难,而尘世秩序似乎也到了尽头,在这样一个世界中,修道生活呼吁人们重冥想而轻行为,无疑具有强大的号召力。对格雷戈里,肯定也是如此。"这个世界已经老了,变得白发苍苍,"他写道,"正在加速奔向死亡。"大约 575 年,他辞掉市府的工作,将父母在西莲山丘(Caelian Hill)的房子改造成一座献给圣安德鲁(St Andrew)的修院,并成为一位修士。他还将家族在意大利和西西里的庞大地产转化为罗马教会的祖业,并在这些土地上修建了六座修院。

　　随后数年中,格雷戈里全身投入祈祷和冥思经文的生活里,这段时间,后来被他认为是一生最幸福的时光。他是一位虔诚奉献的修士,曾因过度禁食而损害健康和胃壁。他的《对话录》(Dialogues)全面描述了早期意大利神奇萦绕的修道生活,尤其是西部修道生活之父圣本笃(St Benedict)的生活。该书后来成为中世纪最具影响力的作品之一(也是格雷戈里同时拥有希腊和拉丁

第二章 两个帝国之间(461—1000年)

读者群的唯一作品)。但更为重要的是,这本书描述他所称许的修道生活的冥思维度,也是他出任教宗后依旧怀念的生活:

> 我悲伤地想起我在修院的种种,我如何在冥思中着迷,超然于一切衰败和腐朽的事物,全神贯注于天堂的事物而心无旁骛……但现在,由于我的牧灵关怀责任,我必须得忍受俗务缠身,何况是在享受如此美妙的憧憬或安宁后,却要沾染俗世的污秽……我就像掉头回看之人,盯着渐行渐远的海岸而扼腕长叹。①

他并没有退隐太久。在 6 世纪末的危机岁月中,像他这样有能力有经验的人是不会被遗忘的。教宗本笃一世(Benedict Ⅰ,575—579 年)不顾他的意愿,执意任命他为执事,掌管罗马第七区,负责行政和施济。579 年 8 月,在罗马城遭受伦巴德人围攻之际,新任教宗帕拉纠二世(Pelagius Ⅱ,579—590 年)当选即位。身陷重围的罗马在内无粮草外无救兵的情况下,帕拉纠任命格雷戈里为宗使(apocrisiary),前往君士坦丁堡向皇帝提比略(Tibetius)求救,致使他滞留于此达七年之久。

格雷戈里虽然担任第七区的执事,却继续住在自己的修院里。他带了一群圣安德鲁修院的修士与他一起到了君士坦丁堡,就好像是把他在西莲山的修院搬到了罗马驻君士坦丁堡的大使馆一样。他把自己奉献给这个群体的属灵生活,定期向修士们讲解《约

---

① J. Richards, *Consul of God: The Life and Times of Gregory the Great*, London 1980, p. 36.

伯记》。但他也积极履行他的外交职责,赢得了皇室家族的信任,成为新皇帝莫里斯(Maurice)长子的教父。他也与宗主教辩论神学,建立了自己的个人交际网,这个网络在他出任教宗后将派上大用场。不过,格雷戈里保留了一个罗马人的本色,他拒绝学习希腊文,质疑东部的神学和礼仪,对君士坦丁堡的那些丧失本色的西部人感到困惑并不以为然。在他担任教宗后,有一次曾接到君士坦丁堡的一位女性友人的来信,但他拒绝回复,因为她是用希腊文而非她的母语拉丁文写信。他写道,罗马是永恒之城,是使徒的居住地,"怎么会有人被君士坦丁堡诱惑?怎么会有人能够忘记罗马?我实在不明白。"[①]希腊文明中,他唯一称道的似乎只有一种松香味葡萄酒(retsina)。他在担任宗使期间喝惯了这种酒,成为教宗后也专门用船运往罗马。

格雷戈里最终被召回罗马,协助教宗帕拉纠二世解决伊斯特提亚教会的分裂问题(Istrian schism)。589年的冬季,罗马的气候异常恶劣,台伯河河水高涨,冲毁了在战争中千疮百孔的城墙,淹没并毁坏了不少教堂和谷仓,使得冬季的食物供应极为短缺。即便在这样一个时刻,他仍然孜孜不倦地工作。在随后发生的瘟疫中,教宗帕拉纠不幸成为首批罹难者,格雷戈里立刻被教俗两界推选出来继承大位。

格雷戈里是一位虔敬之人,是他那个时代西部通行的那种纯朴的基督教中的一分子,尚无过多的自我理解。他的《对话录》展现了丰富多彩的虔诚心灵,他相信神迹异事,容易感动而满怀敬畏。然而他并不沉迷于幻想,他拥有罗马人的诸般美德:脚踏实

---

① P. Llewellyn, *Rome in the Dark Ages*, London 1993, p. 90.

地,实事求是,喜爱秩序。他虽然爱好冥想,却不是一位空想家。他不相信为学而学的学问,称赞圣本笃是"大智若愚"。[①] 身为教宗,他需要这种脚踏实地的务实精神。他的信件大都保留了下来,并为我们提供了一扇窗户,借此可以看到他面对的工作压力之大与杂事之多,看到他即使健康欠佳,仍以过人的精力处理诸事。

首先,他必须保护罗马城不落入伦巴德人的手中。罗马当时已成为一个有军事活动的公国,皇帝派驻了一位指挥官,以朱庇特神殿为指挥中心,名义上负责城防。实际上,帝国的资源经常挪到别处去。格雷戈里曾痛心地向皇帝莫里斯抱怨说:"罗马被遗弃了,而佩鲁贾(Perugia)可能会得到支持。"[②]格雷戈里继承了前任教宗帕拉纠二世的政策,动用教会自身的资源,在"不让共和付出任何代价"的情况下,贿赂伦巴德人以获得临时休战。他还需要为帝国军队支付薪水,或为罗马要塞提供战备。他谈判媾和,赎回难民并救济他们。

在许多地方,伦巴德人的进军驱散了天主教神职人员,格雷戈里还得尽力为失去教士的信徒增补教牧人员。在帝国治下的意大利地区,他运用他的首席权来确保获得优秀的主教人选,如果可能的话,就用罗马的神职人员来强行取代不适合的地方候选人。他规范了既有修道群体的生活,鼓励建立新的修院。他也力求确保那些负责教会土地和房产的人是善良的雇主,能够将收入用于施

[①] Jeffrey Richards, *The Popes and the Papacy in the Early Middle Ages*, 476-752, London 1979, p. 283.

[②] J. Barmby ed., *The Book of the Pastoral Rule and Selected Epistles of Gregory the Great*, Library of Nicene and Post-Nicene Fathers, end Series vol. 12, New York 1895, p. 176.

惠穷人。有一组信件显示了他如何惩戒一位懒惰的主教,该主教为摆脱一位过分热心的执事长,就强行任命他为神父。另一组则显示他如何对西西里教产上的牲畜做出合理安排。在罗马,格雷戈里有一本详细的账簿,一一记载了城中每位穷人的情况,包括他们的地址、姓名和年龄,以及按周向每个人发放的玉米、葡萄酒、乳酪和食用油的配额。教宗餐桌上的食物,也会流向那些艰难时刻沦落的上流社会人士。每天有 12 个穷人与他共同进餐。这是一种圆融的手法,赈济品在不经意间就被转化为尊重的标志。

所有这些都要花钱,而格雷戈里这些举动最鲜明的特点之一,就是他重新组织并妥善利用了罗马教会的祖业。教会当时已是西部世界最大的地主,其产业得自君士坦丁大帝时代皇帝的赏赐,以及稍后许多大家族的捐献与遗赠,这样慢慢积累起来的。从高卢到非洲、从巴尔干到卡拉布里亚(Calabria),到处都有教廷的地产,它们分散在至少 15 个不同的区域。富庶的西西里地产是最重要的一份(格雷戈里家族的地产大多也在这里),而且西西里一直还没有遭到入侵。这些都证明了罗马的救济功能,因为教廷现在已担负起罗马政府养育民众的传统角色。格雷戈里全面整顿了教会地产的经营管理,开除办事不力的教区长(rectors,管理祖业的主要官员,这些人通常是懒散或腐败的当地主教或俗吏),用他亲自挑选的罗马神职人员或经特别宣誓的俗人助理取而代之。他密切审查他们的活动,片刻不停地敦促他们要勤勤恳恳、提高效率、细心诚实、厚待穷人、善待佃户和雇工。

但有些事情比金钱更为重要。管理祖业的组织也为格雷戈里提供了一个关系网,这使他能够利用地方教会与民政机构的庇护、人脉和联络的网络,大大增强他对意大利境内外教会的控制。教

第二章　两个帝国之间(461—1000年)

宗很好地利用了这些渠道来施加影响,使之发挥最大的效率。拉文纳祖业的教区长在总督面前发挥着教宗大使的职能,并时时监视着大主教,因为该主教对服从罗马愤愤不平,正谋求独立的宗主教地位。这个网络和支撑它的收入,为中世纪教廷扮演的角色和发挥的影响奠定了基础。

格雷戈里的这些活动,大多引起君士坦丁堡的侧目。皇帝憎恨格雷戈里和伦巴德人擅自媾和,认为他无权与帝国的敌人签订休战协议。格雷戈里尊重皇帝,视他为基督教国度唯一合法的世俗权威,而把自己视为民政事务的公仆,他说,"因为热爱帝国,我们已经付出了黄金白银、奴隶和衣服"。但另一方面,他对君士坦丁堡的那些养尊处优之辈的无端指责,也颇为不满,因为这些指责甚至针对像他这样的人——"不仅在伦巴德人的刀剑之下忍受苦难",还得眼睁睁地看着"罗马人像狗一样被拴着脖子,牵到高卢去卖掉"。[①]

此外,尽管他厌恶"无以言状的伦巴德人",认为他们不但是皇帝的敌人,也是意大利的敌人,只能收买或打跑他们;但基于他肩负的牧灵责任,他认为伦巴德人的灵魂也值得拯救。他促成接连两任伦巴德国王与信奉天主教的巴伐利亚公主西奥德琳达(Theodelinda)的联姻,这使他在伦巴德宫廷立稳了脚跟。他充分利用了这一点,赠给西奥德琳达不少贺礼;作为回报,他获准为西奥德琳达的儿子亚多洛亚德王子(Prince Adoloald)施洗。这是引导伦巴德人完全放弃阿里乌斯派信仰的第一步。

[①] J. Barmby ed., *The Book of the Pastoral Rule and Selected Epistles of Gregory the Great*, Library of Nicene and Post-Nicene Fathers, end Series vol. 12, New York 1895, p.176.

当格雷戈里认为帝国的地方官员正在压迫穷人或损害教会权利时,他也全力以赴地坚决抗争。帝国的权威植根于责任。"蛮族国王与帝国皇帝的差别,"他告诉莫里斯说,"就在于前者的臣民是奴隶,后者的臣民则是自由人。因此,你的一切行为,首要的目标就是要维护正义,其次是保障完全的自由。"①当皇帝僭越属灵事务时,他也依据同一标准予以抵制。593 年,莫里斯发布敕令,禁止任何现役军人退伍而投身于修道生活。由于帝国正与武装敌人相互对峙,这个做法并非完全不合理;但是格雷戈里自己曾放弃公职而成为修士,故无法接受。他尽职地传布了这道敕令,却写了一封言辞激烈的信给莫里斯,痛斥他滥用权力关闭了通往天堂之路,提醒他不要忘记自己卑微的出身,指控他有负于上帝扶植他成为皇帝的大恩,并直言莫里斯很快就会受到上帝的审判。这不是一封措辞怯懦的信。②

格雷戈里与皇帝往来时,态度通常是温顺的,但他坚持罗马教会的首席权。595 年,他告诉莫里斯说:"照料整个教会的职责一直是托付给使徒之王圣彼得的。瞧,他接受了天国的钥匙;还被授予捆绑与释放的权力;照管与主持整个教会的责任也是委托给他的。"围绕罗马首席权及其与君士坦丁堡的关系问题,在格雷戈里以前的朋友斋戒者约翰(John the Faster)就任君士坦丁堡宗主教而获得"普世宗主教"(Ecumenical Patriarch)这一传统头衔时,爆发了最为激烈的冲突。格雷戈里的前任教宗帕拉纠二世曾反对宗主教使用"Ecumenical"一词,认为这个词意为"普世的"(universa),含有挑战教宗普世权威的意蕴。其实这是误解。

---

① Richards, *Consul of God*, p. 31.
② J. Barmby (ed.), *Selected Epistles of Gregory the Great*, pp.140-141.

这个头衔不过是指"帝国的",至少在最初它并没有更多的含义。但格雷戈里牢记并重申了帕拉纠的反对意见,也许因为这个意见最早是由他的曾祖教宗菲利克斯提出的缘故吧!他谴责约翰继续使用这个词,并向君士坦丁堡的皇室成员和行政官员施加压力,要求停止使用这一字眼。他还给亚历山大里亚和安提柯两位宗主教写信说,他们作为另两位"彼得教座"的主教,也享有彼得的尊位;他们也正在受到伤害,因为"如果一位宗主教被称为普世宗主教,那其他宗主教就被贬低了"。[①]

格雷戈里非常重视秩序,但在这场关于"普世宗主教"的论战中,他关注的绝不是担心自己的那点小声望受到损害。对他而言,在教会中的优越地位,尤其是教宗的首席权,是建立在谦卑和服务之上的。对于自己的职位,他最喜欢的头衔是"神的众仆之仆"(Servus servorum dei)。他最具影响力的著作之一是《教牧关怀》(Pastoral Care),专门讨论主教的职责。在书中,他笔下的主教是一位以谦卑自律并用以驭人之人。主教必须是一位沉思冥想,皓首穷经,专注于宣教、教诲与告诫的人,是一位"严于律己,而非严以待人"之人,更是"一位牧者,而不是一位主人"。[②]

然而,他从君士坦丁堡宗主教的头衔里,似乎看到了对教会权力的另一种也是庸俗的理解,以及恶魔或敌基督者在末日败坏教会的企图。他以异常执拗的语气告诉皇帝说,就是这种魔鬼般的骄傲,使得那样多的君士坦丁堡宗主教已经"陷入异端的旋涡

[①] J. Barmby (ed.), *Selected Epistles of Gregory the Great*, p. 179; Richards, *Consul of God*, pp. 64-68.

[②] R. W. Southern, *Western Society and the Church in the Middle Ages*, Harmondsworth 1970, p. 172.

中"。① 但他的宗主教同侪没能理解他的担忧。安提柯的阿纳斯塔修斯严厉地告诫他不要骄傲；而亚历山大里亚的犹洛杰斯（Eulogius）在回信中竭尽礼貌之能事，承诺绝不会称君士坦丁堡宗主教为"普世宗主教"，并称格雷戈里为"普世教宗"（Universal Pope）。像稍后的某些史学家一样，犹洛杰斯显然认为，在格雷戈里所谓谦卑和平等这类漂亮修辞的后面，隐藏着关注自己尊位这一不那么光彩的私心。格雷戈里尴尬异常，回信说：

> 尊函一开头，我就看到了"普世教宗"这个狂妄自大的头衔，我拒绝接受。请求尊驾千万不要再这样称呼我，因为您这是将您刚刚丢掉的那个头衔又夸张地戴在我的头上。如果说我有值得称道之处，那也是在生活方式上，而不在于这些字眼。而且，我不认为这是一种荣耀，据我所知，它会有损我的弟兄们的荣耀。我的荣耀就是普世教会的荣耀。我的荣耀就是我的弟兄们的坚实力量……请丢掉这些会膨胀虚荣心且有损博爱的字眼吧！②

格雷戈里与帝国皇帝和东部主教之间的摩擦，在西部也有且更为严重，因为教宗的权威在各地都极为脆弱。格雷戈里渴望西部的一切教会都能提升道德、消除腐败，并进行改革，但他从来没

---

① J. Barmby (ed.), *Selected Epistles of Gregory the Great*, p.170.
② J. Barmby (ed.), *Selected Epistles of Gregory the Great*，其第166—173页收录了有关"普世"头衔之争的各种信函，文中所引的这封书信见第240—241页，但我更喜欢另一个译本，见J. Tillard, *The Bishop of Rome*, London 1983, pp.52-53（拉丁版见pp.203-204）。

第二章 两个帝国之间(461—1000年)

有简单地认为别的主教就得服从自己。他取得的成果,绝大多数都是通过诱导、斥责和说服达成的,即使那些传统上直接受教宗管辖的主教也不例外。

北非一直是教宗的重要势力范围,重归天主教治理已有三代人,但格雷戈里在整顿北非的教会事务上,却毫无建树。他不赞同北非的天主教神职界对多纳图斯派的宽容态度,对非洲由几个资深教区的主教轮流执掌首席权的做法也感到不悦,因为这使得罗马难以施加持续的影响或控制。格雷戈里试图改变这种体制,但每次都铩羽而归。非洲的帝国总督禁止非洲主教就教务问题向罗马提出上诉,主教们也努力保护自己的独立地位,对教宗敬而远之。甚至格雷戈里派驻努米底亚的非官方代理人哥伦布(Columbus)主教也抱怨说,由于频繁地收到罗马的来信,使得他在同行中不受欢迎。

在帝国疆域之外,格雷戈里知道自己无力控制。他对西班牙的西哥特国王瑞卡瑞德(Recarreld)皈依天主教感到高兴,并写信祝贺。但在这件事上,他并未出力,也从未尝试直接掌控甚而影响近乎自成一体的西班牙教会。在高卢,他的确试图通过设于阿尔勒的教宗代牧区来施加影响,但为了改革高卢的主教任命、废黜神职买卖、赢得高卢对英格兰传教的支持,他把主要精力放在了培养与王室的友好关系上,尤其是德行有亏的王后布兰喜儿(Brunhild)。他与她的通信充满了规劝与建议,但就像他写给皇帝莫里斯及其家族的信函一样,他的态度至少是毕恭毕敬的;他还向奥顿主教(Bishop of Autun)赠送了披肩,这一意外举动只是为了讨王后的喜欢。王后可以为她的主教索要披肩,而格雷戈里尽管不悦却只能顺从,这一事实说明当时教宗的权威尽管崇高,却也有限度。

在高卢以外的地方,格雷戈里对西部教会也没有任何实质性的影响。爱尔兰教会就是一个重要的例子,它被称为微型基督教国度(micro-Christendom),发展出非常独特的制度和风格。5世纪的帕特里克(Patrick)和其他爱尔兰传教士无疑都认为,一个教会,应当就是像地中海世界通行的那样,以主教统治为基础组织起来;但爱尔兰教会恰恰不是这样,而是具有强烈的宗族(tribal)组织色彩。不管怎样,爱尔兰教会的确热衷于修道,其修道方式完全不同于奉行圣本笃教规的那种纪律严明的寺院,而是更接近东部那种更为奇特的沙漠修道。爱尔兰的修院,犹如西欧边陲小镇史克里格-迈克尔(Skellig Michael)的那些修建在岩石尖顶的小屋群落,与格雷戈里在西莲山顶修建的圣安德鲁那样的修院呈现的都市风范,不可同日而语。爱尔兰教会逐渐形成了一系列修院大家族,以特定的亲属族群(kin-groups)为基础,从母院向外扩展。

当然,我们不应夸大这些差异。爱尔兰教会使用拉丁礼仪,并尊教宗为圣彼得的传人。7世纪爱尔兰教会的内部争议,像其他地方的教会一样,都是以向罗马上诉来解决的。但在格雷戈里时代,爱尔兰人仍然保留着自己的惯例,尤其是他们使用一种过时的方法来计算复活节的日期,这使得他们无法与罗马同步。格雷戈里晚年因与科隆巴交涉而深为复活节问题所苦。科隆巴被称为爱尔兰修院之父,他的修院位于吕克瑟伊(Luxeuil),一直以爱尔兰方式推算复活节,这就与高卢主教们发生了矛盾。科隆巴于是向罗马强申他的立场,一派天真地给格雷戈里写了一系列娓娓道来的书信,以求得"这位端坐在使徒彼得的宝座上掌管天国钥匙之人"的支持,同时力陈以罗马方法计算复活节有多么不准确。但顺

第二章　两个帝国之间(461—1000年)

从彼得并不必然就意味着服从他的继承人。

尽管遭遇如此多的挑战,但并无迹象表明格雷戈里的心中有一个独特的目标,或一个宏伟的计划。他只是在不断回应周边世界提出的物质需求和灵性需求,并过分关心自己所作所为的实际效应,以致无暇他顾。他留存下来的书信中,有三分之二是复文,专门回应他人提出的问题或质疑,而不是他本人主动提供创见。当谈到他作为教宗的角色时,也一再重申他的所想所思均系环境逼迫使然。

不过,向盎格鲁-撒克逊时代的英格兰传教,却是格雷戈里主动提出的,而非回应他人的要求。这一使命,将对教廷产生最为重大的影响。在此之前,还不曾有哪位教宗谋划到帝国以外的世界去传教。西莱斯廷一世(Celestine Ⅰ,422—432年)确曾调遣一位名为帕拉迪乌斯(Palladius)的主教"到信仰基督的爱尔兰人那里去",但即如这句话所言,他并没有想到要对异教徒传教,结果也就没有发生什么要事。爱尔兰的皈依始于帕特里克的个人冒险,他是罗马不列颠(Romano-British)一位教士的儿子,受虏来到爱尔兰的,并未得到教宗的授权。

我们无法得知格雷戈里决定到英格兰传福音的动机。其最早的传记,出现于他去世百年后的英格兰。该传指出,当格雷戈里还是一位执事的时候,在罗马看到了几位英俊的盎格鲁-撒克逊金发男孩,有人告诉他说,他们是盎格鲁人(Angles),他回答:"他们是上帝的天使(angels)",并立刻许下愿望,要把他们的民族感化为基督徒。这个故事看起来相当合理,格雷戈里也许在罗马市场上看到英格兰奴隶,从而引发了他对这些"生活于世界边缘……崇拜山石树丛"的民族的兴趣。可以肯定的是,在595年,他指示管理高卢教廷祖业的教区长购买了十七八岁的英格兰童奴,送入罗马修院训练成修士。当时他可能已经在搜寻宣教英格兰的翻译人才了。

一年后,他就派出了传教团,由一群罗马修士组成,他的圣安德鲁修院院长奥古斯丁率领。共有40多人在肯特的萨内特(Thanet)上岸。当时,肯特国王埃塞尔伯特(Ethelbert)娶了巴黎王(King of Paris)的女儿,她恰好是位基督徒。尽管格雷戈里常说英格兰是宇宙的尽头,但也从未忘记它也曾是罗马帝国的一部分。他希望在适当的时机,奥古斯丁能够在伦敦和约克这两个罗马统治不列颠的旧中心,建立两个大主教区,每区设12名主教代理(suffragan)。

有些历史学者将英格兰的传教之行,视为教宗主义(papalism)的明确范例。格雷戈里抢在罗马—不列颠人或爱尔兰人之前率先向盎格鲁-撒克逊人传福音,是对后者的一个打击,确保了英格兰人服从并采用罗马而非爱尔兰的礼仪。爱尔兰和罗马在礼仪上确有冲突,并的确成为英格兰早期教会史上一个愈来愈严重的问题。在664年的惠特比教职会议(Synod of Whitby)上,罗马体系最终获胜,这也是比德名著《英吉利教会史》的重要主题。该书写作于格雷戈里去世百余年后。但在597年,这个问题还根本不存在,而格雷戈里也不杞人忧天,从未担心过教会礼仪的统一问题。塞尔维亚的林安德(Leander of Seville)是格雷戈里的朋友,曾向他询问洗礼的正确方法,他回答说:"那儿只有一种信仰,不同的礼仪对教会并无伤害。"[1] 当奥古斯丁也忧虑此事,向他询问英格兰的弥撒采用罗马礼仪还是高卢礼仪时,格雷戈里建议他采用对稚嫩的

---

[1] J. Barmby (ed.), *Selected Epistles of Gregory the Great*, p. 88.

英格兰教会有益的礼仪,而不用理会它们的出处:"我的弟兄,您知道罗马教会的礼仪,您就是在其中长大的。但是,采用何种礼仪,不要让当地迎合礼仪,而应让礼仪适合当地。"①

从各种可能性来看,我们只能将向英格兰传教归功于格雷戈里期望"增加信徒"。他力图将大公基督教(Catholic Christianity)传播到不列颠的蛮族王国,因为终其一生,他已经看到了西班牙和高卢的皈依,并有望看到基督教在伦巴德人中的传播。不管怎样,无论格雷戈里的动机是什么,罗马向英格兰传教所造成的冲击,远远超出了不列颠的疆域。英格兰教会逐渐尊奉格雷戈里为创教之父。格雷戈里的第一本传记是在英格兰,而不是在罗马编纂完成的;他的名作《论教牧职责》(On the Pastoral Office)和他的书信,也珍藏于英格兰,被奉为灵感和指引的珍贵源泉。盎格鲁-撒克逊的教会人士和国王潮水般地前往罗马,去朝拜"这块因使徒和殉教者的身体而神圣化的地方"。他们带回的,是更加尊崇罗马方式和罗马主教。

这种尊崇也延伸到罗马的一切事物,包括建筑风格、仪式、甚至罗马大教堂中反复咏唱的圣歌曲调。但焦点还是放在圣彼得钥匙的继承人教宗身上,甚至科隆巴也承认这一点。格雷戈里习惯挑出一些主教和王室,送给他们一个微型圣物箱以示特别恩惠,这个圣物箱被做成钥匙形状,里面有一些圣彼得锁链上的锉屑。这些钥匙,格雷戈里的一些继承人也赠送,它象征着教宗的捆绑与释放的权力。这个象征物展现的无形力量,在664年惠特比教职会

---

① Bede, *The Ecclesiastical History of the English People*, i 27, para. Ⅲ, ed. Judith McClure and Roger Collins, Oxford 1994, p. 43.

议上一览无余。国王奥斯温（Oswiu）在听取罗马和爱尔兰对计算复活节的正反两种看法后，面带微笑地支持了罗马的推算法，因为天国的钥匙是交给圣彼得的，而不是交给圣科隆巴（St Columba of Iona）这样一个爱尔兰领袖。因此，他宣称，"因为他是天堂的守门人，我不想违抗他；我还要尽我的全力遵守他在每件事情上的戒律，否则当我来到天国的门口时，也许没人为我开门，因为握有钥匙的人会背对着我。"①

格雷戈里去世两百年后，英格兰教士威利勃罗（Willibrord）、博尼法斯与阿尔昆（Alcuin），在传播与巩固北欧基督教的过程中扮演了关键的角色。他们满怀着对罗马书籍、罗马礼仪和罗马主教的爱戴和尊崇，而这些正是格雷戈里在英格兰首次植根的。对于北欧新皈依的蛮族基督徒而言，教宗的权威不是被理解为一位资深的宗主教在帝国古老席位中具有无可争辩的优先权，而是掌管天堂钥匙之人所具有的神奇力量。罗马是彼得的埋葬之地，他仍然居住在这里，并在这里通过其继承人发出洪亮的声音。在这里，可以找到纯正的基督教教义和基督教崇拜的模式，这里也是使徒祈福和赦免的源头。在从北欧转向英格兰的过程中，格雷戈里无意中开启了教宗发展史上的一个新阶段。

三、教廷的拜占庭之囚

格雷戈里无疑是古代晚期和中世纪早期最伟大的教宗，或许

---

① Bede, *The Ecclesiastical History of the English People*, iii 25, p. 159. 关于国王奥斯温的微笑，见 Eddius Stephanus, *Life of Wilfred*，载 J. F. Webb and D. H. Farmer (trans. and eds.), *The Age of Bede*, Harmondsworth 1983, p. 115.

也是有史以来最伟大的教宗。如我们所见,在盎格鲁-撒克逊世界和他们的教会中,对他仍然满怀感念,尊他为"英国人的导师""我们的格雷戈里"。10世纪爱尔兰人写的一本教宗传中,甚至称他为凯瑞人(Kerry-man),认为他培育了绝大多数爱尔兰圣徒,最后埋葬于亚兰(Aran)。

但在罗马,却有不少人想要把他忘掉,甚至否认他留下的遗产。在正式的教宗编年纪事《教宗纪年》(*Liber potificalis*)中,他的传记简略到了令人羞愧的地步;并有迹象表明,许多人对他引导的罗马教会发展方向颇为不满。格雷戈里是成为教宗的第一位修士。他决定用修士的热忱和谦卑精神来改造罗马教会,为此,他选用修士来担任要职,并领导重要的事业,如向英格兰传教。因此,他一谢世,罗马神职界就群情激愤,对神职的资历结构一再表现出强烈的关切。在《教宗纪年》中,格雷戈里的继任者萨比尼昂(Sabinian,604—606年)被称赞为"用教士充实教会",意为他喜欢擢升罗马城里的神职人员,而非修士。萨比尼昂的墓志铭赞许他按部就班地一路攀升,也暗藏着批评格雷戈里受命于乱世而快速蹿升的弦外之音。直到七十年后,才另有一位修士成为教宗,而历任教宗的选举,则始终摇摆于反格雷戈里和亲格雷戈里的候选人之间。

罗马教会内部的这些歧异,因7世纪前半期教宗的频频更换而格外令人瞩目。从格雷戈里去世的604年到马丁一世继位的649年,就有10次选举。教宗的频繁选举让人注意到这一时期的另外一个特色,那就是教廷对君士坦丁堡皇帝的臣属地位。许多教宗都曾担任教廷驻君士坦丁堡的宗使。由于东罗马帝国重新征服意大利,教宗当选人在祝圣之前必须获得皇帝的认可。结果是漫长而恼人的拖延。教宗萨比尼昂等了6个月才得到皇帝的委任命令，博尼法斯三世（Boniface Ⅲ，607年在位）几乎等了一年，博尼法斯四世（Boniface Ⅳ，608—615年）等了10个月，博尼法斯五世（Boniface Ⅴ，619—625年）则等了13个月。这些拖延，一方面是苦于长途旅行和君士坦丁堡繁琐的官僚程序；另一方面则是皇帝需要全力应对东部愈演愈烈的危机。

格雷戈里去世后数年里，帝国已被可怕的敌人团团包围。斯拉夫游牧民族，尤其是阿瓦尔人（Avars），从多瑙河北方开始横扫巴尔干半岛，把操希腊语的民族驱逐到爱琴海和亚得里亚海沿岸。同一时期，波斯国王乔斯罗斯二世（Chosroes Ⅱ）正在蚕食东罗马帝国的领土，以创建祆教帝国。613年，波斯军队占领安提柯，614年大马士革与耶路撒冷先后陷落。基督教世界（Christian World）简直不敢相信，只能惊恐万状地看着异教军队摧毁圣地，带走了圣物真十字架（True Cross）[①]。到了619年，整个圣地已经完全处于波斯的控制之下，君士坦丁堡则在626年遭到围攻。残存的罗马生活方式似乎岌岌可危。

靠着东部教会提供的大批金银盘碟的协助，君士坦丁堡收买了阿瓦尔人，而拜占庭军队也得以重整旗鼓。627年，帝国军队彻底击溃波斯人，杀死乔斯罗斯，并夺回了真十字架。然而，这只不过是稍作喘息，而不是战争的结束。在距离君士坦丁堡800英里的南方，一股新的力量正在麦地那和麦加兴起。穆罕默德曾经当过骆驼行商，在7世纪20年代见到异象而得道，他把神的启示写成《古兰经》，意为"念诵"，这部经典成为伊斯兰教的基础，在阿拉伯世界掀起了一场伟大的新宗教运动。先知穆罕默德逝世于632

[①] 真十字架，据说是钉死耶稣的那一座十字架。

年。他认为,这个世界将接受不可分割的唯一神的审判。阿拉伯军队在他这一观念的鼓励下,637年攻下安提柯,642年攻克亚历山大里亚,698年攻陷迦太基。基督教的古老发源地一个接着一个被消灭,地中海不再是基督教世界的内湖。

由于东部危机不断,教廷与帝国之间产生了从未有过的密切认同。皇帝的战争被视为是圣战,他们的胜利被认为是上帝亲手所为。626年和627年,在好几场极为隆重的典礼上,皇帝希拉克略一世(Herakeleios Ⅰ,610—641年)将基督和圣母的圣像挂满了君士坦丁堡的城墙,宗主教赛吉欧斯(Sergios)用失而复得的圣物真十字架来祝福皇帝。在这样的仪式下,教会和帝国之间的距离消失了,皇帝似乎既是君主,也是祭司。

希拉克略身为祭司-皇帝(priest-emperor),必须处理帝国内部宗教不统一的问题。卡尔西顿大公会议造成的基督徒对信仰的歧异仍旧悬而未决,并分裂了基督教国度,而这个国度,此时此刻比任何时候都更需要一个"心脏"和一个思想来统一言行。帝国支持一性论,否认基督的神人二性,已经证明是一条死胡同,只能加深分裂而非解决问题,不仅造成东西两部教会的对峙,而且在东部教会内部也引起冲突。很明显,任何解决救主身份问题的方案,必须以接受至少是不否认卡尔西顿的教诲为出发点。

希拉克略的宗主教赛吉欧斯正好提出了这样一个解决方案。鉴于许多人感到难以接受基督兼具神人二性,因此他建议,如果这二性统合于一种能量,那难题就迎刃而解了。这个"唯一能量论"(monoenergist theory)后经提炼升华,发展为"一志论",认为基督的确具有二性,但仅具有一个意志,即神的意志。这个神的意志,为三位一体(Trinity)中的所有三位所共有,并决断耶稣作为人时的所有行为。赛吉欧斯提出这个理论，不只是为解决争议另辟蹊径，以解决卡尔西顿公会议引发的危及基督教帝国分裂的"词语战争"(war of words)，他还有更广泛的诉求。他强烈主张从现在开始，禁止一切有关基督本性的讨论。他的建议似乎带来了和平，论战各方在这一方案下重新整合起来。

这些人中，也包括教宗霍诺留一世(Honorius Ⅰ,625—638年)。他是一位才能卓著、精力充沛的亲格雷戈里派教宗，对英格兰传教极有兴趣，并渴望增进帝国内部的团结。他是拜占庭驻意大利总督的忠诚支持者，曾跟随格雷戈里经营教会的世袭地产，用于世俗和纯宗教性的目的，如修缮水渠，购买粮食以供养民众，为意大利的帝国军队筹集军饷。他还是一位积极的教堂修建与修缮者，为表明他高雅的亲帝国立场，他祝圣了一座供奉圣阿波利纳里(St Appolinarius)的罗马教堂，这位圣徒是拉文纳总督区的守护圣徒。

对赛吉欧斯能够成功地维持基督徒的团结，霍诺留也感到很高兴，并相信东部教会对卡尔西顿教义的攻击很快就会被禁止。基于热忱，他给东部教会写了两封信，赞成赛吉欧斯的"唯一能量论"，并详细阐述基督只有一个意志。638年，皇帝受到霍诺留积极回应的鼓舞，签署了著名的"阐释"(Ekthesis)教令，将"一志论"(monthelitism)奉为帝国的官方教义。

"一志论"最初受到热烈的欢迎，不久热度就冷却下来。因为，卡尔西顿教义的支持者很快就了解到，"一志论"表面上保全了大公会议有关基督兼具神人二性的教义，事实上却否定了基督的人性。如果基督没有人的意志，他就无法做出人的判断，遭受人的危险，那他又是怎样的人呢？如果救主是世人的良药和模范，自身却没有人的意志,那么世人如何能服膺道德?如何能从扭曲和罪恶的意志中得到纯化呢?

反一志论的情绪很快在罗马形成并在西部蔓延开来,而且显然,霍诺留已经危及教宗在教义上的纯洁性。这个信念使得罗马和君士坦丁堡之间再启争端。霍诺留的继任者赛维林(Severinus)在638年秋天当选为教宗,但640年继位时因拒绝接受《阐释》,他就职必需的委任状被皇帝扣留了20个月之久。在整个7世纪40年代,罗马都反对帝国的宗教政策,特别是在希腊籍教宗西奥多一世(Theodorus Ⅰ,642—649年)任内,将两名支持《阐释》的君士坦丁堡宗主教开除教籍,并予以废黜。出于报复,帝国的军队洗劫了教廷在拉特兰的财库,教廷派驻帝国宫廷的宗使被捕流放,教宗在君士坦丁堡住所里的祭坛也遭到亵渎。

西奥多去世于649年5月,其继任者是教廷驻君士坦丁堡的前任宗使马丁一世(Martin Ⅰ,649—653年)。马丁证明了他的勇气和对西奥多政策的贯彻,拒绝请求帝国发给确认他当选的委任状,当选两天后就在没有委任状的情形下祝圣登基。早在西奥多任教宗时,就曾着手筹备在拉特兰召开一次教职会议,以谴责一志论,马丁完成了这项工作。出席拉特兰教职会议的共有105位西部主教,还有一群住在罗马的东部人,这些人多半是修士,大多为受到一志论迫害的流亡者。这次会议是西部举行的迄今为止规模最大的宗教会议,而且因为有东部教士出席,它也是神学理论最为深奥的会议之一,旨在刻意而彻底地否定皇帝的宗教权威。教宗马丁在西部一步一步地公开会议议程,并争取到米兰大主教等重量级缺席人士的签名认同。

毫不奇怪,君士坦丁堡宫廷对此无法容忍。意大利总督奥林庇乌斯(Olympius)受命劝说西部主教支持帝国暂停讨论两个意志问题的指令。说服不成,他派人行刺教宗,也未得逞。奥林庇乌斯不仅未能完成任务,最后自己还掀起了一场不成功的反帝国暴动。653年6月,继任总督西奥多·卡里欧皮斯(Theodore Kalliopis)在拉特兰教宫成功地逮捕了教宗马丁并囚禁于此,马丁一直睡在祭坛的前面以寻求神的庇护。饱受慢性病的折磨和狱卒的虐待(他一度感染痢疾,但不允许清洗达47天)。马丁后来被押到君士坦丁堡。在这里,他遭到满怀敌意的人群的推挤,被指控支持奥林庇乌斯的叛乱,甚至私通伊斯兰军队。马丁被囚的真正原因,是他在一志论问题上冒犯了皇帝,但在审判秀(show-trial)过程中却根本不提此事,因为朝廷想避免就神学正统性再起危险的争端。朝廷尽管倾全帝国之力压制他,但仅有一项判决成立,即最终以谋反定罪。他被剥掉祭服,戴上手铐脚镣游街示众,在众目睽睽下受到鞭打。跟随他从罗马来到君士坦丁堡的一小队神职人员,也遭到隔离;他独自一人被驱逐到克里米亚,655年9月,不堪折磨的他在当地去世。

不管怎样,在西部,帝国观念仍然强烈。马丁的苦难中,让他最为寒心的是,当他还活着时,罗马教会已经屈服于帝国的命令,选出了一位新教宗。罗马尽管效忠帝国竟至于此,但双方的关系却从未重修旧好,变得单纯易处。马丁的继任者尤金一世(Engenius Ⅰ,654—657年)虽有圣徒风范,却尤足轻重,选举他是为了取悦君士坦丁堡。尽管如此,当他试图接受君士坦丁堡宗主教在一志论问题上的暧昧说法时,却受到罗马会众的狂吼怒骂和威胁。教宗马丁并没有白白地蒙受苦难,罗马仍然坚守卡尔西顿教义。

教义上的这种强硬的鹰派态度，稍后因为教会急于顺服皇帝而软化下来。663年，皇帝君士坦斯二世（Constans Ⅱ）在罗马停留了12天，受到热烈的欢迎，教宗威塔利安（Vitalian,657—672年）很圆滑，只字未提君士坦斯对教宗马丁的虐待，或皇帝暗中继续支持一志论。君士坦斯来访时，正值教宗举行狂欢典礼，皇帝和他的军队在典礼中备受礼遇；他们还带着礼物，参与前往圣彼得墓的烛光游行。然而，罗马诸教堂内萦绕的圣歌，被工匠们制造的震耳欲聋的噪音淹没了。因为君士坦斯命令他们将罗马宏伟的帝国纪念碑上的青铜牌和配件拆除下来，加以熔化或带回君士坦丁堡重用。拆除工作也使得城中许多宏伟的建筑物加速毁坏。当君士坦斯从海路离开时，他已将罗马的帝国光荣带走了。《教宗纪年》将他的统治概括为是对西部的压迫和灾难，就毫不奇怪了："他让人民承受了诸多苦难……贡赋、人头税、船税，均为前所未见……他还夺走了上帝圣殿里所有的圣器和装备，什么都没剩下。"668年，君士坦斯被谋杀于浴室，教宗的编年史家在记录此事时，兴奋之情溢于言表。①

君士坦斯的继任者君士坦丁四世（Constantine Ⅳ）慢慢认识到了这些做法不会有任何成果。支持一志论只会使得西部更加疏离，东部也无法平静，因此他决定颠覆过去五十年来的宗教政策，舍弃一志论。680年11月，他在君士坦丁堡召开第六次大公会议。教宗阿加托（Agatho,678—681年）从留居罗马的希腊籍神职人员中遴选出一些人，作为他的代表出席会议。对卡尔西顿确立的基督两性论而言，因而对于教廷而言，这次会议都是一次完全的

---

① Davis, *Book of Pontiffs*, p. 72.

胜利,尽管从罗马的观点来看,还是美中不足,因为教宗霍诺留也是一志论的始作俑者,也属于本次大公会议严厉谴责的对象之一。不管怎样,罗马以一直信守真理而自豪,而教宗的主张也得到了认同:与东部那些伟大的首席教座不同,事实上只有罗马从未堕入谬误。有理由认为,罗马的正统性应部分地归功于它缺乏想象力。罗马神学家思想保守,毫无希腊神学家的那种成熟练达和敏锐灵巧,因而不太容易受到新观念的吸引。然而,无论是因为迟钝,或是对使徒的忠贞所致,罗马引以为豪的传统就是紧紧坚守古老的信仰,这一点甚至在东部也得到公认:因此出现一位异端教宗就像是吞了一只苍蝇。为了要让罗马的教义得到普遍接受,谴责霍诺留是值得付出的代价。不过,这个代价得到了补偿:大公会议最后宣布,向罗马始终不渝地忠诚于使徒教诲表示特别的敬意。

此后十年里,与帝国和解为教会带来的好处逐渐显而易见。拉文纳教会要求独立地位的主张,曾获得君士坦斯的赞同,现在被否决了;大主教们同意由教宗授予圣职。原本教宗必须获得君士坦丁堡的同意才能祝圣登基的条件也被取消,拉文纳总督被授予签发委任状的权力。帝国对教会地产征收的重税也被减轻了。

但这种和谐是脆弱的,拜占庭统治的好处显然常常少于它带来的坏处。692年,皇帝查士丁尼二世(Justinian Ⅱ)召开大公会议,旨在完成第五次和第六次大公会议中有关戒律的工作。这次大公会议,令人奇怪地被称作"奎尼塞克斯大公会议"(Quinisext Council,即第五—六次大公会议),[①] 议程仅限于讨论东部的事务;最后批准了具有执行效力的102条教规,其中包括一系列根据东

---

① Quinisext 为拉丁文"第五"(quintus)与"第六"(sextus)两词的复合词。

部惯例制定的措施,这在西部是绝对不能接受的。例如,东部教会允许神父和执事可以有正常的婚姻生活,而西部教会则长期坚持独身制。东部教会不准许周六斋戒,西部教会则要求斋戒。奎尼塞克斯教规也禁止了不少虔诚活动和拜圣像传统,而这在西部相当普遍,如以羔羊象征基督。最后,大公会议重新颁布了卡尔西顿第 28 条教规,赋予君士坦丁堡宗主教与罗马同等的特权,以及仅次于罗马却高于其他宗主教的优先权。

这些措施都是在刻意触怒西部教会人士,君士坦丁的继承人查士丁尼二世还特意刺激教宗,送给他一份教规,要求他签名。教宗赛吉阿斯一世(Sergius Ⅰ,687—701 年)勃然大怒,拒绝接受,也不允许传阅,并针锋相对地实施了一些虔诚活动,旨在强调罗马教会坚决反对这次大公会议。他下令在举行弥撒擘饼仪式时吟唱《羔羊经》(Agnus Dei),该经是向作为上帝羔羊的基督发出一系列的祈祷请求;他还重新修缮了圣彼得大教堂和广场(Forum)附近圣科斯马教堂(St Cosmas)、圣达米安教堂(St Damian)的镶嵌画壁龛,这些镶嵌画将基督描绘成君士坦丁堡所禁止的羔羊形象。

这简直就是一场战争。而皇帝为了报复,企图重演教宗马丁事件。教宗的首席顾问被逮捕并押到君士坦丁堡;而皇帝侍卫队长扎迦利(Zacharias)则奉命前往罗马逮捕教宗本人。此举大错特错,表明皇帝根本不了解他在意大利的统治已引起越来越多的不满。他调派拉文纳和彭塔波利斯公国(Duchy of the Pentapolis,包括安科纳、塞尼加尼亚「Senigallia]、法诺[Fano]、皮萨诺[Pesaro]和里米尼五个城市)的意大利籍军人去罗马逮捕教宗,但是他们却反戈一击。扎迦利被迫逃入拉特兰教宫,躲在教宗的床底下避难,仅当赛吉阿斯现身表示没有受到军队的伤害时,罗马民众的愤怒才得以平息。扎迦利羞愧地逃出罗马,而查士丁尼不久也在一次宫廷政变中被罢黜。教宗编年史家评论说:"这样,由于基督的护佑,神的教会及其高级教士没有受到骚扰。"①

事实上,当时拜占庭帝国在意大利的统治,其实仅局限于西西里岛和意大利南部。伊斯兰威胁着东部边界,使得皇帝越来越无暇他顾;而意大利对皇帝的重要性,不过是一头"财政乳牛"。教宗仍然认为君士坦丁堡朝廷是意大利合法权威的来源,每位新主教都必须向朝廷申请(并付出大笔金钱)祝圣的帝国委任书。然而,实际而论,教宗已经是独立的统治者,以自己的资源维持自己在意大利半岛的地位。从 8 世纪初开始,这种地位愈来愈不稳定。伦巴德国王利乌特普朗德(Liutprand)决心要将他的王国连为一体,正力图控制位于罗马南北两侧的斯波利托(Spoleto)和贝内文托(Beneverto)两个独立的伦巴德公国。这种扩张既威胁到帝国的利益,也损害了教宗的利益。因此,教宗竭力在保持对君士坦丁堡的忠诚与意大利残酷的政治现实之间,寻求一条中道。帝国的课税负担日渐沉重,而意大利却没有得到帝国的任何保护,使得积怨愈来愈深。作为教会祖业的保管人,教宗格雷戈里二世(Gregory Ⅱ,715—731 年)当然是帝国在意大利的第一纳税大户。他挺身而出,带头抗议帝国的经济盘剥,禁止向帝国缴纳这种不公平的赋税。伦巴德人此时已成为天主教徒,尽管与罗马经常发生战争,但教宗仍能超越政治,对他们发挥道德上的影响力。729 年,利乌特普朗德与反教宗的总督临时结盟,围攻罗马,教宗格雷戈里二世勇敢面对国王,"使他深感痛悔",以致留下盔甲和武器,作为贡品献

---

① Davis,*Book of Pontiffs*,p. 85.

给使徒的陵墓,并撤走围攻的军队。然而,教廷与帝国的关系尽管实际上已经破裂,但教宗仍然准备运用圣彼得的威望去贿赂帝国的敌人,让君士坦丁堡有喘息机会。729年,格雷戈里二世协助总督镇压了包藏祸心的提比略·佩塔修斯(Tiberius Petasius)的叛乱;743年和749年,教宗扎迦利(Zacharias,741—752年)说服伦巴德人从帝国领土撤军,从而挽救了拉文纳总督区。

但是,在726年,皇帝利奥三世(Leo Ⅲ)发动的一连串事件,打断了帝国和教廷间原本勉强维系的脆弱关系。几代人以来,东部基督徒对圣像(icon)即基督和圣徒的绘图形象已逐渐形成一定的认知,认为圣像能够将圣者的恒久力量和保护传递给基督徒社群,就像圣徒的遗物或圣餐礼所用的圣饼和葡萄酒具有神奇力量一样。717年,即利奥统治的第一年,阿拉伯人围攻君士坦丁堡,他下令制作君士坦丁堡最大的神迹圣像,也就是"童真女指路"(Virgin Hodegetria)圣像,并抬着沿着城墙游行,以安抚和慰藉民众。

当帝国的版图由于穆斯林的进攻而不断萎缩时,民众的确需要一切可能获得的慰藉。神学家和宣教家开始公然猜测:上帝是否对他的子民发怒了?帝国的内心是否怀有一些滔天罪恶,致使所有人必须受到惩罚?这种推测又因726年爆发了可怕的火山而添加了象征意义:黑色的灰烬洒满了整个爱琴海,像是一个恶兆。皇帝因而断然采取行动。他宣称,上帝因为拜偶像的罪恶而震怒了。《旧约》禁止拜偶像,而教堂里却到处都是。因此,他下令毁坏基督和圣母的所有圣像,代之以未加装饰的十字架。基督教帝国的创建者君士坦丁正是以十字架为旗标而征战获胜的。

利奥颁布这样的敕令并非偶然,而是反映了深层的社会恐慌,主教和神学家多年来的神学反省,以及基督的位格和二性之争的积累效应。无论原因是什么,皇帝抨击拜偶像,引发了一场破坏圣像的浪潮,震撼了整个西部。帝国总督试图在拉文纳推行这一政策,却被愤怒的暴民处以私刑,而教宗格雷戈里二世则认为这是帝国信奉异端的又一铁证。他在愤怒之余,断然拒绝利奥的命令,并警告他:作为一个凡俗之人,他无权干预神学事务。皇帝命令新任总督罢黜教宗,却激起一连串的暴动,表现了意大利人对帝国统治的怨恨。《教宗纪年》评论说:"罗马人与伦巴德人以信仰为纽带团结起来,都愿意为保护教宗而英勇献身。"[1]

格雷戈里尽全力避免让这种情绪升级为革命,力劝民众忠于帝国的理想;但在他的继任者格雷戈里三世(Gregory Ⅲ,731—741年)时,这场因破坏圣像而引发的危机更加恶化。皇帝拒绝教宗所有和解的请求,因此,格雷戈里于731年在罗马召开了一次教职会议,谴责破坏圣像运动,并宣布开除参与者的教籍。非同寻常的是,拉文纳大主教也出席了这次会议,这表明皇帝的破坏圣像运动疏离了所有意大利人,即便他的支持者也不例外。虽然如此,教宗在733年依旧做了一件有利于帝国的大事:说服伦巴德人归还拉文纳总督区。作为感谢,帝国总督向圣彼得的圣陵捐献了六组螺旋玛瑙圆柱。这个礼物也许是递出一棵橄榄枝,但并未解除教宗对帝国宗教政策的敌意。值得强调的是,格雷戈里将总督捐赠的圆柱用来支撑一系列精心制作的基督和圣徒的新圣像。

格雷戈里三世挽救总督区的善举,与帝国正在猛烈攻击教宗

---

[1] R. Davis ed., *The Lives of the Eighth-century Popes*, Liverpool, 1992, p. 13.

的以怨报德,正好形成了鲜明的对照。利奥知道自己已经没有机会让罗马支持他的反圣像崇拜政策,因而对教宗的属灵权威及其经济基础进行了双重打击。732年或733年,他没收了教廷在意大利南部和西西里的所有祖业,这是教宗收入的主要来源;进而,他又剥夺了教宗对不少主教区的管辖权,包括帖撒罗尼迦、哥林多、叙拉古、雷焦(Reggio)、尼科波利斯(Nicopolis)、雅典和帕特拉(Patras)等教区,换句话说,也就是伊利里亚*所有说希腊语的省份,还有西西里和意大利南部。这些地方从此被划归君士坦丁堡宗主教。为了掌控帝国残存的领土,君士坦丁堡加强了对那不勒斯以南事务的控制,而放弃了意大利的其他地方。拉文纳总督区摇摇欲坠,到751年最终被伦巴德人攻陷。教宗曾一度力图与君士坦丁堡重修旧好,但利奥的做法深深地伤害了罗马教廷。还从未有哪位教宗像格雷戈里二世在破坏圣像的激烈辩论中那样,公然痛斥皇帝;也从未有哪位教宗如此清晰地指出了教宗力量的真正来源:

> 整个西部的眼睛都在盯着我们,尽管我们不值得如此关注。他们信赖我们,信赖使徒之君圣彼得,而你们却要摧毁他的圣像,但西部各国都以他为荣,仿佛他就是人间的上帝……我们正在走向西部最偏远的地方,寻找那些希望受洗的人。虽然我们曾向他们派出神圣教会的主教和神父,他们的君王却仍未接受洗礼,因为他们只愿意由我们亲自施洗……

---

* 伊利里亚指罗马帝国在巴尔干半岛东北部的省份,大约在现在的阿尔巴尼亚到克罗地亚与斯洛文尼亚一带的地区。——译者

您无权发布教义规章,您也无权思索教义;您的思想太粗鄙了,满脑子都是战争。①

在教宗格雷戈里的眼中,西部信仰虔诚,东部则异端充斥,这种比照对于教廷的未来发展,以及教宗最终从东部转向西部,都具有重要的意义。但这不是一个选择的问题,而是承认现实:利奥收走了西西里和意大利南部,无论从哪方面讲,教廷都被帝国抛弃了。

希腊帝国和教廷漫长而缓慢的分离过程,是一段颇具讽刺意味的历史,其中大多发生在说希腊语的教宗任期内。在 687—752 年间,共选出 13 位教宗,但只有本笃二世(Benedict Ⅱ,684—685 年)和格雷戈里二世,是土生土长的罗马人,或者说是拉丁人。其他都是说希腊语的教宗,出身于希腊、叙利亚或拜占庭所辖的西西里。这种超乎常规的发展,可以说从 642 年教宗西奥多当选就开始了,反映出罗马神职界已发生了深刻的转变。伟人格雷戈里和教宗霍诺留,是一度通行的教宗类型的最后代表,教宗维吉里则是不那么健康的个案,他是出生于罗马元老家族的贵族主教。哥特人的战争灾难和帝国的重新征服,终结了这种教宗类型,因为这些大家族已经没落,或是移民去了东部。从这时起,说希腊语的神职人员开始充斥罗马。有些人是帝国恢复统治的结果,他们追随拜占庭驻军来到罗马。在帕拉丁山丘拜占庭人居住区的四周,兴起一圈由东部神职人员主持并供奉东部圣徒的教堂,如科斯马斯与

---

① W. Ullmann, *A Short History of the Papacy in the Middle Ages*, London 1974, p. 72; Southern, *Western Society and the Church*, p. 59.

第二章　两个帝国之间(461—1000年)

圣达米安双圣教堂(Sts Cosmas and Damian)、赛吉阿斯和巴克斯双圣教堂(Sts Sergius and Bacchus)、圣哈德良教堂(St Hadrian)、库里西乌斯和吉里塔双圣教堂(Sts Quiricius and Giulitta),以及赛勒斯和约翰双圣教堂(Sts Cyrus and John)。它们大多带着军人教友会。加入帝国这一阵营的,还有一拨又一拨的帝国难民,主要是一性论、一志论,最后还有破坏圣像运动的受害者。最后,随着基督教及修院的古代心脏地带落入阿拉伯人之手,伊斯兰世界的流亡者也来到了罗马。

教宗一般是从受过教育的拉丁神职人员中征选出来的。当这些人逐渐短缺之际,一群希腊籍的神职人员和修士正好抵达罗马。到7世纪末,这些说希腊语的人主导了罗马的教士文化,提供神学思考、管理才能,以及诸多的视觉、音乐和礼仪方面的文化。希腊修士也被纳入罗马教会生机勃勃的救济工作,这些修道小群体被安排去负责古老的施济点(*diaconia*),这些施济点设在台伯河沿岸,向穷人分发粮食和其他救济品。它们也成为城内正在形成的拜占庭区的一部分,而在阿文丁山脚,维拉博罗的圣乔治教堂(San Giorgio in Vellabro)和科斯米丁的圣母教堂(Santa Maria in Cosmedin),都是从这些救济中心发展而来的。

所有这些发展对罗马都有深远的影响,有时也令人沮丧。教宗约翰六世(John Ⅵ,701—705年)任内,英格兰主教威尔弗里德(Wilfrid)抵达罗马。他来罗马的目的,是就坎特伯雷大主教西奥多尔(Theodore)近来实施的重组英格兰教会的政策提出上诉。西奥多尔是一位颇具才能、精力充沛的希腊籍大主教。威尔弗里德一行受到热忱的接待,但却发现教宗的近臣都以希腊语谈笑和窃窃私语,他因此颇感沮丧。680年,教宗派遣参加第六次大公会议的代表全部都是希腊人。即便罗马固有的宗教艺术传统,也受到东部的影响而转变,罗马风格彰显的那种不朽的现实主义,如科斯马斯与达米安双圣教堂的半圆壁龛所呈现的风格,已逐渐式微,取而代之的是圣母古教堂(Santa Maria Antiqua)绘画呈现的那种优雅的形式主义,或罗马圣方济各教堂(Santa Francsca Romana)里圣母像体现的拜占庭风格。罗马教会的礼仪也因东部影响而改变。围绕教宗本人,增加了愈来愈多的正规典仪,这些典仪都仿照拜占庭的宫廷礼仪,旨在强调圣彼得继承人的神圣性。罗马礼拜仪式原有的简朴与庄重,受到来自叙利亚、耶路撒冷和拜占庭的节庆、音乐和仪式规则的影响,变得更加丰富和精致化。

这些变化,并不意味罗马教会独有的认同受到了冲击。在将东部仪式规则引入罗马礼拜仪式的过程中,教宗赛吉阿斯一世扮演了关键的角色,比如他从东部引进了四个重要的圣母节日,并在节庆典礼或精致的游行中遵循以希腊曲调吟唱《羔羊经》的叙利亚礼仪。但是,赛吉阿斯坚决反抗奎尼赛克斯大公会议的教规,因为它会把外来的东部礼仪强加于罗马教会;他还郑重其事地将伟人圣利奥(St Leo the Great)的遗物,转化为圣彼得大教堂内一座引人瞩目的新圣陵,因为利奥被奉为是教宗具有彼得权威和罗马具有首席权这一主张的伟大保护者和奠基人。的确,来自东部的教宗,以其博学深思的神学兴趣,为教宗的彼得权威带来教义上的新境界,这也使得他们对异端皇帝的态度有时会针锋相对,有时又力图平稳。

因此,希腊籍教宗治理下的罗马,已经成为一个大熔炉。东部和西部的诸多传统在此融为一体,创造出富有活力且博大精深的宗教文化,令新近皈依的欧洲人深感兴趣、赞叹不已。一群爱尔兰修士来到罗马,在旅社里会遇到来自埃及、巴勒斯坦、希腊东部和俄国南部的朝圣者,可以一同讨论东部的问题。国王、主教、修士和普通信徒,都徒步来到罗马,祈求使徒的恩典,近瞻圣物,因为罗马到处都有圣物,希腊籍教宗以华美的器物供奉这些圣物以表达他们的虔诚。罗马城内的所有城区都向他们开放,如靠近圣彼得大教堂的萨克森村(Saxon Borgo),就是英格兰人在罗马的聚集点。

有的人,如西萨克森国王科迪瓦拉(Caedwalla),来罗马是为了受洗,以便"度过一身后……他们能够更容易升入天堂";有的,如比德笔下的那位修院院长科尔弗雷德(Ceolfrid),是想埋葬于此;有的,如巴伐利亚公爵西奥多(Theodo),只是来此祈祷。另一些人,如弗里西亚使徒英籍传教士博尼法斯,是来寻求名誉和传教所必要的支持,因为传教必然会面对当地首领、国王等豪强势力。英籍修士本笃·比斯科普(Benedict Biscop)在 653—680 年,五次造访罗马,是想找到使徒的生活方式;并为他在雅罗(Jarrow)和韦尔茅斯(Wearwouth)的修院(都是以彼得和保罗命名的,这富有深意)带回了大批的罗马绘画和书籍,连圣彼得大教堂的首席领唱员(arch-chanter)也带回来教他的修士们吟唱罗马调的日课经。

但是这些人当中,没有人需要卑躬屈膝地复制罗马仪式,因为罗马仪式本身种类很多,且正处在快速转变的过程中。英格兰教会很快就效仿罗马,开始庆祝从东部引进的四个圣母节日,而它们本身也不过刚刚罗马本土化而已。比德在雅罗教堂主持弥撒时使用的福音书,抄录于本笃·比斯科普带回的原版,但供经年巡回阅颂的福音章节,是按照那不勒斯教会而非罗马教会的章次编排的。比斯科普可能是从非洲的哈德良那儿得到了福音书,哈德良曾任那不勒斯一家修院的院长,他也曾与比斯科普和塔速士的西奥多一同游历,这个希腊人被教宗威塔利安任命为坎特伯雷大主教。罗马不是一套僵化的指令,而是一个忠诚的所在,一个动力的源泉,是使徒的栖身之所,更是端坐使徒宝座的教宗驻锡的地方。

四、西部诸帝国

帝国势力在意大利的崩溃,使得教宗免除了来自君士坦丁堡的压迫,但也使他们暴露在周边近敌的威胁之下。利乌普特朗德不断地扩展与巩固他的王国,势力逐渐逼近罗马。形势很明显,教宗虽然与过去公国的军事力量结盟,但并不足以抵抗伦巴德人的进攻。739年,伦巴德国王利乌普特朗德重复其十年前的军事行动,再度围攻罗马。上一次,这位国王非常后悔,把自己的铠甲献给了圣彼得作为虔诚的奉献。但这一次,他的士兵掠夺了圣彼得大教堂,抢走了教堂的装饰品,甚至连灯台都不放过。

格雷戈里三世于是向北方的墨洛温家族(Merovingian)统治的高卢寻求援助。在那里,查理·马特(Charles Marte)已呈现出基督教卫士的形象。711年,阿拉伯军队横扫了西哥特人统治的西班牙,进而向高卢南部推进。732年,马特的军队在普瓦提埃(Poitiers)击败一支进袭的穆斯林军队。事后看来,这场胜仗似乎成为了一个关键的转折点,遏制住了此前伊斯兰教进军欧洲攻无不克的势头。因而,高卢已经证明自己有能力拯救圣彼得的子民,是基督教的护卫者。教宗派出密使,带着装有圣彼得钥匙的圣物匣和教宗的一封信函,来到查理的宫廷,希望利用北方人对执掌天国钥匙之人的敬重,赢得查理效法奥斯温国王在惠特比树立的榜样。教宗写道:"请不要轻视我的请求,以免使徒之首对您关上天堂的大门。"①

查理当时把教宗的恳求当成了耳旁风,但是教廷并没有放弃对他或其继承人的希望。教宗扎迦利(Zacharias,741—752年)在位时,拉近关系的时机出现了。当时查理和他的儿子丕平(Pepin)还不是名正言顺的君王,而只是墨洛温王朝的宫相(mayor of Palace)。宫相执掌实权,国王则羸弱昏聩,这种安排为时已久,已成为一种虚构的法权。750年,丕平派一位礼拜员(chaplain)去见教宗,咨询一个神学问题:手握国王实权之人是否也应享有国王之名? 教宗扎迦利赞同他拥有国王头衔。有了这一合法性,丕平随即被贵族们选举为王,并在751年被膏立加冕。加冕礼是由英籍传教士博尼法斯主持的,他在罗马由格雷戈里二世祝圣为主教时,已向教宗发了一个特别的效忠誓愿。

这是一个重大的时刻。因为在同一年,伦巴德人最终攻陷拉文纳总督区,摧毁了帝国在意大利的首脑机关,并着手肃清拜占庭在意大利北部与中部诸城镇的残存势力。在一年之内,国王艾斯杜夫(Aistulf)就领兵包围了罗马,自称拥有公国的主权,并强迫人民每年向他纳贡。教宗扎迦利去世于艾斯杜夫围攻之前,他是最后一位希腊籍教宗,也是最后一位真正忠于君士坦丁堡的教宗。他除了在政治上忠诚于君士坦丁堡,还真诚地期望东西部之间保持开放的对话,他将伟人格雷戈里的《对话录》翻译成希腊文,就是明证。他去世后,一位罗马贵族当选教宗,称为斯蒂芬二世

---

① Davis, *Eighth-Century Popes*, pp. 26-27; Llewellyn, *Rome in the Dark Ages*, pp. 202-203.

(Stephen Ⅱ, 752—757年), 表明这个时代需要一位老练的本土政治家。在下一个世纪, 除两位教宗外, 其余都具有同样的贵族社会背景。

斯蒂芬一上台, 就立刻卷入罗马的危机之中, 他高举着一幅能行奇迹的圣母像走在前面, 带着一支忏悔游行的队列, 穿街过市。这个举动表明, 罗马仍然不赞同皇帝破坏崇拜圣像的行为, 但是皇帝君士坦丁五世清醒地认识到, 教宗是帝国手中的一张牌, 命令教宗协助他索回总督区。出乎意料的是, 斯蒂芬竟然真的奉旨, 到帕维亚(Pavia)觐见了国王, 但是艾斯杜夫不允许他代表皇帝与他交涉。不管怎样, 斯蒂芬此行的目的, 除了试图帮助君士坦丁堡从意大利的废墟里挽回一些东西外, 他还有更为迫切的考虑。因此他并没有返回罗马, 而是北行进入高卢, 向丕平求助。754年1月6日主显节, 教宗与国王会晤于蓬蒂翁(Ponthion)。

这场具有重要影响的高层会面, 一直持续到754年夏天, 对塑造教廷与欧洲的未来, 产生了很大影响。斯蒂芬的首要目标直截了当, 就是得到最为强大的邻国的协助, 遏制艾斯杜夫对圣彼得祖业和教廷保护下的意大利中部人民的威胁。丕平接受了教宗现在赋予他的基督教卫士的角色。后来所谓的"丕平献土"(Donation of Pepin), 是在基耶兹(Quierzy)达成的。丕平答应收复罗马公国、拉文纳总督区, 以及伦巴德人占领的其他城镇与土地, 并将这些土地归还给圣彼得。除了这项承诺(这是斯蒂芬翻越阿尔卑斯山的目的), 教宗与国王做出的高姿态都超出了对方的期许。这些姿态对于未来, 证明几乎与领土承诺同样重要。他们首次会面时, 丕平极尽谦卑之能事, 教宗端坐在马背上, 他则在一旁步行, 像马夫一样为教宗牵马执镫。教宗这边, 则支持丕平一脉的正统性: 他

第二章　两个帝国之间（461—1000年）

为国王丕平、王后与丕平的儿子举行庄严的涂油礼，授予国王和王子"罗马人贵族"的头衔，并郑重宣告，绝不会承认其他家族为王室，以此约束法兰克人。

丕平很快就兑现承诺，领军进入意大利，754年击败伦巴德军队，并在756年取得了决定性的胜利。拉文纳总督区、艾米利亚省（Emilia）、彭塔波利斯公国与罗马公国，都脱离了伦巴德的控制，并归还给教宗。君士坦丁堡皇帝立刻抗议，要求将这些土地归还给他，因为这些土地原本属于帝国。丕平回复说，他之所以介入意大利，并不是为了帝国的缘故，而是出于对圣彼得的爱，以及希望自己的罪能得到赦免，所以他夺得的土地属于彼得。作为凭据，这些城镇的城门钥匙，以及一份记载丕平献地的文件，都存放在圣彼得的陵墓上。教宗国（Papa state）由此产生，并存在了一千多年，且在大部分时期，其版图保持着丕平赠地时的形状。

这是一个史无前例的局面，充满了未曾解决的疑问。君士坦丁堡的抗议提出了主要的问题：除了野蛮的暴力，丕平有什么权利把收复的意大利领土交给教宗？可能是为了回答这个问题，大约在此时，出现了一份非比寻常的伪造文件，称为《君士坦丁赠礼》（Donation of Constantine）。这份文件据称是第一位基督徒皇帝正式颁发的一道威严的法令。在文件中，君士坦丁讲述了教宗西尔维斯特一世（Sylvester Ⅰ）为他施洗而治愈他的麻风病这样一个传奇故事（这个故事在8世纪被当作历史事实）。为了对神迹表示感恩，为了承认西尔维斯特继承了圣彼得的捆绑与释放的权力，君士坦丁因而宣示：教宗及其继承人的地位高于世界上所有其他主教与教会。他自己也授予教宗"至高无上的帝国职位拥有的所有特权，以及我们的权威的荣耀"。君士坦丁讲述了他如何把自己的皇冠戴在西尔维斯特的头上:"这皇冠是从我们的头上拿下来献给您的",但教宗为了尊重他的教士削发仪式,选择不戴这顶皇冠。君士坦丁只好给了教宗一顶荣耀的帽子(camalaucum),还"为他拉着马的辔头,充当他的马夫"。最后,"为了使教宗的权威与帝国的权威相当,以及教宗的最高权威不至于蒙羞",君士坦丁不仅将罗马城赠给教宗和他的继承人,还把"意大利的所有省份、行政区和城镇,以及整个西部地区"也赠给了他们。①

这份文件,虽然没有人确切地知道它制作的时间、地点或动机,但显然与教宗斯蒂芬交结丕平一事密切相关。有些史学家认为,这份文件可能是教宗的随员拼凑的,以备教宗在754年向国王提出请求,它描述的是一幅精心构想的蓝图,旨在创造一个教宗国,以取代帝国在西部的权威。也有史学家相信这份文件是后来才炮制的,时间大约在丕平一朝后的两代人,由法兰克王室豢养的神职人员慢慢拼凑而成,旨在证明丕平及其继承人查理曼在意大利行使领主权的合法性,反驳君士坦丁堡皇帝的攻击。

相比之下,更有可能的情况是,《君士坦丁赠礼》是教宗斯蒂芬那次著名的造访丕平宫廷之旅的后续产物,而非教宗或他的顾问为主张教廷对意大利的主权,早就明确勾画好的蓝图。但是,不管这份文件的起源如何,它都十分清晰地表明,从756年开始,教廷已经坚信自己未来的安全,不再依赖于象征性地效忠于业已衰败的拜占庭帝国,而在于创造一个丕平王朝保护下的领土邦国,由教宗代表圣彼得进行统治。在这个"上帝的神圣教会共和国"(sancti

---

① 文本见 Ehler and Morrall, *Church and State*, pp.15-22。

Dei Ecclesiae Respublica）中，斯蒂芬似乎曾经梦想要囊括帝国辖下的所有意大利领土，以及伦巴德王国大部。最终，他与他的继承人只勉强得到了一小块：罗马公国、托斯卡纳南部，以及拉文纳总督区故地，而在拉文纳，教宗行使主权常常还要受到野心勃勃的拉文纳大主教的羁绊。

君士坦丁堡不能轻易接受这个新局面，甚至不惜与伦巴德国王德西迪里厄斯（Desiderius）结盟，以图将法兰克人从意大利驱逐出去，收复总督区。"丕平献土"后的三十年，是教宗极度焦虑的时期，也是罗马极度混乱的时期，因为教宗国一出现，主宰罗马的那些大家族为争夺其控制权，马上就掀起了一场血腥的相互杀戮。[90]他们与伦巴德人、法兰克人或旧帝国联盟，让自己的候选人当选教宗。保罗一世（Paul Ⅰ，757—767 年）和斯蒂芬三世（Stephen Ⅲ，768—772 年）都面临着对立教宗君士坦丁与菲利普的挑战，而教宗本人也陷入两败俱伤的暴力与背叛的肮脏旋涡之中，惨遭刺瞎眼睛、酷刑折磨和合法谋杀的命运。

不过，形势不久就发生了逆转。771 年 12 月，丕平之子查理曼（Charlemagne，即查理大帝）成为法兰克人唯一的国王，随即哈德良一世（Hadrian Ⅰ，772—795 年）也在 772 年 2 月当选教宗。查理曼证明是一位巨人，他在政治上统一了西欧大部分地区，令同时代的其他国王与领袖羡慕不已并群起效尤，他的形象从此也不断萦绕在欧洲人的政治想象中。哈德良则是一位意志坚强的虔诚贵族，也是一位颇有名望的布道家，拥有极为成功的教廷管理经验。这两位强势人物，始则彼此戒备，终为相互钦佩的盟友，从而使得丕平与斯蒂芬建立的法兰克王室与教廷之间的联盟更加巩固。查理曼是真诚的圣彼得之子，但他也受到罗马帝国的辉煌魅力的吸引,因此决心在自己的领土上重现这样的辉煌。他非常看重自己的罗马贵族身份,也企图扩大并强化法兰克人在意大利的影响。773年,伦巴德国王围攻罗马,哈德良向这位罗马贵族求援。查理曼决定与教宗亲自出手,一劳永逸地解决这位国王。他领军进入意大利,攻占了伦巴德首都帕维亚,灭亡了伦巴德王国,并自任"伦巴德国王"。

774年,他决定在罗马过复活节。这个举动让教宗大为惊讶,但证明是一场巨大的成功。哈德良用以前迎接总督的隆重礼仪来迎接查理曼,而查理曼则表现出对使徒及其继承人的感恩与服从。他前往圣彼得大教堂去见哈德良(他没有亲自迎出城外),为了荣耀使徒,他亲吻了前往教堂的每一级石阶,而教宗则在教堂门口恭候。一连五天,国王与教宗相互拜访,哈德良要求查理曼确认"丕平献土"。查理曼将意大利三分之二的领土正式转给了他,并亲手将移交文件存放在彼得的陵墓上。

这其实是一张空头支票,此时查理曼自己在意大利的野心尚未明朗化。查理曼的"献土"只是代表了哈德良的愿望,而不是他或他的继承人切实要达成的。虽然如此,这是长期友谊的良好开端,而且双方显然都可以为对方提供诸多利益。查理曼相信,他的王国会因为境内教会的统一和一致而得到巩固,因为罗马教会能够为这种统一提供使徒的标准。哈德良为查理曼提供了一套标准的教会法规,称为"狄奥尼修-哈德良教规"(Dionysio-Hadriana),以指导他的教会政策;而且,鉴于罗马通行的礼仪具有多样性而造成某种困惑,他也向国王赠送了罗马礼仪书,以作为法兰克人礼仪的模版。

教宗与查理曼的关系并非毫无波澜。国王认为,他既然是罗马教会的保护者,在教宗的领土上他就有广泛的调解权(intervention),哈德良则认为那不是调停,而是干涉(interference)。尤其是,查理曼还听取拉文纳总督区人民的法律上诉,哈德良认为这侵害了圣彼得的权利。在破坏偶像问题上,查理曼也采取挑衅性的独立立场。哈德良任期内最大的成就之一,就是介入第七次大公会议。这次会议是787年由皇太后伊琳尼(Empress Irene)在尼西亚召开的,旨在解决破坏圣像的问题。哈德良派使节出席这次大会,带去了一份证明崇拜圣像有理的长篇教义专论。教宗的使节和论文受到热烈的欢迎,大公会议也接受了教宗的教导,情形一如伟人利奥在卡尔西顿大公会议的胜利。查理曼对罗马与君士坦丁堡重修旧好颇为不安,而该会把他当作蛮族国王,不邀请他派遣主教参加会议,这种做法也使他愤愤不平。他委托他的御用神学家写了一份所谓的《加洛林书》(Libri Carolini),既抨击希腊的破除圣像的教义,也驳斥大公会议赞同敬拜圣像。在这个教义与崇拜问题上,哈德良与查理曼一度交恶。然而,法兰克人反对大公会议赞同使用圣像,是基于拉丁文本对大公会议教令的误译,因为拉丁文本似乎要证明无限崇拜圣像的合理性,而希腊文本中,只有敬奉(veneration)的意思。哈德良与查理曼由此而导致的对立,在794年查理曼召开的法兰克福教职会议上被成功地解决了。

但是,教宗哈德良的成就,绝不止于与法兰克国王成功合作一端。他虽不是一位伟大的创新者,却解决了教廷在彼得祖业上面临的诸多问题。其中,最为急迫的一项,是要填补因帝国没收西西里、意大利南部与巴尔干而造成的收入损失。教宗扎迦利开了一个好头,在罗马周边的乡村开拓了许多教会地产。哈德良积极推行这一政策,扩展原有的土地,并新辟六块所谓的"家传耕地"(domuscultae),如距离罗马15英里的卡普洛科伦(Caprocrum)就有一块这样的土地,主要是哈德良承继的家族地产,加上从周边农民手中购得的土地。卡普洛科伦教产出产的庄稼包括小麦、大麦、豆子、橄榄、葡萄酒,每年还有100头猪,都送入拉特兰的教会仓库,这里也设有一个施粥棚,每周要养活700人。家传耕地成为中世纪重建教廷财富的基础,它们为教宗提供的绝不只是农作物,因为佃农不但是容易雇佣的劳动力,也是教廷面临危机时的忠诚民兵。

哈德良除了增加教廷的财政收入,还着手修缮城内的基础设施,改善城市的外貌。他重修了不少水渠;在台伯河流经圣彼得大教堂那一段,用12,000块泉华(tufa)修筑了防洪堤;他还扩大了城内的福利体系,新建了不少施济点(diaconiae)和朝圣旅馆。重要的重建与修缮工程主要是针对城内的许多教堂,如圣彼得大教堂、拉特兰教宫、圣母玛利亚大教堂、圣克莱门特大教堂等。工程必需的巨大顶梁来自查理曼在斯波利托公国的森林;法兰克的工程师也被带到罗马充当顾问。这些教堂被装修得豪华富丽,四壁都是用银片制作的圣像,祭坛的表面雕有花纹,廊柱之间悬挂着幔帐。在圣彼得大教堂里,他在圣彼得的陵墓前用银砖铺设了一条忏悔路(confessio),并设置了一个可以摆放1365盏灯的巨型烛台。在历次攻城时屡遭掠夺的圣徒遗物,原来存放于脆弱的城郊公墓,现已转移到安全之所,如科斯米丁圣母教堂中那些新修的神龛里,并流动展出,供不断增多的朝圣者瞻仰敬拜。

哈德良一世时期,呈现出一派积极乐观、坚定自信的风貌。但这种自信氛围是靠不住的。在很大程度上,查理曼保护下的教廷,

第二章 两个帝国之间(461—1000年)

其表面的强势取决于教宗的个性,以及查理曼对他的尊重。据查理曼的传记作家艾因哈德(Einhard)的描述,当查理曼得知哈德良在795年圣诞节去世时,"如丧考妣",恸哭不已。他请英格兰人阿尔昆创作了一首感人肺腑的拉丁诗墓志铭,刻在一块大理石上送到罗马,上面记载了这位国王痛失父亲般的感伤。

哈德良的继承人则不然。利奥三世(Leo Ⅲ,795—816年)既无哈德良的坚强个性,也缺乏哈德良在诸王面前的那种贵族般的泰然自若。利奥是一位中规中矩的希腊裔(甚至可能是阿拉伯裔)职业教士。从一开始,查理曼对他就采取了高高在上的姿态。得知利奥当选后,查理曼给他写了一封信,开头就申明,他希望身为罗马贵族的自己与作为教宗的利奥之间,能达成"牢不可破的协定",共同负责查理曼王国境内的"基督教人民"。它的措辞肯定在拉特兰引起一些不安。查理曼告诉利奥说:

> 我的使命,是在神的护佑下,东讨西伐,保卫基督的教会——在境外,率领大军反击异教徒入侵,消灭这些破坏信仰的异教分子;在境内,保护教会传播天主教信仰。而圣洁的教父您的任务,是像摩西那样举起您的手,祈求上帝保佑我的大军取得胜利。有您向上帝,万物的统治者和创造者祈祷,基督教人民就能战无不胜攻无不克……我们的主耶稣基督的名就能享誉全世界。愿您的精明在各个方面都谨守教规,愿您永远遵循圣洁教父们的规定。让您的言行圣洁,成为世人的光辉典范。①

---

① 文本见 J. Wallace-Hadrill, *The Frankish Church*, Oxford 1983, p. 186。

将教宗的祈祷比作摩西在以色列人进攻亚玛力人（Amelikites）时的举手*，是一个罕见的非同寻常的比喻。不过，利奥无疑也注意到了，查理曼将教宗的作用仅限于祈祷，严守教规，以身作则；而国王的角色却是保护教会不受敌人进犯，监护天主教信仰的传播。

不管怎样，比起应付眼前这位唯我独尊的国王，利奥面临的其他问题更为迫切。任期很长的哈德良在罗马的管理体系中安置了许多亲戚与支持者，他们痛恨一个出生寒门的暴发户继任教宗，城内因而衍生出激烈的派系争斗。799年4月，在举行一次驱魔与祈福的环城游行时，哈德良的侄子帕斯卡利斯（Paschalis）带领一群暴民突然袭击教宗，企图刺瞎他的眼睛并割掉他的舌头，使他无法履行职务而退位；但做得不干净利落，利奥恢复了视力与语言能力。他逃到帕德博恩（Paderborn）寻求查理曼的保护。查理曼身为罗马贵族和教会的保护者，现在必须接受考验。

利奥的敌人也派人觐见国王，指控教宗犯了一连串罪行，包括立假誓和邪淫。如此严重的指控不容忽略，但显然，查理曼或与此有关的任何人，都无权裁判一位合法当选的教宗。"世上没有任何权威可以审判圣彼得的继承人"，这一原则早已根深蒂固，深入人心。查理曼的顾问包括阿尔昆也告诫他，不得对教宗采取任何形式的审判。查理曼因而派出隆重的护卫阵容，将利奥送回罗马，并组成一个法兰克人的调查委员会来核查这些指控。次年，即800

---

* 典出《旧约·出埃及记》17:8-14。约书亚率领以色列人与亚玛力人打仗，摩西手执神杖站在山顶，"摩西何时举手，以色列人就得胜；何时垂手，亚玛力人就得胜"。——译者

年的12月,他亲赴罗马处理此事。

在罗马,查理曼受到了皇帝般的隆重接待。利奥迎出城外12英里,并亲自陪同他来到圣彼得大教堂,这比起774年哈德良垂手恭候的迎接方式,有如天壤之别。12月23日,国王在圣彼得大教堂主持开会,出席者为各地主教、修院院长以及法兰克和罗马的贵族。这次会议根本无意审判"使徒宝座,一切教会之首",教宗则庄严地发誓,捍卫自己的清白。查理曼稍后处死了教宗的敌人,但在利奥的求情下,改为流放。就利奥而言,这是一种胜利,但也是深深的耻辱。

两天之后是圣诞节,查理曼出席了圣彼得大教堂的弥撒,并带着礼物到彼得的陵墓前祷告。此时,教宗将皇冠戴在他的头上,周围的人群"遵照上帝和掌管天堂钥匙的圣彼得的吩咐",三次高吟皇帝专用的"赞美颂"(*Laudes*):"查理曼,至虔至诚的奥古斯都,*上帝亲手加冕的热爱和平的伟大皇帝,愿您生命永驻,战无不胜。"根据法兰克人而非教宗一方的说法,教宗当时匍匐在地行跪拜礼(*proskynesis*),即跪在皇帝面前亲吻地面,借以表达对皇帝的庄严崇敬之情。教廷编年史家则补充说,教宗还为查理曼举行涂油礼,膏立"他最优秀的儿子"为王。

根据传记作家艾因哈德的说法,查理曼后来宣称,他对自己被加冕为皇帝感到十分意外,如果早知道教宗有这种打算,他绝不会进入圣彼得大教堂。这个说法肯定不足凭信。很难想象查理曼会

---

* 拉丁文奥古斯都(Augustus)的意思是神圣的、权威的。罗马元老院在公元前27年奉给罗马帝国第一任皇帝屋大维(Octavian,恺撒的养子)奥古斯都的尊号,此后的罗马皇帝都持有这个尊号,它也代表了"皇帝"的权力与地位。——译者

在毫不知情的情况下,贸然撞入圣彼得大教堂中那个精心安排好的加冕礼。教宗的圣诞弥撒,总是在圣母大教堂(Santa Maria Maggiore)举行。不在这里而在圣彼得大教堂举行圣诞弥撒,显然已有违常例,已经公然表明会发生非同寻常之情。查理曼的御用神学家早就使用"基督教皇帝"(*imperium christianum*)一词来描述查理曼在其庞大王国境内的权威。他在亚琛的皇宫,由世俗和宗教两大建筑组群构成,有意将它打造成"第二罗马"。公元800年以前,查理曼的近臣中,可能不会有人真的计划要创建一个西部政治帝国,但法兰克宫廷的确认为,东帝国的皇帝常常与异端联盟,而帝位现在已经悬缺(皇太后伊琳尼最近剥夺了其子君士坦丁五世的权力),教廷与基督教国度因而无人保护。799年的危机让法兰克人下了决心。查理曼身为罗马贵族,是否有权威来为利奥辨明清白并让他的敌人闭嘴,值得怀疑。但查理曼既然加冕为皇帝,则永远解决了这个问题。

那么,查理曼事后为自己辩护,可能是想安抚君士坦丁堡宫廷的愤怒情绪,主观上也是为自己当上西部皇帝找借口。[1] 如果说,他对800年圣诞节发生的事情真的有所保留的话,那几乎可以肯定,就是教宗扮演的角色。十三年后,当查理曼把他的皇帝头衔传给他的儿子路易时,仪式是这样的:查理曼把皇冠放在亚琛皇宫礼拜堂的祭坛上,然后路易自己从祭坛上拿起皇冠,戴在自己的头上。在查理曼看来,皇帝的权力直接授之于上帝,而不是任何祭司,甚至也不是执掌天国钥匙的圣彼得的继承人。

---

[1] 这是结巴诺特克尔(Notker the Stammerer)对查理曼的"保留"所作的解释,见 L. Thorpe ed., *Two Lives of Charlemagne*, Harmondsworth 1969, p. 124。

第二章　两个帝国之间(461—1000年)

查理曼加冕事件中的种种令人迷惑之处,一直纠缠着中世纪教宗与帝国的历史。不过在当时,他们开启了一个新的时代,一个双方合作的乐观时代。为庆祝这种合作关系,利奥在拉特兰的新建筑物上安装了一系列的镶嵌画。其中一幅,描绘的是基督将教宗披肩赐给彼得,赐给君士坦丁拉布蓝旗(labarum)。* 另一幅相应的镶嵌画中,圣彼得赐给利奥披肩,授予查理曼长矛与军旗。这些镶嵌画完成的时间或许早于800年的圣诞典礼,但对于理解这个典礼对教廷的重要性,它们无疑提供了一个线索。对教廷而言,查理曼就是一个新的君士坦丁,他在圣彼得的指引下接受涂油礼,以保护并传播信仰为己任;对利奥来说,圣彼得的指引,就是教宗的指引。

然而,查理曼并未意识到他就是那个被指引的人。这一点,在810年因将"和子"句(Filioque)加入所谓《尼西亚信经》而引发的争论中,表现得很明显。这个拉丁句子宣称"圣灵"源自于父"和子",这一信念得到《圣经》的支持,也得到西部神学家的广泛认可;但东部的神学家却认为这是一个新发明,《尼西亚信经》原始文本中并不存在。"和子句"似乎最早出现于6世纪的西班牙,但在西部流传很广,查理帝国境内也普遍使用。查理曼认为希腊人否定"和子句",是东部推行异端的又一明证。但教宗在审查"和子句"所隐含的教义后,否认法兰克教会(其实也是罗马教会)有权在这个东西两部教会共同达成的公会议决议中增添字句。他将没有"和子"句的《尼西亚信经》,用希腊文和拉丁文分别雕刻在两块银

---

* 拉布旗是罗马帝国后期的蓝色军旗,上面绣有基督十字架和基督的名字。——译者

质匾额上,"出于热爱并捍卫真正的信仰",他将之固定在圣彼得和圣保罗的陵墓上。如此雄辩地确认东西两部教会在使徒(在古老信经中宣布的)信仰上的统一,是教宗明确行使职权的举动。利奥维护的是古老的教义和教会的统一。查理曼的新帝国代表着政治世界的剧烈重组,而教廷坚持的,是为旧式的教会统一辩护,坚守着沟通东西部的桥梁。利奥迫切要求查理曼禁止其帝国境内使用"和子句",查理曼却不予理会。这是一个不祥的预兆,预示着双方理念的差异,以及教宗与皇帝在权威划分上的争执。

814年,查理曼去世。此后数年间,双方关系出现的问题愈来愈明显。816年,利奥的继承人斯蒂芬四世(Stephen IV,816—817年)到兰斯(Rheims)为查理曼的儿子虔诚者路易(Lious the Pious)举行涂油加冕礼。教宗带去了一顶据说是君士坦丁的皇冠。此举旨在认可君士坦丁时代与帝国形象已重现于世,这也是利奥与查理曼乐于见到的。但加冕礼被有意地渲染成教宗膏立了一位皇帝,而这正是路易在813年自我加冕时所要挑战的地位。

帕斯卡一世(Paschal I,817—824年)在当选教宗后就立即匆忙祝圣就职,不给帝国留下任何干预的机会。他以斯蒂芬的姿态,要求路易签下了所谓的《路德维协议》(Pactum Ludovicianum)。在这个协议中,皇帝再度确认教宗对教廷祖业的所有权,承诺不干预教宗国,除非受到教宗的邀请,并同意新当选的教宗可祝圣就职,只需就职后告知选举结果即可。817年,路易的儿子和王储罗退尔(Lothair)访问罗马,他当时已被其父加冕为共治皇帝,帕斯卡利用这个机会为他举行涂油礼,并额外举行了授剑仪式。这也许是刻意回应利奥在拉特兰教宫以镶嵌画描述圣彼得授予查理曼长矛与军旗的情景,借以暗示教宗为保护教会而授予路易皇位。

相较之下,帕斯卡一世的继承人尤金二世(Eugenius II,824—827年),是在帝国的影响下当选的,因而放弃了教宗在这方面的许多利益。他承认了皇帝在教宗国的主权,也接受了罗退尔强加给他的规章,该规章确立了帝国对罗马行政的监管权,要求所有市民对皇帝宣誓效忠,并要求当选的教宗在祝圣之前要宣效忠誓。赛吉阿斯二世(Sergius II,844—847年)时,双方甚至同意,教宗若无皇帝的委任就不能祝圣就职,就职典礼也必须有皇帝的代表出席,在某种程度上,这等于是恢复了拜占庭时代的那些粗暴限制。

不管怎样,罗马帝国在西部的复兴即便对教宗构成了新的挑战,但在很多方面,它也极大地增强了教宗的权威。教宗在罗马主持的涂油典礼,已成功地确立为皇帝登基不可或缺的一部分。教宗约翰八世(John VIII,872—882年)实际上为两任皇帝行过涂油礼,875年是秃头查理(Charles the Bald),而不是他的兄弟日耳曼路易(Louis the German);而后是879年为胖子查理(Charles the Fat)涂油。* 从严格的教会角度看,尽管皇帝广泛控制了教会事务,但教宗的权威还是与日俱增。查理已经把法兰克教会纳入大主教的控制之下,将一般教区的主教置于都主教(metropolitans)

---

* 根据法兰克人的传统,国王去世后国土要分封给儿子,查理曼死后,只有一个儿子虔诚路易。路易有三个儿子,即秃头查理、罗退尔与日耳曼路易。840年路易死后,查理曼帝国分成三个王国,秃头查理拥有西法兰克王国,罗退尔继承皇帝头衔,拥有中法兰克王国,而日耳曼路易则拥有东法兰克王国。855年,罗退尔死后,帝位传给儿子路易二世(Louis II),两年后传给秃头查理,877年则传给日耳曼路易的儿子胖子查理。——译者

的管辖之下。都主教控制权的这种扩增,以及王室借此主宰教会,使得法兰克的主教们大为不满。大约在850年,法兰西出现了一份精心制作的伪造文件,托名为7世纪早期西班牙学者塞维利亚的伊西多尔(Isidore of Seville)的作品,但事实上,它是时人炮制出来的一件武器,用来反抗当时世俗统治者和都市大主教(metropolitan archbishop)的权威。"伪伊西多尔"的《伪教令集》(False Decretals)由三部分组成:一是早期教宗的一系列信件,这些信件都是伪造的;二是西尔维斯特一世到格雷戈里二世期间的教宗信函,其中一些纯属伪造,有些则经过篡改;此外还有数量很大的大公会议教规集,其绝大多数在当时看来是真实可信的,包括《君士坦丁赠礼》在内。这部大部头文集的重点是要确立这样一种观念:教廷是教会力量的真正根源,教宗与全体主教共享他的权威,主教是教宗的代理人。因此,都市大主教与教职会议干预其他主教的事务,就是侵犯教宗的权威;主教若与他们的都主教(或国王)意见不合,有权直接向罗马上诉。

《伪教令集》的编造者并不是为教廷工作,而是为了反对大主教。教宗远在罗马,是一位安全的人物,相信他不会插手地方事务。因此抬高他的权威以限制地方大主教的权威,是很安全的做法。但《伪教令集》的影响却远远僭越了其初衷。它们对杂乱无章的权威性教会立法的系统呈现(尽管其中一些不足凭信),使它成为中世纪教会引用率最高的参考书之一。教廷作为一切教会司法权的源泉、甚至是大公会议的权力来源,此时已获得公认,并逐渐成为不证自明的公理。《伪教令集》的作者们在不知不觉中,已将一件可怕的武器置于中世纪教宗的手中。

罗马的事务,并不完全受到教廷与法兰克帝国关系的左右。

在9世纪中期,教廷最大的威胁是穆斯林入侵意大利。在9世纪20年代,穆斯林已横行西西里,而在838年,阿拉伯军队已在意大利大陆上建立了几个军事据点。846年,一支萨拉森(即阿拉伯)舰队带着500名骑兵航行到台伯河口,攻破了奥斯提亚(Ostia)脆弱的海岸防卫,进而围攻罗马。彼得与保罗的坟墓遭到破坏,财物被洗劫一空。848—852年,精力旺盛的修士教宗利奥四世(Leo Ⅳ,847—855年)受命于危难之际,未经皇帝同意就祝圣就职,他发誓不让萨拉森之劫重演。利奥四世借助皇帝罗退尔的财政资助,围绕圣彼得大教堂与梵蒂冈建筑了一道城墙,高40英尺,厚12英尺,有44座防卫塔。利奥城墙是教廷自主力量的展现,也是组织运作上的成功。利奥动用了教宗国诸城镇、大修院和"家传耕地"提供的劳力,分成数组,每组负责一段工程。梵蒂冈因而第一次有了城防安全,这也是罗马城自帝国时代以来的首次扩增。从某些方面看,这是中世纪早期教宗治下的罗马最为卓越的建筑。

还有一些其他的建筑,不那么实用,意义却同样非凡。求助于早期教会的权威和早期基督教罗马的教宗,是《伪教令集》的特色,也主导着9世纪罗马教堂建筑的宗教象征。帕斯卡一世兴建的新教堂,如圣普拉西德教堂(Santa Prassede),摆满了从地下墓室移出的圣物,而装饰教堂的镶嵌画则刻意模仿君士坦丁堡诸教堂的装饰,都体现了这一诉求。无论是圣物还是圣像,目的都是把教堂的罗马、朝圣者的罗马连接到早期基督教罗马的英雄时代。在7—8世纪拜占庭文化的支配地位消失之后,这些建筑物表明教会对罗马本身的历史价值恢复了自信,并渴望利用它们来增强罗马主教的权威。

这一崭新的自信,最完整地体现在教宗尼古拉一世(Nocholas Ⅰ,858—867年)的身上。他是第三位,也是最后一位得到"伟人"("Great")头衔的教宗。尼古拉是一位贵族,饱读前任教宗利奥、杰拉斯与格雷戈里的著作,对这些著作中高扬的教宗权位观深为折服。他对教宗管辖权的认知,与《伪教令集》的诉求如出一辙,他可能读过这部书。他认为,无论是大公会议还是教职会议,未经他的批准,不具有约束力;任何人,未经他的同意,不能罢黜主教。他作为教宗,所做一切决定都具有法律效力。帝国赋予皇帝保护教会的责任。但这个责任,在尼古拉看来,并未赋予皇帝管辖教会的权利。40岁出头时,他已当选为教宗,随即便着手将这一书面理论转化为具体的行动。

在意大利,尼古拉的这一决心使得他与拉文纳大主教形同水火。古老的总督区在官方是教宗的领土,在教会法上也属于教宗的管辖。但多年来,当地教廷官员的工作、教宗佃户的权利,以及当地居民自由出入罗马的权利,都受到大主教的攻击。而当地的主教们,也一再抱怨拉文纳大主教约翰的专横行为,这为尼古拉采取必要的行动提供了理由。861年,他传唤大主教到罗马,但约翰引用古代前例,表示自己的教区有免于这种传唤的权力。尼古拉于是将他开除教籍,并予以罢免。大主教立刻屈服,同意大幅度地消减他的权力,并宣誓服从罗马。

压服自命不凡的大主教的决心,同样表现在尼古拉与兰斯大主教辛克马(Hincmar)的冲突上。在法兰克的主教中,辛克马最为杰出,也是皇帝的宠臣。与其他西部主教一样,他承认教宗的首席权;但实际上,他尽可能地降低这种权力对他的影响。他反对秃头查理被膏立为皇帝,因为他害怕教宗由此会获得对查理王国的直接管辖权。作为一名严守法律者,他认为,在教会里,教宗是法律的诠释者和最高上诉法庭,但他也认为教宗只是法官,而不是立法者,教宗不能改变地方教会已经制定的法律。861年,辛克马罢黜了与他素来不睦的主教代理苏瓦松的罗塔(Rothad of Soissons)。罗塔向尼古拉提出上诉,但辛克马及其盟友试图阻止,理由是,他们援引的法兰克法高于教会法规定的向罗马上诉之权。这是对教宗的公然挑衅。尼古拉坚决认为,未经教宗允许任何人都无权罢黜一位主教。因此,他以未征询他的同意为由,推翻了辛克马的决议,让罗塔官复原职。当辛克马奋起抗辩时,尼古拉威胁要中止他主持弥撒的权力。在教宗面前,大主教再一次屈服了,虽然在尼古拉去世后,辛克马依然斗志昂扬,坚持抗拒教宗介入法兰克教会事务。

然而,尼古拉的教宗理念,最勇敢地表现在洛林国王罗退尔(King Lothair of Lorraine)离婚事件上。855年,罗退尔与勃艮第公爵之女塞蒂贝尔嘉(Theutberga)进行王室联姻,但未能生下一男半女。鉴于无人继承王位,罗退尔以莫须有的乱伦罪名与她离婚,另娶一妾,并生下三个儿女。法克兰主教在亚琛举行的一次教职会议上,承认了这次离婚的合法性。但塞蒂贝尔嘉向教宗上诉。这个案子不只关系到罗马作为上诉法庭的角色,也牵涉到法兰克与日耳曼法律中基督徒婚姻本质的复杂争论。尼古拉以其果断的性格,断然判决塞蒂贝尔嘉胜诉,命令罗退尔抛弃小妾,回到合法妻子和王后的身旁。法兰克召开了一次主教大会,再次承认罗退尔离婚与再婚合法。当科隆与特里尔两位大主教到罗马汇报这份决议时,尼古拉以纵容重婚为由,将他们开除教籍。科隆大主教在法兰克当局的支持下,对此不予理会,争执于是愈演愈烈。864年

2月,罗退尔的兄弟,皇帝路易二世进军罗马,围困教宗,数次发生恶性冲突。但尼古拉的强硬得到了回报。很明显,皇帝唯一让教宗屈服的方法就是杀了他,而教廷的道德威望仍将继承下去。大主教们终于屈服,罗退尔只好承认塞蒂贝尔嘉是他的妻子。

洛林离婚案最能体现尼古拉的无畏精神。他公然抗拒皇帝、大主教与地方公会议;他捍卫的不只是教宗的特权,还有一位孤立无援的女性。在与东部帝国皇帝和教会的关系上,尼古拉也同样强硬。但这一次,却导致了东西部教会分裂的悲剧结果。这次事件的导火索也是罢免一位主教。

858年,君士坦丁堡宗主教伊格纳修以乱伦为由,拒绝拜占庭皇帝米哈伊尔三世(Michael Ⅲ,842—867年)参加圣餐共融。皇帝罢免了宗主教,任命佛提乌斯(Photius)取而代之。佛提乌斯原为帝国官吏,是一位才华横溢的虔诚年轻教徒。鉴于此举有违教会法,佛提乌斯因而五日之内,连升数级,以便以适当的身份担任宗主教。他急于巩固地位,便派人送了一份就职宣告给教宗,以使其从俗人跃升宗主教的非法行为合法化。但尼古拉没有立即认可这项任命,表示要调查此事,860年9月,他派代表到君士坦丁堡。教宗使节在同意罢免伊格纳修后回到罗马,但同时,尼古拉已接到伊格纳修的上诉。他否决了使节的决定,于863年罢黜佛提乌斯,并将他开除教籍。

佛提乌斯事件在尼古拉去世后仍余波远扬,但它的重要性远远超过了罢免伊格纳修正确与否。几个世代以来,罗马与君士坦丁堡的关系一直在恶化,加洛林帝国的建立与破坏圣像之争,已使得拉丁与希腊两大教会互相猜疑,鲜有接触。佛提乌斯事件加深了这种敌意。当皇帝米哈伊尔抗议尼古拉将佛提乌斯开除教籍时,尼古拉尖刻地反言相讥,严斥拜占庭帝国干预主教任免,提醒希腊教会一再沦入异端和分裂教会的边缘;他还挑衅说,一个不会说拉丁语的罗马皇帝难堪大任,宣布"本教区的特权,在你的帝国出现以前就存在了,而在你的帝国消失后,它仍然会继续存在"。他告诫皇帝说,罗马教会是他的母亲,他手中握有的帝国权力就来源于此。这句话显然来自《君士坦丁赠礼》表达的思想。①

佛提乌斯事件,因教宗涉足保加利亚传教而变得更为复杂。当时,保加利亚在国王鲍里斯一世(Boris Ⅰ)的统治下,已成为巴尔干地区的新兴力量,并很快引起君士坦丁堡皇帝的关注。虽然,希腊教会早已派传教士到保加利亚传播福音,但鲍里斯却希望与君士坦丁堡保持某种政治距离,而且,他曾尝试建立独立的保加利亚宗主教区,但遭到佛提乌斯的阻止。因此他转而求助于罗马,请求尼古拉派拉丁传教士到保加利亚,而后建立保加利亚大主教区。

尼古拉愿意涉足保加利亚传教有几个理由。他全力投入传教工作,鼓励圣安斯加(St Ansgar)在斯堪的纳维亚的传教活动,也支持西里尔(Cyril)与梅多迪乌(Methodius)在摩拉维亚(Moravia)向斯拉夫人传教。但是他也非常清楚,教廷已经失去了伊利里亚和巴尔干的管辖权,巴尔干冒险是恢复甚至扩大教宗管辖权的一个机会。因此,尼古拉顺应鲍里斯的要求,及时派出了传教士,并让他们带上一份有关基督教信仰的详尽而冗长的指示,文中历数西部的信仰与礼仪,且有贬损君士坦丁堡之意。佛提乌斯的反应

---

① Ullmann, *Short History of the Papacy*, pp. 105-108; R. Davis ed., *The Lives of the Ninth-Century Popes*, Liverpool 1995, pp. 201-202; H. K. Mann, *The Lives of the Popes in the Early Middle Ages*, London 1902-1932, vol. 3, pp. 58-61.

是严厉抨击西部教会,他重提奎尼塞克斯教规,谴责教士独身制、斋戒律、西部在弥撒中使用未发酵饼,以及将"和子句"擅自加入《尼西亚信经》。佛提乌斯事件因而成为上演东西部教会渐行渐远的一个舞台。867年,佛提乌斯在君士坦丁堡召开教职会议,宣布罢黜教宗并开除教籍。但消息传到罗马之前,尼古拉已经去世了。罗马与君士坦丁堡由此正式分裂。

尼古拉一世去世是教廷史上的一个分水岭。查理曼一手创建的帝国,在其后代的互相攻伐下,已经分崩离析。到9世纪,查理曼帝国即便在名义上也不复存在。教廷曾担当帝国的接生婆,因为它需要一位强大的保护者。随着帝国的解体,教宗们在意大利的政治旋涡中毫无自卫能力。尼古拉的继承人是无能的哈德良二世(Hadrian Ⅱ,867—872年),他一点一点地丢掉了尼古拉努力累积的所有成果,他在兰斯大主教辛克马的面前退缩,允许与妾重新同居的罗退尔参加圣餐共融,并眼睁睁地看着保加利亚离开罗马,转而服从希腊教会。

失去了帝国的支持,教廷就沦为罗马大家族的玩物,成为地方豪强借以肆意掠夺、杀戮和偷盗的一张门票。872—1012年,有三分之一的教宗死因启人疑窦:约翰八世(872—882年)被自己的随员乱棒打死;斯蒂芬七世(Stephen Ⅶ,896—897年)被人勒死;利奥五世(Leo Ⅴ,903年)被他的继承人赛吉阿斯三世(Sergius Ⅲ,904—911年)谋杀;约翰十世(John Ⅹ,914—928年)被人掐死;斯蒂芬九世(Stephen Ⅸ,939—942年)被残害肢体;同样的命运也降落在希腊籍对立教宗约翰十六世(John ⅩⅥ,997—998年)的头上,他很不幸,尽管被剜眼削鼻、割掉嘴唇、舌头与手臂,却依然苟活于世。这些人大多都是在权倾罗马的大家族操纵下当选的,这些家族包括提奥菲拉兹家族（Theophylacts）、克雷森提家族（Crescentii），以及托斯坎纳家族（Tusculani）。约翰十世是这一时期勇于抵抗贵族操纵的少数教宗之一，但他最终被罢黜，随后被当初扶植他当选的提奥菲拉兹家族谋杀于天使圣堡（Castel Sant'Angelo）。

任命与罢黜约翰十世的关键人物，是提奥菲拉兹家族臭名昭著的女族长马洛齐娅（Marozia）。她后来又任命了利奥六世（Leo Ⅵ，928年）和斯蒂芬八世（Stephen Ⅷ，928—931年）；她一直是教宗赛吉阿斯三世的情妇，他们的私生子最后也被她委任为教宗，即约翰十一世（John Ⅺ，931—936年）。显然，这是一个统治者喜欢把一切都留给家里的时代。932年，约翰法外施恩，派使节为皇帝罗曼努斯一世（Romanus Ⅰ，920—944年）16岁的儿子祝圣为君士坦丁堡宗主教。东部教会本来就极为鄙视西部教会，此举更加深了这种蔑视。

教宗权在尼古拉一世去世后的崩溃，在《教宗纪年》中也有反映，即对相关教宗的大事编年记载逐渐减少。《教宗纪年》是6—9世纪教廷历史的基本资料来源，该年代纪是由一系列教宗传记组成的，由拉特兰教宫的文秘署在教宗生前就开始记载，随时增添内容。9世纪教宗的生平记载得很翔实，内容也多，但哈德良二世的生平记载得不完整，实际上，此后记录就中断了，每一条目不过一两行，仅写出教宗的名字与在位日期而已。

《教宗纪年》停止记载后的这一"黑暗世纪"，教宗的声誉欠佳，多年后也未见改善。最著名的例子就是斯蒂芬七世在897年1月召开"鞭尸会议"（cadaver synod），这是一次令人恐怖的教职会议。斯蒂芬非常痛恨前任教宗福尔摩赛（Formosus，891—896年），因而开会审判福尔摩赛的干尸。他让人给尸体穿上教宗的法袍,让其端坐在教宗宝座上,然后宣判他犯有立假誓和其他罪行,当堂命人砍断他用来祝福的手指,并将尸体抛入台伯河。斯蒂芬此举引起公愤,结果被罗马民众赶下台,在狱中被人勒死。

然而,这些人并非全都卑鄙无耻。福尔摩赛就非常杰出,虽然他在担任波尔托(Porto)主教时,曾被教宗约翰八世以阴谋篡位的理由罢免过。在尼古拉一世发起的保加利亚事业中,他是一位卓越传教士;佛提乌斯事件后,他是力图与君士坦丁堡修复关系的关键人物。在西部,他也是教廷杰出的外交家,生活俭朴、信仰虔诚。即便是阿尔伯里克二世(Alberic II)这类冷酷的操纵者任命的教宗中,也有值得钦佩的人。阿尔伯里克是马洛齐娅的儿子,罗马的世俗统治者,但最后沦落为狱卒。这些人也许是冷血政客,但事实上,他们常常信仰虔诚,阿尔伯里克也不例外。他任命了五位教宗,其中两位利奥七世(Leo VII,936—939年)和阿格丕二世(Agapitus II,946—955年),都是真诚的改革者,促进了意大利与德意志修院的复兴和神职人员的改革。尤其是利奥,他是伟大的克吕尼修院院长奥多(Odo)的朋友;在阿尔伯里克的支持下,利奥委托他改革罗马教会的修院。他还鼓励恢复苏比亚科(Subiaco)修院,即圣本笃自己的家,并改革戈尔泽(Gorze)大修院。

但即便这些教宗相对正派,终不过是阿尔伯里克的掌中玩物;而在罗马统治家族的操纵下,教宗的任何倡议或继续改革的方案也不可能实现。更何况,这些委任对阿尔伯里克来说是很划算的,回报就更为优厚:罗马的神职界和贵族们承诺,阿格丕二世去世后,保证选他的儿子与继承人屋大维(Octavian)为教宗。他借此即可将罗马的教会与国家统为一体,借以复仇。屋大维果然刚满

第二章 两个帝国之间(461—1000年)

18岁就当选为教宗,即约翰十二世(John XII,955—964年),去世时仅27岁,据说是因脑溢血而死在一位有夫之妇的床上。

962年,德意志的奥托一世(Otto I)决心复兴查理曼帝国,这让教廷看到了重整朝纲的希望。奥托一世及其继承人奥托二世和奥托三世,对基督教帝国以及这个帝国赋予皇帝的神圣责任,有一种近乎神秘的憧憬。德意志教会,尤其是修院,已在如火如荼地进行改革,并将德意志与教廷连为一体。因为修院改革者,遭到根深蒂固的地方既得利益者(包括不称职的主教)的激烈反抗,他们只好向罗马寻求支持,希望罗马为他们提供生存所需的特权与豁免权。在遥远的德意志,并不在乎教宗个人的缺陷,他们看重的是教宗职位的权威。以德意志为中心舞台的帝国复兴,强化了教宗与改革之间的这种联系。

极具讽刺意味的是,在962年洁净节(Feast of the Purification,2月2日)为奥托一世加冕的教宗,竟然是声名狼藉的约翰十二世,时年25岁。不过,奥托向他保证,帮助教廷收复丕平与查理曼承诺的那些土地,并保护教会的自由。作为回报,教宗的选举必须获得皇帝代表的同意,教宗必须要向皇帝宣誓效忠。但是,奥托大帝对教宗的承诺绝非仅限于此。如前所述,意大利南部教会长期处在君士坦丁堡的控制之下,奥托决心完成取代拜占庭帝国在意大利南部的统治的目标,为教宗描绘了控制当地教会的前景。德意志皇帝在意大利北部的势力,很快就将教廷的影响扩及于此。米兰与拉文纳已成为服从罗马的堡垒城市。

有得必有失。要重现查理曼的一幕,就必须回报以查理曼的权利要求。奥托王朝希望紧密控制教会,也希望在奥托王朝影响下当选的教宗支持王朝的政策。教宗对这些要求深感不安,于是降低了皇帝涂油礼的级别。教宗在仪式中使用的圣油(chrism)，并不是主教祝圣或国王加冕用的圣油，而是较低品级用的油，且只涂在皇帝的手背与背部，没有涂在头上，表示他的权位是持剑保护教会。更为实际的问题是，奥托的政策在意大利常常不受欢迎，而教宗则因这些政策代人受过，招致越来越多的敌意。983年，奥托二世突然死亡，年仅三岁的奥托三世即位，由他的母亲拜占庭公主摄政。教宗约翰十四世(John XIV, 983—984年)孤立无援，随即遭到罢黜和谋杀。罗马再次落到克雷森提家族的手中。

10世纪末，在奥托三世短暂的亲政时期，帝国理想再次恢复。在三位奥托中，他最推崇罗马，并决定把他的大本营建在罗马。不过，他对自己的皇帝角色的理解，可能受到其拜占庭母亲的影响。对奥托来说，教宗是一个小伙伴，是帝国的礼拜员，其首要责任就是顺从上帝膏立之人的意志。为确保这一点，他首先在自己的家族里寻找教宗人选。他提名的第一位教宗是他25岁的表弟即后来的格雷戈里五世(Gregory V, 996—999年，第一位德意志教宗)。但这个举动引起强烈的反响，罗马的统治家族厌恶格雷戈里，也怨恨帝国的干预。没有他们的支持，罗马在教宗手中就只能成为烫手的山芋，他在996年曾一度遭到罢免。

999年，格雷戈里去世，奥托再次提名教宗。这一次，他选择了才华横溢的法兰西人欧里亚克的格伯特(Gerbert of Aurilac)，格伯特是当时欧洲最有智慧、最有学问的人之一，也是一位经验丰富的教会政治家。他曾取代一位无能的前任，担任兰斯大主教，这位前任在没有教宗的同意下就被罢免。为了保住自己的地位，格伯特抨击教宗介入地方教会事务。当他被提名为教宗人选时，正担任拉文纳宗主教。格伯特选择了西尔维斯特二世(Sylvester

第二章　两个帝国之间(461—1000年)

Ⅱ,999—1003年)为他的教宗名,以表示早期基督教罗马的重生。查理曼的印玺刻有"复兴罗马帝国"字样,奥托现在已将之收归己用。这预示着格伯特与奥托的关系,将会像君士坦丁与西尔维斯特那样。

奥托对这种伙伴关系的本质,已有深刻认识。在当时的领袖中,几乎只有他了解《君士坦丁赠礼》是伪造的,他对别人也这么说过。皇帝不是教廷的产物,相反,教廷是皇帝手中的工具。然而,奥托还是为罗马教会带来了大量的利益,帮助教会收复了在拉文纳与潘塔波利斯丧失的领土。至少在理论上,教廷也时来运转了。西尔维斯特一当上教宗,他原先对教廷权利的那点敌意马上就烟消云散了;不仅如此,他一上台,就积极伸张教廷在德意志和意大利的特权,其热情之高,足可与尼古拉一世媲美;如果将此举与他自己的早期历史相对照,极具讽刺意味。

但好景不长。1002年,20岁刚出头的奥托三世就去世了。罗马那些好战的大家族重新控制了教廷,教宗再度成为他们的玩偶。但帝国的影响并未完全消失,托斯坎纳出生的教宗本笃八世(Benedict Ⅷ,1012—1024年)与皇帝亨利二世密切合作,他鼓励亨利二世进攻拜占庭治下的意大利南部,以图恢复教廷在当地的权威。结果使得佛提乌斯分裂以来,罗马教会与君士坦丁堡教会勉强修补的脆弱关系,完全破裂。局势无法缓解的原因在于,本笃屈从于皇帝的意志,一反此前使用的罗马礼仪,在弥撒中推行吟唱含有"和子句"的信经;此外,几乎都是依据亨利的动议,教宗与皇帝还联合推出了许多改革措施,如1022年帕维亚教职会议出台的禁止神职人员娶妻纳妾的严厉举措。

但是,这段帝国插曲并未根本改变当时教廷的地方性本质。

10—11世纪之交,即如尼古拉那样伟大的教宗,无论在理论上享有多么崇高的地位,但事实上,教宗只是盘据意大利的一方君主-主教(prince-bishop),为守卫圣彼得的领土而拼命挣扎;有时,当改革开始在基督教国度风起云涌时,他会做出回应,但从不自发进行改革。即便帝国支持的教宗,也是极度脆弱的,利奥八世(Leo Ⅷ,963—965年)长期流亡在外,约翰十三世(John ⅩⅢ,965—972年)遭到监禁,被迫逃离罗马,本笃六世(Benedict Ⅵ,973—974年)被人谋杀,博尼法斯七世(Bonface Ⅶ,974,984—985年)两次被罢免,本笃七世(Benedict Ⅶ,974—983年)被流放,约翰十四世(John ⅩⅣ,983—984年)被谋杀,约翰十五世(John ⅩⅤ,985—986年)逃离,格雷戈里五世(Gregory Ⅴ,996—999年)流亡,西尔维斯特二世(Sylvester Ⅱ,999—1003年)和他的主人奥托三世被一起赶走。颇具讽刺意味的是,教宗在罗马要求的安全,不可避免的代价似乎就是服从地方大家族的统治,囿于自己的小天地之中。

然而,罗马仍然保有它的神秘性。1027年,英格兰王克努特(Cnut)到罗马朝圣时说道:"因为智者告诉我,使徒圣彼得已经从天主那里获得了捆绑与释放的大权,并持有天国的钥匙;因此我完全相信在上帝面前寻求圣彼得的庇护是绝对有用的。"克努特此行见到的教宗,是当时统治罗马的托斯坎纳伯爵的弟弟约翰十九世(John ⅩⅨ,1024—1032年)。两人就英格兰教会享有的一系列特权达成了协议;克努特还亲历了约翰为康拉德二世(Conrad Ⅱ)举行的加冕礼,膏立他为罗马人的皇帝。约翰是这个时代的典型代表。他以贿赂开道,仅一天之内,就从普通俗人蹿升为教宗。但克努特即便知道这些事情,也不认为是一桩丑闻,而且他显然不觉得持有钥匙者和他的尘世代理人之间有何不妥之处。在克努特看

第二章　两个帝国之间(461—1000年)

来,教宗原本就不是一位领袖、一位改革家或一个榜样,而是像其他教士那样,是神秘奥义的护卫者,这个奥义是如此神圣,以致教宗本人的优劣并不重要。重要的是教宗这个职位,而不是持有这个职位的人。用路易·杜肯森*的话说,教宗就是"罗马朝圣的大司祭,是恩典的施予者,特权的发放者,诅咒的实施者"。[①] 没有人会对他有更多的指望,如果教宗试图拔高自己,许多人反而会心生怨恨。然而,这一切即将发生改变。

---

*　路易·杜肯森(Loius Duchesne,1843—1922年):法国神父,19世纪末20世纪初重要的教会史学家,将考古学、神学、教会学运用于教会史研究的先驱。——译者

① R. W. Southern, *The Making of the Middle Ages*, London 1987, pp. 131-132.

第三章　位于国家之上
（1000—1447年）

一、教宗改革时代

11世纪初，教宗权是一个崇高理想与恶劣现实并存的矛盾混合体。在理论上，罗马主教是世界之主，拥有独一无二的至高无上的属灵权威，只有他才能为西部皇帝或"神圣罗马帝国"皇帝举行涂油加冕礼；而实际上，教宗完全屈服于罗马当地贵族或德意志的统治家族。955—1057年的25位教宗中，13位由地方贵族提名，其余12位由德意志皇帝任命。而在这12位中，皇帝就罢黜了5位。此时的法律书籍仍然写着"没有人可以审判教宗"这一古老原则，但实际上早就没人理会了。

历任教宗也深深陷入罗马贵族之间的世代仇杀。如我们所见，彼得宝座的选举经常成为一件可以贩卖或交换的商品。在奥托时期，教宗的品质虽有短暂的提升，但在1025—1050年，又再度江河日下。本笃九世（Benedict Ⅸ，1032—1048年）能够当选，是他父亲托斯坎纳大公阿尔伯里克三世（Tusculan Grandee Count Alberic Ⅲ）精心贿赂的结果，他与此前"黑暗世纪"的那些教宗一样恶劣。本笃与他的叔叔即前任教宗约翰十九世（John ⅩⅨ）一样，也是俗人，当选时不过20多岁。他为人粗暴，生活放荡，即便是已经变得麻木不仁的罗马平民,也厌恶教宗的行为,不能容忍他。他最终遭到罢免,让位于西尔维斯特三世(Silvester Ⅲ,1045在位)。但他不甘失败,1045年,在家族私人武装的支持下,经过罗马街头的血腥斗殴,他得以短暂复位。但他显然厌恶了争斗,接受了贿赂而让位于他的教父,大神父约翰·格拉蒂安(archpriest John Gratian)。谣传他是因为需要钱结婚。

格拉蒂安素有圣洁美名,并真诚关注宗教改革。他选择格雷戈里六世(Gregory Ⅵ,1045—1046年)为教宗名,可能是有意暗示自己要效法伟人格雷戈里时代教廷的那种纯洁。因此,那些希望整顿教会的人,都庆贺他当选。猪倌出身的彼得·达米安(Peter Damian),时任丰特-阿维兰(Fonte Avellana)修院院长,也是当时倡议修院和教职界改革的领袖之一,他满心期盼格雷戈里的当选能够成为回归"使徒的黄金时代"的预兆,并祈求宗教戒律在他的指导下能够再度伸张。但毫无疑问,格雷戈里为了当选而使用了金钱贿赂,这笔钱不但是本笃的退休金,也让骚乱的罗马民众尝到了甜头。

1046年,德意志国王亨利三世(Henry Ⅲ)大步闯入了这一微妙的情势。亨利当时二十多岁,是一位天生的武士,为人非常虔诚,认为自己肩负着宗教与世俗的双重使命。他致力于改革教会,身边都是主教和饱学之士。亨利来到意大利以加冕为皇帝。我们并不清楚他在到达罗马之前,知道多少有关格雷戈里当选的情形,但他在知道实情后,就毅然采取行动。他认为格雷戈里不配为他加冕,因为这位教宗的权威已受到买卖圣职罪的玷污。1046年12月在苏特里(Sutri)举行的教职会议上,亨利正式罢黜了格雷戈里、西尔维斯特与本笃,并着手改革教廷。随后十年中,他任命了一连串教宗,以图重整整个教会,尤其是教廷本身。这些教宗都是德意志人,他们选择的教宗名也颇具深意:克莱门特二世(Clement Ⅱ,1046—1047年)、达玛苏二世(Damasus Ⅱ,1048年)、利奥九世(Leo Ⅸ,1049—1054年)与维克多二世(Victor Ⅱ,1055—1057年)。与"黑暗世纪"的那些格雷戈里们、约翰们或本笃们截然不同,这些名字都是早期教会那些伟大教宗的名字,代表着一种抱负,即恢复早期基督教罗马的圣洁。在皇帝提名的这些教宗中,最了不起的是皇帝的远房堂兄弟、阿尔萨斯(Alsatian)伯爵兼图勒(Toul)主教布鲁诺(Bruno)。布鲁诺具有崇高的教宗理想,他表示,除非亨利的选择得到罗马神职界与人民的认同,不然他会拒绝接受教宗大位。1049年,他像朝圣者一样步行到罗马,就职为利奥九世。

在法兰西与德意志,教会改革运动已经喧嚣了一个世纪,利奥代表的正是这场运动的先锋。虽然这场运动旨在全面重整基督徒的生活,但直接目标还是改革修道生活。在法兰克帝国,修院与王室的关系十分密切,历任皇帝与国王也大力扶持并极为关注大型宗教寺院的规范。王室的庇护不仅使得这些团体非常富有,也鼓励他们严守教规与维持隆重的礼仪,并保护修院不受外界的干扰。

在10世纪的欧洲,这些正在改革的团体中最有名的是克吕尼(Cluny)修院,该院由阿奎丹公爵威廉(Duke William of Aquitaine)于909年创立。与其他修院一样,克吕尼修院也是贵族建立的;唯一不同的是,威廉公爵曾颁令规定,克吕尼修士"完全不受我们的权力、我们的亲族,以及王室的管辖"。[①] 威廉把这个新

---

① 创建克吕尼修院特许状的文本刊于 R. C. Petry (ed.), *A History of Christianity: Readings in the History of the Church*, Grand Rapids 1981, vol. 1, pp. 280-281。

建的修院置于罗马教廷的直接保护下,并把它奉献给圣彼得与圣保罗。克吕尼修院与教廷的这种"特殊关系"确保了它的自由,使其不受外界的压力,对其声望也大有裨益。1054年时,其声望达到最高点:除教宗外,这个修院不受任何主教的节制。

在新旧两大宗教团体为谋求改革而结成的庞大网络中,克吕尼逐渐成为其中心。在11世纪中期,整个欧洲有数百个克吕尼修院。在某种程度上,克吕尼改革很难让现在的我们认为那是一场彻底的"宗教改革",可以肯定,它的重点也不在于个人坚守贫穷、研读与冥想的苦修生活。克吕尼提供的是圣洁之美,除了那种有条不紊地尊奉践行修道规则的修道生活,还有修院那些富丽堂皇的教堂建筑和精美的雕饰,华美的祭袍与浓厚的书香气息,以及精心安排的日课和弥撒仪式。

克吕尼修院与德意志诸王和皇帝之间保持着良好的关系,遍布各地的克吕尼修院也得到欧洲贵族的优待。它并不是一场真正意义上的革命运动。不过,修道主义(monasticism)尽管在王室的支持下而兴盛于加洛林世界,但克吕尼改革的一个重要方面却溢出了这个范围,而指向了教廷的未来。对戈尔泽这类德意志修院来说,宗教的自由意即"国王控制下"的自由。而对于克吕尼修院,它指的是"免于国王控制"的自由。这其中的差异,将会主导宗教改革的理念,因为越来越多的改革者逐渐看清了俗人对教会的影响,不论他们的本意有多良善,但却是教会腐化的主要根源。

在11世纪中期,俗人对教会的影响无所不在。修院与主教区不只是属灵组织,它们也是极度富有的社会与政治团体,掌握着巨额收入,具有国王般的分量。1066年,征服者威廉(William the Conqueror)入侵英格兰后,发现当地有35座修院,控制着六分之一的国家收入。对于这股力量,没有哪位统治者能够置之不理,放任自流。欧洲各地的统治者,都紧密控制其境内的主教或修院院长的人选。修院或其他教堂,由国王与诸侯创建,自然属于他们所有,它们的收入也常常由俗人"业主"(lay "proprietor")随意支配。统治者的控制也反映在主教祝圣仪式中:国王(或其代表)授予主教权杖与戒指。这种"俗人授职权"(lay investiture)稍后成为教廷改革派抨击俗人干预属灵事务的焦点。

这种情况显然潜伏着腐化。因为某人一旦成为主教,马上就会富甲一方,有权有势,因此许多人愿意出钱购买神职。事情不止于此,新任主教还得支付一大笔金钱给有权提名的统治者。改革者将这种行为斥为买卖圣职罪,并以西门之名命名为"西门主义"(simony),据《使徒行传》,西门曾用钱向使徒购买施行奇迹的能力。* 但是,当教区收入移交给新一任主教时,统治者有理由征税,而这种税款与西门主义并不总是容易区分开。教廷本身也征收这种税费。1017年,当教宗本笃八世新创贝萨鲁教区(bishopric of Besalu)时,就规定每任新主教要向教宗缴纳1磅黄金。教宗的文书在小心记下这一条时,补充道:缴纳这笔钱"不是为了获得祝圣,而是表示真正地服从"。①

支付金钱成为获得宗教职位的必要条件,只是教会被织入社会网络的诸多表现之一。另一个表现就是教士结婚纳妾。东部教

---

* 使徒腓力到撒马利亚传教,施行奇迹救治了多人。城中有位行邪术的西门,见状便想用钱购买这种行奇迹的能力,遭到拒绝。这个典故详见《新约·使徒行传》8:9-24。——译者

① 引自 G. Tellenbach, *The Church in Western Europe from the Tenth to the Twelfth Century*, Cambridge 1993, p.170.

会盛行主教独身制,如果他们在当选时是已婚男子,就必须与妻子分离。在西部教会中,这个条款适用于辅祭(subdeacon)以上的所有神职人员。许多教宗与主教都已成家,而根据神品礼(ordination),至少理论上不能保持性关系。但实际的情形却非如此。教士结婚或同居在整个欧洲都是惯例,俗人甚至觉得神父自己有妻子更加安全。在诺曼征服之前的英格兰,许多本堂神父(parish priests)都是已婚男人。这种情况也见于米兰,甚至整个北部意大利,在这里,已婚主教极为普遍,教士职位常常父传子承。西部的宗教改革者一再予以谴责,但 11 世纪的改革者,将攻击神职人员结婚(称为"尼古拉主义"[Nicolaism])置于净化教会运动的核心。托斯卡纳教宗本笃八世曾立法反对教士结婚,但他关注的主要是预防贪婪的教士家庭侵吞教产。而在改革时代,关注的则是那些主持圣殿之人所执圣礼的纯洁性,以及教俗两界的象征性分野。

11 世纪初期的教廷,尽管仍在继续主张其理论上的权利,但在许多方面,它不过是一个身陷罗马政治与地域的地方性组织而已。利奥九世决心让教廷的声威远播意大利之外,并使它成为一场全面改革的先锋。在五年的任期中,他旋风般地行走于德意志、法兰西与意大利北部,沿途召开了一系列关于改革的教职会议,严厉谴责买卖圣职、俗人授职和教士结婚的罪恶。其中,他当选那年举行的兰斯教职会议,为后来的各种会议奠定了基调。当时,他到兰斯去为新建的圣雷米纠斯(St Remigius,法兰克人的使徒)修院教堂主持启用典礼,并把这位圣人的遗骨供奉在主祭坛上。法兰西国王担心利奥可能会抨击王室的主教任免权,因而禁止主教们参加典礼,只有 20 位主教出席。果不其然,教宗利用这个机会,发动了一场清理犯有买卖圣职罪的主教的运动。他把圣雷米纠斯的遗骨安放在主祭坛之后,命令在场的主教与修院院长逐一坦承自己的职位是不是用钱买的。他显然知道这些人的底细,而这些人自知有罪,大多感到羞愧而沉默不语。兰斯大主教是这次大会的主人,被免于当众羞辱,会后被召到罗马说明实情。朗格(Langres)主教逃离会场,被开出教籍并罢黜。贝桑松(Besançon)大主教试图为他辩护,却只能哑口无言,因为教宗说这个判决是圣雷米纠斯亲自做出的。坦承有罪的主教(占出席人数的四分之一)得到赦免并官复原职,但其中一位,南特(Nantes)主教的职位是承继于其父亲,因而被剥夺而降为神父。

在一周的时间里,利奥就确立了前所未有的教宗权威。主教被开除教籍并遭到罢免,一位有权有名望的大主教还被传唤到罗马去解释自己的行为,教会内部盛行的以贿赂谋升迁的整个机制遭到了强烈的挑战。兰斯事件只是一个开端。利奥由此对教职任免中的金钱交易发动了全面攻击,下至乡村神父,上自主教与大主教;凡犯有买卖圣职罪者,皆予以罢黜,甚至这类有罪主教晋升的神父,他也重新予以授职;因为在当时,买卖圣职被视为异端,会使得犯下这种罪行的神职人员主持的圣礼丧失效力。他推行正统教义,谴责图尔的贝伦加尔关于圣餐的异端邪说,[①]竭尽全力改革实

[①] 图尔的贝伦加尔(Berenger de Tours,1010—1088年):法国经院神哲学家。他运用亚里士多德的理论,反驳"化体说":根据性质附着于基体的道理,基体改变必然导致性质改变,不可能出现饼和酒的基体已转变为基督的身体和血而仍保持着原有的外形、颜色等性质不变。因此,在圣餐礼的整个过程中,饼和酒并没有发生实质变化,饼和酒仍然还是饼和酒,耶稣基督只是以某种方式渗透于饼和酒中。他的这种"参与说"被坎特伯雷大主教兰弗朗克(Lanfranc,1010—1089年)谴责为"用理性解决一切问题,完全摒弃了传统"。兰弗朗克坚持认为,圣餐中的饼和酒虽然外表特征(形状、颜色、构造、气味等)保持不变,但它们的实质已经神奇地转化为耶稣基督的身体和血。1215年第四次拉特兰公会将"化体说"定为正统。——译者

第三章　位于国家之上（1000—1447年）

践中的弊端，如世俗统治者未经选举或未征得教职界与民众的同意就任命主教。他还发动了一场针对已婚神父的运动，坚持一切教士必须独身。

他的身边聚集了一群志趣相投的改革者，他们担任顾问与助手，组成一个智囊团，罗马教廷因此从一个充斥着当地成员的机构开始转化成一个由专家与积极分子组成的国际性团体。这是非常重大的一步，预示着教廷的本质有了永久性的改变。这些人包括修士，如疾恶如仇的彼得·达米安（Peter Damian）、穆瓦延穆捷的亨伯特（Humbert of Moyenmoutier，一个博学的狂热分子，后升任席尔瓦-坎迪达枢机主教）、列日的腓特烈（Frederick of Liege）、卡西诺修院院长（Abbot of Monte Cassino，后成为教宗斯蒂芬九世）、克吕尼修院院长休（Abbot Hugh of Cluny），以及精力充沛的罗马修士希尔德布兰德（Hildebrand），希尔德布兰德后来成为教宗格雷戈里七世，这场改革运动也将以他的名字命名。

利奥决心要维持教廷的自由，让教宗的领土摆脱政治干预。但这个决心似乎因为诺曼人进入意大利这一新情势而打了折扣。意大利南部一直由拜占庭帝国统治，西西里岛则被穆斯林占领。但这两个地区都远离宣称对它们拥有主权的帝国，因而成为无地冒险家的天堂。11世纪中期，当地小王公原本请来抗击穆斯林或拜占庭的诺曼雇佣军，已经击败穆斯林在西西里的势力，成为威震当地的强大势力，随即又开始侵占圣彼得在意大利南部的教产。利奥年轻时，曾在意大利北部统领过帝国军队。他现在重操旧业，率领自己组建的杂牌军攻击意大利南部的诺曼军，却惨遭失败。他原本指望德意志皇帝会支援他，并计划与南部的拜占庭军队联合，驱逐这个共同的新敌人。然而，他没有得到任何支援。1053

年 6 月,利奥被彻底击败,诺曼人虽然礼遇有加,但还是将他软禁了九个月。

利奥在意大利南部的胡乱出击,引发了一场宗教灾难。拜占庭朝廷与教会都厌恶诺曼人,但他们更痛恨教宗介入意大利南部。意大利南部传统上属于君士坦丁堡宗主教管辖,但利奥一如既往,抓住这次战争提供的机会,在当地举行了一次有关改革的教职会议。他还任命他最宠信的顾问亨伯特为西西里大主教。在这件事上,利奥可能别无选择,因为西西里刚刚被诺曼人从穆斯林手中收复,而他们支持在当地推行拉丁教会机制。然而,君士坦丁堡宗主教米哈伊尔·赛鲁拉留斯(Michael Cerularius)厌恶西部教会,出于报复,他关闭了君士坦丁堡所有施行拉丁仪式的教堂。拜占庭教会谴责拉丁礼仪如在弥撒时使用不发酵的面包,教宗则更强烈地伸张教宗最高权威论,东西教会之间的裂痕更为加深。在这个小摩擦的背后,是漫长的疏离与相互猜忌的历史,且双方都不愿做出些微的让步。1054 年 7 月,事态达到最高潮,亨伯特以教宗使节的身份,大摇大摆地走进圣索菲亚大教堂,把宣布开除教籍的教宗诏书放在主祭坛上。两周后,宗主教作为回应,将教宗利奥开除教籍,尽管利奥实际上数月前已去世。但是,这次冲突不过是东西部充满悲剧色彩的持续分裂的结果,也是两个教会各自发展出不同的仪式与信仰而长期酝酿的结果。

利奥重塑教廷的努力成绩斐然,使教廷从腐败的首恶之地变成了改革的主要阵地,他的继任者继承了这一事业。维克多二世(Victor Ⅱ,1055—1057 年)曾任艾希施泰特(Eichstatt)主教,是亨利三世任命的最后一任德意志教宗。罗马的改革派最初怀疑他会过分关注帝国的利益,但事实证明,他是教会权利与教产的狂热捍卫者，也是教士守贞和反对买卖圣职等改革理念的热情推动者。维克多的继承人是洛林的腓特烈(Frederick of Lorraine)，史称教宗斯蒂芬九世(Stephen Ⅸ,1057—1058年)。他不是亨利三世的支持者，而是皇帝在意大利北部最强大的对手洛林的戈弗雷(Godfrey of Lorraine)的兄弟。因此，当亨利在1055年访问罗马时，他就离开罗马，到诺曼人控制的意大利南部卡西诺修院当了修士。但是维克多二世信任他，1057年亨利三世死后，任命他为卡西诺修院院长，随即又将他升为枢机神父。斯蒂芬担任教宗后，首先对位于卡西诺山的圣本笃修院做了改革，继而开始更深入地改革教廷，如任命改革宣传家彼得·达米安为奥斯提亚主教，任命席尔瓦-坎迪达的亨伯特(Humbert of Silva Candida)为文秘署署长(chancellor)。

他还提拔了修士执事希尔德布兰德，把他派到米兰去与当地的"帕塔里尼"(Patarini)运动建立联系。在米兰，教会与城市都掌控在强大的反改革贵族精英手中。而帕塔里尼则是平民的反抗团体，他们支持改革运动，反对买卖圣职与教士结婚；盼望神职人员献身于贫穷和贞洁，回到《使徒行传》中描述的那种使徒生活模式，从而复兴教会。他们的绰号表明他们出身下层阶级，"帕塔里尼"意即"拾荒者"；而教宗与这类激进团体结盟，则预示了未来情势的发展。

罗马贵族也反对教宗的改革运动，因为改革会剥夺他们对教宗领土与财产的控制权。斯蒂芬九世去世后，新教宗的选举拖延甚久，因为希尔德布兰德远在德意志迟迟不归。一群贵族抓住这个机会，大肆贿赂，成功地将韦莱特里(Velletri)枢机主教约翰·明西乌斯(John Mincius,托斯坎纳家族的成员)推上宝座，称为本笃十世(Benedict X,1058年)。这是一个精明的选择，因为明西乌斯看起来会支持改革,而且他又是斯蒂芬九世的好友。但改革派拒绝接受他担任教宗,并离开了罗马,而时任教廷首席祝圣员(chief papal consecrator)的奥斯提亚枢机主教彼得·达米安也拒绝为他举行就职仪式。同年12月,改革派枢机教士在锡耶纳(Siena)集会,选举法兰西籍的佛罗伦萨主教洛林的杰拉德(Gerard of Lorraine)为教宗尼古拉二世(Nicholas Ⅱ,1058—1061年)。尼古拉得到德意志朝廷的支持,在帝国军队和罗马民众(希尔德布兰德给了他们大笔礼物)的协助下,将本笃赶出罗马,而在1059年初成为真正的教宗。

尼古拉教廷是教廷改革过程的里程碑。他决心让改革派掌握改革的主动权,并避免1058年贵族政变的重演。为此,他颁布了新的教宗选举法。在过去,教宗的选举有几种方式且相当混乱:教宗可能由神职界与民众共同聚会选出,而在前任教宗的丧礼中鼓掌欢呼以示通过;或由地方派系首领提名再由皇帝任命。1059年4月的拉特兰教职会议公布了新的教宗选举办法:教宗由七位枢机主教选举,在征得枢机教士与枢机执事的赞同后,由民众喝彩通过,帝国皇帝只剩下含糊而勉强的追认权。

"枢机"(cardinal)一词可能源自于门枢或关节,原本只是指罗马的资深神职人员。这个头衔最初是授予罗马领衔教堂的28位本堂神父,他们服务于组成教宗大教堂的五座教宫。这一双重角色使得他们成为罗马教廷与罗马堂区之间的"枢纽"。但是这个词逐渐失去了原有的含义,成为荣耀地位的象征。这个头衔稍后也扩及罗马附近所谓"堡外"(subarbicarian)教区的七位主教,以及19位罗马执事,而正是这54名资深教士被认为是唯一有权选举教宗的群体,其中枢机主教具有动议与决断之权。显然,这项教令

第三章 位于国家之上(1000—1447年)

旨在排除俗人对教宗选举过程的影响,无论这种影响是来自皇帝还是来自罗马贵族。

该会议还宣布教士婚姻为非法,命令俗人抵制纳妾教士主持的弥撒,禁止从俗人业主手中接受教堂,并规定主持大教堂圣事的神职人员必须共同生活。这场以修道生活为模版的运动,旨在提升教士的道德与教纪。但是,尼古拉时期最为重要的发展,是一反教廷过去对诺曼的政策,并开始疏远德意志朝廷。这种改弦易辙,是出于实际的需要。亨利三世死后,德意志一直由一个小孩统治,教廷无法得到德意志的有效支持以抗击它的意大利敌人。教宗因而决定与占据西西里和意大利南部的诺曼人结盟。诺曼人虽然占据意大利南部,但除武力外别无合法的依据。教宗现在把阿普里亚(Apulia)与卡拉布里亚两个公国,以及西西里领地(作为教廷主权之下的封邑),都授予了诺曼统治者;他们则对教宗宣誓效忠,并承诺提供必要的军事支援。

这是一个大胆的举动,因为教宗从未拥有意大利南部或西西里的主权,在严格的法律意义上,他无权将不属于他的东西送给别人。但教宗运用《君士坦丁赐礼》使这个交易合法化,它为教宗带来的好处也立竿见影。让诺曼人统治这些传统上属于拜占庭的领土,意味着这里的希腊教会被拉丁教会所取代,教廷的势力得到了大幅度的扩张。两年后,尼古拉的继承人亚历山大二世(Alexander Ⅱ,1061—1073年)就从这个新关系中获得实际的利益。当时,心怀不满的罗马贵族说服德意志摄政皇太后阿格丽丝(Empress Agnes)置1059年教宗选举法于不顾,另立霍诺留二世(Honorius Ⅱ)为对立教宗。但诺曼军队赶走了霍诺留,强迫罗马贵族服从。

这次冲突,只是力行改革的教廷与德意志王朝加速疏离的表现之一。此前,德意志宫廷已驱逐教宗使节,德意志主教举行的教职会议也开除了教宗尼古拉的教籍。亚历山大为弥补这一关系恶化的损失,转而强化与诺曼人的联系。1063年,诺曼武士进攻西班牙和西西里的穆斯林,教廷授予圣彼得军旗,以示祝福。1066年,教宗又将军旗授给诺曼底公爵威廉(Duke William of Normandy),支持他入侵英格兰。鉴于诺曼人推行教士独身制,并至少在口头上支持反圣职买卖运动,教宗因而可能认为,这次征服是推动盎格鲁-撒克逊教会改革的手段。收复西班牙的运动进一步扩张了教廷的势力,1068年,阿拉贡国王已将他的王国置于圣彼得的封建保护之下,而在1071年,他又命令教士停用传统的莫扎勒布礼仪,*改用罗马礼拜仪式。

再则,如火如荼的改革运动也使得教廷与德意志宫廷的冲突越来越多。利奥坚信,世俗统治者任命主教与其他神职人员,是教会腐败的根源之一。德意志皇帝亨利三世曾是改革派的主要支持者,然而,矛盾的是,他身为皇帝,也是"俗人授职权"即任免教宗和主教这类事情的主要违犯者。这个问题在米兰成为冲突的焦点。在那里,帕塔里尼派高举的改革大旗,就是反对买卖圣职罪和教士婚姻,因此与社会激进主义联系在一起,使得改革与革命成为同义词。1071年,米兰大主教去世,年轻的亨利四世迅即从反改革阵营中提名一位贵族候选人,授予他权杖和戒指;而帕塔里尼派也推选了一名竞争对手,并得到罗马的承认。1073年教宗亚历山大二

---

* 莫扎勒布礼仪(Mozarabic rite):又称西班牙礼仪或西哥特礼仪。7—11世纪流行于伊比利亚半岛的一种礼拜仪式。——译者

世将亨利四世的顾问们开除教籍。从此,教宗与朝廷在改革上反目成仇。

这场坚决反抗亨利的幕后人物,是罗马枢机执事长(Archdeacon)希尔德布兰德。他出身于托斯坎纳的农家,从幼年时代起就在罗马教会接受圣事教育,后来投身改革运动近二十年,成为改革的中流砥柱。他年轻时曾在阿文丁山丘的圣母修院当修士,该修院是在克吕尼影响下进行改革的修院之一。后成为约翰·格拉蒂安的幕僚,约翰就是被罢黜的教宗格雷戈里六世(1045—1046年,他尊敬约翰,1073年当选教宗后,即用他的名字为教宗名)。他也曾跟随格雷戈里流亡到科隆的帝国朝廷,并可能在此进入了一所克吕尼修院。利奥九世(1048—1054年)上台后,把他召回罗马接管教廷财务,并成为教廷改革方案的关键人物。1061年亨伯特去世后,他成为改革派中的主要"鹰派"。亚历山大二世去世后,他在民众欢呼声中被拥立为教宗。

格雷戈里七世(Gregory Ⅶ,1073—1085年)是教廷有史以来最有活力与魄力的教宗,他对教宗权拥有近乎神秘的崇高理念,认为教宗的责任与尊严令人敬畏,这成为驱动他的力量。他的观念,在许多方面,比起早期那些改革先驱,并不见得更为激进;但它们在一个大权在握并力图践行的教宗手中,就呈现出激进主义的新面貌。教廷改革虽然最初是由德意志皇帝发起的,但格雷戈里毫不亏欠帝国,也曾见到一位教宗、一位备受敬爱的上级被国王罢黜。所以他的整个任期,坚决杜绝任何一位国王有权这样行事。

他的教宗权理念后来形成一组特色鲜明并有些神秘的27条格言,称为《教宗如是说》(*Dictatus Papae*),并在1075年载入教廷纪录。11世纪的教廷已在有步骤地搜集整理教会法规和法律教科书,以便为新的改革精神服务。构成《教宗如是说》的 27 条格言,可能是一部新编的教会法规集的章节标题,旨在彰显教宗的特权。①

果真如此的话,这部汇编就从未完成。因为,虽然有些格言只是归纳了教廷长久以来的权利主张,但整体而言,《教宗如是说》的穿透力是革命性的,远远超过当时已有的任何法律教科书和法规汇编的内容。比如,《教宗如是说》宣称,教宗不受任何人的审判;任何人在等待罗马上诉未决期间不能受到判决;教会内部的"重大案件"必须提交罗马审判等。这些至少在理论上都已得到公认。宣称"唯有教宗才有权称为'普世的'",表明它已经完全忘记了:伟人格雷戈里曾拒绝君士坦丁堡宗主教尊他为"普世教宗"。宣称唯有教宗才有权使用帝国徽章,或一切王侯都应该亲吻他的脚,此类观念既来自《君士坦丁赠礼》,也源于接受拜占庭的跪拜礼或皇帝参加教宗主持的典礼时表达敬意的动作。长期以来,西部教会故意忘记教宗霍诺留的错误,一直宣称"罗马教会永远不会犯错误",并常常得到东部教会的认同。格雷戈里或其《教宗如是说》的编撰者只是稍微伸张了这一主张,通过援引《马太福音》第 16 章第 18—19 节,补充说"依据《圣经》的证明,它永远不会犯错误"。宣称教宗高于一切主教和公会议,因而教宗使节即便位居小品(他本人的职业生涯,大部分时间也只是副执事)也高于一切主教,同样也是公认看法的引申。

另一方面,宣称唯有教宗才有权罢黜或调动主教,唯有教宗才有权召开大公会议,唯有教宗才有权批准或改革教会法;此类主张

---

① 《教宗如是说》的译本见 S. Z. Ehler and J. B. Morrall, *Church and State through the Centuries*, London 1954, pp. 43-44。

第三章 位于国家之上(1000—1447年)

在法兰克教会曾引起激烈的争辩,并一直在争论,直到宗教改革时代。不过,《教宗如是说》中最大胆也最激进的格言,是格雷戈里宣称教宗有权罢免皇帝,有权解除臣民对邪恶统治者的效忠誓言。每个人都知道教宗在膏立皇帝过程中的作用,但还从未有人从中推演出教宗有废黜皇帝的权力。然而正是在这里,格雷戈里为了高扬他自己的教宗理念,不惜攻击时人关于君主制与政治共同体本质的核心观念。这种夸张的理念使他认为,一个合法就职的教宗单凭圣彼得之善功即可自动成为圣徒。这一主张,在此前的历任教宗看来,必然会使得他那个时代的人惊愕万分。

格雷戈里的教宗观是非常孤傲的。虽然他经常称其他主教为"弟兄"(*confrater*)或"同侪"(*coepiscopus*);但实际上,他认为自己正处于一个背离福音教诲的世界,要打一场一个人的战争。1074年,他在一封信中借用伟人格雷戈里的话说,教会"正经受惊涛骇浪的侵袭,屡遭厄运,且无人关注,即将解体下沉";在给克吕尼修院院长休(Hugh)的信中,他写道:"我几乎找不到一个主教是依法选出并按照教规生活的,也找不到一个主教是出于爱而非出于贪欲来引导基督徒的;而在世俗王侯中,我知道没有一个人会喜好上帝的荣耀胜于他自己的荣誉,会热爱正义胜于利益。"[①]因此,他视其他主教,最多是助手和仆人,而不是伙伴与同僚,就不足为怪了。德意志主教们对他多有批评,指责他命令他们"就像他家领地上的管家"。

不过,至少在最初,格雷戈里是以常理、慈爱与浓厚的人情味来调和这些严峻而崇高的权利主张的。他就职后,很快就挑战了

---

① Tellenbach, *Western Church*, pp. 206-207.

亨利对意大利北部与德意志教会的神职任命权，并派支持改革的教宗使节前往德意志处理当地的问题。不过，对那些即便犯有大罪却真诚悔过之人，他准备予以宽恕，为此，他还否决了使节做出的严厉处罚；虽然他对买卖圣职罪深恶痛绝，但只要不涉及金钱交易，他并不想对俗人任命神职大加讨伐。

但从长远看，格雷戈里毫不妥协的理念注定要与德意志国王发生冲突，而冲突也的确发生了。1075年，格雷戈里在罗马召开了一次教职会议，正式宣判"俗人授予神职"有罪，而在同一年，长久以来针对亨利四世任命米兰大主教的争议，终于引发冲突。帕塔里尼派与米兰教会当局之间的紧张关系，导致米兰大教堂遭到焚毁。亨利决定彻底解决这个问题，他同时罢黜了两位争夺米兰大主教职位的人，并安置了自己的人选。亨利是根据米兰神父们的急迫请求而采取行动的，但他的高压举措直接挑战了教宗的教宗权位观，以及教宗最近禁止的俗人授职权。格雷戈里写了一封充满斥责的挑衅信，威胁要开除亨利的教籍并罢黜他，此举激起了亨利强烈的反应。1076年1月，亨利在沃姆斯（Worms）召集他手下的主教举行教职会议，指控教宗是一个"伪修士"，宣布罢黜他，这个判决稍后得到伦巴德诸主教的确认。

亨利罢黜格雷戈里的信，处处显露出对教廷改革政策的不满。这种不满，在他登基之前就积怨颇深了，他曾谴责教宗为"赢得粗野暴徒的支持"而与帕塔里尼派联手，也反对教宗鼓动俗人抵制已婚教士或犯有买卖圣职罪的教士举行的圣礼。他宣称，教宗这是"蛊惑臣民反抗他们的高级教士"，"授予俗人高于教士的权威"。国王也怀疑教宗有权罢黜一位已经涂油的国王，认为除了上帝之外，没有人可以裁判国王；而格雷戈里的行为，"好像任意支配帝国与国王的人是你,而不是上帝"。① 这是愤怒的帝王权威发出的怒吼,这种愤怒,既源于教廷改革方案的革命性内涵,也由于它挑战了固有的王朝秩序。查理曼地下有知,肯定也会有同感。

格雷戈里的回应,则是将所有与亨利合作的主教开除教籍。在这份非同寻常的慷慨激昂的文件中,他以向圣彼得祈祷的方式,宣布亨利背叛教会,予以废黜,并解除所有基督徒对他的效忠:"我代表您对他处以绝罚……人们都知道并承认'您是彼得,神的人子已将他的教会建立在您的磐石之上,地狱之门将不会对它开放'。"②

亨利的反应的确过于夸张。他的父亲曾罢黜过三位教宗,但事过境迁,自托斯坎纳家族操控傀儡教宗的时代结束以来,教廷的声望已经大为提高。德意志主教虽然忠于国王,但要罢免一位合法当选的圣彼得的继承人,绝大多数人并不赞同。教会对亨利的支持开始瓦解,而稍后发生的事件,加速了瓦解的过程。乌特勒支大主教威廉是力主开除教宗教籍的主教之一,他在一个月后突然死亡,而他的大教堂在亨利欢庆复活节后,立刻被大火化为灰烬。更为急迫的是,许多心怀不满的诸侯,尤其是在萨克森地区,在亨利漫长的太后摄政时代,已习惯了独立的状态。现在,这些诸侯趁机反抗。1076年8月,一群诸侯发出了最后通牒,要求他必须撤销对格雷戈里的判决,宣布在宗教上服从教宗;而且必须在破门律发出的一年之内得到赦免。他们还决定在1077年初在奥格斯堡

---

① 亨利此信的原文刊于 Petry ed., *Readings in the History of the Church*, vol. 1, p.237。

② 原文刊于 H. Bettenson (ed.), *Documents of the Christian Church*, Oxford 1954, pp.144-145。

(Augsburg)开会,邀请教宗出席,以解决他与国王之间的争端。

这样,亨利的政治地位就变得越来越不稳固,他被迫忍辱屈服。当时,格雷戈里已前往参与奥格斯堡会议,但途径伦巴德时遇到了麻烦,那些忠于皇帝的主教带领大批人马拦住了去路。教宗只得躲进忠于教宗的托斯坎纳伯爵夫人马蒂尔达(Countess Mathilda of Tuscany)位于亚平宁山区的卡诺萨(Canossa)城堡里。1077年1月,鉴于诸侯们的最后通牒即将到期,亨利只得到卡诺萨祈求教宗赦免,他赤脚站在城堡外的雪地中,哀求教宗的原谅。格雷戈里在奥格斯堡会议就许多争论议题做出决定之前,本不愿采取任何行动,但终究出于怜悯,赦免了亨利。

卡诺萨事件对教廷来说是一个令人震惊的胜利:基督教国度最强大的君主竟然俯首称臣,德意志的政治统一与稳定掌握在教宗的手里。然而,德意志与意大利北部的许多皇帝派人士,否认教宗拥有高于国王的管辖权,因为这无异于宣布国王的统治不能违反教宗的意志。不过,教宗的胜利也很快化为乌有。格雷戈里在宽恕亨利时,认为自己是在宽恕一位悔改的罪人,而不是在双方争论的议题上达成妥协。他坚决否认自己已经同意无条件地恢复亨利的王位。但事情的发展完全出乎意料,伦巴德的主教们依然拦住教宗,不让他前往德意志;而亨利却能出席奥格斯堡会议,申明卡诺萨事件已经结束了他与教宗之间的对抗。叛乱的诸侯们觉得教宗背叛了他们,进而另选士瓦本的鲁道夫(Rudolf of Swabia)为王。格雷戈里试图调停亨利与鲁道夫的冲突,却未能成功。但是,面对亨利的强烈反抗,而鲁道夫则全身投入教廷在德意志的改革运动,格雷戈里很难保持真正的中立。1080年3月,格雷戈里再次庄严地开除亨利的教籍,预言他即将死亡,罢黜他的王位,并宣布鲁道夫为国王。

这是一个灾难性的举措。抛开其他不论,教宗的确下错了赌注,因为鲁道夫在同一年晚些时候战死,而亨利却仍然健康地活着。但是,选错对象比错估情势要糟糕得多。1076年,各方温和派人士认为亨利是一个侵略者,而教宗则是权利的捍卫者。现在形势发生了逆转,教宗罢黜亨利似乎削去了一层薄纱,使德意志诸侯的野心暴露于天下:他们背叛了上帝膏立的国王,而教宗却对此行为喷洒圣水,以示祝福。格雷戈里比任何时候似乎都更像一个危险的革命分子,一个绝不退让的狂热分子。慢慢地,各方对教宗的支持开始衰退了。

因而,亨利能够另立拉文纳大主教吉伯特(Guibert)为对立教宗,取名克莱门特三世(Clement Ⅲ),并再三试图占领罗马,让这位对立教宗登基,却一直未能成功。然而,不断的冲突已使得格雷戈里陷入财政危机,他甚至考虑抵押"圣彼得的土地",并让罗马神职界就此投票。不过,他得到了托斯坎纳伯爵夫人马蒂尔达这样的盟友的及时资助。然而在1084年,亨利终于攻入罗马,将圣彼得宝座交给了克莱门特。一周后,这位对立教宗为亨利举行皇帝加冕礼。而格雷戈里,由于大部分主教都背弃了他,且罗马人也指责他要为城陷之灾负责,只能龟缩在天使圣堡(Castel Sant'Angelo)里,眼睁睁地看着这一切。所幸的是,罗伯特·吉斯卡尔(Robert Guiscard)率领意大利最强大的诺曼军队救了他,具有讽刺意味儿的是,教宗与他曾形同水火。虽然如此,诺曼人的援救却摧毁了格雷戈里仅存的信誉,因为诺曼军使罗马遭受了罗马帝国灭亡以来最为惨烈的掠夺。格雷戈里被迫逃亡,背负着罗马人对他的诅咒,跟随诺曼人流浪,最后在萨莱诺(Salerno)去世。死前,他仍然理直气壮地说:"我一生挚爱正义,痛恨邪恶,因而死于流亡之途。"

19世纪的历史学家喜欢把教宗与皇帝(更像是教宗与国王,因为在格雷戈里眼中,亨利从来就不是皇帝)之间的冲突描绘成教会与国家之间的冲突,因为格雷戈里篡夺的是世俗权力的权利。但在11世纪的欧洲,没有人会认为教会与国家是分离或可以分离的实体。基督教国度只有一个,教宗与君王之间的冲突,只是同一实体中争夺属灵领导权的冲突。格雷戈里的成就,就是用最坦率的方式,清晰明了地宣布了教会的属灵主张。然而在这一过程中,他改变了教宗与君主关系得以立足的基础。五百年前,教宗杰拉斯曾宣称世上有两种力量,即教权与王权,它们共同统治着这个世界。杰拉斯坚持认为,在属灵事务上,教宗具有优先权,这个假设已经深深植入西部的宗教思想中。然而,教宗与国王仍然是并立的神圣力量,皆由上帝授予,在各自领域中都具有无上的权威。

格雷戈里把这个崇高的信念撇在一旁,认为帝国根源于异教,天生就比教士尤其是教廷低了一个层次。他问道:"教宗的权威出于神授,是万能的上帝为荣耀他自己而创建的,出于怜悯而授予这个世界的;俗人,甚至是那些不认识上帝的人创立的权威,难道不该服从么?"至于君王应享有的尊敬,

> 谁不知道国王和统治者都是对上帝一无所知的凡夫俗子?谁不知道他们骄傲自大,掠夺成性,背信弃义,嗜血如渴,一句话,干尽坏事,罪恶滔天?谁不知道这些尘世君王骑在人民的头上,不可一世,贪婪成性,作威作福,令人发指?……基

督的祭司被认为是国王、诸侯和一切信徒的父亲和主人,谁能怀疑这一点?[①]

常常有人认为,格雷戈里主张教宗有权罢黜国王的理念,是源于一个伪造的文件,即《君士坦丁赠礼》。事实上,格雷戈里最喜欢引用的先例,其实是教宗扎迦利允许丕平废黜墨洛温王朝末代国王希尔德里克三世(Childeric Ⅲ)。这远比《君士坦丁赠礼》的论旨要更为激进,因为它不是根据权利、神授或其他观念,而是基于国王是否有贡献,是否适合,是否胜任。扎迦利废黜国王"不是因为他罪恶滔天,而是他不配执掌这么大的权力"。在格雷戈里的理念中,王权已不再神圣,早已失去了笼罩在加洛林时代欧洲祭司-国王(priest-king)头上的神圣光环;只有教宗,才有权决定谁"适合"执掌皇室权力,严峻的考验依据不是血统身世、不是人民的选举,更不是任何其他的观念,而是能否为教会所用。这几乎将国王降到了服从教宗的地位。格雷戈里之所以容忍征服者威廉坚决抵抗教宗介入英格兰教会、拒绝接见教宗使节、也不让英格兰主教到罗马觐见教宗,是因为这位国王拥护改革,禁止教士婚姻,杜绝买卖神职,从而使他显得比其他国王更为可敬、更容易让人接受,也更加"胜任"。

格雷戈里时代代表着教宗支配世俗世界的抱负达到了极致。后来的教宗也许会把他的主张发展得更为精致,但没有一位能够超越他;许多教宗甚至对他的主张有所保留。矛盾的是,他并没有

---

① 致梅斯主教函(1081年),刊于 H. Bettenson ed., *Documents of the Christian Church*, pp. 145-153。

取得什么实质性的成就。他罢黜了许多主教并将他们开除教籍，但大部分人仍然安稳地坐在位子上。亨利活得比他久，教廷改革在他去世之后就改变了方向，不再企图驾驭世俗统治者，而转向强化对教会本身的控制。从短期来说，他是失败的；但从长远看，教廷改革的精神要完全归功于他，因为在他之后，教廷从不怯于公开张扬自己的主张，那就是摆脱俗界与政治对属灵事务的控制。在格雷戈里去世十年后召开的克莱芒大会(Council of Clermont)上，教宗乌尔班二世(Urban Ⅱ, 1088—1099年)借用格雷戈里的原话，再次强调了教廷改革的目标，他宣布教会"应该是大公的、贞洁的、自由的，大公体现在信仰和圣徒的友谊上，贞洁表现为拒绝一切罪恶的玷污，自由就是摆脱世俗权力"[①]。由于格雷戈里，不会再出现另一个查理大帝。一百年来，也许是永远，不会有哪位教宗能像他那样赫然耸立于欧洲的历史舞台。

二、从教廷改革到教宗君主

格雷戈里的教宗至上观的基础，是他认为教宗的地位完全等同于使徒彼得。他与此前的所有教宗一样，认为教宗是圣彼得的代理人。但格雷戈里时代以后的教宗，愈来愈不满足于这样一种表述主张的方式。他们认为，他们领导教会的权力，不是因为身为彼得的代表，而是像彼得一样，是基督的代表。格雷戈里去世一百多年后，教宗英诺森三世(Innocent Ⅲ, 1198—1216年)宣称："朕

---

① 引自 C. Morris, *The Papal Monarchy: The Western Church from 1050 to 1250*, Oxford 1991, p. 125。

是使徒之首的继承人,但朕不是他的代理人,也不是任何人或任何使徒的代理人,而是耶稣基督本人的代理人。"①

这一主张后来在许多方面得到了丰富。整个11与12世纪,教会生活各个层面的改革者,都向罗马寻求支持、鼓励与"属灵重炮"(Spiritual heary artllery)。诸如明谷的圣伯尔纳(St Bernard of Clairvaux)这样的修院改革者,认为教宗的权力源于神授,可以压倒地方主教与教士的腐化俗欲,可以为教会宣示上帝所指引的方向,以寻求净化与圣洁。教宗就是向他的子民宣示上帝律法的摩西。主教在抵制俗人的干预时,也向罗马寻求教宗的属灵权威的保护。更重要的是,一套精致复杂的教会法体系也发展起来,教宗执掌这一体系,担当法官与最后上诉法庭,使得教廷成为了基督教国度一切大事的中心。

制度与秩序成为教宗统治的标志。比如封圣过程,曾经是单凭经验即地方对虔诚的认可,在这一时期制度化了,并收归教廷。曾经由地方解决的各种事务,如赦免近亲结婚,分派教俸肥缺,授权新建修院或设立私人祭坛,现在都要上诉到教廷,教廷的事务因而成倍剧增。此类事务的剧增,并非因为教宗坚持这是他们的权利(他们自然这样认为),而是因为西部基督教国度发现了教廷的非凡价值,这一法律体系可以为任何人的利益而运转,并为地方既得利益集团提供一个外来的制约。这个不断扩张的教廷,高举着格雷戈里斗争得来的崇高的属灵权利,以各种实际的方式润滑着教会生活之轮,为方方面面带来了稳定与秩序;上自交战双方的媾和,下至乡村襄礼员(curate)的财产权,均受大益。

---

① 引自 Southern,*Western Society and Church*,p. 105。

教廷的转型,主要是教廷组织制度的转型。由于罗马逐渐被认为是教会的决策中心,为处理日渐增多的事务,逐渐发展出各种机制。利奥九世就曾创造性地使用了当地教职会议,他所到之处就召集当地主教与修院院长开会,旨在让当地神职人员投身改革事业,同时也公布改革方案。在其继承人手中,罗马教职会议变得尤其重要了。格雷戈里七世每年在大斋期举行教职会议,其功能是既充当敲定教义教纪决策的论辩室,也充当宣布庄严裁判的法庭。这些会议使主教与教宗联合,巩固了教宗的权威,并形成一种以教宗为领袖的集体认同感与改革使命感。虽然格雷戈里以主人姿态对待其他主教,但这些会议是真正的审议性会议,容许发出不同的声音。在乌尔班二世(Urban Ⅱ,1088—1099年)时期,这种会议主要是在罗马以外举行,而且更多的是例行公事,审批教宗随从向会议提交的政策。

这种发展,部分地表现为出席会议的人数越来越多。在1119年举行的将亨利五世与他所立的对立教宗格雷戈里八世(Gregory Ⅷ)开除教籍的兰斯大会上,共有427人出席,如此大的规模,很难形成建设性的讨论。1123—1215年,在拉特兰一连举行了四次大公会议,前三次都反复强调改革方案的重要性,并谴责懈怠改革的神职人员。大公会议已成为教宗向基督教国度宣布法律的机构。事实上,单就大公会议是由教宗而非拜占庭皇帝来召开而言,也是一件新奇之事,并雄辩地证明了教廷地位的急剧提升。不过,大公会议也有利于巩固主教的自我认同感与权利共享观念,并由此而发展出一支制衡新兴教宗君主制的潜在力量,终有一天教宗会发现要为此付出代价。这些会议也使主教们认识到,教会是一个国际性的而非只是区域性的实体。在第三次拉特兰大公会议上,德意志与法兰西的诸侯主教*结识了一位爱尔兰主教,(这位主教说)他唯一的收入是三头母牛的牛奶;另外,有两位苏格兰主教得到教宗祝圣,其中一位竟然是一路步行而来,且只有一个随从。这样的接触极为重要,它使得中世纪教会不再被想象成一个由地方诸教会组成的共融体(communion),而是一个以教宗为首的统一的国际性组织。

教职会议与大公会议的转型,有可能是因为它们的许多功能正逐渐被枢机,尤其是枢机会议(Consistory)所取代。枢机会议是枢机与教宗的定期聚会。从一开始,枢机在改革运动中就一直扮演着关键性的角色。彼得·达米安称他们为"罗马教会的属灵元老",并认为枢机的特权高于宗主教与高级教士(primate)。从1059年起,枢机成为教宗的主要选举人,是年的选举教令特别规定教宗人选首先由七位枢机主教决定,但其他枢机拒不承认,因此,一个多世纪以来,教宗选举法规一直是阴云密布。事实上,直到12世纪中期,枢机选举教宗的独特权利才得以稳固,而要求得到三分之二多数票的规定(这个规定至今仍有效),直到1179年第三次拉特兰大公会议才确立下来。即使如此,多数并不是合法当选的必然保证。英诺森二世(Innocent Ⅱ,1130—1143年)就是由少数枢机选出的,与他对立的教宗阿纳克利特二世(Anacletus Ⅱ)得到绝大多数的选票,但最终还是英诺森被承认为真正的教宗。

在12世纪,枢机成为教廷的主要执行长官,要定期与教宗(有

---

* 诸侯主教(prince-bishops):在欧洲中世纪封建时期,有些城镇或区域并非由世俗统治者统治,而是由主教来同时负担世俗与宗教上的统治,这些主教就称作诸侯主教。——译者

时不出席)会面,听审法律案件与上诉、讨论册封圣徒的请求、协商教义问题并发布裁决。在理论上,枢机的编制为 54 人。但实际上,枢机自行限制人数,以便将权力掌握在少数人手中。1216 年英诺森三世去世时,只有 27 位枢机,1277 年约翰二十一世辞世时,只有七位枢机。

逐渐地,枢机的地位超越了顾问的角色。起初,他们在枢机会议上为教宗发布的教令署证,可能只是作为一种见证,但后来被当作是教宗决策合法性的必要条件。当教宗逐渐变成一位属灵君主时,枢机扮演了类似贵族的角色,他们自行发展出强烈的"权利共享意识"(sense of collegiality),经常阻碍教宗的决策,或致使政策难以敲定、前后不一。在 12 世纪,枢机绝大多数是意大利人,但依常规他们也应从意大利以外吸收,因为明谷的伯尔纳就曾问他的学生教宗尤金三世(Eugenius Ⅲ,1145—1153 年):"那些审判全世界的人肯定都是从全世界挑选出来的么?"[①]

教宗使节也是从枢机当中选出。还在很早的时代,教宗就通过"代理人"来处理一些地方事务,这些人通常是大主教。代表教宗在地方行使职权的这些"常驻使节",逐渐被枢机尤其是枢机主教所取代,他们由教宗派出去处理特别事务。这些使节是宗教大使,穿行各地时使用庄严辉煌的仪仗,以自高身价,威慑地方神职人员。所到之处,他们召开法庭,伸张教宗的正义、赐予特权、征收税金以满足教廷日益增加的需求。使节在引导地方教会改革方面也扮演了重要角色,就如尼古拉·布雷克斯比尔(Nicholas

---

① J. D. Anderson and E. T. Kennan eds., *St Bernard of Clairvaux: Five Books of Consideration: Advice to a Pope*, Kalamazoo, Michigan 1976, p. 121.

Breakspear),也就是后来的教宗哈德良四世(Hadrian Ⅳ)1150年在斯堪的纳维亚半岛上所做的那样。他为建立挪威与瑞典两个独立的神职体系奠定了基础;而在此之前,这两个教会隶属于丹麦教会。利奥九世的旅行开始使人们模糊地意识到教宗对欧洲各地教会的最高权力,而使节制度则使之制度化了。使节充当着教宗君主的手臂,这一角色极大地增强了他们的声誉与权势。在格雷戈里七世至英诺森三世期间的19位教宗中,有15位出身于使节。

当枢机会议逐渐成为基督教国度的最高法院时,它所听审的事务变得非常复杂多样,而且经常琐碎得令人发疯。罗马原本被认为是最后上诉法庭,但在12世纪它却扮演了初审法庭的角色。随着乌尔班二世造访法兰西,以及意大利以外的人突然有机会接近教廷,教廷的事务极大地增加了,这个势头在13世纪变得更为强劲。教宗此时已成为"普世法官"(universal ordinary),直接管辖着基督教国度的每一个角落,他下达的判决也被写入判例,成为法律的基础。

这一发展具有宗教根源,基于罗马对彼得授权的传统解释。明谷的伯尔纳写道:"诚然,还有别的天堂守门人和牧羊人;但是你比所有这些人都更荣耀……他们也有指派给他们的羊群,每人一群;但指派给你的是所有的羊群,是把整个的羊群指派给一个牧羊人……你被召来是接受整个的权力。他人的权力要受到无数的限制;你的权力则可以伸张到任何人之上。"[1]对伯尔纳而言,亦如伟人格雷戈里,这一崇高的授权是一个召唤:"不是通过担任主教职

---

[1] J. D. Anderson and E. T. Kennan eds., *St Bernard of Clairvaux:Five Books of Consideration:Advice to a Pope*, Kalamazoo, Michigan 1976, pp. 66-68.

位去统治(dominion),而是去牧养(ministry)。"不过,伯尔纳并不怀疑教宗因此而要求被拔高。"既然你被指派来看管所有羊群,你为何不站在高处,以便能够看护一切呢?"①

12世纪教廷的工作,就是要把这个宗教观念转变为法律上的事实。启动这项工作的伟大先驱是教宗亚历山大三世(Alexander Ⅲ,1159—1181年),他是一长串法学家教宗的第一位。12世纪存留至今的教宗教令,或含有法律判决的教宗信札,大约有1000份。令人惊讶的是,其中700份出自亚历山大,而这700份中有一半以上是关于英格兰的。

与这一立法潮流相映成辉的,是编纂法典的潮流。随着博洛尼亚修士格拉蒂安大约在1140年编成《歧异教规之协调》(Concordia discordantium canonum),教会法的研究与实践向前迈进了一大步。到12世纪中期,教会法的大量搜集与系统化为一个完整的体系,使得原来的一团乱麻得以条理化,并为相互抵触的法律提供了一种辩证的方法。它也促使教会法在13世纪成为学术探讨与进取的主要领域之一。格拉蒂安的著作,一如中世纪大多数的法律汇编,是一位学者的个人事业,教廷没有提供任何帮助。但它基本取材于《君士坦丁赠礼》这类教宗主义者伪造的文献与教宗的教谕。教会法就是教宗的法律,而教会内部日渐奉行的法律至上原则,在确立教廷成为教会核心的过程中是一个关键因素,就像君主及其宫廷必须依赖世俗法律体系一样。

当然,这些发展也有其负面影响,并招致诸多诟病。教会法赋

---

① J. D. Anderson and E. T. Kennan eds., *St Bernard of Clairvaux*: *Five Books of Consideration*; *Advice to a Pope*, Kalamazoo, Michigan 1976, pp. 57-58.

予任何神职人员向罗马上诉的权利,而当上诉悬而未决时,禁止地方采取任何不利于他们的行为,这就意味着被告几乎可以借口向教宗上诉,而规避应得的惩罚。教廷对远地案件的判决,经常是根据不充足的信息,或争议一方的片面之词。因此在教廷里,高级神职人员可能会遭到恶意指控的伤害,而格雷戈里在《教宗如是说》中坚决主张:有教宗的许可,"下属可以指控上司",这样的观念在许多人看来,完全扰乱了教会与社会的秩序。所以,明谷的伯尔纳提醒尤金三世不要破坏教阶制:"你领受的使命,是要维护每一个阶位与等级,不可偏废。"①

正是在这一时期,教廷开始使用"curia"一词来描述它的管理机构,这绝非偶然。这个词是由乌尔班二世采用的,他对教宗内府(papal household)进行了全面改组,使之在未来五十年里发展成为高效的运作机制,领导这个机制的就是枢机主教。但增加效率也必须付出代价。这个教廷内府发展出一种强大的"团结精神"(*esprit de corps*),而在外人看来,这是一个封闭性的组织,而它也的确如此。教宗帕斯卡二世(Paschal Ⅱ,1099—1118年)至少任命了九名枢机,他们担任礼拜员和执事而开始其教廷生涯。中世纪的所有官僚都依靠收取服务费来养活自己,教廷也不例外。彼得的裁判宝座周围有一条隔离带,黄金是唯一通行证。为反对教廷贩卖神恩,粗俗的讽刺文学应运而生:在罗马受到尊崇的圣徒只有阿尔比努(Albinus)与鲁弗斯(Rufus),也就是黄金白银。"受祝福的都是富人,因为罗马教廷是他们的。"②

---

① Morris, *Papal Monarchy*, p. 213.
② Southern, *The Making of the Middle Ages*, pp. 147-148.

这些批评并不只是针对教廷,也直接指向教宗本身。在中世纪,教宗的财政状况一直不稳定。教宗的大宗收入来自于彼得教产,也就是教宗统治的领土。但是这些土地不断遭到掠夺者如诺曼人的侵占,而教宗与帝国之间频繁的冲突,以及这一时期发生的多次教廷分裂,使得"真正的"教宗常常得不到教产收入。格雷戈里七世晚年主要依靠向他的诺曼盟友乞食,以及托斯坎纳的玛蒂尔达这类教友的接济;而他的对手皇帝设立的对立教宗克莱门特三世却享有圣彼得教产的收入。同样,英诺森二世(Innocent Ⅱ,1130—1143 年)大部分时间在流亡,而对立教宗阿纳克利特则拥有教产收入。

12 世纪,教宗与罗马城本身也不断产生摩擦,特别是 1143 年罗马公社(Commune)宣布成立之后,城市接管了政权,这使得罗马不再是教宗的安全栖身之所,经常需要到别处去避难。由于教产收入被切断,教宗永远陷入财政困境。这就意味着他们必须随机应变以争取财源,而历任教宗也一直在寻求不依靠教产的财政来源。大主教为得到职位要支付巨额费用,为得到各项特权与豁免也要付费,受教宗保护的修院与教堂要缴纳贡赋,属于教宗采邑的王国如西班牙和西西里要付封建税(Feudal dues),英格兰与波兰要缴纳彼得便士(Peter's Pence,由王国内所有教堂交纳的一种税)。在 12、13 世纪,教宗开始保留任命数量不断增加的有俸神职的权利,例如有些教士晋升主教后空出的神职,或任何神职人员在访问教廷期间死亡而空下的神职。这样的措施不只是增加教宗的收入,而且通过神职任命网极大地增强了教宗的影响力与控制力。1192 年,西莱斯廷三世的司库西塞奥(Cencius)编撰了《贡赋册》(*Liber Censuum*),详尽列出了教宗所有的财政来源,旨在尽可能

第三章 位于国家之上(1000—1447年)

增加收入。它绝不只是一个财政工具,而是中央集权的一个强有力的手段。它是一幅教宗可以行使管辖裁判权的诸团体、教会与王国的分布图,因而成为巩固与扩张这一权力的工具。

教廷改革一开始就伴随着修院改革,而在12世纪修士对教宗仍然具有影响力,而且这种影响在不断增强。教宗保护改革后的修院,使之不受有敌意的主教的干涉,或俗人领主与统治者的破坏。反过来,修院则为教宗提供了一支忠诚且声望颇佳的力量,足以抗衡桀骜不驯的地方神职势力。在11世纪,有270个修院获得教宗的免除义务证书;12世纪时,又有2000多个修院得到这项特权。对许多视察者来说,这一发展似乎破坏了主教对其辖区内的修院的权威;但当主教也接受了改革思想时,教廷本身对此有了更多的理解,教廷与地方神职体系之间的冲突因此得以缓和。

从格雷戈里七世到英诺森三世之间的19位教宗中,有11位是修士。太多的世俗教士、太多的主教沾满了买卖圣职、腐化与不贞的罪恶,改革派教宗只能转向修院去寻找免于这些罪行的人,修士因而成为净化教会的清洁剂。格雷戈里七世曾致信克吕尼修院院长休,要求他"从他的修士中挑选一些有智慧、且他认为适合担任主教的人……"。在随后两代人中,卡西诺修院至少有11位修士成为枢机。格雷戈里的继承人维克多三世(Victor Ⅲ,1086—1087年)曾任卡西诺修院院长,他的继承人乌尔班二世(Urban,1088—1099年)是克吕尼修士,而他的下一任帕斯卡二世(Paschal Ⅱ,1099—1118年)是穆拉的圣罗伦佐修院院长(San Lorenzo fuori le Mura)。乌尔班为克吕尼的新教堂——在文艺复兴时期的新圣彼得大教堂完成之前,这座教堂是基督教国度最大的教堂——主持启用典礼,而帕斯卡则悉用修士来填充教廷职位。他还任命卡西诺修院的七位修士为枢机,在他任命的66位机枢中有三分之一是修士。无须惊讶,他的继承人杰拉斯二世(Gelasius Ⅱ,1118—1119年)也是卡西诺修院的修士。

修士与教廷之间超乎寻常的亲密关系,不仅贯穿伟大的教廷改革时代,还一直持续到以伯尔纳与西多会(Cistercian)为代表的创建修会的新时代。明谷在12世纪产生了八位枢机,而当伯尔纳的学生伯纳多·皮拉提尼(Bernardo Pignatelli)成为教宗尤金三世(Eugenius Ⅲ,1145—1153年)时,伯尔纳对教廷的影响达到顶峰,以至于枢机们时常埋怨说教宗不是尤金,而是伯尔纳。

这一时期,教廷已经转化为基督教国度最强大的精神力量,其最显著的证据也许是1095年乌尔班二世在克莱芒呼吁将耶路撒冷从穆斯林手中夺回来时,引起的异乎寻常的回应,这就是第一次十字军东征。十字军是革命性的新现象,它是原本互不相关的各种因素聚合的产物,如朝圣、圣战,以及可能还有的所谓"上帝的和平或休战"运动(Peace or Truce of God)。"上帝的和平"运动在11世纪初期由勃艮第与阿奎丹的主教们发起。他们由于反感贵族发动的血腥战争,于是举行和平会议,将侵略者开除教籍,保护那些饱受战争之苦的穷人的权利,并划定休战时段,要求基督徒在此期间必须停止一切敌对行为。这个运动扩展到北欧和意大利,并得到改革派教宗的支持。

要取代基督徒之间的破坏性战争,最好就是对基督教的敌人发动圣战。教宗支持此类"圣战"已经有很长的传统了,起初是在西班牙抵抗穆斯林。格雷戈里七世也曾计划率军远征,以便将君士坦丁堡的基督徒从土耳其人手中解救出来。乌尔班心中可能也有援救君士坦丁堡的企图,但他主要关切的是把圣地从穆斯林的统治下解放出来。他呼吁欧洲武士把精力花在收复圣地的远征上,他还明确地把这场战争与朝圣使灵魂受益的传统联系起来:"如果任何人出于虔诚之心,而非图慕虚荣与利益,而前往耶路撒冷解放上帝的教会,那么,这一趟旅程就足以洗清他所有的罪孽。"救赎与圣战之间如此明确的联系,是一个崭新的观念,的确也抓住了欧洲人的想象。十字军的战斗口号之一就是"上帝所愿"(Deus lo volt)。乌尔班用布条制作十字架,缝在每位参与圣战者的衣服上作为标志;他还要求那些愿意前往的人许下誓愿,不履行誓愿者将会受到属灵的谴责,履行这个誓愿者则会获得赦罪。他向所有十字军战士发放了一种赎罪券(indulgence),即完全赦免因罪而应受之罚,相当于赦免其一生的罪罚。在一个充满罪恶与恶果的世界里,对那些强悍而暴烈的人来说,这是一个非常有力的诱因——就像圣战者维勒哈朵因的杰弗里(Geoffrey of Villehardouin)写的那样:"因为赎罪券如此伟大,许多人因此感动惊诧;许多人接受了十字架,只因为赎罪券如此伟大。"①

乌尔班的承诺的真正内涵是什么,我们并不清楚;而赎罪券在走过很长一段路后,其教义在英诺森三世时才发展完备。但无论如何,所有的迹象都表明,在这件事上民众的热情远远超过了教宗的本意。乌尔班允诺的灵魂受益,等于是用圣战的风险与努力来交换正规的宗教补赎。这与赦罪是不同的,赦罪仍然要仰赖真心忏悔与告解圣礼。但当时整个欧洲流行的意见却是:只要参加十字军圣战,人的罪就可以被洗清。教宗有关十字军的言论也逐渐

---

① 有关十字军与赦罪,参见 I. S. Robinson, *The Papacy*, *1073-1198*, Cambridge 1990, pp. 326-330。

丢弃了早期的神学告诫,而大谈"罪恶得到完全赦免"。在12世纪末期,神学家开始对此表示担心,教宗的言论也恢复到初期的谨慎。但是,这些细微的分野,被绝大多数十字军人遗忘了,因为教宗已经启动了一波民众宗教情感的浪潮,这种情感自行呈现出一种自己独有的神学生命。

这一切都有待未来去解决。在1095年,欧洲各地,甚至是爱尔兰与苏格兰这样偏远的地区,人们也纷纷加入这场盛大的宗教武力远征。1099年,十字军攻陷了耶路撒冷,开始屠杀穆斯林。这只是持续几个世纪的远征的开端,而随着时间的流逝,他们在道德上将更加迷失。

但对教廷而言,至少在短期看来,这是一场胜利。唯有握有钥匙的人才能启用赦罪的承诺,用圣战豁免罪愆的承诺,来激发欧洲人的想象。唯有教宗才有道德权威与不容置疑的口吻,用"这是上帝所愿"来说服欧洲人。十字军由勒普伊主教(Le Puy)带领,他是乌尔班任命的教宗代理人。教宗将十字军人、他们的家庭、财产与土地都置于教会的保护之下,实际上十字军人和他们的侍从都变成了临时的神职人员,因此免于世俗法庭的管辖裁判。这种法律上的保护是非常珍贵的特权,因为只要这个特权一直持续下去,就不会有人会因为犯罪或债务而受到控告或起诉。这实际上就等于是一种圣战赎罪券(Crusading Indulgence),而且它一如赎罪券,是教宗才能赐予的权益。关于第一次十字军,人们谈论最多的是,这股强大的军事热情浪潮绝不是任何国王或皇帝所能掀起的,是教宗将欧洲的骑士召集在十字架与圣彼得的旗帜下,使之变成一支具有压倒性优势的力量。没有任何一个世俗统治者能够做到这一点,也没有比这更有力的证据表明改革后的教廷在中世纪欧洲宗教想象中的核心地位。

三、教宗权力的顶峰

12世纪初期,教廷无论在属灵威望抑或自信上,均达到前所未有的高度。在这一世纪里,教宗身边聚集了愈来愈多的王朝装饰。新教宗加冕用的皇冠是一种独特的金环法冠,与主教举行圣礼时所戴的法冠大不相同。根据《君士坦丁赠礼》,这种无边的三重冕(tiara)象征教宗对西部世界的统治权。历任教宗大量运用帝王的理念来重新装潢罗马的许多教堂。教宗的宝座饰以狮形扶手,罗马圣殿地板则大量使用斑岩与金砖,祭坛与通道则采用科斯马提工艺(Cosmati workshop)。* 明谷的伯尔纳申称,基督把整个世界交给圣彼得来治理,其代理人的责任就是"引导王侯,指挥主教,使王国与帝国进入秩序"。世上有两种力量,也就是"两把剑",属灵之剑与属世之剑,但是两者都属于圣彼得,"一把在他应允之后出鞘,另一把则由他亲自执掌"。①

对伯尔纳来说,这是一种属灵而非属世的权力,他哀叹教宗陷入凡尘俗事与世俗浮华之中。他告诉尤金三世:"人们所知的彼得,出行时并不骑着白马、身穿丝绸、满身珠宝、头戴金冠,还要大批骑士相随……在这些方面你不是彼得的继承人,而是君士坦丁的继承人。"②实际上,彼得与君士坦丁留给教廷的遗赠并不容易

---

* 科斯马提工艺是镶嵌画艺术的一种技巧,兴盛于12、13世纪的罗马建筑装饰。——译者

① I. S. Robinson, *The Papacy*, 1073-1198, p. 299; W. Ullmann, *A Short History of the Papacy in the Middle Ages*, pp. 182-183.

② I. S. Robinson, *The Papacy*, 1073-1198, p. 24.

分开,12世纪的教宗也不试图将它们分开。装殓英诺森二世的石棺来自天使圣堡,据说曾是哈德良的大理石棺,而阿纳斯塔修斯四世(Anastasius Ⅳ,1153—1154)的斑岩石棺曾装殓圣海伦娜的遗骨,这表明教宗的属灵权威与属世权威结合得多么紧密。

因而,无须惊讶,12世纪的教廷与帝国之间仍旧充满了龃龉。授职权之争既是改革后的教廷伸张权力的表征,也是这一权力似乎可以立足的基石。帝国设立的对立教宗克莱门特三世去世于1100年9月,他的继承者是一个没有得到皇帝支持的稻草人。这次教会分裂持续到1111年,对教宗并未构成严重的威胁。但是,亨利仍然决心要维持他在帝国内授予主教戒指与权杖的权利。而在1106年,当他被其子亨利五世(Henry Ⅴ)推翻并取而代之后,这种情形仍未改变:教宗与国王仍然对立。1111年2月,当亨利五世到罗马加冕为皇帝时,帕斯卡二世提供了一个孤注一掷的解决方案:如果亨利放弃授职权,允许主教依教会法规自由选举,那么,教会就放弃所有的"俗权标志"(regalia)——源于教宗俗权的土地、财产和收入。此后,从堂区执事(parish clerk)到大主教的所有神职人员,都只依靠自愿捐献与什一税等教会捐税来生活。

帕斯卡是一个修士,致力于隔绝世俗世界对教会的污染,但这个方案毫无成功机会。当协约在加冕礼上宣读出来时,德意志的王侯与主教立刻群情哗然,认为这个激进的方案会拆散德意志的乡土社会(landed society)结构,因而拒绝接受,加冕礼也无法进行。亨利的反应是把教宗与枢机投入监狱,并威胁要承认对立教宗西尔维斯特四世(Silvester Ⅳ,1105—1111年)。帕斯卡被迫屈服,为亨利举行加冕仪式,并在1111年4月授予"马莫洛桥特权"(privilege of Ponte Mammolo),把主教授职权让予皇帝。

帕斯卡对此背叛改革事业的行为极为悔恨,随后就废除了此

"特权",并以12世纪的一个令人生畏的双关语称之为"堕落的特权"(depraved privilege)。他的继承人杰拉斯二世(Gelasius Ⅱ, 1118—1119年)是一位年老力衰的卡西诺修院修士,他为这一反抗行为付出了代价:不断遭受骚扰与迫害,被对立教宗格雷戈里八世逐出罗马,一生都在逃避亨利五世的追捕,最后去世并葬于克吕尼修院。显然,教廷如果想要平稳运行,必须一劳永逸地解决授职权问题。教宗卡利克图斯二世(Callistus Ⅱ,1119—1124年)终于解决了这个问题。1122年,他与亨利五世达成了《沃姆斯协议》(Concordat of Worms)。此协议建立在相互妥协的安排上,这种方式曾首次成功地实施于诺曼人统治的英格兰。根据协定,新选出的主教,因为领有教产而向国王宣誓效忠,但国王放弃授予权杖和戒指,以示他对主教没有属灵的裁判权。而国王在接受效忠誓时,用他的权杖轻敲一下主教的肩头,表示将土地授予他们。依法选举主教和修院院长时,皇帝有权出席,并有权仲裁选举纠纷。

《沃姆斯协议》结束了教廷与帝国之间的冲突,至少是在一代人的时间里,双方相安无事。这一喘息之机使得教宗能够不再纠葛于与俗权之间毫无结果的冲突,转而将注意力放到整个教会的内部改革上。无论怎样,他们还有其他的麻烦亟待处理。格雷戈里七世曾联合皮埃尔洛尼家族(Pierleoni)来推进他的改革事业,这个家族是刚从犹太教改信的富有银行家,为格雷戈里教廷提供了巨额金钱。他们的最大对手是弗兰吉帕尼家族(the Frangipani),12世纪的教宗发现自己越来越陷入这些家族宿怨的火坑里。当然,这不是回到教宗被囚的"黑暗世纪",由单个家族——如提奥菲拉兹家族或托斯坎纳家族曾经之所为——控制教廷的时代绝不会重演,但他们却能使得罗马不再成为教宗的安适之所，霍诺留二世（Honorius Ⅱ，1124—1130 年）与英诺森二世（Innocent Ⅱ，1130—1143 年）的选举即因为这些家族恩怨而变得漫长与复杂。

罗马城内对教宗统治逐渐提升的敌意也对教宗构成威胁。随着教廷日益国际化，罗马人丧失了对它的忠诚。这种疏离在 1059 年颁布教宗选举法时即已存在，因为它有效地排除了罗马市民在整个选举过程中表达意见的权利。每个新当选的教宗都必须花大笔金钱购买礼物赠给市民，以赢得他们的认可；但如此动用教会经费，又会遭到各地改革者的严厉批评。12 世纪的罗马恢复了对共和精神的拥戴，以及对本城历史的自豪感，最终在 1143 年，市民们成立了公社，建立了独立的元老院。12 世纪中期的每一位教宗，都不得不全力应付罗马城及教宗国内的革命威胁。卢修斯二世（Lucius Ⅱ，1144—1145 年）在卡匹托尔丘（Capitol）猛攻罗马公社军队时死于重伤。尤金三世、哈德良四世（Hadrian Ⅳ，1154—1159 年）和亚历山大三世（Alexander Ⅲ，1159—1181 年）都被市民驱逐出城。

然而，控制罗马并不意味着万事大吉。1130 年，绝大多数枢机选举佩德罗·皮埃尔洛尼（Pietro Pierleoni）为对立教宗阿纳克利特二世（Anacletus Ⅱ），他坐镇罗马，也得到家族银行与意大利南部诺曼人的支持。但其对手英诺森二世却被公认为教廷改革运动的真正继承人，得到欧洲最有影响的宣道家明谷的伯尔纳、大多数君主以及各国神职人员的支持。这些势力中还包括帝国皇帝罗退尔三世（Lothar Ⅲ），他为表示承认英诺森为真正的教宗，在双方首次会面时为教宗牵马执镫，一如君士坦丁之于教宗西尔维斯特，抑或丕平之于斯蒂芬。尽管阿纳克利特执掌梵蒂冈与圣彼得大教堂直到1138年去世为止,但整个欧洲几乎无人承认为他是真正的教宗,他在1139年第二次拉特兰大公会议上被罢黜。这次会议有500多位主教参加,最远甚至来自林肯郡与耶路撒冷。教廷此时比过去更为国际化,不再是一个地域性的组织了。

12世纪中叶教宗君主所面临的许多问题,在唯一的一位英格兰籍教宗尼古拉·布雷斯比尔(Nicholas Breakspear)亦即哈德良四世(Hadrian IV,1154—1159年)的任期内赤裸裸地展现出来。布雷斯比尔出生于圣奥尔本(St Albans),由于当地修院拒绝他成为修士(其父确曾进入该修院,并葬于此),故离开英格兰而成为律修会士(canon),达成苦修心愿,并最终成为阿维农(Avignon)圣鲁弗斯修院(St Rufus)院长,期间得到尤金三世的赏识,晋升为阿尔班诺(Albano)的枢机主教(在圣奥尔本受挫却在阿尔班诺成功)。后在担当教廷驻斯堪的纳维亚大使期间,致力于重组挪威和瑞典的教会,新建当地神职系统,贡献很大。

由于哈德良在斯堪的纳维亚的非凡业绩,故一回到罗马就被选为教宗。但他一上台,就面临着西西里的诺曼国王威廉一世(William I)攻击教宗在意大利南部领土的问题。教廷原本支持诺曼人,但由于诺曼人不断膨胀的领土野心,并曾扶持对立教宗阿纳克利特二世,故教廷的态度已变得颇为敌视。哈德良也受到罗马公社的压力,当时的罗马公社由一个激进修士布雷西亚的阿诺德(Arnold of Brescia)领导,他谴责教会拥有财富,尤其把教廷视为整个腐化体系的首领。哈德良在阿维农担任修院院长时,曾以纪律严格著称,在担任教宗时也同样强硬。他对罗马城处以停止教权,使之不能举行圣礼,并放逐阿诺德,后又要求德意志国王红胡子腓特烈将其逮捕并处死。

这一次,红胡子腓特烈充当了教宗的盟友,但好景不长,授职权之争造成的教宗与皇帝之间的宿怨不久再度浮现。罗马市民曾拥立腓特烈为皇帝,试图造成他与教廷的对立。腓特烈深深仰慕查理曼和奥托大帝,他也确实决心要恢复帝国的光荣,但他认为皇帝得之于上帝和他自己的武力。所以他并不想从一群中等阶级激进分子手中接受帝位。

因此,哈德良希望与腓特烈结盟,借以消除罗马公社对他的威胁,并保护他免于诺曼人的攻击。然而,腓特烈并不甘愿充当教宗的警察,对于教宗的君主权力也颇为怀疑。他可能曾经见过拉特兰的镶嵌画,里面描绘着皇帝罗退尔在1133年从英诺森二世手中接过帝国皇冠的情景,并注明"国王成为教宗的封臣,并从他手中接过皇冠"。腓特烈不愿做任何人的封臣。他到意大利接受加冕,但1155年6月,当他与哈德良在苏特里亨利五世的军营会面时,拒绝为教宗牵马执镫,认为那是臣服的标志。这一行为立刻被解释为对教宗怀有敌意,哈德良身边的枢机被吓坏了,立刻夹着尾巴逃走,只留下教宗一人。双方经过激烈磋商并参考古老先例,腓特烈被说服,答应次日补行执镫礼,但是他却做得非常粗鲁。显然,哈德良不能指望得到他的帮助。

1157年,另一次极其不幸的误会使得双方关系完全破裂。哈德良遣使到贝桑松帝国议会(Diet of Besançon)送一封书信给腓特烈,提醒他接受加冕后,从教宗那里得到的"益处"(benefits)。用来翻译拉丁文"益处"(Beneficia)的德文词的意思是封建授予(feudal grants)。腓特烈的朝臣们认为,教宗这是明示皇帝是他的封臣,因而群情激愤,教宗使节侥幸逃得性命。哈德良也许的确有此暗示,但即便如此,他也很快收回了那些话。然而伤害已经造成

第三章 位于国家之上（1000—1447年）

了。哈德良去世时，教宗和皇帝仍在意大利北部（包括教宗的铁杆盟友拉文纳）主教任命问题上发生抵牾，且哈德良正在策动心怀不满的伦巴德人起来反抗腓特烈。

所有这一切，都迫使教宗再度改变对诺曼人的态度。既然不能打败他们，那就联合他们。哈德良正式承认威廉为西西里国王，同意他以教宗封臣的身份统治意大利南部，并授予他管理当地教会事务的权利，这个权利会使九泉之下的格雷戈里七世大为震惊。哈德良也将这份特恩授予其他诺曼人，在1156年颁布的《赞赏》（Laudabiliter）诏令中，授权英王亨利二世（Henry Ⅱ）吞并爱尔兰。

教宗如此恩宠诺曼人也不只是基于机会主义的考虑。此时，爱尔兰教会正经历着改革的躁动，阿尔玛（Armagh）大主教圣马拉凯（St Malachy）将西多会引入爱尔兰，而他本人则于1146年死于圣伯尔纳的怀中。1162年又出现了另一位伟大的改革家卢奇安·图亚太尔（Lurchan ua Tuathail），他稍后成为都柏林大主教。但爱尔兰社会特有的性放纵习俗，以及带有一定部落色彩的教会组织，都与欧洲的传统格格不入。马拉凯在世时，曾让伯尔纳以最为渲染的色调来描绘爱尔兰的教堂和人民，借以凸显大主教的改革热诚和英雄气概。爱尔兰人没有被描绘成人，而是在罪恶中打滚的野兽，比任何一种蛮族都恶劣。这一被妖魔化的形象深深印在整个欧洲人的头脑里，尤其是那些教会改革者的脑海中，而这就解释了教宗的行为。

亨利并没有依据《赞赏》立刻行动，而当诺曼人在1169年入主爱尔兰时，是接受兰斯特（Leinster，爱尔兰东部的一个省）废王迪亚穆·马克·穆哈达（Diarmuid Mac Murchada）的邀请，并成为爱尔兰的保护者。马克·穆哈达本人是教会改革的护航员,曾创建一座修院,是西多会运动的支持者,也是卢奇安·图亚太尔的连襟。1162年,他曾以国王的身份主持爱尔兰的宗教改革会议,教宗也遣使出席。这样,伴随着教宗的赐福,那些自称是教廷战士的诺曼军队在圣彼得代理人的委托下,去改造"那些野蛮且罪恶滔天的爱尔兰人"。由此,英格兰与爱尔兰之间漫长而扭曲的关系展开了第一回合。

哈德良任期之所为,生动地说明了12世纪的教宗回天乏术、权利难伸的窘况。他的决断和果敢,未能帮他解决他面临的任何一个问题,反而使得继任的教宗既要面对一个业已疏离的帝国,又要与肆无忌惮且急欲扩张领土的诺曼人保持一种令人不安且十分危险的同盟关系。亚历山大三世(Alexander Ⅲ,1159—1181年)就不得不与帝国先后扶立的四位对立教宗搏斗,其中第一位是蒙提切利的屋大维(Ottaviano of Monticelli),即维克多四世(Victor Ⅳ),他在亚力山大的就职典礼上,从亚历山大的肩头抢过教宗的鲜红色斗篷,径直走上教宗宝座。

亚历山大是一个强有力的改革者,他的法律专长对于巩固教宗权威有巨大的贡献。他在1179年召开的第三次拉特兰大公会议,是教宗通往掌控整个西部教会之路的又一个里程碑。会上颁布了一项大规模的计划,打击神职人员腐化与异端邪说,并支持大学研究神学与教会法。这次会议是在亚历山大与腓特烈和解之后举行的,但是,亚历山大任期的大部分时间,却不得不与这位充满敌意的皇帝对抗,这常常使得教廷陷于瘫痪,这种情形到下任教宗时,也未改变。比如,在整个1160年代,对英王亨利二世倒向皇帝与对立教宗阵营的担心,始终制约着亚历山大处理与英格兰的关

第三章 位于国家之上(1000—1447年)

系,这使他未能全力支持贝克特(Becket)反对皇室侵害教会自由的立场。直到贝克特殉难,亨利为之悔罪后,亚历山大在面对亨利时才占了上风。

到12世纪末,教廷之手掌握了教会的每一根命脉。这个世纪的最后一位教宗英诺森三世(Innocent Ⅲ,1198—1216年)也许是教宗权力和影响臻于鼎盛的最佳代表。由于教会法在教廷系统内部的中心地位与日俱增,因而产生了一系列法学家出身的教宗,英诺森就是其中之一。他出身罗马贵族,本名赛尼的罗退尔(Lothar of Segni),1198年当选教宗时年仅37岁。他的叔父是教宗克莱门特三世(Clement Ⅲ,1187—1191年),他的一个侄子后来成为格雷戈里九世(Gregory Ⅸ,1227—1241年),而他的曾侄则成为亚历山大四世(Alexander Ⅳ,1254—1261年)。但他之所以能够被选为教宗,还是因为他的才干而非家庭背景。他聪慧,绝对正直,曾在巴黎攻读神学,(也可能)在博洛尼亚研读法律。学生时代,他曾到坎特伯雷的托马斯·贝克特(Thomas Becket)圣陵朝圣。贝克特是一个伟大的殉道者,他为了抵抗世俗统治者侵害教会权利而殉道,而这也是英诺森终生关注的问题。

英诺森个子矮小,面貌英俊,幽默机智,长于俏皮话和带反讽的双关语,常常能从周遭的人和事里发现荒诞的笑料。他的第一位传记作家说他"坚强、稳重、有雅量而且非常敏锐"。这位作家补充说,英诺森具有非凡的自信。可以肯定,他乐于接受上帝的直接引导,也感受到自己的职位具有至高的权威。"其他人被招来是担当看管的角色,"他宣称,"但唯有彼得被授予全部的权力。因此,你现在明白了谁才是负责这个家庭的仆人,显然就是耶稣基督的代理人,彼得的继承人,就是主基督,就是法老的上帝。"①他正是带着这样一种信念,投身于教会的全面改革的。

他在成为教宗之前,还著有几部极受欢迎的灵修著作。其中,《弥撒的奥秘》(Mysteries of the Mass)在中世纪晚期成为标准仪式手册的基础。另一专论《人类的悲惨处境》(Misery of the Human Condition),则是一本传统式的抨击俗界苦难和虚幻的讽刺作品,这或许是他常年徘徊于拉特兰权力长廊得到的灵感,共有700份手抄本传世。他尽管健康状况不佳,却总是孜孜不倦,他的精力常常使他周围的人难以招架。他的一位礼拜员留下了一段引人入胜的非凡叙述:1202年8月,英诺森离开罗马,前往位于苏比孔河畔(Subiaco)的圣本笃修院墙外的夏日营地避暑。在令人窒息的酷热中,教廷的神父和执事们饱受炊烟呛喉与蚊虫叮咬,还遭到蝉鸣和药师杵钵捣药之声的折磨。他们在旁边一个破旧帐篷里处理日常公文时打瞌睡,但是教宗,"我们最圣洁的圣父亚伯拉罕"、"所罗门三世",除了偶尔去小溪边洗手和漱口外,仍继续工作。神父们最后强迫他停止工作,坐在他的脚边聊天说笑。

在12世纪的最后二十年中,教廷一直处于德意志霍亨斯陶芬王朝(Hohenstaufen)的敌视阴影下,而最后十年教宗国则处在被包围的危险中,因为西西里国王诺曼人威廉死后没有继承人。皇帝亨利六世要求让他尚在襁褓中的儿子、未来的腓特烈二世(Frederick Ⅱ)继承西西里王位,希望借此把南北意大利统一在一个王朝之下。教宗为了阻止帝国对教廷形成钳形攻势,因而坚持西西里是教宗的采邑,支持了另一位王位申请人。但亨利在1179

---

① Colin Morris, *Papal Monarchy*, p. 431.

第三章 位于国家之上(1000—1447年)

年去世。他的死亡在德意志引发皇位继承纠纷,以及婴儿腓特烈继承西西里王位。当时摄政的皇太后很快让教宗担任腓特烈的监护人,将他置于英诺森的保护之下。亨利的死亡也在意大利中北部造成了权力真空,英诺森决定要利用这个机会,试图收复那些在12世纪与帝国和诺曼人的冲突中被不断侵占的教廷领土。这些领土遍布坎帕尼亚、托斯坎纳、翁布里亚、安科纳的马尔凯、拉文纳,以及托斯坎纳的玛蒂尔达馈赠教廷的散地。他利用意大利人对帝国课税的积怨,极为有效地利用"我的车最好拉、我的负担最轻"的口号来推行教宗统治。不过,他在领土方面的收获很小,但这一努力确实使那些原先缴付很少或不缴税的城市增付了贡金。英诺森用这些新增收入,实施了一项雄心勃勃的济贫计划,并展开规模宏大的修缮罗马诸教堂的工程。

英诺森收复失地的运动是基于加洛林与德意志诸皇帝以文件形式承认的献地,而不是基于《君士坦丁赠礼》中那份有争议的蓝图。不过,毋庸置疑的是,他认为教宗拥有高于皇帝的至上权力。他相信,教宗无论在属世领域抑或属灵领域都具有绝对的权威。他宣称,基督赋予彼得的"不仅是统治教会的权力,而且也是统治全世界的权力"。他喜欢引用《耶利米书》中的一句"我已立你在列邦列国之上,为要施行拔出、拆毁、毁坏、倾覆。"他认为,教宗被置于神与人之间,"低于上帝但高于人:他可以审判众人,却不受任何人审判"。他还认为,世俗政权的基本目的是保护与扶植教会、消除异端,如果世人的罪恶与谬误危及这一目标,教宗"完全有理由"(*ratione peccati*)干预俗务。

由此,当亨利之弟、士瓦本的菲利普(Philip of Swabia)的同党坚决要求英诺森为他举行加冕礼,因为他已正式当选"罗马人的国王"时,英诺森回应,当选举具有争议时,教宗可以在候选人中自由选择,而唯一的评断标准是候选人是否"适合"作为教会权力和利益的拥护者,人们就不必惊讶了。

支持菲利普的力量很强大,他也是一位较佳的人选,原本应该获胜,但却在1208年被谋杀,结果使得教廷的候选人布伦瑞克的奥托(Otto of Brunswick)胜出。奥托开始时摆出一副教会的忠臣孝子与支持改革者的姿态,使英诺森非常高兴,认为教宗和皇帝可以合力改革教会和世界:"如果我们站在一起,'弯的可以变成直的,崎岖可以变成坦途',因为教权与皇权(两者全力配合)都献身于这个目标,他们可以相互帮助。"[①]但事实并非如此。奥托很快就恢复了红胡子腓特烈与亨利六世的帝国主张,英诺森转而寄望于西西里的腓特烈,并在1213年8月将奥托开除教籍。德意志境内的反奥托势力闻风而动,另选腓特烈二世取而代之。英诺森的政治嗅觉似乎很准确,因为在1213年的《埃格尔黄金诏书》(Golden Bull of Eger)中,腓特烈保证在他的王国里,主教与修院院长自由选举,放弃对无人主持的教堂的权利,并保障人们向教廷上诉的权利,这原本在西西里是受到禁止的。1215年,腓特烈在亚琛加冕,并立誓参加十字军东征。同年,第四次拉特兰大公会议确认他为皇帝。为减轻英诺森对钳形攻势的恐惧,他让其幼子亨利加冕为西西里国王,但让教宗担当他的监护人,并让教宗任命西西里的摄政大臣。虽然腓特烈后来背弃了这些承诺,但在1216年英诺森逝世时,教宗对帝国的政策似乎也无可挑剔。

在与其他君主的关系中,英诺森也把同样的教权至上的崇高

---

① Southern, *Western Society and the Church*, pp. 144-145.

理论与调解友邦的现实意愿结合起来。他积极调停挪威、瑞典、波希米亚、匈牙利的王位继承争议,但最有名的是他在1209年将英王约翰开除教籍,因为国王拒绝接受教宗在巴黎求学时的老友斯蒂芬·兰顿(Stephen Langton)为坎特伯雷大主教。在一段激烈交锋后,约翰终于屈服,并让英格兰与爱尔兰成为教宗的封邑,每年进贡1,000马克。他还请求英诺森派一教宗使节来管理英格兰的教会事务,并允许主教与修院院长自由选举。1215年约翰也立誓参加十字军。这是教宗的全面胜利,不过,它并未损害国王的权力。相反,在随后发生的贵族叛乱事件中,教宗给予国王全面的支持;而且为了支持约翰,英诺森宣布《大宪章》(Magna Carta)*不具法律效力。

不过,英诺森任期的基调是相当实际的,此即教牧改革。他在巴黎求学时,当时主导神学的不是高深的思辨,而是诸如俗人的道德、礼仪的程序、基督徒生活的改革这类实际的主题。在英诺森的著作中,反复讨论的也是这些议题,其一生最大的成就,即1215年召开的第四次拉特兰大公会议,也具有这一特点。这次会议讨论的内容广泛的各种议题,都很实际,如确立正统教义,尤其是圣礼方面——这次会议确立了化体说;订立新规定要求每个基督徒每年至少要忏悔并领圣餐一次;改进教会法庭的档案管理制度;整顿婚姻法规,开禁血亲婚姻的等级;规定主教的责任,尤其是以通俗语言进行布道与教义问答;以及改革修院。从这些议题中,不难看出教宗的真正关切点。这次大会是中世纪教廷全面推进教会整体

---

* 这是英格兰王约翰在1215年被迫颁发的特许令,承认贵族、教会与市民拥有的权利与特权。——译者

改革的顶峰。

正统是英诺森主要的关切点之一。这是一个宗教狂热运动不时自发并常常引人警觉的时代。许多教会人士的贪财与追逐名利，以及教会纠缠于欧洲权力中心，使得虔诚教徒之中掀起了一波波的厌恶情绪，并常常发展为异端。英诺森决心根除所有这类异端——尤其是西班牙与法兰西南部的纯洁派，该派的宗教思想认为光明与黑暗之间不断斗争，物质世界为恶，故其首领，即"完人"（perfecti）谢绝吃肉、性交，否认教会圣事制度的价值。

英诺森鼓励世俗统治者根除其境内的这类异端邪说，并发起了针对纯洁派（也称为阿尔比派）的布道与教导运动，最初是启用西多会的宣教士。然而，纯洁派教师的吸引力，部分来自他们那种禁欲的"使徒般的"生活方式。而西多会宣教士则衣着华丽，骑着高头大马，故难以服众。英诺森转而求助于西班牙人多明我·古兹曼（Dominic Guzman）领导的巡游僧。多明我及其弟子（后成为宣教修会［Order of Preachers］）精于神学论辩，也过着穷人的生活，像纯洁派的使徒一样身穿麻布粗衣，乞讨为生。英诺森接受这一团体表明他不愿做官僚体制与法律的囚徒。因为，尽管他会优先考虑合乎法律与体制问题，但他拥有承认现实并满足现实需要的非凡能力。

在所有这些措施中，英诺森并未畏避使用武力，尤其是卡斯特瑙的彼得（Peter of Castelnau）在1208年被杀之后。彼得是英诺森派往法兰西南部组织人手向纯洁派宣教的使节。他相信，为了保卫上帝的真理，宝剑已经放在统治者的手中。为鼓励十字军进攻阿尔比派，他向所有参战的人发放赎罪券，并向法兰西神职人员征税以筹措资金。这场战争以1209年对纯洁派城镇贝吉尔

(Béziers)居民的恐怖屠杀达到高潮。

不过,除了以武力解决异端外,英诺森在处理当时具有时代特色的、因个人魅力引发的众多俗人宗教运动时,则是颇为慎重的。这些运动中,方济各会(Franciscans)的表达最符合正统。英诺森深知,消除异端的不二法门,唯有培育真诚的宗教热忱与改革教会,镇压并不够。方济各是由教宗的侄子乌戈立诺枢机(Cardinal Ugolino)引见给英诺森的。在拉特兰首次会面时,方济各的怪异与粗陋显然使教宗大吃一惊。根据马太·巴黎*的说法,教宗叫方济各滚开,去与他的同类——猪为伍。对于教宗的惊恐之语,方济各不打折扣地遵行了,次日他浑身猪粪地出现在枢机会议上,教宗赶紧恩准了他的请求。

不论这个故事的真相如何,方济各及其同伴的确寻求教宗支持他们的赤贫运动。英诺森没有给予任何书面承诺,但他为这群人剃度,给予他们神职人员般的保护(或限制),并且准许他们布道,条件是他们只能进行道德规劝,不谈神学问题。这是一个很典型的精明答复,谨慎但表示支持。方济各会逐渐成为教宗权威的支柱。这个故事透露了教廷中央集权的大量信息:方济各领导的这类民众宗教运动需要寻求教宗的支持;同时也披露了英诺森及其继续支持此类运动的继承人的眼光与纯真的灵性。

整体而言,英诺森全力支持圣战。打击异教徒的战争是"基督

---

* 马太·巴黎(Matthew Paris,约1200—1259年):英格兰编年史家。据说因曾就读于巴黎大学,故被称为"巴黎的马太"。著有《大、小编年史》,详细地追溯了英格兰国会的起源和1215年《大宪章》的制定,完整地再现了当时的政治、军事与外交活动,对欧洲其他国家的某些重要事情亦有记载,是了解13世纪前半期欧洲大事的重要资料来源。——译者

的战争",他与此前的教宗具有同样的信念:从穆斯林手中收复圣地是教宗的特殊使命。不过,他在这方面的行动几乎都是灾难性的。他首次号召解放耶路撒冷的十字军东征是在1198年,并对神职人员课以2.5%的所得税以筹集资金,此为第四次十字军东征。东征军直到1202年才出发。但十字军还未离开西部,就脱离了英诺森的控制。由于东罗马帝国皇帝亚历克斯三世(Alexius Ⅲ,1195—1203年)的侄子邀请,十字军转向君士坦丁堡以帮助他推翻亚历克斯,建立一个与罗马圣事共融的政权。此事成为东部基督教首都君士坦丁堡的浩劫,产生了一个由拉丁皇帝统治的傀儡政权,并将君士坦丁堡变成一个宗主教区。从理论上来说,东西部教会分裂就此结束。但在实际上,第四次十字军的恶行永远破坏了希腊东部与拉丁西部的关系。

英诺森当然没有预料到这个结果,他也曾试图阻止军队前往君士坦丁堡,但不久就接受了现实,视之为解决东部教会分离问题的一个神佑方案。"由于上帝的公正审判,"他写道,"希腊人的王国由骄傲变得卑顺,由桀骜不驯变成忠心耿耿,由分离分子变成天主教徒。"[1]然而,他从未放弃圣战的理想,并把圣战理论运用于欧洲北部尚未皈依的异教徒身上,鼓动萨克森和威斯特伐利亚的基督徒组建军队进攻立窝尼亚(Livonia)的异教徒,并授予他们如同到罗马朝圣一般的属灵特权。为鼓励圣战热忱,他不仅把圣战赎罪券赐予那些直接参战的人,还扩及那些仅以金钱或建议来助战的人。第四次拉特兰大公会议的主要目标之一,就是发动又一次远征耶路撒冷的十字军,而英诺森计划亲自率军从西西里出发,虽

---

[1] Colin Morris, *Papal Monarchy*, p. 440.

然他在东征成行之前就去世了(著名的阿西西的方济各参与了此次十字军)。

四、流亡与分裂

英诺森三世的继任者都未能摆脱他的影响。霍诺留三世(Honorius Ⅲ,1216—1227年)及英诺森的侄子、虔诚而精力充沛的格雷戈里九世(Gregory Ⅸ,1227—1241年)的大部分事业,都是继承他的志业。他们也继续支持新兴的、颇具争议的托钵修会(Mendicant order)。霍诺留在1216年正式成立了多明我会(Dominicans),而格雷戈里则在教廷中一直扮演了方济各会守护人的角色,他在1228年即方济各去世前两年,册封他为圣徒。霍诺留、格雷戈里及此后的教宗,都是博洛尼亚训练出来的法学家,他们进一步发展了英诺森的法典编纂工作。1234年,格雷戈里颁布了《教令补编》(Liber extra),这是第一部完整的权威性的教宗教令集,由西班牙籍的教廷法学家佩尼亚福特的雷蒙德(Raymond of Penafort)编辑成书。其中几乎三分之一的教谕是英诺森发布的,在第一次世界大战以前,该书一直是基本的教会法典。

霍诺留继承了英诺森在波罗的海地区的传教工作,他也继续镇压阿尔比教派。格雷戈里同样立志扑灭异端,1231年,他把授权世俗当局烧死异端的帝国法令纳入教会法,同意以武力来解决异端邪说。同年,他创制了宗教裁判所(Inquisition),旨在提供一个国际性的法庭,以补充教区法庭(diocesan courts)打击异端的功能,但不干涉教区原有的事务。格雷戈里将宗教裁判所交由托钵修士尤其是多明我会来执掌。他们有时候会采取残酷无情的行动，以至于赢得了"教宗之犬"（Domini canes）的绰号。事实上，宗教裁判所经常取代教区法庭，而其设立的初衷是协助教区法庭。它很快就在法兰西、意大利、德意志、低地国家与西班牙北部活跃起来，在它的严密监视下，纯洁派逐渐萎缩而消失。

英诺森三世遗留的问题中，最难以对付的就是腓特烈二世（Frederick II）。腓特烈是中世纪最强大的国王之一，一位骄傲无情的统治者。他有一半的西西里人血统，大半生都住在地中海地区。他的朝廷是一个异国文化、种族与宗教的混合体；他也讲求实用，宽容犹太人与穆斯林。但对于教廷来说，他是一个不肖子孙。他曾保证尊重教会的权利与教产的完整性，也曾立誓参加十字军以帮助教宗完成宏愿，但结果证明不过都是弥天大谎而已。为说服他前往耶路撒冷，霍诺留在1220年加冕他为皇帝，但这也毫无作用。1227年，格雷戈里对他的空头支票深恶痛绝，将其开除教籍。其实，在第二年，腓特烈尽管仍处于教宗禁令之下，但还是去了圣地，经过不流血的协商，成功收复了耶路撒冷。但格雷戈里不为所动，仍挑动德意志诸侯叛变并另立国王。

1239年，脆弱的休战再次被打破。当时，腓特烈试图将帝国与西西里变为一个世袭王朝的计划日渐明朗，这个计划是帝国吞并包括罗马在内的整个意大利的第一步。皇帝与教宗像泼妇骂街一样相互辱骂。格雷戈里痛斥皇帝是异端分子，背信弃义之徒，后宫妻妾成群，太监无数（这是事实）。腓特烈谴责罗马教廷是勒索鬼，宣称攻击他就是攻击所有的世俗统治者（这也部分属实），并指责教宗（但不是教廷）是敌基督者（Antichrist），更呼吁基督教国度的王侯团结起来反抗罗马。格雷戈里面对这个情形，在1241年宣布召开大公会议；腓特烈则入侵教宗国作为报复。大公会议并没有召开，因为腓特烈冷酷地伏击了热那亚船队，俘虏了100名经海道前往与会的主教。而且，格雷戈里在同年8月去世。

他谢世后，教廷举行了首次正式的密室会议（Conclave，这个词的字面意思是"上锁的"，就是说枢机们被关起来，直到他们选出一位教宗为止）。此次密室会议很快变成一场噩梦。罗马城的统治者、元老马太·奥尔西尼（Senator Matteo Orsini）决定要尽快拥立一位强有力的反帝国教宗，于是把10位枢机锁在罗马古老的赛普提索尼奥宫（Septizonium Palace）里，并派持戈卫士守护，不让外出。由于没有一位候选人能够得到三分之二的多数票，而天气愈来愈酷热，简陋的厕所秽物四溢，致使一位枢机死亡。最终，他们选出了年迈的神学家西莱斯廷四世（Celestine Ⅳ），但他只当了17天教宗就逝世了，饱受惊吓的枢机逃离了罗马。几乎两年之后，他们才在亚南宜（Anagni）选出了杰出的法学家席尼巴多·费耶斯齐（Sinibaldo Fieschi）为英诺森四世（Innocent Ⅳ，1243—1254年）。格雷戈里对腓特烈的攻击，直到英诺森时才有所成就。由于无法回到罗马，他迁居里昂；1245年在此开了当年格雷戈里未能开议的大公会议。会议召开于圣彼得与圣保罗节前夕，他在开幕式上宣布的议程包括医治教会蒙受的五处"伤痕"——神职人员的罪行、耶路撒冷沦入穆斯林之手（1244年后）、君士坦丁堡的拉丁王国的麻烦、蒙古人入侵欧洲，以及腓特烈对教会的迫害。这些议题中，最后一个引起激烈讨论，大公会议以背信弃义、破坏和平、亵渎神灵、异端与谋杀的罪名决定开除腓特烈的教籍，并宣布罢黜他，鼓励德意志诸侯另选新君。

由大公会议正式罢黜一位皇帝，对教宗权威来说，实为一个非比寻常的象征。没有一位德意志主教在会上为腓特烈辩护，而罢黜皇位也标志着霍亨斯陶芬王朝开始衰微。腓特烈在1220年加冕为皇帝，但直到1312年之前没有新帝加冕。腓特烈1250年去世后，霍亨斯陶芬帝国四分五裂，德意志从此陷入长期的政治混乱与王位继承斗争之中。公元800年，教廷为帝国催生，希望借以免受敌人侵害。四百五十年后，教廷却为帝国主持了葬礼。然而，这一过程却引发了对教宗的世俗权力及教会财富的根本质疑。此时，意大利党派倾轧的情势业已形成，并纠缠于未来几个世代的政治中。圭尔夫派（Guelphs）得到意大利诸邦共和分子的支持，他们支持教廷反对德意志皇帝。吉伯林派（Ghibellines）包括了许多旧贵族，期望复兴帝国，恢复意大利的统一与光荣。这种党派标签，源于德意志的派系斗争，不久便不再具有确切含义，但对于教廷而言，则是一个不祥的征兆：当时一些最敏锐的基督教思想家，如佛罗伦萨诗人但丁，就站在了吉伯林派而非教宗事业的一边。

随着帝国衰微，北欧诸国的重要性增加了，而他们大多希望教廷给予名望与支持。英王亨利三世时常忧心贵族作乱，因而希望分享霍亨斯陶芬王朝在地中海的遗产。他贿赂教宗亚历山大四世（Alexander Ⅳ，1254—1261年）宣布其子爱德蒙（Edmund）为西西里国王，并图谋其弟康沃尔的理查（Richard of Cornwall）成为罗马人的国王，以便继承帝国皇位。亨利也运用罗马圣俗二史的象征来支撑他那摇摇欲坠的王朝。在1260年代末期，他从罗马引进科斯马提工匠将西敏寺装潢成罗马风格，并把这座修院奉献给圣彼得，置于教宗的保护之下。教堂中的圣爱德华圣陵、亨利自己的陵墓，以及用流行于帝国宫廷或教廷的斑岩铺成的大殿地板，成为意大利境外唯一的科斯马提艺术品。

教宗们颇为重视与北方诸国的关系，1263年，乌尔班四世

第三章　位于国家之上（1000—1447年）

(Urban Ⅳ)派出使节盖·法尔奎枢机(Cardinal Guy Foulques，后来的克莱门特四世)到英格兰，专门协助亨利抵抗贵族。但更为重要的是，教宗们对法兰西与安茹王朝(Angevin)逐渐增强了保护。1245年在里昂罢黜腓特烈的大公会议就是这一发展的前兆，而13世纪第三季的教宗——其中乌尔班四世(Urban Ⅳ，1261—1264年)与克莱门特四世(Clement Ⅳ，1265—1268年)都是法兰西人——都把大部分的精力，用来争夺霍亨斯陶芬王朝对教宗的西西里采邑与南部意大利的控制权，将之移交给安茹的查理(Charles of Anjou)。对查理的这种依赖无异于玩火自焚，因为他与霍亨斯陶芬一样，希望自己成为意大利的主人，甚至要征服拜占庭帝国。教廷的独立再次受到威胁，教廷又一次扮演了科学怪人(Frankestein)的角色，创造了一个自己无法控制的怪物。

教廷战胜霍亨斯陶芬王朝付出的代价，并不只是在西西里拥立了一个强大而危险的法籍国王。与腓特烈父子的斗争耗尽了教廷的财力，迫使教宗过度运作其财政机制，不断加大对地方教会的索取。教廷原本只要求有权介入有争议的主教选举，现在却进而宣称拥有所有主教的提名权，无论选举是否发生争执。其实，这并不意味着由他们来挑选所有主教，而是向所有主教强索费用。在13世纪末期，每位新任主教与修院院长必须上交其首年收入的三分之一，一半归教宗，一半给枢机。

教廷也大大扩展了"预留"圣俸(provision of benefices)的权利。克莱门特四世开启了这一过程，他保留了那些在罗马公干期间死亡的教士所持圣俸的委任权。这种保留不久扩及那些距离罗马两日路程死亡的教士的圣俸，稍后自然而然地扩及以距离罗马两日路程为半径这一范围内的所有圣俸。教宗的圣俸委任权绝非仅使教宗受益。整个教会的逐利之徒群集教廷，期盼通过教廷机制获得肥缺，欧洲各王室更不用说，他们发现了最便宜的支付国家公仆（绝大多数是教士）薪水的办法：通过教宗委任为他们保留主教与修院院长的职位。这一制度既为教宗带来朋友，也树立了敌人。在1245年的里昂公会议上，一群英格兰贵族就教宗将英格兰圣俸委任给意大利与法兰西的教士而提出正式抗议，而英格兰的反教宗异端分子约翰·威克里夫，至少也把他敌视教廷的原因部分归结于未能在教廷谋到优差。不可避免地，供应与需求永远不可能同步。

不断增加的财政需求与委任圣俸并不是13世纪晚期教廷声名狼藉的唯一原因。教廷对多明我会与方济各会（第一位多明我会教宗当选于1276年，第一位方济各会教宗在1288年）的庇护，增加他们的特权与豁免权，使得世俗教士与地方神职体系极为愤怒，也使得教宗的整个豁免原则受到质疑。自英诺森四世始，许多教宗丧失道德信誉，因为他们把教廷的一些最为庄严的属灵武器，公然用于政治目的。比如，英诺森就宣扬要对腓特烈及其继承人发动"圣战"，而马丁四世（Martin Ⅳ，1281—1285年）与霍诺留四世（Honorius Ⅳ，1285—1287年）支持的"圣战"，其实是法兰西对阿拉贡发动的王朝战争。为寻求牵制霍亨斯陶芬王朝的力量，教宗不断招揽西西里乃至德意志王位的继承人，到最后变成任何人都能继承这些王位。教宗的这一形象极不光彩。在这些二流教宗的手上，格雷戈里七世与英诺森三世原本高洁的属灵主张，逐渐蜕化为一块翻云覆雨的政治权谋的遮羞布。

在制度方面，教廷的权威也正受到腐蚀。贵族之间的派系斗争再次使得罗马不再是教廷政府的安稳之所。英诺森四世被逐出

第三章 位于国家之上(1000—1447年)

罗马,甚至是意大利达六年之久。13世纪所有的教宗选举,除两次外,都不是在罗马举行的。现在主宰罗马景观的,都是贵族的防御战塔(war-towers,仅在英诺森四世时期,就建了100个),而教宗愈来愈多地停留在维泰博(Viterbo)与奥维托(Orvieto)的教宫里。

在13世纪的这些斗争中,流传着一个怪诞的传说,它披露并嘲讽了教宗的一些最核心的主张。乔安教宗(Pope Joan)的故事首次见于1250年一位无名氏编写的多明我会编年史中,是年腓特烈二世去世,不久就通过宣教巡游僧(Preaching Friars)的国际网络传遍欧洲,被各种编年史与布道劝谕故事集(sermon exempla)不断重复与渲染。在其完整版里,这个故事说,有一位曾负笈美因茨的英格兰少女乔安,女扮男装成为修士,最终当选教宗,取名约翰。她时常与情人幽会,在一次庄严列队游行前往拉特兰的途中,骗局被戏剧性地揭穿。教宗的仪仗行至圣克莱门特教堂附近的狭窄街道时,由于人潮涌动,教宗的马受惊而导致早产,教宗在大庭广众之中生了一个孩子:在大多数版本中,她被愤怒的人群杀死。

这个故事的背景是极端模糊的,总是发生于遥远的过去,最初被定为12世纪初期,但最后定在854年(事实上,当时的教宗是利奥四世)。中世纪的说书人如获至宝,因为它以恶言谩骂狂欢节的方式,将嘲弄的矛头直指圣教的心脏,直指教廷改革后独断朝纲之所系的中枢首脑,并表达了一些虔诚人士的深切忧虑:一位嗜好淫乱的教宗,一位置身最高权力宝座的妇女,在教会的心脏大行欺骗,在法律与真理的宝座上无法无天、坑蒙诓骗。在中世纪,无人质疑这个神话的历史性,却常常被一些别有用心的人所引证。

14世纪方济各会的哲学大师奥卡姆的威廉就将之用作反击教宗的武器,当时约翰二十二世谴责方济各会的赤贫教义,奥卡姆反击道:乔安教宗的存在证明假教宗(如约翰二十二世)也能欺骗几乎每一个人,毕竟,并不是每个教宗都是真教宗。

"女教宗"(popess)因而被接受为教宗历史的一部分,她的肖像也出现于历代教宗的名册与陈列室中(其中一幅仍可在锡耶纳大教堂见到)。人们后来甚至相信,每位教宗的加冕礼包括一项庄严的验证教宗性别的仪式。新任教宗在接管拉特兰大教堂时,要举行古老的"坐凳"仪式(sedia stercoraria):在两把用斑岩制成的罗马古椅上坐一会儿,每把椅子的底座都有一个洞(没人知道这些洞是干什么的,但可能是皇室的分娩凳;或者,更有可能是古时罗马卧室的便桶或浴凳)。新任教宗坐在椅子上后,一位年轻枢机跪下来,将手伸进教宗的衣袍,触摸他的生殖器,然后高喊"他的确有阳具"(Testiculos habet),而人群则兴奋地回应"感谢上帝"(Deo Gratias)。在15世纪中期,旅行者与人文主义史家显然是慎重其事地复述着这些荒诞的故事。这一荒唐可笑的传说大拼盘与误读的仪式为教宗的敌人提供了天然的把柄,在方济各会内部关于赤贫的论战期间,在公会议运动期间,以及在新教改革期间,乔安教宗更是被添油加醋地制作成典型的"巴比伦娼妇"(Whore of Babylon)。事情还未了结,17世纪中叶,一位新教史家大卫·布朗戴尔(David Blondel)通过探究这一传说的各种版本,才证实了它自始至终都是谎言。但是,这个故事的魅力及其能够流传四个世纪,有赖于这样一个事实:它为其讥讽的制度树立了一面令人不安且扭曲的镜子。对于中世纪盛期教宗不断升级的权力要求与改革目标而言,"乔安教宗"无疑是一个讽刺。

第三章　位于国家之上(1000—1447年)

13世纪后半期,教宗犹如走马灯一样快速轮换。1252—1296年就有13位教宗,而1216—1252年,却只有四位教宗。法籍枢机大量涌入枢机团,一些枢机事实上成为法兰西朝廷的说客。结果,枢机团因政见不同而分裂为不同派系,致使密室会议拖延不决,出现漫长的教宗空位期——从1268年克莱门特四世去世到格雷戈里十世(Gregory X,1271—1276年)当选,几乎长达三年。格雷戈里十世是13世纪晚期最优秀的教宗,在1274年的第二次里昂大公会议上,他试图立法以防其再演:教宗去世后十日之内,必须关门举行密室会议,而在选举延续期间,逐日减少枢机的食物供应。这个办法收到了短期效果。在此同时,枢机们愈来愈认识到自己的权力,也更为关心巩固自己的寡头统治以对抗教宗专制。

这并不是说,13世纪后期的教宗毫无属灵抱负与真正的成就。格雷戈里十世真诚盼望能够弥合与东部教会的裂痕,而当时新近复位的东部皇帝巴列奥略王朝米哈伊尔八世(Michael VIII Paleologus,1259—1282年)为阻止安茹的理查的扩张野心而乞求教宗帮助,于是有了东西部教会脆弱的重新联合。希腊代表出席了第二次里昂大公会议,并承认教宗的领导、罗马的"炼狱"教义与"和子句"。然而,这次联合对希腊一方而言,只是出于政治需要而非心悦诚服,故皇帝在劝说拜占庭教职人士予以接受时困难重重。格雷戈里之后的教宗缺乏理解之心,反而试图将一些更为苛刻的屈辱性要求强加给希腊人,联合因而不能持久。

在13世纪初,英诺森三世曾将中世纪盛期的教宗至上论的精华部分变为现实。到13世纪末,博尼法斯八世(Boniface VIII,1294—1303年)则删减了其中自相矛盾的部分。博尼法斯本名本尼迪托·卡耶塔尼(Benedetto Caetani),是一位职业教士,曾在博洛尼亚研修法学,有着卓越的外交生涯。其前任教宗是一位圣洁却无能的隐修士(monk-hermit)西莱斯廷五世,他在历时两年的选举僵局之后才得以当选,旨在寄望于这位圣徒或许能够转化教会。然而,这位超凡脱俗的老人(当选时85岁)却成为那不勒斯的安茹国王的傀儡,他首次任命的12位枢机中就有七位是法兰西人,其中四位是查理二世的西西里臣民。

西莱斯廷是个充满幻想的人,是与方济各激进派有着密切关系的隐修兄弟会(brotherhood of hermits)的创建人。因此他正好代表了13世纪教会里最厌恶财富、厌恶世俗欲望、反对教廷与法律政治纠缠的力量。他的当选满足了选出一位"天使教宗"(*Papa Angelicus*)的天启愿望:这样一位圣洁、超凡脱俗的教宗能够净化教会与世界,以便为基督复临做好准备。然而,就当时而言,一位超凡脱俗的教宗这一概念本身就是相互矛盾的说法。七十五年前的英诺森三世,同时拥有神品的历练与超凡的才能。但在西莱斯廷身上,却凸显了这两种教会素质是多么不相容。祈祷与斋戒似乎并不能解决复杂的政治与财政问题,西莱斯廷因而在六个月后辞去教宗职务。他的辞职演说是由卡耶塔尼枢机起草的,西莱斯廷也曾向他咨询辞职的合法性。随后,卡耶塔尼当选为教宗。那些寄望于西莱斯廷拯救教廷的人士对此十分震怒,卡耶塔尼为避免教会分裂,追逮了业已回归隐修生活的西莱斯廷,并把他囚禁于一个环境险恶之所,直至95岁去世。

博尼法斯为人骄傲,野心勃勃,性情暴烈,令人难以捉摸。他继承了前几任教宗的许多改革措施,包括在罗马创办一所大学、编纂教会法典、重建梵蒂冈档案馆与图书馆。法律为他提供了理解教宗职位的无尽源泉。正是他在 1300 年宣布了第一个大赦年(Jubilee),成千上万的朝圣者为得到大赦而涌到罗马,极大地提高了教廷的威望与罗马的宗教中心地位(这一过程让罗马诸教堂发了大财,据说教堂司事得用耙子来收集朝圣者的奉献)。教宗承诺给予所有造访圣彼得与拉特兰大教堂且忏悔罪行的人"完全而充分的大赦"(full and copious pardon),这是乌尔班二世发放第一次十字军赎罪券以来,教宗行使钥匙权力规模最大的一次,而它也抓住了欧洲人心中所想。据说,在 1300 年的整个大赦年中,罗马的朝圣人数一直维持在 20 万,环绕梵蒂冈的利奥城墙必须打开一个缺口人潮才能通过。诗人但丁也在大赦年到罗马朝圣,在《神曲》中,他把 1300 年的圣周(Holy Week)作为全书中心点。在《地狱》(inferno)一名段中,他将地狱中的交通安排与他在首次大赦年中看到的朝圣者通过"天使圣桥"(Ponte Sant'Angelo)时采取的单行道制度做了比较:

> 在峡谷的底下,
> 许多赤裸的罪人迎面走来,
> 而另一边,也有罪人如我们一样匆匆前往。
> 罗马人在大赦年也一样,
> 如潮涌动的人群要穿越桥梁,
> 他们也只能同样地兵分两行:
> 面对天使圣堡这边的人走向圣彼得大教堂,
> 而另一边的人,则缓缓前往山丘之上。①

---

① 我的译文源自 Dante, *Inferno*, XVIII 25-33。

博尼法斯既表现出对教宗崇高的属灵权利的信奉,也暴露了神职人员追逐名利最丑恶的一面,他侵吞公款,中饱私囊,并向他的家族世仇科隆纳家族(Colonna)发动残酷的战争。他甚至把十字军享有的属灵特权赐予参加攻击科隆纳家族的人。后来,他的人格与他的正统性受到质疑,他的敌人用非常生动的爆料指责他是一个鸡奸犯(据说他曾宣称跟儿童或女人性交不过跟搓搓手一样)。更令人不悦的是,有人甚至说他根本不相信上帝,也不相信复活,还说天堂与地狱就在此世。

这些指控,在他生前就被法兰西国王室广为散布,在他死后也不停流传,一般认为这属于恶意炒作。不论博尼法斯是否相信上帝或来世,是否鸡奸者,但他狂热地笃信教宗的权力。他任职之初是颇为风光的,西西里的查理二世和他的儿子匈牙利国王查理为求加冕,都曾牵领教宗的白马。博尼法斯认为这代表着完整的世俗统治权,并决心加以实施;但事实上,他的政治冒险大都事与愿违。他试图利用安茹的支持,将教宗统治强加于托斯坎纳,但查理二世对佛罗伦萨的野蛮行为,流放但丁等"黑党"或吉伯林派的头面人物,致使该地区构怨于教宗;他试图保证安茹在西西里的统治,终归失败;他宣称苏格兰是教宗的封邑并为此与英王爱德华一世交涉,却劳而无功。他试图调停匈牙利与波兰的王位继承纠纷,也时运不济。一个重要的事实是,1300 年成千上万的朝圣者中,没有一个是头戴王冠之人。

然而,他卷入高层政治最具灾难性的冒险是与法兰西国王的冲突。自英诺森三世时代以来,向教士征税资助圣战已成定制。其时,美男子菲利普为征服加斯科尼(Gascony)而征收同样的税。博尼法斯希望将欧洲王侯联合起来,在自己的领导下发动新一轮十字军东征,因而向法兰西王室对教产的权利发起挑战。1296年,他颁布了《世俗教士》诏书,禁止俗人拿走教产和教士让出教产。诏书的开篇("一切历史都清楚地表明了俗人对教士的仇恨")虽然源自经院版本的老生常谈,但它的确标出了博尼法斯版的那种好战的教权主义。

这种教权主义,尤其是他崇高的教宗尊严感,表现在他重铸教宗三重冕,使之达到"圣经"中所用的厄尔长度*一事上。对博尼法斯来说,这代表了完整与优越。但情势愈来愈明显,国王菲利普不能接受这种教权至上观念,他的目标是建立一个囊括教宗国在内的从南部地中海延伸到北海的基督教新帝国。博尼法斯完全不能接受这一构想,在 1302 年颁布了《至一至圣》(Unam Sanctam)诏书,这是教宗在对抗法兰西国王的宣传战中的最后一搏。他在其中公然宣称:"任何人要得到拯救,都必须服从罗马教宗。"他坚持教宗同时握有属灵之剑与属世之剑,之所以把属世之剑赐予王侯,是让他们保护教会的利益。①

《至一至圣》的主张,大多引自历任教宗以及明谷的伯尔纳与托马斯·阿奎那等神学大师的言论。其主张至少与格雷戈里七世以来的每任教宗的主张并无实质性差异。可以肯定,博尼法斯的主张大多可以在英诺森三世的著作中找到源头。在他与法王的冲突中,他绝对有法律与传统的支持。但是,他当时一再重申这些说教却不合时宜,因为他在与法王的斗争中已处于劣势;而且世人皆

---

* 1 厄尔(ell)大约等于 45 英寸。——译者
① 《世俗教士》和《至一至圣》两文献刊于 Benttenson, *Documents of the Christian Church*, pp. 157-161。

知,从现实角度看,他的世俗权利根本就空洞不实。最终,当教宗已任由敌人摆布之时,仍然顽固坚守这样的教条,非但不能强化权力,反而招人质疑。1303年9月,博尼法斯准备了一份开除法王教籍的诏书,但尚未来得及宣布,法兰西士兵在两位被罢黜的科隆纳家族枢机及其亲属的带领下,闯入亚南宜宫将教宗团团围住。面对敌人,博尼法斯摆出教宗的全部派头,愤怒地叫道:"这是我的脖子,这是我的脑袋",挑战他们杀他的勇气。法军在行凶后撤退了,次日被市民驱逐出城。但博尼法斯却未能从这场磨难中恢复过来。他身心俱悴地回到罗马,关在房里踱步,常因愤怒与羞耻而痛哭,一个月后去世。"亚南宜之辱"(outrage of Anagni)震惊了意大利与欧洲。但丁虽然憎恨博尼法斯,并把他倒悬于地狱,挂在熔炉里烧烤,但他也认为,教宗在亚南宜遭受的虐待,等于基督再次被钉上十字架。不过,就本质而言,它对中世纪盛期的教宗理论提出了挑战,因为它度量了华而不实的宗教修辞与冷酷现实之间的距离。

教宗们自认为是圣彼得的代理人,由于彼得的遗体葬于罗马,故他们与罗马关系紧密。教宗祭坛就位于使徒的陵墓之上。但是,他们也是基督的代理人,不论他们如何坚守彼得的权威,却不能因此而局限于罗马一隅。在10—12世纪,教宗与罗马地方政治纠缠不清;在13、14世纪时,随着教宗权力与主张逐渐国际化,这种纠结就显得自我幽闭、缩手缩脚了,尤当面对民众敌意与贵族阴谋之时,就非常危险。无论如何,教宗正逐渐卷入日益复杂的国际政治中。从查理曼到腓特烈二世,教宗们所面对的是皇帝。在13世纪晚期与14世纪,其他统治者尤其是法兰西国王,已逼近教宗的目及之地,威胁着教廷的独立。

第三章　位于国家之上（1000—1447年）

14世纪大部分的时间，罗马教宗都居住在远离罗马的阿维农城堡。对教会来说，教宗流亡阿维农的七十年，是一场灾难，后来被称为教廷的巴比伦之囚。然而，这一结局的出现纯属偶然。博尼法斯八世的继承人是毫无世俗欲的多明我会修士本笃十一世（Benedict Ⅺ，1303—1304年），他在位仅九个月，便在佩鲁贾（Perugia）的流亡中去世。随即，在此召开了密室会议，会议分裂成两个对立阵营，一派敌视法兰西，立志报复博尼法斯的亚南宜之辱；另一派人数较少，希望与法兰西和解，借以缓和法兰西王室的威胁。选举会议陷入僵局达11个月之久，直到反法阵营内部分裂，才选出波尔多大主教贝特朗·德戈（Bertrand de Got）为教宗克莱门特五世（Clement Ⅴ，1305—1314年）。贝特朗本人并非枢机，也没有参加密室会议。他是又一位博洛尼亚训练出来的教会法学家，拥有杰出的外交才干，并与法王菲利普四世（Philip Ⅳ）过从甚密。

为取悦法王，他同意在里昂加冕，并停居法兰西境内。其原因一是当时中部意大利政治局势混乱，同时他也希望促成英法之间的和平，使双方合力发动一次十字军东征。1309年克莱门特迁居阿维农。这是一个明智的选择，因为严格说来阿维农不是法兰西领土。其四周本为教宗领地，城市本身则是西西里国王的属地，到14纪中期，教宗将其买下。阿维农位于海边，比罗马更远离欧洲中心地带。最初，迁居于此并非长久打算，教宗驻节于主教宫，而廷臣则散居城堡四周，城内仅保留最起码的工作档案。

克莱门特是第一位阿维农教宗，一位不知羞耻的近亲繁殖主义者（他曾任命五位家族成员为枢机），但在许多方面，他也是一位令人钦佩的人，虽然罹患癌症一度隐居数月之久。他是一位很好的管理人才，修改并扩增了教会法典，他增补的部分俗称《克莱门特教令集》(The Clementines)，极有价值。克莱门特忠于十字军的理想（这个理想一直吸引着欧洲的统治者与臣民，但因英法战争、意大利的政治乱局以及黑死病，注定要流产），以及稍微更实际一点的向东方传教的理想。他强化了教廷与欧洲各大学之间的既有关系，在巴黎、牛津、博洛尼亚以及萨拉曼卡(Salamanca)大学资助设立了东方语言的教席。

他面临的最大困难是抵抗法兰西王室的控制。菲利普对博尼法斯八世仍旧耿耿于怀，试图逼迫克莱门特召开大公会议把他打成异端与鸡奸犯。克莱门特对博尼法斯并无敬爱之心，但他深知，这样的谴责会严重危及教宗权威。所以，他在1311年维埃纳大公会议(Council of Vienne，这是中世纪最后一次由教宗召开的大公会议)上婉拒了谴责博尼法斯的要求。不过，迫于无奈，他在教廷记录中删除了博尼法斯制定的所有反法措施，并将曾遭博尼法斯监禁的西莱斯廷五世封为圣徒（克莱门特是以他的修士名彼得敕封他，而不是用他的教宗名，而且敕号为"悔罪者"，而非菲利普所愿的"殉教者"，因为那样会暗示博尼法斯杀害了西莱斯廷）。他也被迫解散圣殿骑士团(Kinghts Templar)，一个献身十字军圣战的军事修会，由于财富与权势而树敌甚多，菲利普斥之为异端、巫术、性变态。骑士团在维埃纳公会议上因而遭到谴责与解散。克莱门特尽力减轻对圣殿骑士的处罚，尽力将其财产收归教会，但还是有许多骑士被罗织罪名烧死在火刑柱上，这是迫于王室压力而采取的一项削弱教权的措施。

克莱门特之后的六任阿维农教宗都一直屈服在法兰西王室的压力之下。但教廷所面对的并不只是君主的外来压力。教廷本身，在法兰西长期流亡期间不可避免地"殖民化了"，教廷变成了法国人的教廷。当然，我们不必过分强调这种"法兰西化"(Frenchness)，此时的法兰西仍然是几个区域的集合体，每区各有自己的语言、法律系统与地方文化。教宗约翰二十二世（John XXII，1316—1334 年）出生于法兰西南部，但若无翻译的帮助，他根本看不懂法王的来信。不过，历任阿维农教宗在某种程度上都是法兰西人，而他们任命的 134 位枢机中，至少有 112 位是法兰西人，其中 96 人就来自朗格多克（Languedoc）周围地区。就我们所知，在这一时期 70% 的教廷官员是法兰西人。22 位非法籍枢机中，14 人来自意大利，两人来自英格兰，无一人来自德意志。虽然阿维农教宗仍继续坚持前任宗教的普世主张，自视为所有基督徒的教父，然而教廷自身的法兰西色彩影响了教廷形象，使人更为质疑其在教会中拥有至上权力的主张。

其中最显著的，就是出现了世俗化的政治理论，而教廷本身对此也负有某种责任。早在格雷戈里七世以前，教宗们就鼓励发展教会法与大学的神哲学研究。古代晚期传袭下来的奥古斯丁思维模式，使教宗与皇帝之间出现张力，而大学兴起的亚里士多德主义将人类社会本质的思考转向另一方向，认为国家与教会各自拥有自由主权与秩序，互不相属。在 14 世纪，这一思想方向在帕多瓦的马西利乌斯（Marsilius of Padua）的理论中达到极致，在他论述的世俗社会中，教会被降为国家的一个部门。马西利乌斯认为，交由国王行使的最高权力属于人民而不是教会。1328 年，当巴伐利亚的路易（Lewis of Bavaria）在罗马由一位科隆纳家族的俗人长者加冕为帝时，马氏理论具体化了。

路易在此挑战的教宗是约翰二十二世（John XXII），阿维农教廷最优秀与最恶劣的特质，都在他的任期内同时出现。约翰生性苦行简朴，强调教廷的崇高地位，坚持教宗高于皇帝，并有权任命皇帝。他是一位财务管理上的改革者，强化教宗任命主教与修院院长的控制权，将教宗税制（首年金，annates）推行到全欧洲，改组教廷与教会法典。他面临的重大问题是存在已久的方济各会内部分裂，激进的属灵派（Spirituals）拒斥财产，批评当时教会生活的许多方面。这些属灵派总是责怪格雷戈里九世以来历任教宗允许、甚至要求修改会规原有的严厉性。约翰完全疏远他们，甚至与许多温和派会士也保持距离，并严厉谴责他们的教义：圣经已经证明基督与使徒都是"穷人"，也就是说基督一无所有。关于方济各会的财产，历来的安排是由教宗担任名义上的"拥有人"，而方济各会只是"使用"而已。但糟糕的是，约翰拒绝担此虚名。他完全抛弃前任教宗的政策，不但分裂了方济各会，更导致1328年一位属灵派会士在罗马当选为对立教宗。"皇帝"路易指责约翰是异端，而约翰也因路易笃信吉祥异象而正式斥路易为异端。

不过，约翰二十二世推动的行政改革，表明流亡教廷并非一无是处。阿维农教廷至少脱离了长久以来罗马贵族之间灾难性仇杀的旋涡，教廷本身也更加成为教会的行政与司法中心。中世纪早期教宗的权力来自于使徒们的遗迹，而阿维农教宗的权力则根源于他们在欧洲法律系统中的中心地位。因此无须惊讶，阿维农教宗大大精简了教廷官僚系统与财政，并使之系统化。教廷各部门从此开启端倪，1331年设立的圣轮法院（Rota）是专理婚姻案件的机构，虽几经改进，现在仍使用。

这些改革自然也带来问题。将教宗"委任权"从死于罗马的教士的出缺圣俸扩及各种相似情况，最终囊括一切主教与大主教职位,的确有利于根除地方选举争执,提高接受神职者的素质;但也侵害了许多既得权利,同时造成了对各种职位的饥渴与争夺,这是一个教宗永难填平的无底洞。而一旦法、德、英关系不睦,教宗从英德收取的大量授职费和巡视费便会招致不满,让人觉得英、德教会的资源被法兰西侵吞了。事实上,这是一个假象,因为阿维农教廷可能有一半以上的收入是来自法兰西。然而,这一印象难以消除,并恶化了对教宗的态度。教廷管理机构的日益复杂是迎合谋职需求的结果,但却使得教廷人浮于事,惹人生厌。早在维埃纳公会议上,芒德主教威廉·杜兰德(William Durand)就呼吁扭转以教宗为中心的教会中央集权化的趋势,大力强化地方神职系统与区域教职会议(regional synods)。但他的提案毫无结果,种种不满也就产生了。

教廷大幅度增加的收入也没有妥善运用。一些阿维农教宗极度奢侈浪费。克莱门特六世仁慈慷慨。黑死病横扫阿维农时,造成 62,000 余人死亡,他仍然停留于此,主持照顾病患、埋葬死者,牧慰垂死者。但他也是个养尊处优之人,豢养着大批食客,他宣称"身为教宗,就应该让他的子民高兴"。他花钱如流水,一次竟然说"我的前任们不知道如何当教宗"。教宗们也把大笔金钱投入到相互残杀的意大利政治与战争的无底洞,因为虽然教宗远离罗马,却仍要努力保护教廷在意大利的地产。曾经有人计算,约翰二十二世将 63% 的收入用于战争,而阿维农教廷三分之二的收入都用于聘请雇佣军,以及在意大利政治蛇窟里贿赂盟友。

教廷在阿维农七十年的流亡,于 1377 年 1 月结束,当时最后一位法兰西人当选教宗,是为格雷戈里十一世(Gtegory XI,1370—1378 年),他决定返回罗马。格雷戈里极为虔诚,性情神秘,他相信罗马是教宗唯一应该驻节的地方。这一想法受到两个因素的助长,一是意大利的教宗领地处境维艰,需要教宗关注;二是多明我会异象家锡耶纳的凯瑟琳(St Catherine of Siena)的属灵劝说。凯瑟琳在致教宗的信中,称他为"我最亲爱的爸爸"(dulcissimo babbo mio),但她的建议却近乎命令:"即使你过去不是非常虔诚,现在才开始真正追随基督,成为他的代理人,你也无须害怕。……关注牧灵事务,任命称职的牧者与统治者到你管辖的城镇去。……最重要的,不要再耽搁,赶快回到罗马,宣布圣战。"[1]这些信函一再强调教宗的属灵使命,而他也愿意依此而行动。

但是,格雷戈里在1378年3月去世。选举新教宗的密室会议被罗马市民包围,他们害怕法籍枢机又选出一位法籍教宗,重返阿维农。在此压力下,枢机们选出了一位意大利人(虽不是罗马人)巴托罗米欧·普里尼亚诺(Bartolommeo Prignano)为教宗,即乌尔班六世(Urban Ⅵ,1378—1389年)。他是巴里大主教(Bari),当选时并不在场。乌尔班担任枢机时曾是一位重要的行政官员,总理阿维农教廷的文秘署,德高望重。但身为教宗,却颇为暴烈、专横,也许有偏执狂的病症,根本无法共事,枢机们转而否定他。乌尔班当选不到六个月,枢机们便逃离罗马,宣布乌尔班的当选无效,因为选举是在外力胁迫之下进行的。他们另选日内瓦枢机主教为教宗,即克莱门特七世(Clenent Ⅶ)。教会大分裂(Great Schism)由此开始。

克莱门特与整个教廷重返阿维农,乌尔班则在欧洲各地任命

---

[1] Kenelm Foster and Mary John Ronayne eds., *I*, *Catherine*: *Selected Writings of Catherine of Siena*, London 1980, p.94.

第三章 位于国家之上(1000—1447年)

了29名枢机,成立了一个新教廷。这样就出现了两个教宗,两个教廷,两套各行其是的法律体系。欧洲各国必须选择服从其中一位教宗。这是一个令人痛苦的窘境。以前也出现过对立教宗,但对立双方常常是由对立的集团选出或任命的。但这一次,却是由同一群枢机依合法程序选出一位教宗,然后依合法程序宣布他不再是教宗,再庄严地选出继承人。个中的对错,即使圣徒也感到迷茫。锡耶纳的圣徒凯瑟琳支持乌尔班,圣文森特·费拉尔却支持克莱门特。各国则以王朝和政治利益来选择效忠对象。法兰西、勃艮第、萨伏依、那不勒斯和苏格兰效忠克莱门特及阿维农教廷,而英格兰、德意志、意大利北部与中部以及中欧则服从乌尔班。大的宗教团体也因此发生分裂。教宗彼此处以绝罚,并停止对方的支持者的教权。

从长远历史看,罗马天主教接受"真正的"教宗是乌尔班及其枢机选出的教宗继承人。但在当时,亦即教会分裂延续的三十九年的时间里,结论并不如此明晰。可以肯定的是,乌尔班的近乎疯狂毫无好转,对付反对者仍然手段毒辣,曾一次就有六位枢机惨遭酷刑,其中五位就此失踪。随后的五任教宗与四任对立教宗,均明说要结束分裂,但事实上都倾全力挖对方墙脚,巩固自己的阵营。

对于整个教会而言,这是一个致命创伤。教会大分裂的实际后果是灾难性的,因为对立的两位教宗各自创建了对立的枢机团,任命对立的主教与修院院长去争夺同一个主教与修院院长职位。教廷不断增加的花费必须要由分裂的教区来负担,对立的教宗相互争夺财源。具有讽刺意味的是,在这件事上,罗马式的服从表现得相当恶劣。阿维农教廷从来未完全被解散,保有三个世代的教会管理机制与档案收藏。新的阿维农教宗维持了大部分原有的司法管辖与财务机制。相反,罗马的内部财务、行政管理以及档案管理似乎在压力之下陷入崩溃的状态,结果我们对大分裂时期的罗马一无所知。

然而,教宗绝不只是一位行政首脑,他是基督本人的代理人,掌管着天堂的锁钥。单凭他一人之力,就可以解除数以百计的错综复杂的属灵困境,他手中握有发放或扣留宝贵的赎罪券的权力,这种权力可以让信徒快速通过痛苦的炼狱。他是大主教与主教行使其属灵权力的源泉,是解决教义纠纷的最后上诉法庭;对于教会生活也是不可或缺的人物,服从假教宗会使个人或群体误入魔鬼之手。所以,随着时间流逝,而教廷分裂依旧,人们开始自问如何结束这个困境。难道耶稣基督会让他的教会无法解决这种一个身体、两个头的问题吗?

为了摆脱这个令人烦恼的问题,公会议主义(Conciliarism)应运而生。中世纪盛期的著名教宗如英诺森三世,曾定期召开教省会议或大公会议,将之作为推行改革与满足教会需要的手段。召开一次大公会议,让对立的两位教宗辞职,再由全体教会而非由这群或那群枢机选出一位新教宗,能否结束大分裂呢?这是一个很吸引人的想法,也是一条出路。但是,如果大公会议能够这样做,那又将教宗至上权威置于何地?将格雷戈里、英诺森、博尼法斯以及他们的继承人一直宣扬的"教宗审判一切人而不受任何人审判"的教义置于何地?

1409年,公会议解决方案付诸实施。当时,对立双方一些头脑清醒的枢机对协商解决分裂感到绝望,便倡议召开一次公会议。提议得到了广泛的支持,在比萨召开的公会议上,废黜了格雷戈里十二世(1406—1415年)(罗马教宗)和本笃十三世(1394—1417

第三章 位于国家之上(1000—1447年)

年)(阿维农教宗),然后选举亚历山大五世(1409—1410年)为新教宗。但是两位旧教宗拒不退位,教会一时呈现三位教宗鼎立之势。这个僵局最终在康斯坦茨(Constance)公会议上得到解决,这次会议同时罢黜了约翰二十三世与本笃十三世,为格雷戈里十二世提供了一个体面的下台阶——有尊严的辞职。而后,由枢机和30名会议代表组成的一个选举团,选出了枢机奥多·科隆纳(Cardinal Odo Colonna)为教宗马丁五世(Martin Ⅴ,1417—1431年)。本笃十三世拒绝这项决定,而他手下的枢机后来选出了他的继承人,但是他们没有实际的支持,所以,实际上教会分裂就此结束。

但是,英诺森三世时代所主张的教宗崇高威望与绝不受挑战的教宗主义理论,一去不返了。当时,教会里出现了一个重要的意见,认为在非常时期,教宗在公会议中要对教会负责,而康斯坦茨公会议也正式颁布了这样的教令。在某种程度上,这只是长久以来许多人所持理念的成文化。这种理念认为,一位异端教宗可以被枢机们或是公会议所罢黜,这不是因为他们拥有高于教宗的权威,而只是因为他是异端,足以让他自动丧失教宗的身份:一次大公会议可以因此行使高于教宗个人的权威,但教宗权位本身不会受到损害。这一点,甚至支持格雷戈里式教宗权位的理论家,例如席尔瓦·坎迪达的亨伯特也承认。但是还有人走得更远,认为康斯坦茨教令并不单是一种处理教宗叛教的紧急措施,而是阐释了教会里权威与权力的根本事实。他们以帕多瓦的马西利乌斯与奥坎姆的威廉的政治理论为导引,宣扬真正的宗教权威并不属于教宗,甚至不属于枢机团,而是属于整个教会,教会可以将这种权威委托给任何人。因此,公会议就像国会一样,是近乎完美地表达整个教会权威的方式,而教宗与主教拥有的权威也来源于此,他们必须服从公会议,并可由公会议随意罢免。

这些都是具有真正革命性的信念,与传统观念完全不符,与教宗和主教权威的实际历史经验也格格不入。这类"代议制"理论是从政治聚合体(political conglomerate)的角度来看教会的统一性,而非将之视为由教宗与主教领导的各个教会组成的博爱共同体。他们与极端的教宗主义一样对教会的传统具有颠覆性。只有极少数神学家持有这样极端的理论,但他们使得大公会议最忠诚的支持者之间的神学辩论蒙上阴影,而他们对教宗与枢机权位的固有偏见,也有损于公会议改革的精神。

康斯坦茨公会议的目标并不只是解决教会分裂问题,更祈求改革教会。然而,此前一切旨在改革的公会议,都是教宗举行的大公会议,由教宗策划、召集、主持;而在康斯坦茨公会议上,仅仅是围绕先讨论改革方案还是先选举新教宗这一问题,就引起激烈的争吵。最后决定先选举教宗,然后再公布改革教令。由于改革计划包括限制枢机人数(借此限制教宗任命枢机的自由),缩减教宗的权力,限制教宗的授职权与特赦权,因而,人们对于改革教令付诸实施的前景普遍感到悲观,事实也证明了这一点。公会议企图将教宗绑在改革的战车上,并接受公会议的监督,因而颁布了另一项教令,规定下次公会议必须在五年之内召开,之后七年内再召开一次,此后,每十年召开一次公会议。

除解决教会分裂和选举马丁五世外,康斯坦茨公会议还以谴责并烧死捷克改革者约翰·胡斯(John Hus)闻名于世。胡斯主张预定论与教会成员论,其思想部分受到英格兰异端约翰·威克里夫(John Wyclif)的影响;按照中世纪晚期教会的标准,威克里夫确系异端无疑。但胡斯毫不妥协的道德热忱,以及对神职人员腐化

第三章 位于国家之上（1000—1447年）

的强烈谴责，反映了许多虔诚男女的信念。他主张的许多改革理念，包括让教徒有更多机会阅读《圣经》、更多的讲道、更频繁的教义问答，以及让俗人有更多的机会参与宗教事务（比如在圣餐礼中恢复使用圣杯，几个世纪以来俗人只能领圣饼）；这些主张绝对不是异端，在主张改革的知识分子中也得到广泛支持。胡斯本人似乎并无意挑战天主教的根基。而他却遭到一次旨在恢复教会统一并改革教会的大公会议的谴责，这对于教廷而言并不是好兆头。

选出一位公认的教宗，并未终止公会议运动。而要求公会议应定期召开，对于力图重振权威的教廷来说，是一个恐怖的未来，马丁五世与他的继任者坚决抗拒。巴塞尔公会议（Council of Basle，1431—1439年）就是在教宗与公会议对峙的情况下召开的。与会者中，仅有一小部分是主教，其余都是神学家与缺席主教的代理人。在开幕式上，没有一位主教出席。教宗尤金四世（Eugenius Ⅳ，1431—1447年）因此决定解散此次会议，但遭到与会人员的拒绝；经过两年的争议不休，教宗终于屈服。大公会议开始像一位集体教宗那样来行事，任命自己的官员，裁判法律案件，甚至授予大赦。其改革计划牵涉广泛，而且也为教会所急需，但由于受到一股反教宗主义情绪的羁绊，注定会与罗马发生冲突。改革派的信念是，如果教会的首脑能够改革，那么改革教会的肢体也会随之而来。因此，他们特别关注教宗与教廷的腐化问题，并颁令取消神职人员向教廷纳税，这项措施会使教宗与枢机丧失大部分的收入，而无任何形式的补偿。最后又宣布公会议高于教宗。当尤金抗议时，会议宣布将他废黜，新选品德高尚的萨伏依公爵（Duke of Savoy）为对立教宗菲利克斯五世（Felix Ⅴ）。

菲利克斯五世的权威从未超越他自己的领地,最终与教宗尼古拉五世(Nicholas V,1447—1455年)和解,而尼古拉任命他为枢机。但公会议的行为使得教会再度分裂,而且大大损害了教会与公会议运动的声誉,甚至许多渴望改革的教士知识分子,也对此甚感不满。教廷得到了一次天赐良机,尤金主持的费拉拉-佛罗伦萨大公会议于1439年召开,他利用拜占庭面临土耳其威胁的恶劣处境,使其接受罗马的条件,在解决东西教会分裂一事上大获全胜。希腊皇帝本人与古老的宗主教区的代表,都出席了这次会议。会议成功地让希腊人接受了"和子句",以及炼狱(purgatory)等其他西部教义。最重要的是,它庄严地重申了教宗至上的教义,使得公会议运动旨在迫使教宗服从大公会议的企图化为泡影。像1274年格雷戈里十世时期的教会联合一样,这个协定在东部引起轩然大波,而1453年君士坦丁堡的陷落使之成为一纸空文;但是在当时,它对于尤金与重振教宗权威实属神来之笔。

公会议危机尖锐地暴露了教宗权威的本质问题。教宗的司法治理至上权,及其作为教会中心的功能,与他在教义上的权威从来就是分不开的。"罗马圣座"总是而且永远保有使徒的真理,这一传统在519年的"何尔米斯达信条"中已奉为神圣了。这种教宗不会犯错的观念尚未被称作"永无错误",只有上帝才被认为是"永无错误"。没有人认为单个教宗会不犯错误,因为霍诺留与维吉里都曾经犯错。教宗在一贯性的基本教义上的权威被认为是忠实可信的,而某位在位者的特定言论则未必可信。在中世纪盛期,教令学者(Decretalists)已将异端教宗从教宗不受任何人裁判这一普遍原则中排除在外;而教宗的训导权威不能独立于教会的其他训导权威。如圣托马斯·阿奎那这样的经院神学家就承认,教宗可以提出新的信仰信条;但托马斯也认为,这仅限于在教宗召开的大公会议(如拉特兰公会议)这样的场合,而且教宗是作为公会议的首脑,而不是作为其对立面或单独来行使其决定信仰的权威的。这种理念成为多明我会的传统:教宗作为个人阐发的言论可能会犯错,但他根据教会的建议行事时不会犯错误。多明我会的这一主张在梵一会议(the First Vatican Council)上被反复申辩,并收效极佳。

在教宗也许不犯错误这一观念的发展过程中,方济各会关于贫穷的辩论产生了极大的影响。历任教宗都支持方济各会拒绝财富的理念。当教宗约翰二十二世批驳这一思想,并否认基督是个穷人的时候,方济各会的神学家求助于其他更早的教宗的无误性来反驳他的判断。他们提出,这些教宗所代表的教会,已一再接受了方济各会的观点:贫穷是福音生活的一种方式。因此,约翰二十二世拒绝这一不犯错误的教义是错的,而既然真正的教宗不会犯错,那就证明他不再是一位真正的教宗。在这里,诉诸教宗不犯错误,其目的不是"提升"教宗的权威,而是予以限制,以确保教宗不要随意推翻早期的教义。

所有这些思想,在教会分裂与公会议危机的背景下,已丧失其原有的意义。圣托马斯假设的教宗与公会议永远和谐的状态,此时不再有效。面对教宗与公会议的冲突,一些公会议主义神学家首次提出:公会议不会犯错误,而教宗会犯错误。而他们的对手,即教宗主义者则针锋相对,主张公会议可能会犯错误,除非得到教宗的认可,而真正的教宗总是握有真理。这场争辩使得意见两极化,并确立了教宗高于主教与公会议的特权。尽管鼓吹教宗权威的早期理论家,如伟人利奥和格雷戈里都曾认为,教宗权威的目的是协助并支持主教的权威。这些对立观念使得教宗与教会的天主教神学受到削弱,直到20世纪仍然纠缠于这些议题中。这场争论,直到1870年后仍未停止。

教会分裂使得教廷受到重创,并对公会议的整个理念颇为猜忌,而且顽固地抗拒愈来愈高涨的改革呼声。从政治角度来看,教宗的地位也大为衰弱。尽管教宗的批准仍然是各国君主值得拥有的一张牌,而教宗的敌意对于统治天主教徒的君主来说也是一大问题。但是,教宗再也不能罢黜皇帝,再也不能对教廷传统的封建采邑行使真正的司法管辖权,再也不会出现另一个英诺森三世。15世纪的教宗不再是不可挑战的国际裁判者,他们能做到的最多只是恢复并维持教宗国的核心部分。为了破坏公会议的主张,巩固本身的合法性,马丁五世与尤金四世都与欧洲的许多统治者达成私下协议(concordats)。这种协定,无情地破坏了教廷在改革时代从世俗权力手中夺来的许多特权,并极大地削弱了教宗对地方教会的控制。同时,这一过程也减少了教宗的收入。大分裂后,教宗的收入不足阿维农时期的一半,其中大半是来自教宗国的属世收入,因为各国教会不再缴纳属灵收入,而这些税曾是支持改革教廷的财源。"公会议主义"(Conciliarism)为各民族国家提供了一个对抗教宗的武器,而他们也不失时机地善加利用。1438年,法兰西国王单方面接受巴塞尔公会议的24条教令,将之作为"国务诏书"并入法国法律,申称公会议高于教宗,限制教宗委任法兰西教俸的权力,取消年金等许多教宗财源,并禁止向罗马上诉。

世俗君主,热衷于确立自己对一个超越国界的教会的权威,因而决定不恢复与巩固中世纪盛期那样的教宗至上权威,这无须惊讶。1477年,罗伦佐·美第奇(Lorenzo de' Medici)宣称:有三个

第三章　位于国家之上(1000—1447年)

甚至四个教宗,除了丑闻,并无什么不好。利奥九世昙花一现的成就之后,教宗又再度卷入意大利的政治旋涡之中,被迫将地方教会的控制权让与王侯,不仅饱受当时最有学识与最虔诚的教会人士的抨击,而且再度被认为是迫切改革的主要障碍。教宗,转了一圈似乎又回到了原点。

第四章 抗议与分裂
（1447—1774年）

一、文艺复兴时期的教宗

文艺复兴时期的教廷给人的印象，就像好莱坞一样，外表壮观华丽，内里腐败堕落，行事怠惰迟缓。时人眼中的罗马，就像我们看尼克松时代的华盛顿一样，一个充斥着高级妓女和贪官污吏的城市，那里的每个人每件事都有标价，任何事任何人都不能信任。这个基调似乎是教宗自己定的。亚历山大六世（Alexander Ⅵ，1492—1503年）夸耀他在梵蒂冈有一个年轻貌美的情妇；许多人相信他有毒死枢机以攫取财产的癖好，而且他肆无忌惮地挪用教会钱财，中饱私生子女的私囊。朱利安二世（Julius Ⅱ，1503—1513年）赞助过拉斐尔、布拉曼特、米开朗琪罗和利奥纳多·达·芬奇，但对一切忠实的信徒来说，他则是个声名狼藉的神父，因为他在担任枢机期间就生了三个女儿。他也是一个凶残而狂热的武士，曾经银铠银甲，亲率大军攻破反抗他权威的城市。利奥十世（Leo X，1513—1521年）是佛罗伦萨豪华者罗伦佐之子，七岁就担任神职，13岁担任枢机，当他成为教宗时，同时兼治罗马与佛罗伦萨。正是他为了筹集资金以重建圣彼得大教堂而发行赎罪券，引来路德的《九十五条论纲》，进而触发了宗教改革运动。利奥死后

第四章 抗议与分裂(1447—1774 年)

留下一个分裂的教会,教廷也濒临破产。教宗从一个教会的普世牧者,沦落为意大利的地方政客;1480 年后,甚至教廷事务都用意大利文进行,不再像过去那样使用拉丁文了。

所有这些只显示了文艺复兴时期教宗骇人听闻的一面,却没有考虑到紧随大分裂而来的教廷面临的大规模重建工作。15 世纪后期的教宗必须重新打造罗马。中世纪的朝圣者,大多只对罗马城内的教堂和丰富的圣物感兴趣,而对湮没于四周的罗马古迹不甚关心。中世纪的罗马,事实上是数个村庄簇集在台伯河和天使圣桥一带,周围则是杂草丛生、树林茂密的荒丘,破败的异教建筑竖立其间。多数异教建筑已被废弃,荒草蔓生,成为时人搭建临时住所的采石场,大理石的表面与雕像被打碎丢进石灰坑以制作水泥,无窗的废墟成为乞丐与家畜的栖身之所,牛群在当年的市政广场上吃草,而羊群则在七个山丘中的四丘闲逛。

罗马除了朝圣别无产业,除了作为教宗的首府别无其他功能。由于教宗长期停居阿维农,以及随之而来的教会大分裂,这座城市及其教堂已变得极度破落。马丁五世 1420 年回到罗马时,发现"它是如此败落与荒废,简直就不像一个城市……饥荒与贫穷使它遭人白眼,饱受折磨"。1425 年,当马丁重修荒废的圣约翰·拉特兰大教堂时,干脆从其他毁坏的教堂里掠夺斑岩、大理石与马赛克为建材,打造了一方极为华丽的地板。

文艺复兴时期的教宗们决定改变这一切,并着手规划新的街道,兴建建筑,使他们本人及其家族的名字流芳后世,这些建筑能够无愧于教会的中枢与尘世上最大的城市——欧洲之母。15 世纪与 16 世纪早期的罗马正值人文主义时代,是复兴古典学术、重新发现古典艺术原理,以及绘画、雕刻与建筑艺术创造力迸发的伟大时代,也是享受生活与美的伟大时代。它代表的并不只是挥霍铺张,而是对蓬勃灿烂的创造力的重新领悟。它本身也是一种宗教憧憬。要理解这一点,我们需要从第一位,从某种角度说,也是最令人瞩目的一位人文主义教宗尼古拉五世(Nicholas V,1447—1455年)谈起。

尼古拉当选之前,曾任不足三个月的枢机,他的当选可谓生逢其时。在当选前的一个月,德意志的诸侯已放弃支持巴塞尔公会议与对立教宗菲利克斯五世,并承认尤金四世(Eugenius IV,1431—1447年)为正统教宗。公会议运动已逐渐失势,因为欧洲君主与教廷已就控制本国教会达成妥协,从中捞取了不少利益,从而不再支持反叛教会者。尼古拉在法兰西的帮助下,在两年之内击败菲利克斯五世,他也能够巩固与德意志之间的友好关系,并恢复了教宗在过去一百年中丧失的一些权利与收入。1452年,他在罗马为德意志国王腓特烈三世(Frederick III)加冕为皇帝,这是最后一次在罗马举行的皇帝加冕礼。

这些媾和方略是整个尤金四世时代的特征。他的任期一直风暴迭加,教宗的反对者不仅包括公会议主义者与法兰西、德意志、那不勒斯的王侯,还包括罗马城以及博洛尼亚、安科拉的马尔凯这类在教会大分裂期间已实际独立的教宗国属地,此外还有势力强大的科隆纳家族。马丁五世曾是科隆纳家族的成员,这个家族已迅速控制了大片的教宗领土,他们表面上是替教廷收复失地,事实上却是为了增加自己的财富。尤金试图迫使他们交出这些非法占据的领土,结果反遭流亡九年,直到1443年秋才回到罗马。

尼古拉生性平和,不具对抗性,故能解决这些冲突。那不勒斯与德意志的大使都参加了他的加冕礼,他告诉德意志大使说,过去教宗"把他们的手伸得太长了,几乎没有给其他主教留下什么权力……我的既定目标不是削弱主教们的权力,而是让他们与我共同担当"。[①] 在其任期结束之前,意大利的主要统治者签订了《洛迪合约》(*Peace of Lodi*,1454 年),从而出现了一段短暂却极为难得的和平时期。有了这一喘息之机,尼古拉方能全力关注他的真正抱负,打造一个全新的罗马。尼古拉曾在博洛尼亚接受教育,尤其在佛罗伦萨的斯托兹家族(Strozzi)担任私人教师期间,感悟了被视为文明人标志的古典学术与艺术的魅力。他也成为狂热的书本收藏家。当他身为穷神父,尚需为佛罗伦萨的几个教堂敲钟来贴补收入时,他却宣布:书籍与建筑是唯一值得花钱的东西。

对一个教宗来说,这些观念是相当罕见的。马丁五世已开始积极修复罗马城中破毁的教堂和公共设施,但是他根本不信任新近复兴的学术,尤其怀疑那些令他困惑的异教作家。他对格拉蒂安所谓的"被诅咒的文学"评价很低,认为古代经典中任何值得保留的东西,都已包含在圣奥古斯丁的著作中了。他的怀疑并非全无根据,一些人文主义者,即所谓的文艺复兴思想巨擘,他们的作品的确公然反对教宗。1440 年,杰出学者罗伦佐·瓦拉运用人文主义的文本与历史批评法来研究《君士坦丁赐礼》,结果证明那是 8 世纪的伪作,极具颠覆性。瓦拉是西西里国王阿方索一世(Alfonso Ⅰ)的近臣,而阿方索当时正与教宗为敌,所以瓦拉并非全无政治意图。不过,他有现成的听众;当他证明教宗的俗权主张源自伪造的"赐礼"时,教宗就不再是信徒之父,而是基督徒的压迫

---

① L. Pastor, *History of the Popes from the Close of the Middle Ages*, London 1912, vol. 2, p. 30.

者:他们"绝没有为上帝之家提供食物和面包……他们把我们当作食物吞掉了……向和平民众发动战争的正是教宗本人,在各国和各公国之间制造矛盾的也是他"。①

这些评论总结了长久以来基督徒对现存教会世俗欲的不满,矛头直指尤金四世。不过,他在托斯坎纳的九年期间,接触到了文艺复兴更为迷人的一面。当他返回罗马时,就带回了托斯坎纳的绘画大师、多明我会的弗拉·安杰利科(Fra Angelico)。然而,直到尼古拉五世时,文艺复兴的理念才被置于教廷规划的核心。公会议运动后,人人高喊改革。尼古拉相信古希腊罗马的文学、建筑与艺术能够成为革新现状的资源。他决定"为了学者研究的方便,建造一座拥有拉丁文与希腊文全部书籍的图书馆,使之与教宗和使徒宝座(Apostolic See)的尊严相称"。为此,教宗不但派出专使(emissaries)到欧洲各地搜罗稀有手稿,还特别授命将希腊文的异教著作与基督教经典译为优美的拉丁文。希腊科学、文学与哲学的重新发现,成为推动文艺复兴思想与艺术最强有力的引擎之一。佛罗伦萨公会议所成就的东、西教会联盟的成果之一,就是前任尼西亚大主教约翰·贝萨里翁(John Bessarion,1403—1472年)到达西部,并被尤金任命为枢机。这位"尼西亚枢机"吸引了许多希腊学者到西部来寻求庇护,其门徒在尼古拉的规划中发挥了重要作用。也是在此时,尼古拉建造了一座图书馆,收藏有上千部珍贵的希腊文与拉丁文书籍,成为未来梵蒂冈图书馆的镇馆之宝。

尼古拉也开始从外形上来打造罗马。他修缮了天使圣堡,也

---

① C. B. Coleman ed., *The Treatise of Lorenzo Valla on the Donation of Constantine*, New Haven 1922, p. 179.

第四章 抗议与分裂(1447—1774年)

修复了卡匹托尔山丘*上的中世纪元老院（Palace of the Senators），以此表示教宗恢复了对罗马的控制权。不过，他的主要工程是梵蒂冈，将之建成教宗的主要驻地，并放弃了业已颓敝的拉特兰宫。他为梵蒂冈宫殿增加了一个侧翼，并由弗拉·安杰利科以壁画装饰建筑内部。他还重建并延伸了利奥城墙。其最为大胆的工作，是计划彻底翻修圣彼得大教堂。自君士坦丁后的一千年，这座大教堂与罗马一样破落。根据曾为尼古拉教廷工作的建筑大师阿尔贝蒂（Alberti）的说法，倒塌只是时间问题。尼古拉计划在使徒陵寝周围新建一个耳堂和一个半圆形的拱顶，以接纳更多的朝圣者。这一改建将使教堂的长度增加三分之一。他还计划在圣彼得雕像前面新建一个广场，作为教宗隆重祝福的场地，并打算将尼禄竞技场（Circus of Nero）的方尖碑移来竖立在彼得被钉十字架的地方。

尼古拉生前未能完成他的许多计划，但1455年临终时在对枢机们的讲话中，他强调了这些计划的宗教理想。他的建筑应该成为石头布道书，俗人的书，而研究古典的学者也能真正理解罗马的伟大与权威，但是：

> 要在文盲大众的头脑中塑造坚实与稳固的信念，就必须

---

* 卡匹托尔山丘（Capitol）：罗马七丘之一，现在为罗马市政中心。七丘皆位于罗马心脏地带台伯河东侧。据罗马神话，七丘分别为帕拉丁（Palatinus）、阿文丁（Aventinus）、卡匹托尔（Capitolinus）、奎里纳尔（Quirinalis）、维弥纳（Viminalis）、埃斯奎里（Esquilinus）与西莲山（Caelius），系罗马建城之初的重要宗教与政治中心。梵蒂冈山位于台伯河西北岸，后文提及的雅尼库伦山（Janiculum）位处台伯河西岸，皆不属七丘之一。——译者

有一些眼睛看得见的东西：一个受欢迎的信仰。如果仅靠教义来维持，必然会衰微倾颓。但是，如果圣座的权威可以从雄伟的建筑、不朽的纪念碑，以及由上帝之手亲自植下的见证中清楚地展现出来，那么，信念就会茁壮成长，像传统一样代代相传，全世界就会接受并信奉它。①

在许多方面，这些话为文艺复兴时期的教廷提供了蓝图。

几乎可以肯定，尼古拉对"整个世界"的"文盲大众"的感受，得力于其1450年的大赦年经验。大赦期间，凡到罗马诚心忏悔的朝圣者，都能得到"完全的赎罪"（plenary Indulgence），可以洗清因罪而应受到的一切处罚。首次大赦是1300年教宗博尼法斯八世创设的。不过，1450年大赦是一个里程碑。因为这是1300年以来教宗首次驻节罗马，没有受到任何敌人的挑战，此次大赦因而成为教会恢复统一与和平的象征。

1449年圣诞节一开始，大赦就取得了巨大的成功。数万朝圣者涌入罗马。由于人数太多，以致必须组织自愿卫队手持棍棒在街头维持秩序。城市旅馆人满为患，数千人只能在空地与葡萄园中扎营。教宗不断应大众要求向民众祝福，并命令将罗马最为著名的圣物，包括使徒彼得与保罗的神圣头骨，以及维罗妮卡（Veronica）在基督前往受难途中用来为他擦脸的手帕，都在每个周末展示出来，以接受朝圣人潮的敬拜。教堂内外人潮涌动，晚至午夜。直到城内发生粮荒，教宗才被迫将朝圣者停居罗马的时间

---

① L. Pastor, *History of the Popes from the Close of the Middle Ages*, vol. 2, p. 166.

第四章　抗议与分裂(1447—1774年)

从八天缩短到三天。

大赦年也有灾难性的一面。夏天的时候瘟疫流行,墓园爆满,以致意大利几条朝圣路线死者枕藉。后来瘟疫消退,朝圣的人潮又重返旅途,但在大赦年最后一周的12月19日傍晚,当人潮涌过天使圣桥前往住地时,一头受惊的骡子惊得人群冲撞奔逃。在冲撞过程中,至少有200人被踩死,或掉入暴涨的台伯河中淹死。附近的圣契索教堂(San Celso)就变成临时停尸间,尸体被陈列于此以待辨明身份。

虽然有这些骇人听闻的事件,但大赦年的确是文艺复兴时期教廷的一个盛举。在经历大分裂的长期创伤与公会议运动的反教宗宣传后,大赦年以无可争辩的事实证明了罗马与教宗在广大天主教徒心目中的核心地位。尼古拉以一种天生的直觉将这种联系打上烙印。他选择在大赦年的正中,也就是1450年的圣灵降临节,为锡耶纳的圣伯尔纳迪诺(St Bernadino of Siena)举行封圣大典,当时他仅去世六年。伯尔纳迪诺是一位颇遭争议的方济各会士,其非同寻常的奋兴布道家的魅力与妙趣横生的方言布道风格,使他风靡意大利,成为当时最著名的布道家。他的封圣迎合了伯尔纳迪诺的民间声誉,将教宗与当时民众的宗教情感连为一体。就世俗的一面而言,大赦年间朝圣者的捐献使教廷发了横财,足以恢复财政,并为尼古拉的各种规划提供了资金。据说,教宗单在美第奇银行就存了10万金佛罗林(florins),这比他的正常年收入的三分之一还多,几乎等于教宗国的全部世俗收入。

大赦年也成为教廷改革的工具。公会议运动早已呼吁要"从头到脚"(head and member)地全面改革教会,在实践上,则应优先改革制度(这意味着要削减臃肿机构)以及教宗与教廷的作用。不过,人们普遍关心的是清除其他弊端。尼古拉延长大赦年,并在1451年派特使到全欧洲去宣扬和解与革新的理念,以示支持改革。派往德意志的使节是布里克森(Brixen)大主教、枢机库萨的尼古拉(Cardinal Nicholas of Cusa)。他曾是公会议运动的旗手,他的《论天主教的和谐》(*De Concordantia Catholica*)可能是最能传世的神学精品。然而,他震惊于巴塞尔公会议的革命性决议,转而成为教宗事业的忠诚捍卫者。受到大赦年的鼓励,他个人的虔诚得到重振,他希望强化对神职人员尤其是修院的改革,并发动了一场有声有色的提升俗人宗教知识的运动。与此相伴的是精心设计的典礼,包括庄重的列队游行,库萨在这些仪式中当街举行祈福圣餐礼(Blessed Sacrament),并对地方圣物崇拜加以监督。不过,他也致力于遏止迷信,申斥贩卖赎罪券,攻击有嫌疑的崇拜活动,如朝拜威尔斯纳克的圣血(Holy Blood of Wilsnack)。他在德意志的活动足可与卡皮斯特拉诺的约翰(John of Capistrano)在奥地利的类似使命相媲美,尽管后者的使节生涯较为短暂。卡皮斯特拉诺是一位富于洞察力的方济各会士,也是圣伯尔纳迪诺的挚友,他的布道同样能够打动心扉。那些为触摸圣伯尔纳迪诺的遗骨而聚集的病患人群,在听完卡皮斯特拉诺热情的布道后,就在教堂外燃起"焚烧浮华的篝火",将西洋棋、纸牌等无益之物付之一炬。他还促使许多胡斯教徒回归天主教。像库萨一样,他被当作"教宗的大使与真理的传道者"受到热烈欢迎,人们聚集在他身边,就像"圣彼得、圣保罗或其他使徒路过一样"。[①] 这些改革教廷的意图是绝

---

① L. Pastor, *History of the Popes from the Close of the Middle Ages*, vol. 2, pp. 125-137.

第四章 抗议与分裂(1447—1774年)

对真诚的,而且也颇有成就。但对许多人而言,这些不过是粉饰太平而已,旨在惺惺作态,抚平更为激进的改革要求。因而,召开公会议的呼声,改革作为教会病根的教宗与教廷的要求,仍在继续。

尼古拉五世的晚年可谓阴霾弥漫:1453年土耳其人攻陷君士坦丁堡,同一年,罗马共和分子刺杀教宗的阴谋败露。这两件事使他极度忧伤。然而,他一手促成的教廷与文艺复兴学术和艺术之间的联姻,延续了下去。不过,在他的继任者、年迈的西班牙人卡利克图斯三世(Callistus Ⅲ,1455—1458年)看来,教会的首要任务是从土耳其人手中收复君士坦丁堡,其他一切都是浪费金钱。卡利克图斯中止了尼古拉的所有建筑计划,据说,他曾走进尼古拉建造的图书馆中大喊:"你们看看,教会的金钱就是这样浪费掉的。"还有人说,他曾出售尼古拉藏书的珍贵封皮,以建造舰队抗击土耳其人。

不过,直到15世纪末,其他的教宗都是热情的文艺复兴赞助者。接任卡利克图斯的是意大利著名的人文主义者,锡耶纳人埃涅阿斯·西尔维奥·皮科洛米尼(Sienes Aeneas Silvio Piccolomini),也就是庇护二世(Pius Ⅱ,1458—1464年)。埃涅阿斯是驰名意大利境内外的艺术鉴赏家、历史学家、情色剧作家和小说家。他的继任者保罗二世(Paul Ⅱ,1464—1471年)是威尼斯贵族,品味奢华,钟爱消遣、庆典以及罗马式狂欢。他对自己的英俊容貌极为自负,戏称自己为"教宗美男二世"(Pope Formosus Ⅱ,"Formosus"意为"漂亮")。保罗是教宗尤金四世的侄子,他利用这一身份及由此而来的财富,尚在担任枢机期间,就成为一个典型的文艺复兴爱好者,并建有自己的古董及艺术品收藏室。担任教宗后,他发起一项修复名胜古迹的计划,包括万神殿、马可·奥勒留的骑马雕像以及提图斯拱门。罗马的首批出版机构也是在他任期内建立的。

教宗们对艺术的赞助在塞克图斯四世(Sixtus Ⅳ,1471—1484年)时期达到高潮,塞克图斯本名弗朗西斯科·德拉·罗维尔(Francesco della Rovere),是方济各会神学家。其侄子朱利安诺·德拉·罗维尔(Giuliano della Rovere)后来成为朱利安二世(Julius Ⅱ,1503—1513年)。从一开始,教宗塞克图斯就以慷慨的赞助来掩饰其贫困的方济各会士出身。仅仅是加冕用的三重冕,就花了10万杜卡特(ducats),这个数字超过教宗年收入的三分之一。塞克图斯发起了一场极为奢侈的重建运动,足以实现尼古拉五世的许多抱负。建筑计划包括兴建西斯托大桥(Ponte Sisto),这是自古以来第一座跨越台伯河的大桥,目的是疏散从天使圣桥涌入的朝圣人潮,避免1450年惨案再度发生。他还重建了于位萨克森村的圣灵弃婴院(Santo Spiritio)与圣母玛利亚教堂,后者是德拉·罗维尔家族的陵墓,俯瞰着北方朝圣者的入城口。

不过,教宗塞克图斯最有名的计划,是梵蒂冈的西斯廷礼拜堂。这栋建筑不但是作为选举教宗的场所设计的,更是作为200名神职人员开会与共同礼拜之所,他们与教宗一起,组成了教宗礼拜堂(*cappella papale*)。塞克图斯是一位狂热的音乐爱好者,除兴建礼拜堂外,他还创立了西斯廷唱诗班,以便为教宗举行的仪式演奏合适的华章。这座礼拜堂的窗户间绘有28幅彩图,分别是最初三个世纪的教宗肖像,还有描绘摩西与基督生平的两幅长卷壁画,皆由当时的绘画大师创作。

这些壁画并不只是虔诚的装饰品,更是意识形态的精心表述,负载着教宗的权力象征。例如,在波提切利的画作《可拉的惩罚》中,其主题就是可怕的惩罚降临在那些反叛摩西的人身上,而摩西则是上帝的祭司、国王和先知。摩西在这里代表的是教宗的"原型"或先知的象征。这幅画的题词是"挑战摩西者必遭律法的惩罚"。时人一看便知,这是暗指公会议运动,以及当时正与教宗交战的意大利王侯。

礼拜堂的另一面,与前者相互辉映的是裴鲁吉诺(Perugino)的"基督赐予彼得钥匙",这幅画也有类似的题词"挑战基督者必遭律法的惩罚"。画的背景部分,是两个福音故事,一幅是关于纳税的,在这个故事中,基督与罗马帝国的世俗权力的关系受到质疑;另一幅则是基督在迦百农会堂(synagogue at Capernaum)训示之后,有人向他扔石头,在这个故事中,他作为宗教导师的权威受到否定。这幅画最显眼的位置,画的则是基督将象征属灵权柄的金钥匙交给彼得,而金钥匙下面悬挂着另一把普通金属制的钥匙,象征着属世权力。这个画面,刻意呼应了由格雷戈里七世与英诺森三世承制下来的教廷版"双权论"(two-powers)。这个理论认为,教宗同时握有属灵与属世两种权力,教宗直接行使属灵权力,属世权力则由信仰基督的统治者来执行;教宗如同基督一样,在这两方面的地位都是至高无上的。

除了委托这些艺术创作,塞克图斯也发展了尼古拉五世的其他规划,完成了梵蒂冈图书馆的创设,并任命人文主义者巴托洛梅奥·普拉提纳(Bartolomeo Platina)为图书馆馆长。尽管塞克图斯削尖脑袋,一心想将建造图书馆的功劳悉归于他,但其创办诏书还是附和了尼古拉的说法:图书馆目的是"为了增强教会的战斗性,为了增进天主教信仰,为了学术研究的便利与荣誉"。①

塞克图斯四世的侄子朱利安二世继承了叔父的做法,赞助艺术为教廷服务,不过规模之大令人生畏。在梵蒂冈宫殿里,他拒绝住在原来的教宗卧室,因为房内的奢华装潢是他所憎恨的前任教宗——博尔贾家族的亚历山大六世命人制作的。所以他搬到楼上,请来拉斐尔装潢他的新房间。房内壁画的内容仍是赞颂理性与信仰,以及前基督教哲学的光荣,不过也特别强调教会的教诲。结果就出现了几幅欧洲史上最伟大的艺术精品,包括盛赞知识分子光荣的"雅典学院"(School of Athens),以及"圣礼的争辩"(Disputation on the Sacrament)与"博塞纳的奇迹"(Miracle of Bolsena)。令人意外的是,我们可以从最后这幅画窥见朱利安本人宗教信仰的真谛。另外几幅画反映了这位好战教宗击垮世俗敌人、解救教会的决心,包括"驱逐赫利奥多罗斯"(Expulsion of Heliodorus)、"圣彼得被解救"(Liberation of St Peter,朱利安曾任被缚的圣彼得教堂的枢机神父),以及"斥退阿提拉"(Repulse of Attila)。

尼古拉曾谋划重建圣彼得大教堂。1506年4月18日,朱利安终于为新教堂举行奠基礼。这项工程花了一百五十年。因为,按照尼古拉的设想,不过是扩建原有建筑,而朱利安却决定将君士坦丁时期修建的教堂,以及千余年来逐渐建成的百余座祭坛、圣陵与礼拜堂推翻重来。他的建筑师布拉曼特(Bramante)的方案是,建一座以使徒圣陵为中心的宏伟圆顶建筑,但新建的唱诗堂中也

---

① A. Grafton ed. , *Rome Reborn*:*The Vatican Library and Renaissance Culture*, New Haven and London 1933, p. xiii.

要建一座巨大而俗气的教宗墓室。要是建成的话,它本应更适合一位法老而非一位基督教的主教,而朱利安在这个基督教国度的母教堂中的陵墓本应与彼得圣陵同样令人瞩目。最重要的是,朱利安对文艺复兴时期的艺术大师米开朗琪罗威逼利诱、软硬兼施,使其为西斯廷礼拜堂的天花板制作壁画。这些壁画体现了基督教人文主义的精神,整个设计颂扬了人体之美,以及创世与救赎的神恩。

在15、16世纪之交,罗马已成为意大利文艺复兴的中心,而六十年来,教廷一直是文人学士处心积虑谋求高位的途径。知名的人文主义者竞相谋取教廷秘书的职位,最终占据了教廷的整个文官系统:在极盛时期,教廷同时雇用了近百名人文主义者。教宗们不仅利用画家及建筑师的技巧,也利用人文主义者在教育上的技巧来打造教廷的伟大形象。

在这一过程当中,教廷的神学也在经历了某种革命。对希腊文学、哲学等古典学问兴趣的复兴,导致了对"受诅咒的文学"的重新评估。一种基督教化的柏拉图主义在当时蔚为风潮,这种思想认为基督教与前基督教世界的宗教非但不冲突,相反,基督教充分展现了这些宗教的精华。在古埃及、巴比伦和希腊的诗歌或隐喻中,可以追寻到基督全面揭示的真理,而古代哲学家的智慧也是上帝赋予的。这类思想的踪迹,可见于米开朗琪罗在西斯廷礼拜堂天花板上的巨作,在这里,异教女巫(Sybil)与《旧约》中的先知并肩而坐,这些先知是基督教奥秘的预言家。在1490年代初期教宗亚历山大六世让平图里乔(Pinturicchio,1454—1513年)为其梵蒂冈私人居室装饰的壁画中,这表现得更为明显:奥西里斯*的奥秘被等同于基督的救赎事功。

　　这一过程可能走得太远了。随着这种"诗性神学"的发展,吸纳异教思想的方式出现了偏差。罗马人文主义学会(Humanist Roman Academy)的成员造访地下墓室,察看古代碑文与壁画,收集雕刻品,培养出一种精致的西塞罗式拉丁风格。有些成员也刻意卖弄一些具有挑衅性的"异教主义",包括激进的共和主义与开放同性恋。对异教作者与价值观的这种过分尊崇,即使保罗二世这样热忱的人文主义者,也深感不安。1460 年,他改组教廷(目的之一是限制亚历山大·博尔贾枢机的影响力),减少了对人文主义者开放的教廷职位。1468 年,一桩暗杀教宗的阴谋曝光,据说有 60 位学会成员牵涉其中。

　　即使没有发展到这种程度,文艺复兴教廷对古典文化的刻意模仿,也代表着它与基督教传统的预设和态度的彻底决裂。结果,它不仅不能被人理解,反而触怒了许多人。北欧最伟大的人文主义者伊拉斯谟(Erasmus of Rotterdam),即撰文讽刺教廷文件中荒谬的西塞罗文风。这份文件称天父为"万能的天神朱庇特"(Jupiter Optimus Maximus),称童贞女玛利亚为"狄安娜"(Diana),使徒为"使节"(legates),称主教为"总督"(proconsuls)。

　　对伊拉斯谟而言,这种风气绝非小缺点,而是教廷内部逐渐滋长的世俗主义的标识,而他也不是唯一对此提出批评的人。然而,世俗主义的源头并非人文主义,而是历届教宗维持教宗国独立的

---

* 奥西里斯(Osiris)是古埃及神话中的冥王,也是生育之神和农业之神,是一位反复重生的神。据神话,他是大地之神盖布与天神努特的儿子。后被他的兄弟赛特所杀,尸体被切成许多块,分藏各地。他的妻子伊西丝花了很多年,终于找回这些碎片,并使他复活。——译者

努力。尽管在 1454 年签订了《洛迪和约》，但 15 世纪的意大利仍是一个极不稳定的地区，城邦之间的关系反复无常，争伐不断，其统治者是几个残忍、正谋求自我扩张的家族，包括佛罗伦萨的美第奇、米兰的斯福扎（Sforza），以及里米尼（Rimini）的马拉特斯塔（Malatesta）家族。在这些地方势力的背后，则有虎视眈眈的更大势力，因为西班牙对西西里、法兰西对米兰宣称拥有主权。在法王查理七世（Charles Ⅶ）与路易十二世（Louis Ⅻ）分别在 1494 年与 1499 年大举入侵后，意大利已成为欧洲大国的角力场。

自伦巴德人入侵以来，保卫圣彼得的土地一直是教宗的重要政策之一，并因此催生了法兰克帝国。然而，在这个诸侯征战的年代，教宗在抗击其他诸侯的过程中，也逐渐成了一方霸主，局势因而更为紧张。像文艺复兴教廷许多其他令人不齿的行径一样，这一发展也可追溯到塞克图斯四世时期。他原是米兰的忠诚盟友（米兰公爵曾经帮助他在选举中获胜），在他两个好战的侄子佩德罗（Pietro Riario）和吉洛拉摩（Girolamo Riario）的唆使下，很快就对佛罗伦萨、费拉拉和威尼斯发动了一连串龌龊的战争。在这些战争中，他像马基雅维利时代的世俗君主一样，肆无忌惮、背信弃义。1478 年，他默许了帕齐家族（Pazzi）的阴谋：在佛罗伦萨大教堂的弥撒仪式中刺杀美第奇家族的罗伦佐与朱利安诺（Giuliano de'Medici）。

塞克图斯的行事风格传给了他的继承人英诺森八世（Innocent Ⅷ，1484—1491 年），他挑起那不勒斯叛乱，并通过政治婚姻，让其私生子弗朗西斯科托（Franceschetto）迎娶豪华者罗伦佐之女为妻，因而与佛罗伦萨的统治者美第奇家族结盟。这种王朝风格在其继承人西班牙籍的罗德利哥·博尔贾（Roderigo

Borgia),亦即教宗亚历山大六世（Alexander Ⅵ,1492—1503年）时期更为嚣张,他至少有九个私生子女,是文艺复兴时期最恶名昭彰的教宗,不过这个恶名仍有争论。他对女人具有磁铁般的吸引力,与一个又一个的情妇公然同居。其中,最年轻也是最后一任情妇,甚至是他在60岁成为教宗后。

他的一身可谓恶名缠身。当他还是枢机博尔贾时,就曾在锡耶纳举行一个淫荡的花园派对,邀请当地的社交名媛,却不邀请她们的丈夫、父亲和兄弟,所有的男人都被拒之门外。因而教宗庇护二世（Pius Ⅱ,1464—1471年）在一封著名的信里对他加以斥责。历史学家把这封信当作指证亚历山大的依据。不过,正如教宗所言,这些谣言证明是夸大其词的,事实是花园派对仅限于上流社会人士参加,但并非只限于女性,而关于亚历山大的大部分传闻也是不可靠的。事实上,他生活俭朴,饮食粗糙（如喜欢吃沙丁鱼）,不仅严于律己,也强加于家人;他虔诚得近乎刻板,并坚守正统;对艺术和建筑的资助也不大方。这与那些关于他生活放荡奢侈的传闻正好形成鲜明的对比。然而,说他喜欢美色,一心为家族牟利,也非言过其实,并足以招致诽谤。身为教宗,他老谋深算,利用子女与各王侯联姻来达成政治结盟。他还拨出教宗国的大片领土,让儿子裘安（Juan）和切萨雷（Cesare）自建公国。在尼科洛·马基雅维利讨论文艺复兴时期治国术的专论《君主论》（*The Prince*）中,切萨雷是他钦佩的模范。切萨雷在教宗国东征西讨,显然旨在压服那些背叛的地方领主,他们名为教宗代理人,实则为一方霸主。然而,作为教宗军的统帅,切萨雷并不胜任,他未能解决博尔贾与奥尔西尼这类罗马家族之间的宿怨。因而,他并不是教宗事业的捍卫者,而是一个争夺私人采邑的领主。同样,美第奇教宗利奥十世(Leo X,1513—1521年)的战略,也是旨在扩展佛罗伦萨及其家族的利益,而非增进教廷的利益。

虽然如此,教廷的外交与战争政策并不全然与扩张教宗家族的权利相契合。当时最凶悍的教宗,就是德拉·罗维尔(della Rovere)家族的朱利安二世。他专横跋扈,脾气火爆,行为狂躁,时人称为"狂人"(*il terribile*),这是一个难以翻译的字眼,意指一种狂暴的力量,而不是一种人格。朱利安银铠素甲,亲率大军如狂风暴雨一样横扫意大利;一次,他用手杖毒打他手下的枢机,因为他们觉得天冷,不愿跟他一起通过深及马胸的雪地。不过,他的战争并不同于塞克图斯四世与亚历山大六世的战争,他的目的是要确保教廷本身的地位,而非家族的利益。他决心要收复亚历山大六世家族所占领的教宗领土,将侵入罗马格纳(Romagna)(过去的拉文纳总督区)的威尼斯人驱逐出境。在他辞世前,他已将法兰西人赶出意大利,并将教宗国的版图扩大到帕尔马、皮亚琴察和雷焦-艾米利亚(Reggio Emilia)。

朱利安深知教廷利益之所在,全力维护并成就斐然,这也包括教廷的财政利益。虽然他是最奢侈的艺术赞助人,且在军事上花费甚巨,但其财库仍然充盈无虞。不过,这位教宗无法避免其十足的世俗性。有人说他除了身上的黑袍,没有一点教士样,而且他还经常不穿它。在拉斐尔为他画的最后一幅画像中,他是一位胡须蓬乱的凶猛老人,也是第一位留胡子的文艺复兴教宗。不过,朱利安留胡子不是出于虔敬或赶时髦,而是要模仿与他同名的异教徒朱利安·恺撒(Julius Caesar),恺撒因为高卢人屠杀了他的军队,于是以不刮胡子作为向高卢人复仇的誓言;而教宗朱利安的胡子则是作为对抗许多敌人的誓言,他的敌人包括法兰西人、土耳其人、博洛尼亚人,甚至还有罗马人。

文艺复兴时代教廷最突出的特征之一,就是教宗肆无忌惮地任人唯亲。这种状况并不必然是一种道德上的失败。教宗是一个经过选举的君主,新当选的教宗继承了前任教宗留下的复杂官僚系统与一群经常带有敌意的枢机,这成为教宗施政的阻碍。众所周知,枢机团里存在着复杂的派系,这在密室会议上表露无遗。选举期间,新逝教宗提拔的枢机主教的房间里,会挂上紫罗兰色的幔帐,其他人的房间则是绿色幔帐。

在此情形下,为确保自己身边有值得信赖的亲信与同僚,提拔自己的亲戚当枢机也许是唯一的方法。在16、17世纪,甥侄枢机(cardinal nephews)通常担任国务卿(secretary of state)的角色,但文艺复兴时期的教宗早已将之推到极致。西班牙籍的教宗卡利克图斯三世不只提拔了两个侄子当枢机(其中一位后来成为亚历山大六世),让另一个侄子担任教廷军队的统帅,还在教宗内府与教廷中塞满加泰罗尼亚(Catalan)官员。也许,比起意大利籍的教宗来说,一位外籍教宗要入主教廷的话,需要更多的家族支持。从各种角度来说,庇护二世比较克制,他只擢升了两个侄子当枢机,其中一位后来在1503年当了27天教宗,即庇护三世。

但在塞克图斯四世时期,又旧病复发。他提拔了六个侄子当枢机,还让其他侄子、侄女与一些有权势的意大利家族联姻,如那不勒斯、米兰、乌尔比诺的权贵。这样他仍不满足,还让他的甥侄枢机们兼领教俸,享有王侯般的收入。如朱利安诺·德拉·罗维尔,即未来的朱利安二世,就兼任阿维农大主教、博洛尼亚大主教、洛桑主教、科坦斯(Coutances)主教、维维尔(Viviers)主教、芒德(Mende)主教,奥斯提亚和韦莱特里主教、诺南托拉(Nonantola)

第四章 抗议与分裂(1447—1774年)

修院院长、格罗塔费拉塔(Grottaferrata)修院院长,以及一大堆小教俸的圣职。

这种做法所产生的必然结果,就是创造出一个富有的枢机阶层,这个阶层与教宗王朝有着密切的关系。1431年尤金四世当选时,12个枢机中有半数来自意大利境外。亚历山大六世于1492年当选时,23位枢机当中只有一位(亚历山大本人)不是意大利人。正如教宗家族与意大利权贵联姻一样,枢机团与教廷本身也有着与大家族联姻的做法,如法尔内斯、美第奇、贡扎加与伊斯特等家族。英诺森八世让他的儿子与美第奇家族联姻,条件是让豪华者罗伦佐的儿子乔凡尼(Giovanni)当上枢机,当时乔凡尼年仅13岁。我们知道,这个美第奇枢机后来当选为教宗利奥十世。贵族渗透枢机团是教廷逐渐政治化的功能之一。意大利、法兰西和西班牙的统治者都需要顺服的枢机(虽然大部分是意大利人)来对教廷政策施加影响,或在某种程度上影响教宗选举。

矛盾的是,也是在这一时期,枢机逐渐被排除于教宗决策过程之外;他们已从教宗的顾问转变成领薪的清客。教宗与枢机之间的紧张关系至少出现于格雷戈里七世时期,而订立当选协议的惯例在阿维农教廷时期就已形成了。这些协议的内容是由参加密室会议的枢机们所制定的,旨在限制新教宗的行动自由,也就是限制他可以任命的新枢机的数目,或哪些决定或政策不需经过枢机团的同意。然而,这类协议总是制定容易却难于实行,此乃人类的本性使然。一位经过正当程序选出的教宗,就等于一个君王,多少都是可以为所欲为的。大分裂后的第一位教宗是科隆纳家族出身的强硬的马丁五世,他采取任何行动之前几乎不征询任何人的意见,枢机们在他面前就像一群恐慌又听话的孩子。然而,枢机在大分裂开始与结束的时候都扮演了极重要的角色,康斯坦茨大公会议是由几位枢机召开的,当时许多枢机希望能够通过对继任教宗施加压力,以便至少达成公会议运动的部分目标。

然而,所有的希望都化为泡影,因为枢机们无力反抗教宗,反而要依赖他来确保生命与财产的安全。尤金四世、庇护二世、保罗二世和塞克图斯四世在密室会议上都接受了当选协议,但当选后,没有一人遵守协议,一次也没有。1517年,利奥十世破获了枢机们针对他的一桩阴谋,他处死首犯,并清洗枢机团,在一天之内就任命了31位枢机。这样,他不仅通过冲淡对手的数量来制伏敌人,还大大缩减他们的收入,这些收入大多来自于分享稳定的财源。

枢机唯一有至高权力的场合,就是在密室会议上,也就是选举新教宗的时候。期间,枢机们被锁在梵蒂冈里面,食宿都在特别为会议建造的木制小房里,又暗、又不通风,同时与外界完全隔绝。文艺复兴时期的密室会议是阴谋诡计的温室,选举结果几乎无法预料。我们有一份1458年密室会议的目击者的记录,它出自埃涅阿斯·西尔维奥·皮科洛米尼亦即庇护二世之手。他回想起在那个封闭小房间里发生的无穷阴谋,说"真是这种选举的好地方!"[①]在选择教宗的过程中,很少考虑宗教因素。法兰西与西班牙的对抗,或米兰、威尼斯与那不勒斯之间的竞争,甚至是地方性的如奥尔西尼与科隆纳家族的对抗,都在这里扮演了重要角色,一如他们在枢机团内部的紧张关系一样。1458年庇护二世的当选,部分是因为他讨人喜欢的个性,但主要原因是在前任教宗任期中,西班牙

---

① L. C. Gabel ed., *Memoirs of a Renaissance Pope*, London 1960, p. 81.

第四章 抗议与分裂(1447—1774年)

对教廷的控制招致强烈不满,加之害怕法兰西的政治势力会排挤任何外国人,因此最可能的人选就是法籍枢机戴斯特维勒(d'Estouteville)。1464年的密室会议上,最受欢迎的人选是令人生畏的西班牙人裘安·德·托魁马达(Juan de Torquemada),一个坚决捍卫教宗永无谬误论的多明我会士,但当选者却是新逝教宗的侄子佩德罗·巴勃(Pietro Barbo);他能当选是因为枢机们认为他是枢机团的忠实成员,将来易于控制。但不幸的是,他们这次又打错了算盘。

教廷所以盛行裙带关系与买卖枢机职位,目的是交换金钱或政治支持。其结果,到15世纪末,教宗选举更不可能反映出这是单纯地寻找"上帝的候选人"。1484年选出英诺森八世(1484—1492年)的密室会议,破纪录地有25位枢机出席,其中许多人都是丑闻缠身的俗人。新逝教宗的侄子朱利安诺·德拉·罗维尔操控了整个会议的过程。当事态表明他本人不能当选时,他找了一位容易摆布的小角色,助其当选,此人即是枢机齐伯(Cibo),是靠贿赂选举人而当选的:在投票的前夜,他签署了放在他室内的所有晋升申请书。

1492年,罗德利哥·博尔贾当选亚历山大六世,更是赤裸裸的贿赂演出。这位新教宗不但放弃所有的圣俸,还分派礼物。博尔贾是一个有天赋的管理与外交人才,并有着长期成功的教廷职业生涯;他身兼教职之多令人叹为观止,他辞掉的职务中有十几个非常重要,其中包括主教、修院院长、城堡与城镇的市长。这些职位都事先许给他人,以确保能得到多数选票。事实上,很可能是亚历山大在政治上的机敏与行政管理上的经验,使他得到必要的支持而当选为教宗,而贿选只是当时通用的手法,并不比其他贿选更恶劣。尽管罗德利哥能力非凡,但他终究是一个无情的俗人,当选时他至少与三个女人生了八个孩子。这种人竟然被认为是彼得的最佳继承人,充分说明了教廷的堕落。

在教会大分裂以前,教廷的许多资金来自积极运行其属灵职权——申请人向教廷缴纳的各种费用、教宗的授职费、首年金与彼得便士。然而,在大分裂与公会议运动时期,教宗的特权受到侵蚀,这类收入急剧减少,教廷愈来愈依靠来自教宗国的世俗收入,这也是教廷发动战争以保护这些领土的原因。1462年,罗马附近的托尔发(Tolfa)发现了明矾矿,使教廷得到了一大笔意外之财。明矾是纺织业与皮革贸易不可或缺的化学原料。1462年以前,欧洲没有重要的矿源,大部分供应来自伊斯兰世界的土耳其西部。现在,教宗可以禁止基督徒使用土耳其的明矾,并垄断了欧洲的明矾供给。所得收入表面上是用来发动圣战,以收复君士坦丁堡与圣地,以及击退土耳其人对东欧的威胁。1480年时,明矾矿的收入占教宗世俗年收入的三分之一。

然而,教宗不断升高的战争费用和几任教宗奢侈的建筑计划,迫使教廷不断寻找新的财源。其中,最恶名昭彰的就是贩卖赎罪券,特别是为重建圣彼得大教堂而贩卖的赎罪券。不过,更为重要的是,教宗愈来愈依赖卖官鬻爵。就其实质而言,这是一种通过贷款来公开集资的方式。投资人用大笔现金购买一个教廷职位,再以持有该职位年收入的形式来收回投资本金与终生利息。这就意味着,教宗的绝大部分收入其实要用来偿还这些购官者,但为了筹集更多的资金,历任教宗还是不断设立新的官职以供出售,勤恳的庇护二世就是利用这个方法来募集资金发动圣战的。结果是无用的虚职成倍增加。比如,英诺森八世设立了52个掌玺官

(*pulumbatores*),专门负责为官方文件盖印。每个掌玺官售价2,500杜卡特,这大约是一个乡村神父年收入的100倍。

卖官鬻爵使改革陷于瘫痪,因为它创造了一个庞大的官僚阶层,这些官员为了维护自己的利益,阻止教廷管理的合理化或清除教廷财政弊端的任何企图。它也把贤能者排除于教廷之外:15世纪80年代后,出身寒微的能干之士,如无钱购买,也愈来愈难在教廷谋得一官半职。1521年利奥十世辞世前夕,据计梵蒂冈可供出售的职位多达2,150个,总值300万杜卡特。这些职位甚至包括司库枢机*等最高级别的教廷官职。

所有这一切都促使教廷世俗化,这一影响最清晰地表现为教宗所热衷的圣战理想的破灭。教宗乌尔班二世发明了圣战,而他的几位继任者也将圣战置于教廷施政的首位。由教宗领导基督教国度来联合打击十字架的敌人,一直是极富诱惑力的理想。然而到了15世纪,圣战对欧洲的君王已经愈来愈缺乏吸引力,他们宁可相互征战。1453年君士坦丁堡的陷落使得教宗们大为震惊。未来的庇护二世写道:"基督教国度两盏明灯中的一盏熄灭了。"从尼古拉五世起,数任教宗都力图促使王侯们采取行动。卡利克图斯三世(Callistus Ⅲ,1455—1458年)在任期间,倾其全力,分派使节到欧洲各地鼓吹圣战赎罪,向神职人员征税,还在台伯河为圣战舰队修建船坞。然而,这一切的结果却是触发了早已心怀不满的各国教会的对立情绪,触发各方呼吁召开大公会议来阻止教宗的无理要求。庇护二世也热衷于圣战,但运气同样不佳。面对王侯

---

* 司库枢机(Cardinal Camerlengo)是枢机团的主席,平时主理枢机团与教廷财务,教宗逝世时,则进驻梵蒂冈代行教宗职务,直到密室会议选出新的教宗为止。——译者

们的冷漠,以及威尼斯不愿与土耳其人敌对以免切断双方贸易的情势,这位濒临死亡的教宗亲往安科纳率军远征。他说:"我们高喊'前进',但无人注意;也许高喊'跟我来',会比较有效。"他死在安科纳,死前还在苦苦等待支援,援军没有来,或者像威尼斯那样,来得太晚了。

不过,到英诺森八世时,四个世纪以来教宗一直坚持的击退穆斯林的圣战理想被放弃了。1482年,土耳其王子契门(Cem),苏丹穆罕默德二世(Sultan Mehmet II)的幼子,也是君士坦丁堡的征服者,找到罗德岛的圣约翰骑士团,要求他们协助他推翻其兄、已继承王位的巴耶济德(Bayezit)。骑士团非但没有提供帮助,反而与巴耶济德达成协议:巴耶济德支付大笔金钱,骑士团则将他这个危险的弟弟圈禁于此。1486年,英诺森八世将契门置于教宗的保护之下(他以晋升圣约翰骑士团团长为枢机为条件,来交换这个囚徒),三年后又将其囚禁于天使圣堡。

现在,教宗成为了苏丹的狱卒。巴耶济德送给英诺森一份重礼,包括12万克郎(几乎等于教宗国的总收入),以及残存的圣矛(Holy Lance,基督受难时刺伤其身体的矛)。圣彼得大教堂内专门修了一座供奉圣矛的祭坛。此后,教宗每年可以得到45,000杜卡特的囚禁契门费。这桩肮脏的交易到英诺森的继承人亚历山大六世时表现得更加明显。他主动劝阻了十字军东征,并向巴耶济德索取30万杜卡特金币,他解释说这笔钱会帮助他把法兰西人赶出意大利,以防止法兰西十字军把意大利当作进攻君士坦丁堡(即现在的伊斯坦布尔)的基地。让宗教热忱服从现实政治利益的行径,已经到了不可救药的地步。

二、基督教国度的危机

文艺复兴时期的教廷,看似光彩夺目,却一再表明它拒绝改革。然而,在基督教国度的每一个角落,人人都在呼吁改革,而且呼声越来越迫切。在意大利,15 世纪末期最高亢的呼声,发自多明我会士、佛罗伦萨圣马可修院院长萨沃纳罗拉(Girolamo Savonarola)。他是由卡皮斯特拉诺的约翰或文森特·费拉尔(Vincent Ferrar)发起的那场信仰复兴运动的鼓吹者。他宣称自己看到了异象,法军入侵意大利与美第奇家族被逐出佛罗伦萨就是上帝降下的惩罚。他的布道辞是圣经预言、模糊的政治评论与道德谴责的混合物。在他蛊惑人心的宣传下,佛罗伦萨经历了一场相当特别的神权共和主义实验(theocratic republicism)。* 公共娱乐大都遭到禁止,隶属多明我会的那个修院的托钵僧从 50 名陡然增加到 238 名;已婚妇女离开丈夫进入修女院,并在维基欧广场(Palazzo Vecchio)外燃起篝火,焚烧珠宝、淫秽书籍与不雅服饰等浮华之物。佛罗伦萨伟大的艺术家波提切利就亲手烧掉了自己的"异教"画作。

萨沃纳罗拉将亚历山大六世的罗马喻为敌基督者的巢穴,预言它必然覆灭:"我在一个异象中看到,巴比伦也就是罗马的天空中出现了一个黑色十字架,上面写着'主愤怒了'(Ira Domini)……

---

* 1494 年,法王查理八世入侵意大利,攻陷佛罗伦萨,并推翻美第奇家族统治。由于早在两年前萨伏纳罗拉已就此做出预言,于是他得以与查理八世协商,在 1495 年成立民主共和政府。——译者

我对你们说,上帝的教会必然被革新,而且很快。"罗马是一个道德肮脏之所,任何东西,包括圣事都可以出售。他还以人尽皆知的暗指教宗的方式哀叹道:"曾经,这些业经涂油的祭司称他们的儿子为'侄儿';但现在他们不再称侄儿,而是随时随地称为自己的儿子……哦,多么淫荡的教会。"①

亚力山大花了两年的时间,试图用温和的手段让他安静下来,结果却颇为沮丧,最终于1497年将他开除教籍。1498年,佛罗伦萨人由于饱受灾祸而感到幻想破灭,转而怪罪他们的先知;萨沃纳罗拉被吊死,并在他当年主持焚烧浮华之物的那个广场上焚尸。但他对亚力山大的攻击仍然激起共鸣。在双方冲突最为激烈的时刻,萨沃纳罗拉曾宣布亚力山大不是真教宗,而是一个寡廉鲜耻的无神论者;他还呼吁召开大公会议来改革教会,而且改革要从教廷开始。这种复兴公会议运动的要求成为法兰西人手中的一件武器,他们后来试图召开这样一个会议(1511年在比萨召开),以推翻亚历山大的继承人朱利安二世。无论怎样,它拨动了人们的心弦。萨沃纳罗拉甚至受到一些忠实的亲教宗的宗教领袖的尊敬,如英格兰神学家约翰·费舍尔(John Fisher)主教,他在亨利八世时为维护教宗在英格兰的权威而被斩首。一切善良的人都认为必须对教宗采取某种行动。

在北方,有一股远比萨沃纳罗拉冷静的声音,也在呼吁改革,这就是鹿特丹的伊拉斯谟的呼声。与意大利相比,北欧的文艺复兴深受"现代虔诚"(Dcvotio Moderna)、寻求更真实的个人虔诚这

---

① J. C. Olin ed., *The Catholic Reformation: Savonarola to Ignatius Loyola*, Westminster, Maryland 1969, p. 9; Pastor, *Popes*, vol. 6, p. 17.

类中世纪晚期宗教运动的影响,因而是一场更为严肃、更为纯粹的基督教运动。对北方人文主义者而言,探究人类文化的纯粹根源,当然要包括柏拉图与西塞罗,但焦点必须是基督教经典——早期教父的著作,最重要的是《圣经》。伊拉斯谟倾其毕生精力,用于编纂圣哲罗姆、圣奥古斯丁与圣安布罗斯的作品。最重要的作品,是他编纂的希腊文《新约圣经》和现代拉丁文译本(1516年完成),目的是要把"基督的道、医治、死亡与复活"带到时人面前。

伊拉斯谟不仅是一位虔诚的学者,也是欧洲最诙谐的讽刺家;在一系列讽刺喜剧作品如1509年的《愚人颂》中,他对教会的腐败嬉笑怒骂。但他厌恶暴力,也不想点燃革命之火,他的确希望利用笑料来揭露教会的荒淫堕落,不过,那只是以此来触发教会自行改革。他成为欧洲最有名望的人,国王与枢机都竞相与他结交。1506—1509年,他留居意大利,期间吸收了意大利文艺复兴的光辉内涵,对朱利安二世的活动冷嘲热讽。

伊拉斯谟像许多心怀改革的天主教徒一样,憎恨好战又世俗的朱利安,因为这个武士教宗具有他们认为一个教士不该有的一切特质。朱利安死后,出现一份匿名的讽刺作品《朱利安被拒于天门外》(*Julius Exculusus*),人人都认为它是伊拉斯谟的杰作,但他总是极力否认。无论作者是谁,它浸透着伊拉斯谟式的冷嘲热讽,嬉笑怒骂却一针见血,书中指控新逝教宗犯下了从施巫到鸡奸的任何罪行。讽刺最精彩的部分是死去的朱利安在天堂大门前遇到圣彼得,他此时仍然穿着铠甲,一群死于他发动的战争的鬼魂围着他吵吵嚷嚷。彼得拒绝承认这个杀人恶棍是自己的继承人,也不准他进入天堂,接着在两人的争辩中,朱利安不经意间供出了教廷肮脏恶俗的面相,这一面相令许多人担忧,却支撑着文艺复兴时期罗马的辉煌。彼得问他，是否做到教导正统教义、为基督争取教徒、努力祈祷，以此来证明其真正继承人的身份。朱利安对这个"贫贱渔夫"的想法嗤之以鼻，回答说：

> 你应该知道我是什么样的人……我为教会捞进大笔收入。我设立新官爵出售。我设法出售主教职位而不用担负买卖圣职的罪名……我并吞了博洛尼亚。我打败了威尼斯人。我还将法兰西人赶出了意大利……我让帝国的王侯俯首听命。我撕毁条约，在战场上率军拼杀。我在罗马盖满了宫殿，在身后还留下500万财富。[1]

这种辛辣的讽刺是基于对改革无望的失望，尤其是对教宗不愿召开旨在改革的公会议的失望。1511年，一群心怀不满的枢机在法王路易十二的支持下，试图再创公会议时代的辉煌，在比萨召开了一次针对朱利安的大公会议。很明显，这次会议只是法兰西的一个政治花招，几乎没有得到任何支持，但它依然迫使朱利安做出善意的回应。1512年，朱利安在罗马召开了第五次拉特兰公会议，它是西部基督教国度分裂之前，由教宗召开的最后一次大公会议。此次会议名为改革，实则软弱无力，出席者多为意大利主教，会议官员由教宗指派，议程也由他定夺，会议决议以一份教宗诏令的形式面世。议程简况就像《朱利安被拒于天门外》中的那位教宗说的："我告诉你它说了什么……我们举行了两次弥撒，以示我们是在神的启示下行事，然后我发表了一个演说。第二阶段我诅咒

---

[1] J. A. Froud, *Life and Letters of Erasmas*, London 1895, p. 158.

了那些搞分裂的枢机。第三阶段我对法兰西处以停止教权……然后这些决议被写入诏令,传行欧洲。"——尽管略显夸张,但离实情不远。①

第五次拉特兰公会议尚未结束,朱利安就去世了。新任教宗是美第奇家族出身的利奥十世(Leo X,1513—1521 年)。他年轻(只有 37 岁),有修养,爱好和平,没有令人厌恶的恶习。故在他当选之前,人们曾寄予厚望。他也签署了当选协定,答应继续公会议的议程,结果却什么也没做。教宗诏书《天国的裁判》(*Supemae Dispositionis Arbitrio*)有一些比较温和的改革措施,但包括教宗在内,没有人关注。从教宗的立场来看,拉特兰公会议最令人满意的成果,就是使图谋分裂的比萨公会议威信扫地,并促使法兰西政府放弃了公会议理论。当拉特兰公会议仍在进行期间,教宗与法兰西王室签署了《博洛尼亚协议》(1516 年),法王据此有权任命法兰西的主教、修院院长,以及其他重要神职。但法兰西重新向教宗缴纳首年金,允许向罗马上诉(1438 年的《国务诏书》禁止此行为,现在无效了),并正式承认教宗高于大公会议。事实上,这份协议使得法兰西国王成为了法兰西教会的主人,而教宗几乎不能控制。利奥认为这个代价是值得的,因为它让法兰西废除了《国务诏书》,在理论上承认了教宗的特权,实际上也恢复了教宗相当部分的收入。

在伊拉斯谟发表《朱利安被拒于天门外》的同一年,拉特兰大公会议结束,利奥在枢机团里增加了 31 位新枢机。也是这一年,维腾贝格(Wittenberg)一所籍籍无名的新建大学里,一位默默无

---

① J. A. Froud, *Life and Letters of Erasmas*, Lodon 1895, p. 165.

闻的神学教授,引发了一场关于赎罪券的学术论战。他就是马丁·路德,他对朱利安及其后的利奥为重建圣彼得大教堂而发行的赎罪券进行了猛烈的抨击。很久以来,教会施予灵性祝福以筹募捐款资助教会计划,已成惯例,也很少有人提出质疑。然而,这次贩卖的赎罪券却与腐败绞在一起。在路德所在的德意志,教宗与勃兰登堡的阿尔布雷希特亲王(Prince Albrecht),亦即马格德堡大主教,共同分享利润。23岁的亲王新近购得美因茨大主教一职,打算用赎罪券的收入来支付相关的贿赂费用与贷款。负责贩卖赎罪券的是多明我会宣教士特策尔(Tetzel),他急于聚敛钱财,肆意夸大购买赎罪券的功效。他宣称,赎罪券可以让你的亲人免受炼狱之苦,他甚至把这种承诺写成一首德语韵文,大致可译为:

> 你的银钱在钱箱里叮当一响,
> 天堂的大门立即对你开放。

各地的虔诚之士对这种玩意都颇为反感,此前也发生过多起抗议滥用赎罪券的事件。但路德抗议的并非滥用赎罪券,而是赎罪券本身。路德是一位虔诚且一丝不苟的僧侣,刚刚经历一场深刻的心灵危机。他深知自己有罪,知道上帝的审判令人恐怖,而通过忏悔、苦行这类教会方法无法抚平他的恐惧。圣保罗说的一句话使他得到解脱:"义人必因信而生。"对路德而言,这句话颠覆了中世纪的整个救赎制度。圣徒并不像教会说的那样,是一个不再有罪的男女;圣徒仍然是罪人,只不过他将自己完全交给了上帝。善工、苦行、赎罪券,对于救赎毫无用处。最重要的是信,像小孩那样信赖上帝。善工在基督徒的生活中仍有一席之地,但它不是获救的方法,而是一种对获救表示感恩的方式。路德讲解《罗马书》的一句话一语道破其中真意:基督徒"总是一个罪人,总是一个忏悔者,总是信仰上帝"。

因而,在路德看来,为圣彼得教堂而发行的赎罪券是一个赤裸裸的亵渎神灵的骗局,是用空洞的承诺来骗取钱财。他指责赎罪券是一种虔诚的敲诈,他的抗议产生了强烈的反响。这是一个印刷革命的时代,历史上首次出现的这种技术,可以快速地把某种理念传遍欧洲,把神学从修院的回廊或大学的教室带到集市。短短数月,路德已成为德意志最有名的人。当教会当局开始反攻时,他放弃了赎罪券问题,开始抨击天主教的整个教义与实践。如果信就是一切,而信得自于上帝讲的"道"(Word)与阅读《圣经》,那么依赖教士、圣事、神职体系,只能是徒然无益。

这些思想像野火一样蔓延到德意志各地。路德宣扬,平信徒皆祭司,德意志的普通男女有权通过阅读《圣经》,自己来检验他们被告知的是否为真理,为此他着手将《圣经》译为德文。对穷人来说,这几乎就是从一切压迫和剥削中解放出来的口号。这是一个饥饿与社会急剧紧张的时代。1525年,德意志的农民起义反抗领主,他们的口号大多来自路德的著作,并将之写在旗帜上。路德随即否认了对其话语的这种革命性的解读,但对富人与权贵而言,他传递的信息同样具有魅力。路德谴责中世纪教会的敲诈,否定修道生活,认为那既无意义又背离基督教的本义,这无异于说教会的财产是偷盗来的。既然是偷来的,就理应属于国家。路德呼吁德意志的统治者保护福音,他们的回应则是攫取教会的财产。他的理念就像一颗投到平静湖面的石头,掀起层层的涟漪。

在罗马,利奥十世完全没有意识到这场危机的严重性,也未断然采取措施来维持教会的统一,并满足改革者的合理要求。罗马人与佛罗伦萨人经历过古典学识与艺术赞助的洗礼,经验老到,因而意大利的王朝政治不断上演着错综复杂的游戏,教宗要得以生存,也必须成为玩家。这种现实使得教宗无法体验质朴的北欧人那种直接与现存的焦虑感。

最初,利奥试图让路德所属的奥古斯丁修会来命令他保持缄默,但未能成功,随即又要求当地的萨克森公爵腓特烈撤销对路德的政治保护。最后在 1520 年 6 月,他发布了一道诏令《主,请起》(*Exsurge Domine*),谴责路德的思想,历数其 41 条罪状。路德的回应是公开焚烧诏书,并说:"把它烧掉不过小事一桩,更应烧掉的是教宗和教宗宝座。不能从内心拒绝教廷的人,不可能得到永久的救赎。"他因而被正式开出教籍,但他却毫不在乎。亚历山大六世在 1498 年处罚萨沃纳罗拉时,也遭到同样的蔑视,他比利奥更加臭名远扬。不管怎样,时代变了,德意志对教廷的敌视程度,已远非意大利所能知晓。

一个多世纪以来,德意志地区一直存在着一股强烈的反罗马传统,这种敌意又因为 12 世纪红胡子腓特烈与教廷之间的争斗、公会议运动的理念、波希米亚的胡斯分裂派的经历,以及教廷在德意志的财政索取与司法特权等痛苦记忆而火上浇油。路德和他的支持者成功地利用了这股不断高涨的不满情绪,并展开漫画宣传攻势,使腐败贪婪的教廷形象家喻户晓——教宗是从魔鬼的肛门中出来的,教宗重新将基督钉上十字架,教宗是《启示录》中说的七头怪兽,每个头上都戴着教宗的三重冠。

1521 年 12 月 1 日,利奥突然去世,教廷无人领导,面临破产。枢机中势力较大的一派希望利奥能干的侄子朱利奥·美第奇

(Giulio Medici)继任。其他枢机虽决心抵制美第奇,却惧于帝国或法兰西在意大利的影响力而发生分化。在一片混乱中,乌特勒支的哈德良意外当选。他是尼德兰的一位木匠之子,曾担任皇帝查理五世的老师、尼德兰总督,以及西班牙宗教裁判所的大法官。哈德良当时正在西班牙,并没有出席密室会议。他的当选解开了死结,因为找不到任何反对他的理由;而且他已63岁,不太可能在位太久。

哈德良六世(Hadrian Ⅵ,1522—1523年)的当选引起很大的震动。查理五世因为相信有了一位顺服的教宗十分高兴,弗朗西斯一世(Francis Ⅰ,1515—1547年)却为同样的理由而感到惊骇。罗马人则非常害怕这位北方蛮族教宗,因为他生性简朴,以清教徒似的生活方式著称。他入主教廷后的作为证实了这一点。他明确宣布,废除因得到教宗的恩赐而缴纳费用的惯例;他还规划了一个大幅度缩减开支的方案,其中包括大量裁减教廷冗员。他宣布,他的目的是要取消前几任教宗设立并卖出去的官职。哈德良是一位旧式的经院神学家(伊拉斯谟曾听过他的讲演),对文艺复兴毫无兴趣。梵蒂冈收藏的古典雕刻被当作"异教偶像"而抛弃,拉斐尔的学生被派做打包的工作,梵蒂冈许多房间的装潢工作也被停止。他还终止了罗马城为欢迎他而修建几座凯旋门的计划,因为这是异教的东西。

哈德良是一个虔诚的人,也是一位改革者。他每天亲自主持弥撒的举动让人惊讶,因为在人们的记忆中,还没有一位教宗——也许从来就没有哪位教宗——这样做过。他曾目睹并亲自参加改革运动,其中包括研究圣经、教育神职人员、改进布道方式等,这些都得自伊拉斯谟式的人文主义在西班牙与北欧所激发的灵感。他与利奥不同,他深知必须解决德意志的宗教骚动。1522年11月,他派一位使节出席德意志的纽伦堡帝国议会。在议会上,该使节以教宗的名义承认,教会的弊端是从教廷本身向下蔓延开的,并宣布哈德良已决定要对罗马教廷及整个神职体系进行彻底改革。然而,当谈到路德时,马上就暴露了哈德良在认识上的局限性:这个"小修士"是天主教传统的叛徒;如果他承认自己的错误,迷途知返,教会还可以接纳他;否则,帝国议会就必须采取严厉措施,镇压他和他宣扬的思想——截肢有时候是从身体上摘除坏疽的唯一办法。

这一切无异于痴人说梦。尽管哈德良已接到详细的报告,知道路德的支持者在德意志已如野火般蔓延开来,但他的反应却像西班牙这类集权国家的宗教裁判所的大法官,用严厉警告和惩罚威胁来处理问题。路德的抗议已经触发时代的敏感神经,这绝非凭借改革教廷就能缓解的,不管改革力度有多大;再则,用教会制度压制相威胁,当它根本无法付诸实践时,这种威胁也就毫无意义。从哈德良的回应来看,表明他完全没有认识到路德的真正力量,这股力量就是它激发的福音热情,以及它提供的那种激进、蒙福却又简单的宗教生活观。

1523年9月,哈德良满怀失望地死去。虽然他与查理五世私交甚密,但他在帝国与法兰西之间仍努力保持中立。不过,他是一个笨拙的政治家,法兰西拒绝参与十字军并威胁要入侵伦巴德,最终迫使他与查理五世结盟。1521年,当土耳其人攻陷贝尔格莱德并威胁整个匈牙利时,他渴望发动一次十字军东征,却毫无结果。1522年11月罗得岛落入土耳其人之手。他整肃教廷的努力,结果变成不加区别的一刀切,一些重要官职也被裁减。教廷事务因而运转不灵,而教宗本人缺乏经验,每遇重大决定,因无专家协商

第四章 抗议与分裂(1447—1774年)

而犹豫不决。当他去世时,罗马城内一阵欢腾,整个欧洲也如释重负。有人说,这位教宗本应成为一位杰出的修士。他的墓碑上援引了一句刻薄的话:"多亏时间走得忙,即使完人也要亡。"(How much depends on the times in which even the best of men are cast)直到四百五十年后,枢机们才再度冒险选出一位非意大利籍的教宗。

哈德良的继承人是朱利奥·美第奇,亦即克莱门特七世(Clement Ⅶ,1523—1534年),两人性情与行事风格截然不同。克莱门特是文艺复兴时期的贵族,朱利安诺·美第奇的私生子。在得到豪华者罗伦佐承认是自己的孙子后,他在1513年就当上枢机,随后成为他的叔叔利奥十世的亲信与宠臣。他当选时得到普遍的敬重。他勤于教务,讲究效率,信仰虔诚纯正,没有任何性丑闻。他还是一位绘画与文学鉴赏家,拉斐尔与米开朗琪罗的艺术赞助者,授意他们为西斯廷礼拜堂创作"末日审判"壁画,尽管直到去世前,他也没有看到米开朗琪罗开始作画。

他是一位悲剧性的教宗。在拉斐尔为利奥十世画的一幅肖像画中,枢机克莱门特也出现在背景中。这幅画凸显了他持重、略显自负的性格特征,无论敌友,都会觉得他高深莫测。但他的优柔寡断也到了无可救药的程度。作为教宗的副手,他行事果决,但亲自执掌大权后,却心智迟缓。与他的叔叔利奥十世一样,他完全感觉不到德意志发生的事情是何等急迫与重要,他似乎也没有察觉到教廷的主张与冷酷的现实之间的距离正在不断加大。这是一个欧洲君主自信大增的时代,也是法兰西的弗朗西斯一世、英格兰的亨利八世、西班牙与德意志帝国的查理五世这些强大且令人生畏的统治者引领民族国家茁壮成长的时代。当欧洲各国逐渐各行其是的时候,拉斐尔的工作室正在为克莱门特装潢房间,用壁画来增添

《君士坦丁赠礼》与罗马至上权威的光辉。

克莱门特担任枢机时，曾是皇帝对抗法兰西的热忱支持者。每个人都预料这一政策会持续下去，但事实上教宗在法兰西与帝国之间摇摆不定。在这方面，他的犹豫是可以理解的。与弗朗西斯一世相比，查理五世是一个更加忠实的天主教徒，但他们两人都想主宰北部意大利，并在此陷入僵局。从克莱门特的立场看（无论是作为教宗还是作为佛罗伦萨统治家族美第奇的成员），查理的威胁更迫在眉梢。他不仅继承了西班牙（因而还有那不勒斯）的主权，也统治着尼德兰、奥地利、德意志，更不用说西班牙新世界，是欧洲最有权势的人物。他已经控制了那不勒斯，如果进而占领米兰和伦巴德，那么教廷（以及北部意大利与托斯坎纳其他诸邦）就会成为他的囊中之物，这是克莱门特深为忧虑的。查理高度的宗教责任感并不能得到罗马的赞扬，因为他也是古老帝国中世纪传统的继承者；而且他认为是他而不是教宗对其帝国境内的教会福祉负责，并有计划地削弱了教宗对西班牙与南部意大利教会的影响力。

因此，克莱门特在当选后的一年里，其结盟政策在法兰西与西班牙之间摇摆不定，并不断寻找机会侵蚀帝国对北部意大利的统治，维护米兰的独立，这使得皇帝愈来愈愤怒。皇帝曾经向人说起要废除教宗，要没收教宗国以便重新分配。这些不确定性使得罗马大家族之间的暗斗变成明争，庞裴欧·科隆纳（Pompeio Colonna）枢机图谋叛变以推翻克莱门特，夺取教宗位。1527年5月6日星期一，事态一触即发。驻扎在北部意大利的帝国军队，在变节的法兰西公爵波旁的查理的指挥下向南推进，以巩固帝国在中部意大利的势力。这一行动引发了佛罗伦萨反抗美第奇家族统治的叛乱，克莱门特的家族遭到驱逐。波旁的查理继而率军南进，

第四章 抗议与分裂(1447—1774年)

攻陷了罗马。

由于军队已数月没有发饷,而且许多士兵是强烈反教宗的路德派信徒,在他们看来,永恒之城到处都是不义之财。一位幕僚将一件紫色披风套在教宗的白袍外面作为掩护,才使他得以逃进天使圣堡。德意志军队在罗马城内奸淫掳掠长达八天。他们把马匹拴在圣彼得大教堂与西斯廷礼拜堂内,把路德的名字涂在拉斐尔为梵蒂冈创作的壁画上;至少有4,000名市民被杀,每一件可以搬动的值钱之物,都被偷走。梵蒂冈图书馆幸免于难,只是因为有位帝国指挥官将之作为他(还有他的马)的驻地。路德派士兵喝醉酒,就穿着主教与教宗的衣袍在城内四处横行。他们不但嘲笑宗教游行与祝福,还有一队路德派士兵聚集在天使圣堡的教宗窗下,声称要把他吃掉。每个稍有资财的教士与市民,都得缴纳一笔赎金,有些人交了五六次,常常是刚被这群士兵释放,又被那群绑架。德·蒙特枢机,即未来的教宗朱利安三世,被提着头发吊起来勒索。教宗的赎金是40万杜卡特,超过他的年收入。他的金匠贝文托·契里尼(Benvenuto Cellini)只得临时在圣堡里架起熔炉,将幸存的教宗三重冠(除朱利安二世的那一顶)都熔掉,以期能够凑足数目。

罗马大劫使欧洲大为震惊。帝国的宣传家试图将之渲染为一次清扫奥吉亚斯牛圈的壮举,*因为基督教在这里早已变得恶俗,成为嘲弄的对象。但很少有天主教徒接受这种说法。即使是猛烈抨击教宗俗欲的伊拉斯谟,也对罗马之劫痛惜不已,因为罗马"不

---

* 奥吉亚斯牛圈(Augean stable):根据希腊神话,奥吉亚斯国王在一座牛圈里养了3,000头牛,却三十年没有清扫,极其污秽不堪。大力士海克利斯汲引阿勒斯菲斯河的河水在一天之内清洗了牛棚。——译者

仅是基督教的堡垒,文学天才的慈母,也是缪斯宁静的家园,更是所有人共同的母亲"[1]。虽然如此,克莱门特仍与查理达成协议,1530年在博洛尼亚为查理加冕为皇帝,这是教宗最后一次为皇帝举行加冕礼。教宗国被还给教宗,他的家族重新成为佛罗伦萨的统治者,而他本人也回到罗马。

然而,事情并未恢复常态。罗马花了十年时间才从大劫掠的创伤中复原。人口减半,艺术家逃散,建筑工作也停止,房价直线下落。宗教氛围也改变了。宗教改革不再是德意志遥远的传闻,它已随着军靴踏遍罗马的大街小巷,用圣杯狂饮,还从圣徒遗骨与《圣经》封面上拔下珠宝。文艺复兴的金色泡沫被戳破了。

同时,克莱门特的任期已接近羞耻的尾声。他与查理五世之间的不睦,使得联合镇压德意志新教的行动不可能发生。情势愈来愈明显,要解决德意志的宗教分裂,必须召开大公会议。早在1520年,路德就呼吁召开大公会议,在1530年代,召开大会已成为共识,但教宗除外。新教徒要求这次大公会议必须是"自由的""基督徒的"。这种提法听起来很不错,但稍后"自由"的含义愈来愈明显,是指独立于教宗之外,亦即说不由教宗召开,也不在意大利境内召开。路德派教徒所谓的"基督徒"是指俗人也应参与大公会议,与主教平起平坐,公会议颁布的所有教令应该完全根据《圣经》。教宗如果同意这些要求,就等于承认了新教运动,等于放弃了千余年来罗马极力维护的教宗与大公会议的关系理论。因此,尽管查理不断施压,克莱门特还是拒绝这些要求。拖延期间,西部

---

[1] P. Partner, *Renaissance Rome, 1500—1559: A Portrait of a Society*, Berkeley 1976, p. 158.

基督教国度的分裂已成定局。德意志与瑞士陷入宗教内战,新教思想传播到尼德兰、法兰西,甚至传到西班牙与意大利。

英格兰似乎未遭到新教的侵扰。亨利八世是一位忠诚的正统教徒,他很快动员了一批英格兰一流的神学家来反驳路德及其支持者。他自己也发表了一篇高论,抨击路德的圣事论,被利奥十世授以"信仰卫士"的头衔。从1510年代到1520年代,伊拉斯谟使得天主教人文主义者出尽风头,如托马斯·莫尔已跻身亨利八世的宫廷。然而,由于亨利没有儿子,故欲解除与其西班牙籍的妻子阿拉贡的凯瑟琳之间的婚姻,以便迎娶宫女安·博琳。原来的婚姻是王朝政治婚姻,旨在联合西班牙与英格兰,而凯瑟琳原是亨利的兄长亚瑟的遗孀。教会法禁止弟娶亡兄之妻,所以为了迎娶凯瑟琳,亨利需要得到教宗的特许,而朱利安二世也发给了这项特许。然而,关于此事,《圣经》中的记载是矛盾的,有些经文似乎禁止迎娶兄弟的遗孀,但有些经文则允许这种行为。如果圣经的确禁止这类婚姻,那教宗能够特许么?神学家们也不同意这种做法。所以亨利宣称,不仅教会禁止这种婚姻,而且上帝在圣经中启示的法律也禁止这种婚姻,根据神法,这种婚姻不能特许,即使教宗也无特许权。他与凯瑟琳没有儿子,就是上帝对这桩不法婚姻的判决;教宗的特许显然无用。

离婚案成为一个死结,尽管总的说来,一流的神学观点都对国王不利,但是亨利似乎真诚地相信自己的说法,而教宗也曾因为一些更微不足道的理由而恩准君主的请求。整个1520年代,沃尔西枢机为帮助亨利离婚而奔走,梵蒂冈可能也有所考虑,因为档案中有一份同意离婚的教宗草诏。然而,这件事情不论对错,罗马大劫改变了一切。1527年后克莱门特是皇帝的阶下囚,而查理是凯瑟琳最疼爱的侄子,所以现在要达成亨利的意愿已无可能。罗马先是支吾拖延,最后则断然否决。亨利转而求助英格兰教会,宣布自己为英格兰教会的最高权威,并拒斥教宗的权威。当时的英格兰,除伦敦与一些大都市外,几乎还没有接触到新教思想,但实际上已脱离了教廷。

三、反宗教改革

选择新教宗透露出来的讯息,通常是否定前任教宗的作为。克莱门特七世死后,人们本来指望选出一位哈德良六世那样的教宗。不过,在文艺复兴的光辉逐渐远离罗马而宗教危机日趋严重的时刻,选举亚历山大·法尔内斯(Alessandro Farnese)为教宗保罗三世(Paul Ⅲ,1534—1549年),似乎是一项果断的决定。从某些方面看,也是一个明智的选择。当年他67岁,是枢机团中年纪最大,也最有经验的枢机。他富有魅力,绝顶聪明,克莱门特七世曾不只一次地推荐他为自己的继承人。他长期从事教廷外交,并卓有成效,与法国和帝国都保持着友好关系,弗朗西斯一世与查理五世都不反对他当选。

但对于慎重之人而言,他有太多的事情令人担忧了。他是马丁五世以来第一位当选教宗的罗马贵族,很明显,他是教会长期腐败的产物。他的教会生涯之所以能够突然飞黄腾达,是因为他的姊姊茱莉亚是亚历山大六世的最后一任情妇。在罗马人的圈子里,许多人挖苦他是"衬裙枢机"(Cardinal Petticoat)。直到去世为止,他每年都会在自己的礼拜堂主持弥撒,祈求亚历山大的灵魂得到安息。他担任枢机时也有情妇,并跟她生了四个孩子,他还在茱莉亚大道为自己盖了一座罗马最豪华的宫殿,那是一座富丽堂皇的艺术宝库。

从他任教宗最初的几个月,就可以看出他在漫长任期中的行事风格。他任命的首批枢机就是他的两个年幼孙子,他还在华丽的法尔内斯宫任命了许多甥侄枢机。与亚历山大六世一样,他把教宗国的大块土地分给自己的儿子们。在历经克莱门特七世吝啬的统治后,罗马的烟火表演、假面舞会和淫秽戏剧犹如雨后春笋。1536年他恢复了狂欢节,一年比一年奢华铺张,精心制作的花车上演古典神话的情节,花车太大需要一个牛队才能拉动。这位教宗在罗马的大街和广场上安排奢华的娱乐节目,举办斗牛和赛马,以取悦罗马人。评论者极度震惊地发现:这位教宗的晚宴上有女嘉宾;他在梵蒂冈举办盛宴,与儿子儿媳共享天伦之乐;他恬不知耻地选择就职三周年纪念日为孙子们举行洗礼(虽然他刻意没有出席洗礼)。他笃信占星术,根据星象显示的吉利时间来召开枢机会议,听取廷诉,甚而颁布诏书。

令人迷惑的是,居然是这样一位教宗为天主教内部的改革提供了动力与方向,而这是教会一直缺乏的。虽然他贪恋红尘与美色,但确已受到改革力量的触动。他认真执行第五次拉特兰公会议的教令,并(通过代表)在自己的帕尔马教区付诸实施,以便提升神职人员的素质。1513年,他结束了与情妇的私通关系。虽然许多"廷议枢机"(curial cardinal)终身只能担任较低的神品,不过在1519年,他仍然迈出了非同寻常的一步,也就是划定神职人员的秩品。从这个时候起,尽管他仍然奢侈铺张,但已经站到了改革派一边。

保罗三世当选之初,对德意志的状况所知甚少(这表明他与其前任一样未能慎重对待)。他最早采取的行动之一,就是从维也纳召回教廷大使,向他咨询应对措施。结果他越来越相信,不能继续忽视召开大公会议的呼声。枢机们唯恐公会议改革很可能首先拿他们开刀,因而坚决反对,保罗转而求助皇帝与法兰西国王协助他。然而,这里有一个令人忧虑的问题。路德派不愿参加在意大利境内召开的或由教宗主持的大公会议。皇帝希望大公会议讨论实际的改革,让他来与叛乱的新教臣民协商一个教义解决方案。教宗则希望大公会议既讨论教义问题,又协商实际的改革,并坚持必须由他主持。查理迫切需要一次大公会议来结束德意志的内讧,法兰西则认为这些内乱能让查理疲于应付,无暇攻击法兰西,故乐于见其继续内斗。一个又一个的提案,不是被这方否决,就是被那方驳回。直到1545年12月,教宗才成功地在特伦特召开大会。特伦特位于意大利的阿尔卑斯山区,并得到德意志人的认可,因为它名义上属于帝国版图。

与此同时,保罗不断迈出改革的步伐,一连任命几位杰出人物为枢机。首批任命的枢机中,有一位虔诚的威尼斯俗人加斯帕罗·康塔里尼(Gasparo Contarini),他曾经历一段与1510年路德的经验极为相似的皈依过程,也是虔诚的意大利人文主义者圈子里的核心人物。他的擢升是教宗重视改革问题的明确信号。在康塔里尼的引导下,保罗将一群杰出的改革者吸引到罗马,并将他们升为枢机,其中就有亨利八世的表兄雷金纳德·波尔(Reginald Pole)。波尔也是一位虔诚的人文主义者,在救赎的性质与改革的必要性等问题上,他赞同路德的大多数观点。保罗也擢升了吉安·马太欧·吉伯提主教(Gian Matteo Giberti),他是一位重要的管理人才与人文主义学者,曾在罗马大劫后经历过一场深刻的个人皈依,而在就任维罗纳主教期间已成为改革模范。同时晋升的还有另一位人文主义者雅可布·萨多勒托(Jacopo Sadoleto),他是前任教宗的秘书,曾任卡本特拉斯(Carpentras)主教。与这些知识分子形成对比的是吉安佩德罗·卡拉法(Gianpietro Caraffa),一位60岁的那不勒斯贵族,曾任布林迪西大主教,也曾担任教廷驻英格兰、佛兰德尔与西班牙大使。哈德良六世曾将其召回协助改革。1525年他辞去几个主教职位,协助成立基耶蒂修会*,一个由虔诚贵族组成的厉行苦修的组织,他们甘愿赤贫,并谋求晋升为神职人员来传播福音。

这个非凡的"智囊团"组成改革委员会,负责考察报告教会弊端,并提出整改方案。委员中没有一位是教廷官员。1537年3月,委员会向教宗呈交了一份报告《教会改革方案》(*Consilium de Emendenda Ecclesia*),极具爆炸性。报告坦言直陈教会的各种弊端,直言不讳地指出教宗、枢机与整个教士阶层是这些弊端以及引发新教改革的罪魁祸首。报告列举了教会的各种罪恶,大到教宗贩卖属灵特权、教廷囤积圣俸、大学里讲授异端或异教学说,小至乡村神父无知、修女院缺乏属灵指导等具体弊病。报告对修会的腐败感到痛心,建议除了严守教规的修会外,其余修会都应取消,见习修士应马上离开这些乌烟瘴气的修院,以免被污染。教廷完全不能接受这份报告,使出浑身解数予以封杀。然而,还是有一份报告泄露给媒体。1538年路德出版了这份报告的德文译本,并附上一篇称赞性的序言与解说。由于公众反应不佳,这份报告终被

---

* 基耶蒂修会(Theatines, or Congregation of Cleries Regular of the Divine Providence):1524年由圣卡耶坦(St. Cajetan,1480—1547年)和卡拉法(1476—1559年)等人创建于后者任主教的意大利中部古城基耶蒂(Chieti,拉丁文 Theafe)而得名。——译者

束之高阁。然而,改革浪潮已过于强大,不可逆转。

但这股浪潮并不只是涌向一个方向。康塔里尼与波尔对改革有着同样的理解:改革除了涉及教会的实践,也必须扩展到教义本身。在教会权威与圣事问题上,他们认为路德的观点是绝对荒谬的。不过,在"称义"(justification)的本质这一根本问题上,他们肯定了路德的理论,即罪人因信仰基督而非凭借善工而得救;并认为这一学说可以促使教会回想自己的古老信仰。正如波尔枢机所说:"异端并非在任何方面都是异端。"因此他们希望并致力于与路德教派和解。相反,卡拉法枢机则完全相信,教会迫切需要在道德、组织与灵性方面进行改革,但他把任何接近路德理念的说法都视为异端;教会人士也许有罪,但教会不可能犯错,对付异端顽固分子的正确方法不是说服他们,而是猎杀他们,从肉体上消灭他们。因此,他对康塔里尼、波尔和他们的圈子愈来愈不信任,认为他们是无能的和解论者,甚而指责他们家藏万卷异端作品,是潜伏在教会里的新教第五纵队。

保罗三世在气质上更为同情康塔里尼及其朋友们所属的"属灵派"(Spirituali)的观点,但他同时支持两个不同版本的改革。然而,1541年康塔里尼与新教代表在雷根斯堡(Regensburg)的谈判破裂,于是让卡拉法有机可乘。谈判的方法既然失败,保罗三世询问卡拉法:"要用什么方法才能解决这个罪恶?"卡拉法建议启用罗马宗教裁判所(Roman Inquisition),"以镇压并连根拔除所有的错误,不留任何余地。"1542年7月,教宗任命卡拉法执掌六所宗教裁判所中的一所,有权在整个欧洲逮捕与审判异端,并有凌驾于地方主教之上的司法审判权。卡拉法满怀热情,动用自己的资源在罗马设立了总部与监狱。就在这一年,康塔里尼极度气馁地去世,而他的和解改革模式稍后进一步受到打击。他的两个门生,布道家彼得·马蒂·维米格利(Peter Martyr Vermigli)和伯尔纳迪诺·奥契诺(Bernardino Ochio)对压制升级感到惊恐,便放弃了天主教逃往日内瓦,投奔了加尔文。彼得·马蒂后来到了英格兰,在爱德华六世时期成为牛津大学钦定神学教授。

不过,保罗三世也知道镇压不足以解决问题。他继续推动教廷以及教廷本身管理与财政机制的改革,废除了大部分声名不佳的收入来源,而以增加教宗国的税收作为补偿,有人说他在任期之内将税收增加了三倍。他需要每一分钱,因为他正在资助查理五世对德意志新教诸侯组成的"施马卡尔登同盟"(Schmalkaldic League)发动的战争。他同时也推动罗马的重建工作,以便彰显教会与教廷的属灵与属世荣耀。早在1506年,朱利安二世就已为新的圣彼得大教堂举行了奠基礼,但他于1513年去世,而在次年,他的建筑师布拉曼特也去世,这个计划因而搁浅,而让基督教国度最大的教堂沦为建筑工地。虽然每任教宗都在推进这项工作,而建筑师们(包括拉斐尔)也在不断牺牲布拉曼特的原有设计与整体布局,但整个建筑仍花了一个多世纪。

1547年,保罗任命米开朗琪罗为圣彼得大教堂的总建筑师。米开朗琪罗的方案是根据布拉曼特原先规划的"希腊式十字架",加以简化与扩展。整个设计最重要的是那座圆顶,内部高370英尺,是有史以来最大胆最美丽的建筑结构之一。米开朗琪罗的余生都投入圣彼得大教堂的重建工作,拒绝一切报酬,他认为这是奉献给上帝与使徒的。他受命时已72岁,为该教堂辛苦工作了十七年,但生前也仅能见到支撑圆顶的圆鼓结构,圆顶本身到1590年才完成。保罗还委派他在卡匹托尔丘上修建了一个壮观的新市民中心,中央有一尊马可·奥勒留的骑马雕像。保罗还说服他完成了西斯廷礼拜堂中的伟大作品《末日审判》(Last Judgement)。

受到教宗大胆作为的鼓励,其他寻求改革与革新的力量也在罗马崭露头角。在保罗当选的那一年,佛罗伦萨的一位青年菲利普·奈利(Philip Neri)来到罗马,他出入于酒馆与妓院,在账房与学徒中开始了非同寻常的牧养工作,如俗人布道、个人灵性指引、朝拜罗马七大教堂与地下墓室,以及吟唱圣乐。在 16 世纪后半期,他先后得到了教宗与枢机们的大力支持,被称颂为"罗马的使徒"。1540 年,一群西班牙教俗人士在退伍军人依格那修·罗耀拉(Ignatius Loyola)的带领下到达罗马。他们原本希望成为圣地的传教士,现在则把自己交由教宗指派,到教宗希望的任何地方去传教。1540 年保罗颁布诏书,批准成立"耶稣会",罗耀拉成为第一任会长。耶稣会后来成为天主教改革最重要的力量,也是教廷最主要的堡垒之一。

1545 年 12 月,期待已久的大公会议终于在于特伦特召开。它断断续续历经五任教宗,本身也有许多局限。开幕时有 31 位主教出席,只有一位来自德意志。即使人数最多的时候,也未超过 270 名主教,德意志主教不过 13 位。在新教徒眼中,它不过是骗人的把戏,与会者都是教宗收买的小丑。会议议程由几位随时与罗马保持联系的教宗代表严密掌控,有些主教甚至怀疑是否有真正的讨论自由。有人说,如果圣灵会出现的话,一定是在教宗寄来的邮包里。

但是,自从大公会议在 1545 年召开以来,天主教会就在不断对抗威胁会议的危险势力。只要召开,就是教宗外交政策的胜利,事实也如此。会议从一开始就同时讨论教义与实际的改革,尽管查理五世力图阻止这样做。会议首先处理最棘手的问题,也就是新教暴动的核心教义"唯信称义"。在某种意义上,特伦特会议已经晚了整整一代人,在此期间,教会内部的裂痕已经变得太大太深。不过,这段时间也有利于澄清议题,在诸如称义、七项圣事、化体说、炼狱等交锋点上,大公会议的决议不但毫不妥协,反而阐述得更加明晰有力。但是,它也不完全是负面的。大公会议清理了中世纪晚期教义解释上的许多模糊性,反驳了新教教义。大公会议的教义声明为天主教改革提供了一个明确而坚定的奋斗目标。

特伦特公会议之后,教宗进行了一整套实务的改革。大公会议对神职人员采用了全新的培训制度,设立专门学院或"神学院"(seminary,意为苗圃),以培养出一批受过良好教育、更富有道德感与职业意识的神职人员。会议还要求提供更多的布道与教导、抨击弊病与迷信、更自觉地履行主教与神父的职责。特伦特公会议之后的教会变成了一个更完善、班底更合理、教士更充足、更加警觉也更具进攻性,一句话,更加恐怖的组织。随着这些改革的生效,新教的推进势头被遏制并慢慢撤退了。当然,这些改革并不是药到病除的,保罗三世也只是看到了其中端倪。但是,改革的进程已然势不可挡。

乔凡尼·德·蒙特(Giovanni del Monte)当选为朱利安三世(Julius Ⅲ,1550—1555年)后,继续推行改革。朱利安三世与保罗三世一样世俗,却缺乏保罗的雄心魄力。他酷爱食用洋葱,常常车载运入,让每个人都感到厌恶。甚至罗马人也对他极为愤怒,因为他将他的猴倌,十几岁的英诺森佐(Innocenzo)任命为枢机(此前让他的兄弟收养他)。英诺森佐并不辜负他的名字,他是朱利安在帕尔马的大街上捡来的。教宗非常溺爱他,那份慈祥让人觉得这个孩子就是他的私生子。朱利安重启大公会议,但却没有能力主持会议,有位教廷大使说他是一只兔子。不管怎样,天主教的转型仍在继续,例如创办德意志神学院(Germanicum),该院由耶稣会士经营,旨在训练神职人员,使德意志重回天主教的怀抱。即使在朱利安这样的教宗的领导下,教廷也已经变成天主教复兴力量的天然大本营了。

改革在年老的卡拉法枢机当选教宗保罗四世(Paul IV,1555—1559年)期间仍在进行。时年79岁的卡拉法已将其毕生精力投入教会改革。然而,他不信任其他大部分的改革力量。罗耀拉还是巴黎大学的神学学生时,就被他谴责为异端,所以当他听到这位枢机当选时,吓得"浑身发抖"。害怕的并非他一个。保罗也不信任他的那些属灵派同僚,并最终予以镇压。在先前选出朱利安三世的那次密室会议上,波尔枢机一度占有优势。但他的机会被卡拉法破坏了,因为他暗示波尔是个路德分子。波尔没有出席1555年的密室会议,因为他已成为坎特伯雷大主教及教廷驻英格兰使节,英格兰当时因为天主教徒玛丽女王继位而暂时终止了宗教改革。卡拉法剥夺了波尔的教廷使节职位,因而打乱了英格兰恢复天主教的步伐,他还想将波尔召回罗马,但是聪明的波尔没有理会,因为教宗正在围捕属灵派的其他成员,德高望重的莫罗内枢机(Cardinal Morone)在1557年就因异端嫌疑而被投入监狱。

在逐渐紧张的恐怖气氛中,这位令人恐怖的老人着手推行他的改革。有人说,当他在梵蒂冈大步行走时,脚下会飞出火花来。他无限期地中止了特伦特大公会议,并用一个由枢机、神学家与修会首领组成的委员会来取代它,负责掌理教务改革。这一做法令人回想起格雷戈里七世的罗马教职会议。宗教裁判所的活动大为增加，1557年他又制订了《罗马禁书目录》(Roman Index of Prohibited Books)。这是一份残酷无情的文件，将任何不符合天主教的著作都列为禁书。伊拉斯谟的所有作品也属在禁之列，由于他写的文法教科书被耶稣会的教育系统大量使用，这一措施引起极大轰动。

没有人能逃过被怀疑的命运。西班牙的首席枢机、大主教卡兰萨(Caranza)是一个无可挑剔的正统天主教徒，曾是玛丽·都铎在英格兰恢复天主教的智囊，但也难逃异端嫌疑而被西班牙宗教裁判所逮捕的命运。保罗把他押解到罗马拘禁。对教宗来说，没有什么事情过于细小而不值得注意。他甚至因为西斯廷唱诗班里有已婚男人而大发雷霆，认为这亵渎了教宗礼拜堂的圣洁。没有一个团体得以幸免。罗马的犹太人被赶到贫民窟，被迫将财产卖给基督徒，还要戴上小黄帽，他们的《塔木德》(Talmud)也被收缴焚毁。他还发动了一场监禁妓女、驱逐乞丐的运动。

保罗厌恶与西班牙有关的一切，因为他怨恨西班牙控制他的家乡那不勒斯，也毫不信任查理五世的宗教政策。因为罗马大劫的缘故，他拒绝原谅查理，坚信他不仅是把意大利据为己有的暴君，也是一个蓄意破坏教廷权威的异端分子和教会分裂分子。1555年为德意志带来和平的《奥格斯堡和约》也使他大为震怒，因为根据"教随国定"(cuius regio, eius religio)的原则，帝国的大片土地划归了路德派，只要那里有路德派的统治者。对卡拉法来说，这就是叛教，因而他发动了一场打击西班牙的殊死战争。整个欧洲都满怀狐疑地看着教宗对一个国家宣战，而这个国家却是天主教改革的主要支柱。

他所做的一切都受到他的两个奸诈侄子卡罗与乔凡尼的唆

使,他任命卡罗为枢机,乔凡尼为帕里亚诺(Paliano)公爵。保罗任期内最大的讽刺是,他完全信任这两个侄子,而他们却滥用他的信任中饱私囊,在罗马这是人尽皆知的事实,只教宗除外。1559年1月,他终于得知实情,这对他的打击非同小可。他剥夺了两个侄子的职位,并把他们逐出罗马,但他再也没有恢复信心与魄力,一年后去世。

保罗四世是一个真正的悲剧性人物,他强硬、勇敢、正直,但他的眼界极其狭隘;他对别人冷酷无情,却不能将之施于家人身上,因此难成大器。他是16世纪最招痛恨的教宗,他去世的时候,没人为他哀悼,罗马的大街小巷一片欢腾,他的雕像被推倒砸碎,宗教裁判所的牢房被砸开,囚犯被释放。

保罗三世与保罗四世的差异,比花花公子与清教徒之间的差异还要大。他们两人所秉持的是两种不同版本的改革。在保罗三世的改革中,可以明显看出我们称为文艺复兴的那种激情迸发的成分。它是多元的,由许多声音组成,既能包容属灵派的神学探究,也能容纳卡拉法的那种刻板正统论,而且还大胆运用宗教实验,如罗耀拉的耶稣会和他们那种新奇而深刻的个人宗教体验。保罗四世的改革则呈现出较为黑暗且令人恐惧的特征。创造力被当作危险发明而备受怀疑,神学探究被挪用来压制错误而非追寻真理。甚而正统教义也被视为反动。当然,这种差异并不是绝对的:保罗三世也鼓励用武力对付异端,而保罗四世对新修会的工作也颇为赞赏。然而毫无疑问的是,这两任教宗已经确立了改革的两极——创新与保守。在余下的特伦特公会议时代,天主教改革一直在这两极之间摆动,而未来教宗的任务就是要掌控由此产生的张力。

第四章 抗议与分裂(1447—1774年)

事实上,教宗本身也是这种对立的一部分,因为根本不存在所谓"典型"的反宗教改革教宗。虽然罗马的宗教越来越严谨,但从尼古拉五世、朱利安二世到保罗三世所承袭下来的文艺复兴传统并没有消失。卡拉法的继承人乔凡尼·美第奇恰好就是这类人物(他与佛罗伦萨的那个大家族没有血缘关系),他当选为庇护四世(Pius Ⅳ,1559—1565年)。他是博洛尼亚的法学家,三个私生子的父亲,当他的兄长与保罗三世家族联姻时,他的教廷神职生涯开始飞黄腾达。作为教宗,他是许多亲戚的慷慨施惠者。其中碰巧有位天才与圣徒,就是他的侄子卡洛·波洛梅欧(Carlo Borromeo)。他23岁时成为庇护的左膀右臂,也是推动特伦特工作的关键人物。庇护本人虔诚正统,为人谦和,温文尔雅,也是一个能干的管理者,不过,与他年轻的侄子不同,他不会对任何事情感到狂热。无须惊讶,他在卡拉法时代处境维艰,但正是这一处境在保罗四世死后的密室会议上帮了他大忙。

继承他的是迈克尔·吉斯雷利(Michele Ghislieri),即庇护五世(Pius Ⅴ,1566—1572年)。他曾是一个牧羊人,后来进入多明我会,在保罗四世时担任宗教裁判所大法官。庇护五世是一位禁欲苦行的圣徒,他的教宗法袍下穿着修士的粗糙衣服,吃的食物主要是蔬菜汤与贝类。尽管他在担任大法官时曾因过于仁慈而一度被保罗四世革职,但他终生敬仰保罗四世,并以未能取名保罗五世而深以为憾(被卡洛·波洛梅欧劝止)。他恢复了保罗四世的许多政策,包括野蛮地使用宗教裁判所、虐待犹太人,以及猜忌西班牙的宗教政策。他也与格雷戈里七世与博尼法斯八世一样,完全相信教廷对世俗统治者的最高权威。他把英格兰的伊丽莎白一世开除教籍,宣布废黜她的王位。他的这种做法不仅触怒了新教统治者,也触怒了天主教统治者,结果除了激起英格兰政府迫害天主教徒外,一无所获。对于教宗的这类主张,罗马神学家也变得愈来愈谨慎。1590年,耶稣会士罗伯特·贝拉明(Robert Bellarmine)因为主张教宗对世俗统治者只有"间接的"权威而让教宗大发雷霆。

庇护五世死后,枢机们再度选出一位通晓世故之人,即格雷戈里十三世(Gregory XIII,1573—1585年)。他是一位法学教授,有一个私生子,后来这个私生子被任命为天使圣堡总督。继承格雷戈里十三世的是费利斯·佩雷迪(Felice Peretti),即塞克图斯五世(Sixtus V,1585—1590年)。他也许是所有反宗教改革教宗中最令人生畏的教宗,像他的恩主与偶像庇护五世一样,他是农夫的儿子,一个托钵修士(属方济各会),他虽已入主梵蒂冈,生活却保持修院小室的本色。他不喜欢他的前任教宗格雷戈里,认为他既俗气又奢侈,并经常公开诋毁他的名声。

在许多人眼中,塞克图斯似乎集朱利安二世与保罗四世那些最令人恐怖的秉性于一身,脾气暴躁、专横跋扈、冷酷残忍。他以强硬手段统治教宗国,动用严刑酷法对付街头暴力与乡间劫匪。有人说,塞克图斯统治的第一年里,天使圣桥上悬挂的罪犯人头,比罗马市场上卖的西瓜还要多。在宗教政策方面,他也同样凶猛好斗,他挑唆法兰西、波兰与萨伏依的天主教势力动用军队来支持反宗教改革的斗争,并资助西班牙无敌舰队进攻英格兰。他还策划对罗马实行道德清洗,处决违背贞节誓愿的修士修女,并试图处死通奸犯(不出预料,这个措施证明行不通)。事实上,塞克图斯的许多改革并不像他的宣传机器说的那样剧烈、有效,但这些宣传却让当时的人和后来的历史学家信以为真。他发动的"剿匪"运动也不像他说的那样富有创意并大获成功,因为前几任教宗包括他最

第四章 抗议与分裂(1447—1774年)

为鄙视的格雷戈里十三世已着手"剿匪",而直到19世纪匪患依然是教宗国内的痼疾。然而,塞克图斯牢牢掌握着宣传机器,大肆宣扬教宗统治的不可抗拒性和他整肃罗马革新教会的业绩,既透露了特伦特时期教廷的自我理解,也展示了许多实际成就。其中最重要的,是他决定必须维护教宗的"完整的权力"(plenitudo potestatis)。他有计划地削弱枢机的权力。为强调教宗的最高权威,他要求所有的新任主教、大主教与宗主教在就职之前必须先到罗马,此后要定期拜访罗马,向教宗报告其辖区的状况。

在这些作为方面,塞克图斯五世与保罗四世和庇护五世这类"苦行"(austere)教宗极为相似。然而,他也着手重建罗马,其规模与前几任最奢侈的教宗足可媲美。在16世纪的所有教宗中,只有他几乎完成了尼古拉五世的重建规划,罗马的外貌已足能反映教廷在灵性上的崇高地位。塞克图斯完成了圣彼得大教堂的圆顶,这是他努力强加于教会的无上权威的象征。到罗马七大教堂朝圣的传统已被菲利普·奈利恢复,这有助于重新认识罗马作为圣城的地位。塞克图斯在这一民间虔诚的基础上恢复了古老的"巡回礼拜"(stational liturgy):教宗在大斋期期间每天在一个授衔教堂主持礼拜仪式。他还新修了数条大道,以改善通往各大教堂的交通,同时也将整个城市连结成一个以圣母玛利亚大教堂为中心的星状平面。他在这个教堂中为自己和庇护五世修建了一座雄伟的"追思礼拜堂"(funeral chapel)。他还有意地将罗马残存的帝国异教遗物挪归教廷使用,将原本安放在尼禄广场的巨型方尖碑挪来放在圣彼得大教堂前面的广场中央(这项工程用了800人、40匹马和40辆绞车),并在罗马的其他方尖塔和廊柱顶端冠以基督教的象征物。这些工程虽然花费了不少金钱,但他仍然在天使圣堡的财库中留下了 500 万杜卡特的财富，并约束他的继任者除了用于保卫教宗国，不可动用这笔财富。到 16 世纪末，罗马的人口增加到 10 万人，大赦年时暴增到 50 万人。30 条新街道也建造完成，几百座喷泉与人工花园由三条重建的导水管供应水源以喷出水柱（最有名的是塞克图斯本人的豪华"费利斯喷泉"）。此时的罗马已经成为欧洲最重要的城市，也是世界艺术之都。

不管这些教宗之间的脾气秉性差异有多大，但是集权并集权于教宗这一取向，是整个反宗教改革运动时期教廷的特征之一。从许多方面来看，这是一个令人惊讶的结果。在许多人看来，教廷在许多议题上似乎仍然是改革路上的绊脚石，而不是改革的最佳代表。1562—1563 年特伦特大公会议的最后议程交锋激烈，许多主教在西班牙主教的带领下，希望会议就主教的"神权"发布强有力的教令。这些人强调主教的权威和责任直接来自上帝，而不只是来自教宗的授权，这一主张是耶稣会神学家在大会上提出的。因此，他们认为，教宗不能特许主教不居教区（如罗马的那些在教廷任职的枢机那样）。由于主持会议的教宗使节手腕精到，避免了大会就此议题盖棺定论，但教宗已经警惕到许多主教对教宗权力的敌意，甚至派人监视使节，害怕他们立场动摇。由教宗来实施改革方案也让许多主教感到不安，因而要求成立一个常设的议会机构（Conciliar body）来监督执行大公会议的意愿。耶稣会士在大会上再次支持将实施改革的责任（包括改革教廷）交给教宗；但私下里他们认为，教宗如果不实施这些改革，将有被天主教国家废黜的危险。

无论怎样，事实上还是教廷担当了改革的重任。特伦特公会议在 1563 年终于结束时，许多改革仍未完成，还有许多尚待展开。

第四章 抗议与分裂(1447—1774年)

大公会议的教令有待庇护四世尤其是庇护五世批准,《禁书目录》修订版有待公布(1564年),修订并改革弥撒用书(1570年)、日课书(1568年)及其他礼拜用书,编订教义问答(1566年)以便向堂区教士解释大公会议的精神,以及兴办神学院,提升神学院教师的素质。

教廷的作用得到强化,部分原因是其他传统改革力量崩溃或废弃的结果。由于欧洲大片领土已经变成新教地区,教会工作就不能再理所当然地像过去那样依赖天主教统治者。教宗必须负责组织与推动传教力量,以恢复欧洲损失的人口。罗马已成为教会内部最重要的改革与复兴运动的工作总部,这是前所未有的。德意志神学院这类教廷神学院已培养出大批的新型神父去重新恢复欧洲。在这方面,格雷戈里十三世特别活跃,他创办格雷戈里大学(1572年),将英格兰朝圣客栈(English pilgrim hospice)改建为一所神学院(1579年),从这里向伊丽莎白的英格兰派出了很多传教士和殉道者,还在希腊、马洛奈(Maronite)、亚美尼亚与匈牙利广建神学院。这些学院培养出来的神职人员成为天主教在欧洲及以外地区复兴的根本力量,不管他们到哪里,都怀抱着崭新的"罗马"理念,以及对教宗的忠诚。

这些神学院大多由耶稣会或神爱祈祷会(Oratorians)等新建修会和团体来经营管理。建立这些修会旨在提升教廷的威望与集权,理由很简单,它们的总部都设在罗马,处于教宗的监视之下。在16世纪后期,罗马已成为一个复兴的天主教会的指路明灯,象征这个地位的是重建了许多教堂与街道,并布满奢华的圣像,表达出奉献上帝的正统教义、忠诚心与活力。耶稣会的总部耶稣堂或神爱祈祷会的总部新教堂(Chiesa Nuova)都集中展现了这个时代的喜悦、乐观与自信,让人感到教宗统治的这座城市再度成为了神圣的罗马。1575年被教宗宣布为大赦年后,数万朝圣者从欧洲各地涌进罗马,以参观这座新建的城市,吸取新天主教的精神。

教廷改革是特伦特大公会议的首要任务,自公会议运动开始以来就一直备受关注。在16世纪晚期它也成为教宗优先考虑的问题,已有几任教宗有计划地削弱枢机的权力,使其处于服从的地位。单是增加枢机的人数,重用出身卑微的枢机——如任命侄儿枢机为教宗私人秘书的惯例——就可以收到效果。但决定性的一步是塞克图斯五世在1588年迈出的,他将枢机人数增加到70人,并把他们分成15个独立的部(congregations),6个负责教宗国的俗务管理,其余9个处理教廷不同层面的属灵事务,包括宗教裁判所、禁书目录、执行特伦特大会决议、主教管理、礼仪与崇拜事务等。诸部各司其职,既理清了工作关系,又扩大了业务范围,从而极大地提高了行政效率。但是,它剥夺了枢机会议(Consistory)的大部分工作,使之越来越边缘化。很明显,枢机现在已变成教宗的廷臣与办事员,在具体事务上,教宗只与相关的枢机小组发生联系,而不是与整个枢机团协商。

每个地方,都需要压力来确保改革方案如期实施,而这种压力必须来自教宗。为推动世俗君主合作,格雷戈里十三世创造性地运用外交使节即教廷大使(nuncios),来作为在天主教国家推行教廷政策的主要工具。这些教廷代表通常被授予领衔大主教(titular archbishopric)的头衔,负责执行实际的改革,鼓励天主教统治者打击新教,建立神学院,敦促地方神职人员积极行动。教宗使节(papal legate)的职位,一度曾是教廷在意大利以外实施改革的主要工具,现在已变成赠予地方权贵的荣誉头衔,而教廷大使则成为教宗在欧洲各地的左右手和耳目。代行教宗的权力现在成为地方神职人员手中的有力工具。热心改革的主教如米兰的波洛梅欧枢机，在整肃自己的教区时，常常发现自己会遭到肆无忌惮的修道院的全力抵制，这些修道院拥有教宗赐予的古老特权，不受主教节制。除了教宗的新命令，任何权力在这些特权区都行不通；而且，他们总是设置障碍，不准主教检查与视察该地。很久以来，这在虔诚教徒中已激发了敌视教宗的民怨，并鲜明地表现在特伦特公会议初期那些针对教宗与教廷的牢骚中。而在特伦特会议后，波洛梅欧和他的同事也有了同样的教宗权力，可以运用教宗授予特使的权力去打击之前教宗恩赐的豁免特权，为改革扫除障碍。

所有这一切，都显示了教廷在组织方面的集权取向，与当时主宰欧洲的那些强权君主的抱负极为相似。有许多信号表明这一点。在绝对主义时代，与其他任何统治者相比，教宗包裹在自己身上的绝对权力网要厚得多，重建的觐见室与觐见仪式，寓意深刻而宏伟壮观的艺术与建筑，都表现了权力。长达一个世纪的罗马重建（结束于17世纪中叶教宗委托贝尔尼尼完成的作品），其目的就是宣扬集权教宗的统治不受约束。不过，微妙的现实更加复杂得多。虽然教廷已成为天主教任何重要事业的核心，但即使在意大利，教宗的直接权威也会受到各种势力的百般阻挠与抵制，更不用说在其他地方。这些势力包括：统治那不勒斯以南米兰以北的西班牙国王的政治利益，构成地方教会的修会、宗教团体、修院、神学院等各种既得利益群体，以及那些过分（或出于现实考虑）依赖小诸侯、地方贵族或城市当局而不予合作的地方主教或教士群体。教宗是选举出来的君主，他们在位的时间大多较短，即使在罗马，他们的行动自由也会受到那些持不同见解的枢机——还有他那富有的家族与依附者——的制约。这些枢机是前任教宗提拔的,他们之间常常因为争权夺利而发生抵牾,并使他们执掌或供职的诸部之间发生对抗,有时对新教宗的政策充满敌意或漠不关心。在这种情况下,教宗要制定并推行一些长远的战略就会困难重重。因此,即令教宗有推行特伦特改革方案的良好意愿,事实上也得使出浑身解数,达成上百次妥协。

除了这些困难,教宗还发现,即使与虔诚的天主教王侯也常常发生冲突。在某些情况下,欧洲国家借口要保护当地教会的"自由"。1516年协定之后,法兰西王室已经控制了几乎已是独立的法兰西教会。它拒绝来自教宗或广义教会推行的任何措施,以防侵蚀这种控制权,不管这些措施本身有多好。在坚决拒绝接受特伦特大公会议的教令方面,法兰西绝不孤单;西班牙拖了很久以后才接受,但加上了一项"保护王权"的限制性条款。

各种大大小小的"属灵"问题也可能招致世俗统治者的抵制。1568年,教宗庇护五世宣布斗牛有罪而予以禁止,并规定死于斗牛场上的人不能举行基督教的葬礼。西班牙王室拒绝在本国公布此令,并发动神学家去证明教宗的错误。由于王室长期垄断着教职授职权,所以在西班牙以及西班牙统治的西西里,那些支持改革的教士很难得到升迁。

教宗对改革的热忱愈高,这些冲突也就愈多。反宗教改革时期的教宗认为自己担负的责任是团结所有天主教王侯,努力从教会内部进行改革,并打击教会的敌人,不管这些敌人是土耳其人还是新教徒。在后一个目标上,教宗无疑取得了胜利。1571年10月,西班牙与威尼斯结成的基督教同盟在科林斯湾的勒班陀(Lepanto)打败了土耳其舰队。克莱门特十三世在1590年代为一支11,000人的军队筹集军费,以帮助击退占领匈牙利的土耳其人,而在三十年战争(1618—1648年)最初的几年中,保罗五世与格雷戈里十五世就投入了200万佛罗林资助天主教军队。

不过,没有一位教宗能够指望像英诺森三世那样来行事,可以随意判决各国的命运,尽管教廷的崇高威望对国际事务仍然具有影响力。教宗或教廷大使在交战双方的媾和中可能扮演着关键的角色,如未来的格雷戈里十五世在1616年就促成了西班牙与萨伏依的和解。然而,教宗们并不满足于自己在欧洲历史上扮演这种跑龙套的角色。他们认为君主们在所有事务上都应追随天主教的政策,并相信是上帝选择教廷来制定这些政策的。

天主教的王侯们则不这么认为。16世纪后半期,哈布斯堡的皇帝统治着一个危机四伏且摇摇欲坠的帝国,这里既有天主教徒,也有各种各样的新教徒,从加尔文派到神体一位论派(Unitarian),应有尽有。教宗认为,皇帝容忍宗教错误,就是放弃了他作为教会保护者应尽的帝国义务。他们敦促皇帝采取断然措施来统一信仰,要求取消早期对新教徒做出的让步,如允许神职人员结婚、举行饼酒同领的圣餐礼。皇帝当然愿意接受一个大国一种宗教的理念,但他们也深知,现实已经表明这是不可能达到的目标,这样做只会激起反叛。他们也确保本国教会由一些与他们同样务实的人来掌理,这些人会抵制罗马的中央集权主义(Roman centralism)。1553—1600年,没有一位匈牙利主教涉足罗马,宗教裁判所或禁书目录在帝国的领土上也未被遵行。

在欧洲其他地方,教宗也奉行这样一种对付异端的进攻性政策。接连几任教宗都投钱支持法兰西宗教战争中的天主教一方,并竭力阻止胡格诺教徒(Huguenot,法兰西新教)纳瓦尔的亨利

(Henri of Navarre)登基成为法王亨利四世。1572年,法兰西发生圣巴托罗缪日大屠杀(St Bartholomew's Day Massacre),有5,000—10,000名新教徒遭到屠戮。此事发生后,格雷戈里十三世下令举行一场庄重的"感恩仪式"。这种政策促使教宗与法兰西的天主教联盟等极端势力结盟,后来又得到西班牙的资助。在这种情况下,教宗很难在天主教君主中保持作为"一切信徒之父"应有的中立立场。在圣洁而务实的教宗克莱门特八世(1592—1605年)时期,他接受忠言,让教廷与亨利四世达成协议,认可(虽然经过很长时间的犹豫)了《南特敕令》对新教徒的宽容,借此至少在一段时间里摆脱了对西班牙的不健康的依赖。

教廷与天主教诸国的冲突,在教宗每年一度公布诏书《神所诅咒的》(In Coena Dominio)时明朗起来并达到高潮。这份诏书原本是一份谴责各种违背教会罪的清单。1568年,庇护五世将世俗当局僭越教会与教士的权力的行为也纳入谴责名单。新条款规定,凡是谋求利用大公会议来对抗教宗者,凡是驱逐大主教、主教、教廷大使或使节的统治者,凡是动用司法程序来审判神职人员的世俗法庭或个人,都将被开除教籍。西班牙和奥地利都禁止在本国公布这道诏令,那不勒斯总督没收并销毁了所有副本,而刚刚驱逐一位枢机的威尼斯,也拒绝公布此令。

在天主教诸国中,威尼斯与教廷的冲突最为激烈。威尼斯共和国是意大利的一个天主教城邦,但坚决维护自身独立,反对教宗染指。它以贸易立国,国内有许多新教徒的商会,也需要与土耳其人保持良好的关系。反宗教改革时期教廷实施的武力政策——呼吁发动圣战,打击土耳其人,迫害新教徒等,都是威尼斯难以接受的。威尼斯人信仰纯正正统,但也维护自己的正统。威尼斯境内

第四章 抗议与分裂(1447—1774年)

也有宗教裁判所在开动(在庇护四世时期,未来的塞克图斯六世正担任威尼斯宗教裁判所的大法官),搜捕异端,焚烧书籍。但是,案件是由裁判官与执政会议(Signoria)任命的世俗官员共同审理的,他们本身并没有自行判决权。

此外,威尼斯是一个共和国(在这方面类似罗马),可以自己选举统治者。威尼斯人并不喜欢反宗教改革教廷的君主制特征,也否认教宗有权罢黜统治者。这个共和国认为所有公民,不管是神职人员或是俗人,都应服从自己的政府,也有权向教会征税。1605年,在卡密罗·波吉斯(Camillo Borghese)当选为教宗保罗五世(Paul V,1605—1621年)后,双方到了水火不容的地步。保罗认为教宗拥有崇高的世俗权威,打算在1606年将格雷戈里十二世封为圣徒。而威尼斯则刚通过法律,禁止修建新教堂或将遗产赠给神职人员;它还准备将两名神父送上法庭审判。这些做法显然违反了《神所诅咒的》诏书,所以保罗在1606年4月将执政会议的全体委员正式开除教籍,并对威尼斯给予停止教权的处罚,使之不能举行任何圣事,不能举行弥撒,不能施洗婴孩,不能以基督教葬礼安葬死人。

停止教权是一个极大的错误。天主教徒普遍认为这是一种反应过度的挑衅行为;而教廷与一个主权国家直接发生冲突,也让各国统治者们变得警觉起来。更糟的是,这项禁令根本不起作用。保罗本来认为,剥夺了威尼斯举行圣事的权利,会让威尼斯人群情汹涌,迫使执政会议与教廷妥协。但情况恰恰相反,反教宗的情绪野火燎原般地在威尼斯城里蔓延开来,一场危害极大的宣传战就此展开。在宣传战中,教宗所有的权利主张都被放在显微镜下一一审查,而威尼斯政府依然拒不服从。神职人员接到最后通牒,要么蔑视禁令,即教宗的权威,继续主持圣事与礼拜;要么永远离开威尼斯。耶稣会苦苦挣扎了一番,最后离开了,直到五十年后才被允许重返威尼斯。威尼斯认为,教宗的行为不仅仅只是妨碍自己的自由,也侵犯了每个国家的自由;教宗也开始害怕这会促使威尼斯转而支持新教徒。1607年,保罗被迫取消禁令,没有得到威尼斯的任何实质性让步。教宗的最后武器——开除教籍与停止教权,一直被视为最有效的灵丹妙药,现在已经不灵了。

威尼斯停止教权事件揭示出教廷主张的普世权力在近代早期欧洲已无用武之地。相较之下,教宗在16世纪传教史上的角色变化,比过去任何议题都更能大大提升教廷的声望。16世纪是一个欧洲向东西方扩张的空前时代。不过,这件事最初并未引起教宗们的直接关注。教宗在1456—1514年颁发的一连串诏书中,都是赋予西班牙与葡萄牙君主传教责任,将探索新世界过程中遇到的人转化为基督徒。早在1493年,教宗亚历山大六世以佛得角群岛的东西两端为界,已将世界一分为二,西班牙统治群岛以西,葡萄牙统治以东。教宗还授予这两个伊比利亚王室许多特权,其中教会人事任免权与财政权最为宝贵。西班牙王室对于履行传教职责尤为认真,在16世纪前半期,新的神职系统已植根于墨西哥、秘鲁与中美洲,并新建了许多教堂。上帝似乎已经用这个新世界补偿了教会在德意志等地丧失给新教的人口。

到16世纪,差会(missions)成倍地增加,教廷的支持变得越来越重要。16世纪前半期的教宗从未主动推行传教活动,虽然他们的批准是差会成功的主要因素,因为唯有教宗才能建立新的神职系统,也唯有教宗才能决断差会遇到的神学难题,例如基督徒征服者是否可以奴役异教徒,或中国基督徒可否继续实行

第四章 抗议与分裂(1447—1774年)

敬拜祖先等看似异教信仰的传统习俗。耶稣会是为了推动传教活动而成立的,耶稣会士的第四条誓言就是绝对服从教宗,随时准备到教宗指定的地方去传教。沙勿略(Francis Xavier)与承其志业的耶稣会士在远东的惊人成就,触发了一种将福音传遍全世界的热情,在这方面,教廷占有明显的,事实上也是唯一的核心地位。

情势也越来越明显,西班牙与葡萄牙对差会行使的保教权对于传播福音既是支持,也是阻碍,它限制了传教士的行动自由,就像欧洲各王权限制各国教会的自由一样。从庇护五世时代开始,教宗就不断努力将传教活动置于教廷的控制之下。为协调针对新教欧洲与异教东西方的传教活动,庇护专门成立了两个由枢机执掌的部会。在16世纪后半期,罗马已成为一切传教活动的天然向心力,因为唯有教廷拥有普世情怀,也唯有教廷拥有否决君王的优势地位,不管这需要付出多少心血。格雷戈里十三世创办神学院,并将其交由耶稣会士经管,培训传教士,派往德意志、英格兰与东欧各地传教,这是传教事业发展的一个新阶段,1622年达到高潮。是年,格雷戈里十五世建立了专门的传信部(Sacred Congregation for the Propagation of the Faith,常以其拉丁文 *Propaganda Fide* 相称),其人员从原来通常的6名增加到15名,负责从新教英格兰到中国与日本的一切传教事宜。传信部在精干的部长弗朗西斯·英格利(Francis Ingoli)的领导下,断然支持印度与中国本地神职人员反对葡萄牙的种族主义,抨击国王迟迟不为传教区任命主教,并任命直接向教宗负责的"使徒代牧"即代行主教权力的传教神父(missionary priest)来补阙。在传信部成立的最初二十五年,就成立了46个新差会。到1627年,它已有了自己的多种族神学院——乌尔班神学院,并在罗马成立了自己的出版机构,成为教廷积极进取与普世主义的象征。

反宗教改革教廷权威的增强也相应地触发了新教徒的敌意浪潮。对许多宗教改革者来说,教宗不只是腐败教会的首领,更是撒旦的忠实走狗。由于人们重新对圣经《但以理书》和《启示录》中的预言产生兴趣,使他们认为教宗就是敌基督者,而天主教会就是"撒旦的巢穴",其目的是要谋杀圣徒和基督的见证者,并向旧时的真教会宣战。

1582年,这些恐惧达到了顶点。当时积极推行改革的教宗格雷戈里十三世修改了现行的误差很大的"恺撒"历,他从1582年的11月里删除10天,以修正几个世纪以来的误差,然后采用新的计算闰年方法,以防产生新的误差。格雷戈里的改革早就该实行了:这项改革的必要性已经讨论了几个世纪,而且它是对现行历法的一大改进。所以它受到了天文学家与科学家的普遍欢迎,其中就有新教徒约翰·开普勒(Johann Kepler)与第谷·布拉赫(Tycho Brahe)。然而,格雷戈里历法却在新教徒中引发了普遍的愤怒与恐惧,许多人认为那是敌基督者的诡计,旨在让世界臣服于魔鬼。而格雷戈里的盾徽上面有一条龙,反对新历法的人抓住这一点,将它说成是凶兆。他们宣称教宗试图混淆计算即将来临的世界末日,以便让基督徒毫无准备地遭难。历法改革干扰了上帝对宇宙的安排,把欧洲拖入血海。格雷戈里"满怀蛇蝎心肠与狼的狡诈",以更有效的计算方法为借口,企图将偶像崇拜贩卖给世人。图宾根大学下令,凡接受新历法者就是与敌基督者妥协。丹麦、荷兰以及瑞士信仰新教的几个州,下令禁止新历法。在德意志新教诸邦,当局禁止天主教神职人员使用新历法,皇帝鲁道夫二世(Rudolf II)

通过删除提及教宗的文字，以帝国政令的形式推行新历法，才使之得到更广泛的接受。英格兰的反教宗情绪特别强烈，直到1752年才接受新历法。而瑞典则要等到1753年才实行。教宗在欧洲新教地区变成了讨厌鬼。

四、绝对主义时代的教宗

1620年11月8日，在布拉格正西方的小山丘上，一支天主教国际联军击溃了信奉新教的巴拉丁选侯波希米亚的腓特烈的军队。这就是白山之役，也是三十年战争中天主教阵营首次获胜的主要战役，这场战役具有某种圣战意义，联军当天采用的口令是"圣母玛利亚"。这场战役标志着新教在中欧的扩张开始消退，更代表着特伦特大公会议以来教廷宣扬的"教派化政治"（confessional politics）获得了胜利。教廷付出庞大的金钱以资助皇帝斐迪南二世与德意志天主教联盟武装部队，斐迪南本人是新一代天主教王侯的代表，曾接受过耶稣会的教育与指导。16世纪晚期帝国的政治特色，就是新教徒与天主教徒充满紧张的共存关系，斐迪南决心要结束这种状况，在帝国强制推行天主教。为庆祝新教的溃败，皇帝没收了路德宗在布拉格的圣三一教堂，并将之重新奉献给"胜利圣母"（Our Lady of Victories），他还在这里安放了一尊感恩的圣婴蜡像。这尊被称为"布拉格圣婴"（Infant of Prague）的蜡像被无限复制，在全世界广受敬拜，成为最受欢迎的天主教圣像之一。在罗马，有一座原本献给圣保罗的新教堂也被重新献给"胜利圣母"。贝尔尼尼后来在这个教堂中放入了他的圣像杰作"入迷的圣特蕾莎"（St Teresa in Ecstasy）。

教宗保罗五世在罗马主持庆祝胜利的感恩仪式时突然死亡，但他的继承人格雷戈里十五世（Gregory XV，1621—1623年）倾全力扩展教会的利益。梵蒂冈的财政补助继续流入皇帝与天主教联盟的战争库，教宗也成功地让忠实的天主教徒巴伐利亚的马克西米连取代英王詹姆斯一世的新教女婿腓特烈，成为巴拉丁选侯。为表达感谢，马克西米连把海德堡图书馆极为丰富的馆藏赠给梵蒂冈，这些馆藏是战争掠获物中最珍贵的一部分。无论从哪个角度看，教廷的反宗教改革运动似乎非常成功。1622年3月，罗马教廷册封了四个反宗教改革重要人物为圣徒——圣衣会（Carmelite）神秘的创始修女阿维拉的特蕾莎、罗耀拉、菲利普·奈利，以及沙勿略，这个举动似乎宣布天主教的胜利已成定局。

然而，仅仅一代人的工夫，这些成就大多化为乌有。三十年战争的确遏制了新教在中欧和东欧的扩展。但1648年战争结束后，天主教与教廷盼望的"教派化胜利"（confessional triumph）并没有实现，而新教在帝国里却已制度化为一种永久宗教。事实上，17世纪没有一个欧洲大国愿意单纯地从教派化角度来制定外交政策。对法兰西而言，参与三十年战争，宗教目的与围堵哈布斯堡在欧洲的霸权同样重要。因此，法兰西资助的是新教首领瑞典国王古斯塔夫·阿道夫，毫不理会教廷发出的将战争转变为圣战的呼吁。教宗可以被奉为天主教复兴的领袖，但对他的政治干涉却不予理会。黎塞留枢机对此总结道："我们应该亲吻他的脚，但是要绑住他的手。"1648年结束战争的和约，在某种程度上协调了190多位世俗公侯与统治者的利益，其中许多人是新教徒。因此，单方面对"天主教有利"的战争结果是不可能出现的，《威斯特伐利亚和约》的签署也有意避开了不断抗议的教宗大使。教宗英诺森十世(Innocent Ⅹ,1644—1655年)当日颁布了一道庄严的诏令,专门"诅咒、谴责、撤销、废除"这份和约,但几乎无人理睬。

教宗既是天主教盟军辉煌的领袖,又是17世纪欧洲"现实政治"的局外人,这种相互矛盾的地位,在乌尔班八世(Urban Ⅷ,1623—1644年)漫长而影响重大的任期中,表现得尤为明显。乌尔班原名马菲奥·巴贝里尼(Maffeo Barberini),出身于佛罗伦萨一个富商家庭,接受过耶稣会的教育,后成为一位经验丰富的教廷外交家。他曾任驻法兰西大使,喜爱法兰西的一切。他也醉心于艺术,在艺术上的奢侈花费不亚于文艺复兴时期的任何一位教宗。他早期的罗马生涯,都投入在塞克图斯五世雄心勃勃的罗马重建方案中。在保罗五世时期,16世纪讲求简朴实用的教廷艺术,转变成热爱装饰、动感与色彩。年轻的枢机巴贝里尼亲眼看到,教宗保罗和他毫无品味却财大气粗的侄儿西皮欧内·波吉斯(Scipione Borghese)将大量的金钱耗费在兴建宫殿、教堂、喷泉与画廊上。圣彼得大教堂的正面被刻上了大片的庸俗铭文,好像在宣示这座教堂属于保罗五世而不是使徒彼得。教廷这种奢华铺张的表现,到乌尔班八世时将达到新的高度。他本身是一位极有天赋的拉丁诗人,他赞助作家、音乐家、画家与雕塑家,其中最著名的是年轻的吉安·罗伦佐·贝尔尼尼(Gian Lorenzo Bernini)。

贝尔尼尼是当时最伟大的雕塑家,创造了巴洛克罗马与17世纪教廷令人难忘的形象。他受托创作的作品中,最重要的是一座极为华美的祭坛华盖,乌尔班将它安放在圣彼得教堂主祭坛的上空;这件作品从1624年开始雕塑,花费了教宗国年收入的十分之一。华盖以君士坦丁时代修建彼得圣陵常用的螺旋状圆柱为蓝本,是一件完美的艺术品。它高居于使徒陵墓及其上的教宗祭坛之上，显示出君临天下的气势，令人瞩目。然而，它也是教宗自我炫耀的拙劣例证。巴贝里尼的家族纹章蜜蜂，被描绘得非常大，趴在圆柱上，所用的原材料来自万神殿等已遭损毁的雄伟古建筑的青铜梁柱，因而有了那句名言："巴贝里尼干了巴巴里人未曾干过的事情。"(The Barberini have done what the barbarians never managed)

属灵象徵与庸俗野心掺杂在一起，是乌尔班整个教宗任期的特征。在他统治时期，由于法兰西人文森特·保罗（Vincent de Paul）等杰出的教牧改革者的工作，教会散发出勃勃生机，标志着反宗教改革运动进入了一个新阶段。乌尔班本人对宣教也表现出浓厚的兴趣，成立了乌尔班神学院（Collegium Urbanum），训练神职人员，以从事传信部的工作。但主宰教廷内心的却是一种粗俗的世俗主义，它无情地腐蚀着巴洛克时期教廷的属灵威望。教宗本身的独裁专制就表现了这一点，他在履行教宗职责时不征求任何人的意见，俨然一位东方的可汗。威尼斯大使写道："这一时期，枢机的唯一用途就是为教宗扮演一顶华而不实的皇冠。"

教廷庸俗化也更明显地表现为教宗严重地任人唯亲。他不断擢升自己的家族成员，让他们一夜暴富。当然，这并不新鲜，但从当时的标准看，乌尔班的任人唯亲达到了新的高度。他对家族的恩赐花掉了教廷1亿零500万斯库迪（scudi）。直到老年，他才痛悔自己已把教会祖业挥霍一空。在他任期末，他的甥侄们将他拖入了一场灾难性的战争，对手是领有卡斯特洛（Castro）教宗采邑的奥多亚多·法尔内斯（Odoardo Farnese）。这场令人嘲讽的战争师出无名，旨在剥夺法尔内斯的封邑，最后促使威尼斯、托斯坎纳与摩德纳（Modena）结成反教宗联盟，致使教宗国惨遭蹂躏，教

第四章　抗议与分裂(1447—1774年)

廷财库空虚,而乌尔班在意大利确立不可挑战的世俗权力的野心也落空了。

卡斯特洛之战并不是乌尔班任期内唯一的政治灾难。他的亲法情结,使得教廷与拥有西班牙与神圣罗马帝国的哈布斯堡王朝之间的关系一直疏远。乌尔班知道,教宗需要在天主教国家之间保持中立,他也真诚地努力保持这一立场。然而,他认为,与法兰西的威胁相比,哈布斯堡主宰意大利对教廷的威胁要大得多,基于这一假设,以及他对法兰西的天然好感,因而一再扭曲他的中立政策。1627年,当统领曼图亚公国的贡扎加家族(Conzaga)无人继位时,他支持法国的候选人继承领地。由于曼图亚紧邻西班牙所属的米兰公国,这一决策因此永远改变了西班牙对他的态度。

亲法情结也影响到乌尔班涉足三十年战争的行为。同样,他的初衷基本上也是善意的,因为他希望协调黎塞留治下的法兰西与西班牙-哈布斯堡帝国之间的冲突,以便团结一致打击新教势力。但这是一个无望完成的任务。他本来就担心西班牙对意大利的野心,法兰西则趁机煽风点火,使他更为忌惮;而西班牙也高举道德大旗,指责他对黎塞留与新教瑞典结盟一事不加谴责。西班牙国王菲利普四世在1635年写信给教宗说:"我相信……圣座尊驾自会处理法兰西国王,他与新教徒已然结盟,这也是尊驾身为教宗的责任所在。"①教宗无法促成参与三十年战争的天主教各方势力之间的和平,表明宗教考量在决定欧洲政治时被逐渐边缘化,对教廷而言,这是一个不祥的预兆。

乌尔班时期教廷的顽固也表现在其他方面,尤其是伽利略事

---

① Pastor, *Popes*, vol. 28, p. 348.

件。1630年代初期,伽利略是意大利最卓越的科学家。教宗本人曾经写了一首拉丁赞颂诗,庆祝伽利略发现太阳黑子。近代早期的天文学先驱都曾受到教宗的鼓励。哥白尼(Nicholas Copernicus)概述革命性的日心说(即地球与其他行星围绕着太阳旋转,而非太阳绕地球转)的划时代专著,便是献给保罗三世的;反宗教改革时期的教宗都鼓励研究天文学,格雷戈里十三也因为创建梵蒂冈天文台而广受赞扬。日心说显然与《圣经》描述的创世观相抵触,但这并未造成任何麻烦;直到1616年,当伽利略试图推广哥白尼的理论时,才触发了教会对哥白尼拖延甚久的谴责。虽然如此,巴贝里尼枢机还是将伽利略的名字排除在教廷对哥白尼的理论及其支持者的谴责之外。伽利略自己的理论可以在罗马的圈子里自由讨论,而他对亚里士多德物理学的攻击也得到默许。他能够宣扬地球围绕太阳转,只需提供一个简单借口,说这只是进行计算的一种方式而非事实即可。伽利略很有技巧地顺从教会传统,谨慎地坚持说他只是一个诚实的实验家,无意涉足哲学或神学领域。

然而,在1632年,他出版了一部对话录,显然在捍卫哥白尼理论是真理,而且也清楚地表明,他认为他的发现的确具有神学的意蕴,因而受到宗教裁判所的审判。伽利略在对话录中,尽管借那位愚人之口提出了一个教宗曾公开捍卫的论点,但这一事实并不能改变他的处境。当宗教裁判所特别警告伽利略不得宣扬日心说时,教宗对他这位昔日好友与门客的态度改变了。乌尔班是一个权力主义者,他可以原谅错误或幻想,却不能容忍刻意违抗教会权威的行为。他宣布:伽利略"胆敢不自量力,插手他人事务……这是对宗教的伤害,只会遗祸无穷,其乖戾嚣张,世间从未有过"。伽利略被迫放弃哥白尼的理论,被判终身监禁(考虑到他的年纪与威望,改为在家软禁),禁止出版著作与教学。教廷早期曾容忍与赞扬伽利略,此时却毫不公正地横加谴责,这正好表明了巴洛克时期天主教的刻板僵化。在奢华的建筑和绚丽夺目的表面下,是专横权力高压下的骚动不安的暗流。

乌尔班八世确立的行事风格,决定了17世纪后半期教廷的外貌。他的继任者英诺森十世(Innocent X,1644—1655年)与亚历山大七世(Alexander VII,1655—1667年)秉承其志,继续赞助贝尔尼尼,成果丰厚,完成了塑造巴洛克教廷自我形象的一系列辉煌工程,如那沃纳广场(Piazza Navona)上的四泉喷水池(Fountain of the Four Rivers),圣彼得大教堂内乌尔班与亚历山大七世的陵墓,更重要的,还有圣彼得大教堂广场上的那些巨大的环形廊柱,以及大教堂半圆形后殿里炫目且夸张的圣彼得宝座。不过,那张代表着教宗无限高扬的权力,且被认为是圣彼得宝座的椅子,却几乎可以肯定的是法兰克帝国皇帝秃头查理的宝座,这是一个天大的讽刺。

从各方面看,贝尔尼尼美化的彼得宝座下面,只是一个空洞的教廷,因为乌尔班八世的主要遗产就是债务。他本身就继承了1,600万—1,800万斯库迪的债务,而在他就任的十二年间,又增添了1,200万斯库迪。教宗收入的绝大部分都要用来偿还这些不断增长的巨额债务。1635年,教宗每年仅有60万斯库迪可供日常开销,而在1640年,当债务增加到3,500万时,日常开销却缩减到30万。85%的教廷收入都用来偿还利息了。

随后的每任教宗都表明,教廷在政治上越来越孤立无援,教宗与法兰西的关系尤其如此。乌尔班的继承人英诺森十世年迈而多疑,他一反乌尔班的亲法态度,转而敌视法国。英诺森认为,法兰西无论获得任何利益，必定是罗马教会的损失，"只有西班牙才是教廷可以依赖的安全保障"。法兰西的首席大臣枢机马扎然（Mazarin）曾慎重考虑否决英诺森当选（他曾将否决书送到罗马，但为时已晚），法兰西的敌意也一直持续到英诺森的继承人亚历山大七世时期。结果，教廷在国际上充当天主教国家调停人的角色，受到损害。1659 年，法兰西也不允许教廷插手西班牙与法兰西签订的《比利牛斯合约》（Peace of the Pyenees）。法兰西对教廷的压迫非常无情。1664 年，法王路易十四世入侵教廷的阿维农领地，逼迫教宗在比萨签下屈辱条约。长期以来，天主教各国君王都提名枢机以代表在教廷的利益，而教宗一般会拖延批准，这已成为惯例。1675 年，法兰西试图强迫教宗任命数名法籍枢机。当教宗因为外交原因而延迟任命时，法兰西驻罗马大使戴斯特雷（d'Estrées）枢机就去骚扰年老虚弱的克莱门特十世，当克莱门特想要结束谈话时，戴斯特雷竟然把他推回到椅子上。路易十四不断对教廷施压，以扩大王室的控教权（régale），即王室对法兰西主教的任命权以及对空缺主教的收入与圣俸的控制权。事实上，法兰西教会像天主教世界其他地区一样，已无情地变成了国家的一个部门。

教廷对天主教君王的屈服并不限于国家疆界之内，它也扩及枢机团乃至教宗的选举过程。1605 年，法王亨利四世据说花了 30 万斯库迪，以确保美第奇家族出身的教宗利奥十一世当选，因为他对法兰西相当友好。果真如此的话，这笔钱显然花错了地方，因为这位教宗只在位三周。在 17 世纪，帝国皇帝、法兰西和西班牙国王确立了否决权（jus exclusive），也就是说，他们有权否决任何他们不喜欢的教宗候选人；到 17 世纪末，大国的大使有权出席密室

第四章 抗议与分裂(1447—1774年)

会议以表达他们的意愿,并成为一项惯例。政治考量开始主导教宗选举,超过三分之二的规定变得愈来愈难以实现。1669年的密室会议拖延四个月之久,原因即在于法兰西大使否决了枢机德尔斯(d'Elce),而西班牙大使则阻拦枢机布隆卡西奥(Broncaccio)当选。

这些鲜活的政治现实,已被许多人视为正常不过的事情;但在每一次密室会议上,都有一个被称为"狂热派"(zelanti)的强势派别,他们反对一切政治干扰。他们很少能够保证他们的首选成为教宗,但在防止纯属政治指派方面,他们常常成为决定性的力量。从原则上讲,他们的干预值得钦佩,但结果并不总是令人愉快。1700年,他们就主导选出了虔诚而忠信的教宗克莱门特十一世。这是一位卓越的管理者,也深受爱戴,但证明他缺乏头脑,不仅使教廷与西班牙发生冲突,也与法兰西教会陷入对立的局面。而且,他关于所谓的"中国礼仪"(在华传教士以此来促使基督教实践适应中国文化)为非法的决议,有效地摧毁了中国的基督教事业。

教宗英诺森十一世(Innocent XI,1676—1689年)力图阻止教廷威望的跌落。无论按照何种标准,本尼迪托·欧德斯卡基(Benedetto Odescalchi)都是一位非常伟大的教宗。他是一位经验丰富的教廷官员,在乌尔班八世时期已崭露头角,1650年成为诺瓦拉(Novara)主教,办事干练,被视为模范主教,尤其著名的,是他努力提升教俗人士的教育水准,以及施舍穷人达到浪费的程度。由于健康不佳,他回到罗马担任教廷工作;对于被选为教宗,他极度不愿意,只是在迫使枢机们接受他的14点教会改革方案后,才勉强接任。他的处事技巧和正直的个性很快就表露无遗。作为教宗,他继承了5,000万斯库迪的债务,但他通过大幅度削减教廷开支,废除无用的荣誉职位,以及采取大量的经济措施,很快就平衡了账目,并开始累积储备金。他大力推广全世界的传教活动,促使波兰王国和帝国皇帝结成联盟,以便对抗土耳其人入侵东欧;并防止有影响的天主教统治者,包括皇帝,与新教徒联姻。他坚决反对宗教迫害,谴责路易十四镇压胡格诺教徒,并试图说服詹姆士二世不要在英格兰实施激进的天主教政策。

英诺森力图联合天主教国家以抗击土耳其人对东欧的威胁,而法国人则欢迎土耳其人对帝国施压,这样,教宗与路易十四就发生了冲突。虽然路易撤回了与土耳其宫廷政府(Grand Porte)达成的实际联盟,但他也不愿加入教宗的"神圣同盟"。英诺森还有其他理由不信任路易十四。教宗决定阻止世俗统治者对教会权利的进一步侵犯。1678年,他呼吁路易十四放弃进一步扩张"王室控教权"。教宗宣布,国王应打击王国境内的异端,以更好地为天主教信仰服务。国王应当警觉不要损害教会,以免引发神怒。他暗示,路易如果一意孤行,会死而无后(事实上,路易的儿子和孙子比他先死),并宣布他本人为捍卫教会权利,已做好了承受迫害的准备。

路易从未遇到这种反抗方式,双方冲突迭起。在这场冲突中,英诺森的立场被认为侵犯了高卢教会的权利。法兰西的反教宗情绪不断高涨。1682年,路易动员法兰西神职界召开会议来反对教宗。该会议通过了"四条款"(Four Acticles),即:在口头上承认教宗的首席权的同时,否定教宗的属世权威;抨击他的教令,即便是有关信仰的教令,僵化保守;主张教宗应服从大公会议。不足奇怪,教宗谴责了这些条款,并坚持这件事情解决之前,拒绝批准法兰西提出的任何主教任命。到1685年初,法兰西已有35个主教职位悬缺。两者的关系持续恶化，路易诉诸大公会议来反对教宗，而教宗则关闭了法兰西驻罗马的办事机构，并拒绝接受法兰西大使。在英诺森任期末年，双方仍然形同水火，法兰西与教廷的分裂似乎已不可避免。稍后的两任教宗，为修复巴黎与罗马之间的裂痕付出了很大的努力。

在17世纪，法兰西挑战教廷权威并不限于高卢主义一端。1640年代，法兰西教会内部爆发了一场神学争议，源头是伊普尔（Ypres）前任主教柯尼留斯·詹森（Cornelius Jansen）在其遗著《奥古斯丁》（*Augustinus*）一书中提出的观点。詹森的这部巨著，艰涩难懂，事实上是那些对反宗教改革后形成的那种庸俗宗教多有不满的虔诚天主教徒的宣言。他们相信，过多地强调人在获救方面的自由，有违《新约》关于恩典的教诲。他们一方面拒绝新教，并极力强调圣事与教会神职的重要性；另一方面，他们也强调预定论（Predestination），宣扬神的恩典不可抗拒，被诅咒之人之所以被抛弃，是因为上帝收回了对他们的恩典。总体而言，对普通男女得救赎的机会，他们持悲观的看法。他们和教廷一样，厌恶当时政治的机会主义。而詹森的另一部著作《高卢之战》（*Mars Gallicus*），则攻击嘲讽黎塞留奉行的外交投机政策。

因此，詹森主义（Jansenism）是一个包罗甚广的术语，其中就含有法兰西和荷兰在反宗教改革后形成的那种天主教的诸多最为严肃的要素。在诸如需要一个天主教政治联盟以反抗新教等问题上，詹森主义者是教廷的热诚支持者。然而，他们憎恶耶稣会，视其为宣扬放宽道德和圣事要求的罪魁祸首（他们反对过于容易地让"凡夫俗子"接受圣餐共融，并认为耶稣会为取悦富有的资助人而发放廉价的恩典）。乌尔班八世曾谴责过詹森的说教，但围绕詹森派的论战事实上直到英诺森十世时期(Innocent Ⅹ,1644—1655年)才激烈起来。1653年,为回应85名法兰西主教的正式请求,英诺森颁布了《适当之时》(Cum Occasione),该诏书将詹森的说教归纳为"五条"(Five Proposition),并予以谴责。

在法兰西,没有人质疑教宗的严正谴责。然而,詹森派人士企图逃避诏令的谴责,承认"五条"主张确为异端邪说;同时又坚持说,教宗以为"五项"主张可以在詹森的书中找到,其实是误解。"正确"(right)与"事实"(fact)之间的这种区分,为教宗亚历山大七世(Alexander Ⅶ,1655—1667年)所禁止。此后,詹森主义者采取一种更为逃避的态度,以"毕恭毕敬的沉默"应对教宗的谴责。无论怎样,教廷还是卷入了一场备受伤害的论战,论战的本质关涉教廷本身在教义上的权威,并一直争吵到法国大革命前夕。更严重的是,詹森派人士包括一些德高望重的法兰西教士,他们实际宣扬的诸多教诲和虔诚方式,可以追溯到反宗教改革时期的主要人物如卡洛·波洛梅欧等人奉行的实践。路易十四也镇压詹森主义,因为它危及王国的统一。教宗对詹森主义的谴责,因而也被许多詹森派教士视为教宗与国王联手压迫福音的一场邪恶阴谋。1670年代,只有两位主教代表法兰西教会反对路易十四扩张王室控教权的政策;他们都是詹森主义者,其中一位是亚勒的尼古拉·帕维隆(Nicholas Pavillon of Alet),时人公认的该世纪法兰西最杰出的主教。在那些诚心接受教宗的训导权威的人士中,不少人因为教宗公然谴责这些全身奉献给严肃宗教的人士而备感灰心。这场争议威胁了教宗作为反宗教改革运动的守护者与领导者的威信。

1713年,詹森派论战达到白热化。当时克莱门特十一世

(Clement Ⅺ,1700—1721年)发布了一道诏令《神唯一圣子》(*Unigenitus*),谴责詹森主义者帕斯奎·奎斯耐(Pasquier Quesnel)的畅销书《对福音书的道德反省》(*Moral Reflections on the Gospels*)中的101个要点。《神唯一圣子》的公布使法兰西教会陷入危机。以巴黎大主教诺艾耶(de Noailles)枢机为首的15位主教,联名上诉反对这份诏书,另有112位主教虽然最终接受了,但其中许多人极为勉强,因而在公示这份诏书时,附上了他们自己的一份申明,暗示教宗诏书在法兰西生效之前,必须经过主教们的认可和解释。法兰西的摄政当局急于停止这场宗教争议,强力推行诏书,但抗议之声依旧不绝于耳。1717年,20位主教要求摄政王上诉教宗,请求解释诏书;次年,四位主教向大公会议上诉,反对这份诏书。此外,还有20位主教与3000名教士参与上诉,而且,上诉派的事业(Appellant cause)也得到充斥地方议会的律师阶层的广泛支持。这些分裂分子逐渐受到压制,但最后一位上诉派主教直到1754年才去世;与此同时,这场争议已经严重损害了教廷在法兰西的权威。在荷兰,争议使得一位主张分裂的詹森派人士祝圣为主教,并创立了一个脱离教廷的詹森派教会。

18世纪初,教廷的声威已经跌落到谷底,任由欧洲大国摆布。克莱门特十一世是法国大革命之前的最后一任教宗,他力图像君主那样依据自己的实力在欧洲政治舞台上扮演一个重要的角色,而这样的角色,对教廷而言却是灭顶之灾。1700年,西班牙王位悬缺,克莱门特全力支持法国的候选人。他的初衷很好。他认为路易十四是欧洲天主教事业最有实力的首领,他也知道西班牙人在尊重教宗的意大利领地方面有不良记录。所以他判断,如果由一位法国人控制西班牙在那不勒斯、米兰与托斯坎纳海岸的领土,对教廷较为有利。结果在1708年,奥地利的哈布斯堡王朝入侵意大利,教廷军队遭到惨败,1709年只得屈辱地向奥地利投降,这使得波旁王室控制的西班牙与教廷分裂达六年之久。

然而,对教宗而言,即便清心寡欲(unworldliness)也并不见得更好。本笃十三世(Benedict XIII,1724—1730年)原为多明我会修士,德行高洁,为当上托钵修士曾不惜放弃公爵爵位。1724年,陷于僵局的密室会议,最后推选他为教宗,因为每个人都知道他毫无凡俗欲望,定能在法国、西班牙与奥地利哈布斯堡王朝之间保持中立。他的确没有凡俗欲望,也试图严守中立。但是,他也拒绝像一位教宗那样行事,相反,他的行为简直就像一位头脑简单的本堂神父,身居家徒四壁的斗室,探访医院,听取告解,教导孩童教义问答;而将一切教廷事务都交由他的秘书尼可洛·科西亚(Niccolò Coscia)去处理。但科西亚腐败透顶,他身边围绕着一帮恶名昭彰的蝇营狗苟之辈。教宗国的行政管理变成了一桩公开的丑闻。本来,教宗克莱门特十一世已正式废除了裙带关系,但现在,教会又沾染了没有甥侄的裙带关系的所有恶习。

1728年,本笃的许多行为,证明清心寡欲对教宗来说不是一件好事。他下令教会普世同庆圣格雷戈里七世节(Feast of St Gregory VII),这本来就是意大利的地方节日。而该节日规定的日课又极不得体,竟然赞美格雷戈里开除亨利四世的教籍并予以罢黜的勇气。欧洲各国顿时义愤填膺。威尼斯向教宗提出抗议,西西里(与新教荷兰)干脆禁止庆祝,比利时禁止吟诵这项日课,而巴黎的警察则阻止刊行含有这项礼拜的日祷书。教宗自古以来主张的世俗权力,在1728年已不再被人接受。

因此,在18世纪,当欧洲诸王朝逐渐加强控制,力图将教会组织纳入国家的控制之下时,教宗们发现自己的活动空间愈来愈受到限制。为了确保教会获得尽可能多的自由,教宗采取签订条约或协议的权宜之计,以明确界定教会的权利和角色。但是,界定即是限制,法国、西班牙、葡萄牙与帝国的历任统治者,正是通过这些协议,逐渐剥夺了教会的自由和权利。在经历长达六个月的关门密室会议后,布拉斯菲洛·兰贝提尼(Prospero Lambertini)当选为本笃十四世(Benedict XIV,1740—1758年),他是18世纪教宗治国权谋的实践者,为人亲切和蔼、精明强干、极有魅力。他也是一位很有天赋的神学家与法学家,他论述封圣的著作至今仍然是标准之作。本笃是一位基于常识的现实主义大师(common-sense realism),在这方面,没有哪位教宗能与之媲美。身为一位彻头彻尾的18世纪的人,他在罗马四处溜达,与路人闲谈,可亲、友善、能干、喜欢俚语。他任期很长,但富有活力,其一切活动都旨在促使教廷的传统工作简单化与现代化。他提升神学院的教育,大刀阔斧地改革教会,保护意大利宗教改革者路得维科·穆拉托利(Ludovico Muratori)免遭西班牙宗教裁判所的迫害,也保护编辑《圣徒传》(*Acta Sanctorum*)的耶稣会士,因为他们对圣徒传奇进行严格的历史研究,冒犯了不少保守人士,认为这是对圣徒的大不敬。对于中东的那些正在被强迫接受拉丁礼仪的东仪天主教徒(Oriental-Rite Catholics),他也予以支持与鼓励;他还通过改良教宗国的农耕方法来增加教廷的收入,并通过减税而赢得了臣民的感谢。他沉稳淡定,风趣愉快。一天,他在大街上被一位托钵僧拦住了,这位修士是个狂热的异象见证者,他告诉教宗说,敌基督者最近已经出生了;本笃饶有兴致地问道:"他多大了?"得知敌基督者现在刚满三岁后,教宗笑了,如释重负地舒了一口气说:"那我把这个问题留给我的继承人去解决好了。"①

无论天主教徒还是新教徒,对本笃都满怀钦佩,伏尔泰曾将自己的一部著作献给他。他自己的宗教信仰无论多么保守,他的虔诚之心却是真诚的。他希望天主教高效、现代且富有活力,并认为特伦特大公会议已为此提供了蓝图。虽然他保护心怀改革的历史学家和神学家,也相信学术与科学的价值,并为《禁书目录》制定了新的规则;但对本笃而言,这不过是表明一种姿态。他认为旧版《禁书目录》过于严厉狭隘,近乎荒唐;他保留了审查原则,但是限制了禁书目录部(Congregation of the Index)不经教宗明确同意就开列禁书的自由,以此缓和《禁书目录》的冲击。作为一个十足的现实主义者,身处绝对君主的时代,他只能尽其所能地坚守特伦特大公会议理念中切实可行的那一部分。他是第一位系统地使用通谕的教宗,通谕成为他最喜欢的发布训导的形式。其中最具代表性的,是他的第一份通谕《首要之处》(Ubi Primum),在回顾圣彼得继承人的责任("喂养[基督的]羔羊,喂养[基督的]绵羊")后,阐述了主教的职责。②

本笃避免与世俗统治者直接冲突,但在外交上做了长期的斡旋,以避免甚而交出教廷的世俗权利。不过,当现实主义要求他接受令人不悦的现实的时候,他也毫不退缩。他与撒丁尼亚、那不勒斯、西班牙和奥地利缔结新约,做出了极大的让步,以利于教会的实际运作。例如,1753 年与西班牙签署的协定中,将 12,000 个西

---

① M. Walsh, *An Illustrated History of the Popes*, London 1980, p. 181.
② *Sanctissimi Domini Nostri Benedicti Papae XIV Bullarium*, Tomus Primus, Venice 1777, pp. 4-7.

第四章 抗议与分裂(1447—1774年)

班牙有俸神职的推荐权让给了西班牙王室,教宗只剩下 52 个。一大批寻求升迁的西班牙人因而离开了罗马。据说,离开罗马的西班牙人高达 4,000 之众,旅馆与餐饮业顿时陷入危机,但却有力地证明了圣职推荐权的确已经大量转移。

这个协定激起教廷人士的强烈抗议,因为他们多数人事先一无所知,许多人认为教宗已经背叛了教会。但本笃不为所动。他已获得 130 万斯库迪的移权补偿,而且他确信,如果他拒绝这项协定,西班牙国王也会自行其是,甚而走得更远,而且不会给教廷任何补偿。同样的现实主义也表现在,1740 年他甫一即位就宣布当年为大赦年。对于这届大赦年,本笃极为热心,亲自监督安排朝圣的具体事宜,确保有足够的布道员与告解员(confessor),以便使朝圣人潮提供的教牧机会能够获得最大的效益。

他特别忧虑《大赦诏书》(*Jubilee Bull*)在法国的公示情况,因为公示诏书就表示效忠于罗马,他希望这能传递某种信息,即法国教会仍然与教廷共融。但是,是否将"詹森派上诉分子"(Jansenist Appellants)特别排除于诏书所赐福祉之外,他仍然顾虑重重。如果将他们排除,势必引发新的反抗与争执,并可能导致法国议会拒绝承认诏书。但若默许,则会让詹森派有机可乘,用它来证明本笃十四世并不赞同《神唯一圣子》诏书。思之再三,他决定让诏书含糊其辞,但在给路易十五的附信中,却提到要将上诉分子排除在外。即便如此,这份诏书还是没有得到承认,1744 年发出的第二份诏书中,他删掉了任何提及此事的句子。他对这届大赦年尤其是 1750 年更为隆重的圣年(Holy Year)的狂热,显示出他的"现代式"教廷与传统教廷之间的传承关系。尽管他的开明无可挑剔,但终究热衷于"旧时宗教",而且,他支持并亲自出席了方济各会士利奥纳多（Leonard of Port Maurice）的振兴布道会，这位修士在整个1750年大赦年间，一直在罗马圆形大剧场和罗马广场上举行规模宏大的公开布道。

本笃十四世施展他的聪明才智、宽厚友善和文雅效应，灵活练达、尽其所能地阻止世俗强权兴起的浪头。但欧洲各国的世俗统治者已下定决心，执意要掌控教会。在18世纪强权政治的鲨鱼池里，单凭处事圆滑、满腹才智与和蔼可亲并不足以生存。信奉天主教的各王朝都资助神学家著书立说，极力贬低教廷的权威，高扬民族教会的权利以及君王高于这些教会的权力。高卢主义已孕育出一大批这类神学，而德意志也炮制出自己的理论，称为费布隆主义，*宣扬主教（和任命他们的国王）的权力高于教宗。

1768年，曾为教宗领土现为波旁采邑的弹丸小国帕尔马公爵颁布敕令，禁止向罗马上诉，除非得到公爵的许可；一切教宗诏书或其他文件，未经公爵附署，不得公示。对清心寡欲的虔敬教宗克莱门特十三世（Clement XIII，1758—1769年）而言，这是分裂教会的行为，是把教会的自由置于君王的暴政之下。他宣布这项敕令无效。为证明自己有理，他还颁布诏书《在主餐中》（*In Coena Domini*），诅咒一切侵犯教会权利的人。欧洲的君主们被激怒了。因为这是一个教士宣布废除一位君主的法律。葡萄牙宣布，凡印刷、贩卖、散发《在主餐中》，或援引该诏书来进行审判的行为，都以

---

* 费布隆主义（Febronianism）是18世纪后半期在德意志天主教会内部爆发的一场声势浩大的运动，旨在促使天主教民族化，限制教廷的权力，提升主教的权力，使信奉天主教的基督教国度内部那些分离的教会重新统一起来。该教派得名于特里尔主教约翰·尼古拉（Johann Nikolaus von Hontheim）在1763年出版的一部书中使用的一个假名字查士丁·费布隆（Justinus Febronius）。——译者

第四章 抗议与分裂(1447—1774年)

叛国罪论处;那不勒斯、帕尔马、摩纳哥、热那亚、威尼斯与奥地利随后也发布了同样的命令。巴黎市议会禁止出版教宗的谴责诏令,而波旁王朝属地的诸位大使要求教宗撤回诏书。法国占领了阿维农;那不勒斯不但占领贝内文托,更计划与其他意大利邻邦瓜分教宗国。伏尔泰则写了一份小册子,论证教宗根本不应治理一个国家。

教廷羸弱而羞辱的现实,在1773年暴露无遗。这一年,教宗克莱门特十四世在西班牙、葡萄牙、法国和奥地利统治者的挤压下,无奈解散了耶稣会。长期以来,耶稣会一直是启蒙时代欧洲的"自由主义者"憎恶的具体对象,也是教会蒙昧主义和教士专横跋扈的象征。在詹森派人士撰写的一系列小册子中,他们成为最受欢迎的愚弄对象,帕斯卡的《致外省人信札》(*Provincial Letters*)就嘲讽他们是一群追逐权力、近似异教徒的伪君子。他们为人诟病的真正原因很复杂,而且耶稣会行事隐晦,有时也牵涉金钱交易,从而遭人猜忌。但他们遭到怨恨,也是因为他们代表着教会的力量与独立,更因为他们捍卫南美洲的"土著"居民的权利而成为殖民主义列强的眼中钉。这个强有力的国际组织,像教会本身一样,妨碍了各国君主巩固其王国境内的绝对统治。耶稣会士是反宗教改革教廷的坚实壁垒,他们的第四誓约就是毫不质疑地服从教宗,是教廷在反宗教改革后教会复兴运动中居于中心地位的象征。

每个人都预见了耶稣会即将解散。早在克莱门特十三世时期,满怀敌意的各国政府就已采取措施,禁止耶稣会在本国活动。葡萄牙首相马奎斯·德·彭巴尔(Marquis de Pombal)没收了耶稣会在葡萄牙及其殖民地的财产,并将耶稣会士逐回教宗国。法国在1764年,西班牙、那不勒斯和西西里在1767年,都采取了类似措施。面对不断高涨的压力,克莱门特十三世坚持立场,并在1765年发布诏书支持耶稣会,但是,他在1769年2月突然去世了。在随即召开的密室会议上,解散耶稣会成为最重要的议题。奥地利皇帝约瑟夫二世列席了会议,他假装保持中立,但毫不掩饰他对被称为"黑袍修士"的耶稣会的蔑视。

很明显,凡为耶稣会之友的枢机,都会遭到列强的否决。然而,任何枢机倘若承诺当选后就解散耶稣会,这又构成了买卖圣职罪,等于是贿选为教宗。最终,出身方济各会的枢机罗伦佐·甘加内利(Lorenzo Ganganelli)当选为克莱门特十四世(Clement XIV,1769—1774年)。他没有做出这样的承诺,但他表示,解散耶稣会是可能的,甚至是一个好主意。他因而顺利当选,这样,解散耶稣会就只是时间问题了。教宗克莱门特上台后,对天主教列强采取了一系列安抚策略,尽可能地拖延解散时间。然而,这些姿态只能证明,他只是列强拉线他就随之起舞的木偶。随之,在具有强烈反教士情结的葡萄牙首相彭巴尔的运作下,他的弟弟被擢升为枢机。1770年,克莱门特放弃了每年宣读的诏书《在主餐中》,并将之从罗马礼仪中删除。虽然,那份诏书在理论上仍然有效,但无人再宣读了。与此同时,他也徒劳地试图缓和对耶稣会的攻击,寄望于一纸禁令,严格挑选成员,他认为或许能缓解列强的解散要求。

但欧洲君主们已经嗅到血腥味,不愿空手而归。克莱门特终于屈服,1773年,耶稣会被正式取缔。耶稣会会长里希神父(Father Ricci)清白无瑕,德行高洁,他督促耶稣会士接受教宗的决定。但教宗为了政治利益,把他监禁于天使圣堡,直到去世。对于自己的行为，教宗未做任何解释，事实上也不需要。教廷自毁长城，解散了为他效命的耶稣会，最为清晰地表明了教宗在新的世界秩序中无能为力。这也是端坐彼得宝座之人道德沦丧的结果，他们不配当格雷戈里七世、英诺森三世，甚而英诺森十一世的继承人。这是教廷最为屈辱的时刻。

第五章　教宗与人民
（1774—1903年）

一、教会与革命

到了1780年代，欧洲的天主教诸国试图将教宗降为一个礼仪性的宗教首脑，而且大多数国家都获得了成功。各国国王与诸侯自行任命主教与修院院长，自行取舍宗教节日，监管或防止向罗马上诉，审查教宗言论的出版。这既是一种神学现象，也是一个政治现象。受到詹森主义的影响，以及天主教徒对早期教会越来越感兴趣，许多神学家因而强调主教在地方教会中的最高权力。他们认为，教宗是首席主教，也是教义争执的最后裁决人，但教宗干预日常事务，却是僭越行为；在限制教宗权力方面，基督教君主扮演着君士坦丁大帝的角色。

教宗大使的权力与行为最容易引发这种敌意。每个人都认为教宗在天主教各国宫廷应该有外交代表。但这些大使代表着教宗的属灵与属世权威，拥有高于大主教的权力。他们任命神职，施行坚振礼，赐予特许，在地方主教的辖区听取上诉。这些行为都招人怨恨。1785年，教宗庇护六世（Pius Ⅵ,1775—1799年）应巴伐利亚选帝侯的邀请，在慕尼黑派驻教宗大使。德意志教会的诸位首脑，包括特里尔大主教、美因茨大主教、科隆大主教和斯特拉斯堡

第五章　教宗与人民(1774—1903年)

大主教,联袂向皇帝请愿,要求限制教宗大使在德意志的权力。1786年的埃姆斯会议(Congress of Ems)投票决定,禁止教会法庭审理的案件上诉到教宗大使。批准婚姻和发放特恩等权力,属于每个主教的神授特权,因此不需要向罗马请求;向罗马缴纳的披肩费和向教区收入征收的首年金,也应予以取缔。

在18世纪的天主教欧洲,虔诚人士都盼望一场宗教改革,使宗教摆脱迷信与无知,使之更加实用、道德与理性。许多天主教徒谴责教宗支持迷信。启蒙时代的人厌恶圣物与赎罪券,而罗马却是这两样东西的主要发源地。他们反对圣心(Sacred Heart)这类"迷信"崇拜,也反对耶稣会等宣扬此类崇拜的修会;但教廷却是这类虔诚活动的支持者。他们认为,堂区教堂和堂区教士有用,但修院则一无是处,是懒汉和少女的避难所,而这些少女,本该去操持家务,生养小孩。然而,教宗却支持这些修道团体,授予其特权,并因此削弱了地方主教和堂区教士的权威。

奥地利国王约瑟夫二世,1765年成为神圣罗马帝国皇帝,而在其母玛利亚·特雷莎(Maria Theresa)1780年去世后,又成为奥地利唯一的统治者。他是一个虔诚的天主教徒,对教会生活的点滴细节十分着迷,并小心翼翼、诚心诚意地履行基督教国度第一君主的重任。普鲁士国王腓特烈大帝嘲笑他说:"我的兄弟是圣器保管员(sacristan)。"虽然约瑟夫是独裁者,但他施行仁政,完成了其母开创的解放农奴的事业,在王国境内允许宗教自由,并大兴学校、孤儿院和医院。他缺乏想象力,也不洞悉人性的乖张。(为节省木材与铁钉)他曾颁令禁止使用棺材,代之以帆布袋,但却遇到非常大的阻力,让他非常震惊。

天主教会是约瑟夫着力合理化与现代化的具体目标,他发布了 6,000 多份敕令，以规范人民的宗教生活。他毫不怀疑自己在此类事务上的权利。根本性的教义问题属于教宗管辖的范畴，而教会生活的其他事务则交由皇帝来管理。他的这些看法，受到首相考尼兹亲王（Prince Kaunitz）的鼓励，但考尼兹本人却无真正的信仰，他将教会视为一个既烦人又关键的国家部门。

奥地利教会的确需要有人关注。它的一些地方，已被极度富有的修院所掌控，一小撮修士在这里生活得如同王公贵族，不但有着装男仆在侧侍候，还把原本用来支应数百人生活的教会收入纳入私囊。其堂区体系拼凑而成，业已古旧过时，即便离堂区教堂最近的社区，也颇为遥远。约瑟夫成立了一个中央宗教基金，以资助新建的堂区、学校与神学院，并通过解散修院来筹措实施这些项目所需的资金。1781 年，他颁令解散了那些完全沉溺于祈祷和冥想的隐修院，而保留了那些从事诸如经营学校与医院等"有益"工作的修院。400 多家修院（占总数的三分之一）从此消失。教宗没有被征询意见。

约瑟夫认为，供养那些受到启蒙的堂区教士是国家的职责，并颁令一切教士都必须在他设立的六所神学院接受培训。他的目的，绝不只是希望教士得到更好的神学教育，更是力求将这个多民族的松散帝国统一起来，集中培训地方上的要员，这将有助于使宗教成为帝国的黏合剂。神学院的授课大纲含有詹森主义者的作品和贬低教宗权威的教科书。

约瑟夫的教会立法，为解决实际问题提供了合理方案，但也有"丢了西瓜拣芝麻"之嫌，并打击了一些深植人心的信仰。游行与朝圣需要获得特许，禁止人们亲吻圣像或圣物，祭坛上点燃的蜡烛有数目限制（14 支），他还禁止给雕像穿上珍贵的衣服。所有这些措施都极不得人心。

约瑟夫的兄弟利奥波德(Leopold)是托斯坎纳大公,他也向往能够掌控自己领地内的教会。他的神学顾问是斯齐比奥·德·里希(Scipio de Ricci)。1780年,利奥波德任命他为皮斯托亚(Pistoia)和普拉托(Prato)两地的主教。里希为人真诚虔信,他的叔父就是那位被克莱门特十四世冤枉入狱的耶稣会会长,所以他不喜欢教宗。虽然,他曾接受耶稣会的教育,但他厌恶耶稣会士,因为他是一个詹森主义者,与法国和荷兰被开除教籍的詹森派人士关系密切;他反对巴洛克时期天主教的许多特质,并决意要改变它。他为人好走极端,缺乏判断力,对民众的宗教情绪也不敏感。他的餐厅挂着一幅画,描绘的是皇帝约瑟夫二世正在将一幅虔诚的圣心画撕成碎片。里希喜欢将罗马喻为巴比伦,将教宗与教廷的统治说成是过时的暴政。

1786年9月,里希在皮斯托亚召开了一次教区教职会议,讨论利奥波德的提案和佩德罗·塔布里尼(Pietro Tamburini)事先拟就的许多教令。塔布里尼是一位激进的詹森主义者,也是帕维亚帝国大学的教授。这次会议发布通告,废除圣心崇拜、取缔十字架路标、严禁滥用赎罪券、禁止对玛利亚过度崇敬。他们建议移除教堂中的雕像,代之以圣经场景画。他们还下令对圣物崇拜之风进行更严厉的管束。里希提出用意大利语主持弥撒,并获得许多教士的赞同。但会议认为这样做过于激进,不过,它也规定:弥撒的默祷部分,尤其是祝圣祷文即"真经"(canon),应该以洪亮清晰的声音朗诵;弥撒经的意大利文译本也必须提供,以便俗人阅读。会议还鼓励民众每逢弥撒礼都接受共融,鼓励所有人阅读《圣经》,削减宗教节日,并制订了删除传奇材料而添加更多经文的新日课书。一切修院都被置于当地主教的直接管辖之下,无论它是否拥有教宗赐予的特权或豁免权;所有宗教团体也被合并为一个。修院(每个市镇最多一所)应移居城外,修女院则留在城内。男性的终身誓愿应予以废除,代之以每次立誓仅守誓一年。妇女在过了分娩年龄后,可以立终身誓愿。会议还采纳了《高卢四条款》(*Four Gallican Articles*)的反教宗主张。

里希在教职会议上得到神职界的大力支持,但会议对古老虔诚的攻击,使俗人极为愤怒。他们撕毁了修改过的礼拜用书,自发聚集起来保护教堂雕像,以免遭到损毁。1787年5月,谣传里希将要捣毁普拉托大教堂中供奉的"圣母衣带遗物"(Girdle of the Blessed Virgin),顿时引发暴动。暴动者将主教的椅子拖到广场上烧毁,并劫掠了他的宅邸。他移除的"迷信"雕像,也在一片欢腾声中搬出地窖;民众在烛光中,群集于摆放圣母衣带的祭坛前,通宵跪拜。利奥波德公爵只得派军队弹压。

普拉托暴动粉碎了托斯坎纳反教宗改革的希望。暴乱消息传到利奥波德和里希耳中时,他们正出席托斯坎纳全体主教大会。他们原本希望借此会议将皮斯托亚改革推行于整个公国。许多主教对诸多措施中的反教宗色彩感到担忧,认为根本改变崇拜仪式超出了主教个人的权威;他们也不愿否定教宗的特权,拒绝向教俗人士推荐遭到教廷谴责的詹森派著作。暴动证实了他们的忧虑,甚至少数激进主教也感到惊骇而慎重行事。1790年,利奥波德继承奥地利王位,离开了托斯坎纳,改革运动随之瓦解。1794年,教宗发布宪章《信仰的约束》(*Auctorem Fidei*),正式谴责皮斯托亚改革及其教义基础。

托斯坎纳改革运动受到神学的启发。它的许多目标,无论多

第五章 教宗与人民(1774—1903年)

么具有挑衅性,制造了多少纷争,但从教牧的角度看,还是值得称道的,并在两个世纪后的梵二会议(Second Vatican Council)上得到实现。在意大利其他地方,反教宗主义采取了更鲁莽的做法。从1770年代中期开始,两西西里王国就停止向教廷缴纳传统的封建贡金,而那不勒斯政府也开始关闭与罗马和修会国际首脑之间的联系。宗教裁判所遭到压制,主教被禁止使用开除教籍的制裁令;而且从1784年开始,所有与教宗的直接接触都遭到禁止,违者流放。教宗的通信需提交国家批准,王室坚称自己有权任命所有主教职位。

没有人认为这些措施会对教会有益,主教们虽不喜欢但也不敢反抗。教宗的回应是拒绝批准王室提名的任何主教。到1787年,已有40个主教职位悬缺;但面对政府的决心,教廷显得无能为力。1792年,意大利南部几乎一半的教区无人主持,教廷终于屈服,批准了所有被提名的主教,那不勒斯王室最终获胜。

任何一位教宗都会发现这些挑战很难处理。18世纪的末代教宗乔凡尼·安吉洛·布拉斯基(Giovanni Angelo Braschi),即庇护六世(Pius Ⅵ,1775—1799年)可谓恶运交加,他是一个特别不幸的例子。布拉斯基出身贵族,一直负责教廷内务,因个人魅力与工作效率而崭露头角。他曾担任本笃十四世的私人秘书和克莱门特十三世的财政大臣,后者是一个有声望的肥缺,更使他戴上枢机的红顶子。他不是一个有深刻灵性的人,献身于教士职业也晚。他曾订婚,对于选择教廷生涯也颇为迟疑(后来他的未婚妻进入修女院),且从未有过教牧经历。在一场历时四个月的密室会议后,他才成为天主教各王朝都能接受的教宗候选人。为获得当选,他宣布将会与各王朝和谐相处,也不会恢复耶稣会。

布拉斯基身材高大、相貌英俊、喜好虚荣，并对自己修长的双腿和浓密的满头银丝感到自豪。尽管教廷的财政已极度亏空，他的行事风格还是让人想起保罗三世等文艺复兴时期的教宗，虽然他取名庇护是为了纪念简朴的圣徒教宗庇护五世。他本无任何积蓄，却不惜重金大兴土木，在罗马城内各要地竖立埃及方尖塔，在圣彼得大教堂内修建规模宏大的圣器收藏室，创建新式的梵蒂冈博物馆，并试图排干彭甸沼泽（Pontine marshes），但最终未能成功。他继承了文艺复兴时期任人唯亲的伟大传统，不惜牺牲教会利益，使他的侄儿们一夜暴富。在1780年代中期，庇护使罗马丑闻迭出，因为他卷入一桩激烈的遗产争夺案，他想将这笔遗产转给他的一位侄子。最后达成了妥协方案，他的侄子得到他的钱财，但他似乎不愿罢手，教宗的尊严和正直受到了损害。

不过，在其任职的大部分时期，庇护在维护尊严上相当专业。罗马现在已牢固地成为盛大旅行的中心，原本就络绎不绝的朝圣队伍，现在又加入了旨在观光的人潮。庇护加大展出梵蒂冈藏品，使得梵蒂冈博物馆成为任何游客必然光临的名胜；他对雕塑家卡诺瓦（Canova）等艺术大师的赞助，使罗马成为了建筑品味的典范。同样重要的，还有他本人庄重优雅地主持的那些精致的教宗礼仪，使新教观光客叹为观止，并极大地缓解了他们对天主教的敌意。

然而，面对天主教国家强大的反教宗思潮（anti-papalism），他做的这一切并不能挽回日渐衰颓的权力。在此，庇护的虚荣心可能使他未能意识到局势如此严峻。由于帝国政府将奥地利和米兰的教会收归国有，使得他与约瑟夫二世的关系恶化。庇护决定亲自访问维也纳，希望约瑟夫会折服于他的个人魅力。就教宗本人而言，此次出访的确是一次盛会，民众对他的敬重可能出乎他的意料。皇帝以隆重的礼仪盛装出迎,把他奉为上宾。庇护所到之处,挤满了仰慕的人群,他们在雨中列队恭候几个小时,只为看他一眼,并盼他能够祝福他们的念珠或肩衣。但从实际的角度看,这次访问一事无成。首相考尼兹只与他握手,而不是吻手,这让他大为震惊;甚至当他还在维也纳的时候,帝国政府也不留情面,接连颁令重组奥地利教会。当他离开时,考尼兹揶揄说:"他带个黑眼圈回家了。"

约瑟夫也继续在意大利强制推行他的权威。1783年,他与教宗曾因为奥地利要求提名米兰领地上的所有主教而发生抵牾,因为这显然侵害了教宗的传统特权。这一次,约瑟夫反庇护之道而行之,他未曾告知就抵达梵蒂冈,从后楼梯进入教宗的住所,说服他接受此事。庇护被迫同意了他的所有要求,但为了保留颜面(和教宗名义上的权利),庇护说提名权只是赐给米兰公爵约瑟夫个人,而不是承认他作为皇帝的权利。此时的教廷已经伤痕累累,奄奄一息。

1789年,法国陷入财政与政治危机。长期以来,对王朝的信心早被王室的财政索取消耗殆尽。面对国家濒临破产,政府信心全无,而中产阶级对贵族严控国家生活的各个层面极为不满,暴露出法国政治体系的核心有一道深深的裂痕。1789年5月4日,法国召开了三级会议(Estates General),希望化解国家危机。

最初,这场危机并不是宗教危机。天主教已成为法国政体的组成部分。政府对新教徒的迫害新近也告终止。最后一位殉道牧师1771年死于监狱,最后一个新教船奴1775年得到释放。法国首相是图卢兹枢机大主教。但国家财政已经破产,教会却仍然富有,而在教会内部,贵族与平民之间的鸿沟既深且巨。几乎每个人都知道,主教俨然一个富有的贵族,而三分之一的堂区教士只能勉强度日甚或难以糊口。在如此局势中,怨愤在不断酝酿,因而,在国家陷于危机不久,教会内部也爆发了危机。

再则,法国天主教会在华丽的表象下,早已腐败不堪。事实上,图卢兹枢机就不是天主教徒。像许多追求时髦的教士一样,他也赞同伏尔泰对神启宗教的嘲讽愚弄。而当有人推举他为巴黎大主教时,甚至路易十六世(Louis XIX)也予以拒绝,理由是巴黎大主教"至少必须信仰上帝"。詹森派和高卢主义的观点,在法学界已引发对教宗权的普遍敌意,而对宗教修会的厌恶,就更加广泛了。

6月的最后一周是大革命的关键时刻,当时,法国议会已经历一段时间的激烈争辩与悬决,教士阶层虽受到巴黎暴动者愈来愈大的威胁,但仍然不愿支持第三等级的普通民众。法国教会至此丧失了法理上的独立性。1789年8月,法国改由"一院制制宪议会"(single-chamber Constituent Assembly)统治*,并很快将注意力转向改革教会。1789年8月11日,制宪议会禁止缴纳什一税。11月2日,在欧坦主教塔列朗(Monseigneur Talleyrand)与另一位不信教的贵族的建议下,法国教会的全部财产被"收归国有",大规模的拍卖随之而来,指望通过没收一切教产来缓解国家破产。剥夺教产标志着法国国民心态的世俗化进入了一个新阶段。这是一场史无前例的壮举:神圣势力由此衰退,反教士主义(anti-clericalism)从此抬头。

攻击教会财富,不可避免波及到修会,这是最遭怨恨、聚集教

---

* 法国大革命前期经历了三个议会,即制宪议会(1789年7月9日—1791年9月30日)、立法议会(1791年10月1日—1792年9月20日)和国民公会(1792年9月21日—1795年10月26日)。——译者

产也最多的宗教组织。1789年10月28日,制宪议会停止在法国境内立宗教誓愿。四个月后的1790年2月,制宪议会开始解散现存的修会。在大革命以前,修士或修女如果放弃修道生活,即不受法律保护。现在既然有机会得到自由,许多人就离开了修院,尤其是男人。克吕尼修院的40名修士,有38人离开,这所中世纪规模最大的宗教寺院灰溜溜地落下了帷幕。几年之内,其宏伟的修院教堂也风光不再,遭到拆毁,并被当作建筑材料卖掉。

随着财政旧机制的瓦解,改革法国教会组织结构已刻不容缓。1790年7月,制宪议会制定了《教士公民宪章》(Civil Constitution of the Clergy),[①]将高卢教会变成一个兼具早期教会遗风和18世纪合理化组织的混合物。一切堂区教士和主教此后需经选举,神父由当地选民选出,主教则从民政部门(civil Départements)提名的候选人中选举产生。所有神职人员都变成领薪的公务员。不足6,000人的堂区被废除或合并,减少教区的数目,并由民政部门统一管理。每个教区从教士中选出12名主教代理(vicar episcopal)组成教区议会,与主教共同管理教区事务。所有这些措施并非没有遭人诟病之处;然而,与曾将塔列朗或图卢兹枢机这类不信教之人推上主教宝座的旧机制相比,新措施也不见得更加糟糕,而且,革命热情的浪潮也使得教士阶层不愿反抗《教士公民宪章》。

在《教士公民宪章》下,改组后的法国教会与罗马的关系较之以前变得更加脆弱。法国主教的任命无须再请求教宗的正式批准。唯一的要求是,新任主教应给教宗送达一纸信函,以表明信仰

---

① 文本载 Ehler and Morrall, *Church and State through the Centuries*, pp. 236-249。

统一。此前一年,制宪议会已单方面废除了向罗马缴纳的年金和其他费用,教宗未做任何表态;而且一般认为,他别无选择,只能同意这些新措施。全欧洲都知道约瑟夫二世的单方面改革,以及皮斯托亚教职会议的结果。《教士公民宪章》似乎在同一方向上前进了一步。1790年6月中旬,教宗的阿维农飞地上的居民推翻了教宗的统治,请求并入法国。制宪议会的领袖当时信心十足,表示要与罗马协商,确保得到庇护六世的默认。

1790年7月22日,国王在没有得到罗马的任何意见的情况下,极不情愿地批准了《教士公民宪章》。但仅隔一天,巴黎就收到了庇护六世的一份简函,谴责《教士公民宪章》是分裂教会,并敦促法王拒绝承认。国王扣留了这封信,但不顾一切地与教宗谈判,希望可以达成某种妥协。神职人员对《教士公民宪章》大多持反对立场,但许多人认为,其中一些规定作为临时措施尚可容忍,比如,在《教士公民宪章》被修订得更符合天主教精神之前,可以授职给当选的主教而不用事先请求教宗批准。主教们也请求罗马帮他们找到一个折衷方案。

在这个重大的时刻,庇护六世却保持了缄默。他厌恶《教士公民宪章》,不愿与教会分裂分子妥协。然而,他不敢公开表态,担心这样会迫使法国教会重蹈两个世纪前安立甘宗分裂的覆辙。但是,当罗马犹豫不决时,法国的反教士情绪却在升温。11月27日,制宪议会颁令要求所有在职教士(office-holding clergy)宣誓服从《教士公民宪章》,并设定1791年1月4日为宣誓的最后期限。

法国神职界面临痛苦的两难抉择。每个人都知道教宗至今没有表态。绝大多数神职人员都厌恶新措施,但许多人也忠于广泛的革命,不愿拒绝它的宗教诉求而动摇革命。许多人不愿挨饿而选择了宣誓,许多人出于对信徒的责任而选择宣誓,但许多人宣誓是因为教宗没有公开谴责《教士公民宪章》,还有许多人选择了宣誓,但对"就天主教信仰允许而言"这一条保留意见。1792年5月,庇护六世终于公开谴责《教士公民宪章》,立刻掀起一股发自内心的抗拒情绪。制宪议会中只有三分之一的神职人员宣誓效忠。就法国整个神职界而言,只有七位主教和大约半数的堂区神父接受《教士公民宪章》。虽然如此,一个分裂的宪章教会(Constitutional Church)终于出现,其新当选的主教由愤世嫉俗的塔列朗主教祝圣,塔列朗随即辞去主教职务,恢复俗人身份,最后娶了一位信奉新教的英国离婚女士。

在理论上,拒绝宣誓的"顽固"教士不会受到干扰,可以不受阻碍地自由信奉忠于教宗的天主教,他们的教职一旦出缺可自行填补(常常是前修士)。但实际上,随着革命变得愈来愈激进,以及越来越担心奥地利入侵法国以镇压革命,拒绝向《教士公民宪章》宣誓被等同于反革命叛国罪。1792年5月,法国与奥地利正在交战,有一批教士被20名公民宣布为顽固分子;本应该驱逐出境,但国王拒绝批准这项命令,加速了他的倒台。7月,普鲁士对法国宣战;8月10日,法国废除君主制。

随即,一场宗教迫害就此开始。顽固派教士不管有多无辜,都被迫到处躲藏,而被监禁在巴黎、奥尔良等地的教士遭到屠杀。接下来的一整年中,有30,000名神职人员,包括大部分主教,离开法国,逃到教宗国、瑞士、西班牙、德意志,甚至信奉新教的英格兰去避难。刚好最近英格兰的天主教徒已经被允许拥有适度的宗教自由,单单在温彻斯特的王室领地上,就安置了700名法国教士和修士。催生宪章教会的大革命,现在却反戈一击。国民公会开始干预教士掌管的婚姻。1792年9月,它下令剥夺了宪章教会注册婚姻的责任,将之移交给当地市长。这个表面上看起来并不重要的行政变革,事实上却有非常重大的意义,因为同一政令也承认了公民有权离婚。一个政教分离的国家从此诞生,新教会的法律权威受到致命的打击。

如今,大革命已开始转向基督教本身。1793年的整个秋季与冬季,恐怖统治利用断头台处决了许多反革命分子,同时也以"人类共和宗教"(republican religion of mankind)的名义,对基督教展开猛烈的攻击。刺杀暴君的"圣徒"布鲁图斯(Brutus)的胸像被庄严地供奉于堂区教堂,圣器与十字架被绑在驴子的尾巴上拖过大街。在接下来的非基督教化(Dechristianisation)岁月里,据说有22,000名神职人员正式或口头宣布放弃教职。其余的5,000名教士逐渐遭到"顽固派"(Refractories)曾身受的迫害。1794年,国家撤销了对宪章教会的财政资助。这样,基督教已被彻底抛弃,代之以一种信奉人性和最高存在的宗教,并设计了庆贺丰产和祖国的异教礼仪,基督教日历被废除,改为10天1周,3周为1个月,全部用来循环祭奠生长与重生。并派出"理性使徒"(Apostles of Reason,他们大多为前教士)到全国宣讲这种异教。

罗马教廷惊恐无助地看着法国教会遭到毁灭。当革命的法国与"旧制度"(ancien régime)下的欧洲开战时,庇护六世会偏向哪一方,一点也不用怀疑。1792年6月,当时法国王室仍然健在,教宗派遣莫瑞枢机(Cardinal Maury)为专使参加法兰克福帝国议会,鼓动新任皇帝弗朗西斯二世(Francis Ⅱ)保卫教会。莫瑞是一个灾难性的人选。这位法国教士顽强勇敢,却毫无应变能力。他曾在制宪议会上顽固地反对《教士公民宪章》,是一位坚定的反革命分子，但却完全缺乏使节应有的政治手腕。在法兰克福，他将慎重置之脑后，呼吁欧洲各国政府对法国发动战争。他宣称，教宗"需要他们的剑来磨利他的笔"。从此以后，教宗在法国就只能被视为与大革命势不两立的大敌，与欧洲反动势力勾结起来颠覆革命。

随后的三年里，庇护六世尽管坚决反对革命，但他对欧洲反法联盟却持冷漠的态度，以免为法国提供入侵教宗国的借口，并希望保持教廷不介入天主教各国战争的中立传统。然而，1796 年 5 月，年轻的革命将领拿破仑·波拿巴攻入了伦巴德，在米兰建立了共和国，并宣布"要将罗马人民从长期的奴役中解放出来"。拿破仑事实上没有进攻罗马，但的确占领了教宗国最为富庶的拉文纳与博洛尼亚，即所谓的"使节领"（Legations，因为由教宗使节统治）。为保护罗马免遭入侵，教宗被迫接受屈辱的停战协议，同意法国可以进入教宗辖下的任何港口，支付 2100 万斯库迪的巨额赔款，任由法国从教宗的藏品中挑选数百件艺术品和 500 卷手稿。教宗还敦促法国天主教徒服从他们的政府。此后，教廷曾几次试图武力收回领地，均告失败；1797 年 2 月签订的《托伦提诺和约》（*Peace of Tolentino*），确认甚而扩大了这些屈辱性的条款；教宗同意永远失去阿维农与使节领，赔款增加一倍多。随后是一段法国占领意大利的动荡时期。在法国的扶持下，意大利建立了一系列共和国，最初是使节领与伦巴德，最后在 1799 年扩展到那不勒斯。公民结婚离婚从此合法，修院被关闭，教会财产被没收，用来填充这些新共和国空虚的国库。对天主教价值观与组织的这些攻击，加剧了教宗对法国的恐惧。

但是，拿破仑是科西嘉人，并不是法国人；他虽然不是基督徒，但对宗教的力量有着健全的体认。在埃及，他会迎合穆斯林；他还宣称，如果他统治犹太人国家，他会重建所罗门圣殿。他极力笼络意大利神职人员，强调他本人尊重天主教。他禁止军队劫掠教堂，保护神职人员不受雅各宾派暴徒的攻击，并告诉教廷驻费拉拉特使马太枢机（Cardinal Mattei）说，"我特别关注的是防止任何人改变我们父辈的宗教"。他试图驾驭占领区的主教，争取他们与自己联手维护法律与秩序，并鼓励他们宣讲民主与基督教并不矛盾。

一些神职人员的确认为和睦共处是可能的。未来的教宗庇护七世，时任使节领伊莫拉（Imola，现西萨尔潘共和国［Cisalpine Republic］）枢机主教的齐亚拉蒙特（Chiaramonte），在1797年圣诞节主持长篇讲道。他说，上帝并不特别偏爱何种形式的政府，民主政治也没有违背福音精神；相反，民主政治对公民要求的人类美德，只有在神恩的帮助下才可能达成；自由与平等是只有信仰基督才能实现的理想，好的天主教徒也是民主政治的好公民。这样的观点让拿破仑很高兴，他说："公民伊莫拉枢机的宣讲，就像雅各宾党人一样有力。"这位枢机所用便笺的题头就是"在我主耶稣基督中实现自由、平等与和平"。

像齐亚拉蒙特这样的现实主义者，也许在寻求与民主和共和主义和谐共处；但对庇护六世而言，事情并不那么简单。共和主义代表着君主制的终结，而教宗本身就是一个君主。《托伦提诺和约》是一剂被迫吞下的苦药，而许多人认为，这个和约是教宗世俗权力崩溃的开端，因为被迫割让的使节领，事实上是教宗国唯一能够经济自给的地区。教宗已是一个病魔缠身的老人。在罗马，甚至已有人希望他不再有继承人。

在这种充满忧患与期待的氛围中，罗马的共和派决定围绕罗马城种植一圈自由树。此举触发了民众情绪，暴动随即开始，在

12月28日早晨的一场巷战中,法国年轻将领杜普特(Duphot)被杀。法国驻教廷大使约瑟夫·波拿巴(Joseph Bonaparte)立刻离开罗马;法国政府逮捕了教廷驻巴黎大使,并下令宣布成立罗马共和国。次年2月15日,也是教宗加冕的23周年,法国军队进入罗马,逮捕了许多枢机,并命令教宗三日内离开罗马。当教宗向法军司令贝尔捷将军(Ceneral Berthier)请求死在罗马时,贝尔捷轻蔑地回答说:"人死在何地都是一样。"2月20日,病入膏肓的"公民教宗"(Citizen Pope)被塞进马车,北上托斯坎纳。

教宗最初暂宿锡耶纳的一所修女院,稍后迁居佛罗伦萨城外的一所加尔都西会修院。当时他的健康稍有好转,但法国担心,他停留在意大利会成为反革命势力的核心,不可放任自流,并计划将他送往撒丁尼亚。但他健康太差,无法长途跋涉。1799年3月,尽管教宗已经完全瘫痪,仍被再一次塞进马车,冒着冰霜风雪穿越阿尔卑斯山送往法国。1799年8月29日,他病逝于瓦朗斯堡(Valence)。当地宪章教会的教士拒绝为他举行基督教葬礼,镇长在死亡登记簿上写道:"死者:公民布拉斯基;职业:教宗。"

庇护六世不是一位好教宗。他软弱、虚荣、俗气。在他建造雕像艺廊、方尖塔与喷泉的时候,欧洲各国君主已经劫持了教会,并挤压宗教使之为绝对国家服务。对此,无须责备庇护六世,因为他与前几任教宗一样,无力掌控世事的发展。面对君主们的不断索取,即便他兼具英诺森十一世的勇敢和本笃十四世的手腕,都于事无补。

虽然如此,在法国的宗教危机中,需要他采取断然措施时,他却迟疑不决。身为神授的教会领袖,在关键时刻却不能挺身而出,勇敢面对外部环境对其领袖地位的挑战,而是任由事态发展,最终自食其果。不过,他生命最后几个月承受的屈辱与悲惨,比他二十四年的教宗生涯所遭受的苦难都要沉重,这是教廷有史以来最为漫长也最为惨烈的灾难。殉教洗清了一切是非。在世人眼中,庇护六世是以身殉教。他的继承者(如果他有继承者的话)会如何看待这笔遗产,仍有待观察。

二、从恢复到回应

1799年夏末,法军撤出了意大利,但事态仍然不稳定。罗马共和国已经崩溃,那不勒斯军队占领了罗马。在整个半岛境内,兴起了一支名叫圣菲蒂斯提(Sanfedisti,意为"神圣的信仰")的杂牌军,其宗旨是保卫宗教,抵抗雅各宾主义。威尼斯、使节领,实际上罗马以北的所有教宗领地,都被奥地利占领。庇护六世认为威尼斯是举行教宗选举最合适的地方,而当他去世时,许多枢机已聚集在那里。皇帝弗朗西斯二世自信,教廷事业与奥地利的利益是一致的,并提供了密室会议所需的经费。1799年11月30日,即基督降临节的第一个礼拜天,枢机们如期聚集在圣乔治岛(San Giorgio)的本笃修院。新任会议秘书艾科尔·康萨尔维(Ercole Consalvi)对欧洲各国君主宣布了庇护六世去世的消息,话中强调了王位与祭坛之间的关系:"在我们的时代,已有太多头戴王冠之人看到,当教会的尊严遭到践踏时,君王的权力也随之没落。让神的教会恢复其自古以来就有的辉煌,那么,王权的敌人就会因恐惧而颤抖。"[①]这段话预设了双方利益一致,这种认识将主导教宗

---

① 康萨尔维的信和密室会议的细节,见 F. Nielsen, *The History of the Papacy in the XIXth Century*, London 1996, vol. 1, pp. 191-218。

第五章 教宗与人民(1774—1903年)

选举。

皇帝既然买单,他的要求也就很明确:新教宗不必是一位有天赋或有能力的人,毕竟,教宗不会缺乏顾问。但奥地利确实需要一位教宗,他能够运用教廷的道德力量支持欧洲的反革命势力,以对抗革命的法国。虽然没有直说,但奥地利特别需要这样一位教宗,他能够将使节领和奥地利占领的其他教宗领土割让给奥地利,就像庇护六世在《托伦提诺和约》中将它们割让给法国那样。相比之下,那不勒斯要求的是一位献身于收复教宗国的教宗,这位教宗因此愿意与那不勒斯合作,将奥地利逐出意大利半岛。

由于欧洲局势不断变化,密室会议僵持三个月之久。但最终达成妥协,产生了一个候选人,枢机们一致选出了"公民伊莫拉枢机"(Ciltizen Cardianl of Imola),即生性温和的修士巴纳巴·齐亚拉蒙特(Barnaba Chiaramonte)。从奥地利的立场来看,这是一场灾难。齐亚拉蒙特取名庇护七世(Pius Ⅶ,1800—1823年),与庇护六世一样,他也出身于隶属使节领的切塞纳(Cesena),并在近邻的伊莫拉担任主教。他绝对不会同意将教宗传统领土的主权转让给奥地利。此外,每个人都记得他在1797年圣诞节主持的那场"雅各宾式的"布道,这场有名的布道是对民主政治施以洗礼。作为凡人,他文雅谦和,喜欢自己铺床叠被,自己缝补衣袍;但作为教宗,他的政治见解绝对迂腐。奥地利人为了表达不满,拒绝让教宗在圣马可教堂举行登基仪式,因此他只得在狭窄的修院教堂里加冕,泻湖里船只相连,挤满了前来观礼的激动人群。

奥地利此举是一种恶意,但胜似恶意。教宗加冕礼象征着他拥有世俗主权。在加冕典礼上合作就等于承认教宗国(包括使节领在内)的完整性。皇帝立刻邀请教宗访问维也纳。庇护很清楚,他一旦到了奥地利,就会被强迫割让使节领,因此礼貌但坚定地谢绝了邀请,说他的首要责任是必须回到罗马。然而,皇帝不允许他走陆路,因为这肯定会激起使节领居民们的效忠示威。相反,他被带到亚得里亚海的马拉莫科港(Malamocco),登上一艘名为贝隆号(La Bellone)的旧船。船上没有厨房,南航到教宗领土的旅程只要一天,却拖成噩梦般的12天。即便如此,庇护也拒绝到维也纳。但当他于1800年7月进入罗马时,政治形势再度发生变化。拿破仑成为法国第一执政(First Consul),并在马伦戈战役(Battle of Marengo)中击败奥地利,再度成为北部意大利的霸主。

不过,法国没有重演雅各宾式的攻击教会。拿破仑从法国革命时期的宗教动乱中学到了教训,并认识到奥地利及其盟友手中的一张底牌就是宣称以保卫宗教为名,攻击不信教的法国。1799年12月,他发布第一执政的最早政令之一,就是下令厚葬庇护六世,当时他的棺椁仍在瓦朗斯,尚未下葬。拿破仑宣称,庇护是"一位曾执掌世界上最伟大职位之一的人"。对拿破仑来说,教宗是"一根平息纷争的杠杆",他的道德权威相当于"一个20万人的军团"。

1800年6月5日,拿破仑向米兰神职界做了一场精彩的演讲。他说:"我确信,天主教是唯一能够将幸福和安宁带给社会的宗教,也是建立好政府的基础。我保证永远保卫它……我希望罗马天主教能够公开并完整地得到实践……法国已经从苦难中睁开双眼,并且已经看到,天主教是暴风雨中唯一的稳定力量。"[①]所有这些话都是说给教宗听的。拿破仑宣布:"告诉教宗,我想把3,000

---

① Owen Chadwick, *The Popes and European Revolution*, Oxford 1981, p. 484.

万法国人作为礼物送给他。"拿破仑需要稳定法国和法军占领的欧洲地区的局势。他知道,与天主教会和解是和平的先决条件。法国西部旺代(Vendée)的反革命势力就是一支天主教徒的反革命力量,他们的军旗上就绣有耶稣圣心的标志,其领导人是农民神父亚比·贝尔尼(Abbé Bernier)。唯有运用宗教方法才能平定这种动乱,而只有教宗才有权发布一道宗教解决方案。

法国有两个相互竞争的等级,一个是波旁王朝在革命前任命的主教,他们大多已逃往国外;另一个则是依据《教士公民宪章》任命的主教。在恐怖统治及其以后的时期,一些宪章教会的主教背弃了信仰,但宪章教会本身在胆识过人的主教亨利·格雷戈里(Henri Gregorie)的领导下团结一致,并有很多人殉教。拿破仑谈到宪章主教时,向来用语尖刻,称他们为"一伙土匪",至少在他与罗马谈话时是如此。然而,他又不可能对他们完全置之不理,因为他们并未显示出反对革命的迹象。但是,这两个主教集团无法相安无事。走出困境的唯一办法就是将他们全部扫地出门,由拿破仑本人重新任命新的主教(包括两个阵营的前主教)。但是,要让神职界有可能接受这项安排,必须征得教宗的支持;为达到这一目的,拿破仑承诺法国教士由国家支付薪俸(虽然已经充公的教产不再归还),他也会尽其所能地恢复教宗国。

就此展开的谈判持续八个月之久,先后达成过26份不同草案。无论在罗马还是巴黎,它们都成为激烈对抗的焦点。庇护的许多枢机拒绝与大革命和解的任何念头,因为它迫害教会,戕杀教士,偷盗教产,废黜并绑架过一位教宗。宪章教会的领袖格雷戈里担心被出卖。坚定的雅各宾分子发动暴乱,反抗恢复由国家买单的迷信和教士伎俩。法国外交大臣,就是那位曾任欧坦主教并娶了一位英国新教妻子的塔列朗,也表态说,已经结婚的教士必须不受干扰,他们的婚姻必须合法有效。

罗马对协约条款锱铢必较的谨慎态度,使得拿破仑暴跳如雷,怒火中烧的他准备考虑用快刀斩乱麻的方式来解决宗教问题。他在巴黎大发脾气,威胁要改宗加尔文派,要带领欧洲与教宗对抗,甚至威胁要效仿亨利八世建立一个与教廷抗礼的民族教会,这更令人担忧,因为貌似更加可信。1801 年 5 月,法国驻罗马大使受命向教廷递交最后通牒,然后退回佛罗伦萨,法国军队在此已整装待发,准备进攻罗马。迫于无奈,枢机国务卿艾科尔·康萨尔维只得与法国大使紧急磋商,而后匆匆赶往巴黎,挽回了谈判。1801 年 7 月 15 日,协约终于签订。这份协约规范了法国与教廷长达一个世纪的关系,而且为教廷与 19 世纪国际新秩序之间的关系,提供了一个新的模式。①

协约承认天主教是"绝大多数法国公民"的宗教。这条声明较为苍白无力,但诸如"在法国确立天主教崇拜",以及法国执政会议(Consuls)承认天主教等有利于教会的条目,强化了教会的地位。天主教可以自由活动,但公共礼拜仪式必须符合"治安规章"(police regulations)。可以想见,这一条款使罗马极为忧虑,但其实是康萨尔维在外交上的一大胜利,因为它实际上限制了政府对公共崇拜(如宗教游行)的干预,让教会内部事务以及与罗马的接触不受控制。协约要求教宗在重建法国教会方面与所有现任主教通力合作,即便这涉及辞职,需要做出"最大的牺牲"。教区体系经过简化已变得更为合理,教宗需要在三个月内安排新主教到任(10

---

① 刊于 Ehler and Morrall,*Church and State*, pp. 252-254。

个大主教,50个主教,而非大革命前的135个主教职位)。

新主教的任免沿用了1516年《博洛尼亚协议》规定的王室委任模式,由第一执政任命,教宗则授以执行教会法的权力(即授权让其执行属灵功能)。主教任命本堂神父,但只能选择政府可以接受的人。他们也可以建立"座堂教士团"(cathedral chaper)和神学院。已经充公的教产归目前拥有者所有,但礼拜所需的教堂与主教座堂则归主教"随意使用"。主教与教士都由国家发给薪俸。没有只言片语提及要重建修道生活。

对罗马而言,这份协约是一个大麻烦。教宗未能让法国宣布天主教为国教;他还不得不永远放弃基督教国度最富有却已被掠夺的教产;教士成为领薪的国家官员,这在教会史上还是第一次。康萨尔维与教宗为了免遭买卖圣职的指控,也不愿让法国教会的命运成为教宗恢复世俗权力的筹码,因此,他们甚至没有提出归还阿维农和使节领的问题。

虽然如此,这份协约还是彻底改变了教宗与法国教会的关系,即便在十年前,这也是不可想象的。这一转变的重心是重组主教辖区。康萨尔维在谈判期间曾宣称这种做法行不通:"要罢免100个主教是根本不可能发生的事情。"然而,它的确发生了,而且只凭教宗权威来执行。在教宗的要求下,48位主教辞职,另有37位拒绝辞职,理由是他们是由国王合法任命的,辞职就等于是承认革命。庇护宣布他们的职位悬缺,他们中的大部分人对于被罢免保持缄默。少数人则坚决反抗,结果这些人组成了分裂性的小教会(*petite église*),并一直持续到19世纪末。但这只是陈旧的高卢主义的垂死挣扎,几乎没有造成任何影响。法国教会对教宗权威根深蒂固的反抗,突然之间消失得无影无踪;整个神职体系,也因教宗前所未有地行使权力而得以重建。这件事的全部意蕴,尽管当时很少有人能够领悟,但教廷与教会史上的一个新时代,已经拉开了帷幕。

这个新时代的来临有如狂风暴雨。拿破仑在仔细揣摩康萨尔维为教廷争取到的条款后,愈来愈不满意这份协约。直到1802年,法国才公布该协约,并附上了77条"补充条款"(Organic Articles),表面上是解释协约提到的"治安规章",实际上却是单方面对教会进行非常严厉的限制,而这正是康萨尔维曾竭力避免的。这些限制包括,教宗的一切法令、书简或诏书未经国家批准(placet),法国不能接受或公示;不经政府许可,教宗大使或使节不能行使司法管辖权;没有第一执政的明确许可,不能创建神学院,而且神学院的规章也必须获得他的审批。神学院的所有教员必须签字赞同1682年通过的《高卢四条款》,该条例对教宗不利,将大公会议置于教宗之上。公民结婚无须首先举行任何教堂仪式。

教宗非常厌恶"补充条款"。不过,庇护虽然反对这些条款,但他并没有否决协约。不管怎样,虽然遭到重重限制,但协约却使得残破不堪的法国教会有机会重建,并成为此后几年里庇护向拿破仑施压的途径。应拿破仑的请求,庇护派出了一位听话的枢机卡普拉拉(Caprara)作为特使(Legate a Latere)前往法国。1803年,五位法国人被擢升为枢机,其中就有拿破仑的叔叔和前军需官费希亲王(Monsignor Fesch)。梵蒂冈甚至同意将8月15日确立为"圣拿破仑节",尽管这取代了圣母的一个重要节日即圣母升天节,而且这位"圣徒拿破仑"究竟是谁,有何业绩,也无人知晓。

1804年5月,法国参议院颁布命令,拥立拿破仑为法国皇帝。对拿破仑来说,这是通往世界霸主的一步。他梦想成为又一个更加辉煌的查理大帝。但他终究不过是一个幸运的军人,缺乏合法性的光环。庇护被邀请前往巴黎为拿破仑举行皇帝加冕礼。这个邀请使庇护七世和康萨尔维陷入极大的两难困境。欧洲各王朝已经强烈谴责协约以及它赋予革命法国的合法性。教宗早已被污蔑为拿破仑的礼拜员。为这个科西嘉暴发户举行加冕仪式,教宗必将遭到从莫斯科到伦敦的一片谩骂。奥地利皇帝将尤其感到愤怒,因为奥地利从大革命爆发之日起就一直在保卫教会。

一些枢机认为教宗应该断然拒绝,而大多数枢机则认为,成行之前必须提出苛刻的条件。康萨尔维知道,根本不可能提出任何讨价还价的条件;他十分清楚,教宗必须去巴黎,才能保障教会已从皇帝那儿赢得的利益。一千年来,还不曾有哪位教宗亲自前往法国为国王加冕。而现存记忆中的唯一先例,是庇护六世的维也纳之行,那次出访一事无成,并不愉快。尽管如此,庇护仍然在1804年秋天向巴黎进发。

穿越意大利北部和法国的缓慢行程既是一次成功之旅,也是一次启示之旅。教宗所到之处,聚集着激动的人群。他的马车行驶在跪迎两旁的信徒之间,男人竞相往前挤,希望让他们的念珠得到教宗的祝福;而在革命时期以公证形式结婚的女人,则希望教宗触碰她们的结婚戒指。很明显,对每一个人来说,教宗职位拥有的奥秘,远比它在革命浪潮与动乱中失去的要多。拿破仑对此很不高兴。教宗在法国停留期间,拿破仑给了他一连串小羞辱,庇护只能尽可能地忍气吞声。

12月2日,加冕仪式在巴黎圣母院举行。典礼上有一些摩擦,拿破仑拒绝接受圣体共融,也不愿首先进行告解,更不允许教宗将皇冠戴在他的头上。庇护为皇帝与皇后行涂油礼,并祝福皇冠,而拿破仑自己从祭坛上拿起皇冠。虽然如此,教宗在前一天还是赢得了一场小胜利。约瑟芬对他哭诉说,她与皇帝还没有举行过基督教的婚礼。教宗表示,如果不纠正此事,他拒绝参加加冕仪式。因而就在加冕的前一天,拿破仑的叔叔费希枢机在杜伊勒宫(Tuileries)为两人秘密主持了基督教婚礼,没有任何证人。

这次访问没有取得任何实质性的成果。甚至拿破仑作为结婚礼物送给教宗的镶有宝石的三重冕,也暗含羞辱,因为这些宝石是1798年从梵蒂冈掠夺来的。拿破仑很有礼貌地回避了使节领的主权问题,"补充条款"依然有效,修会也未能恢复。然而,拿破仑的恶劣作风和冒犯行为,只能证明一件事:不管他多么不情愿,他还是"需要"教宗在场。在权力政治的世界里,教宗的权威与神圣仍然是非常有用的东西。加冕的确旨在巩固拿破仑的权威,但最终还是教廷受益更多。拿破仑对此愤愤不平,抱怨说:"当教宗待在罗马的时候,没有人会想到他,也没有人在意他做了什么。我的加冕仪式和让他现身巴黎,使他变成重要人物了。"[①]

当庇护步入圣母院出席加冕典礼时,一个500人的唱诗班随即唱起"你是彼得"。1805年4月,当他启程返回意大利时,沿途跪满了欢送的人群,表明这句话在法国男女心目中并没有失去分量。1805年5月,当庇护途经佛罗伦萨时,曾将他的统治斥为巴比伦暴政的皮斯托亚前主教斯齐比奥·里希前来欢迎,表示服从。这或许也表明"你是彼得"这句话并非虚言。皮斯托亚教职会议和它代表的詹森派主教立场(Jansenist episcopalism)现在已成为意

---

① A. Dansette, *Religious History of Modern France*, Edinburgh and London 1961, vol. 1, p. 152.

大利的一个记忆。教廷比它的敌人活得长久。

1805年拿破仑获得并接受了意大利王位,意大利北部共和国已转变为一个王国。拿破仑宣称,意大利是他绝对不会与他人分享的"情妇"。他开始将自己塑造成"全意大利国王"(Rex Totius Italiae),并着手将这一主张转化为现实。为了获得教宗的安科纳港,用以抗击英国与奥地利军队,拿破仑在1805年10月吞并了安科纳,此举引起教宗的极度怨愤。他写信给拿破仑要求法军撤离,直言对拿破仑登基以来的行为"感到绝望":"从陛下您的身上,我们找不到我们有权期待的任何善意的回报。"这是一个转折点,从此以后,教宗开始以格雷戈里七世的口气对拿破仑说话了。

1806年2月,拿破仑以安科纳为基地,吞并了那不勒斯王国,并让他的兄弟约瑟夫担任国王。这是对教宗的又一次侮辱,因为那不勒斯是教宗的采邑,其治权的任何改变,必须征得教宗的授权。最后,拿破仑给教宗写了一封信,要求他对反法联军关闭一切教宗属地的港口。他宣布,不会干预教宗国的自由,但"条件是,正如我尊重圣驾的属灵权威一样,圣驾也必须尊重我在世俗领域的权威;圣驾必须放弃勾结教会的异端敌人(俄罗斯与英国)的无用伎俩。圣驾是罗马的君主,但我是皇帝。我的敌人就是他的敌人"。[①]

在这里,拿破仑击中了教宗的要害。庇护坚持认为,如果对联军关闭港口,将是一种战争行为:"我们是喜好和平的上帝的代理人,这就意味着与所有人和平相处,并不区分天主教徒或异端分

---

① E. E. Y. Hales, *Revolution and Papacy*, Notre Dame, Indiana 1966, pp. 180-181.

子。"他用"使徒的自由"谢绝了拿破仑在世俗领域的要求。"多少个世纪以来,教宗一直纵横天下,没有哪位现任君主在主权上能够与他匹敌。"拿破仑无权染指教宗国。

自此,拿破仑与教宗的关系日益恶化。拿破仑将庇护的强硬归咎于他讨厌的康萨尔维。为了保持与法国的沟通渠道畅通,康萨尔维被迫辞去国务卿。对拿破仑而言,这既是胜利,但也是弄巧成拙:教宗此后只能依赖新任国务卿帕卡枢机(Cardinal Pacca)等意大利极端分子出谋划策。较之处事圆滑的康萨尔维,帕卡缺乏外交手腕,也更加敌视法国。拿破仑逐渐称教宗为"一位外国君主",拒绝让法国天主教徒到罗马去朝见他;并要求教宗放弃一切世俗权力,只依靠他自己的属灵权威。

1808年1月,法国军队占领罗马,教宗实际上已成为一位困在奎里纳尔宫(Quirinal Palace)的囚犯,八门法军加农炮对着他的窗口。联军企图将他营救到一艘英国军舰上,但教宗担心,如果他在英国的保护下出逃,会为拿破仑提供分裂法国教会的口实,因此拒绝离开罗马。7月6日,一位法军将军出现在教宗的面前,命令他交出教宗国的主权,但遭到拒绝。教宗因此被架上马车,沿着十一年前庇护六世走过的道路匆匆北行,他身上仍穿着主持圣礼的衣袍,连换洗的衣服都没有带。在炎热的夏季,教宗与他的国务卿帕卡枢机被锁在一个车厢里,他们翻遍口袋,只找到不足20苏(sous),甚至不够一餐饭钱。两人抚掌大笑,惹恼了看守。

庇护被安置在意大利里维拉(Riviera)的萨沃纳(Savona)教宫,远离他的顾问。法国人希望,教宗在没有他人怂恿的情况下会屈服。这是一个聪明的判断,因为教宗向来缺乏自信,优柔寡断。庇护则以他唯一能用的方式抗议:重新变回"穷修士齐亚拉蒙特",

每日祈祷、读经、洗衣、缝补。最重要的是,他拒绝批准拿破仑提名的任何主教。这是一个严重的事件。1801年任命的许多主教已经年老,正在一步一步地走向死亡。到1810年夏天,已有27个教区没有主教。

在此同时,拿破仑吞并了罗马,宣布罗马为帝国第二首都。法国的法律与习俗已被引入教宗国,所有枢机则被迁到巴黎。此举为另一场冲突埋下了伏笔。拿破仑想要一个帝国的继承人,但约瑟芬没有为他生下孩子。他决定娶奥地利皇帝的女儿,所以他需要离婚。庇护绝不可能允许离婚,但是,因为他的坚持而在加冕前一天举行婚礼且无人见证这一事实,为拿破仑提供了婚姻无效的理想借口。驯服的巴黎教会法庭如期判决了离婚。1810年4月,拿破仑再婚。他邀请枢机们出席婚礼,一半以上的人参加了。但有13位枢机缺席,包括康萨尔维。所谓的"邀请"其实就是命令,拿破仑剥夺了缺席枢机的衣冠和津贴,并予以流放。在拿破仑看来,这些"黑名单上的枢机"是罗马强硬立场的象征,而他的严惩使得教宗更加敌视。拿破仑指派莫瑞枢机为巴黎大主教,教宗却暗中送出一份文件,严加申斥并剥夺了莫瑞的一切管辖权。拿破仑下令没收了教宗的书写工具与书籍,庇护更加孤立了。

不过,巴黎离婚案让拿破仑觉得,可以绕开教宗行事。如果庇护不愿授予拿破仑提名之人为主教(当时悬缺的主教职位越来越多,扩及法国在欧洲占领的所有地区),那么,都主教可以教宗玩忽职守为由,六个月后自行安立主教。1811年6月,拿破仑将帝国境内的主教召集到巴黎,举行全国性的宗教大会,以批准这个解决方案;但让他大为光火的是,尽管会议由他的叔叔费希枢机主持,却否决了他的这个提案。主教们认为,皇帝的提案具有强烈的皮斯托亚教职会议和《教士公民宪章》的气味,甚至费希枢机也反对其中的反教宗逻辑。故他们不会违背教宗行事;并坚持大会的任何决议,必须得到教宗的批准;甚至会议的议程,事先也必须征得教宗的认可。恼羞成怒的拿破仑解散了会议,监禁了一些闹事者,转而向主教们个别施压。由于失去相互支援的精神支柱,85位主教终于同意:由都主教授予神职是可以接受的。拿破仑于是重启会议,会议接受了他的提案,只待教宗批准了。

拿破仑派了几位主教,手持这一表决结果,代表他前往萨沃纳会见教宗。他们强调大会服从他的权威,皇帝关心的是主教悬缺教区的信徒的灵魂,而大部分主教也支持这个提议。教宗向来就缺乏自信,代表们一再保证会议对他忠诚,而他的身边除了皇帝的傀儡,无人可以商量,因此,他最后同意了这个提议。不过,他坚持由自己来重写此次大会颁布的教令,并将教宗国的主教职位排除在这项安排之外。

拿破仑非常愤怒。排除教宗国踩到了他的痛处,他愚蠢地坚持教宗必须交出这些主教职位。而庇护一方,正懊恼于因拿破仑的暴虐而使他做出了错误的让步,因而坚决不再退让。为打破僵局,拿破仑宣布废除协约,教廷也暂缓行使权力。他决定亲自与教宗交涉,下令把教宗带到枫丹白露宫。不过,这一次没有了跪迎的人群,也没有展示忠诚的游行。1812年6月9日,教宗在夜幕的掩盖下被匆匆带离萨沃纳,他被打扮成一个普通神父,白缎便鞋被墨水沾得乌黑。21天的旅程就像一场噩梦,俨然庇护六世曾遭受的惨状。在旅途中,教宗罹难慢性的泌尿系统感染。在越过阿尔卑斯山的时候,马车每隔十分钟就停下来一次,以便让他舒解一下。他的医生为防不测,让他领了最后一次圣餐。

第五章 教宗与人民(1774—1903年)

教宗到达枫丹白露宫时已奄奄一息，却发现皇帝已经前往俄国去了。到夏秋之交，教宗逐渐恢复健康，但却屡遭"御用"枢机与宫廷主教的纠缠，与外界绝缘，也不能与任何顾问联系。1813年1月19日，皇帝终于返回枫丹白露，当时他已是败军之将，他的军队在俄国的雪地里死亡无数。但是庇护对此一无所知，孤立无援的他无法与拿破仑抗衡。接连六天，皇帝不断地哄骗与恐吓教宗，据说他砸杯摔碗，揪住教宗的衣领使劲摇晃他，不过这不太可能。教宗终于屈服，在一份初步拟就的草案上签了字，完全交出他的世俗权力。教宗不再拥有罗马的主权，教廷的驻地待定，因为拿破仑计划将教廷迁移到法国。此后，教宗如果拒绝批准被提名之人为主教，六个月后由都主教授予神职，但教宗国的主教职位不在此列。作为交出圣彼得祖业的回报，教宗会得到财政上的补偿，而"黑名单上的"枢机也官复原职。

庇护很快就后悔自己的屈服，但拿破仑不顾这只是一个草案的事实，径自宣布这是一份达成的协约，下令整个帝国欢唱"感恩赞"(Te Deum)。帕卡与康萨尔维终于被释放，匆匆赶到枫丹白露，竟不能相信这个噩耗。他们发现教宗已变成一个废人，形容枯槁，愧疚万分，痛悔自己被"亵渎"，痛恨那些御用枢机"把他拖到桌旁去逼他签字"。所幸康萨尔维重任国务卿，帕卡也一再给他提神打气，庇护终于重新振作。他不顾大多数枢机的建议，亲自给拿破仑写了一封信，断然否决所谓的《枫丹白露协约》(Concordat of Fontainebleau)，宣称他的良心现在逼迫他反对该协约，签字是出于"人性的脆弱，那不过是尘埃与灰烬而已"。

拿破仑扣押了教宗的信函，但这封信预示着拿破仑和他的帝国梦将化为泡影。1814年1月，皇帝提议双方签订和平条约，让教宗回到罗马去恢复教廷。但显然,拿破仑已不再有能力履行任何承诺。教宗先到萨沃纳,然后回到罗马;一路走来,他的旅程也逐渐变成了凯旋回归。4月12日,拿破仑退位。5月24日,教宗的马车抵达罗马城门,西班牙国王卡洛斯四世(Carlos Ⅳ)在此恭候;拉车的马匹被放走,来自罗马几大名门家族的30位年轻人拖着他的马车,凯旋进入圣彼得大教堂。

欧洲的重建在1815年维也纳会议后告一段落,教廷收复了几乎所有丧失的土地。大革命致使两任教宗接连蒙难,以及庇护七世在反抗拿破仑时表现出的尊严,现在为教廷带来很大的好处。教廷出席维也纳会议的谈判代表是卓越的政治家康萨尔维枢机,虽然他未能收回阿维农,但他说服各方相信:将使节领、安科纳的马尔凯以及罗马周边的领土归还教宗符合他们自己的利益。庇护七世与康萨尔维严守教廷中立的政策现在也得到回报,英法两国欢迎在中部与北部意大利保持一个强大的教宗势力,以防止奥地利独占意大利半岛。

恢复教宗国是19世纪教廷最为重要的头等大事。自丕平以来的千余年里,教廷的安危已与保卫彼得祖业结合在一起。但在19世纪,这种关系呈现出全新与全局性的重要意义。随着要求统一意大利的压力逐渐增加,分割意大利半岛并圈占其天然首府的教宗国,变得越来越不正常。在意大利人民通往国家统一的道路上,教廷已经成为最大的障碍。然而,从拿破仑时代来看,保护教宗国就是保障教宗自由行使牧灵权,教宗们认为这是十分自然的。呼吁教宗放弃世俗主权而只保留属灵权威,是拿破仑的口头禅,也是奴役教廷使之满足法国的帝国梦想的不二法门。没有了世俗权力,庇护七世就只能祈祷和缝补衣服,沦落到甚至要签字放弃其属灵权威的地步。如果教宗不能保持一位世俗国王的权力,那他似乎也不再是教会的首席主教。这样的观念是19世纪所有教宗回应现代世界的共同特征。

拿破仑垮台后,大量的重建工作亟待进行。在欧洲各地,"旧制度"下的教会结构都处于崩溃状态。拿破仑对德意志的征服重新划定了政治版图。莱茵河左岸的几大诸侯主教——科隆、特里尔与美因茨选帝侯以及斯派尔(Speyer)和沃姆斯的诸侯主教——不是被推翻,就是变得无权无势。1806年,神圣罗马帝国中止了查理曼以来古老的皇帝选举制度,帝国本身也告终结。自此之后,皇帝只能由奥地利统治者世袭。结果,德意志的领土发生了大规模的转让,其政治影响也由天主教转到新教手中。在德意志各地,修会被解散、教区无人管理、神学院被关闭、教士的使命荡然无存。凡法国统治过的地方,公证结婚、离婚、宗教出版自由和宗教宽容一如既往,对教廷的厌憎也一如既往——这都是叛国的标记。庇护决心拨乱反正,1814年8月7日,他颁令恢复耶稣会。

但是,如果要复兴欧洲各国的教会,教宗就不只是需要耶稣会的帮助,他还必须得到后拿破仑时代欧洲统治者的支持,必须与他们做交易。19世纪是一个协约时代,教宗与欧洲各王朝讨价还价,为教会争取活动的自由:1817年与巴伐利亚和撒丁尼亚签订协约,1821年与普鲁士和莱茵河上游各邦,1824年与汉诺威,1827年与比利时,1828年与瑞士(1845年续签),1834年与两西西里王国,加上19世纪的其他协约,教宗一共签署了二十多个协约。

这些协约为教会带来的利益有时出乎意料。巴伐利亚协约保证教宗可以自由接触主教,保证存余教产的安全,重开修院,建立神学院,并保留教会的书刊审查制度和学校的教育权。但绝大多数协约都有一个共同特征,那就是世俗统治者越来越多地控制了主教任免权。在巴伐利亚,世俗统治者从未任命过主教,但1817年后,他们得到了这种权力。大革命给欧洲的统治者上了一课:他们的统治不能没有教会的帮助,他们需要主教与神父去宣扬服从与知足。不过,主教与神父需要耗费钱财,而且,由于教会在革命期间丧失了财产,所以需要国家来支付神职人员的薪水。各国都很看重神职人员,但既然为他们付薪,就有权要求任命他们。罗马别无选择,只能同意,即便新教政府(如普鲁士)也不例外。到1829年,罗马天主教会646个主教职位中,有555位已由国家任命:两西西里113人,法国86人,哈布斯堡统治的德意志82人,撒丁尼亚和意大利诸公国67人,西班牙及其属地61人,西班牙的美洲属地35人,葡萄牙24人,巴西9人,巴伐利亚9人。另外67位主教,分属美国、爱尔兰、普鲁士治下的德意志、上莱茵河地区、比利时和瑞士,他们由当地座堂教士团选举产生,或以类似的方法推举出来。教宗以教宗国首脑而不是以罗马主教的身份任命70位主教。作为教宗,他能直接任命的主教只有24位,分属俄罗斯、希腊和阿尔巴尼亚。

自然,主教任免权大规模地转移给国家早在大革命以前就已开始了,但大革命的确改变了转移的方式。在中世纪盛期,改革派教宗曾拼命摧毁"地产教会制"(proprietary church),因为俗人借此有权任命主教;第二次拉特兰公会议(1139年)后,任命主教的"正常"方法是由座堂教士团选举。由于财政的原因,中世纪后期尤其阿维农时期的教廷通过"预留"的形式慢慢侵蚀了这种选举方式,将越来越多的主教提名权抓在自己手里。不过在理论上,有选举权的教士团仍保有提名权,而从1814年至1860年代,教宗尽管可以自由行事，但他们对教士团选举的偏好胜于其他任命方法。然而，1789年后，许多座堂教士团已被革命风暴摧毁，而在得以恢复的地方，各种协约也常常不提或撤销了它们选举主教的权力。事实上，这些协约和国家支付主教薪水的举措，正在重演地产教会制。

在后拿破仑时代的欧洲，宗教与反动势力结盟。1879年的革命信条"自由、博爱、平等"与断头台、异教式的"人性宗教"以及摧毁教会不可避免地搅在一起。主教与宣教家竭力鼓吹王位与祭坛的共同基础；而审查言论自由，监禁激进分子与镇压民主思想，都得到教会人士的祝福。查理十世出于病态的虔诚心理，使得法国的情形最为糟糕；西班牙更胜一筹，其国王费迪南七世重新设立了宗教裁判所。这就意味着，1820年革命后，西班牙的自由思想是极端反宗教的，教会被等同于暴政和高压统治，后果是致命的。

教廷并不是毫无头脑地支持这些倾向。例如，保守的教宗利奥十二世（Leo XII，1823—1829年）就触怒了西班牙，因为他绕开王室，擅自在拉丁美洲的哥伦比亚和墨西哥等地任命了"使徒代理"（vicars apostolic，差会主教）；何况，这些地区当时正在暴动，而教宗则对西蒙·波利瓦尔（Simon Bolivar）等叛军领袖表示友好。利奥此举是根据康萨尔维枢机的建议，康萨尔维认为，如果合法的君主能够在这些地区妥善地行使其权威，那么，让他们治理一段合理的时间（他设为十五年），也未尝不是好事。但教会不能永远让那里的主教职位悬缺，不然的话，这个国家就会变成美以美会（Methodist）、长老会（Presbyterian）和新的拜日教者的天下。在这里，教牧的必要性比政治结盟更重要。[1]

---

[1] Nielsen, *Papacy in the XIXth Century*, vol. 2, pp. 10-11.

然而，意识形态与务实力量更起作用，它们迫使教廷与保守的王朝联盟。在启蒙时代，天主教会因教廷之故并没有地位。教宗的属灵权威虽得到公认，却被贬损得极低，而世人也是从管辖或行政的角度评判这种权威的。教宗的属灵权威属于教会的规范，而不是信仰的本质。心怀改革念头的天主教徒认为，君主或国家限制教宗干预地方教会并无不妥。

大革命改变了这一切。从约瑟夫二世治下的奥地利和利奥波德治下的托斯坎纳来看，国家控制教会看起来合情合理。但经历恐怖统治之后，情形截然相反，政府规划的宪章教会是一个与教廷抗礼的教会，而拿破仑则企图将教会和教宗转变成帝国的工具。以理性为依据的改革，现在看起来就像是魔法师的学徒念错了咒语一样，释放出一股不能被控制的力量。在整个欧洲，思想家们开始反省赤裸裸的理性摧古拉朽般的破坏力，并重新发现了旧制度、旧权威和旧传统的价值。

1819年，撒丁尼亚驻圣彼得堡大使约瑟夫·迈斯特伯爵（Count Joseph de Maiste）出版了他的专著《论教宗》（*Du Pape*）。该书通过对大革命恐怖近乎偏执的反省，主张一切王权绝对需要将教宗权位奉为典范。他宣称，从历史来看，教廷已经创造了帝国和许多王朝；它是其他一切权威的根源。然而，自16世纪以来，人类社会却因为质疑、反叛这一正统权威而遭到破坏。这种象征性的挑战首先是宗教改革，现在则是大革命。但人们一旦开始质疑，就止不住会得出这一结论：人类社会的稳定需要绝对权威的支撑。天主教正好提供了这样的支撑，而天主教需要一位永无谬误的教宗："没有宗教，就没有公共道德和国民性；没有天主教，就没有基督教；没有教宗，就没有天主教；而教宗如果没有属于自己的主权，就不再是教宗。"[1]迈斯特大力赞扬教廷为保守的政治社会提供了基础。他严斥高卢主义与约瑟夫主义(Josephism),不是因为他想贬低王权,而是他认为,企图限制教宗的权威也会不知不觉地推翻王权。不论迈斯特的政治意图是什么,他的说教却具有强大的宗教冲击力。随着这一世纪的展开,高扬教廷是天主教世界的心脏,即所谓的越山主义(Ultramontanism),将逐渐成为天主教思想的主流。

在这个问题上,革命再一次帮了大忙。在整个欧洲,大革命摧毁了独立的神职体系,并将他们纳入国家的控制之下。曾赋予教士自主权的地方特权、惯例与权利被悉数剥夺,神职人员愈来愈需要向罗马寻求保护。大革命同样推翻了德意志的那些有权有势的诸侯主教,他们原本是主教反抗教宗权力的根据地。欧洲现在只有一个诸侯主教,就是教宗;他的地位变得愈来愈高,成为教会看得见的核心;而这个教会也正在变得地域性愈来愈少,普世性却愈来愈强。

但同时身兼教宗国的统治者、国王和主教,教宗本身也体现了王权与教权的结合。教宗国的政府使教宗赢得了欧洲最反动的君主这一称誉。康萨尔维已经成功收复彼得祖业中最富有的地区,也就是从亚平宁山脉到亚得里亚海的使节领和马尔凯,包括费拉拉、博洛尼亚、拉文纳和安科纳港,并承诺对这些地方的教廷政府进行现代化改革。这样的承诺是必要的。因为使节领已有二十年不在教宗的控制之下,并已经历了法国政府的现代化力量。陈旧

---

[1] 引自 K. Schatz, *Papal Primacy from its Origins to the Present*, Collegeville, Minnesota 1996, pp. 148-149。

的法律体系已被《拿破仑法典》取代,民政部门也第一次向俗人开放,地方共同体被允许拥有代议制政府。这些经历已经永远改变了使节领人民的政治意识。罗马周边地区则相反,依旧施行教士统治的旧制,没有通过选举来让俗人参政。试图让使节领恢复这种统治模式是愚蠢的行为,而康萨尔维也决定保留法国的这些创新,只要它们不违背教会法。

1816年,他将一套经过调整的法国行政制度推行于整个教宗国。它被划分为17个代议区,由教士代表(在使节领就是枢机)统治,但由俗人提名的委员会协助。行政部门的一切职位除最高官职外,全部向俗人开放,但他们工作时要穿教士服。没有人对这套制度表示高兴。在罗马的"过激分子"(ultras)看来,它过于露骨地将权力集中于中央,对地方教士考虑得不够;它为俗人在体制内的晋升设置了上限,对选举产生地方机构更是没有顾及。尤其在使节领,改革成为不断引发纷争的源头。对教士政府和教廷的敌意萌生了。

如果教士政府不是那么无能和反动的话,事情也许不会变得不可收拾。康萨尔维的温和改革在各方面都受到既得利益者的阻挠,而在亚尼巴勒·德拉·真加(Annibale della Genga)当选为教宗利奥十二世(Leo XII,1823—1829年)后,他推行的务实和温和的改革被一扫而空。德拉·真加当选时已是一位病魔缠身的63岁老人,因慢性痔疮而成为跛子。他不赞同庇护七世与康萨尔维的政策,希望在教宗国建立一个更加强势、更具宗教性、也更加保守的政府。他是由"狂热分子"(zelanti)即"会士"枢机们("religious" cardinals)选出的,这些人厌恶教廷的政策受到政治考量的左右,希望推行强势的属灵统治。1814年,德拉·真加曾负责收回阿维农的谈判,但他接连失误,表现出惊人的无能,因而被康萨尔维解除教廷外交职务,颜面扫地。他现在趁机报复,罢免了康萨尔维的国务卿职务。直到康萨尔维临死前,他才逐渐认识到这位枢机的非凡才智;但这种和解为时已晚,教宗并未从他身上学到多少政治智慧。

利奥与康萨尔维是截然不同的两类人。利奥虔诚、禁欲(虽然枢机们对他酷爱在梵蒂冈花园里射击鸟雀而大感惊讶)、咄咄逼人,对政治缺乏现实主义。那不勒斯长期拖欠教廷的封建贡赋——一匹驯马,对那不勒斯而言,这标志着是教宗的封建附庸,是一件伤心事,已有数十年不进贡驯马了。康萨尔维已明智地将它改为现金支付,方法是向神职人员的薪水抽税。但利奥却要求进贡驯马。

这种不务实也反映在教宗国的内政方面。在礼拜日和圣日玩游戏,一经抓获,即判入狱;妇女禁止穿紧身衣;戏院禁止鼓掌和高喊"再来一个",因为利奥和他的顾问们认为这会提供表达煽动性政治情绪的机会。同样原因,演员若即兴调侃时事要投入监狱。罗马的酒吧禁止提供烈性酒,这种酒要在街头烧烤摊上才能买到;这是一个极其不得人心的灾难性措施,导致了公共场合酗酒现象的猛增。

曾被大革命解放的犹太人,现在也变成了反攻倒算的具体对象。他们被命令重返贫民窟,为此,贫民窟已被扩大,修建了围墙和加锁的大门;他们还被禁止拥有不动产。每个礼拜,要求300名罗马犹太人出席基督教专场布道,并禁止他们雇用基督徒代理人。犹太人与基督徒之间的商业交易也被禁止。结果,富有的犹太人都离开了教宗国,使长期困扰教宗的经济问题更加恶化。

教宗不一定比他的顾问高明。但利奥的教廷助手,令人失望的地方就太多了。枢机罗瓦罗拉(Ravorolla)作为使节被派往拉文纳后,乱施暴政,异常极端,以致成为了一个讨厌的可笑小丑。他关闭小酒馆,禁止赌博,要求夜间外出必须提灯笼,限制言论自由,推行不经审判即下大狱。他还在自己的住所外面设置了一个大铁箱,供人们匿名举报邻居。在南方,枢机帕洛塔(Palotta)运用戒严令来对付数目庞大的强盗;以法官可能会被恐吓为由关闭了法庭;对发现强盗的村落处以巨额罚款;而在1824年,他发布了一道命令,允许当场处决被捕24小时的强盗。他的政策极度遭人痛恨,不到一个月,就被迫辞职;当地强盗不惜重金请人举行感恩弥撒。

教廷逐渐受制于王位与祭坛结盟的情形,在迦马道里修会*的苦行修士多姆·毛洛·卡斐拉里(Dom Mauro Capellari)当选为教宗格雷戈里十六世(Gregory XVI,1831—1846年)后,越发显露出来。卡斐拉里曾任西莲山伟人格雷戈里修院(Gregory the Great's monastery)院长。他被提名为教宗是妥协的产物。当时,密室会议长期陷入僵局,而西班牙王室又一再否决其中一位最具优势的候选人。从各方面来看,他是一个值得期待的人选。他是一位博学的神学家,行政经验丰富,对教会与教会的需要高瞻远瞩。他曾担任传信部枢机部长(Cardinal Prefect of Propaganda)长达六年,直接负责大不列颠、爱尔兰、低地诸国、普鲁士、斯堪的

---

* 迦马道里修会(Camaldoliese):圣徒罗穆阿德(St. Romuald)大约在1012年创建的一个由修道士(cenobites)和隐修士(hermits)组成的修会,得名于创建地意大利的迦马道里山(Camaldoli)。1072年得到教宗亚历山大二世的正式批准。该会的宗旨是"把全世界变成隐修之所,让世人都加入修道行业"。——译者

第五章　教宗与人民(1774—1903年)

纳维亚、非洲、大洋洲和美洲的教会事务。他选择格雷戈里为教宗名，是为了表达对格雷戈里十五世与伟人格雷戈里的敬意，前者创设了传信部，后者则是第一位也是最伟大的宣教教宗。他出生于奥地利境内的威尼蒂亚(Venetia)，以观点保守而闻名。可以预料，他的当选会使得奥地利首相梅特涅(Metternich)欢欣鼓舞，尽管没有理由认为奥地利在幕后操控了这一选举。

格雷戈里对教宗职位极为推崇，认为教宗制就是十足的君主政体。1799年，当庇护六世病逝于瓦朗斯堡监狱时，他出版了一部题为《圣座的辉煌》(*Il Trionfo della Sante Sede*)的挑衅之著，猛烈抨击约瑟夫主义与詹森派的主教统治观，主张教会就是一个王朝，独立于世俗权力之外；教宗作为首席牧者(chief pastor)，在履行其训导之职时，绝对没有任何谬误。这本书刚出版时，没有造成什么影响；但在他当选教宗后，该书被迅速译为数种文字再度发行。任何认真阅读的读者，从中不难发现一种坚定不移且毫不妥协的权威主义(authoritarian)思想，一种教廷绝不容许任何挑战的立场。

可以说，格雷戈里是受命于危难之际，一上台就需要面对一场严重的政治危机。在此前的十五年里，激进的不满情绪一直在不断升温，已弥漫于意大利全境，这股情绪的焦点就是遍布各地的秘密组织烧炭党(Carbonari)。这些秘密会社与共济会(Freemasonry)联手，以追求政治自由和意大利统一为宗旨。其成员身上具有强烈的反教士主义情结，虽然许多神职人员与虔诚的天主教徒也参与其中。1820年西班牙革命的时候，烧炭党人在那不勒斯已经成为一股令人畏惧的势力，并蔓延到皮埃蒙特(Piedmont)地区，遭到奥地利政府的无情镇压。

在法国，1830年革命推翻了查理十世反动的波旁王朝，代之以路易·菲利普(Louis Phillippe)的"资产阶级王朝"，也使得欧洲各地的激进势力重新振作。法国新政府发布声明，表示绝不容许其他势力介入意大利事务——传递出法国将阻止奥地利镇压任何起义的明确讯息。1831年夏天，中部意大利大部分地区爆发起义，试图驱逐外国势力并创建一个统一的意大利国家。从这些骚乱中，孵化出朱塞佩·马志尼(Giuseppe Mazzini)领导的"青年意大利"运动和被称为"复兴运动"(Risorgimento)的民族独立运动。更严重的是，格雷戈里当选后不到三周，教宗国的许多城市已经被叛军迅速占领。

格雷戈里立刻断然行动。他不顾法国的不得干预声明，要求奥地利军队帮助镇压叛乱。对教廷而言，这是一个决定命运的时刻，因而决定孤注一掷，全面开战，镇压意大利人对自由与自决日益升高的渴求。平乱后的教宗国一片惨状。教廷监狱人满为患，流亡欧洲的自由主义者到处宣扬反教宗思想。国务卿贝尼提(Benetti)枢机招募志愿者负责治安，结果却变成武装这群人去打击那群人。教廷的收入也因镇压反叛而消耗一空。格雷戈里十六世只得向罗斯柴尔德家族(Rothschilds，这个家族至少偶尔受益于教宗对犹太人稍微宽松的政策)协商贷款。在他去世时，教廷的债务已经超过6,000万斯库迪。

这些经历决定了格雷戈里任期的决策方向，他的政府变成了蒙昧主义和压迫的代名词。他怀疑一切新事物，甚至不愿与铁路(他称为"地狱机器")沾上任何关系；而神职界关心的仍然是如何主宰教宗国的俗务管理。但是，格雷戈里的影响已远远超出教宗国的治理。在欧洲各地，都有天主教徒已经开始排拒王位与祭坛结盟,视之为一种暴政。

在法国,有位神父费利西特·迪·拉蒙内(Felicite de Lamennais)原本支持迈斯特宣扬的越山主义,并痛恨启蒙时代的理性主义,现在却变成了批判查理十世治下的法国的激进派人士。在拉蒙内看来,1820年代的法国御用教会,到处都是国家任命的走狗主教("剃头的哈巴狗"),还不如18世纪的欧洲甚而革命时期的法国的那些"阳痿的"国家教会。因为国家给天主教会开的都是空头支票,而它对主教的控制、限制与教廷接触,垄断宗教教育,都是为了让宗教为自己的目的服务,不让宗教自由表达和自由行动,这有违福音的根本。在高卢主义仍然盛行的法国,拉蒙内见到的不是教会的盟友,而是它的敌人。国王的风光时代已经过去。要变成自己,教会必须拥抱革命高扬的自由,要求控制自己的成员,掌管自己的事务:"教会一直在世俗权力强加其身的枷锁下苦苦挣扎;一直以无神论的名义呼唤的自由,现在必须以神的名义呼唤。"① 教会在永无谬误的教宗的领导下,必须对革命施行洗礼,坚决站在人民一边,与反动势力和革命力量展开斗争。拉蒙内与他的支持者办了一份《未来报》(L'Avenir),以"神与自由"作为报头,以"王位和祭坛分离"为奋斗目标,以"自由国家中的自由教会"(Free Church in Free State)为宗旨。

在很大程度上,拉蒙内受到比利时、波兰与爱尔兰局势的激发。在这些国家,天主教徒受到非天主教政府的统治。波兰被东正教俄国与新教普鲁士瓜分;新教国王威廉一世虽然统治着比利

---

① A. R. Vidler, *Prophecy and Papacy: A Study of Lamennais, the Church and the Revolution*, London 1954.

时,但他关心的却是荷兰的利益;而爱尔兰则由英国政府统治。在这种情势下,"王位和祭坛结盟"就是高压的代名词,天主教徒只能与自由主义者联合起来共同奋斗。而在罗马看来,这种联盟,就像枢机阿尔巴尼(Cardinal Albani)在描述比利时天主教徒与自由主义者合作时说的那样,显得"异常诡异"。宗教的自由也意味着非宗教的自由:从革命炼狱中锻造出来的这些口号,不会结出什么好果子。这样的认识使得教廷与欧洲许多地区天主教徒的理念非常疏离。1831年,比利时革命取得成功,当地的天主教徒接受了政教分离,但教廷却很难接受这样的现实。

教廷最大的失败发生在波兰。自1825年以来,沙皇尼古拉一世(Nicholas I,1825—1855年)就一直有计划地破坏波兰的天主教,企图迫使当地的东仪天主教会(Uniates)与俄国的东正教合并;阻止罗马与实施拉丁礼仪的主教保持联系,并罢黜波兰的首席主教,代之以一位年老的政府傀儡。罗马曾经表示抗议,但因沟通不良和教宗过度依赖君王们支持的承诺,使得抗议形同儿戏,没有任何效果。1830年11月,波兰起义反抗俄国,建立了一个短命的临时政府。但在1831年秋天,起义遭到镇压,俄国展开了一场野蛮的清算,其惨烈残酷为欧洲各地所罕见。1832年6月,当波兰正在俄国的野蛮报复中呻吟时,格雷戈里发布了书简《卓越之年》(*Superiori Anno*),谴责波兰起义,痛斥那些"以宗教为幌子反抗合法君主权力的人",告诫主教们要最大限度地"打击这些骗子和宣传新思想的人"。[①]

---

① E. E. Y. Hales, *The Catholic Church and the Modern World*, London 1958, pp. 93-94.

格雷戈里之所以冷酷回应波兰的痛苦,与他自家门口正遭受烧炭党的叛乱侵扰有关。他如果对反俄国暴政的起义表示宽容,那就等于是承认意大利的叛乱合法。1832年8月,他发布一份通谕《你们当惊奇》(Mirari Vos),以更加深思熟虑的措辞反对自由主义价值观,矛头直指拉蒙内和《未来报》的成员。拉蒙内对法国保守的王位与祭坛结盟的激烈攻击,在1830年"七月革命"时达到高潮。他呼吁教会放弃对波旁王朝的幻想,与人民一起创造一个更加自由的新世界。这些观点使得法国主教大为震怒,主教们对《未来报》也越来越反感。拉蒙内很不明智,决定暂停办报,转而向罗马澄清事实并寻求支持。他们将去"示罗(Shiloh)向主请示",拜倒在基督代理人的脚下:"哦,圣父,请您屈尊向下看看您的这些不成器的孩子吧,他们被指控背叛了您那永无谬误的平和权威……他们的想法哪怕是有一丁点违背您的意思,他们也会坚决改正,坚决放弃。您就是他们著书立说的准则;除此之外,他们绝对没有也绝对不知道其他准则。"[1]

拉蒙内过分夸张的亲教宗言论,使他成为利奥十二世时期罗马的一位当红人物,甚至有传闻说他会成为枢机。但是,拉蒙内早已经远离了教廷关于"王位与祭坛的正宗理论"(throne-and-altar legitimism),并已首次引起罗马的关注。从格雷戈里十六世的一贯立场和观点来看,决定就此向教廷提出上诉无异于自杀,它最终将导致拉蒙内遭到谴责,并致使拉蒙内最后抛弃天主教。1832年初,拉蒙内到达罗马时,法国政府和主教正在拼命地游说教宗,敦促他不要容忍这类反叛思想。格雷戈里热情接待了拉蒙内一行,

---

[1] Vidler, *Prophecy and Papacy*, pp. 184-220.

但却刻意回避与他们讨论任何宗教问题。他成立了一个神学委员会来审查他们的言论,审查报告成为教宗通谕《你们当惊奇》的基础。

最终公布的通谕,全面谴责了《未来报》主张的所有观点。格雷戈里痛斥"信仰'无差别论'(indifferentism)是毒药之泉,从中流出了荒谬绝伦的错误学说乃至精神错乱的疯话,以及人人主张并捍卫良心自由的说教"。他谴责"那些煽动反对并倾覆统治者权利的人"和那些企图"在自由的面具下奴役国家的人",他们"令人厌恶,厚颜无耻,用心险恶"。拉蒙内关于教会需要重建和革新以迎接新时代挑战的主张,尤其刺激教宗的神经。他坚持认为,教会"一直受到耶稣基督和使徒们的引领,并得到圣灵的指导……因此,说教会需要重整与革新是完全荒谬和极端无礼的……虽然它可能暴露出精疲力竭、堕落退化或其他弊端"。[①]

《你们当惊奇》是一份里程碑式的文件,虽然它的激烈语气和坚决反对任何自由主义的立场并不新鲜,因为庇护八世也曾以同样的语调谴责共济会;但格雷戈里的通谕在某种程度上为他的继承人庇护九世设定了行事的基调和对外发言的纲领。从那时起,教廷的坚定立场就是怀疑并反对现代政治发展与支持这些发展的思潮。"自由国家中的自由教会"运动本是大多数自由派天主教徒开展教会工作的基础,而格雷戈里教宗生涯的后期则是以敌视这个运动为特征的。因此,像拉蒙内以前的同事查尔斯·蒙塔朗贝公爵(Charles Montalambert)这样的自由派天主教徒,抑或在

---

① K. O. von Aretin, *The Papacy and the Modern World*, London 1970, pp. 64-66.

1840年代鼓吹"教育更自由"的法国自由派主教,绝不会得到他的支持。他容忍法国政府在1845年驱逐耶稣会,完全不顾此举对天主教学校的灾难性冲击。

在其他地方,新生的自由主义政权对教会或多或少存有敌意,这使得教宗不分青红皂白地反对自由派天主教徒倡导的某种独立活动。在整个1830年代和1840年代初期,格雷戈里都在对抗欧洲各地爆发的危及教会自由的政府行为。其中最重大的冲突是1837年的科隆教会冲突事件。

根据普鲁士的习俗,新教徒如果与天主教徒结婚,儿子信奉父亲的宗教,女儿则信奉母亲的宗教。天主教希望所有小孩都成为天主教徒。它不允许天主教神父主持婚礼,除非获得小孩信奉天主教的保证。对天主教妇女的生活而言,这完全行不通。格雷戈里在担任传信部部长时,曾帮助庇护八世在1830年公布了一项妥协性的措施,禁止神父祝福这类婚姻,但允许他们以旁观者的身份出席。

实际上,德意志的主教与新教政府合作,对教宗的这项指令做了引申,允许神父在婚礼上扮演主角;但没有通报罗马。然而,新任科隆大主教克莱门斯·奥古斯特·德洛斯特·费雪林(Clemens August Droste Vischering)1837年宣布,此后必须不折不扣地执行教宗的指令。普鲁士政府本已开始反天主教,闻讯后勃然大怒,于1837年11月逮捕了大主教,未经宣判就投入监狱。格雷戈里发布了一份措辞猛烈的抗议书,冲突迅速升级,其他主教也被停职与逮捕,教会与政府的关系因而破裂。直到普鲁士新国王腓特烈·威廉四世(Frederick William Ⅳ)登基后,才着手修复这种关系。威廉四世生性浪漫,喜好中世纪,这使他对天主教会较为友好。格雷戈里最终同意了妥协方案,包括让克莱门斯·奥古斯特退休。但是,这个冲突提升了德意志境内的天主教意识,强化了天主教徒的信仰认同感,导致了天主教出版物的猛增和天主教舆论的活跃。它也是对残存的约瑟夫主义的致命一击。有一小撮反教宗的天主教徒分裂出来,组成了一个爱国的"德意志天主教教会"(German Catholic Church),这是科隆事件的结果之一。但这仅有助于说明一个事实:一种全新的天主教认同感已经形成,它以忠于教宗指令为核心,却不是完全驯服。越山主义不再是一种理论,而是鲜活地存在于教会生活中。

在欧洲之外,教会的需要与君主的期望也在发生冲突。格雷戈里对传教事业满腔热情,也不打算向世俗政府屈服而阻扰传教工作。1831年,他不惜冒犯西班牙,发布了诏书《教会的忧虑》(*Sollocotudo Ecclediarum*),正式表明在拉丁美洲等地,他将奉行与"事实上的"叛军政府合作传教的政策。1831—1840年,他在革命共和政府的合作下(虽然他反对共和政府的原则),填补了西班牙的拉丁美洲殖民地所有悬缺的主教职位。

格雷戈里对政府支持下的美洲与远东地区的殖民活动造成的结果,评价很低。1839年,他谴责奴隶制和奴隶贸易,支持传信部任命本土神职人员的措施,对葡萄牙的种族主义表示不满。他一再反对葡萄牙滥用控教权(padroado,国王对教会的控制)。1834年,他在印度创建了一系列使徒代牧区,牧区主教直接向罗马而非葡萄牙负责,从而推翻了葡萄牙的控教权。1838年,他又撤销了印度的四个国王拥有"控教权"的教区,将它们并入新建的代牧区;并相应削减了果阿(Goa)大主教的管辖范围。所有这些举措都越来越加重了罗马在教会生活中的分量。终其一朝,格雷戈里创建了70多个新的教区与代牧区（包括美国的10个和加拿大的4个），任命了195个宣教主教。越来越多的非欧洲教会把它们的组织与领导权交给教廷，而不是交给殖民政权。教廷的世界形象提高了。

三、庇护九世：越山主义的胜利

1846年6月，当枢机们举行密室会议，推选格雷戈里十六世的继承人时，他们面临着严正的选择。如果他们想继承格雷戈里排斥天主教自由派的态度，以及他奉行的压制意大利政治抱负的对抗性政策，那么，国务卿兰布鲁斯基尼枢机（Cardinal Lambruschini）是一位不错的人选；但他们也可以选择一位更加平和且思想开放的教宗。他们选择了后者，推选相对无名、年纪较轻（55岁）的枢机乔凡尼·玛利亚·马斯泰-费勒迪（Giovanni Maria Mastai-Ferretti）为庇护九世（Pius IX，1846—1878年）。马斯泰-费勒迪是一位富有魅力的候选人，热忱、充满激情（年轻时曾患癫痫症）、平易近人，为人一贯慷慨豪爽，甚至对反教士派（anti-clericals）和烧炭党人也友好相待。他是一个爱国者，曾以批评格雷戈里十六世在教宗国的反动统治而闻名，他也厌恶奥地利入侵意大利。他经常使用诸如"这个意大利国家"之类的字眼，人们因而普遍认为他会支持意大利统一。格雷戈里十六世承认他有才干，但不信任他。他说，甚至连马斯泰-费勒迪养的猫都是自由主义者。

"庇奥老九"（Pio Nono，大家都这样称呼他）很快就证实了外界对他施政的预测。他设立了一个委员会将铁路引进教宗国，在罗马安装瓦斯街灯,设立一个农业机构来指导提高产量并为农民提供建议,推动关税改革以发展贸易,废除犹太人每周参加基督教宣道的规定,并允许他们参与教廷的慈善事宜。人们对他也赞誉有加。一方面,他本人甘愿贫穷堪为世人楷模(他必须借钱支付参加密室会议的旅费);另一方面,作为教宗,他很快就树立起牧者的形象,讲道,为孩童施坚振礼,访问学校与医院,在偏僻的市镇教堂和礼拜堂主持圣餐共融。这些举动对一位教宗来说是非同寻常的。

更重要的是,他推动了一定程度的政治改革。他的任期中最早的法令之一就是宣布特赦教宗国的革命分子。这震惊了保守的欧洲,对庇护九世当选极为惊讶的梅特涅,预测将有灾难发生。他宣称,一位自由主义教宗是绝无可能的事,而庇护九世是一个笨蛋,行为也像一个笨蛋,因为自由主义改革最终只能意味着教宗国的毁灭。事实很快就证明他是对的。与此同时,庇护仍在继续推行改革。1847年,他设立了一个由俗人代表组成的咨询委员会,以协助教宗国的治理。当奥地利占领费拉拉时,教宗威胁要将梅特涅开除教籍,并告诫他奥地利入侵意大利不会有好下场;迫使奥地利撤军。

事实上,教宗对这一切都颇为不安,担心教宗国政府的民主改革会使俗人获得对属灵事务的影响力并篡夺神父的权威,而这是完全不能接受的。不过,在改革大潮的推动下,他已无法回头,只能喜忧参半地面对这一切,唯恐停止改革将会激起人民对教会的怨恨浪潮。不管他内心有何感想,这位教宗变成了欧洲最受欢迎的人,受到新教政治家的恭贺,在伦敦、柏林和纽约都受到赞扬,被誉为模范统治者。在意大利,人民对由教宗担任总统而组成意大利联邦的期待正在升温。马志尼从英格兰给他写了一封公开信,告诉他说,他是意大利最重要的人,人民的希望正掌握在他的手上,民族主义者群集高喊:"意大利万岁,庇护九世万岁!"

但是到了1848年,这个希望破灭了。这一年全欧洲都在革命。在罗马,教宗为应对危险的革命热潮,建立了一个由选举产生的市政府;到3月份,又同意在教宗国施行新宪法,规定选举产生的内阁有权否决教宗的政策。当要求奥地利撤出意大利的抗议演变成一场战争时,愈来愈多的意大利人将它视为一场圣战,并呼吁教宗来领导这场圣战。1848年4月29日,庇护发表公开演说,旨在澄清教廷对意大利政策的本质。他宣布,他不能参加对另一个天主教国家发动的战争,他也不会派军抵抗奥地利。他谴责了由教廷来领导意大利联邦的想法,并敦促意大利人忠于他们的君主。这种立场,对于他任教宗前两年表现出来的热情似火,就像是浇了一盆冷水。

这份声明事实上是回归格雷戈里十六世的政策,让人们普遍觉得受到背叛。一夜之间,他从意大利最受欢迎的人就变成了最受怨恨的人。罗马逐渐失去控制。1848年11月,他的世俗首相佩莱葛利诺·罗西(Pelegrino Rossi)在坎塞利亚宫(Cancillria)前的台阶上被谋杀。教宗逃亡。他乔装成一名普通神父,在11月24日连夜逃离罗马,到那不勒斯境内的加埃塔(Gaeta)避难。罗马爆发革命,加里波第(Garibaldi)和马志尼成立了一个反教士的共和政府,自任首脑。庇护在加埃塔请求天主教各国协助他复位;1849年7月,法国军队代表教宗攻占了罗马。他本人在1850年4月也返回罗马。但他再也没有从1848年的流亡中恢复过来,其后半生坚信政治民主化只能是革命烈火的燃料。自由派的蜜月期就此结束。

接下来的二十年,庇护九世作为教宗国统治者的地位,完全依赖法国与奥地利军队帮他镇压叛乱。基督教世界都在看着一道奇观:这位"所有信徒的神父"如坐针毡、非常无能地统治着300万子民,而其中大部分人都想推翻他。意大利统一事业的领导权现在已转移到维克多·伊曼纽尔二世(Victor Emmanuel II,1820—1878)治下的皮埃蒙特。庇护很欣赏维克多·伊曼纽尔,当他得知伊曼纽尔战胜奥地利时,骄傲与喜悦之情溢于言表。但是,位于都灵的皮埃蒙特政府与首相加富尔(Cavour)推行的是系统的世俗化政策,而在整个1850年代,实施了一系列针对性的措施以削弱教会的影响力。1854年,皮埃蒙特除少数从事护理和教育的修会外,所有男女修院都遭到解散。这种激进的反教士主义可以追溯到约瑟夫主义和《教士公民宪章》。庇护不得不相信"意大利复兴运动"就是无可救药的无神论,是1789年革命的阴魂转世。意大利正经历一场《启示录》中描述的善恶斗争,善的一方由他自己领导,恶的一方以都灵政府为首。

在庇护的宗教理念中,教宗对教宗国的属世权力才是重心。圣彼得祖业是耶稣基督"完美无瑕的外袍",是上帝交给每一位教宗的神圣信托物,是教宗拥有普世属灵权威的保证和保护。庇护七世英雄般的抗拒行为对他及其顾问的影响很大。因此对他来说,将教宗国并入统一的意大利似乎是魔鬼颠覆教廷的阴谋诡计。1860年,局势变得非常严重,使节领与安科纳的马尔凯已被皮埃蒙特王国吞并,教宗国缩小了三分之二,只剩下意大利西岸的一片狭长地带。教宗拒绝接受这些领土损失,从欧洲各地的虔诚天主教徒中招募了一支国际志愿军来保卫这些领土,虽然英勇却毫无希望（庇护九世从一开始就怀疑爱尔兰志愿者，因为他担心意大利随处可得的廉价葡萄酒会影响爱尔兰人的战斗力）。整个1860年代，国际社会要求教宗妥协的压力愈来愈大，要他削减并最终放弃世俗权力，但他誓死不从。作为"被钉十字架的上帝的代理人"，他准备蒙受苦难，但绝不屈服。如果需要，他可以走进坟墓：上帝会为他作证！

教宗理念和世俗世界的冲突，在1850年代后期发生的莫塔拉事件上完全表露出来。埃德加多·莫塔拉（Edgardo Mortara）是家住教宗国境内博洛尼亚的一个犹太男孩。一岁时身患重病，一位基督教女仆背着他的父母，用桶浇水给他施了洗礼。她的行为暴露，受到宗教裁判所的盘查，因为一位基督徒（这个男孩严格说来已成为基督徒）要作为一个犹太人养大成人，这违背教会法。最终，六岁的埃德加多被强制带离他的父母，安置在罗马，由教宗直接监护。许多天主教徒，包括教宗的国务卿，对此深感担忧；男孩的父母和罗马的犹太人一再上诉；奥地利皇帝和法国拿破仑三世也予以干预；而反教士的报刊也频频抗议。但对于这一切，庇护全然不顾，坚决地拒绝了所有的请求。他非常宠爱埃德加多，带着他出入公共场合，与他在自己的披风下玩藏猫猫游戏。教宗的法国保护者对此事也感到非常尴尬，法国大使甚至慎重其事地与加富尔密商绑架埃德加多使其回到父母身边的可能性。教宗这边，将针对他的一切责难都说成是无神论者的迫害，是借题发挥攻击宗教信仰，并告诉孩子说："我的孩子，你让我付出了多大的代价，因为你我承受了多大的压力。"他宣称，全世界，无论是有权有势的显贵还是一文不名的乞丐，"都想把这个孩子从我身边偷走"，但"由于神的恩典，我已经看到了我的责任，我宁愿砍掉我的所有指头，也绝不放手"。埃德加多再也没有回到父母的身边,而是变成了一个足够快乐的天主教神父,一直活到1930年代。他的案件既是一幕人间悲剧,同时也表明教廷的思想世界与俗界的自由价值观已经撕裂;自由主义价值观现在已经成为欧洲共同的道德潮流,甚至为许多天主教徒所信奉。

诡谲的是,教廷在意大利逐渐遭到围剿的处境,却提高了它的宗教声誉。当然有许多天主教徒,包括一些枢机和廷议教士(curial clergy)都认为,如果教宗选举和主教任免不受外来压力的影响,如果教宗与地方神职人员的通讯不受检查,如果意大利教会不受到都灵的反教权政府的扼制,那么,教宗的世俗权力对他作为属灵领袖的角色而言,其实并不重要。法国、比利时、德意志和英格兰的天主教自由派,对庇护九世与复兴运动之间的对抗深表叹息,期望教会与政治现实达成和解。然而,从半个世纪以来的教廷史和都灵当局对教会赤裸裸的敌意来看,这种和解显然绝不会符合教会的最大利益。

也有许多人认为,意大利发生的这场冲突,只是反基督教的启蒙思想和大革命精神与上帝启示的真理之间全面冲突的一个缩影。对他们而言,庇护的政策不是政治蒙昧主义,而是基督教文明对无神论和反叛上帝的力量发起的最后一搏。从安立甘宗改宗天主教的亨利·爱德华·曼宁(Henry Edward Mannning),即后来的西敏寺枢机大主教(Cardinal Archbishop of Westminster)宣称,教宗的世俗权力是"上帝之国在尘世间的自由、独立与主权"的表征。这是因为教宗国是"基督的代理人唯一可以自由立足的地方","而那些希望把基督的道成肉身逐出地球的人,则虎视眈眈地要把它从他的手中夺走"。① 在为1860年因保卫教宗国而献身的爱尔兰志愿者举行的安魂弥撒上,曼宁做了一场布道,宣称这些烈士是信仰的殉道者;捍卫世俗权力就是保护"普世教会的独立",而攻击世俗权力则是"背离超然的秩序,回归(纯)自然社会",即基督教国度的末日。②

曼宁是一种狂热的新式越山主义的代言人,对教宗持有一种近乎神秘的尊崇。这种虔诚的教宗主义只是天主教内部虔诚革命的一个面相,它抛弃了18世纪宗教严肃庄重的外表,而变成了一种更富有情感色彩,更加强调礼仪、圣徒和童贞圣母的心灵宗教。天主教在前一个世纪的改革中,并不欣赏甚至贬低这类表达民众宗教情感的方式。19世纪的天主教却予以欢迎。对中世纪进行浪漫的理想化,是当时许多艺术运动的特征,并恢复了人们对古代罗马仪式、单声圣歌和圣礼象征主义的兴趣。在1830年代,唐·普罗斯珀·盖朗热(Dom Prosper Guéranger)在法国的索莱姆修院(Solemes)恢复了本笃派的修道生活,这是对18世纪法国詹森主义者提倡的理性化礼拜仪式的反动。盖朗热是重新发现格雷戈里圣歌的先锋,并采用罗马礼拜仪式作为教会新式礼拜生活的基调。在他去世前,法国每一个教区都用罗马弥撒经取代了旧式的高卢弥撒书。虔诚越山主义(Ultramontane piety)正在形成某种罗马一统性,这是特伦特大公会议未能做到的。

但是,虔诚越山主义并不局限于礼拜仪式的转变。圣母崇拜

---

① H. E. Manning, 'Roma Aeterna', a lecture to the Roman Academy in 1862, printed in *Miscellanies*, New York 1877, p. 22.

② 'Occisi et Coronati', in *Sermons on Ecclesiastical Subjects*, Dublin 1863, pp. 273-275.

兴盛起来,开启了玛利亚显圣的伟大时代。1830年,凯瑟琳·拉布雷(Catherine Labouré)经历了一个异象:童贞圣母戴着一顶以星星组成的冠,这就是民间疯传的所谓"金牌显灵"(Miraculous Medal)的一种形象。这一崇拜涉及玛利亚纯洁无瑕的教义即无玷原罪成胎说(Immaculate Conception),圣牌上刻有祈祷文:"哦,无玷原罪成胎的玛利亚,我们仰赖您,请为我们祈祷。"1846年,在萨伏依的拉萨勒特山(La Salette),有两个牧羊小孩见到一位美女正在哭泣,她哀叹礼拜日遭到亵渎,到处都在咒骂侮辱上帝,酗酒成风。天启、神迹与显圣治疗随即盛行起来,到"拉萨勒特圣山"朝圣也变得非常流行。1858年,在法国比利牛斯山区的鲁德镇(Lourdes),贝纳黛特·苏碧露丝(Bernadette Soubirous)在马萨比尔(Massabielle)山洞中所见到的玛利亚异象,使得拉萨勒特黯然失色,后来这个山洞迅速发展为现代世界最重要的基督教朝圣地。

玛利亚崇拜的兴盛与对教廷的日益忠诚有密切的关联。格雷戈里十六世主动鼓励教徒信奉无玷原罪成胎说,把自己治愈癫痫症也归功于圣母的代祷,而在1854年,又郑重其事地把曾经备受争议的玛利亚无玷原罪成胎说定为天主教的信条之一。这次界定是教廷发展上的重要一步,因为,教宗虽然事先征询过主教们的意见,世人也乐见其成,但信条本身,最终还是凭借教宗的独特权威宣布的。教宗的总管(Chamberlain)塔尔伯特大人(Monsignor Talbot)评论说:"最重要的并不是这个新信条本身,而是宣布信条的方式。"[1]天国显然赞同此事,四年后的鲁德村,异

---

[1] F. Heyer, *The Catholic Church*, 1648-1870, London 1969, pp. 186-187;另见 H. E. Manning, *The True Story of the Vitican Council*, London 1977, pp. 42-43。

象中的女士向苏碧露丝表明了自己的身份："我就是那位无玷原罪成胎者。"

民众虔敬与教宗权威的共生关系，也体现在对耶稣圣心（Sacred Heart of Jesus）的崇拜上。18世纪的詹森主义者特别反感这种虔诚，谴责它是心脏崇拜（cardiolatey）。在19世纪，圣心崇拜成为对基督的人性表达热诚敬礼的具体形式，但也不是没有任何政治色彩。在1790年代的旺代起义期间，这种崇拜被认为是民间天主教反对大革命的方式，而它之所以盛行于越山派天主教徒中，也与这种政治含义相关。1856年，庇护将耶稣圣心节纳入教会的通用历法；1864年，他为17世纪那位最早宣扬圣心崇拜的异象见证者举行了宣福礼。* 1861年，罗马格纳和马尔凯陷落后，耶稣会发起了"祈求使徒"的祈祷活动，希望能获得全世界对圣心的"神秘的服从"。1869年，梅赫伦大主教（Archbishop of Malines）将比利时与比利时的自由宪章奉献给圣心，也表明这个崇拜具有政治意蕴；而1873年，法国国民议会的天主教代表们拉开了一系列补偿圣心的苦行朝圣的第一幕。位于蒙马特（Montmartre）的圣心教堂（Sacré Coeur Basilica）后来就成为这种常规象征性仪式的焦点。1876年，曼宁枢机在他的一本畅销讲道文集《圣心的荣耀》（*The Glories of the Sacred Heart*）中，阐述了教廷与圣心崇拜的关系，他将庇护的政治逆境喻为人子耶稣蒙受刺穿之苦的具体

---

* 宣福礼（Beatification）：又称宣福、列福、列福式，是天主教会追封死者的一种仪式，意在于尊崇其德行与信仰足以升上天堂。经过宣福的人，就可以享有真福者或真福品（Blessed）的称号。它是封圣的阶位之一，阶位次于圣徒，但高于"尊者"（Venerable）。——译者

表现。被剥夺了"世俗荣耀"的教宗,就是一幅活生生的圣心像。①

身处在一个廉价的大众印刷品时代,加上大众传媒的出现,教宗本人其实已经变成了一幅大众化的图像。从非洲到美洲,每个天主教家庭可能都挂着一幅教宗的画像,其普及程度不亚于十字架上的耶稣像或童贞圣母的雕像;庇护的相貌比历史上的任何教宗都更加广为人知。廉价书籍与批量生产的圣像传布各地,塑造了典型的越山主义天主教文化。1869年,一本描述鲁德镇前200个神迹的书售出80万册。鲁德村本身是铁路时代的产物,朝圣者搭乘蒸汽船与蒸汽火车从欧洲各地和临近海岛蜂拥而来,其人数与速度在18世纪是不可想象的。同样的大众交通工具也把朝圣人流带到罗马去拜见和瞻仰教宗,而且,由于他的任期甚长,朝圣者也这样去罗马庆祝他的周年纪念。

教宗本人的魅力也有推波助澜之功。甚至他的批评者,可能会震怒于他的顽固不化,对他的才智也不敢恭维,但却很难不喜欢他。他和蔼可亲,朴实无华,一团和气,经常开怀欢笑。他也很有幽默感。当一些诚挚的安立甘宗教士求他祝福时,他故意揶揄,为他们焚香祈祷:"愿你们得到神的祝福,在神的荣耀中你们要被烧焦";有位修女得到他的一张相片,期望他签名,他在上面潦草地写下基督在暴风雨中说的话:"不要怕,那是我。"②最重要的是,他为人正派,胸襟开阔,这尤其令人印象深刻;当听到他的死敌加富尔去世的消息时,他惊呼:"哎呀,这个加富尔,加富尔,他多爱他的国

---

① H. E. Manning, *The Glories of the Sacred Heart*, London nd, pp. 167-188, 'The Temporal Glory of the Sacred Heart'.

② E. E. Y. Hales, *Pio Nono*, London 1954, pp. 278-279, 329.

家啊。这个人是真正的意大利人。上帝肯定会宽恕他,就像我们宽恕他一样。"①教宗本人已成为天主教虔信之网的一部分,甚至被纳入赞美诗集予以颂扬:

> 满怀渴望罗马心,
> 充盈使徒高穹顶,
> 香客吻地情切切,
> 万般口舌一声音:
> "愿神护佑我教宗
> 正直良善一伟人"。②

教宗本人尽管和蔼可亲,但作为教会内部一派的首脑,他不可能事事一团和气。从虔诚的角度看,越山主义是一场基础雄厚的运动,并与当时一些最为强大的宗教力量有联系。从教义和制度的角度看,它狭隘、富于挑衅性、不宽容。在法国《世界周刊》(*L'Univers*)(路易·韦伊洛特[Louis Veuillot]主编)或耶稣会主办的《天主教文明》(*Civiltà Cattolica*)这类杂志中,越山派人士肆无忌惮地捏造教宗的权威,不仅谴责排斥教会的俗界,也谴责其他天主教徒,因为他们的观点达不到十足的教宗主义者的标准。每个人都知道教宗喜欢这个思想流派,1853年,他甚至发布了一道通谕《在众多的》(*Inter Multiplices*),为韦伊洛特和《世界周刊》攻

---

① E. E. Y. Hales, *Pio Nono*, p. 227.

② W. S. Bainbridge ed., *The Westminster Hymnal*, London 1941 no. 226(词为枢机怀斯曼所作)。

击法国主教进行辩护。结果导致了令人窒息的教条,狭隘、可怕和唯我独尊。著名的安立甘宗改宗者约翰·亨利·纽曼(John Henry Newman),时任伯明翰一个神爱祈祷团体(Oratory community)的领袖,依庇护的标准,他是一个自由派。他谴责这种越山主义的目的就是要创建一个"教中之教",其弊端不难预见:"我们将变得畏首畏尾,与外界的沟通渠道日益狭窄,在思想自由面前瑟瑟发抖,我们的前景充满绝望,惶惶不可终日。"①

英国越山派的领袖是亨利·爱德华·曼宁,他在罗马的主要盟友是乔治·塔尔伯特(George Talbot)大人,庇护多年来最为信任的宠臣。1869年,塔尔伯特死于一家疯人院,精神崩溃前可能已经疯了多年。他阴险奸诈、老奸巨猾,是一位搞阴谋诡计的老手。在他眼中,世界和教会就是牛仔和印第安人、英雄和坏蛋之间的一场无休止的游戏。这些坏蛋包括大多数主教,他认为他们是背信弃义的反教宗主义者,而纽曼在他眼中,是"英格兰最危险的人",依然是半个新教徒,是反叛分子的领袖,"必须将他的精神碾得粉碎"。塔尔伯特是教宗的心腹,也是1865年曼宁意外地接替怀斯曼枢机(Wiseman)就任西敏寺大主教的关键人物。

正是在这帮弄臣的建议下,庇护在1864年发布了通谕《何等关心》(Quanta Cura),并附上一份所谓的《邪说目录》(Syllabus of Errors)。随着庇护渐入老境,他受到越山派的影响愈来愈大,这份通谕就是越山派的申明。它将烧毁教廷通向现代世界的桥梁,而这个桥梁正是蒙塔朗贝公爵(Count Montalembert)这样的自由派力图搭建的。直接引发这份通谕的导火线,是1863年在比利时

---

① S. Gilley, *Newman and his Age*, London 1990, p.344.

的梅赫伦召开的天主教大会。蒙塔朗贝在会议上敦促天主教会与民主制度和解。他主张,王位与祭坛结盟注定会失败,而且会败坏教会的声誉。为了让真理能够自由表达,教会最好宽容错误,而不要动用迫害和宗教裁判所去力图压制。

蒙塔朗贝的发言稿随后出版,标题为"自由国家中的自由教会";而越山主义者也群集罗马,要求教宗谴责蒙塔朗贝。1864年3月,教宗指示国务卿安东内利枢机(Cardinal Antonelli)写了一封斥责信给蒙塔朗贝和梅赫伦大主教。12月,教宗借"无玷原罪成胎说"定为信条10周年之际,公布了通谕《何等关心》。[1] 通谕尽管渗透出现在熟悉的那种悲天悯人的梵蒂冈风格,但其要旨是直接指向那些常见的嫌疑犯——信仰无差别论、共济会、社会主义、高卢主义和理性主义,通通遭到谴责。《邪说目录》是一份名单,列出了80个被谴责的命题,引起举世惊骇。其实,许多被谴责的命题并不存在争议。比如,宣称耶稣是一个虚构的人物,或天启对人类的理性没有任何帮助(命题5、7),所有基督徒都认为这种观念不对。认为废除教宗的世俗权力对教会有利(命题76)这一条,庇护予以谴责,人们也不会感到惊讶。然而最后一组命题,简直就是专门用来引发震惊和触怒世人的,如否认非天主教徒可以自由实践自己的宗教(命题77)。最重要的是,最后一个命题似乎对天主教会反对现代社会的战争做了总结:教宗谴责了"罗马教宗可以而且应该与进步、自由主义和新文明和解"这一观念(命题80)。

---

[1] 这份"通谕"的摘录和整份《邪说目录》,见 C. Rahner (ed.), *Henrici Denzinger*, *Enchyridion Symbolorum*, Barcelona, Fribourg, Rome 1957, pp. 477-490 (nos 1688-1780);《邪说目录》摘译,见 Ehler and Morrall, *Church and State*, pp. 281-285。

296　　其实,《邪说目录》的破坏力比初看起来要小得多。它的80个命题全都摘自教宗的早期文件,而庇护也一再申明,《邪说目录》的真实含义只有参引原始文本才能领悟。比如,最具攻击性的命题80即是源自1861年的教宗书简《我们历来关注》(Iamdudum Cernimus)。这份文件看似全盘谴责"进步、自由主义与现代文明",具体针对的其实只是皮埃蒙特当局关闭修院和教会学校的行为。但在1864年12月,没有人会这么想。《邪说目录》的本意是要给天主教自由派当头一棒,而且每个人都知道这一点。英国驻罗马的代表奥多·罗素(Odo Russell)向政府报告说,"天主教自由派是教会最能干也最有说服力的护卫者",但现在已经瘫痪了,"因为他们再也无法为天主教辩护,否则就会被宣判为异端分子……自此之后,沉默和盲目服从势必成为他们唯一的生活法则"。罗素是一位同情罗马事务的观察家,他喜欢庇护;但即便是他,也认为教宗把自己"弄成了一个教会反现代社会规则的大阴谋的首领"。[①]

这样想的人不只他一个。法国军队是教宗与意大利复兴运动之间的唯一堡垒,但法国政府禁止《邪说目录》流传。那不勒斯公开焚毁,奥地利也考虑禁止,但又顾及这会违背双方的协约。蒙塔朗贝的盟友奥尔良主教杜彭路(Dupanloup)写道:"如果我们不能成功地改正这种毫无道理的'罗马主义',教会在半个世纪里将成为欧洲的非法组织。"他夜以继日地工作,写出一本小册子,希望能缓和《邪说目录》的冲击。它宣称,《邪说目录》并不是规范教会与社会关系实际行为的具体指令,而是一个理想的抽象大纲。这份

---

① N. Blakiston, *The Roman Question*, London 1962, p. 303.

看似不可变更的"命题"需要修改以符合实际的情况,如结合各种协约中教会同意并接受的实际条款来修改,此即"反命题"。

杜彭路的小册子是一个杰作(tour de force),迈出了缓解非天主教徒敌视《邪说目录》的漫长旅途的第一步,也为天主教自由派获得了喘息的空间。为此,有636名主教写信致谢,而蒙塔朗贝也称它为"第一流的语言魔法师"。庇护对《邪说目录》引发的抗议惴惴不安,也感谢他,但私下里却不以为然。同一时期,越山派的惊天巨浪正滚滚向前。1867年圣彼得与圣保罗节,是两位使徒殉道1800周年纪念日,庇护宣布要召开一次大公会议,并于1869年12月8日开幕。曼宁和其他主要的越山派主教在圣彼得陵墓前庄严宣誓,要在这次会议上将"教宗永无谬误论"定为信条。这就是第一届梵蒂冈大公会议(First Vatican Council)。

不过,"无谬误论"最初并未纳入议程。教宗召开大公会议的目的,是要解决19世纪的不信教与理性主义的问题,他认为这两种思潮正在破坏基督教;此外,他也想强化教会的立场,以对抗充满敌意的社会与政府。虽然如此,当公会议开幕日期愈来愈近的时候,每个人都明显感受到"无谬误论"会成为会议的主要议题。各国政府担心《邪说目录》会变成绝对的教条,使教会与国家的冲突进一步恶化。天主教自由派担心自己会被挤出教会,担心会议会将"无谬误论"强行定为四海皆准的信条。所有的天主教徒都认为,教会在根本问题上没有谬误,他们也接受严肃的教宗言论是代表教会发言,但共识仅止于此。像沃德(W. G. Ward)这样的越山主义狂热派,则认为教宗所说的几乎每句话都"永无谬误"。沃德认为,不仅《邪说目录》永无谬误,连它援引的30份通谕和训示因而也永无谬误。他希望每天早上都有一条"永无谬误的"教宗新陈述与《泰晤士报》一起放在他的桌上。这些狂热分子将教宗想象为永远受到神的启示,喜欢诸如"教宗的永无谬误就是耶稣基督本人的永无谬误"、"当教宗思考时,其实是上帝在替他思考"之类的言论。①

19世纪的天主教徒很少直接拒绝"教宗的教诲可能永无谬误"这一观念,但许多人认为,试图将"教宗无论何时何地都永无谬误"定为信条是非常危险的。况且,他们认为这也不必要,因为"教会永无谬误"就从未被定成信条,但所有的天主教徒都相信它。他们还认为,把"无谬误"定为信条的时机也不好,可能会激起反天主教的情绪,使得新教徒与东正教徒更加疏离,并加重与政府的对立。有些人如杜彭路认为,无论怎样,将它定为信条几乎不可能令人信服。比如,教宗作为普通神父或神学家发表的言论,与他坐在宝座上(ex cathedra)发表的严肃训导,该如何区分?他担心,对教会权威的这种刨根问底可能会杀死整棵大树。②

有700名主教出席了这次大会,70%的人符合资格。意大利人占了绝大多数,五位主席、所有秘书和三分之二的顾问都是意大利人。大会筹委会的重要职位都由支持无谬误论的人出任。第一场会议原本讨论起草《神子》(Dei Fillius)教令,以申明信仰的合理性和基督启示的唯一性。但会议很快就把注意力转移到一份关于教会的文件草案。会期持续甚久,讨论的问题从教牧的本质到教会与国家的关系,无所不包。鉴于辩论拖延不决,曼宁与他的同僚便劝说教宗:如果不先解决"无谬误论"问题,将一事无成。这

---

① C. Butler, *The Vatican Council*, London 1962, pp. 57-61.
② Ibid., pp. 101-107; Hales, *Pio Nono*, pp. 286-287.

样,讨论"无谬误论"的议程就被前移,成为了第一项议程。

出席大公会议的人分裂成两派,无谬误论者(infallibilist)占绝大多数,以曼宁大主教为首;机会主义者是少数派,包括奥地利和德意志的所有神职人员,以及许多法国人。教宗最初保持谨慎的中立态度,以温和友善的态度迎接反对"无谬误论"的知名人士。然而,有两件事触怒了他。蒙塔朗贝在临死前写了一封广为传阅的公开信,直言"无谬误论者正在梵蒂冈塑造自己的偶像";而天主教自由派也企图阻止在会议中讨论"无谬误论"。杜彭路试图说服拿破仑三世干预此事。英国天主教徒约翰·阿克顿勋爵(Sir John Acton),曾是德意志反对"无谬误论"的神学领袖依格纳兹·杜林格(Ignaz von Dölinger)的学生,他发起了一场煽动舆论的运动,要求英、法、德三国政府行动起来,阻止大公会议将"无谬误论"定为信条。甚至有传闻说,英国内阁已派出一艘炮舰。

双方都在积极地游说和密谋。曼宁记载说,机会主义少数派"常常聚会,我们每周也聚在一起,密切注意,商讨对策。当他们去觐见庇护九世时,我们也去。这是一场追击战"[①]。6月18日,教宗终于做出决定。当天,多明我会神学家、博洛尼亚大主教吉迪枢机(Cardinal Guidi)对题为"关于罗马教宗永无谬误"的教令草案提出了批评。吉迪坚持认为这是错误的,因为教宗并不是无谬误的,虽然他的训导可能无谬误。无谬误的训导是不可改变的,但发表训导的人并不是。吉迪进而主张,无谬误的必要条件就是不可草率行事。教宗是在与其他主教协商后才发布训导的,教令中也需要说明这一点。他提议,措辞应明申教宗"'经与主教们协商'这

[①]　E. R. Purcell, *Life of Manning*, London 1896, vol. 2, p. 453.

一教会传统"。这个折中方案更有说服力,因为吉迪是一位无谬误论者,他基本赞同将"无谬误论"定为信条。他从神学角度提出的谨慎折衷方案,是整个大公会议中最有分量的提议之一,其目的是要排除那种认为教宗一直受到神启或教宗个人无谬误的观念,同时也捍卫一个真理,即教宗的训导并不是以一位孤立的君主而是以主教之首的身份发布的。当他走下讲台时,得到少数派的拥抱。但庇护相当愤怒,立刻传见吉迪并严加申斥,谴责他身为枢机和彼得祖业上的一名主教,却背叛自己。吉迪回答说,他在会上只是说主教们是传统的见证者。教宗回答说:"什么传统的见证者?我就是传统。"[1]

"我就是传统"(La tradizione son'io),庇护这句极其狂妄自大的名言,暴露了无谬误论者事业的关注点及其缺乏历史依据。在基督教最初的一千年中,没有一个争议是单凭教宗的一纸命令来解决的,甚至利奥一世的《宝卷》也是大公会议批准的。早期基督教对真理达成一致,要经过趋同、共识、辩论等痛苦且代价高昂的过程,需要花上几十年甚至几个世纪才能确立下来。曼宁和他的同僚希望不经历这个痛苦的过程,就能得到一位超越人类局限的活神。面对时代的不确定性,他们希望找到一个随时能够得到保证的天启龙头。

但他们没有找到这个一拧开就流出天启的龙头。吉迪与庇护九世半个小时的会面非常难堪,但他的发言还是产生了效果。都柏林大主教科伦(Cullen)拟就的教令定稿,考虑了吉迪的论点,并以"关于罗马教宗永无谬误的训导职权"(*De Romani Pontificia*

---

[1] C. Butler, *The Vatican Council*, p. 335.

infallibili magisterio)为标题。教令的措辞本身极为谨慎，严防设限。教令宣布：

> 当罗马教宗坐在宝座上发言时，也就是说，当他作为所有基督徒的牧者与训导者而行使职权时，他为整个教会订立的有关信仰与道德的教义，因有圣彼得应允的神助，是永无谬误的，这也是救赎之神希望赋予他的教会的……如此，罗马教宗的这些规定本身就是不可改变的，而且不是来自教会的同意。①

因此，教宗的日常训导并不是永无谬误的。教宗必须以特别严肃的方式即端坐在宝座上发言。他的训导必须是事关信仰和道德（比如，从政治角度谴责意大利王国或指导天主教徒如何投票，就不在此列），且必须是关涉根本原则，也就是"为整个教会所奉行"的原则（单就某个临时争执发表的言论就不属此列）。这些严肃的声明的确可以被称为是"它们本身"不可改变，如此措辞的目的是要驳斥1682年的《高卢四条款》，因为它说，教宗的规定只有在得到教会接受的情况下才是不可改变的。但是，教令并没有说教宗在进行训导时可以或应该"自行其是"而不顾教会的意愿。教令的措辞避免评论任何信条产生的程序，也不认同极端越山派的主张——教宗不需要征询任何人的意见，也就是庇护九世所说的"我就是传统"这句话隐藏的含义。事实上，尽管不是一目了然，但梵蒂冈的这一信条叫停了越山派对教宗权位的狂热幻想，这是沃

---

① Denzinger, *Enchyridion Symbolorum*, p. 508 (no. 1839).

德和韦伊洛特（Viuellot）这类人士的一大失败，正是因为这些有效的限制性措辞，从1870年以来，才只有一条教宗申明符合"无谬误"，即1950年将圣母升天定为信条。

不过，所有这些设限，都需要时间。1870年7月18日，就"无谬误"教令举行投票。包括杜彭路在内的57名少数派成员已经奋战到最后。鉴于该信条肯定会以压倒性多数获得通过的现实，他们在投票前一天离开了罗马，以免无谓的投票反对。投票结果，533位主教赞成，只有两票反对。两张反对票中，一张是美国阿肯色州小石城主教费兹杰罗（Fitzgerald）投的。当教宗最后宣读教令时，费兹杰罗离开座位，跪在教宗脚下大喊"现在我相信了，圣父"（Modo credo, sancte pater）。教宗宣布投票结果与信条时，正好下了一场雷暴雨。雨水从圣彼得大教堂的圆顶倾泻而下，阴暗的教堂内部被闪电照得通亮。怀有敌意的人将雷电交加视为一种凶兆，他们说，上帝很愤怒。曼宁反唇相讥说："他们忘记了西奈山，还有十诫。"①

大公会议要处理的事情还没结束，也从未完成。7月19日，普法战争爆发。大公会议无限期休会，最终，也没有再复会。几乎一个世纪后的第二届梵蒂冈大公会议上，第一件要事就是宣布梵一会议闭幕。战争爆发猝然加剧了教宗世俗权力的危机。拿破仑三世需要每一个他可以征到的军人。8月4日，法国驻军撤离罗马，使得教宗失去了自卫能力。不到一个月，拿破仑三世的帝国败亡，皮埃蒙特国王维克多·伊曼努尔乘机侵入教宗国。9月19日，庇护九世把自己锁在梵蒂冈城堡内，下令他的卫队象征性地抵

---

① Manning, *The True Story of the Vitican Council*, p. 145.

抗国王军队，以表明他没有交出罗马城。第二天罗马陷落，在一年之内，它将被宣布为统一的意大利的首都。教宗在罗马长达一千五百年的统治自此结束。

庇护的任期在抑郁与冲突中结束。1870年11月，意大利通过《保障法》(Law of Guarantees)，重新规范了教会与国家的关系。从某种角度来看，这是一个优厚的解决方案。教宗虽然被剥夺了领土，但仍然拥有一位最高统治者所享有的荣誉与特权，包括一支私人卫队和一套邮政电讯系统。他也拥有梵蒂冈的专用权（而非所有权），以及拉特兰教宫和教宗在冈多佛城堡(Castel Gandolfo)的乡下宅邸。他每年接受350万里拉以补偿领土损失。国家放弃任命主教的任何权利，但仍保留任命其他有俸神职的权利。

教宗拒绝承认这个法律，也拒绝接受财政补偿。不过，他很有策略地选取了许多保障措施，使之成为行之有效的方案，从实际效果看，就是让神职人员从国家接受教俸收入，让他本人接收任命意大利主教的权利。最后一项是一个具有重大影响的举动。意大利的教区，比基督教国度的任何其他地方都要密集。随着这些新的领土被并入王国，维克多·伊曼努尔累积的主教任命权，比基督教历史上任何一位国王拥有的权力都要大。1870年，他已经有权任命237名主教。所有这些任命权现在都回到教宗手上，这不仅扭转了教宗与意大利主教的关系，同时也普遍地转变了对主教任命的期望。从现在起，教宗任命主教一事越来越多地引起人们的种种猜测。丧失世俗权力反而极大地增加了教宗对意大利教会的控制，这显得颇为诡谲。

但与此同时，教廷与意大利的关系却日渐恶化。大部分意大利人是天主教徒，但意大利有投票权的人口（只占1%）中，反教士主义者占有很高的比例；而在整个1870年代，政府通过了一系列反教会的措施，以削弱教会对意大利生活的控制。1868年，庇护发布教令《并非权宜》(Non Expedit)，禁止天主教徒参加意大利选举或投票。这个禁止教徒参与政治的禁令直到第一次世界大战之后才废止。该禁令使教会与国家的关系进一步疏离。庇护从此绝步不出梵蒂冈，而且停止了对罗马和天主教世界题为"万国四方"(Urbi et Orbi)的例行祝福，以抗议自己成为"梵蒂冈囚徒"。

教会与国家的冲突同样也发生于德国，1870年普鲁士成为欧洲的霸主后，改变了天主教在欧洲的地位，因为天主教奥地利的霸主地位被强大的新教普鲁士所取代。德国教会非常具有活力，拥有许多当时最出色的一些主教，如美因茨大主教凯特勒(Ketteler)曾是梵蒂冈大公会议少数派的领袖。1870年，德国天主教徒组织了一个政党中央党(Centre Party)，由卓越的谋略家路德维希·温德赫斯特(Ludwig Windthorst)领导。普鲁士首相俾斯麦厌恶且担心教会成为包藏祸心的第五纵队。总体而言，天主教徒希望建立一个更大的泛德意志且新教色彩较少的国家，他们与对俾斯麦政权持批判态度的自由派政治人物结成联盟。1872年，随着福克博士(Dr. Falk)被任命为新一任宗教部长以及所谓《福克法》(Falk Laws)的施行，国家开始有计划地扼制教会。天主教学校与神学院被置于国家控制之下，修会禁止教学，耶稣会与其他修会最终都被驱逐出境。杰拉德·曼里·霍普金斯(Gerard Manley Hopkins)在《德意志蒙难》(The Wreck of the Deutschland)这首名诗里盛赞的方济各会修女，也未能幸免流亡的命运。1874年，德国政府开始监禁"顽抗的神父"。1875年，庇护公开谴责这项法律，并将少数屈从这个法律的神职人员开除教籍。

"文化斗争"(Kulturkampf)对教会的打击是毁灭性的。* 一百多万天主教徒无人主持圣事,到1876年,普鲁士的所有教区悬缺,一千多名神父被流放或监禁。以杜林格为首的一些德国天主教徒拒绝接受梵蒂冈的教令。俾斯麦有计划地鼓励这场分裂,指望破坏天主教的统一。他也鼓励意大利、瑞士、比利时等地其他类似的反天主教运动,尽管只有瑞士在发动"文化斗争"时效法了普鲁士的模式。

俾斯麦对天主教的敌视始于梵一会议之前,但梵蒂冈"永无谬误"教令无疑是一个重要因素。俾斯麦宣称,梵蒂冈信条让人想起格雷戈里七世和博尼法斯八世那些最狂妄的声明,但他保证:这次"我们绝不去卡诺萨"。这种反对正中越山派的下怀,他们为之陶醉,其言论满怀暴烈的冲突和挑衅情绪。路易·韦伊洛特写道:"社会是一个污水管,它会腐烂,有了梵蒂冈碎片,上帝就能用石头砸人了。"①

庇护九世去世于1878年2月7日,在教会史上,他的任期最长。在这些岁月里,教会生活的每一个方面都发生了转变。终其一朝,几乎全部教区的主教都被重新任命过。宗教修会也得到恢复和发展,不仅现有修会得到扩展,还新创不少修会,这在一代人以前,还是不可想象的。这些新修会大多献身于学校、医院和海外传教等使徒事工。1862年后的三年里,庇护批准了74个妇女宗

---

* 俾斯麦在1872—1878年针对天主教会颁布了一系列法令与条例,旨在削弱或排除罗马天主教会及其政治上的代表德国中央党对德国文化、教育、语言、婚姻、经济等领域的权利和影响,从文化上促进德国化。这些法律措施遭到天主教徒的激烈反抗,一度使德国的内政、经济、外交出现困难局面。1878—1887年间逐渐和解。——译者

① Butler, *The Vatican Council*, p.50.

教团体。到1877年,仅法国就有30,287名虔士(male religious)和127,753名虔女(female religious),他们大多以弟兄会或姊妹会的形式积极奉献。海外传教的发展也表现出同样的活力。1850年后,差会组织急剧猛增,大量的男女不断涌向传教地区:到19世纪末,在传教区工作的修女已达到44,000人。

在现存的天主教各教会内部,同样也富有活力,这应归因于庇护的有意推动。为回应不断扩张的天主教人口,他不顾新教徒的愤怒反抗,将新的教阶制推行到英格兰(1850年)和尼德兰(1853年)。在其整个任期,他创建了200多个新的教区与使徒代牧区。所有这些都代表着教廷对地方教会的干预与控制在大规模的增加。尤其美国的教会扩张很快,其主教由罗马有效任命,发展出强烈的教宗主义特征。这种强化控制是自觉的。庇护九世和他的近臣必须确保所有这些宗教力量能够牢牢掌握在教廷手中。在他即位之初,就设置了一个专门的廷议委员会(curial congregation)来负责宗教修会,并有计划地加强中央控制,常常直接介入任命一些修会的上层领袖。如1850年为苏比亚科的本笃会(Subiaco Benedictine)和多明我会、1853年为至圣救主会(Redemptorists)、1856年和1862年为方济各会直接指派会长。

罗马的中央集权取向,在庇护九世处理东仪天主教问题上表现得最鲜明却最不引人注目。这些所谓的东仪教会分布于乌克兰、印度和中东,无论在哪方面都与东正教没有区别:它们使用拜占庭礼仪,遵循自己的法律惯例,自己选举主教,自己召开东部式的教职会议。不过,它们与东正教的不同之处在于承认教宗的权威。"东仪"天主教徒总是处境艰难,被东正教斥为叛徒,而拉丁当局又怀疑他们是半个教会分裂分子。

不管怎样,越山主义尤其难以接受东仪天主教徒的价值观。越山派将天主教等同为罗马教(Romanitas):他们认为教会统一就是绝对的一致。一种信仰就意味着同一种教纪,同一种礼仪,同一部教会法典,同一座由奉行积极干预主义的教廷掌控的权力金字塔。罗马口头上将东仪群体及其传统奉为天主教会普世性的表征,是沟通东正教的桥梁。但事实上,却有计划地破坏它们。拉丁传教士被鼓励斩断信徒们的东部仪式,并不断施压逐渐淘汰已婚教士。罗马还试图利用宗主教和主教的选举来安立亲拉丁的候选人,并坚持派使徒代表(apostolic delegates)出席东部教会的教省会议,让他们去施压灌输拉丁惯例。1860年,罗马曾试图将格雷戈里历法强加于梅尔凯特教会(Melkite Church,由安提柯宗主教管辖的叙利亚基督徒,自17世纪末以来一直与罗马共融)。此举使得梅尔凯特教会的一些神职人员转而与东正教共融,而与拉丁教会濒于决裂。当他们抗议对他们独特传统的这种侵蚀时,梅尔凯特教会的领袖们却被认为不忠;在1867年为圣彼得和圣保罗殉道举行周年庆典期间,教宗发布了诏书《背叛》(Reversurus),严厉申斥东仪教会的分裂倾向,坚称教宗密切监督是为他们好,改革主教和宗主教的选举机制是为了排除俗界和下层教士的干预。梅尔凯特教会宗主教、叙利亚宗主教和迦勒底宗主教,都属于较早离开梵蒂冈大公会议的少数派主教,遭到申斥也就不奇怪了。

这些冲突是不可避免的,因为越山主义是一种绝对主义,对曼宁枢机所谓的"不可变更之美"极度着迷。[①] 它并不可能与多样化和自主性妥协,也不可能正面评价它们。教宗对东仪教会的特

---

① H. E. Manning, *The Glories of the Sacred Heart*, p. 183.

权、权威结构和礼拜仪式的干涉,只是凸显了这种绝对主义在西部拉丁教会内部进一步高度发展的过程。梵蒂冈大会除了将"教宗永无谬误论"定为信条外,还断言教宗对每个教会和每个基督徒拥有"直接和常规的管辖权"。但是,"直接和常规的管辖权"是主教对他的信徒们拥有的权利,罗马教宗和地方主教如何能够对同一群教徒拥有同样的管辖权,大公会议却未置一词。事实上,这是一个至今仍未得到圆满解决的问题。在庇护九世的时代,解决这个问题的方法是教宗持续地侵蚀地方神职体系的权威和自主性。主教们逐渐被认为是教宗部队的年轻军官,他们只能列队接受命令,这个命令就是要求每个天主教徒服从唯一"真正的"主教,即罗马教宗。庇护九世的去世也未能中止或扭转这些趋势。

四、自由面孔下的越山主义:利奥十三世

1878年2月19日开始的密室会议,只经过三轮投票就选出新的教宗,佩鲁贾枢机主教乔凡基诺·佩奇(Gioacchino Pecci)当选为利奥十三世(Leo XIII,1878—1903年)。其实,佩奇在意大利之外并无名望,他不是教廷的成员,1846年后一直担任相对偏僻的佩鲁贾教区的主教。他是利奥十二世与格雷戈里十六世的门徒,长期负责治理教宗国,并非常成功。1843年被派到比利时担任教宗大使,却把事情弄得一团糟,让自己卷入复杂棘手的政治纠葛;他鼓励顽固派天主教徒反对政府的教育措施,因此在王室的特别要求下被撤回。这结束了他在教廷的工作生涯,佩鲁贾成为

他并不体面的安慰奖。1853年,庇护九世将他擢升为枢机,原因至今不明;但粗鄙庸俗的国务卿安东内利枢机不信任他,一直让他默默无闻。庇护九世在去世前一年,任命他为教廷司库枢机,即从教宗去世到选出新教宗期间负责管理罗马教会的枢机。这其实是明升暗降,因为早有定制:教廷司库不得当选为教宗。

他得以当选可能有三个理由:无可挑剔的保守观念(曾经协助起草《邪说目录》,也是教宗世俗权力的热忱护卫者);担任主教时极为成功,深孚众望;他在1874—1877年出版了一系列教牧书信,积极评价19世纪科学与社会的进步,主张教会与现代文明的进步方面和谐共存。许多枢机感到,庇护九世对现实世界天启式的谴责和绝不妥协的政治态度,已经把教会逼进了死胡同,是时候来一点甜言蜜语了。

佩奇枢机似乎正等着当上教宗。他当选几个小时后就宣布:"我要实行一项伟大的政策。"从担任教宗的第一天起,他就在危机四伏的逆境中展现了令人惊讶的稳健步伐,恢复教廷的国际声望而没有放弃任何的宗教权利。他声称支持梵蒂冈大公会议的信条和《邪说目录》,但是他会放弃它们的刺耳声调和挑衅态度。他的第一份通谕《天主的奥秘》(*Inscrutabili Dei*)就是典型的例子。在这份通谕中,他感叹当代的罪恶——拒绝教会的教诲;思想顽固,拒绝一切合法权威;无止境的争斗;藐视法律,等等。从中又衍生出反教士主义和偷盗教产。但是,所有这一切都搞错了对象,因为教会是社会的朋友,而不是敌人。教会已经领导人性走出野蛮、废除奴隶制度、培养科学与学术,它是意大利之母。意大利必须归还教宗曾拥有的东西,重新接受他的权威,由此社会才能再度繁荣。世界各地的天主教徒,在他们神父的亲切引导下,必须对教廷"这个真理与正义的圣座"展现出"最亲近最坚定"的爱。他们必须"全心全意地赞同和欢迎它所有的训导"。他让人回想起庇护九世对错误思想的"穷追猛打"。①

整个世界都注意到了这份通谕的内容与基调。意大利报刊《改革》(Riforma)评论说:"这位新教宗……没有咒骂,也没有威胁……(通谕的)形式看似甜蜜,但内容却是绝对的、顽固的、绝不让步的。"②意大利人认为利奥的"绝不让步"是受到教宗与意大利继续对峙的影响。他当选之后仍未举行"万国四方"的祝福(他想举行,但是被梵蒂冈的官员阻止了),他拒绝承认意大利国王的头衔,也不向他通告自己当选为教宗的消息,他继续奉行庇护九世不许天主教徒参加国家政治选举的禁令,也拒绝接受依照《保障法》提供的收入。因此,罗马与教廷依旧水火不容。1881 年,当庇护九世的遗体趁夜移到圣罗伦佐教堂(San Lorenzo Fuori le mura)墓地时,一群反教士的暴民几乎把灵柩扔进河里。1890 年代,在梵蒂冈目视可及的地方挑衅性地建起了加里波第的纪念碑,异教徒乔尔丹诺·布鲁诺(Giordano Bruno)的雕像也在菲欧里营地(Campo di Fiori)竖了起来,这是一种反抗与拒斥的刻意举动。利奥事实上从未放弃收复罗马的希望,他在意大利以外进行大量政治活动的目的,就是希望利用外来压力恢复他的世俗权力。他要把自己塑造成一位了不起的"政治"教宗。但从这个角度看,他从来没有面对政治现实。

---

① H. Parkinson ed., *The Pope and the People: Select Letters and Addresses on Social Questions by Pope Leo* XIII, London 1920, pp. 15-27.

② L. P. Wallace, *Leo* XIII *and The Rise of Socialism*, Durham, North Carolina 1966, p. 92.

在意大利以外，他也绝不妥协。他与"文化斗争"依旧如火如荼的普鲁士继续冲突，与瑞士继续对抗，与压迫波兰天主教徒的俄国继续斗争，与奉行反教士统治的一些拉丁美洲国家继续冲撞，与剧烈反教士的法兰西共和国继续为敌。他希望自己能缓和这些局势。他在给欧洲各国元首的当选宣告书中充满了安抚的语调，没有做出任何实质性的让步，但表达了和解的强烈愿望。

他最了不起的成就是在俾斯麦主政的德国。俾斯麦此时对"文化斗争"已感到厌倦，因为它产生了负面效果。中央党不但没有衰弱萎缩，反而在每次选举中都增加了代表席位，而它与其他反对派如国家自由党（National Liberal）和社会民主党（Social Democrat）的政治联盟更造成了政府的挫败。德国的天主教徒在主教们强有力的领导下，不断反抗《福克法》，天主教徒的舆论愈来愈高昂。冲突也使得普鲁士在波兰的统治更为复杂化。从利奥的角度来看，他希望俾斯麦（现在是欧洲最有权力的政治家）也许能够帮助收复罗马，而他害怕双方的冲突持续下去，会对教会造成长期的伤害。双方大使在慕尼黑与维也纳开启了秘密协商。虽然这些协商最后都告破裂，但俾斯麦还是开始暂缓执行最恶劣的反天主教法律。在1880—1886年，俾斯麦废止了《福克法》，但直到1917年之前，仍然不允许耶稣会重返德国；而主教们也很清楚，政府仍然把持着所有神父的任命权。

虽然如此，俾斯麦显然不会帮助利奥收复罗马。教宗于是转向法国求助。大多数的法国天主教徒都是保皇分子，是1789年原则的死敌。大部分神职人员是越山派，认为法国应该出兵帮助教宗收回属世权力。但从1879年始，反教士的共和分子在参议院（Senate）与众议院（Chamber of Deputies）里面占了大多数的席位,而政府也推行了一场类似"文化斗争"的运动,以削弱教会在国家生活中的影响力,比如对修会设立许多限制、允许离婚、允许礼拜天工作、取消国家场合的祈祷和游行、鼓励非宗教性的葬礼。整个1880年代,教会与政府相互攻击,教会的报纸谴责共和,天主教徒还卷入保皇派的阴谋。《邪说目录》的噩梦变成了事实,教会与法国政治文化的全面决裂变得不可避免。

在整个1880年代,利奥尽其所能地防止这种极端的分裂,指望与法国政府达成和解。1883年,他写了一封措辞温和的信给法国总统;1884年,他给法国的主教发布了一份通谕《最高贵的高卢人》(Nobilissima Gallorum Gens),表示他挚爱法国,并回顾了法国对教会的一贯忠信,敦促停止敌意,称赞1801年协约,鼓励主教们坚守根本立场,但敦促他们为大众着想而放弃极端的主张。1885年,他发布了一份讨论国家本质的通谕《不朽之神》(Immortali Dei),主张教会与国家是相互区别却又互补的两个社会,各有自己的权威与自由。国家只有在支持教会时才享有真正的自由,而教会则是国家安宁的最佳堡垒。宗教自由、出版自由和俗权压迫教会,正在危害社会。尽管他坚持认为没有一种形式的政府是得到教会授权的,但他依旧鼓励天主教徒全面参与社会公共生活。在论及法国天主教自由派与越山派保皇分子之间的激烈对抗时,他敦促天主教徒抛开分歧,共同尊奉教宗的教诲。[1]

每个人都认为教会是保皇派的宣传工具,而教宗的言论也没有改变这个事实。教宗任命里昂大主教与巴黎大主教为枢机,要求他们写信鼓励天主教徒支持共和国。他们咬牙切齿地写了一封

---

[1] Parkinson ed., *The Pope and the People*, pp. 71-100.

第五章 教宗与人民(1774—1903年)

讽刺政府的信,措辞之辛辣使得他不得不加以弹压。他随即召见了杰出的宣教主教——阿尔及尔(Algiers)主教拉维格里枢机(Cardinal Lavigerie)。该主教很长时间以来就相信,教会对国家宣战是自杀行为,而他也需要法兰西帝国支持他在非洲的传教努力。1890年11月2日,在法国地中海舰队的一场宴会上,拉维格里面对绝大多数均为死硬派的保皇军官,发表了一场激励人心的演讲。他说,为了不让国家陷入灾难之中,必须无条件地支持现有的政府形式(共和),这个形式"完全没有违反……文明的基督教国家的原则"。他接着说,他敢肯定他不会"受到任何权威意见"的反驳。

"阿尔及尔祝酒词"是一个败笔,不只是听到这个演讲的海军军官无比震惊,而且,每个人都知道拉维格里的发言得到利奥的默许,一些法国越山主义者强压怒火与恐惧,表示他们会保持忠诚。但是,绝大多数人根本就不理会共和政府会做何反应。围绕着臭名昭彰的德雷福斯事件(Dreyfus affair),很快发展出天主教右翼极端思潮和反犹主义,从而使得法国人的公共生活更加极端化。利奥继续试图强迫法国天主教徒参与宪政政治,但收效甚微,因为他这是要求他们放弃经过一个世纪的痛苦与冲突才形成的态度和立场,而且他们的立场也得到前几任教宗的支持。他尝试说服法国天主教徒与共和政府"妥协"的企图,其实只表明了教宗的影响力有限,甚至对越山派也是如此。

虽然如此,教宗支持"妥协"(ralliement)的努力的确有助于消除人们对天主教与民主制度不相容的怀疑。他发布的一系列通谕,表示教会接受国家合法正当的自主权,以及天主教与民主政府不矛盾。严格来说,这个训导并无什么新意,它不过是把教宗与民主制度的妥协加以条文化而已,其实,这是《1801年协约》以来教宗一直在推行的政策。在许多情况下，他的训导只是重申了绝不妥协的教宗言论，如《你们当惊奇》、《何等关心》或《邪说目录》。但发言的基调已完全不同，在申明立场时，增添了务实的维度。比如，1888年就自由主义发布的通谕《驳自由主义》(*Libertas Praestantissimum*)，就只是重申了《你们当惊奇》和《邪说目录》的言论，谴责宗教自由、良心自由和出版自由，进而直言，"为了避免更大的罪恶"，教会不可能与宗教宽容、出版自由和其他现代的"虚假自由"共存，除非是杜彭路主教自己当教宗。①

在社会改革上，教宗也有不良记录。自1832年《你们当惊奇》公布以来，教宗一直奉行谴责的反动立场，怀疑任何社会改革的方案。从庇护九世初期开始，社会主义就一直是被攻击的具体"幽灵"。拉蒙内、多明我会神父和政治活动家亨利·拉克戴尔(Henri Lacordaire)和蒙塔朗贝公爵都曾呼吁教宗"转向民主"，但遭到拒绝。教宗的逻辑只关注服从的责任和君主与教宗的权利，对人民的权利未置一词，他们只是自由放任(*laissez faire*)资本主义的市场力量的囚徒，在那个植根于他们劳动的社会的政治过程中无关紧要。

不过，其他天主教徒还是感受到了社会问题的急迫性。工业化与都市化已经为欧洲的无产阶级造成了极大的困境；无论是天主教徒还是新教徒，对组织性基督教都充满着普遍的深深的疏离。在英国、德国、比利时与法国，敏感的基督徒揪心于劳动人民的疾苦，要求教会不应只是进行单纯的规劝与救济，而应更多地关注公正问题，以及基督徒的社会理想。许多越山派人士和自由主义者

---

① Parkinson ed., *The Pope and the People*, pp. 101-130.

都抱持这种认知。在德国，这种运动以凯特勒主教为代表，在英国以曼宁枢机为代表，在法国以阿尔伯特·德蒙公爵（Count Albert De Mun）和工业家路西安·哈梅尔（Lucien Harmel）为代表。

哈梅尔是一位身体力行的理想家。他在树谷（Val-des-bois）建立工厂，展开了一场社会伙伴关系的实验。他在这里建立模范住宅、推行储蓄计划、实施健康与福利保障，设立工人委员会参与业务决策。哈梅尔希望其他天主教雇主也能仿效他的做法，但却无法说服他们。于是他决定争取教宗的支持。1885年，他带着100名工人到罗马朝圣，给利奥留下了深刻的印象。1887年和1889年，他又分别带了1,800名与10,000名工人到罗马。这些朝圣的工人就是民主与教宗可以携手的活生生的证据。教宗对此极为感叹，也有助于让他相信不需要对抗工业社会，福音下的社会和平是有可能的。

利奥对美国教会特别感兴趣，因为在这个社会里，"自由国家中的自由教会"这个"自由"信念似乎并不是反基督教人士攻击宗教的法典。在美国，天主教劳工正在组成劳工骑士（Knights of Labour）这样的组织，这些组织似乎既不是共产主义式的，也不是反宗教的。利奥因而开始希望，欧洲的天主教劳工组织也能成为制衡共产主义者联盟的力量。

从1884年开始，来自法国、德国、奥地利、意大利、比利时与瑞士的天主教社会思想家，每年都聚集在弗莱堡（Fribourg）讨论社会问题。会议文集既是天主教对劳工阶级处境思考的总结，也刺激了他们的进一步反省。1888年，利奥接见了弗莱堡协会（Union of Fribourg）的几位成员，并与他们讨论他们的理念。在这场谈话中，教宗形成了一份讨论社会议题的文件的主要思想。这就是利奥在 1891 年公布的最有名的通谕《新事物》(Reum Novanum)。①

《新事物》一开场就历数穷人在工业社会中的困境：在这个社会里，"少数非常富有的人能够肆意奴役大批的劳苦大众，使他们与奴隶无异"。社会主义为这种悲惨状况提供了一种虚幻式的解放，它煽动阶级仇恨，否认私有财产权利。教宗出于捍卫财产私有权的立场，力陈阶级和不平等是长期的社会现象，但是不需要引向战争。富人有责任帮助穷人，这个责任绝不是单纯的施济。基督教既关心医治灵魂，也关注救治社会，而在救治社会的过程中，国家必须扮演重要的角色。国家依靠劳苦大众而达到经济繁荣，因此必须保护劳工的属灵权利与物质权益。这种保护扩及规范工作条件，保证劳工享有足以维持生计的薪酬，使所有工人能够有所结余，积累财富，从而立足于社会。劳苦大众有权组织工会，其理想形态就是像天主教会那样。虽然教宗认为罢工有时是煽动者的行为，但他认为罢工经常是不能忍受的处境造成的后果。他接受了罢工的权利，但认为国家应该立法消除引发罢工的困苦。

《新事物》是现在尚难以领悟其重要性的诸多历史文件之一。它要表达的内容都隐藏在传统的温情脉脉的语言中，俨然了无新意，使得保守派难以察觉其激进的倾向。相反，保守人士则可借题发挥，如利用利奥关于苦难和不平等是人类处境的一部分这类说辞，劝告穷人要安于自己的命运。教宗对社会的分析相当粗浅，谈及工会的部分唯唯诺诺，简直就像是在痴人说梦般地谈论中世纪的手工行会。安立甘宗基督教社会主义者亨利·斯科特·霍兰德

---

① Parkinson ed., *The Pope and the People*, pp. 178-219.

(Henry Scott Holland)说,这份通谕是"旧世界的某种幽灵般的微弱生灵以远古的某种古老声调发出的声音"①。在1880—1890年代,有很多基督徒和天主教徒都比他说得更加透彻,也更富有挑战性。

虽然如此,作为庇护九世的继承人,他所说的这一切的确具有革命性。利奥攻击毫无节制的资本主义,坚持国家有责任代表劳工介入社会问题,主张工人有权享有足以维持生活的工资和组织工会的权利,这些理念改变了未来天主教徒讨论社会问题的基调;有些人更加大胆,倡导社会天主教主义(Social Catholicism),并具有广泛的影响与权威性。利奥本人,既不是民主斗士,也不是激进分子,但他打开了通向天主教民主的大门。

《新事物》表明,较之于19世纪大多数天主教徒,利奥是一位比较进步的社会思想家。事后看来,他也逐渐被认为是一位自由派教宗,是一位转变了天主教思想与道德面貌的富有魄力的革命者,使得教会具有面对现代社会的能力。有关这一点的证据,除了《新事物》,我们还可以举出他的一整套措施,这些都与其前任的政策截然相反,但却轻巧地使教会走出了庇护九世画地为牢的"僵局"。

一个典型的例子是,利奥扭转了教廷对东方天主教和东正教的政策。庇护九世对东仪天主教徒,一直推行拉丁化和同一化的政策,利奥停止了这种做法。1882年,利奥中止了在东正教地区任命拉丁挂名主教的做法。同一年,他在耶路撒冷创建了梅尔凯特神学院(Melkite seminary),1883年又在罗马设立了亚美尼亚

---

① A. R. Vidler, *A Century of Social Catholicism*, London 1964, p.127.

神学院（Armenian seminary）。1894年，他发布通谕《大声祝贺》（*Praeclara Gratulationis*），称赞同一信仰中教会与礼仪的多样性；他还颁布书简《东方的尊严》（*Orientalium Dignitatis*），强调必须保持东仪教会的纯正性与独特性。次年，他又规范了东仪主教和宗主教与使徒代理（Apostolic Delegates）之间的关系，在其前任时期，此事一直是无休止的摩擦与纠纷的源头。这些举措，事实上尽管大多被宣教士中的顽固拉丁分子、教宗的外交使节和教廷本身歪曲了，然而，利奥本人的意图是极为清晰的，与他的前任截然相反。

在庇护九世时期，神学受到压制。原创性的神学巨著都不是来自罗马，而是来自德国的天主教大学，由英格兰的约翰·亨利·纽曼那样特立独行的人物完成。而在罗马本地，流行的则是一种刻板的、充满自卫，而且大多为二流的经院哲学，除此之外，一切神学思想都遭到怀疑。利奥决定改变这种情形。1879年，他任命纽曼为枢机：这是一个非常有魄力的举动。曼宁枢机相信并常常说纽曼是一个异端分子。罗马当局并不喜欢也害怕现代历史研究，他们认为历史研究是反天主教的、也是怀疑论的。1881年，利奥向历史学家包括新教历史学家开放了梵蒂冈档案馆。学术界公认此举具有革命性，对这位自由派教宗大声喝彩。

但更重要的是，利奥相信复兴天主教神学的关键，就在于重新回到经院神学的集大成者圣托马斯·阿奎那那里。1879年他发布通谕《永恒之父》（*Aetermi patris*），突破了罗马学派（Roman schools）的束缚，开启了托马斯主义与经院神学研究的复兴。他在罗马成立了圣托马斯学院（Academy of St Thomas），引进了许多优秀的神学家、哲学家与文本考据学者，并鼓励鲁汶天主教大学

(Catholic University of Louvain)设立托马斯主义研究所。从1882年起,后来成为枢机的梅西埃(Mercier)被任命为鲁汶大学的圣托马斯讲座讲师,他的课成为鲁汶大学内外神学复兴的中心。

这些措施为天主教注入了新的生命与信心,1880—1890年代也被视为圣经研究、教会历史和哲学研究的学术繁荣时代,而在庇护九世后期,这些学术曾饱受偏执狭隘观点的压制。利奥还在耶路撒冷创办了由多明我会负责管理的圣经学院(Ecole Biblique),并在1893年发布了通谕《神所眷顾者》(*Providentiddimus Deus*),它虽然措辞极为慎重,但接受了运用现代科学方法、历史分析和文本批评法来对圣经进行学术研究的合法性。1902年,他又创建了教宗圣经委员会(Pontifical Biblical Commission),由思想相对自由的人员组成,旨在开辟圣经阐释的新境界。

然而,利奥对托马斯的先入之见限制了他的视野。圣托马斯的确是一位卓越的天才。重新阐发他的教诲与方法,也的确开辟了一个知识话语和资料源泉的新世界,并取得了极为丰硕的成果。但是,运用圣托马斯神学来处理19世纪的思想问题,原本就有其局限性,更何况,利奥认为托马斯主义不是神学探索的开端,而是终结。1892年,他给所有神学教授写了一封信,明确指示:凡圣托马斯"肯定的"陈述,必须被奉为定论;凡圣托马斯没有论及的问题,其结论必须与托马斯已知的观点相符合。在《永恒之父》公布后的三十年内,"托马斯主义"成为罗马学派僵化的正统理论。

利奥自由主义的局限性也反映在他谴责美国方式(Americanism)一事上。美国也有法国式的强硬派(intransigent)与妥协派(party of *ralliement*)。颇有势力的天主教保守派在纽约大主教克里根(Corrigan)和罗切斯特主教麦克奎德(McQuaid)

的率领下，在美国发起了一场全面退出国家教育体制的运动。而其他天主教徒，则在圣保罗大主教约翰·艾尔兰（John Ireland）的率领下力图妥协，希望允许天主教继续参与公立学校事业。大主教艾尔兰的立场反映了天主教徒对美国独特的社会文化更为开明的普遍态度，枢机吉本（Cardinal Gibbons）在1892年出席芝加哥博览会期间的宗教大会就表明了这一点。连续10天，基督教各教会、各宗派与佛教、印度教和伊斯兰教坐在一起讨论，以便就"基本的宗教真理"达成公开的共识。吉本在引领会众吟唱主祷文并赐予使徒的祝福——这个公共礼拜仪式是与新教徒和甚至此前闻所未闻的非基督徒一起举行的——后才中止了议程，显然，他已得到利奥十三世的直接授意。

如此公然地展示"信仰无差别论"在欧洲是不可想象的，而美国的很多人也极为不安。利奥本人在1895年谴责了"跨教会的会议"（inter-church conference）。天主教"进步派"继续热情地全面参与美国生活，使天主教的价值观尽可能全面地适应"美国方式"（American way），许多人因而担忧这会冲淡天主教的真理。美国的使徒代理萨图里大人（Monsignor Satolli）原本支持艾尔兰和进步派，但逐渐感到美国教会中"毫无超然的神味"。这些矛盾在1899年达到了顶点，当时保罗修会（Paulist order）的创始人、美国天主教进步势力的首脑人物赫克尔神父（Father Hecker）的传记被译为法文出版，巴黎天主教研究所的菲利克斯·克莱恩神父（Father Felix Klein）写了一篇热情洋溢的序言，以"比赫克尔还赫克尔的方式"推崇天主教的训导适应现代世界。

这篇序言招致了一片非议，批评者们强烈要求罗马加以谴责。1899年，利奥给吉本枢机写了一封信《仁慈的明证》（*Testem*

Benevolentiae),对下列观点——加以谴责:教会应适应时代需要,改变其教纪甚至教义以赢得皈依者;属灵指引不如灵性的内在声音重要;诚实或节制等自然美德比信望爱三神德更重要;积极生活的美德比冥想和宗教生活更重要。

教宗对过于热情地推行多元价值观的这种谴责,使得美国的许多天主教徒和许多主教大为赞赏,他们认为,"虚伪的自由主义"威胁到美国天主教的纯正性。然而,吉本枢机在抗议谴责无果后,忿而否认美国天主教徒持有这种观点,相信使用"美国方式"一词来描述他们是侮辱一个伟大的教会。可以肯定,谴责具有更广泛的意蕴。毫无疑问,欧洲的张力与教宗谴责克莱恩为赫克尔传记所写的序言密切相关,这份谴责令代表着利奥风格的教廷释放的自由力量正在被叫停,同化的大门正在被设置限制。在美洲,谴责对美国的天主教神学学术产生了严重的冲击,开启了一个被称为保守的反智主义(anti-intellectualism)的阶段,使美国神学毫无生机可言。在欧洲,在庇护十世时期刮起的狂风中,以及在现代主义危机中,它一文不值。

事实上,不论利奥的论调与其前任教宗有多么不同,他还是像他们一样,相信教会,因而也相信教宗,拥有一切问题的答案。即便他的思想比庇护九世较少冲突性、更符合历史,但他毫不怀疑,他那个时代的问题与不确定性,只要教会一直遵循托马斯和教宗长期以来的教诲,都能迎刃而解。他的许多通谕都表现出一种学究式的自以为是,以为教会是人类社会与人类文化一切至善的根源。这是一位身着教士服、终生过着神职生活之人的想法。当他推崇研究圣托马斯时,他并不是号召天主教学术向历史考辨和哲学文本分析彻底开放,而是提出了一个正统神学的新标准。所以,在他将圣托马斯的著作奉为正典的同时,不仅会谴责康德与黑格尔,还会谴责其他学派,尤其是天主教的思想学派,这并不是巧合。比如,他在1887年就严厉谴责了安东尼奥·罗斯米尼(Antonio Rosmini)的哲学。他真诚地希望与东部教会重新合一,但他所能想象的合一只能是他们"恢复"服从罗马。对于宗教改革后的新教各教会,他毫无兴趣;而在1896年,他谴责安立甘宗的神职授任"绝对无效且完全无用",则是出于他对原本满怀希望的英国本土天主教徒错误判断的必然结果。

利奥不能忍受任何非议。一次,他的国务卿在一些管理小事上质疑他的决定,他敲着桌子厉声喝道"我是彼得"。他做的每一件事都表现出这种权威主义。其行事风格也尽显君主的风范威仪,并有计划地高扬教宗的职位。他发布的通谕满纸都是要求信徒和他们的司牧服从教宗的训导。这些训导的大部分内容亦都是证明他非凡地献身于其教诲职责。不过,这些内容本身并不是通谕最重要的特征。在利奥十三世以前,教宗很少干预教义问题,即便是干预,其形式一般也是反映教廷作为最终上诉法庭的角色。仅当这时,教宗才做出判决,因而有时也做出谴责。利奥的通谕引人注目的一点是,它们很少是单纯的谴责,而是,如果我们没有理解错的话,这些通谕代表着教宗训导性质的根本变化。就此而言,教会首次有了这样一位教宗:他是永不枯竭的指引与教导的源泉。此前,还从来没有一位教宗能够像他那样,竟然颁布了86份通谕。利奥不断发布教诲,目的只有一个,那就是要求服从。

在教会的日常运作上,他也期望服从。虽然他取消了庇护九世对东仪天主教会的中央集权化措施,但他加强了对所有教会的控制。他大力强化教宗大使和使徒代理的作用,坚持他们的地位高于任何地方神职人员，也高于作为代表教廷的其他使节。从1881年开始，被称为"圣餐大会"（Eucharistic Congresses）的国际性灵修集会兴起，这为天主教徒提供了公开展现天主教热忱的舞台，教廷在其中扮演的角色愈来愈重要。从1880年代末期起，这些盛事已定期由使徒代理或专门委派的枢机团来主持；而在1905年，利奥的继承人庇护十世在罗马亲自主持了一届圣餐大会。

利奥在与"妥协派"和俾斯麦协商时，完全不顾及地方主教和德国中央党领袖的意愿，他甚至将他们排除在外，私下与德国拟定了一个秘密协定。他也严密监督主教会议；1884年美国神职界举行的第三届巴尔的摩全体主教大会（Third Council of Baltimore）是在罗马策划的，吉本大主教以教宗个人代表的身份主持了会议。第一届拉丁美洲主教会议实际上是在罗马由教宗亲自主持的。他虽然奉行支持共和的政策，但并不意味着他支持自由主义的政治理念。他告诉蒙特皮埃（Montpellier）主教说，如果天主教徒投身于共和政治的话，他们很快就会占据优势："如果你听从我的建议，你在法国就会有400名天主教代表，你就能建立起自己的王朝。我本人就是一个君主主义者。"[①]他对社会主义的谴责让沙皇尼古拉二世大为高兴，下令在俄国的东正教教堂宣读这份文件。

事实上，利奥的教宗观念与庇护九世一样，推崇的都是权威主义或越山主义。他的身边缠绕着诸多君主特征，他坚持教徒在受他接见聆听他训话时要跪伏在他的面前，也从不允许他的随员在他面前坐下。在就任教宗的二十五年中，他从未与自己的马夫说过一句话。他所有的活动，目的都在于巩固和伸张教宗对教会生

---

① J. McManners, *Church and State in France 1870-1914*, London 1972, p. 74.

活每一个层面的干预。在一个教会已经逐渐被推到边缘的世界中,他仍然自命不凡,坚守着虚妄的教宗理念,力图扮演国际事务仲裁者与世界政治网络中心的资深政治家的角色。这种虚妄,绝大多数情况下只能是自欺欺人。当俾斯麦请求他调停普鲁士与西班牙关于加罗林群岛的领土争执时,他提供了一小点贿赂来满足利奥的虚荣心。利奥幻想自己是被邀请去做决定性的仲裁,但西班牙则坚持他不过是一个中间人而已,这令他颇为沮丧。

然而,他活得很长,在他任期的尾声,教廷的确已经恢复了从1848年革命到梵蒂冈大公会议这段紧张时期丧失的许多声望。教廷也毫无疑问地成为了教会决策与决断教义教诲的核心。庇护九世召开了梵蒂冈大公会议,利奥十三世则是这届会议的主要继承人和受惠者。

第六章 上帝的谕示
（1903—2005年）

一、绝不妥协的时代

19世纪末，教廷的运气似乎达到了最低点。教宗困守一隅，丧失了领土，成为梵蒂冈囚徒。但似乎是作为补偿，教宗的属灵地位和象征性的权力，却达到了令人炫目的高度。教宗成为永无谬误之人，基督教会毋庸置疑的首脑，世界的良心，以及数百万人的灵性父亲。从亚洲到美洲，都把他奉为上帝的谕示。

在19世纪，教宗利用他们的神谕权力来谴责世俗思想，以上帝的启示来反对现代世界的无神论哲学，表现出天主教思想的封闭排外心态。

在新的世纪里，现代世界将以前所未有的方式来考验新的教廷。在哲学、物理学、历史研究和圣经批判中涌现出的新思潮，都将挑战古老的确定性。这种挑战不是来自教会外部，而是源于它自己的神学院、大学与布道坛。永无谬误的教宗会如何回应这些新思潮呢？

而在那些满怀敌意的自由政府所在地，如意大利、法国和俾斯麦治下的德国，教会与世人将会见证人类历史上最野蛮的独裁主义的兴起。19世纪的教宗先是谴责、继而努力与工业革命达成妥协。现在,这场革命的一切资源都将被用于无法想象的恐怖用途,如纳粹的毒气室,就利用了现代的科技、通讯来炮制死亡。历任教宗都曾谴责 19 世纪政府的那些反教士主义行为。面对如此滔天的罪恶,上帝的谕示又会说些什么呢?

20 世纪的教廷,就像这个世纪是一个普通人的世纪一样,是从一位农民教宗开始的,这也是三百年来的第一位农民教宗。吉赛比·萨托(Giuseppe Sarto),取名教宗庇护十世(Pius X,1903—1914 年),是意大利北部一位乡村邮差和虔诚的裁缝女的儿子。他之当选,实属有意为之,以期扭转前任教宗利奥十三世孤高的帝王风格。法国的廷议枢机马修(Curial Cardinal Mathieu)事后宣称:"我们想要一位从不涉足政治的教宗,他的名字应该代表着和平与和睦,他一生只关心灵魂,全身心地投入教会管理;最重要的,他还应是一位父亲和牧羊人。"[①]

但这种看法,并非人人皆然。事实上,仍然有人强烈支持继续推行利奥的政策,而在整个密室会议上,前教宗的国务卿朗波拉枢机(Cardinal Rampolla)也是一位强有力的竞争者。但他被奥地利否决了,这是天主教君主最后一次行使否决权,而且不管怎样,他都不可能赢得选举。在历经利奥漫长的政治统治后,马修的见解得到了广泛的认同,新教宗再也不能像其前任那样了。利奥为人冷静、简朴、孤傲;萨托则人情味十足,富有强烈的虔诚激情,凡事以教牧为先,这曾使他成为一位具有非凡影响力的教区主教。19世纪的教宗,还不曾有一位像他那样担任过本堂神父。甚至在担任曼图亚主教和威尼斯宗主教期间,他也一直保持着这种特质。

---

① 引自 H. Daniel-Rops, *A Fight for God* 1870-1939, London 1965, p. 51。

他在任期间推行的积极改革措施,皆直接源于他担任本堂神父和主教的经验,且从未丧失其堂区神父的本色。作为教宗,他最令人震撼的创举之一,就是每个礼拜天下午在圣达玛苏教堂的庭院中亲自主持"教义问答课"。

因而,其教宗任期的特别之处在于,他温文尔雅,和蔼可亲,与他的前任截然不同;他还实行了一系列重要而务实的改革,包括重新修订并简化《教会法典》;提升神职人员的神学院教育,改进堂区的教义问答教学;运用日课经与弥撒书来改革教会的祈祷生活;并采取切实措施,使信徒能够更频繁地领受圣餐,包括将儿童领受圣餐的年龄降到史无前例的七岁。这些教牧改革,尤其是礼拜仪式的改革,尽管幅度不大,却为20世纪中期的庇护十二世所坚持和发扬光大,最终在第二届梵蒂冈大公会议上结出丰硕的果实。

所有这些,连同他的反智主义,他丰满英俊的面容和温和直率的风范,都为他赢得了万分的敬仰;1950年他荣获封圣时,世人对他的崇敬也到达了顶点。在许多方面,他都是第一位"人民的教宗"。这一形象,在电视普及的时代,会在约翰二十三世与早逝的约翰·保罗一世身上,变得更加令人熟悉。但是,如果说萨托教宗预示着一个新的平民教宗时代的到来,那它同样也是植根于19世纪的议题。

萨托选择庇护十世为教宗名并非出于偶然。这位新教宗认为自己像庇护九世一样,是反抗现代世界的斗士,时刻准备承受苦难,就像庇护九世为了捍卫教会的权利而承受苦难一样。对于曾迫使庇护九世甘愿成为"梵蒂冈囚徒"的意大利问题,即教宗国被吞没和教廷丧失世俗主权,他也一直耿耿于怀。庇护十世担任威尼斯宗主教时,曾经与温和自由派政治家进行过切实且富于策略性的合作，但那主要是担心社会主义在意大利发展壮大。他憎恶意大利政府，甚至对其前任出于外交考虑而对其他自由政府表现出的极度谨慎的善意，也极不信任。他就任威尼斯宗主教的第一封教牧书信，就强调了对现代社会的这种近乎天启的不信任：

> 上帝已经被政教分离逐出了公共生活；现在他又被逐出了科学，怀疑论已经甚嚣尘上……他甚至已经被赶出了家庭，因为家庭在源头上不再被认为是神圣的，并被剥夺了圣事的恩典。

他为这些弊病开出的药方，就是要不折不扣地遵循教宗的指引，推行绝对的越山主义：

> 当我们谈到基督的代理人时，我们必须不打折扣，我们必须执行：我们绝不能……妄评他的决断，批评他的指引，否则我们就会伤害耶稣基督本人。社会已病入膏肓……唯一的希望，唯一的良方，就是教宗。①

萨托对教宗权威的崇高理念首先表现在教会生活的改革上，他任期的前五年可以说是一系列影响深远的改革的开幕式。鉴于奥地利干预他得以当选的那次密室会议，他一劳永逸地废除了任何世俗权力在教宗选举过程中的发言权。尽管他从未在教廷中工

---

① I. Giordani, *Pius X, A Country Priest*, Milwaukee 1954, p. 47.

作过,但毕竟在特雷维索(Treviso)担任过十八年的主教秘书,而且他也是一个有效率的管理者。他改组了罗马教廷,将37个不同的机构与部门简化为11个部、3个法院和5个办事处,并根据合理化与效率化的原则重新分配这些部门的职责归属。他在特雷维索的工作也使他认识到修订《教会法典》的急迫性。他委托天主教研究所的前任教会法教授佩德罗·加斯帕里(Pietro Gasparri)共同来完成这项工作,并让年轻的尤金利奥·帕萨利(Eugnio Pacelli)即未来的教宗庇护十二世协助他。

法典的修订直到1917年才最终核定,那时,庇护十世已去世三年。但这项工作,他一直非常关注,并亲自推动。这项工程吸收了许多罗马以外的专家,修订的条款也送报世界各地主教进行评议与认可。不过,修订法典所产生的整个影响,则是大大地强化了中央集权;《拿破仑法典》的精神对这部法典的影响,远远超过圣经或教父传统(该法典很少引用圣经)。它还将新近发展起来的教宗职权法典化为教会生活的永久特征。其中,最重要的是新教规第329条,它规定所有主教必须由罗马教宗提名,从而使得近几十年来急剧扩张的教宗职权盖上了永远合法的大印。

这些行政与法律方面的改革,大大提高了牧灵的效率。这种牧灵动机,也明确体现在萨托发动的更频繁地领受圣餐这一运动上。19世纪晚期的圣餐大会早已成为天主教热忱的一种国际展示,并成为天主教徒认同感的焦点。其目的并不是鼓励俗人多领圣餐,但这曾是庇护十世担任主教时的主要目标,而现在,他不过是将它作为就任教宗后的首选工作而已。许多俗人一年只领几次圣餐。庇护十世相信,每周甚至每天领受圣餐,对于完整的天主教徒的生活,至为关键。从1905年5月到1907年7月,为鼓励更频繁地领受圣餐,他发布了一连串的动议共 12 项,如放宽病人的禁食规定;强调圣餐是治愈弊端的药方,而不是完美的奖赏。1910年,他把这些措施扩展到前所未有的程度,将首次领受圣餐的年龄,从传统规定的 12 岁或 14 岁,降到 7 岁,规定一个小孩只要能区分"圣餐面包和普通面包"的差别,就有资格领圣餐。允许儿童领圣餐看起来事情很小,但正是这些不经意的变化,却深刻地改变了数百万基督徒的宗教与社会体验。围绕这些儿童圣餐礼,逐渐发育出一种赞颂纯真与家庭的节庆:小女孩穿着整齐,头戴白色面纱,小男孩束上腰带,头戴玫瑰花环,亲友们聚在一起,整个社区都为这些首次参加共融的儿童举行游行庆典。这些庆典很快成为天主教民间文化(folk-culture)的重心,其直接结果就是庇护作为一位人民的教宗,受欢迎度大为提高。

对于礼拜仪式的构成,他也做了一系列改革。19 世纪的教会音乐,特别在意大利,已经被歌剧院霸占了。弥撒与日课的背景音乐,常常以花腔独唱与合唱为特色,也使用管弦乐器,但这些通常都具有鲜明的世俗性。1903 年 11 月,新教宗谴责了这种堕落的音乐传统,要求恢复古老的素歌(plainsong)传统和反宗教改革时期的古典复调音乐(polyphony)。索莱姆的本笃修士们对礼拜仪式的改革工作,开启了恢复格雷戈里咏叹调的前奏,给予教宗很大的支持,结果创作出了新的"弥撒仪式歌"(Kyriale)、"登圣台诗"(Graduale)与"答唱集"(Antiphonary),这些素歌经修订后被用于一切庄严的教会仪式场合。

他还着手改革日课经,也就是神职人员的每日祈祷书。几个世纪来,日课(Divine Office)的古老结构遵循年课(Liturgical year)模式,大量吸纳赞美诗,但圣徒节日和特别纪念日的叠增已经使得这一模式不堪重负。庇护下令大幅度地修改日课,简化其结构,削减要求神父朗诵的诗篇数目(从礼拜天早课的18篇削减为9篇赞美短诗或几段诗篇),增加读经的内容,并规定日常的周日礼拜优先于圣徒节日。对于这些举措,并非无人非议,但它们显然是为了鼓励更多的人参加礼拜,而且这也是教会当局首次对新生的礼仪运动表现出兴趣。

庇护的其他改革措施也显示出同样的务实取向:改进神学院的授课大纲以培养更称职的牧灵教士;编制新的教义问答,并希望可以通用于全世界;更严格地推行5年一次的朝觐制,借此更紧密地审查主教的牧灵工作。他热情地关注堂区的牧灵工作,他的案台上放有一尊堂区神父的守护圣徒库雷·达尔(Cure d'Ars)的塑像,而在他就职15周年时,他出版了《使徒规劝》(*Apostolic Exhortation*),成为神父职责的经典之作。他同样也献身于提升主教的水准,并于1909发布了一份题为《共融问题》(*Communium Rerum*)的通谕,讨论一位好主教需要达到的标准。他越来越强调定期朝觐的目的也在于此。在朝觐时,主教们必须依据一份详细的调查表,向教宗提交一份其辖区各方面情况的报告。庇护也仔细审查每位主教候选人的个人档案,以期获得更佳的主教人选,此类措施也表明教廷在逐渐加强对地方教会的监管。这是运用特伦特式的改革来强化教宗绝对主义(papal absolutism)。

在"绝不妥协"的时代,牧灵教廷的两难处境,在庇护十世与所谓"公教进行会"(Catholic Action)运动的关系上暴露无遗。天主教在19世纪的活力已经酝酿出一股天主教行动主义(Catholic activism)的浪潮,其参加者组织起来,投身于善工,包括分送旧衣的慈善教友会(confraternity)、天主教工会(Catholic trade unions)

和青年组织等。数任教宗都曾鼓励这类团体,但对于这种俗人的自发组织,也唯恐它们不受控制而感到不安。教宗们也渴望这些天主教组织能够严守信仰的特质,庇护十世尤其强调这一点。意大利的"公教进行会",具有很强的"贫民窟意识",对意大利政府心存挑衅,言论尖刻激进。因而,从1870年代起,天主教志愿组织已经聚集在"议会事工会"(*Opera dei Congressi*)的大旗下,该会的领袖由教宗任命。

在这件事上,一如其他事务,利奥十三世虽无激进的企图,但却改变了社会氛围。利奥时期相对开放的气氛鼓励了社会天主教主义(Social Catholicism)的产生;该主义关注现代社会的问题,并在社会政策中寻求解决之道,就此而言,它甚至与社会主义有相似之处,也毫不畏惧地自称为基督教民主(Christian Democracy)。在这种更为乐观、更充满希望的气氛中,基督教民主团体毫不理会"美国方式"遭到谴责的现实,在法国与意大利公然诞生了,其宗旨是对古老信仰与新政治秩序之间的关系做出全新且更为乐观的评估。这些新发展,甚而在一直奉行强硬立场的议会事工会的内部,也有反应:该会的一些成员开始要求更加直接地参与意大利政治,和不受教士控制的更大自由。在庇护十世当选后的一年内,紧张的局势终于爆发。

庇护十世尽管强烈坚信,积极行动的俗人是教会的社会使命成功的关键;但他极度怀疑一切"基督教民主"运动,甚至是那些远离政治的运动。担任威尼斯宗主教时,他就坚持基督教民主运动"绝不能涉足政治",而天主教徒有关劳工阶级和穷人生活状况的作品,也绝不能谈及"权利与正义"以激发阶级仇恨,因为"这只是单纯的慈善问题"。① 这完全是从《新事物》的立场撤退。他也十分清楚,俗人的所有行为都必须毫无疑问地服从神职人员的指挥。1904年7月,他解散了"议会事工会",次年又发布了一份题为《坚定的目标》(Il Fermo Proposito)的通谕*,规定了"公教进行会"的原则。他鼓励天主教组织将他们的能量投入"努力恢复耶稣基督在家庭、学校与社区中的地位",但坚持所有的组织必须服从"教会当局的建议与更高明的指挥"。在别处,他还写道:"教会就其本质而言,就是一个不平等的社会,它由两类人组成,有牧羊人,也有羊群。只有神职人员才能行动与控制……绝大多数人的责任是甘愿接受管理,本着顺服的精神,执行那些管理者的命令。"②

二、抨击现代主义

在利奥十三世相对自由的氛围的鼓励下,德、英、法、意的天主教神学家和哲学家们试图让天主教思想适应新时代。在许多人看来,官方神学已沦为僵化的教条,完全依赖于圣经基要主义(fundamentalism),早已不足凭信;它坚持基督教的真理需要用"奇迹"和预言来加以"外证",怀疑一切将人的体验、情感和伦理直觉视为宗教确定性之源的整个"浪漫的"神哲学运动。在19世纪

---

① R. Bazin, Pius Ⅹ, London 1928, pp.162-169.
* 1905年6月11日庇护十世就意大利的公教进行会问题而向意大利全体主教发布的通谕(Encyclical of Pope Pius Ⅹ on Catholic Action in Italy to the Bishops of Italy),因其前三个单词为"坚定的目标"(Il Fermo Proposito)而得名。——译者
② R. Aubert (ed.), The Church in a Secularised Society, London 1978, pp.129-143.

最后几年,天主教圣经学者与历史学家开始更加自由地探索基督教的早期源流;天主教哲学家则开始创造性而非自卫性地研究康德与黑格尔开创的思潮;天主教系统神学家也开始探索教会的本质,不再把它视为一个以教宗为中心的、永恒的、教纪严明的军事化组织,而是一个不断成长与变化的鲜活的复杂有机体。

但庇护十世却无情地镇压了这些运动。出于对这类智识主义(intellectualism)的刻毒敌视,庇护十世和他的近臣们认为,任何旨在促使天主教神学与社会思想自由化的企图,都是异端和背叛。在他就任威尼斯宗主教的第一份教牧信函中,就曾宣称"天主教自由派是穿着羊皮的狼,因此,真正的神父必须拿下他们的面具……人们会辱骂你是教士主义(clericalism),你会被称为教宗分子、倒退分子、顽固分子……你应该感到骄傲!"[1]作为教宗,他履行了这一责任,"拿下"了他认为在天主教智识生活中泛滥成灾的自由主义。

冲突发生在一位法国神父的著作上。阿尔弗雷德·路易斯神父(Father Alfred Loisy)是一位圣经学者,也是巴黎天主教研究所的教授。其《福音与教会》(*The Gospel and the church*)一书,旨在捍卫天主教信仰。他证明,圣经批判学的激进发现,已经瓦解了新教唯独圣经的传统,也有违教会的传统,并使得任何单纯的圣经字面主义(literalism)不可靠。路易斯争辩说,在《新约》中,我们就找不到一幅基督实际上是什么样子的画像,如许多新教徒想象的那个样子,但依据早期教会的传统,他是可以理解的。因此,不深入到教会传统的后面去,就找不到那位作为中介的基督。我们认识

---

[1] Bazin, *Pius* X, p.104.

他,并能与他发生联系,只能是通过不断发展的教会生活。基督宣布的是天国,而到来的却是天主教会。

路易斯的书取得了轰动性的成功。许多天主教徒认为,它依据最新的神学学术成果,结论性地证明了现代性有利于而非不利于教会。甚至教宗本人也评论说,不管怎样,这是一本不令人讨厌的神学著作。但评论不等于认可。他和他的保守顾问们相信,路易斯的论点是建立在彻底怀疑圣经事实的基础之上的,这会消解一切宗教的真理和确定性。这种主观主义必须给予打压。路易斯被迫保持沉默,而在1907年,庇护发布了一份抨击现代主义异端的教令《可悲痛的》(Lamentabili Sane);两个月后,又发布了一份长达93页的通谕《牧养主的羊群》(Pascendi Dominici Gregis),将各式各样的新理念都贴上"现代主义"的标签,并将这些新的思想方式视为"一切异端的精要"。① 《牧养主的羊群》是由教廷神学家约瑟夫·雷缪斯(Joseph Lemius)起草的,他花了数年时间全力搜集当代天主教神学家著作中的教义要点,精心地将它们编辑成一套反教义体系,他相信正是这套体系支撑着那些神学家的著作。在这个体系的后面,隐藏的绝不只是一些幻想与阴谋论,通谕本身也使用极端的语言暴力。现代主义者被指责为不只是错误的,更是邪恶的、欺诈的、不忠实的:"他们其实就是教会的敌人,说他们是教会最凶恶的敌人也不为过……他们更能击中要害,因为他们知道该打哪里。一切现代主义者的动机,都是出于好奇和骄傲。"

没有人会赞同《可悲痛的》与《牧养主的羊群》谴责的所有观

---

① 现代主义文本的摘录,以及《可悲痛的》和《牧养主的羊群》两份文献的摘录,均可见 B. Reardon (ed.), *Roman Catholic Modernism*, London 1968。

点。从一个角度看,现代主义异端其实是教宗(或其捉刀者)想象的产物。然而,没有理由怀疑,教宗当时正在回应天主教神学内部的一场真正危机,因为当时有一群思想家在绞尽脑汁地力图将自然科学、历史学与考古学的新方法与新发现运用于研究天主教,有时却不成功。但在某种程度上,这个危机是教廷自己制造出来的。19世纪罗马学派越来越狭隘的正统神学,使得天主教神哲学家几乎没有发挥的空间,许多研究工作一经完成,就被藏于斗室保密,这就意味这些新思想无法及时地整合入传统。尽管利奥十三世任期内确有自由化的势头,但当时许多最卓越的神学家依然觉得自己就像弃儿,还有违天主教官方神学的本意。不过,意外总是不可避免,有些人的著作就完全超越了天主教甚而基督教设定的思想框架。例如路易斯在出版《福音与教会》时,早就不再相信教会的神圣本质或任何超然的启示。

因此,在谴责现代主义时,庇护十世没有理由不将自己看作是正在代表教会行使教宗传统的"警觉"职责,对灾难性的错误方向发出警告,因为他相信许多神学家正在误导信徒。问题在于,他不分青红皂白地一味谴责,全无重点,严厉而偏执。如果说教宗有责任对既有错误提出警告,那他也有责任关心正在犯的错误,有责任区分真正的错误与合法的自由思考与探索。但他却没有做出这种区分,对于那些稍越雷池半步的思考也不留余地。因此,这份通谕简直就是迅即演化为恐怖统治的信号枪。教宗谴责的不只是理念,更有动机,由此开启了怀疑与报复的狂潮。天主教自由派的报刊遭到压制,神学院教师与学者但凡被怀疑卖弄新思想,就会遭到羞辱并丧失教职。当时还设有一个秘密组织,专门负责驱逐神学越轨者,称为"圣庇护五世学会"(*Sodalitium Pianum*),由乌贝托·比尼尼大人(Monsignor Umberto Binigni)领导,并得到教宗本人的授意。这个组织引诱、出卖并利用有嫌疑的神学家。私人信件被拆封拍照;教士业余间谍(*agents provacateurs*)四处引诱毫无戒心的自由人士供认自己有罪;更荒唐的是,过度狂热的神学院教授甚至根据课堂论文指控学生是异端。无可挑剔的正统学者安杰洛·罗卡利(Angelo Roncalli),即未来的教宗约翰二十三世,在贝尔加莫(Bergamo)一座偏僻的神学院教授教会史,也遭到秘密指控,说他鼓励学生阅读嫌疑书籍。梵蒂冈的告密者甚至检查地方书店的记录,察看谁买了什么书(指的是路易·杜肯森[Luis Duchesne]的名著《早期基督教史》[*Early History of Christian Church*])。罗卡利在一次例行朝觐梵蒂冈时,遭到教廷一位地位最高的枢机的严厉警告,吓得他几乎灵魂出窍。大学者遭到解雇,无能的顺从者却得到升迁。人人自危,那些杰出的主教甚至廷议枢机,也发现他们的一言一行都受到监视和举报。国务卿梅利·德·瓦(Merry Del Val)枢机对新异端绝不手软,常常因为镇压运动备受指责,但即便是他,对于这些极端举措也大为惊恐。他试图限制比尼尼却未成功,反而被骂成缩手缩脚的软骨头。

"圣庇护五世学会"的成员从未超过50人,但它的影响和精神却远远超过了单纯的数字力量。这种不妥协的新态度成为"好"天主教徒的必要条件。"真正的"天主教徒就是"纯正主义者"(integralist),要像口袋一样全盘接纳教宗教诲的一切,不能以自己"骄傲与好奇"的智识来挑挑拣拣。1910年9月,这种普遍的怀疑氛围被制度化:当时教廷设计了一段措辞激昂的长篇誓词,强迫嫌疑者据此发誓坚守正统学说。这项宣誓随即变成惯例,并成为每个教士神职生涯不断重复的口头禅,从最低的神父到最高贵的枢机，概莫能外。"反现代主义宣誓"（Anti-Modernist Oath）粉碎了大众对天主教学术的信心，尽管它宣扬以纯正和自由为标准。只有德国的主教们成功地让大学教授免于进行这项宣誓。

清剿现代主义运动的恶劣行径，在1914年庇护十世去世时暂时终止了。当时有谣传说，继任教宗本笃十五世办公桌上的第一批文件，就有一份密告他是一位现代主义者，这原本是呈递庇护十世审阅的。无论真相如何，新教宗的第一份通谕，就是正式重启谴责现代主义，但事实上废止了猎巫式的迫害。他坚持，在那些教会没有明确定论的问题上，可以自由讨论，并呼吁纯正主义者停止网罗罪名。三十年后，当庇护十世封圣事宜提上日程时，教宗本人涉足这场猎巫式迫害的详尽证据被公之于世。这些证据表明，他曾狂热地投入这场迫害中，这让许多钦佩萨托温和仁爱的天王教徒极为震惊。他曾宣称：对于现代主义者，有些人主张"待之以礼、动之以情、宽和善待，但他们就该报以老拳"。①

尽管如此，庇护十世仍被封为圣徒。但是，现代主义危机对天主教智识生活的冲击是灾难性的，并几乎延续至今。"反现代主义宣誓"直到1960年代仍然在执行，成为套在每一个天主教神父头上的紧箍咒，并营造出一种令人窒息的氛围，它信奉不公平且多疑的超正统观念（hyper-orthodoxy），更扼制任何原创性。天主教的圣经研究凋零了，只剩下一些荒唐可笑的虚假论调，如摩西创作的《五经》（Pentateuch）或《以赛亚书》系集体创作之类。天主教神学家和哲学家被迫沉默或成为党派立场的应声虫。服从而非探索变成了天主教思想的标识。当天主教神学家有幸重获一种开放和诚

---

① C. Falconi, *Popes in the Twentieth Century*, London 1967, p.54.

实的智识生活时,一代人已经过去了。

支撑清剿现代主义运动的对抗性立场也促使庇护十世采取政治行动。他曾宣布,他的座右铭就是"恢复基督原有的一切"。在他看来,虽然他否认自己是一个政治家,但这句座右铭却不可避免地具有政治含义,因为他追求的是一个反映天主教价值观的社会。当他向枢机们发布他的第一份教宗口谕时,他宣称:教宗"绝对不能让信仰事务离开政治"。教宗是"基督徒社会的首脑和第一长官",他必须"反驳并拒绝现代哲学与民法的诸种原则,因为这些原则要求人类事务的进程背离永恒法限定的方向"。①

短短几年中,庇护十世为了履行使命,"反驳并拒绝"与教会训导相矛盾的世俗法律,就将利奥十三世取得的外交成就化为乌有。与他的前任相反,庇护十世认为教廷的外交活动不是一门充满弹性或妥协的艺术,而是一门对抗的艺术或他所谓的"先知式"方式。教廷的职业外交家被取代,主教与修会首领担任了教宗使节和大使。他们成为教宗的代言人,四处宣扬教宗狂热和天启式的现代世界观。这种对抗性政策的问题,在1905年法国的政教关系决裂时暴露无遗,结果,共和政府在1907年没收了教会的所有财产。

这场灾难,至少在最初并不是庇护十世的错。教会与法国政府的关系,近二十年来一直磕磕绊绊,法国不断升温的反教士主义表现为政府采取了一连串压迫性的措施,包括取消学校的宗教指导,抨击并最终驱逐修会。1902年埃米尔·孔柏(Emile Combes)就任总理时,双方的冲突达到顶峰。孔柏是一位激烈的反教士人士,并曾是神学院学生,更是强烈憎恶曾经拒绝授予他神职的教

---

① 引自 Falconi, *Popes in the Twentieth Century*, p.73。

会。即便以利奥十三世及其国务卿朗波拉枢机老练的外交手腕，也未能约束孔柏，他对那些使得《1801年协约》已经生效一个世纪的非正式约定不屑一顾，不与罗马事先协商就提名了许多不称职的主教。在庇护十世当选教宗后，法国与梵蒂冈都眼对眼地盯着这些主教。当教宗以淫荡罪且是共济会成员为由要求辞退两位主教时，矛盾激化了。孔柏拒绝接受他们辞职，理由是教宗的行为对政府的权利构成了侵害。

这种局势，对任何教宗而言，原本就很棘手；但庇护十世及其国务卿缺乏政治经验与手腕现在被证明是致命的。1904年5月，当法国总统对罗马进行国事访问并拜访意大利国王时，梅利·德·瓦发布了一项例行的外交抗议，抗议这是承认意大利政府在教宗罗马的合法性。但极其愚蠢且充满挑衅的是，国务卿向各国政府发出了一份抗议书的副本，而其中的一句话，宣称教廷与法国维持关系只是因为孔柏政府即将垮台。这是教廷采取的一种公然的政治行为，目的很明显，就是要引起或加快法国政府的垮台。法国舆论一片哗然，法国大使也撤出了梵蒂冈。虽然孔柏政府后来的确垮台，但在1905年12月，法国出台《分离法》，废除了《1801年协约》，并宣布实行政教分离。政府不再支付神职人员津贴，教会建筑与教产收归国有，由俗人组成的宗教团体"文化协会"(Associations Cultuelles)负责管理，用作教会的用途。

《分离法》(The Law of Separtion)是不公平的、专断的，它单方面废除了一份国际条约即《1801年协约》。虽然如此，绝大多数法国主教相信，教会如果要继续运行于法国，除了接受，别无选择。但教宗却有不同的看法。他认为，接受政教分离，就是默许剥夺基督统治社会的王权，"这是对上帝、造物主和人类社会创立者的严

第六章 上帝的谕示(1903—2005年)

重侮辱"。再则,"文化协会"的整个原则也是反基督教的,因为他们挑战了教会的神职体系结构。他认为,俗人无权"管理"教会的财产或事务。1906年2月11日,他发布一份通谕《我们热烈》(*Vehementer Nos*),谴责《分离法》违背自然法和人法,直接对抗教会的神授权力、权利和自由。两周后,当他在圣彼得大教堂为14位新主教祝圣时(都是他亲自为法国教会挑选的),重申了拒绝接受《分离法》的立场。

这份谴责通谕使得法国主教们几乎毫无回旋的余地。他们试图依据1864年杜彭路讨论《邪说目录》的小册子所定下的方针来缓和情势,原则上接受教宗谴责《分离法》,但却又找到了切实可行的方案,使得教会生活能够继续、教士能够得到薪俸、教堂能够继续开放。"文化协会"被重新命名为"教规与法规协会"(*Associations Canoniques et Légales*),并置于教士的灵活监管之下。罗马对此一无所知。1906年8月,教宗发布另一份通谕《履行最庄重的职责》(*Gravissimo Officii Munere*),强调主教有责任支持教宗谴责《分离法》,并以支持"实际上是你们开会做出的一致决定"为由,命令他们对《分离法》绝不妥协、绝不留有余地。当有人恳求教宗承认政治现实,向他解释法国主教们的窘境时,他冷漠而固执地说:"他们饿死了,就会进天堂。"[①]

正如他在1950年封圣表明的,庇护十世树立了一种教宗的行为模式,这种模式将持续影响他的继任者。教宗永无谬误被定为

[①] McManners, *Church and State in France 1870-1914*, pp. 158-165;对庇护十世立场最精彩的概括,见 Bazin, *Pius* Ⅹ, pp. 192-193; Falconi, *Popes in the Twentieth Century*, pp. 75-77。

信条,强化了教宗权位的奥秘,尽管其表现形式各不相同:在利奥十三世身上,表现为王者风范;而庇护十世的个人风格,则是令人惊惧的权威主义。庇护就任之初,瑞士卫队依惯例举行罢工,以便获得新教宗的赏钱。新教宗听了他们的理由后,竟然意外地宣布解散卫队;只是在众人苦苦劝说下,他才收回这个决定。他的继承者也模仿他的风格,当他端坐时,顾问与廷臣站着围在他身边;他采取行动前从不咨询顾问的意见,或只与极少数圈内人士密议。1939年成为庇护十二世的尤金尼奥·帕萨利,为人比庇护十世或庇护十一世要温和得多,但他也宣称:"我要的不是合作者,而是执行命令的人。"随着教宗逐渐垄断任命主教的权利,教宗的大使系统遍及全世界天主教各国,他们有权主导政策,凌驾于地方决策之上,决定性地影响着主教人选,成为教会内部推行中央集权最有力的工具。在一个王室统治岌岌可危的时代,教宗却变成了最后的绝对君主。

三、独裁者的时代

庇护十世的继承人是贾科莫·德拉·基耶萨(Giacomo della Chiesa),当选为本笃十五世(Benedict XV,1914—1922年)。很有可能,做此选择是对前任教宗政策的明显反动。德拉·基耶萨身材瘦削,肩膀一高一低,他在神学院求学时的绰号叫"小个子"(Piccoletto),"小"到当选教宗时竟然找不到一件够小的合身教宗服。他出身热那亚贵族,当过教廷外交官,在利奥十三世时代,曾在郎波拉枢机手下担任副国务卿。在梅利·德·瓦和庇护十世时代,他最初受到重用,但因为他是朗波拉的门徒,教宗并不信任他;

1907年,他被踢出教廷,担任博洛尼亚大主教。依惯例,担任此职者会自动升为枢机,但教宗却一直扣留这顶帽子,直到1914年才授予他,由此不难看出这次"升迁"的本质。德拉·基耶萨在密室会议选他为教宗前的三个月,才刚成为枢机。他一上台,就立即着手报复,解除梅利·德·瓦的国务卿职位,让他连整理文件的时间都没有。在举行密室会议的一个月里,第一次世界大战爆发了,而选择德拉·基耶萨也就等于是承认了:即便圣洁但却大错特错的不妥协立场,在战争时期也行不通。

战争支配与摧残着本笃十五世时期的教廷。本笃是一位富于同情心且感情丰富的神父,对现代战争的残酷现实感到恐惧,热忱献身于以外交方式解决国际冲突。他决心全力以赴,说服交战双方以协商方式达成和平。他拒绝偏袒任何一方,认为教廷只有严守中立,双方才会倾听他的意见。在这场战争中,时有将"婴儿挑在刺刀上"这类骇人听闻的暴行,公众舆论一片哗然,但他却拒绝谴责,甚至找不到他表示愤怒的证据。结果,双方都谴责他偏袒对方。这使他深受伤害却又无可奈何,只好谴责双方都在进行一场"毫无意义的大屠杀",是"丑恶的屠夫行径"。1917年,他提出了一项和平计划,要求各方放弃战争损失赔偿。由于大部分战争损失都是德国在法国和比利时这类受害国造成的,他们因而自然而然地认为,教宗的和平计划偏袒德国。他们得出这个结论还基于这一事实:德国赞成该方案,并曾承诺,一旦打败意大利就帮助教宗收复罗马。在法国,甚至神职人员都称他为"德国佬教宗"(the Boche Pope)。

教廷与意大利在罗马问题上的持续冲突,更使得本笃的和平努力雪上加霜。根据1915年的一项秘密协定,意大利说服它的盟国（包括英国）不要与教宗进行任何协商，唯恐他招来国际压力逼迫意大利归还罗马。事实上，教宗的确希望这样做。使他更加失望的是，在1919年的和平谈判中，他被完全排除在外，而他也猛烈地批评了《凡尔赛和约》的"报复性"。因此，严格说来，他对于缓和战争破坏的贡献，只局限于花费大笔金钱救助伤残、难民和流离失所之人。这些花费高达8,200万里拉，梵蒂冈金库为之一空。

不过，战争结束后，他的外交技巧有了用武之地。他知道，战争已经把欧洲的许多政治结构投进了大熔炉；他也知道，从法国到巴尔干，从西班牙到苏联，教会在欧洲各地的地位需要得到保证。他与很少的几位助手全力投入与各国协商，希望达成新的协约：他派梵蒂冈图书馆馆长亚齐勒·拉提（Achille Ratti，后成为他的继承人庇护十一世）前往新近复国的波兰与立陶宛；派尤金尼奥·帕萨利，即未来的庇护十二世，前往德国。

本笃十五世的和解态度，与其前任的对抗立场正相反；从许多方面看，他的政策可视为恢复利奥十三世为教廷策划的路线。正如我们看到的，他撤销了纯正主义者的反动机制，解散了"圣庇护五世学会"，并呼吁停止反现代主义者的猎巫式迫害。1920年，他撤销了禁止天主教国家元首拜访奎里纳尔宫*的禁令，为重启与意大利政府和解做准备。他还通过祝福激进神父唐·路基·斯托佐（Don Luigi Sturzo）领导的天主教政党人民党（*Partito Popolare*），暗中解除了禁止天主教徒参与意大利政治选举的《并非权宜》禁令。另一项扭转庇护十世政策的措施，则是鼓励天主教徒参与工会运动。最引人注目的是，他开始与法国和解。颇有讽

---

* 奎里纳尔宫（Quirinal）原为教宗的宫殿，1871年后成为意大利王宫。——译者

刺意味的是,这是因为战争的帮助,而他却极度痛恨战争。废除《1801年协约》意味着法国教士和神学院师生丧失了免于服兵役的特权。25,000名法国神父、神学院师生和会士被征入伍,开往战场,共赴国难——这与英国军队中随军牧师系非战斗人员的身份形成鲜明对照——大大缓和了教会与国家之间固有的对抗情绪。1920年,教宗册封贞德(Joan of Arc)为圣徒,借此表现出和解的新精神。这是一个具有高度象征性的姿态:80名法国代表参加了册封仪式,法国政府也派官方代表出席。到1922年本笃去世时,他已大大提升了教廷的外交地位,有27个国家向梵蒂冈派驻大使或外交代表。

1922年时,还没有人为另一场密室会议做好准备,因为本笃十五世年龄不过六旬,而且得病后很快就去世了。没人能够预测选举的结果,但结果却绝对令人震惊。亚齐勒·拉提当选为庇护十一世(Pius XI,1922—1939年)。他是一位学者,其职业生涯几乎都是一位图书馆员,先是就职于米兰的安布罗斯图书馆,那是他的出生地,后进入到梵蒂冈图书馆。第一次世界大战爆发时,他取代一位德国人而担任馆长。他是著名的中世纪文书学(paleography)学者,曾编辑过早期米兰礼仪方面的重要文本。他爱好登山,著有一本登山文集,可读性颇高。1919年,本笃十五世神秘地让他一步登天,授予勒班陀领衔大主教的要职,并成为派驻波兰的教宗大使。当时波兰刚刚摆脱沙皇的统治,当地天主教会正在重建。本笃为何要把这么棘手的任务派给拉提这样一个毫无经验的人,至今仍是一个谜。他是一位语言天才,他的德文与法文后来都派上了用场,但他根本不会斯拉夫语。他在波兰的这段时间非常重要,因为波兰的主教们憎恨且疏远他,认为他是亲德教宗派来的间谍。俄国革命引起了人们对布尔什维克接管整个东欧的担忧。身为大使的他拒绝逃离波兰,于1920年8月被布尔什维克军队在华沙逮捕。这一经历让他终生相信,共产主义是基督教欧洲有史以来最凶恶的敌人,这种信念也影响了他担任教宗时的许多政策。

他从波兰回来后,担任米兰大主教,也被任命为枢机,但他在这个位子上只坐了六个月就被选为教宗了。密室会议进行到第14轮投票时,在本笃十五世的国务卿加斯帕里枢机(Cardinal Gasparri)和顽固的反现代主义者拉方登枢机(Cardinal La Fontain)之间陷入僵局。加斯帕里曾是拉提担任波兰大使时的直属上司。当局势表明他不能当选的时候,他转而帮助拉提当选。可以肯定,新教宗会继续奉行本笃十五世(与加斯帕里)的政策。尽管新教宗选择了庇护的名号,但他绝对不会回到庇护十世的纯正主义。

本笃十五世已经为解决罗马问题做了铺垫,因而,庇护十一世作为教宗的第一个举措,就是申明他打算推进这项工作。他在宣布自己的教宗名号后,告诉枢机们说:他将站在面对圣彼得广场的阳台上举行"万国四方"的祝福。那扇对意大利关闭了五十二年的窗户,终于打开了。

他宣布将站在面对广场的阳台上祝福世人的举动,表现出新教宗行事果断的个性,这种果断风格很快就证明他毫不缺乏独裁的特质。从他当选教宗那一刻起,这位文质彬彬的学者和图书管理员马上就变成了一位一言九鼎的教宗。但他仍然保持着和蔼可亲、满面笑容和平易近人的风度。梵蒂冈充满了访问者,特别是来自米兰的人;他经常花上几个小时公开接见群众,会见与祝福了成千对的新婚夫妇。他专门制作了好几个昂贵的展示架,用来展示这些质朴信徒送给他的寒酸礼物。然而,他的身边围绕着一堵看不见的墙。他就在这堵墙的后面统治一切,不容半点抵触。他接纳属下的建议,但只有在他要求别人给他建议的时候;他很快就以脾气暴烈而出名,这常常使得他的随员战战兢兢。即便是来访的外交官也注意到:梵蒂冈的关键词已经变成了"服从"。

这种服从原本是本笃十五世启动的,旨在推动许多富有活力的新发展,包括册封那位奥尔良姑娘为圣徒以示与法国重修旧好。然而,教廷的努力却被许多对法国共和政府持有敌意的天主教顽固分子所阻扰。其中一股重要力量是"法兰西在行动"(*Action Française*)。这是一场极端的反共和政府运动,有自己的同名报刊,查理·莫拉斯(Charles Maurras)任主编。莫拉斯出生时是一位天主教徒,却早已放弃对上帝的信仰,但是他欣赏教会组织,认为它是社会中主要的、不可或缺的保守主义堡垒。他还认为,基督教很幸运地在希伯来人基督(Hebrew Christ)身上穿上了罗马帝国的外衣。他宣称,宗教"并不是道成肉身的奥秘,而是社会秩序的秘密"。莫拉斯在天主教徒中有广泛的追随者,包括保皇党人、反犹主义者、反动分子,甚至一些法国主教。1926年,比利时天主教青年通过投票,认为他是最有影响的当代作家,"一位思想王国的巨人,是我们青年人的灯塔"。莫拉斯的观点早就引起梵蒂冈的不安,但他拥护教会,而庇护十世也保护他:他告诉莫拉斯的母亲说"我祝福他的工作"。①

庇护十一世对莫拉斯的态度较为强硬。天主教徒为他的工作辩解说,这是因为政治压迫迫使教会采取自卫行动。但拉提认为,

---

① A. Rhodes, *The Vatican in the Age of the Dictators*, 1922-1945, London 1973.

事实是莫拉斯为了他的政治目的而利用了宗教；而一切政治，无论如何都会腐败，除非得到真宗教的启示。莫拉斯是教会在法国实现政治现实主义的障碍，而庇护与本笃十五世和利奥十三世一样，都认为这种现实主义对教会的利益至关重要。因此，他不顾梵蒂冈官员的阻碍（他们隐藏了重要档案，直到教宗威胁要开除相关人员才交出来），1925年，他开始对莫拉斯和他领导的运动采取措施：首先要求法国主教谴责莫拉斯，随即把《法兰西在行动》和莫拉斯的所有作品列入《禁书目录》；最后在1927年，正式将该运动的所有支持者开除教籍。

取缔"法兰西在行动"是庇护十一世全凭性格力量和个人意志采取的措施。不少人指责他背叛了教会最好的朋友，站到了犹太人、共济会和激进主义者一边。在法国神职界，他遭到了普遍的沉默抗议。耶稣会士毕罗特枢机（Cardinal Billot）曾是反现代主义运动的关键人物，也是罗马最有影响的神学家，他送了一纸便笺给"法兰西在行动"组织表示同情，该便笺当然被公开了。毕罗特遭到传唤，向教宗解释他的行为，并被迫辞去枢机职位。对一切反对解散之人，庇护同样无情。莫拉斯得到法兰西圣魂神父协会（French Holy Ghost Fathers）的大力支持，其中就有罗马法兰西神学院（French Seminary in Rome）院长，该院学生也组织了一个势力强大的"法兰西在行动"团体。庇护叫来该协会的旧上司，一位满脸胡须的老人，让他去解雇那位院长。这位老人说："好吧，圣父，让我去看看能做什么"；教宗一把揪住他的胡子，咆哮道："我不是说让你去看看能做什么，我说的是解雇他！"[①]

---

① F. X. Murphy, *The Papacy Today*, New York 1981, p. 51.

庇护也继承了本笃十五世对天主教传教使命的关注。本笃在1919年曾就传教问题发布了一份通谕《夫至大》(*Maximum Illud*)。他在这份通谕中指出了未来天主教传教活动的三个重点：招募并培养本土神职人员，欧洲各差会间放弃国籍考虑，承认传教对象固有文化的尊严与价值。这些反帝国主义的指导方针成为庇护十一世传教政策的基础。他本人在1926年也发布了一份传教通谕，同一年，在圣彼得大教堂为六名中国本土主教祝圣，一年后又祝圣了第一位日本长崎的本土主教，从而将理论化为实践。此后，他还为印度、东南亚和中国的本土主教与神父祝圣。这项政策又一次引发了广泛的抗议，但拉提再次顽强地坚持了自己的决定。他即位时，没有一个传教区是由本土人士担任主教。到1939年时已有40名本土主教，本土传教神父的数目也增加了三倍，超过7,000人；在传教地区，他还设立了200个使徒代牧区和监牧区(prefectures)。传教学(Missiology)成为罗马几所重要学院学习和研究的常规科目。在民族主义日渐高涨的时代，天主教会却在急剧地国际化，而这样的成就，唯有教宗倾其全力方可达成。

在外交上，拉提也追随其前任的脚步。从他担任教宗的第一年开始，就不断达成一系列新的协约，以确保教会在战后欧洲的行动自由：1922年11月与拉脱维亚、1924年3月与巴伐利亚、1925年2月与波兰、1927年5月与罗马尼亚、1927年9月与立陶宛、1929年2月与意大利、1929年6月与普鲁士、1932年10月与巴登、1933年6月与奥地利、1933年7月与纳粹德国、1935年7月与南斯拉夫，先后签订了协约。这些协约不只是确保天主教的教育权、教宗任命主教不受侵害、主教与罗马的自由通讯权，更是尽可能地阻止欧洲生活的世俗化。这一趋势，教宗们在反击自由主义的口号下已经对抗了一个多世纪。因此，拉提在1925年的通谕《论基督君王瞻礼》(Quas Primas)中，增设了基督君王节这一新节日，谴责"世俗化的瘟疫"，坚称基督统治的不只是个人的灵魂，更要统治社会；因此，准确地说，整个社会，而不是作为个人集合体的社会，必须敬畏并服从教会宣布的神法。

从梵蒂冈的立场看，所有这些协约中，至为关键的重要协议是与法西斯意大利签订的那一份，这份非同寻常的协约是与墨索里尼经过三年艰难谈判的结果，最终在1929年2月签署。该协约让教宗拥有独立的微型主权国家梵蒂冈城国(108.7英亩，仅为纽约中央公园的八分之一)，以及几块治外法权附属地，如拉特兰教宫和冈多佛城堡。教宗拥有自己的邮局与广播电台(这是教廷与世界大部分地方通讯自由的保证)；意大利政府承认教会法与国家法同样有效；承认教会掌管天主教徒的婚姻；在公立学校教授天主教教义(以及在教室里放置十字架，这是非常重要的象征性姿态)；支付一笔17亿5,000万里拉的巨款以补偿教宗国的损失，其中10亿里拉以意大利政府国债的形式支付，但其余的钱款足以让庇护十一世在饥饿的1930年代过得像文艺复兴时代的王侯。

这份协议没有满足教宗的所有愿望，它也让那些献身于"公教进行会"和反法西斯斗争的人感到惊骇。巴蒂斯塔·蒙提尼(Battista Montini)即未来的教宗保罗六世极为愤怒，质问道："六十年的抗争才取得这么一小点成果，值得吗？"[①]但庇护认为这是一个胜利，因为它断然否认了"自由国家中的自由教会"这一自由主义理想。此外，墨索里尼不只解决了罗马问题，他还取缔了教会

---

① P. Hebblethwaite, *Paul Ⅵ*, London 1993, p. 102.

的敌人——意大利共产党与共济会。庇护最初洋洋得意,不顾加斯帕里的劝告,竟然公开说墨索里尼是"上帝派来的人"。在1929年3月的大选中,绝大多数意大利神职人员鼓励他们的会众投票给法西斯党。然而,天底下没有免费的午餐,这项协约的主要受害者就是越来越强大的天主教人民党(*Partito Popolare*)。在签署协约前,墨索里尼明确表示,解散与法西斯竞争的人民党是协约的一部分,梵蒂冈依此撤回对人民党的支持,并要求该党领袖唐·路基·斯托佐神父辞职并流亡伦敦。庇护十一世因而成为扼杀意大利民主的帮凶。他不太可能为此流泪,因为他不是民主人士。他反对激进主义,尤其是教士中的激进主义。虽然他曾满怀热情地投入"公教进行会",并将他的第一份通谕用来讨论这个主题,但他与庇护十世一样,认为这个运动应该有节制,他相当冷漠地将这个限制描述为:"俗人有组织地参与教会等级严格的使徒职责,并超越党派政治。"(the organized participation of the laity in the hierarchical apostolate of the church, transcending party politics)[①]

但即便是保护这种广义的"公教进行会",还是使他与墨索里尼很快就发生了冲突。受协约伤害较少的是天主教童子军运动(Catholic scout movement),但墨索里尼坚持把它并入政府的青年组织。这违背了庇护十一世的意愿,他认为天主教青年运动是基督教组织的重要机构之一。墨索里尼对这个问题很自信,自夸说:"在教育领域,我们必须强硬。青年人必须是我们的。"[②]法西

---

① J. Derek Holmes, *The Papacy in the Modern World*, London 1981, p.80(摘自庇护的第一份通谕)。

② A. Rhodes, *The Vatican in the Age of the Dictators*, p.49.

斯分子发动了对天主教组织的骚扰。1931年6月,教宗以意大利文发布了一份通谕《我们不需要》(Non Abbiamo Bisogno),[①]谴责法西斯政府的行为。这份通谕主要是谴责法西斯对天主教组织的骚扰,并为"公教进行会"辩护,以反驳法西斯指控它是改头换面的天主教政治反对派人民党的排头兵。但是教宗把他的谴责扩大到攻击法西斯的个人崇拜,抨击那是"异教徒的国家崇拜"。他特别指出法西斯誓言在本质上违反了神法。

庇护并不是呼吁意大利抛弃法西斯主义。这份通谕慎重地坚持教会尊重政府的合法权威,其实质也只是告诫墨索里尼不要染指教会团体。就此而言,它大体是成功的。但它也表明:教宗已经认识到,在与极权政府打交道时,需要留有余地,而这肯定也适用于1933年与希特勒签署的协约。协约谈判始于1930年,由国务卿尤金尼奥·帕萨利负责。帕萨利曾在1920年代担任慕尼黑教宗大使,他非常迷恋德国文化。不过,他对纳粹主义不抱幻想,认为纳粹是反基督教的;而且,事实上从1929年起,就有一群德国主教直言不讳地谴责纳粹的种族理论和宗教观念,坚信没有一位天主教徒会成为纳粹分子。然而,在罗马看来,纳粹主义似乎是对抗共产主义的最强大的现成堡垒,梵蒂冈最优先的考量就是确保教会工作取得合法的基础,而不管是哪一种政府。

事实上,帕萨利事后宣称,他与教宗当时首要考虑的,是建立一个合法反抗纳粹暴政的基础,他们很快就发觉纳粹是一个"流氓"政权,与这样一个政府建立和平共存的关系,他们并不抱太大

[①] 文本见 Ehler and Morrall (ed.), *Church and State throughout the Centuries*, pp. 457-484。

第六章 上帝的谕示(1903—2005 年)

的希望。1933—1936 年,庇护十一世向柏林发出了 36 份照会,抗议纳粹违反协约。这些照会大多是由帕萨利起草的,语气绝不友善。

这份协约,再一次以天主教政党的死亡为代价。1870 年以来,中央党一直是天主教政治势力在德国的主要工具,其领导人也是一位神父,路德维希·卡斯大人(Monsignor Ludwig Kass)。中央党曾投票支持希特勒当选,但是希特勒无意容忍一个民主党竞争对手。帕萨利枢机很清楚,梵蒂冈对中央党的存活没有兴趣,中央党也的确没有存活下来。卡斯被召到罗马,成为圣彼得大教堂修缮工程的主管。而正是这位卡斯,为了替庇护十一世的棺椁寻找空间而重新整理圣彼得大教堂的地下墓穴时,发现了圣彼得的古老陵墓。希特勒在德国铲除天主教政治势力的举动,使得欧洲一片沮丧,这等于消除了德国公民与纳粹政府之间的另一个缓冲区;但协约第 31 款保护了"公教进行会"这个"教宗眼中的苹果",庇护十一世也就满足了。

庇护十一世与法西斯主义和纳粹主义打交道,是以意大利与德国天主教徒的福祉为赌注的:他幻想通过让步,在两国发展出一种充满活力的宗教生活,这不只是得益于教会的礼拜仪式与圣礼生活的推动,更来自从童子军到工会与报纸等各种天主教社会组织。因此,他对"公教进行会"非常重视。他也知道,在极权国家时代,这类组织要生存下去,必须要有政治保护。不过,与本笃十五世不同的是,他想当然地认为教宗就能提供这样的政治保护。他不了解,单靠国际条约是无法保障自由的——这就是那份协约的目的所在。庇护牺牲了天主教政党,也就间接摧毁了能够行动起来制约和反抗极权主义(totalitarianism)的中间机制。

这一点将更加引人注目。因为在1931年,他发布了一份重要的通谕《第四十年》(Quadragesimo Anno),以纪念《新事物》颁布四十周年。在这份通谕中,他比利奥更为尖锐地批判毫无节制的资本主义,同时也强调天主教与社会主义不可调和。但在最重要的一段文字中,他主张社会需要重建,因为社会正面临被万能政府和单纯的个人集合体撕裂的危险。社会需要中介结构,也就是行会或工会这类"社团";没有这样的结构,社会生活就会失去自然的"有机形态"。他还大致描绘了"权力下放"(subsidiarity)的原则,依据这些原则,这些社会群体就可以处理许多目前由政府负责的社会事务。在许多人看来,这些建议似乎与墨索里尼为各行业建立的法西斯"社团"非常相似。不过,教宗强调,社会需要的是自由与志愿的社会组织,这与法西斯的"社团"截然不同:在法西斯的社团中,"国家取代了私人的自主性",那些本应是自由的社会合作团体被强加了"一种过度官僚化和政治化的特性"。[1]

但在《第四十年》通谕中,与他更猛烈地抨击社会主义相比,这些批评显得温和多了,表明庇护的社会思想笼罩在仇恨与恐惧共产主义的阴影里。他谴责布尔什维克分子是"敌基督者的传教士",经常提到共产主义"这个魔鬼准备征服全世界"。[2]

在1920年代晚期和1930年代初期,他的恐惧似乎得到了充分证实。针对俄国谋杀教士和迫害教会,庇护在1930年公开表示抗议;墨西哥野蛮的反天主教政权,从1924年开始着手根除基督

---

[1] Ehler and Morall, *Church and State*, pp.407-456.
[2] H. Stehle, *Eastern Politics of the Vatican 1919-1979*, Athens Ohio 1981, pp.151,169.

教;而西班牙新建的共和政权,从1931年起愈来愈敌视教会。1936年,随着西班牙内战的爆发,这种敌意转变成迫害,大批难民涌入罗马,带来了共产主义者屠杀教士和神学院师生(在几个月内有7,000人被杀害)、强暴修女等滔天罪行的消息。相较之下,民族主义反抗军的罪行虽然也罄竹难书,他们的虔信最初也不值一提,但逐渐把教会视为他们的西班牙愿景中不可或缺的一部分。因而在1937年,他们得到了西班牙全体主教(仅一位除外)的联名支持,而教廷不顾佛朗哥将军(General Franco)排除异己的杀戮行径,也支持了他。

庇护十一世并不掩饰他对右派的宽容态度。他自己也是一个权威主义者,并不觉得强权统治有什么特别的罪恶,而且,他对法西斯强调家庭与社会纪律评价很高。1935年,意大利入侵阿比西尼亚(Abyssinia,即埃塞俄比亚),教宗没有谴责,而是发表了一些冠冕堂皇却模棱两可的笼统言论,让人搞不清他的立场——它很可能是帕萨利枢机起草的。

然而,教宗的右派倾向是有限度的。庇护十一世对独裁者们要求人民绝对服从感到惊恐,他也厌恶奠定纳粹主义基础的种族主义。随着协约的签订,希特勒撕下了对教会友好的面具,纳粹报刊开始大肆诽谤教会。它们宣称,巴登大主教有一位犹太情妇;梵蒂冈接受了犹太人的金钱贿赂;天主教会利用通货膨胀牟取暴利。纸上攻击旋即演化为实际的恐吓。到1936年,纳粹攻击德国教会自由的相关资料在梵蒂冈已堆积如山;并有谣传说教廷打算公布这些档案。帕萨利枢机当时正在美国访问,辟谣说有关德国的"一切资料已经丢失了"。教宗现在已是一个病人,他的精力越来越不济,听取汇报时常打瞌睡,并一反常态地把愈来愈多的事情交给下属去处理。但面对发生的一切,他愈来愈爱发脾气,并觉得纳粹主义与布尔什维克主义没有什么两样,而他原本希望纳粹可以抵制共产主义。他总是发火,曾对德国大使怒吼说:如果再来一场"文化斗争",为了基督教的生存,教会还会再次赢得胜利——此事吓坏了帕萨利枢机。墨索里尼安抚了德国,表示他自己也有这类麻烦,不必与"老家伙"置气。

1937年1月,德国神职界的重要人物到罗马定期朝觐。他们告诉教宗说,慎重的时代已经过去。庇护十一世因而决定采取行动。他委托慕尼黑大主教费尔哈巴枢机(Cardinal Faulhaber)草拟了一份通谕,经帕萨利修订后,由教宗签字发布。这份通谕经过秘密运作,成功地进入德国并在当地印刷,并于1937年的棕枝主日(Palm Sunday)在各教堂的祭坛上宣读。这份《满怀忧虑》(*Mit Brennender Sorge*)的通谕谴责某些政府擅自破坏协约,肆意攻击教会,并全面抨击了纳粹的种族理论。通谕还明确并刻意强调犹太经典永远有效;并谴责"偶像崇拜"用一种"民族宗教"和"种族血统神话"取代了对真上帝的信仰。他把这种变态的意识形态和教会的训导做了比较,认为教会才是"所有人和所有民族"的家园。[1]

这份通谕具有巨大的冲击力,并一举扫除了他是一位法西斯教宗的所有嫌疑。但是,当世人还在讨论这份通谕时,五天后,庇护又发布了另一份谴责共产主义的通谕《救赎之神》(*Divini Redemptoris*),宣称共产主义的原则"从本质上敌视任何形式的宗教",他历数俄国、墨西哥与西班牙建立共产党政权后对教会的攻击,呼吁贯彻天主教的社会教义:抵制共产主义和"不道德的自由

---

[1] Ehler and Morrall, *Church and State*, pp. 519-539.

主义"。①

《救赎之神》的措辞比《满怀忧虑》要激烈得多,它对共产主义的谴责,较之攻击纳粹主义,甚至也更加严厉。这种语调的差异,无疑反映了教宗本人对共产主义的厌恶,视之为教会最大的敌人。但在他生命的最后一年,已不再有人怀疑他对德国右翼暴政的彻底否定,并逐渐排斥意大利,尽管他本能地同情法西斯主义的某些观点。他的讲演与谈话直言不讳,充斥着"愚蠢的种族主义"、"野蛮的希特勒主义"这类句子。1938年5月,希特勒访问罗马,教宗躲进了冈多佛城堡,并向当地的朝圣者说,他不能忍受"看到罗马升起另一个十字架,那不是基督的十字架"。9月,他告诉另一群人说,弥撒经文中说亚伯拉罕是"我们的信仰之父",因此,基督徒没有人能够"反犹",因为"在灵性上,我们都是闪族人"。

1938年夏,美国耶稣会士约翰·勒·法奇(John Le Farge)应召与教宗秘密会晤,因为他新近出版了《种族公平论》(*Interracial Justice*),专门研究排斥美国黑人的美国种族歧视政策。拉提教宗请他起草一份反对纳粹种族理论及其意大利变种的通谕。《统一的人类》(*Humani Generis Unitas*)草稿就是这次会晤的结果。它的主要着眼点是教会的利益和事工,而非抽象的博爱主义,而它的行文也一再折磨着现代人的神经,因为它旧事重提,重申了几个世纪以来基督徒对犹太人的猜忌,"这个不幸的民族……注定要在这个星球的表面永远漂流",因为他们拒绝基督。通谕强调了犹太人与基督徒过分接触对基督教信仰的危险。然而,它也毫不含糊地坚持了整个人类的统一性,谴责一切种族主义,尤其是反

---

① Ehler and Morrall, *Church and State*, pp. 545-578.

犹主义。不过,《统一的人类》从未有见天日的一天,由于惊恐万分的保守人士的抵制,也因教宗健康的恶化,罗马延缓了这份通谕的发布。

这份"无疾而终的通谕"集中反映了拉提教宗时期教廷的矛盾性:尽管处处表露出几个世纪以来教宗对现代宗教、政治和社会发展方向的怀疑,但对于人性却又表现出更加博大也更为包容的理解;尽管具有诸种局限,但它对纳粹主义的根本意识形态提出了绝对的反驳。这种反对占据了这位教宗临终前的全部心思。在他生命的最后几周,他草拟了一份文件,猛烈谴责法西斯主义及与它同流合污的纳粹谎言,并希望在意大利主教集会时发表,他恳求医生让他活到发表这篇演讲为止,但在1939年2月10日,他去世了,距离主教集会不过几天而已。墨索里尼宣布:"这个顽固的老家伙终于死了。"

他的身体里没有一根自由的骨头。他不信任民主政治,认为它过于软弱,不足以维护支撑着一切真正人类共同体的宗教真理。他认为英国首相张伯伦怯弱却又自命不凡,根本不是他对面的那些暴君的对手。他痛恨资本主义社会的贪婪,"对世俗财物欲壑难填",并认为自由资本主义与共产主义一样,对人类进步表现出一种"撒旦式的乐观"。

他甚至很少有时间关注其他形式的基督教。他希望与东部教会重新合一,但却想象它是浪子回头,回到罗马父亲的怀抱。1928年,在一份可能是他最无吸引力的通谕《死亡年代》(*Mortalium Annos*)中,他把新生的普世合一运动(Ecumenical Movement)视为垃圾,嘲笑"这场泛基督徒们满腔狂热地联合教会的运动",并以咄咄逼人的特有语气质问到:"我们能够容忍……上帝启示的真理成为协商的对象么?"通谕明确指示,梵蒂冈对其他教会负有的普世使命很简单且不容任何妥协,那就是:"把手举过头顶慢慢地走过来。"

然而,要说的还不止于此。这位倔强与精力充沛的教宗,在其任期的最后几年中,声誉日隆。他签完18份协约后,就不再是一位外交家了,而是获得了先知般的地位。英国外交官与法国共产党报刊评论说,这位人民的教宗已经变成了自由的旗手。英国政府驻罗马的官员达西·奥斯本(d'Arcy Osborne),从来就不是一位敬仰教宗的人,但在教宗去世时,他却向外交部报告说,庇护在其生命末期表现出的勇气,已经使他成为"世界名人之一",而且"可以说他是死于岗位"。[①]

这就是尤金利奥·帕萨利继承的遗产。1939年3月2日,他在密室会议的第一天就当选为教宗庇护十二世。他是必然的选择。他精明强悍,是一位成熟练达、敏锐圆熟的政治谋略家。庇护十一世一直把他作为继承人加以培养,派他到世界各地担任教宗大使。帕萨利担任国务卿时,庇护十一世曾告诉他的一位助手说,他让他周游世界,"这样,他就可以认识世界,而世界也可以认识他"。这句话的含义远不止于此。庇护十一世的独断统治已使枢机团边缘化,他也从未召开过枢机会议。结果,非意大利籍的枢机能够认识的同僚很少。但他们大多都认识帕萨利,这就是他得以当选的主要原因。

帕萨利似乎天生就是当教宗的料。他生性简朴、非常虔诚,简

---

① 引自 W. O. Chadwick, *Britain and the Vatican during the Second World War*, Cambridge 1986, p. 28。

直就像埃尔·格雷考(El Greco)画中的主人公,[*]是每个人理想中的天主教圣徒。在德国担任教宗大使时,德皇威廉二世对他印象深刻,形容他是罗马高层教士的"完美典范"。他年轻时有些口吃,为克服这个问题,他说话前都经过深思熟虑,并善用语气强调重点,这使得他的谈话显得特别庄重,他自己对此也深信不疑。他喜欢戏剧性的祈祷和夸张的姿势:仰望天空,张开双臂,大而漂亮的眼睛闪着光芒,扫视全场。虽然他为人内敛,举手投足尽显僧侣风范,但也感情丰富,会与谈话之人一起开怀大笑,或留下同情的热泪。作为教宗,他非常看重自己的职位,并具有一种压倒一切的神秘的责任感;他经常在晚上前往梵蒂冈的地下墓室,在其前任们的陵墓前祷告。他的每张相片都摆出祷告的姿势,似乎进入了另一个世界。梵蒂冈的工作人员甚至被要求跪着接听他从居室打来的电话。

每个人都知道,他是大战时代的教宗,他职业生涯中得到的一切,如外交技巧、语言天赋、机敏智慧,都有助于他担任教宗的角色。但事情并不如此简单。他在德国担任教宗大使多年,喜欢在家中讲流利的德语。虽然他厌恶并鄙视纳粹的种族理论,但他爱好德国的音乐与文化。此外,他与庇护十一世一样,认为苏联共产主义,而非纳粹主义或法西斯主义,是教会的头号公敌。1919 年共产党在慕尼黑掀起"暴动"时,他正在该地,受到一群拿着手枪的共产党"暴动者"的威胁。他的勇敢无畏镇住了他们,但这个经历

---

[*] 格雷考(1541—1614 年):希腊画家,出生于克里特,公认的表现主义和立体主义画派先驱。曾在威尼斯、罗马和托雷多从事创作,画作以弯曲瘦长的身形为特色,题材多为彼得、保罗等圣徒。——译者

第六章 上帝的谕示(1903—2005年)

使他终生对任何形式的社会主义都感到深深的恐惧。

因此,同盟国一直怀疑他是亲德派和亲意派。为了充分发挥教廷作为一切国家属灵领袖的作用,他就任后花了几个月的时间来阻止战争,却毫无希望。1939年8月,他在一场慷慨激昂的演讲中宣布:"和平不会让我们损失什么,但战争可能会使我们失去一切。"战争爆发后,他努力避免偏袒任何一方,利用一切机会促进和平,尽力阻止暴行和不人道的行为,避免将圣水洒向任何一方。在这场逐渐被认为是反抗暴政的圣战中,这种中立立场变得日益困难;而作为天主教世界的领袖,也愈来愈不能容忍这一立场。帕萨利本人的立场也并非始终如一,他渴望能够通过谈判达成和平;但他也知道,只要希特勒还活着,这个愿望就会落空。1940年,他亲自担任中间人,帮助德国一个密谋刺杀希特勒的军人团体与同盟国进行联络。他对此事的道德性极为纠结,因此隐匿自己的行动,甚至连最亲近的顾问也不让知晓。而在他的内心,对行动也愈来愈缩手缩脚、优柔寡断,在诡异的外交局势中,任何偶发事件似乎都会破坏他的行动。

他的困境逐渐集中在纳粹对犹太人实行种族屠杀问题上。天主教会对待犹太人有不良的记录,尤其在中欧与东欧。许多天主教徒认为是犹太人谋杀了基督,而希特勒从20世纪初期德国与奥地利的右翼天主教政党那里懂得了大量的反犹主义的政治诉求。但是,教会的官方教义谴责了支撑纳粹政策的种族理论,而随着战争的推进,梵蒂冈已经掌握了堆积如山的纳粹屠杀犹太人的资料。要求教宗表态的压力愈来愈大,这种压力不只是来自同盟国——他们希望利用教宗的谴责来做战争动员,同时也来自他自己的顾问。他正在奉行的是本笃十五世的政策,但面对的却是一场不同的战争和一个不同的世界。对他身边的许多人来说,道德境遇似乎已有质的差别,帕萨利自己有时也有同感。他告诉科隆大主教说:要让圣座超越"党派之争","几乎需要超人的力量"。[1]

然而,无论秉性、教育抑或深层信念,都让帕萨利怯于谴责。其前任的火爆冲动,在他周身上下,半点全无;庇护十一世最后岁月里渗透教宗言论的那种越来越直言不讳的弦外之音,现已成为过去式了。1939年8月的和平广播中,他的文稿原本直接提到德国:"我对那些玩弄民族压迫民族……欺凌弱者、食言而肥的国家感到悲哀。"[2]但他考虑再三,把这段文字划掉了,广播中也未说出这些话。他是一个外交家,像他的第一位导师加斯帕里枢机和本笃十五世一样,相信预言式的谴责会关闭对话的大门,压缩回旋余地。梵蒂冈投入了大笔金钱援助犹太人,他也尽其所能地保护罗马的犹太人。1943年,他把教廷拥有的50公斤黄金中的15公斤用来偿付当地德国警察头子的勒索,以换取罗马犹太人的安全。

然而问题在于,这位谨慎、圆滑的教宗认为可能的做法,是否真的已经穷尽了他所能做出的选择,他的做法在万分紧急的场合是否合适。1943年10月,当罗马犹太人遭到围捕时,帕萨利的抗议是典型的沉默和虚与委蛇。国务卿卢基·马格里昂(Luigi Maglione)枢机代表犹太人,万分恳切地劝说德国大使恩斯特·冯·维茨萨科(Ernst von Weizsacker)进行干预。维茨萨科问"如果事态继续恶化,教宗会怎么做?"马格里昂告诉他"圣座不想被迫表达他的不赞同"。但他让维茨萨科自己决定如何向德国高层转达。

---

[1] H. Jedin and J. Dolan, *History of the Church*, vol. 10, London 1981, p. 80.

[2] H. Stehle, *Eastern Politics of the Vatican 1919-1979*, pp. 193-194.

第六章 上帝的谕示(1903—2005年)

罗马犹太人被驱赶后,维茨萨科如释重负地向柏林汇报说,教宗"不允许他自己被迫发表任何反对犹太人离开罗马的严正声明"。① 不过,当意大利犹太社群承受的压力愈来愈大时,他下令开放包括梵蒂冈在内的罗马所有宗教建筑作为避难所,共收容了5,000名犹太人。近来,史学家们对教宗间接参与这些救助措施表示质疑,但在当时,他被广泛认为挽救了成千上万犹太人的生命。而在战后,罗马的大拉比(Chief Rabbi)也皈依了天主教,教名为尤金尼奥。

从马格里昂的干预可知,教宗帕萨利关心并寻求避免罗马犹太人遭到驱赶。但是,他没有谴责:教宗相信,一纸谴责令对犹太人毫无助益,反而会让纳粹变本加厉地迫害更多的天主教徒。德国、波兰与其他的德军占领区的犹太人和教会,都将为教宗的此类举动付出代价。这样说并非全无道理:当荷兰教会上层谴责了当地的反犹暴行后,德国当局立即报复,将迫害对象扩大到业已受洗的犹太人,而他们以前一直是受到天主教保护的。此外,帕萨利热衷于严守教廷中立,以确保教廷扮演和平缔造者的角色。由于他对共产主义心怀恐惧,当他对斯大林主义的野蛮行径保持缄默时,也就不打算谴责纳粹的暴行。但是,面对如此骇人听闻、如此违背道成肉身的福音的罪行,上帝的谕示怎么能够充耳不闻呢?美国驻梵蒂冈代表米隆·泰勒(Myron Taylor)对塔蒂尼大人(Mgr. Tardini,帕萨利在梵蒂冈的两个重要助手之一)说:"我不请求教宗公然反对希特勒,只是求他谴责暴行。"塔蒂尼在日记中透露"我

---

① S. Zuccotti, *Under His Very Windows*, New Haven and London 2000, pp. 150-170.

不能不赞同"。①

1942年末,庇护最终屈服于排山倒海般的压力,他在圣诞献词中谴责了对犹太人的种族屠杀,他相信他的态度明确、旗帜鲜明。他呼吁所有善良的人把社会带回上帝的统治。他宣布,这是一种责任,是我们必须为那些战死之人,为他们的母亲,他们的孤儿,以及那些因战争而流离失所之人应尽的义务;也是我们为"那些有时只是因为他们的种族或祖先就被杀害或注定被灭种的成千上万的无辜之人"应尽的责任。②

对于这份献词,墨索里尼和德国大使冯·李本特罗普(von Ribbentrop)极为愤怒,而德国认为教宗已经脱下了任何中立的伪装。他们认为,庇护已经明确谴责了纳粹屠杀犹太人的行为。但并不是每个人都这样认为。不只是同盟国,还有梵蒂冈的一些内部人士,认为这是一个软弱无力、虚与委蛇且用意不明的讯息,令人惊骇的现实要求的是更加猛烈、更加直截了当的谴责。他们相信,庇护十一世若在世,绝不会这样。这种情绪,在庇护十二世在世时,大多隐忍不发;而且战后梵蒂冈大规模的人道救援努力——梵蒂冈官员进行过不少于1,125万名失踪者的调查——也赢得世人的关注与感谢。但在1963年,罗夫·霍克霍特(Rolf Hochhuth)的戏剧《代理人》(*The Representative*)上演后,立刻引发公众热议。该剧把帕萨利描绘成一位贪婪成性的反犹教宗,拒绝在1943年为罗马犹太人做任何努力。争议自此持续高涨。

---

① M. Phayer, *The Catholic Church and the Holocaust 1930-1965*, Bloomington 2000, p.49.
② Chadwick, *Britain and the Vatican during the Second World War*, p.218.

在许多人看来,教廷和天主教会的道德信誉已经急剧下降。庇护十二世的近臣包括蒙提尼枢机对他的行为做了有力辩护。二战期间,蒙提尼一直是教宗在相关事务上的智囊,而他在此事上表现出的正直与人道精神,人尽皆知。但丧失道义的指控显然深深地刺伤了教宗。霍克霍夫的戏剧上演后,梵蒂冈随即采取了前所未有的行动:任命了一组耶稣会的历史学家公布梵蒂冈涉及战争尤其是犹太人问题的所有档案。结果,出版的11卷文献,断然驳斥了霍克霍夫强加在教宗头上的一切不实之词。但这并不能完全让人们释怀:梵蒂冈令人费解的沉默和虚与委蛇的外交政策,更多的是因为庇护十二世的躲闪与胆怯,而不是出于理性的慎重,更不是先知的明证。①

争议在1980年代再度爆发。当时有人影射从罗马到拉丁美洲有一条"鼠道"(ratline),这就是梵蒂冈网路,像克劳斯·巴比(Klaus Barbie)甚至盖世太保首领马丁·博尔曼(Martin Bormann)和海因里希·缪勒(Heinrich Müller)这类纳粹战犯,就是从这条路线逃到拉丁美洲的。庇护十二世最恐惧共产主义,而且在这些法西斯分子中,至少其中有些人,据说曾被罗马视为信仰卫士。指控教廷包庇博尔曼和缪勒这样的罪犯,过于牵强,但相当程度上是因为,当乌斯达莎*在战争时期对克罗地亚实行恐怖统治(Ante Pavelic)时,梵蒂冈没有谴责信奉天主教的法西斯分子的

---

① P. Blet, R. A. Graham, A. Martini and B. Schneider (eds.), *Actes et Documents du Saint Siège relatifs à la Seconde Guerre Mondiale*, 11 volumes, Vatican City 1965-1978.

* 乌斯达莎(Ustashe):流亡的南斯拉夫右翼分子的恐怖组织,曾于1941—1944年依靠德国势力建立独立的克罗地亚国,对非克罗地亚居民实行恐怖统治。——译者

行径。庇护十二世和他的战时助手清楚乌斯达莎对克罗地亚犹太人和东正教徒的暴行,私下也曾干预谴责,试图限制,但外交考量再次占了上风,没有进行公开谴责。在战后,有大量的教士等难民被指控在克罗地亚犯有战争罪,却在梵蒂冈得到避难。毫无疑问,罗马有亲纳粹的奥地利籍与克罗地亚籍的神职人员;法国的右翼天主教圈子,也曾积极隐藏战犯并协助他们逃脱。至少有些逃犯是持梵蒂冈身份证逃走的。这就很难避免这一结论:梵蒂冈至少是默许了其中一些人逃脱。

甚至在欧洲还陷入全面战争时,天主教内部已经开始了神学革新。虽然从反现代主义时代承袭下来那种令人窒息的知识氛围仍然存在,但在德国和法国,尤其是多明我会与耶稣会这类重知识的修会中,已经出现了一场运动,旨在摆脱梵一会议以来将教会视为一套僵化的神职体系的主流理解。新运动强调的是教会的属灵性质而非其制度结构,认为弥撒礼和日课经(Breviary)是理解基督教本质的丰富资源。早期教父的作品重新引起人们的兴趣,结果降低了晚近一直支配着神学院与教科书的正统神学的"永久"权威性。耶稣会士律贝克的亨利* 提出,教会尤其要回到希腊教父作品中描述的那个样子;而法国多明我会士伊夫斯·康迦(Yves Congar)则强调了教会的会众维度的重要性,认为每一位基督徒在教会中均有其积极作用,而不是等级森严的军事管理下的单纯服从的步兵。

---

* 律贝克的亨利(Henri de lubac,1896—1991年):法籍耶稣会士,枢机主教,20世纪最有影响的神学家之一,他的论著与教义研究对梵二会议具有重要影响。著有50余卷的《律贝克全集》。——译者

第六章　上帝的谕示(1903—2005年)

这些思想潮流也开始出现于教宗的言论中。1943—1947年，庇护十二世发布了三份神学通谕，每一份均以不同方式开启了天主教神学充满希望的新大道。在《圣体的奥秘》(*Mystici Corporis*)中，教宗提出教会就是基督的躯体(Body of Christ)，是一个神秘的有机体；同时，它也是教宗在其中担任将军或首席长官的"完美"(意即"圆满与自足")社会的政治模式；这种观念已支配天主教思想达三个世纪。在《神的感召》(*Divini Afflante*)通谕中，教宗消除了对圣经学者们的疑虑——这种怀疑自1910年来一直窒息着天主教神学，承认《圣经》中存在多样性的文学表述形式，因此，对《圣经》做直接"基要主义式的"阅读并不合适。而在1947发布的通谕《神的中介》(*Mediator Dei*)中，教宗将恢复更频繁的参加礼拜仪式置于天主教革新的中心。

这些文件有其局限性。《圣体的奥秘》尽管强调了教会的有机性，却将基督的教会绝对等同于看得见的罗马天主教会(从而暗中排除了所有其他的基督教群体)，并且不适当地执着于教阶维度和教宗的核心地位。《神的中介》告诫了过度的"礼仪主义者"(liturgizers)，并表明教宗对于谴责1786年的皮斯托亚"伪教职会议"及其礼仪改革等事件依然记忆深刻。不过，在大战后的世界中，它们的后续影响却几乎是奇迹般地解放了教会内部的神学。反现代主义运动中冻结智识和想象力的寒霜现在解冻了。庇护本人在1950年代初期也遵行这些动议，推行一系列礼仪改革，如允许夜间弥撒，放宽接受圣餐前需要从午夜禁食的规定；更重要的是，改革并恢复了古老礼仪的核心仪式，即人头攒动规模宏大的圣周仪式，这个礼仪已经废止了几个世纪。

但这只是昙花一现。庇护在内心深处是一个极度保守的人，愈来愈疑神疑鬼。他初任教宗时，经常呼吁要"大胆"行动；但在他生命的最后十年，这些字眼事实上早已从他的字典中消失了。1950年8月他发布的另一份通谕《人类》(Humani Generis)，警告了新神学的危险倾向；抨击将教义置于历史境遇中去理解会导致相对主义；并告诫对其他基督教传统奉行"虚伪的和平统一主义"(false irenicism)，会损害信仰的根基。他要求主教与修会首脑要制止散播这些危险的新意见。他并没有点名，但正因如此，使得这项谴责的影响更为恶劣，把怀疑之网扩及任何被认为具有非传统观念之人。对神学家的新一轮攻击开始了，许多最杰出的神学家如法国著名的多明我会士伊夫斯·康迦和马里-多米尼克·切努(Marie-Dominique Chenu)，被迫保持缄默，并被禁止教学或发表言论。

庇护十二世任期的最后几年，愈来愈像庇护十世时代的教廷。为了动员一切力量对抗共产主义这一普世公敌，教宗压制了一切神学与教牧方面的创新。苏联、波兰、立陶宛、斯洛伐克、匈牙利、南斯拉夫与罗马尼亚的天主教徒，都生活在共产党的统治之下，教宗的谴责只会使得他们的处境更加艰难。但是，这场斗争在战后的意大利尤为急迫，因为那里的共产党正在收割他们当年领导反法西斯抵抗运动的果实。1944—1946年，艾米利亚就有52名教士被杀害。

梵蒂冈不会忘记这一切。教宗相信，若共产党统治意大利将会终结教会的自由，他满腹忧虑地谈到，他已准备好死在罗马，但他会尽其所能地确保共产党不会赢得选举。梵蒂冈投入大笔资金给基督教民主党(Christian Democratic Party)，并加强意大利与美国的关系。1949年，庇护将每一位加入共产党或以任何形式支持

第六章 上帝的谕示(1903—2005年)

共产主义的人开除教籍。此举在东欧引发了一股反天主教的潮流。最高法院(Holy Office,即宗教裁判所)院长阿尔弗雷多·屋大维亚尼大人(Mgr. Alfredo Ottaviani)吹嘘说,关于基督的神性,人们喜欢说什么就说什么,没有任何关系;但是,"即便是在西西里最偏远的村庄,如果你今天投票给共产党,你明天就会收到开除教籍的教令"。[①] 1952年,梵蒂冈鼓动意大利基督教民主党人与新法西斯分子和其他极右组织,结成了一个反共政治联盟;而那些不愿意"向右派开放的"天主教政治家被迫靠边站。在1948—1949年,庇护痛苦地看着枢机约瑟夫·明兹泽提(Jozsef Mindszenty)被匈牙利共产党政府逮捕、拷打和公开宣判。1956年,当俄国派出坦克部队镇压匈牙利革命时,他在10天之内就连发三份谴责通谕。他在1956年的圣诞献词中坚称:"如果我们保持缄默,我们就会更加害怕上帝的审判。"[②]这与他在二战时期的沉默形成鲜明的对比。

在法国,曾使几代人兴奋不已的天主教实验——工人神父运动(Worker Priest movement),成为逐渐高涨的反共仇恨与恐惧的受害者。这个运动开始于"二战"时期,当时一些神职人员如巴黎大主教苏哈枢机(Cardinal Suhard)认识到,法国的许多城区其实已经非基督教化了,它们与非洲或远东的传教地区一样,急需福音化。苏哈与其他主教因而授权一小组神父脱下教士服,放弃教士的生活方式,与工厂工人或码头工人一同干活,探索新型的教牧方式。法国的多明我会与这个运动关系密切,并为其提供神学上的

[①] P. Hebblethwaite, *Paul* Ⅵ, London 1993, p.245.
[②] Stehle, Eastern *Politics of the Vatican 1919-1979*, p.296.

合理性。许多神父后来参加了工会活动,不少人开始同情共产主义,还有少数人未能坚守他们的独身誓言。1953年,亦即教廷与佛朗哥统治的西班牙签订新协约的那一年,梵蒂冈下令解散了工人神父实验组织。

在梵蒂冈,一种怀疑并谴责现代世界的氛围正在高涨,助长了一个世纪以来教宗谴责现代性的修辞。在最高法院院长阿尔弗雷多·屋大维亚尼与巴勒摩的鲁菲尼枢机（Cardinal Ruffini of Palermo）的怂恿下,教宗曾随口说打算召开一届大公会议,以便谴责存在主义（existentialism）和人种多元论（polygenism,认为人类不是从同一对夫妻进化而来）等现代谬误,并将童贞女玛利亚肉身升天定为信条。大公会议的计划后来被放弃,但它的谴责重现于1950年的《人类》通谕中;而在同一年,教宗行使其永无谬误的训导之权,将圣母升天定为信条,这是1870年将教宗永无谬误定为信条以来的第一次。这个信条让许多天主教神学家颇为不安,因为它得不到圣经的支持,在早期教会中也无人知晓,而就天主教与其他教会的关系而言,就更是一个灾难。即便是承认该信条的东正教会,也断然拒绝教宗有权单方面订立信条。1954年,帕萨利将反现代主义者、教宗庇护十世封为圣徒,他的遗体经过防腐处理,供奉于玻璃棺中,在意大利进行了一次神圣之旅。

教宗本人则变得更加高深莫测。乔凡尼·巴蒂斯塔·蒙提尼（Giovanni Battista Montini）在战争时期,是他最亲近的两个助手之一,并被公认为是下一任教宗,但却被怀疑具有同情自由主义的危险倾向。蒙提尼为人机敏、温和、才华卓著,虽然他对庇护十二世绝对忠诚,对教宗的职责同样也抱有神秘的崇高理念,但他同情新神学,厌恶庇护放任的那种反动的精神氛围。在一个梵蒂冈对其他教会的态度以敌意或轻蔑为特征的时代,他则是一个普世主义者,在安立甘宗与新教中广交朋友,与其他教会保持并加强联系。他还尽可能地保护那些遭受新型极端正统神学迫害的受害者,甚至抢救了法国耶稣会士律贝克的亨利遭到谴责的大批论著。他与法国教会的联系尤其紧密,同情工人神父实验。他强烈反对梵蒂冈支持基督教民主党与新法西斯结成的政治联盟。

1954年,不可避免之事终于发生了。教宗听信谗言,解除了蒙提尼在梵蒂冈的职位,把他踢到米兰担任大主教。这个职位必然具有枢机头衔,但庇护十二世晚年一直不召开枢机会议晋升新枢机。这种疏忽可能并不是想专门惩罚蒙提尼,但当时很多人都认为这是庇护对蒙提尼不悦的表示。不管是否有意为之,扣留蒙提尼的红帽子意味着将他排除在迫在眉梢的继承人之外,虽然他愈来愈被认为是下任教宗的当然人选。

现在,庇护十二世已被一群极端保守的顾问包围,他的私生活完全由他的管家、德籍修女帕斯卡琳纳(Sister Pascalina)负责,他已陷入一种极度虔敬的沉闷氛围中,而他的忧患症使得这种气氛更加沉重。他一直极度忧虑的健康,已明显恶化。一位庸医为他开了一道防治牙龈软化的处方,结果使得他的上颚与咽喉硬化得犹如皮革,抑制不住地持续打嗝。当他愈来愈衰弱时,他的医生把一种从羔羊身上提取并研磨成粉的组织注射进他的机体,希望能维持他的生命。有传言说他见到了童贞玛利亚和她与基督一同受难的异象。他也全力将自己培养成梵蒂冈神谕者的角色。他不断发布训导,绝不停歇,每天发表一通演讲。因为教宗是教会与上帝之间的热线,他说的每件事都引起人们的关注。庇护自己愈来愈相信,他在每个主题上都能提供一些有价值的指导,不管这个主题有多么专业。他身边堆放着各式各样的百科全书与专题论著,而他总是在为下次演讲埋头苦读。助产士可以从他那里得到最新的妇产科技巧,天文学家会听到太阳黑子的知识。他的一位幕僚回忆说,1958年夏天,他发现教宗坐在成堆的新书中。庇护告诉他:"所有这些书都是有关瓦斯的。"他当时正在准备9月份瓦斯工业会议的发言稿。教宗要当万能的训导者,这个念头正变得无法遏制。

四、梵二会议时代

庇护十二世去世于1958年10月10日。一如过去,在一任漫长的教宗任期结束后,密室会议两周后召开。但与会人士产生了严重的分歧,老派枢机主张继续执行并发扬帕萨利的政策;年轻的一派枢机则对庇护十二世晚年的无所作为、压制和个人崇拜感到幻灭。说他们"年轻"是相对的。庇护十二世在他漫长的任期中,只举行过两次枢机会议,意大利籍的枢机人数第一次超过其他国籍的枢机,几乎达到二比一,但枢机团中近一半的人已接近或超过80岁。不过,对那些盼望改变的枢机来说,理想的教宗是大主教蒙提尼;从理论上来说,他是有候选资格的,虽然他不是枢机(他在密室会议上获得两票),但其实是因为他缺席而出局。会议陷入僵局,枢机们只好四处寻找一位过渡性的教宗。结果选中胖胖的77岁的威尼斯宗主教安杰洛·罗卡利(Angelo Roncalli),也就是约翰二十三世(John XXIII,1958—1963年)。他是梵蒂冈一位天才的外交家,卸任后一直担任宗主教;他素有和平、圣洁和温厚的教牧声誉,而且显然没有多久可活了。他年龄太大,不可能掀起多大风浪;而且每个人都相信,让这位木头王*(King Log)休养生息几年,可以让教会有充足的时间去选出一位较年轻也更有活力的教宗,来为教会制定下半个世纪的目标。但人类的计算很少有错得比这更离谱的。

较之庇护十世,罗卡利更是一位农民教宗。他是贝尔加莫(Bergamo)一位贫农的儿子,曾与六头奶牛共处一室。他终生从事教廷外交事务,担当的大多不是要职,二战时期任职于保加利亚和土耳其。在此过程中,他对20世纪的东部教会、伊斯兰教和非基督教世界逐渐有了很多了解。他在学生时代就热衷于教会史,对16世纪米兰大主教圣卡洛·波洛梅欧的一生特别感兴趣,他将自己加冕为教宗的那天设为圣卡洛节。这种崇古兴趣似乎完全无害,却无人注意到他如此推崇圣卡洛是因为这一事实:他首先是一位牧灵主教,期望将普世大公会议即特伦特大公会议的改革方案付诸行动。

约翰本人肯定不是激进分子,他的神学与虔敬都是传统味十足的。他在法国担任教宗大使时,正值工人神父运动纷争的初期,他对这个运动表现出某些同情,但却缺乏真正的了解;当他成为教宗后,重申庇护十二世对这个运动的谴责。他还发布了一道通谕,要求保留拉丁文作为神学院的教学用语。然而,在古板的意见背后,他却有着一颗伟大的仁慈之心。他长期供职于教廷,却从未与人结怨,凡与他接触过的人,都对他施以友情和信任,无论是天主教徒还是非天主教徒,也无论是基督徒还是非基督徒。作为教宗,他取名约翰,部分是因为这是他父亲的名字,这个充满人情味的举

---

* 见伊索寓言"青蛙求王"的故事,木头王指清静无为的统治。——译者

动立刻设定了其任期的基调,也就是他周身散发出的仁慈与爱心。经过庇护时期那种冷冰冰的自恋式圣洁之后,世人突然发现了一位亲切、满面笑容的老人端坐在彼得宝座上,他了解现代世界,并不害怕它。在某种程度上,这是因为他拥有一位老人的自由。在宣布他的教宗名时,他向枢机们开玩笑说,叫约翰的教宗远多于叫其他名字的教宗,而他们大多在位都很短。

他并不因循守旧。他痛恨教宗戴的白色小帽,这种帽子不能稳稳地戴在他的光头上,所以他重新发明了一种红色貂皮帽,就像文艺复兴时期肖像画中教宗所戴的那样。他经常摆脱教宗的保护人员,离开梵蒂冈去探访罗马的监狱或医院,这变成安保人员的噩梦。他反对马克思主义,但他像兄弟姊妹一样接待共产党人,曾接见苏联首脑尼基塔·赫鲁晓夫的女婿与女儿。他送邮票与钱币给赫鲁晓夫的外孙,要求他们的母亲特准让他抱抱最小的儿子伊凡(Ivan),因为伊凡就是俄文中的约翰。在他这种温厚的人性影响下,教会与世界之间的障碍慢慢融化了。

除了本性温厚外,他也愿意重新思考旧议题。他的第一份通谕《慈母与导师》(Mater et Magistra)发布于1961年,该通谕一反梵蒂冈对社会主义的疑虑,欢迎福利国家的来临,以便对抗社会主义的威胁;并坚持富国有责任帮助穷国。美国中央情报局认为教宗是在安抚共产党人。他的最后一份通谕《此世的和平》(Pacem in Terris)发布于1963年的圣周四濯足节,这份通谕的特征在于不只是发给教会的主教们,而是发给"一切有善心之人"的。它欢迎"我们现代时期"劳工阶级生活状况的不断改进,女性进一步参与政治生活,以及帝国主义的衰退和民族自决的发展。所有这些都是逐渐迈向解放的标志。他宣称,每个人都拥有私下或公开信奉宗教的权利,这是与格雷戈里十六世以来历任教宗奉行的拒绝政策的决裂。更重要的是,他放弃了反共产主义的冷战逻辑。他谴责核武器竞赛"完全是不理性的",宣布在原子时代,战争已经不再是"纠正违反正义的一个适合方式"。几乎可以说,这是一位教宗在核武器世界里否认了正义战争理论的价值,甚至连俄国人都感到印象深刻,而意大利马克思主义者电影导演帕索里尼(Pier Paolo Pasolini),则将他的电影巨作《马太福音》献给了教宗约翰。

新教宗首先做的事情之一,就是将大主教蒙提尼晋升为枢机,这是他晋升的第一位枢机。此举清楚地表明,一个新时代已经来临,帕萨利晚年的政策不会再现。而令人惊讶的是,1959年1月25日,也即他当选三个月后,约翰宣布将召开一届大公会议。木头王终于要掀起大浪了。

事实上,庇护十二世时期已经有人在讨论要召开大公会议。不过,当时的设想是延续梵一会议,是一场"举手"的大会,旨在谴责世俗主义和共产主义,根据《邪说目录》的精神编制一份新的异端名单,彻底扫除普世合一运动,也许还会把"圣母乃一切恩典的中保"(Mary was Mediatrix of all Graces)定为信条——这是庇护十二世最喜欢的观念,但却会使天主教与新教和东正教更加疏离。然而,约翰却有不同的想法。他所构想的大公会议,不是一个蔑视和对抗世界与其他教会的大会,而是一次重整牧灵的大会,一次促进基督徒之间和解的大会,一次与更广泛的世界和解的大会。用他的话来说,就是"革新"(aggiornamento)的时机到了。这种言论在保守派的耳朵里,简直就是现代主义。

有关这次大公会议的起源,最近的研究已清楚地显示梵蒂冈守旧派的反对有多么激烈。帕萨利教宗时期的整个趋势,是将地方教会与主教纳入教廷的中央管理之下。而将全世界3000名主教聚集一堂,让他们相互交谈,甚至可能会出现新的理念,这种想法让他们感到恐怖。他们非常严肃地向教宗建议,完全没有必要让主教们群集罗马,只需将教宗批准的"大公会议"的文件寄发给他们同意即可。另一位梵蒂冈顾问甚至建议,除教宗外,不准任何人在大公会议上发言。甚至被放逐在米兰的蒙提尼枢机也感到惊恐,他告诉一位朋友说:"这个圣洁的老小孩不知道他正在捅一个马蜂窝。"①

梵蒂冈的官员尽其所能地阻止大会的筹备工作。当他们显然已经无法阻止开会时,就竭力把持筹备会议,把自己人塞进筹委会,以便决定议程与起草大会文件。在最高法院,屋大维亚尼枢机拒绝与教廷其他机构合作,坚称教义问题是他的部门的专门责任,"我们准备坚守我们的一亩三分地"。被谴责的教条名单堆积如山,并准备了72份草案(schema),所有这些都是打算让大公会议去加以否绝的。在神学上,他们顽固地坚持近几百年来的纯正主义。为大公会议起草的信仰宣言没有援引任何圣经条文,只是重申了《牧养主的羊群》和《人类》谴责的内容,并且,没有援引特伦特公会议以前的任何神学文本。

约翰决心让大公会议开成一次牧灵大会,致力于开放教会,而不是自我禁锢。这个决心非常重要,使得主教们有力量去否决保守派准备的文本,集思广益,在大公会议上发出真实的声音。没有他的鼓励,大公会议就会变成庇护十二世时代教廷那些最为消极

---

① Hebblethwaite, *Paul Ⅵ*, p.284.

第六章 上帝的谕示（1903—2005年）

的方面的橡皮图章。而且，由于他的个人坚持，大公会议没有变成一次对抗现代世界的大会。这届大公会议没有谴责或开除教籍的教令。然而，约翰本人并没有明确的目标，而缺乏教宗的明确指导，将是极其危险的，不是降低士气从而劳而无功，就是让大公会议的方向落入那些反对任何公会议理念的教廷官员手中。

为了得到方向性的指引，约翰向蒙提尼枢机和比利时的苏伦枢机（Cardinal Suenens）征询意见。他们认为，大公会议必须以教会的本质和角色为中心，它在本质上必须是普世的，表现为牧灵而不是官僚式的理念，必须革新礼拜仪式并恢复教会中的共享权观念，也就是说，主教与教宗共同分担责任，不再让教廷成为一个孤立的教宗王朝。大公会议也必须处理教会与社会在各个层面的关系，诸如良心自由、和平与战争、教会与国家的关系、劳工与工业社会，以及正义与经济问题。所有这些议题，自19世纪中期以来，就一直萦绕在历任教宗的脑际，但教宗总是以冲突和猜疑的态度来处理问题。现在，教会应该重新思考这些议题了，应该以坚定的信心和长远的眼光来审视这些被教宗约翰称为"时代表征"的问题。

教宗在大公会议上的开幕词《教会之母的喜悦》（*Gaudet Mater Ecclesia*），与1830年代以来教宗的大多数言论有着惊人的差异。因为一个多世纪以来，教宗一直以耶利米式的精神（spirit of Jeremiah）反抗现代世界，将它斥为一个痛苦、哀伤和灾难之地。约翰强烈主张一种不同的精神，挑战了那些认为现代世界"除了背叛和毁灭一无所有"的"不幸预言家"。教会的确要保持信仰，但不是"固守着这个珍贵的宝藏不放"。教会能够也应当去适应这个世界的需要,而不应该只是出于害怕就一味墨守成规:现在应该是在坚持古老信仰的基础上"大步向前"的时候了,但是应该用新的方式和言辞对它重新包装,使它在这个对福音充满饥渴的世界里显得清新诱人,"因为古老信仰的内容是一回事,而呈现它的方式则是另一回事"。[①]

从 21 世纪的角度来看,约翰的措辞似乎有点过于乐观,但对进步充满信心是 1960 年代的特征。他满怀信心甚而有些天真地谈道:上帝会引导人性走向"一个人类关系的新秩序",这是多年来不再阐发的理想。然而,他主张以新的方式重新铸造天主教教诲主旨的可能性,使得教会保守势力极为震惊。这是现代主义言论,并且有许多人相信他们现在有了一位现代主义教宗。当他的开幕词拉丁文本公布时,受到严格的审查,删除了任何暗示教会教诲可以改变的字眼,并借用"反现代主义宣誓"的词句来重新包装。

约翰发表了大公会议的开幕演说,却未能活着主持或闭幕会议。当保守派与改革派在大公会议上剑拔弩张时,他的生命却因为癌症而快速衰退。他在位仅五年,是两个世纪以来任期最短的教宗,然而他却转变了天主教会,并由此改变了世界对教廷的看法。当他在 1963 年 6 月 3 日病逝时,全世界上百万民众焦急地关注着他最后的病情;而在他生命的最后几个小时,圣彼得广场挤满了大批的哀悼者。他是历史上最受爱戴的教宗。

由他拉开帷幕的这届大公会议,虽然没有非常明确的目的,却证明是宗教改革以来最具革命性的基督教事件。基督教国度尽管业已分裂,但至少从地理而言,它是教会史上最普世的大公会议:

---

① Hebblethwaite, *John XXIII*, *Pope of the Council*, London 1984, pp. 430-433.

有2800名主教出席,其中来自欧洲者不到一半。东正教与新教的观察员也列席了会议,并对议程产生了实质性的影响。1870年以来天主教会一直展现给世人的唯我独尊绝不妥协的面孔,证明是令人惊讶的脆弱;而在1962年10月11日到1965年12月8日举行的四次分会上,教会生活的每一方面都受到仔细审查与改变。与梵一会议一样,会议很快就两极化(敏感的媒体报道帮了大忙),但这一次,得到廷议要员支持的顽固分子是少数派;而且,虽然过程相当痛苦,但廷议官员草拟的文件被逐一抛弃,代之以完全不同的文本,以便对现代世界的需求更加开放,更能应对牧灵现实。极具讽刺意味的是,大公会议上最有影响力的神学家是伊夫斯·康迦和卡尔·拉内尔(Karl Rahner)等人,他们的思想形成了许多关键的大公会议教令;而在庇护十二世时代,他们曾被迫沉默或遭到谴责。

大公会议的核心文件是关于教会的教令《万民之光》(Lumen Gentium)。其内涵远远超越了《圣体的奥秘》的教诲,放弃了自公会议运动以来一直支配天主教思想的那种从法律角度对于教会的辩护性理解,将"上帝的子民"(People of God)观念作为教会的教诲中心,认为"上帝的子民"既包括神职人员,也包括俗人。这一观念溢出了将教会的本质理解为僵化的神职体系的范畴,对俗人在教会生活中的角色做了根本的也更加积极的重新评价。该教令也拒绝将罗马天主教会等同于基督的教会(Church of Christ),相反,它申明基督的教会"存在于"罗马天主教会之内,而非"就是"罗马天主教会,这一观念超越了《圣体的奥秘》和此前一切相关的天主教教诲。显然,这一精妙的区分为天主教会承认其他教会的灵性现实及其圣礼和牧灵体系开辟了道路。这份教令使用的"上帝的朝圣子民"(pilgrim people of God)这一形象,也为教会重新认识自身结构的不完美与可塑性铺平了道路。在教令最重要也最受争议的几个章节中,其中的一项是强调"主教同享权"理念,即在坚持教宗的首席权的同时,主张教宗与所有主教共同分担教会的职责,借此寻求改正(或至少是完善)梵一会议有关教宗首席权和主教职权的教诲。①

但是,《万民之光》并不是大公会议产生的唯一具有革命性的文件。《喜乐与希望》(Gaudium et Spes),即"教会在现代世界的牧灵宪章"(Pastoral Constitution on the Church in the Modern World,其拉丁原文为"在此时此世")也代表着教会完全推翻了大公会议和教宗对现代世界的谴责,这原本是越山主义时代教廷的标准特征之一。为了着手"领悟时代的表征",《宪章》欣然接受将人性的时间旅程视为与神遭遇的地方。它强调教会需要"与我们时代的其他人一同分享事件、需要及渴望",以便从信仰的角度去了解"哪些可能是时代的真正表征或上帝的旨意"。信仰因而表现为某种完善并寻求理解我们共同的人性的行为,而不是全然关注超然的王国,却置之不理或对抗这个充满敌意的世界。它宣称,迈向"天国"的宗教朝圣之旅也关涉"更加全身心地与世人一同努力,建立一个更加人性的世界"。在大公会议的场合强调这一点,为带有社会和政治意味的神学如解放神学(Liberation Theology)的发展发放了特许状。就神学的重新定向而言,它也是本届大会影响最为深远的教令之一,并超越了《喜乐与希望》本身近似随便一提

---

① A. Flannery ed., *Vatican Council* II: *The Conciliar and Post-Conciliar Documents*, Leominster 1981, pp. 350-432.

第六章　上帝的谕示(1903—2005年)

的那种乐观心态；但必须承认,它在关注确认人类文化的价值的同时,却很少体察到人类历史的惨烈与破碎。①

不管怎样,《宪章》强调的重点,正是大公会议重新思考天主教神学的核心,并且远离了梵一会议时代那种挑衅与强硬的立场。当时,天主教人士认为他们,也只有他们才确切地知道教会与世界是什么。相较而言,蒙提尼枢机在当选为教宗保罗六世前的六个月,就告诉其教区的年轻神父说,在这届大公会议上,

> 教会正在寻找自我。它非常有信心也非常努力地竭力更准确地界定自己,力图理解自己是什么……教会也在寻找世界,并力图与社会发生联系……通过与世界积极对话,理解社会的需要,在社会中去工作和观察人类心中存在着的缺陷、需求、苦难、希望和抱负。②

《万民之光》和《喜乐与希望》是神学重新定向的伟大文件,重塑了天主教神学的界限。大公会议在具体议题上的成就也几乎不乏革命性。《礼仪教令》(The Decree on the Liturgy)确立了一系列原则,改变了罗马天主教徒的崇拜仪式,如以方言代替拉丁语,鼓励更简朴的礼仪与俗人的更多参与。《启示教令》(The Decree on Revelation)放弃了自宗教改革以来一直困扰天主教与新教神学的"圣经与圣传"之间的无谓对立,认为两者都是基本的"上帝之

---

① Flannery, *Vatican Council Ⅱ*; *The Conciliar and Post-Conciliar Documents*, pp. 903-1001.
② 引自 A. Stacpoole ed., *Vatican Ⅱ by those who were there*, London 1986, pp. 142-143。

道"(Word of God)的互补表述。有关《普世合一的教令》(The Decree on Ecumenism)断然抛弃了庇护十一世在《死亡年代》中定下的一味拒绝普世合一运动的态度,将寻求基督徒中的统一置于教会生活的中心。论述其他宗教的教令一劳永逸地否决了那种认为犹太人要为基督之死负责的观念,这种观念正是基督教反犹主义传统的古老根源。也许,最具革命性的文件是《宗教自由教令》(The Decree on Religious Liberty),它明确宣布"人有宗教自由的权利",而这种宗教上的自由是人类尊严的根本组成部分,必须将它作为一项公民的权利写入社会宪章。①

这的确是革命性的教诲,自君士坦丁时代以来,迫害异端与强制推行天主教一直是历史事实;而从法国大革命起,历任教宗也一再公开谴责非天主教徒有权享受宗教自由的观念。根据这些旧观念,谬误是没有任何权利的,而教会则有义务向世界的每个角落宣告真理,并有责任动用世俗制裁力量确保社会接受它的真理。异端分子和不信教之人在某些情况下也许能够得到"宽容",但不是"自由"。这份教令遭到强烈反对,尤其是意大利与西班牙主教们的抨击(这个教令完全不理会规范西班牙教会生活、并歧视新教徒的《西班牙协约》)。另一位反对者是大主教马塞·勒弗费尔(Marcel Lefebvre),他在大公会议结束后最终发起了教会分离运动,不仅奉行大公会议之前的礼拜仪式,还坚持庇护十世与庇护十二世晚年倡导的那种绝不妥协的纯正主义和拒绝宗教自由的立场。

《宗教自由教令》主要是由美国神学家约翰·考特尼·莫瑞

---

① Flannery, *Vatican Council* Ⅱ,"礼仪"见第 1—56 页;"普世合一"见第 452—470 页;"其他宗教"见第 738—742 页;"宗教自由"见第 799—812 页。

(John Courtney Murray)起草的,在庇护十二世时期,他也是受到压制的另一位人士。美国主教们认为,若不修改教会在这个议题上的教诲,会损害大公会议在民主国家眼中的声誉,因而竭力说服各方接受他们的理念。新教宗保罗六世也引导大公会议往这个方向前进,他在1963年10月短暂访问美国期间,曾谈到"人的根本权利与责任、人的尊严与自由,最重要的就是宗教自由",这是明确赞同新的教诲。支持改变的关键力量也来自克拉科夫(Cracow)大主教卡罗尔·沃伊蒂瓦(Carol Wojtila),即未来的教宗约翰·保罗二世。他认为教令主张的人享有良心自由这一根本权利,在那些蒙受迫害的教会手中,是一件非常有力的武器。

这样,在每一个前哨,大公会议都重新划定了1959年以前被视为固定且不容变更的疆界。在一些天主教徒看来,这些改变是期待已久的"新神学"(New Theology)的丰收,是在庇护十二世的寒冬中耐心容忍的回报。而在另一些人看来,他们是叛教者,是教会对启蒙和大革命时代奉行的那种堕落与世俗的价值观的投降,而这正是庇护九世到庇护十二世的教宗们业已正确谴责的东西。还有一些人,也许是大多数人,他们只是糊涂地遵守上令,并尽可能地执行。许多年长的天主教神职人员发现,他们在大公会议期间与会后几年里,都处于梦游状态:他们忠于那个要求他们拥抱新观念的当局,而同一个当局却曾谴责这些新观念为异端邪说。教宗约翰的继承人将不得不处理这些问题。

1963年6月21日,乔凡尼·巴蒂斯塔·蒙提尼当选为教宗保罗六世(Paul Ⅵ,1963—1978年),具有某种必然性。他出生于布雷西亚(Brescia),是一位中产阶级的儿子,其父为人民党的政治家。每个人都知道蒙提尼的卓识远见与决心对于召开大公会议和推行改革的重要性。约翰常常感到自己受到梵蒂冈官僚体系的挤压,他的农民式的机敏并不足以应付教廷内部那种行事拖拉与繁文缛节的复杂环境。相较而言,蒙提尼在1922—1954年曾供职于国务院(Secretariat of State),熟悉梵蒂冈的行事风格,有能力以毒攻毒。当他还是一个年轻人的时候,他曾开玩笑说未来的教宗应该逃离圣彼得大教堂,远离梵蒂冈城的幽闭症,而到罗马主教座堂即拉特兰教宫去与神学院学生生活在一起,再次把教廷带到人民中。事实上,他从未将这一理想付诸现实,但这样的理念很大程度上说明了他对教宗和他全力支持的大公会议所承担的责任与挑战的理解。

但他显然不是激进分子,除了最顽固的反动分子,他能够得到所有人的信任。这使他能够推动大公会议成功地完成工作,监督贯彻改革方案,并能将保守派与改革派团结在一起。在动荡不安的1960年代和1970年代初期,宗教改革与社会和道德革命搅在一起,使得这项工作几乎不可能完成。自伟人格雷戈里以来,还没有一位教宗担负过如此令人畏惧的使命。当时,西方社会正在经历一个全面质疑组织与权威的时期,这是一场对旧秩序和旧制度的信任危机,其范围之广远远超过了教会的范畴。梵二改革也汇入这场价值观的大变革与大挑战中,并常常难以区分敌我。

一个半世纪的僵化,已经使得教会无法适应剧烈的变化。教会制度,曼宁曾称赞其"不可变更之美",但现在却被要求能屈能伸。由大公会议而来的天主教变革是剧烈的,并令许多人难以理解。礼拜仪式曾被视为是永恒不变、优美且神圣不可侵犯的;执礼时身着独特的祭袍,以拉丁文低声诵经或吟唱,保证了礼仪的普世性;而现在却在吉他与鼓声中以粗俗的现代方言诵经。梵二会议以前,天主教徒甚至被禁止与其他基督徒共同朗诵主祷文;现在,他们却被鼓励共同举行礼拜,组成联合祈祷小组与读经会。

许多人为改革清除了过时的累赘而感到高兴,其他人则觉得改革糟蹋了优美与珍贵的遗产。许多人对革新满怀热情,也有不少人留下了信心崩溃的叹息。成百上千的神父抛弃神职而结婚,成批的修女脱下了宗教服饰,献身于宗教生活的人直线下降。人们满腹欢心或充满恐惧地看着古老的禁忌被打破,慎重其事、持守规矩甚而只是让婴儿受洗都变成了稀有之物。热衷与反对改革的人都寻求教廷的指引与支持。让争议双方得到某种平衡,是一个艰巨的任务。蒙提尼取名保罗是为了表示献身于传教与改革,勇敢面对挑战,从他当选教宗那一刻起,就明确表示传承与变迁并重。他依据惯例举行了加冕典礼,但随即就卖掉了教宗的三重冕,并将所得的钱捐给了穷人。

并不是每个人都喜欢保罗的做法。他决心不让大公会议的改革偏离轨道,也决心不让任何人感到受挤压。他宣称,不会有一个人感到屈服,每个人只会感到信服。为了做到这一点,他力图安抚保守派的不安,每项改革都配以相应的保守姿态。对那些在大公会议上争论最为激烈却业已批准的文件,尤其是有关教会和普世合一的教令,他通过一系列极其不得人心的干预,冲淡了其争议性,以缓解保守派的忧虑(他本人显然也颇为担忧)。他授予了玛利亚"教会之母"的头衔,而大公会议因为这个头衔似乎把玛利亚与其他被救赎之人彻底割裂开来而拒绝授予。他也推迟了公布《宗教自由教令》的时间。

这些平衡措施并不局限于他对大公会议的干预。1967年,他就社会正义发布了一份激进的通谕《人民的进步》(*Populorum*

Progressio），它比笼统的《喜乐与希望》进了一步，谴责放任自流的经济自由主义是一种"悲惨的体系"，呼吁富国把"过剩的财富"用于帮助穷国。这份通谕使得第三世界国家的神学家与神职人员颇为欣喜，并确立了保罗是一位站在穷人一边的"进步人士"的声誉。然而，就在同一年，他重申了神职人员独身的传统教诲，使得对前一通谕欢呼的同一批人感到失望。这些矛盾姿态使他被不公正地称为"墙头草"（amletico，像哈姆雷特一样犹豫不决）。

然而，他仍不断地向前推进重要变革：改革弥撒仪式，并将它译为日常语言，以便普通民众能够更深入地参与崇拜；确立主教与教宗共享权责观念，创办主教教职会议，并定期召开，使之落在实处。庇护十二世任命的枢机与主教是威胁改革过程的大本营，为了打破这股势力并提高效率，他推行主教 75 岁必须退休的强制退休年龄制（但不适用于教宗），并规定 80 岁以上的枢机不再担任教廷职务或参与教宗选举。这是一项令人震撼的措施。当时，梵蒂冈各部首脑的平均年龄为 79 岁：有 10 位枢机已年过八旬，1 位已 90 有余。两位教廷保守派的领袖屋大维亚尼枢机与提塞兰枢机（Cardinal Tisserant），对丧失特权勃然大怒。

为了让教会的中央管理更具代表性，保罗大幅度地增加了枢机团的人数，接纳了许多第三世界的主教，因而决定性地消除了意大利人把持教宗选举的局面。他本着同样的精神建立了一系列组织，以推行大公会议的改革工作。尤其是，他批准基督教统一联络处（Secretariat of Christian Unity）、非基督教联络处（Secretariat of Non-Christian Religions）和不信教者联络处（Secretariat of Non-Believers）为梵蒂冈管理部门的常设机构。他也全身投入基督教统一的工作，1964 年曾亲自前往耶路撒冷会见希腊正教领袖

第六章 上帝的谕示(1903—2005年)

亚纳哥拉斯(Athenagoras)牧首。第二年,双方撤销了东西教会相互开除教籍的古老教令。1966年,他欢迎坎特伯雷大主教迈克尔·拉姆齐(Michael Ramsey)正式访问罗马,并以自己的主教戒指相赠,这既表现了他本人的盛情,也是一个非同寻常的举动。他以精心思量的神学胆识,称安立甘宗和罗马天主教会是"姊妹教会"。

保罗开始游历各地,这也是现代教廷的一个新动向。1963年,他在联合国发表了一场引人注目的演说"不要再有战争,再也不要",大大增强了他作为道德领袖的地位。1969年,他访问了驻日内瓦的世界基督教会联合会(World Council of Churches)总部,成为宗教改革以来第一位驻足加尔文宗城市的教宗。同一年,他成为第一位访问非洲的教宗,并为当地擢升主教,鼓励当地教会的发展。1970年,他又访问了菲律宾(险遭暗杀)和澳大利亚(遭到安立甘宗的悉尼大主教的抵制)。

保罗六世任期的特征,也许是在新的梵蒂冈"东向政策"(Ostpolitik)中表现得最为明显。这项政策是为了疏解铁幕背后各教会的困境。虽然他是帕萨利的门徒,但他相信:教会对共产主义奉行的对抗态度不会有任何结果,只会起反作用。他超越了教宗约翰的那种个人温情方式,对共产党政权采取了一种"务实"与和解的新政策。但也有例外情况。主导庇护十二世时期的旧式对抗态度的象征人物,是绝不妥协的、冷酷的英雄战士约瑟夫·明兹泽提枢机。自从1956年匈牙利革命失败以来,他就住在美国驻布达佩斯大使馆的世俗"避难所"里,拒绝任何救援机会,成为反抗匈牙利共产党当局的永久见证,也是当局的眼中钉。1971年,美国人告诉教宗说,明兹泽提让他们相当难堪,阻碍了他们与匈牙利改善关系。教宗因而命令他离开,他随后定居在维也纳,撰写回忆录并谴责匈牙利当局。匈牙利主教告诉教宗说,谴责使得匈牙利教会更难以生存。1973年,教宗要求明兹泽提辞去埃斯泰尔戈姆(Esztergom)主教的职务。他断然拒绝,理由是梵蒂冈与匈牙利政府之间达成的新协约,赋予共产党人在任命继任主教人选上拥有最后决断之权。保罗宣布该教区主教悬缺,待适当的时候再行任命主教。明兹泽提枢机永远不能原谅这次"背叛",并在他的回忆录中谴责保罗。明兹泽提像大主教马塞·勒弗费尔一样,是庇护十二世时期的幽灵,在梵二会议后的天主教会中依旧阴魂不散。

然而,在所有这些方面,想法总是多于实绩。保罗自己经常因为犹如脱缰之马的变化速度而感到惊惧,并害怕会牺牲教宗的基本特权。不管他对梵二会议后的教会多么充满信心,也不论他多么真诚地推进主共享权,他毕竟是梵一会议的教会培养出来的人,永远不会放弃支撑上一届大公会议教诲的那种孤高的教宗权威观念。在他成为教宗六周后,保罗就透露了关于自己新职责的内心想法。他写道:

> 这个职位是独一无二的。它带来巨大的孤独。我以前也孤独,但现在我孤独到了极致,孤独得令人害怕……耶稣在十字架上是孤独的……我的孤独还会增长。我需要的不是害怕,我不会求助外力来帮我解除我的责任;我的责任就是尽心尽力地规划、决断和担当指引他人的职责,即便它看似不合逻辑或许荒谬。而独自承受……仅我与上帝而已。这种交谈将是圆满而无尽的。①

---

① Hebblethwaite, *Paul Ⅵ*, p.339.

第六章 上帝的谕示(1903—2005年)

在他看来,执掌教宗权位虽是一种服务,而不是一种权力,但也绝对不是一种可以与他人分享的伙伴关系。鉴于这种观念,尽管他具有良好的意愿,但若设想保罗会与他的主教同僚分享权威,这种可能性具有严重的局限。他孤高的教宗理念使他与主教之间的鸿沟不可跨越,双方对责任与权威的看法有如天壤之别。国际性的主教教职会议逐渐变成座谈会,几无实权,甚至连讨论的议题都要经过梵蒂冈的仔细挑选。而在1968年,也即大公会议结束后的三年内,他就人为的生育控制问题发布了通谕《人类的生命》(*Humanae Vitae*),引发轩然大波,并极大地伤害了他的威望。

教会完全禁止任何形式的人为节育,甚至已婚夫妇也禁止避孕,因而遭致不满。面对这种不满情绪的日渐高涨,保罗曾采取断然措施,避孕问题不再交由大公会议裁决,改为交付给一个由神学家、科学家、医生与已婚夫妇组成的顾问委员会来讨论。这个委员会起草了一份报告,建议修改传统教诲,允许在特定情形下的生育控制;并且,大家都认为教宗会接受这个建议。结果,他不但无法接纳这个建议,他的通谕还再度确认了传统的教诲,只是正面肯定了婚后的性行为。让保罗震惊的是,《人类的生命》非但未能解决问题,反而引发了一场抗议风暴,许多神父因为反对教宗的教诲而自动或被迫辞职。

对于自己所做的一切,保罗从不后悔,但这一次,他的信心动摇了。他没有再发通谕,而在其任期的最后十年里,他过得极为阴郁沮丧:教会内部分裂日显,自己却越来越不得人心,大批神父与修士脱离教会,世俗世界暴力日盛。尤其是1978年,也就是他生命的最后一年,他的好友、基督教民主党政治家亚多·莫罗(Aldo Moro)遭到绑架和杀害,更让他丧痛不已。

保罗是一个复杂的人,温和亲切,待友以诚,友情长久,但是他内敛,容易沮丧,易受伤害。他热情地投身于大公会议和重整教会牧灵,然而他也热忱地笃信教宗的首席权,并唯恐有损于这种职权。他绝顶聪明,洞察世事,能够预见他人可能不予理会的困难,并因此而气馁,这有时会使他犹疑不决,而他人则可能会先行动而后反省。他对批评感受很深,敏锐地意识到自己身为教宗的孤独与孤立。他身为教宗的最后岁月,对他来说是一种被钉十字架上的油尽灯枯,他常常自喻为承受苦难的先知以赛亚的仆人,遭人厌恶,背负着世界的灾难,却并不绝望。1975年,78岁高龄而身心疲惫的他,把自己的孤独写在日记中:

> 我的心境如何?我是哈姆雷特还是堂吉诃德?是左派还是右派?我觉得世人并不真正了解我。我的感觉是"满怀喜乐",我满怀慰藉、满心快乐地经受每一次磨难。[①]

他的境遇的确充满磨难,但他在一个前所未有的动荡时代,却将教会团结在一起,没有人怀疑他是基督徒的典范,也无人质疑他完全献身于他所理解的彼得的牧灵使命。他比任何人都更加负责地巩固梵二会议的成就及其对教会带来的革新。他的葬礼是在圣彼得广场上露天举行的,简朴的棺木上,除了一本打开的福音书任风翻动外,没有任何标志。对于现代最伟大但也最受困扰的教宗而言,这是一个合适的表征。

他的继任者是又一位平民教宗阿尔比诺·路西亚尼(Albino

[①] 引自 A. Hastings ed., *Modern Catholicism*, London 1991, p. 48。

Luciani),一位工人移民的儿子,时任威尼斯宗主教。罗卡利对路西亚尼的影响远比蒙提尼要大。他是一位质朴、富于幽默感的牧灵主教,选择他是希望借此驱散保罗晚年的阴霾。为了表示忠于梵二会议,他取了复合名字约翰·保罗,并立刻树立起牧灵教宗的形象,反对一切虚荣,比如,他甚至拒绝加冕。尽管他缺乏经验,但世人都为他的当选而感到兴奋,英籍枢机休谟(Cardinal Hume)在密室会议后,极为兴奋却颇不明智地称他为"神的候选人"。其实有迹象表明,教宗权位对他而言可能责任过于重大,但没有时间来判断他是否有勇气担承这些责任,因为在他当选一个月后,就因冠状动脉栓塞而去世于居室。当时有种谣言甚嚣尘上,说他是被人谋杀,以免他揭发并清理梵蒂冈银行的金融腐败,事后证明纯属无稽之谈。

五、教宗沃伊蒂瓦

惊愕不已的枢机们再一次聚会。他们已经选出一个十足的好人作为牧灵教宗,但上帝却把他带走了。这其中是否有某种含义?大家都公认要选出另一位牧灵教宗,但会是谁呢?枢机们的选择是:在109张选票中,有一人以103票的绝对多数当选。这一结果让所有评论家大感惊讶,因为这是自1522年以来,他们第一次选出了一位非意大利的教宗。这就是波兰人克拉科夫大主教卡罗尔·沃伊蒂瓦(Karol Wojtyla, Archbishop of Krakow, 1920—2005年),时年58岁,是庇护九世以来最年轻的教宗,取名为约翰·保罗二世(John Paul II)。虽然他在一般大众中并不负盛名,但是,他的学术影响与充沛的精力,他在一个充满敌意的无神论国家担任主教并有所作为,以及他卓越的语言天赋,都使很多主教印象深刻。在梵二会议期间,他就已确立了未来教宗的声誉,而在选举约翰·保罗一世的密室会议上,甚至已吸引了一些选票。在1978年的第二次密室会议上,在历经保罗六世晚年的混乱与丧失道义后,他似乎已成为众望所归的人选。

沃伊蒂瓦曾任大学哲学教授,出版有诗集与剧作,登山与滑雪经验丰富,也是一位语言学家,精通法语、德语、英语、意大利语与俄语。无论依据何种标准,他都是一位明星,拥有成功的职业生涯。他出生于1920年,父亲是一位退役军官,在卡罗尔小时就已去世;纳粹刚占领波兰时,他还是一名学生,并先后在采石场和化工厂当劳工。他是两个世纪来第一位成长于普通教养(如果这种教养可以称作普通的话)的教宗,甚至曾有一个女朋友。当他决定成为一名神父时,他必须秘密研读,他的神父与主教生涯都是在共产党统治下度过的。他了解共产党制度,也有能力去面对它。他的哲学兴趣是在伦理学与人类责任领域,他也精读过犹太神学家和哲学家马丁·布伯(Martin Buber)等存在主义思想家的作品。他曾在罗马天使大学(Angelicum University in Rome)研读哲学,师从绝对正宗的新经院哲学家、多明我会士雷金纳德·加里戈-勒格朗热(Reginad Garrigou-Legrange),其博士论文主要论述一位改宗天主教的犹太哲学家马克斯·舍勒(Max Scheler)的人格主义伦理学(personalist ethics),论文一半的篇幅是在波兰完成的。甚至担任主教时,他也继续在雅盖隆大学(Jagiellonian University)任教。保罗六世非常赏识沃伊蒂瓦高洁的知识分子风范,在起草《人类的生命》通谕时,就引用过他的《爱与责任》(*Love and Responsibility*)一书。

第六章　上帝的谕示（1903—2005年）

由于众望所归，约翰·保罗二世就职伊始，就宣誓要承续其得名的前任和大公会议的工作。但同样清楚的是，从一开始，他的议事日程就十分独特，他的哲学关怀和他的斯拉夫认同感，已经深深地昭示了这一点。他特别关注共产主义统治下的所谓"沉默的教会"，全力支持它们的斗争。1979年6月，他作为教宗返回波兰，极度紧张的共产党政府没有听从克里姆林宫最强烈的劝告，不敢拒绝他入境。就波兰一方而言，这是一次灾难性的误算。沃伊蒂瓦四处发表演讲，全国共有三分之一的民众聆听了他的演说。这次访问发生在共产党政权即将结束前夕，有助于凝聚民族自信心，也是次年独立的团结工会（Union Solidarity）出现的一个重要原因。教宗的支持，包括道义上和金钱上的支持，对团结工会运动的成功起了决定性的作用，使得波兰最终和平地转变为自治政府，共产主义的统治结束了。日后成为波兰自由共和国总统的团结工会领袖列赫·瓦文萨（Lech Walesa），在与共产党政府签订团结工会合法化的协议时，特别使用教宗1979年访问时所赠的笔，并佩戴了沃伊蒂瓦的像章。

但是，他绝不只是要成为波兰人的救国者。与擢升他为主教的庇护十二世一样，沃伊蒂瓦认为教宗首先是一位至高无上的导师，是上帝的神谕。1979年，他发布了其14份训导通谕的第一份。题为《人类的救主》（Redemptor Hominis）的通谕，阐发了基督教有关人性的教义；他认为，基督不能被认为只是展露了上帝本质，而是也展现了他是一个真实的人。这份通谕援引了《喜乐与希望》的很多内容，而沃伊蒂瓦在草拟这份文件时曾扮演了重要角色。从这份通谕开始，这位新教宗就显现出基督教人道主义的特质。他关于人类的尊严与责任的教诲，不是立足于自然法，而是基于基督所揭示的爱的奥秘。他写道:"那个让我们对人的价值与尊严充满惊奇的名字就是福音。"[1]人们很快就认识到了约翰·保罗二世思想在灵性上的深刻性,但也发现了它具有明显的保守色彩。《人类的救主》就含有严厉的诉求,要求神学家"与教宗的训导权紧密合作",这就使得教会内部的神学自由蒙上了一层中央严密控制的阴影。

对正统的这种关注尤其表现在性伦理领域。从就任教宗伊始,沃伊蒂瓦就毫不懈怠地发起反对生育控制和堕胎的运动,他参与并密切关注这场运动,而且一再谣传他会发布一项正式声明,以支持《人类的生命》的教诲永无谬误。这样的声明并未出现,但在1993年10月,他发布了措辞最为严厉的通谕《真理之光》(Veritatis Splendor),坚持基本道德价值的客观存在,断言"本质为恶"的行为是存在的,即便动机纯正也不能使之变得正当;避孕就属于这类行为。与庇护十二世的《人类》一样,这份通谕旨在不点名地反驳当时流行的一些有关道德的神学观点。而1995年发布的通谕《生命的福音》(Evangelium Vitae),表现了他对堕胎之恶的关注,他倡导一种爱与敬重生命的"新文化",抨击"死亡文化"是唯物主义社会的特征,这种文化的主要表征就是堕胎和安乐死。然而,他绝不妥协地坚持反对这种"死亡文化"的方方面面,却使得他和他的教会陷入道德两难的困境。非洲艾滋病的流行,要求使用避孕套来防止病毒感染。但在教宗沃伊蒂瓦看来,使用避孕套绝对不合理,即便它是对阻止感染有不容置疑的好处。教会推荐

---

[1] J. M. Miller ed., *The Encyclicals of John Paul II*, Huntington, Indiana 1996, p.59.

贞洁，视之为对抗病毒的最佳也是唯一的保护途径；地位甚高的梵蒂冈发言人，甚至利用未经证实的科学来质疑避孕套预防艾滋病毒的有效性。教外人士和教内的很多人，都认为这种绝不妥协的教诲难以让人理解甚或谅解。

然而，性问题绝不是他的主要目标。他相信，自由资本主义丧失人性在于其冷酷的商品拜物教，利用无法支付的债务压迫全世界的穷人，将道德主体变成单纯的消费者。他在1991年访问波兰时极为怨愤，这既因为当地发生了要求堕胎合法化的骚动，但也是由于消费主义暴涨带来的负面影响。基督教文明在经受苦难之火的锤炼，终于获得新生后，似乎就要卖给几个乱糟糟的麦当劳了。在每一场演讲中，教宗沃伊蒂瓦面对波兰听众，都援引《十诫》经文，挥着拳头，并泪流满面，担心他们正陷入将自己出卖给一种恶劣的新奴役的危险中。

约翰·保罗对解放神学的态度，后来成为他神学立场中最受争议的一部分。在1960—1970年代，欧美神学家越来越倾向于接受一种基督救赎学说，这个学说强调福音的解救力量并不只是限于人死后，而是扩及一切因经济、社会或政治压迫而饱受奴役之人：他们能够援引《喜乐与希望》和保罗六世的《人民的进步》为自己的诉求辩护。《出埃及记》记述以色列人从奴役中被解救出来，《圣经》文本也颂扬万能之主"将权势者从宝座上贬落"而让"卑微温顺者升高"；这些思想经过阐发，演化成一场对政治与经济秩序的神学批判，尤其被直接用来批判拉丁美洲这类两极化的社会。如秘鲁神父古斯塔夫·古特雷斯（Gustavo Guttierez）这类神学家就借用了马克思的"异化"等概念，用以强调充满罪恶的经济与社会结构的恶行是压迫被压迫者的一种制度暴力。在尼加拉瓜，解放神学在桑地诺革命(Sandanista revolution)中扮演了一个重要角色,有五位天主教神父参加桑地诺的内阁,包括诗人埃涅斯托·卡得纳神父(Fr Ernesto Cardenal)。

保罗六世时期,拉丁美洲的许多主教和神父就强调了这些观念,并以此为核心重新思考了教会传教活动的本质,尤其是耶稣会。然而,他们让教宗约翰·保罗极为震惊。由于他极度敌视共产主义,所以他对解放神学也深表怀疑,他相信,这是把基督教的关切置于马克思主义的目标下。他也坚决反对神父和主教直接参与政治。对圣萨尔瓦多大主教奥斯卡·罗梅罗(Oscar Romero)和圣保罗大主教伊瓦里斯托·阿恩斯(Evaristo Arns)等人直接投入反抗政府保护穷人的举动,他显然缺乏同情,这多少有点令人吃惊。1980年,罗梅罗在举行弥撒礼时被政府派人暗杀,整个拉丁美洲都奉他为殉道者;而教宗,尽管不久前才告诫他要慎重,却只是说他"狂热"而已。尽管1983年他访问圣萨尔瓦多时曾在罗梅罗坟前祷告,但在1992年的拉丁美洲主教大会的开幕式上,他还是删除了开幕词中宣布罗梅罗为殉道者的议定内容。阿恩斯也遭到贬斥;教宗未经他的同意,就将其巨大的教区划分为五个代牧区,而新任的五名主教代理都由敌视其社会主张的保守主教出任。

对解放神学的这种保留态度,是与他对西方资本主义的极度怀疑连在一起的。这种态度在一连串强势而独特的社会通谕中显露出来。1980年的《任由富人摆布》(*Dives in Misericordia*)谴责"当代经济与物质文明的根基……具有根本性的缺陷,甚而是一系列缺陷,事实上是一种充满缺陷的机制",这些缺陷使得"人类的家庭"沦入"极端不公正的境地",在一个财富充盈的世界上却有儿童

第六章　上帝的谕示(1903—2005年)

在挨饿。① 甚至更为明显的是,他在1988年发布了通谕《教会的社会关怀》(Sollicitudo Rei Socialis),以纪念保罗六世的《人民的进步》。在这份通谕中,他同时猛烈地痛责"自由资本主义"和"马克思的集体主义",认为它们都是有缺陷的观念,都不利于个人与社会的发展,两者都加大了南北差距与贫富分化,两者都需要根本的改正。他认为天主教的社会教诲与这两种体系完全不同,它提供了批判两者的基础,他甚至还称赞了拉丁美洲神学使用的解放概念。这份通谕回应了"偏爱穷人"的呼吁,让保守的美国神学家与社会理论家颇为惊愕,因为他们早已习惯于将教宗的言论视为西方经济与社会理论的有力支撑。②

不管怎样,由于这些自我矛盾的迹象,在他任职时期,保守的神学势力在教会中逐渐重新抬头,导致了神学家和教会当局之间的一系列冲突,尤其在巴伐利亚籍枢机约瑟夫·拉青格(Joseph Ratzinger)领导的信理部(Congregation for the Doctrine of the Faith,从原最高法院或宗教裁判所更名而来),更是冲突迭起。拉青格是一位卓越的学院派神学家,早年曾是梵二会议的神学改革大师之一。但在1960年代,由于震撼于德国学生的激进主义与性革命,也因为他认为真正的改革已被本质上反宗教的启蒙价值观所劫持,因此,他逐渐丧失了其早期作品中表露出来的那种开放性与灵活性,变得越来越悲观,呼吁"复原",对大公会议遗产中的一些因素持强烈的保留态度。盗猎者变成了猎场看守。从1979年打压汉斯·孔(Hans Kung)开始(他曾将他视为自己的第一学术

---

① J. M. Miller ed., *The Encyclicals of John Paul II*, p.137.
② Ibid., pp.442,472.

标杆），他主持压制或开除了一系列神学家，并重建了一套严密且愈来愈独断的正统学说，这成为本届教宗的一个标志。这与保罗六世时代形成鲜明的对照，那时，即便在《人类的生命》引发创伤性的后果后，教宗也并未谴责或开除任何一位神学家的教籍。

而约翰·保罗在这一过程中，却积极推波助澜，尤其在1995年发布的使徒信函《神职的晋升》（*Ordinatio Sacerdotalis*）中，他宣布，有关女性晋升神职的辩论就此结束（在北美以外的天主教会中几乎还未展开讨论；在第三世界的大部分地区，这项议题几乎就不存在，尽管绝大多数天主教徒生活在这里）。基督只选择男性作为使徒，所以只有男性可以担任神父。为了"解除一切疑虑"，也"鉴于我的使命是坚定弟兄们的信仰"，他因而宣布，"教会无论如何都无权授予女性神职，一切教会信徒必须绝对坚持这一决断"。这一声明表现的形式——一封"使徒信函"——在教宗对外正式发表谈话的形式中，级别是相当低的，比如它就低于通谕。然而，它的措辞隐含着一些极有分量的字眼——例如"绝对坚持"具有何种意味？在后续的阐释中，拉青格枢机事实上力图宣称教宗的这一声明具有永无谬误性，并企图借此公然扼杀相关讨论，但许多人认为这个议题尚未盖棺定论，于是引发了广泛的抗议。

教宗约翰·保罗对西方自由主义的怀疑，部分是源于他的斯拉夫血统。从就任教宗伊始，他就比任何一位现代教宗都更为持续地关注东欧。他强烈的斯拉夫认同感使他确信，东西部的宗教分裂使得教会"只能用一叶肺"呼吸，因而极度需要东部教会的那种滋生于苦难中的灵性深度与智慧。1995年，他在讨论基督教统一的通谕《愿它们合一》（*Ut Unum Sint*）中，满怀希望地深入讨论了东西部"姊妹教会"的根本统一（与保罗六世不同，约翰·保罗很小心，从不把这个句子用在任何新教教会上）。这份通谕毫无疑问显露出教宗热切地献身于与东正教和解。但诡谲的是，他对教宗权威的那种孤高的理解，以及共产主义失败后的各种变化（这带来了牧灵压力：他要求把天主教体系的拉丁与拜占庭礼仪再度推行或强加于属前苏联的各国天主教徒），反倒使得天主教与东正教世界的关系大为倒退了。《愿它们合一》认识到了彼得牧灵权遇到的障碍，但坚持这种牧灵权永远的、上帝赋予的特殊使命是"为统一服务"。教宗以一种非同寻常的姿态，邀请其他教会的领袖和神学家与他进行"一场耐心而友好的对话"，以便为彼得牧灵权找到一种如何为"一切关切之人都认可的为爱服务"的方式。可怜的天主教神职人员与神学家们怀疑，他是否愿意与他们进行类似的对话。[①]

从一开始就很明显，沃伊蒂瓦强烈相信身为教宗必须事必躬亲。他一当选，任由神父放弃神职而结婚的潮流就被迅速制止。神父可以放弃神职，但非常困难，首先教宗就不允许他们解除独身誓言。在这一政策转换中，沃伊蒂瓦的坚定信念无疑在力挽狂澜。约翰·保罗二世自认为是普世主教，就职后几个月内，他就开始对世界上的每个角落进行一系列非同异常的牧灵访问。尽管他到处宣扬的是旧式的道德价值观，并倡导忠于各级教会的教诲权威，但因其非凡的活力与魅力，他能在一次游行中将上百万的信徒像球迷或影迷一样聚集在一起。这种不知疲倦的旅行成为教宗的特定标识，也改变了教宗职权。这位"梵蒂冈囚徒"（教会的行政与象征中心均在罗马）成为世界上场面最壮观的漂泊不定的福音传播者。

[①] J. M. Miller ed., *The Encyclicals of John Paul Ⅱ*, pp. 914-977.

有位记者问他为何要在1982年访问英国,他解释说:"我必须去,那是我的教会。"批评人士抨击这种父权式的探访伤害了地方教会,乃是一种绝对主义者的行径:教宗高高在上,出尽风头,地方主教唯唯诺诺,颜面尽失;教宗则将其视为现代彼得牧灵权的独特而必要的特征。同时,在民众热诚的眼光下,他的演员风范与平民本性也展现得淋漓尽致。他会戴着墨西哥阔边帽或土著美洲人的头饰,出现在百叶窗前和讲台上。当年老体弱时,他也善加利用,学着卓别林的样子,一边走路,一边转动手杖,赢得周围人群的大声喝彩。那些支持他的人,尤其年轻人,数百万地聚在一起,高声吟唱"约翰·保罗二世,我们爱您"(John Paul Two, we love you),以回应他要求为基督而慷慨、在淫乱时代坚守贞洁的劝诫。1995年在马尼拉举办的"世界青年节",参加者估计达500万人之众。至其任期末,这样的国际游历他进行过100余次,他发布的讲演和面对的听众,超过历史上的任何人。

  他的干预扩及教会生活的各个层面,宗教修会首当其冲,尤其关注它们回归传统的尊奉。在其就任初期,他对耶稣会中流传的激进神学观点极为警觉,时任耶稣会会长佩德罗·阿鲁普(Pedro Aruppe)是保罗六世的朋友,德高望重且极富魅力。1981年,阿鲁普突然中风,约翰·保罗延缓了耶稣会的选举程序,以此阻扰该会选举继承人;随即,教宗以前所未有的干预方式强行安插了自己的人选,即79岁的保罗·德扎神父(Fr Paolo Dezza),一位梵蒂冈的"模范囚徒",神学观点极为保守且近乎失明。此举被认为是试图在耶稣会中安插一个教宗的傀儡,以训练耶稣会士严守界限,耶稣会神学家卡尔·拉内尔为此专门写了一封抗议信。教宗随后允许该会自由选举,并公开表示信任他们的工作。但这次干预被认为是对那些他认为危险的修会的一个警告,因为这些修会过度热衷于解放神学而致使福音被政治化。

因此,晚年的约翰·保罗二世有时似乎更像是庇护九世、庇护十世或庇护十二世的传承者,而非约翰二十三世或保罗六世的继承人。作为一位越山主义者,他深深地感到自己责任重大,在上帝旨意中具有核心的地位。比如,他确信,1981年土耳其狂热分子莫梅特·阿里·阿加(Mehmet Ali Agca)在圣彼得广场上几乎要他性命的那一枪,是法蒂玛圣母(Our Lady of Fatima)神奇地让子弹改变了方向。* 这一信念激发的共鸣绝不只是单纯的虔诚。法蒂玛是葡萄牙的一个圣地,据说圣母玛利亚1917年曾在此显灵。这些异象和法蒂玛崇拜迅即演化为天启式的期望,以及对布尔什维克革命和共产主义者攻击基督教的恐惧。冷战时期,法蒂玛成为反共情绪的虔诚中心,而年老的庇护十二世据谣传还见到了法蒂玛圣母的异象。阿加暗杀教宗的那颗子弹,后来被献给法蒂玛圣地,并镶在圣母珠光宝气的王冠上。暗杀事件并不是约翰·保罗二世诠释为证明他肩负神秘天职的唯一事件。1994年,他像许多老人一样,在淋浴时跌倒,跌断了股骨,他将此事也视为其担承先知使命的又一证明:他宣称,教宗必须承受苦难。

的确,苦难是了解他性格的重要钥匙。他9岁丧母;13岁时,

---

* 1981年5月13日,约翰·保罗二世在进入圣彼得广场演讲时,被一名土耳其狂热的穆斯林枪手阿加枪击。约翰·保罗中了两枪,但未击中要害。1983年圣诞前两天,约翰·保罗痊愈后,到监狱探望刺客。二人私下谈话片刻,但对话内容至今没有公开。不过,有人在阿加的住处找到一张"我要杀死十字军首领"的字条。谋杀的动机仍然众说纷纭:意大利国会的调查委员会认为苏联是幕后黑手,旨在保持《华沙公约》国家(特别是波兰)的稳定。但也有人认为,谋杀可能是梵蒂冈内部不满人士所为。因缺乏证据,最后以阿加只是想恐吓教宗结案。——译者

又痛失爱兄；二战时期，他先后在采石场和化工厂做工，饱受磨难；在纳粹和随后的共产党统治时期，他作为神学院学生、神父和主教，只能四处躲藏、反抗和对抗。所有这些，都塑造了他的观念，使得他用一种半以忧伤半以不屑的目光来看待自我放纵的西方人；他鄙视启蒙时代的道德与社会价值观，认为这种价值观已经将人性带进了灵性的死胡同，并诱使教会自甘堕落。

然而，他是一个很难评价的人物。他是一位坚定的权威主义者，但在他发布的通谕或训示中，他不使用惯常的御用复数称谓：他是第一个不写"朕（We）"，而署本名"卡罗尔·沃伊蒂瓦"的教宗。他也强烈支持宗教自由，而且在梵二会议上，他在推动天主教相关教诲改革的过程中起了关键的作用。虽然常有人指责他轻视其他信仰，他对犹太教却情有独钟，并与克拉科夫的一个犹太男孩保持了终生友谊；他是第一位拜访罗马犹太会堂的教宗，并于1993年与以色列建立了正式的外交关系。他对其他宗教的开放态度也扩及非亚伯拉罕传统的宗教。1986年10月，他在阿西西发起了一系列礼拜，参加者不仅有穆斯林，也有印度教徒和各种萨满教徒。他在恒河河畔甘地火化之地祈祷时，因为太过入神，使得他的随行人员失去耐性而把他从沉思中摇醒，以便继续行程。尽管他绝不妥协地维护某些极度不得人心的教诲如节育，他仍然是历史上最受欢迎的教宗，他不停地亲吻柏油路，与人握手，为老人祝祷，并拥抱婴儿。因为坚信自己拥有引领全世界每一位天主教徒的权威与责任，他走入人群，让人们看见他，伸张他的权威，不断地劝诱、唠叨、开玩笑、流泪，让紧随其后的当地神职人员筋疲力尽。

沃伊蒂瓦特别热衷册封圣徒。他相信，树立地方圣洁模范是

第六章　上帝的谕示(1903—2005年)

将福音植入世界文化中的基础性工作,因而,他每到一地,必定大肆册封当地圣徒或大封"真福品"(*beati*),一共封了近500名圣徒和1,400位"真福品",超过此前历代教宗册封的总和。这种大封圣徒的做法,即便在梵蒂冈内部,许多人也感到震惊,而在1989年,约瑟夫·拉青格甚至怀疑他宣布的圣徒是否太多了,"这些人真的没有多少值得向广大信徒说的"。① 正如拉青格枢机指出的,每次封圣都代表着某种优先选择。这种优先性其实常常是由他人决定的,因为选择圣徒的压力常常源自地方教会而非罗马。不过,细细审查新圣徒的名单,也能从中洞悉教宗可能想借此传递何种信号。2000年9月3日,沃伊蒂瓦为教宗约翰二十三世举行宣福礼,他因召开梵二会议而备受世人敬仰。这是一次场面极其宏大的民众集会。自约翰下葬以来,他在梵蒂冈地宫的墓室就一直围绕着跪拜的朝圣者,而在许多人看来,他被供奉于教会各祭坛是对教宗罗卡利召开梵二会议及其带来的变化的一种迟到的支持。但就在同一次典礼上,沃伊蒂瓦也宣布庇护九世为"真福品",即那位发布《邪说目录》和召开梵一会议的教宗,也是坚决对抗现代性和意大利政府的永无谬误的教宗代表。他原本还打算册封罗卡利的前任、判然有别的尤金尼奥·帕萨利即庇护十二世。但因教宗帕萨利在纳粹时代对犹太人的遭遇保持了所谓的沉默,人们争议极大,使得这场配对封圣未能如愿。庇护九世的封圣程序早在册封罗卡利之前就开启了。但封圣是一项公开申明,不可避免地,有许多人会认为,教宗之所以将这些差异极大的教宗一同封圣,旨在抑制第三个千年里教会中处于优势的亲梵二会议的势力,以免他们

---

① John L. Allen, *The Rise of Benedict* XIX, New York and London 2005, p. 200.

从教宗约翰封圣一事上获取过多的力量。极有可能，这类担忧并不只是多疑而已，从根本上讲，它们表露了这位波兰籍教宗晚年局面紧张的迹象。

沃伊蒂瓦时期教廷散发的巨大能量，已经对教会产生了决定性的影响，尽管并不都是正面的。那些旨在将教会团结在教宗周围的无休止的旅程，有时似乎适得其反，加剧了教会的分裂。那些与其他主教共担责任的辞令，常常也因梵蒂冈不断干预地方教会而落空，特别在主教任命上，这种干预极具灾难性且尤其令人反感，如任命沃尔夫冈·汉斯大人（Mgr. Wolfgang Haas）为瑞士库尔（Chur）主教一事。汉斯极端保守，性喜挑衅。世人公认，梵蒂冈之所以派他，是想让他去推行反动的神学观念与牧灵政策。他很快就惹恼了教俗两界，相关神父大量迁往其他教区，并引发了针对他的公然示威：苏黎世城区通过投票，决定不向该教区支付任何费用。汉斯则将这一切归结为他一心捍卫正统的事实："如果一个人完全接受教会的牧灵权威——这是天主教徒的必要条件，他就必须接受火的考验。"1990 年，瑞士其他主教云集罗马，要求教宗将他免职。但他并未被撤职。相反，在 1997 年，梵蒂冈采取了一项保留脸面的非常措施，将列支敦士登小公国新设为一个大教区（曾是库尔教区的一部分），将汉斯调往该地任职。

在约翰·保罗的领导下，地方教会的自主性被系统地削弱了。以前由地方教会自行处理的事务，梵蒂冈各部也加强了监管，甚至包括礼仪用语译为当地方言之类的琐事。梵蒂冈的学者向全国主教会议（National Conference of Bishops）在神学和教会法方面的地位发起了挑战，主张主教的"共享权"（collegiality）只适用于主教们聚集在教宗身边之时，而不是主教们独立行使的权力。主教会议做出的共同决议,如拉美或北美主教大会的决议,代表的只是"集体"决定,把不适当的"民主"机制纳入教会体制中,缺乏神学基础。从这些举动中,人们不难发现,梵二会议开启的向地方教会放权的趋势发生了逆转。

尽管约翰·保罗二世信誓旦旦地承诺将贯彻梵二会议的宗旨,但他却利用其威望,支持一些似乎很难符合梵二会议精神的运动和活动。他个人曾强烈支持一些俗界运动如"共融与解放"(Communione e Liberazione),这是庇护十一世风格的"公教进行会"的复兴。特别是,他曾经保护约瑟玛利亚·埃斯克里瓦(JoseMaría Escrivá)成立于前佛朗哥西班牙时代的半秘密组织"主业会"(Opus Dei),授予其领袖"个人监督"(personal prelature)的头衔,使其具有符合教会法的特殊地位,不受地方主教的节制。1978年,沃伊蒂瓦在他得以当选为教宗的那次密室会议前夕,还去埃斯克里瓦在罗马的墓地祷告。他不顾强烈的反对声浪,很快为埃斯克里瓦举行了宣福礼(1992年)和封圣仪式(2002年),这项政治行为表明教宗认同"主业会"的精神与目的。然而,这个组织对神学和教牧的保守影响,及其对官方教会诸多事务与组织幕后操纵能力的日渐壮大,甚至能够操纵主教会议和教职会议,引发了一些地方教会的严重不安。更为麻烦的是,在沃伊蒂瓦时代的最后十年,美洲、澳洲和欧洲的教会内部已发生很多起性丑闻事件,教职界面临着巨大的信任危机,并引发了一股法律诉讼的浪潮,但梵蒂冈却迟迟未能掌握这些案件的频度,领悟其灾难性的影响。

约翰·保罗晚年健康迅速恶化,疾病缠身,曾经的运动健将变成了一个浑身病痛、羸弱佝偻的小老头。帕金森综合征使他那张富有魅力的脸肌肉僵硬,不能微笑,他的左手也不停地发抖。但他拒绝被击倒。尽管媒体已在越来越公然地讨论一位教宗辞职的可能性,但他不为所动,依旧全力践行着那套令他精疲力竭的巡回传播福音的生活法则。他继续访问世界各地,到他谢世之时,他已出访104次,到达过130个国家,行程超过100万英里,每次出行都不停地会见政要、接见民众、举行仪式,让他筋疲力尽。有的访问,如1998年1月与古巴卡斯特罗的会晤,具有重要的国际影响:两人达成的一项交易有利于帮助古巴对抗美国领导的封锁,而从教宗的观点来看,这也让他有机会为古巴的教会争取到新的自由,将他坚持不懈地予以推进的宗教与人类自由运动,推广到西方最后一个奉行苏联式共产主义的国家去(沃伊蒂瓦说服卡斯特罗释放了200名政治犯)。这位年老的教宗,在每次隆重仪式前,需要在更衣室打针,才能挪动脚步,他常常明显地疲惫不堪,他的病也时常让他头昏目眩或昏厥,但每次他都奇迹般地恢复过来,重新聚集起力量。第两千个圣年,即2000年,简直就是一连串的惊奇:沃伊蒂瓦为罗马吸引来了潮水般的朝圣者。为使全年活动紧凑而有序,他倡导了许多影响深远的活动,如他不顾梵蒂冈提出的更为慎重的建议,宣布2000年3月大斋期首日为"赦罪日"(Day of Pardon),并亲自主持。在圣彼得大教堂举行这一仪式的过程中,为了让教会在第三个千年中主动"净化记忆"(Purification of Memory),他郑重其事地承认了天主教会过去在反对人类自由和宗教自由、损害女性尊严和迫害犹太人方面犯下的罪恶,并予以道歉。同月晚些时候,他历史性地访问了圣地,并在亚德·瓦谢姆(Yad Vashem)大屠杀纪念馆发表了感人的演说;在演说中,他重申了那份公开悔过书的内容;更为感人的是,这位佝偻而颤颤巍巍

第六章 上帝的谕示(1903—2005年)

的老人钻进哭墙(Wailing Wall)的一处缺口,满心愧疚地为基督徒对犹太人犯下的罪恶而祈祷。圣年也是以极为隆重的场面开幕的,尤其是1月份在墙外举行的圣彼得大教堂圣门(Holy Door)开门典礼上,沃伊蒂瓦与坎特伯雷大主教乔治·卡利(George Carey)两人共同拉开了大门,卡利系新教福音派人士,这个标明普世合一的举动,在此前的任何一任教宗那里都是不可想象的,也表明沃伊蒂瓦仍然有能力获得其他基督教领袖的富有创意的慷慨回应。

圣年结束后,他继续坚持这类举动,比如在2001年5月成功地访问了希腊。这次出访最初引起了东正教人士的抗议风潮,但在访问过程中,教宗在雅典大主教面前真诚而恭敬地为罗马天主教对东正教犯下的罪恶表示了道歉,尤其提到第四次十字军期间洗劫君士坦丁堡——对许多东正教徒而言,此举集中体现了拉丁基督教国度的罪恶。是年6月,教宗又出访了乌克兰。自共产主义政权结束以来,乌克兰东正教会与500万行拜占庭礼仪的天主教徒之间的历史性矛盾更加恶化,教宗的访问坚定了当地天主教徒的信心,但在普世合一方面没有成功。

在这些晚年的行程中,教宗羸弱的身体本身就是他履行使命的一件工具,几乎就是一件武器,是对其对手的一种谴责,也是他全心奉献、忘我地践行上帝的意志的生动证明;践行上帝意志,被他视为基督徒生活尤其是教士生活的核心;但它也是教会中许多人焦虑的根源,这些人钦佩沃伊蒂瓦的勇气与忠信,却担心他的日益羸弱会使得教会的中央管理大权落到梵蒂冈官僚阶层的手中。他一直在外行走,从未把太多的注意力放在管理细节或教会机构上,而是很大程度上让他的下属自行管理。这种不拘小节清楚地反映在1996年他批准的关于未来密室会议的新程序上：它放弃了选举陷入僵局时坚持三分之二绝对多数票当选的传统，允许以简单多数票当选。很多人认为，这一变化为任何一个拉帮结派的山头推出一个特定而非大家公认的人选提供了武器，因而是引发灾难的祸根。一个更有经验的教廷管理者是绝不会同意这样做的。

在他晚年，梵蒂冈各部门的权力大增，尤其是拉青格枢机执掌的信理部，更是一枝独秀，成为了梵蒂冈最有权力的部门，被公认为正在创建帝国（暂不议这种说法是对是错）。2000年9月，信理部就基督教的统一与普世性发布了《我主耶稣》(Dominus Iesus)宣言，就很好地说明了这一点。宣言的论调和措辞明显不同于教宗本人在这个问题上的通谕《愿它们合一》，它不但强烈地坚持基督在救赎中的核心地位，而且还断言其他一切宗教都是不圆满和不完整的。在基督教内部，它坚持罗马天主教的核心地位。在对"姊妹教会"一词的"注释"中，禁止将这个词适用于英国教会和其他新教教会，在许多人看来，这似乎在有意扭转保罗六世倡导的趋势。

这份文件被公认为是"复辟分子"力图阻碍天主教在处理与其他教会和信仰的关系时奉行的"悄悄的相对主义"(creeping relativism)政策。然而，在未与直接负责普世合一和跨信仰对话的两个梵蒂冈部门事先商议的情况下，就将它发布出来，结果引起了公愤。教宗基督教合一促进委员会(Pontifical Council for Promoting Christian Unity)主席沃尔特·卡斯帕(Walter Kaspar)枢机认为，这份文件对普世合一是灾难性的，并发表了一份声明解释和纠正它的要点：他将这份文件描述为"可能写得过于草率了"，在梵蒂冈言论中，这样的措辞已接近于抗议所能达到的底线。卡斯帕稍后带着一大堆其他基督教各派的领袖和发言人对

《我主耶稣》的抗议去觐见教宗,也如实汇报了他的批评,但教宗沃伊蒂瓦对这份文件的具体内容却似乎不置可否。意思很明显,教宗已不再为借他的权威发布的重要申明和政策决议负责。

约翰·保罗二世的任期,是庇护九世以来最长的,在历史上位居第二,也被认为是最重要的时代之一。期间,这位教宗不仅再一次重整了教宗对教会的控制,并因此而刹住了梵二会议开启的权力下放的势头;而且在此期间,在"现实政治"世界原本长期扮演跑龙套角色的教宗,又一次在世界历史上,在苏联共产主义倒台时,扮演了一个重要的角色。约翰·保罗自身的矛盾使他很难被归类。他热情地献身于人类的自由与完整,他是20世纪"最积极的自由大使,使他自己的国家走上了一条解放的大道",并一定程度上促使了苏联的解体。他的两份重要通谕《真理之光》和《信仰与理性》,都为自由的人类思想能够领悟基本真理和明辨上帝的意志而欢呼,认为这也是人性的实现。然而,在他统治时期,20世纪的最后二十五年却看到了权威主义在天主教会内部的复兴,而在许多人看来,神学探究没有必要设置禁区,没有必要稍有不慎即遭扼杀。他热情地致力于与东正教和解,但在他的任期内,却看到了天主教在前苏联的扩张,这触怒了东正教领袖,加深了两教之间自古以来的猜疑,而这正是他真诚而费尽心机地力图加以消除的。在促使犹太人与基督徒和解,消除基督徒想象中古老的反犹主义污点方面,这位波兰籍教宗付出的心血比基督教史上的任何人都要多:他拜访罗马的犹太会堂,尤其是2000年访问圣地,并一再对基督徒的反犹主义表示忏悔,这些都是富有创意的举动,尽管其全部意蕴和后果仍有待观察。然而,他又将波兰的方济各会士马克西米连·科尔伯(Maximillian Kolbe)封为圣徒,尽管他在纳粹的集中营自愿代替一位已婚男士走进毒气室,但他在两次世界大战期间曾主编过一份反犹报刊。沃伊蒂瓦也册封了犹太妇女伊迪丝·施泰因(Edith Stein),她改宗天主教,成为一名圣衣会修女,1942年因其犹太身份死于奥斯维辛集中营。教宗将施泰因视为一位和解人物,而犹太人则认为她是十足的犹太叛徒,像科尔伯一样,鼓吹犹太人皈依天主教。尽管册封这两人遭到抗议,但沃伊蒂瓦却不改初衷。

沃伊蒂瓦临死前的表现,一如他生活中的一切,也显得极为动人而悲壮。2004年夏天,他拜访了位于鲁德镇的国际性神龛。拜访各国的圣母神龛是他使徒式巡游的常例,只不过这一次,如他本人宣称的,与其说是作为教宗,毋宁说是作为一个病痛缠身的朝圣者,来朝觐这个天主教世界最伟大的神龛的。他行动越来越不灵便,见之无人不感动,无人不揪心:在幽灵洞室祈祷时,他向前扑倒,站不起来,显然已是一位将死之人。随后六个月里,围绕着如果教宗不再能够思考这一问题,滋生了让他辞职或采取何种紧急措施的各种方案。2005年2月,他因为呼吸道感染而被紧急送往罗马葛梅里医院(Gemelli hospital)做气管切开术:这位举世闻名的激情澎湃的演说家现在竟然变成哑巴了。人群依然在聚集,而他也依然挣扎着要向他们致意。回到梵蒂冈后,他再也不能举行圣周的必备仪式了:这是他任教宗二十七年来的第一次,在基督受难节当日,只好由别人(拉青格枢机)在圆形广场(Coliseum)代为主持默想耶稣走上十字架的悲壮历程。在复活节礼拜日,教宗出现在其梵蒂冈卧室的窗前,祝福众人并主持了正午的奉告祈祷(Angelus)。他面前有一个麦克风,他张开大嘴想说"大人物无不在枷锁中",却发不出声音。随后一周,他的病情突然恶化。沃伊

第六章 上帝的谕示(1903—2005年)

蒂瓦,这位历史上任期第二长的教宗,谢世于4月2日上午9点37分,那天是礼拜六。

他的谢世吸引来了数量惊人的人群,宏大的场面开始了。在他去世12个小时后,圣彼得广场上聚集了50万人;随后一周内,罗马城里已涌入400万朝圣者,其中150万来自波兰,他们排队达16个小时,只为依次观瞻他的遗容。举行葬礼那天,有100多万哀悼者聚集在圣彼得广场和罗马的其他大广场上,都设有很多电视屏幕。葬礼弥撒由拉青格枢机主持,出席者有全世界绝大多数教会的代表,140位非基督教的宗教领袖,200位国家元首和外交代表,包括美国三位总统;据估计,全世界大约有20亿人收看了葬礼转播节目,使它成为有史以来观瞻人数最多的大事件。威尔士亲王推迟了原本在当天与卡米拉·帕克·鲍勒丝(Camilla Parker Bowles)的订婚仪式,出席了葬礼。媒体一刻不停地转播着教宗谢世和他生前的众多事迹,使之成为了世界上最大的剧秀。人头攒动的圣彼得广场四周,有很多横幅,上题"立即为他封圣"的急迫诉求(这些横幅据说是由普世博爱运动*策划的)。

沃伊蒂瓦宣讲的基督教,显得大气磅礴,有时也会令人不安,但他从来就不是一位谨小慎微之人,也不是悲观主义者。在历史上,他是第一位将笔头触及性爱的教宗,视之为神赐的一种生活,

---

* 普世博爱运动(The Focolare Movement):也称"圣母事工运动"(Opera di Maria),是一个国际性的宗教组织,旨在宣扬统一理想,倡导世人皆兄弟。1943年由奇娜·卢碧喜(Chiara Lubich)创建于意大利北部的特伦特,最初主要是天主教徒的运动,后扩及基督教各重要派别和佛教、印度教等其他宗教乃至非宗教人士,并得到教宗批准。其活动现已扩及180余国家,成员据说有500万。得名于意大利语的"户"或"壁炉"(focolare)一词。——译者

甚至鼓励已婚爱侣应该共同达到性高潮。他的就职布道演说一再肯定基督教人道主义，呼吁建立一个在福音光照下的世界新秩序："为基督敞开大门。敞开国界，推倒经济与政治制度的藩篱，开放文化、文明和发展的广阔领域，以接受他的救赎力量。不要害怕。基督知道人们想要什么。只有他知道。"他传递的信息，绝无半点消极避世者的彼岸情怀。他坚信，基督的福音会照亮政治、经济和个人道德，并以自己在波兰解放中扮演的角色而将理论化为实践。他拒绝马克思主义，不是因为它造成的实际后果，而是因为它的集体主义哲学，他认为这种哲学"压抑并碾碎了每个个体的根本独特性"。而他自己的哲学，强调的是自由和充满爱心的道德行为的至高无上的价值，每个人都能实现他们自己的个性。但在他看来，这类行为从来就不是自己凭空养成的自由。真正的自由和幸福来源于领悟创生世界的神的真实性，即"真理之光"，并依此行事。领悟真理是一件难事，也是一桩令人颤悚的乐事，顺从真理会有违我们的安全愿望。但是，它将我们与十字架上的基督连为一体，这位真正的人，承受痛苦的人，被举起来让世人观瞻，是复活的源泉，但也是更加真实的生存的源泉。

他会因为许多事情而被人怀念，而尤其令人难忘的，是他以富有魅力和独裁者的个性阻止和扭转了教宗权力的相对化，这原本是受梵二会议影响而发生的最为明显也最为清晰的不可逆转的转变之一。他真的只手就将教廷放回了天主教世界的核心。他漫长的任期意味着，他身后留下了一个绝大多数成员是由他任命的教士阶层，比如，他晋升了115位枢机，这些人中，除了两位，全都参加了选举其继承人的密室会议。

但是，他那昂贵的福音自由观尽管令人不安，却可能是他最为独特的遗产。因为他向其他信仰的人全盘开放,他对天主教的古老教诲信心十足,坚信依照这些教诲生活的人才是最富有的人。他身患重病,痛楚异常,却锲而不舍,是有意将自己钉在十字架上,向那些被社会遗弃的人见证受难者高贵、贫弱者无价的真理。在他的最后岁月里,他公开忍受着年老病人丧失的各种尊严与体面,这也是他在其永不停息的巡游中,上千次地探访被压迫者、穷人和病患时,曾对别人宣讲过的。有一次,他的一位随从见他如此痛苦,被吓坏了,问他是否病痛让他哭泣。"别在外面。"沃伊蒂瓦说。

六、我们现代的生活方式

对约翰·保罗二世去世及其葬礼史无前例的公开宣传,有助于决定选举其继任者的密室会议的结果。沃伊蒂瓦漫长而引人注目的任期,使得选出一位年高且不那么健壮的继承人变得确凿无疑。枢机们不想再要一位主宰四分之一个世纪的教宗,需要的更可能是一位过渡性的人物,他只需依前朝旧例行事,以便为思索新的方向和应对新的挑战留下喘息之机。但是,对沃伊蒂瓦去世及其葬礼铺天盖地的媒体报道,使得枢机们也如世人一样,了解了沃伊蒂瓦的德高望重对转变世界关于教宗职位的看法是何等的重要。按照阿尔比诺·路西亚尼即约翰·保罗一世的样子来选出一位圣洁而快乐的平庸之辈,绝非慎重之举。无论谁当选,他看起来必须像一位教宗,能够信心十足地坐上沃伊蒂瓦的位子;但即便依照公意,枢机团再也找不到像他那样的人了。因为,在枢机主教中已很少有惹眼的大人物。沃伊蒂瓦如果早逝五年,深孚众望的耶稣会士、米兰的马蒂尼(Martini of Milan)枢机本是不二人选,他是一流的进步神学家,他的大教堂每周曾吸引了如潮的青年人来聆听他对《新约》富有挑战性的阐释。但马蒂尼现已78岁,且已退休,一年中有大半时间生活在耶路撒冷。更为重要的是,据说他已是帕金森综合症早期。尽管在首轮投票中,他的确获得了相当多的支持,但事实上不可能考虑再选一位病痛缠身的教宗。在115位枢机选民中,有名望的意大利人选很少,故密室会议更自由地从意大利以外来挑选沃伊蒂瓦的继承人。他们先后考虑了来自非洲、拉美和印度的各自一位枢机,但无人得到足够的选票。最后,在第四轮投票中,德籍枢机约瑟夫·拉青格脱颖而出,在现代史上,这是开得最短的密室会议之一。当天是4月19日,礼拜二。一个众人不经意就会放过的巧合是,这一天也是中世纪最伟大的德籍教宗圣利奥九世的节日。

约瑟夫·拉青格1927年出生于巴伐利亚一个极为虔诚的天主教家庭,他是一位警察的三个儿子中的幼子。其父因为公开蔑视希特勒而被一贬再贬,直至成为乡村邮递员,最后在1937年过早地退休。拉青格本人像他的大哥乔治一样,决心献身于神职,但被编入希特勒青年团,从1943年起在防空部队服役,虽然他后来声称自己从未开过一枪。战争结束时他开了小差,但被美国人抓获。释放后他回到神学院。他的神学训练是在慕尼黑天主教神学院接受的,在这里,他一边准备晋升神职,一边撰写论述奥古斯丁的博士论文。1951年,他和他的哥哥获得晋升。升任襄礼员一年后,他在弗赖辛神学院谋得了一个教职,同时撰写大学授课资格论文(Habititation),这是任何一位希望在德国一所大学获得教职的人所必备的博士后高级资格。拉青格的神学观一直受到教父学复兴的影响,这次复兴是由律贝克的亨利这样的"新神学"阐释者倡导的。拉青格的"伟大导师"是奥古斯丁,而他也不喜欢当时主导天主教神学界的新经院哲学,认为它过于理智主义(同一时期,沃伊蒂瓦也在罗马天使大学神学院接受这方面的训练)。因此,他的大学授课资格论文转而选择研究更为神秘的圣波拉文都拉(St Bonaventura)的神学,因为他的启示不是将真理转换为智识,而是揭开上帝在历史中活动的奥秘。当他仍在从事这项研究时,弗赖辛大学已向他提供了一个教义神学的教席(过早地做出了他的大学授课资格论文会通过的结论),而他七十多岁的父母,也卖掉了家乡房产搬来与他同住。因此,当一位考官认为他的大学授课资格论文不合格,从而使得这位年轻教授的新职位搁浅,并危及家庭保障时,他震惊不已。他随即满腔热忱地重写论文,几个月内再次成功地提交了申请,但令他尴尬与惊恐的是,竟然再次铩羽而归(他相信这一次很不公平)。四十年后,他在自己简略的备忘录《里程碑》(*Milestones*)里,就此留下了整整一章的内容。显然,这段插曲依然是缠绕着他的一个梦魇。

然而,作为德国天主教神学界最璀璨的希望之星之一,他现在事实上已成为一颗冉冉升起的明星。一系列越来越耀眼的职位将他带到了波恩、慕尼黑和图宾根。1966年,在一位欣赏他的朋友汉斯·孔的推荐下,他获得了图宾根大学新设的教义学教授职位。1969年,他回到巴伐利亚,就任新建的雷根斯堡大学的一个高级职位。但他的名声已远远越出大学界。随着梵二会议的召开,拉青格被任命为科隆大主教约瑟夫·弗林斯(Joseph Frings)枢机的顾问,弗林斯是梵二会议上进步力量的重要代言人之一,以抨击罗马教廷各部门中最有权势的最高法院的轰动性发言而闻名,斥责它是"丑闻的源头"。拉青格与伊夫斯·康迦、卡尔·拉内尔和汉斯·孔等一流的公会议神学家携手合作,抨击主宰"罗马神学家"的那种僵化的经院主义,认为教会"控制得太严,条条框框太多,其中很多条文,非但无助于这个无信仰的世纪摆脱困境,反而有碍于它得到救赎"。[1] 他帮助起草了大会的教会宪章即《万民之光》的关键部分,在形成有关启示的教令《上帝之言》(*Dei Verbum*)中也起了重要作用。在注疏大会文献时,他呼吁支持权力共享观念,他称之为教会中的"有秩序的多元主义",认为地方主教会议的工作尤其重要,因为它是全体主教共同承担责任的表现形式。他与康迦、拉内尔和汉斯·孔等人一同创办了一份进步的神学杂志《大公会议》(*Concilium*),成为该杂志编委会的创始成员之一;1968年,他成为《大公会议》组织的一份公开宣言的1,300余位签名者之一。该宣言主张"神学家有探索和谈论真理的权利,不容任何行政措施和制裁设置障碍"。宣言一针见血地批判了最高法院秘密审查神学家的行径,呼吁更加包容,赋予受指控的神学家相应的申辩权利。[2]

然而,早在1968年,拉青格对梵二会议后教会内部的一些发展倾向,甚而大会通过的一些文件,已变得惊恐不已。作为有关礼仪、教会和启示诸教令的热忱支持者,他对没有恩典的人类文化的价值却一直保持着奥古斯丁式的怀疑,而纳粹主义释放的恐怖行径,似乎已经证实了这种怀疑。因此,他认为《教会在现代世界的

---

[1] Cardinal Joseph Ratzinger, *Salt of the Earth: Christianity and the Catholic Church at the End of the Millennium: An Interview with Peter Seewald*, San Francisco 1996, p. 73.

[2] John L. Allen, *Cardinal Joseph Ratzinger: The Vatican's Enforce of the Faith*, New York and London 2000, pp. 62, 67-69.

牧灵宪章》即《喜乐与希望》,体现了一种乏味的、毫无神学色彩的乐观主义,并对此忧心忡忡。他相信,它的作者们(绝大多数是法国人)由于对现代文化满怀赞美之心,因而对人的生存做了一种不成其为问题的陈述,缺乏足够的宗教内容。这份文件满纸都是温和的泛泛之论,"而神学应有的题中之义,即讨论基督及其事工,只剩下一个被深度冻结的概念,因而让人觉得……难以理解,过于陈旧"。《宪章》也过度地使用了"上帝子民"这一观念,因而鼓励了单纯地从社会学和政治学的角度来理解教会;而有关礼仪和教会的宪章,强调的是更加坚定地以基督论和圣灵为中心;两者显然是相互抵牾的。这份对人性的陈述对"罪"(sin)全无考量,而这恰恰忘记了,如他后来所言,教会涉足世界的一种合法形式就是"宣教"。①

拉青格对梵二会议后天主教发展方向的惊惧,又因1968年席卷各大学的革命风潮而急剧强化。许多神学院系,包括拉青格自己所在的图宾根神学院,在政治上变得日益激进。校园小册子谴责十字架"表现了一个受虐狂的痛苦的荣耀",而《新约》是"一份不人道的文献,是对民众肆无忌惮的欺骗",这些言论使他大为惊恐,而他也越来越将这些极端言行与他对于大公会议本身已经被劫持和被歪曲的担忧联系起来。他相信,会议的真正遗产,在于它的文本,该文本应该依照更早的教诲做保守阅读,而不是以所谓的"梵二会议精神"来释读;他认为,这种释读正在成为一种没有根基的理性化神学的万能理由,它以"放下包袱,适应形势,做出让步"的

---

① Aidan Nichols, *The Theology of Joseph Ratzinger*, Edinburgh 1988, pp. 100, 151.

方式腐蚀了为基督教所特有的东西。他断言,"在此背景下,任何人还想要当一个进步分子,就不得不放弃他的正直"。① 在他的词典中,"进步分子"等同于"投机分子",是一个他坚决反对的术语。因此,他开始疏远昔日的神学盟友,如耶稣会神学大家卡尔·拉内尔,认为他们甘愿"宣誓效忠于各种进步口号",逐渐深陷激进、投机和政治化的泥沼而不能自拔,远离了圣经、教父和天主教传统的实质与精髓。②

令他恐慌的另一个源头是梵二会议后天主教崇拜仪式的转型。罗马礼仪的精美与古雅是拉青格自身信仰和他献身于神父职业的基石之一。作为年轻的神学家,他曾一直是"礼仪运动"(Liturgical Movement)的忠实支持者,但是,他现在已被激进主义搅得心神不宁,而且,他本人身为一位有天赋的音乐家,也对紧随梵二会议而来的礼仪改革中的审美缺失而沮丧不已。对他而言,礼仪的本质就是它古老的"灵动性"(giveness)。它不是某种由委员们设计的东西,而是"几个世纪以来从教会信仰中生发出来的各种文本和动作的神奇聚合物"。它承载着"其本身历史的全部重量",而且,在本质上是一种有机的生成物,而非学术构建之物。保罗六世在1973年审定的新版《弥撒》,较之随后废除现已停用的"特伦特礼仪",在他看来,已成为巨大断裂的标志,他认为,这种断裂紧随梵二会议已经介入教会生活。正如他稍后宣称的:"一个共同体,当它突然宣布严厉禁止那些其迄今为止一直奉为最神圣和

---

① Ratzinger, *Salt of the Earth*, pp. 73-78.
② Joseph Ratzinger, *Milestones: Memoirs 1927-1977*, San Francisco 1998, pp. 128, 140-144.

最高贵之物时,当它将夙寐以求之物弃如草芥之时,就会让人质疑它的存在。难道它还能值得信任么?今天立为金科,明日又废为旧律,可以么?"①

在梵二会议后的焦虑岁月里,拉青格的双重头衔——既是伟大的梵二会议的建筑大师之一,但更是梵二会议后过激言行越来越公开的批评者——使他得到了教宗保罗六世的赏识。尽管他只有担任一年乡村襄礼员的教牧经历,但在1977年,保罗还是大胆地任命这位教授为慕尼黑大主教,几个月后又擢升为枢机。在慕尼黑,他被认为认真负责,但为人拘谨,活力稍显不足。不过,作为枢机大主教,他现在已身居高位,可以将他对过去二十年来神学趋向的日渐不满化为行动了。天主教神学家汉斯·孔曾著书否认教宗永无谬误论,德国主教们因而发起了吊销其在图宾根大学神学院任教资格的运动,在这场运动中,拉青格对自己昔日的这位良师益友落井下石。拉青格大主教还亲自否决了另一位昔日同事和门生约翰·巴普斯特·梅茨(Johann Baptist Metz)升任慕尼黑某一教席的任命,因为他认为梅茨已经让政治意识形态扭曲了他的神学。拉青格相信,是时间画出界线了,是时间强调:归根结底,还是教宗和主教,而不是学者,才是必须捍卫和保护天主教民众淳朴信仰的卫士;而有害的学术,其暴虐一点也不逊于最高法院。对于以前的同行乃至更大的神学界,这位行事粗暴的大主教在野心的驱使下,从盗猎者变成了猎场看守,以独裁行径侵蚀了他曾为之奋斗的宝贵自由。卡尔·拉内尔写了一封措辞激烈的公开信给他,斥责他针对梅茨的行为"不公正,是滥用权力"。

---

① Ratzinger, *Salt of the Earth*, pp.176-177.

拉青格在慕尼黑只待了四年。在1978年首次密室会议期间，他结识了年轻的枢机同行卡罗尔·沃伊蒂瓦，并一见如故。他们对当时神学的首要任务看法一致，对梵二会议的遗产也有着相似的理解。约翰·保罗二世欣赏拉青格在神学上的精明，1981年，将他召到罗马出任信理部部长，该部前身即为宗教裁判所神圣法院（Holy Office of the Inquisition），也就是他昔日的良师益友弗林斯枢机斥为"丑闻渊薮"的那个部门。他年轻时曾以揭批该部闻名，现在既然成了它的首脑，就力图予以改革，大量充实其成员，使之更能代表一个国际性的教会。然而，它的秘密程序依然保留着，并被视为罗马坚守正统的最忠实的看家狗；在教宗沃伊蒂瓦时代，拉青格也就成为了一些最独特也最具争议的诉讼案的始作俑者。这包括1984—1986年的反自由神学运动，直接导致了巴西的方济各会神学家莱奥纳多·鲍夫（Leonardo Boff）的暂时沉默，稍后又放弃神父一职。1986年，信理部吊销了美国伦理神学家查尔斯·柯伦（Charles Curran）的授课资格，拉青格认为，他反对《人类的生命》的教诲伤害了教宗的训导权威。结果，柯伦被解除了在美国天主教大学的教职，而柯伦一案也成为信理部在1990年颁布"神学家的教会使命"（On the Ecclesial Vocation of Theologian）这一指示的背景之一，这份指示被公认为是对天主教学院派神学的自主性与完整性的攻击。早在1998年，任教于天主教各大学的神学家已被要求签署一份信仰申明和效忠誓词，但遭到很多人的反对。1986—2003年，信理部发布了一系列文件和指示，对同性恋行为固有的不道德性，往往用语恰如牧歌，无关痛痒。枢机拉青格自己担忧的是，天主教在与其他宗教展开神学对话中的相对主义危险，这反映在1997年对耶稣会神学家雅克·杜普斯（Jacques DuPuis）

第六章　上帝的谕示(1903—2005年)

的审查,其《走向一种宗教多元主义的基督教神学》(*Towards a Christian Theology of Religious Pluralism*)一书成为这次漫长审查的焦点。2001年发布的《我主耶稣》(*Dominus Iesus*),表明了拉青格决心坚持在人类得救方面基督的唯一性和罗马天主教的核心地位,从而引来一片抗议之声(它甚至不是由梵蒂冈专门负责与其他教会和其他信仰打交道的部门发布的):它公然将一切非基督教的宗教乃至其他基督教宗派描绘为"具有严重的缺陷"。诸如此类的官方行为让人们普遍感到,在拉青格部长的领导下,官方教会与神学家的关系正处于自庇护十二世那个最恶劣时代以来的最低潮。拉青格尽管为人彬彬有礼,魅力非凡,他还是被公认为是约翰·保罗二世时期的硬汉,"装甲枢机"(Panzer Cardinal)和梵蒂冈的罗特韦尔犬。*

在接受新闻记者的采访中,他的一系列开诚布公的长篇大论使他的这个名声更为显赫。面对梵二会议后的混乱,他呼吁要"拨乱反正",来一场"改革中的改革",要将大会的教导重新植入传统天主教信仰与实践的长期远景中去。对于一位身居要职的教廷大员而言,这些访谈的言论竟然会偶尔出言不慎,的确令人吃惊。他呼吁来一场新的"非从众主义"(nonconformism)运动,要求对抗而不是迎合促使欧洲基督教遗产边缘化的文化革命,并批评教会对世俗世界"自梵二会议后奉行的献媚似的团结态度"。在梵蒂冈官场,他也以一贯猛烈地抨击新版《弥撒》而著称,因为它暗示着保罗六世对此负有责任:拉青格视之为一场漏洞百出的礼仪革命悲剧。

---

* 罗特韦尔犬(Rottweiler):也称罗威纳犬,德国改良的一种体型较大的犬,具有警惕性高、攻击性强和忠于主人等特点。——译者

如此备受争议的一个人物，竟然在现代为期最短的一次密室会议上当选，使得很多评论家震惊不已。事实上，枢机们反对他的候选资格，却苦于找不到一个令众人喝彩的替代人物；而拉青格进入密室会议时，却已拥有令人印象深刻的有利条件。他俨然已是前任教宗价值观最能干的代言人，也是少数几位享有世界声誉的廷议枢机之一。每个人都钦佩他的学识。他任信理部部长二十余载，是知名度最高的教廷官员；而且，自接受信理部面谈成为"定期觐见罗马"的常例后，同时兼任某一教区主教的每位枢机都曾与他打过交道。在这些会见中，他的精心准备，悉心聆听，彬彬有礼，以及他的语言天赋，使得那些即便是不赞同其观点的人，也不得不尊敬他。作为枢机团的监理（Dean），他庄严地主持了约翰·保罗二世的葬礼，并当场布道，而他那难以抑制的悲情，也使得那些一直认为他是一个冷血长官的人感到惊奇。作为枢机监理，他也主持了枢机全体会议（General Congregations），该会议在约翰·保罗去世到密室会议开始这一期间负责管理教会。在这些会议上，他表现出卓越的合作共事精神。认为约翰·保罗二世时期教宗指手画脚过多的每位枢机，都觉得他可能是这样一个人：尽管与前朝关系密切，但生性似乎不那么具有支配性，而是更富有团队合作精神。

在一些观察家看来，选出一位欧洲枢机既令人吃惊，又让人失望。人口变化和世俗化的急剧扩展，意味着天主教的增长地区已移出欧洲，在拉美、非洲和亚洲，信徒群体更多，神学院和修院的人员爆满。这本来表明，选出一位非欧洲籍教宗的时机已经成熟。但是，来自第三世界的枢机，没有一位赢得枢机团的信任，而欧洲人仍然构成了选举团的绝大多数。基督教在欧洲已处于守势，信徒成员萎缩，神职人员凋零；在许多枢机看来，这一事实似乎成为要选择这样一位教宗的理由：他应当将扭转这些趋势作为首要任务。拉青格枢机曾著书立说和四处演讲，广泛论及教会在世俗化欧洲面临的危机，他一再坚持继续发挥基督教遗产在欧洲大陆的重要性，甚至到了公开反对允许土耳其加入欧盟的地步。他在密室会议前对枢机们的致辞，就是以必须反对西方各式各样的世俗主义为主题的。似乎正是他的这些先期思考满足了当时的需要，以及他拥有对症下药的智识储备，使他成为了理想人选。

两个其他考量可能也有助于拉青格当选。首先，他已78岁高龄，在教宗沃伊蒂瓦后期，他已一再提交辞呈，期望退隐巴伐利亚安度晚年，故不可能成为一位任期很长的教宗；而且，较之其精力充沛的前任，他巡游的次数肯定较少。这任教宗将会是任期较短也较为安静的。其次，那份不幸的新方案，即允许选举长期陷入僵局时以简单多数当选，可能也很好地绕过了密室会议的正常程序。在过去，许多候选人已得到50%的选票，却仍不能当选，因为他们终究没有得到三分之二的选民的同意。现在却可以实现了：拉青格的支持者只要沉着冷静，继续投票，尽其所能地消磨另一候选人支持者的意志，就终能赢得50%的选票。

他选取本笃十六世的名号也是一个精明的姿态。教会内部对梵二遗产的冲突，使得选择教宗名号成为一个政治雷区，这位新教宗避免选择任何一位晚近教宗的名号，从而绕开了这个雷区。他向枢机们解释了他选择名号的理由，提醒他们说，本笃十五世是一位和平使者和调解大师，他也希望成为那样的人。他还提醒他们，修院运动在欧洲形成中扮演了关键角色：约翰·保罗二世已使得圣本笃成为欧洲的共同守护神；这就确认了这位新教宗优先考虑的问题之一。对于这位享有"异见之锤"(hammer of dissent)绰号的新教宗,释经学者们曾满怀担忧,但教宗本笃十五世以叫停现代主义危机的方式,终止了对异端的捕猎,这一事实使他们略感欣慰。

教宗本笃的早期演说与布道,清晰地表明他深知自己声誉不佳,需要消除那些害怕其独裁秉性之人的疑虑,并且不再插手关涉其他信仰和其他基督教传统的事务。在他当选的12个小时内发布的施政纲领,包括他在密室会议闭幕式上的致辞(以拉丁语演讲),他都一再强调"集体协商"的重要性和"同一个使徒团体"中的主教情谊。他请求枢机们提供"持之以恒的,积极主动的,智慧机巧的合作",请求他的主教同侪在"祈祷和建言中"与他越来越近。他发誓会献身于继续贯彻梵二会议文件的"永恒"教诲,尽管他又做了重要补充,如"秉承诸位前任并忠诚地继承教会千年之久的传统"等有分量的话语。他宣布,他的"首要使命"是致力于"一切基督的信徒实现全面而有形的合一",他还向那些持有其他信仰或无信仰的人保证,"教会将继续与他们保持通畅而真诚的对话"。

一位新教宗,他的每一个举措都会被人放在显微镜下来细细观察,以便找出线索,借以推测这任教宗可能的行事风格。本笃十六世很少提供这类线索,尽管在他当选后的几天里,耶稣会自由派杂志《美洲》(America)的主编托马斯·里斯(Thomas Rees)辞职一事,被认为是一个风标。里斯允许刊登公开质疑官方教诲的文章的编辑政策,曾数次遭到拉青格辖下的信理部的谴责。现在,他的"辞职"被认为预示着一场大清洗即将来临。然而,这位教宗的前几个月,却无可指责地花在了办公桌上:批准任命,会见梵蒂冈各部首脑,接受世界各地主教的"定期觐见",而每逢周三,他又会用低沉的声音虔诚地讲解诗篇,以训导民众。在5月13日,他不出意料地宣布,会立即启动为其前任举行宣福礼的程序,不用像往常那样要等到五年之后,这个仪式在6月28日,即圣彼得和圣保罗节前夕,在拉特兰大教堂如期举行。但在其他方面,显然缺乏惊人之举:他的第一年只安排了两次走出罗马的旅行,第一次是当选后的一个月内,他乘直升机到意大利的亚得里亚海沿岸,出席巴里(Bari)的圣餐大会并宣道。值得注意的是,这位新教宗并未绕道拜访附近的帕特尔·庞奥(Padre Pio)的神龛,而庞奥是最受意大利人喜欢的行神迹的圣徒,如其前任到此,是必然会光顾的。在其当选之日与德国枢机们寒暄时,他曾保证8月份会前往科隆出席当地举办的世界青年大会(World Youth Congress),以表明他会遵循其前任确立的与青年保持接触的模式。然而,旅行计划再一次以短暂和简约而著称,较之沃伊蒂瓦的那些动人心魄的场面,有如天壤之别。但那些担心新教宗会反对礼仪的人,因为一份通告而被证实他们的担心是有道理的,它第一次宣布,这样一个青年大会,应该包括来自传统派青年组织的代表,对于这些人,应当由教廷高级官员按照特伦特礼仪来欢庆弥撒。为了填补他以前在信理部的职位,他任命了一个美国人威廉·莱瓦达(William Levada)接替他。莱瓦达是一个才智平庸的保守分子,曾与他在信理部长期共事,而且作为圣弗朗西斯科大主教,一直以宽容对待该城日益猖獗的同性恋文化而闻名。他的任命被认为是一个信号,既表明新教宗仍会积极干预信理部的工作,也预示着他希望看到该部的秘密程序和工作氛围转向更宽容的方向。

罗马天主教会这个世界上最大的宗教组织,在经历世界上最炫耀也最富魅力的领袖之一长达四分之一个世纪的统治后,现在又落到了一位事事苛求、因循守旧的老学究手中。约翰·保罗二世和本笃十六世尽管曾是挚友和搭档，但他们却是截然不同的两种人。较之他的前任，约瑟夫·拉青格在神学上更为成熟老练，宗教冒险也大为减少。约翰·保罗二世也是一位坚定的传统卫士，然而，面对梵二会议后奉行的新式礼仪，他处之泰然，而这却让其继承人烦恼不已；而且，他还不假思索地彻底改变了天主教会两个最宝贵的虔诚财富：玫瑰经自古以来就是由悲伤、喜乐和荣福共15 端奥迹组成，他却轻率地补充了一整套全新的"奥迹"；他甚至大胆地修改了苦路十四站*（耶稣受难的这 14 幕场景数百年来一直装饰在全世界每一座天主教堂的墙上）的数目与主题，删除了许多可爱却真实性可疑的人物，如据说曾用毛巾为耶稣擦脸的维罗妮卡（一个曾启发了某种超然的伟大宗教艺术的主题），而更多地突出耶稣的母亲玛利亚。沃伊蒂瓦的虔诚是平民化的，孕育于波兰天主教的那种执着与态度。这种虔诚具有强烈的天启特征，不仅表现为他在极其神圣的复活节日程中，添加了一种名为"神之怜悯"（Divine Mercy）的新崇拜，坦率而言，这是一种充满幻想的、低俗的波兰崇拜；同时也表现在他相信"法蒂玛第三秘密"**描述的古怪而模糊的幻象指的就是他，具体而言就是指阿里·阿加企图

---

* 苦路十四站（Stations of the Cross）指耶稣被押往受难地钉十字架的 14 个场景，一般依次为：1.耶稣被判死刑；2.耶稣背负十字架；3.耶稣第一次跌倒；4.耶稣遇见其母；5.古利奈的西门帮耶稣扛十字架；6.维罗妮卡为耶稣擦脸；7.耶稣第二次跌倒；8.耶稣遇见耶路撒冷妇女；9.耶稣第三次跌倒；10.耶稣被掠去衣袍；11.耶稣被钉在十字架上；12.耶稣在十字架上死亡；13.耶稣从十字架上被放下来；14.耶稣被埋进坟墓。——译者

** 法蒂玛的三个秘密指圣母玛利亚对葡萄牙法蒂玛的三位牧童，路济亚（Lucia Santos）及她的表弟妹雅琴达（Jacinta Marto）和方济各（Francisco Marto）所告知的三个预言，他们声称在 1917 年 5 月至 10 月间见证了圣母显灵。——译者

要他的命。本笃十六世同样也要深深归功于其故乡巴伐利亚的传统虔诚,归功于巴洛克式教堂和他年轻时的音乐和信奉实践。但较之沃伊蒂瓦,他的传统主义显得更为深思熟虑,更多书卷气息,也更具理论色彩。他们之间的这些本质差异,也明显地表现在拉青格对千禧年庆典明显缺乏热情,而对约翰·保罗二世授权公布的法蒂玛第三秘密,他也不以为然。信理部对该秘密所做的神学评论,显得尤其冷淡,只是一些泛泛之论;对该"秘密"预示的末世威胁的危险,也做了损害降低处理,宣称"它所说的一切,没有什么不是基督福音早就说过的",①正如拉青格枢机曾冷冰冰地对一位新闻记者说的那样。本笃十六世的教廷,在神学方面不可能与其伟大的前任产生任何戏剧性的断裂。但是,每一位新教宗都是一个新的开端。这个世界上最古老的王朝,仍将继续其漫长而多事的旅程,而步入人类的历史。

---

① Ratzinger, *Salt of the Earth*, p.105.

附录一 历任教宗与对立教宗表

前15位教宗的在位年代只是近似值，前5位（不包括克莱门特）更有武断之嫌。遵循最古老的名单惯例，使徒彼得不列为教宗。教宗名字前以序数词标明其继任顺序，对立教宗名字前空格，没有序数词。一位教宗当选后有了新名字，其受洗名附在其后，另立一栏，斜体。

序号	教宗名	教名	译名	在位时间
1	St Linus		圣莱纳斯	
2	St Anacletus		圣阿纳克利特	
3	St Clement Ⅰ		圣克莱门特一世	约96
4	St Evaristus		圣伊瓦利图斯	
5	St Alexander Ⅰ		圣亚历山大一世	
6	St Sixtus Ⅰ		圣塞克图斯一世	约116—约125
7	St Telesphorus		圣特勒斯鲁夫	约125—约136
8	St Hyginus		圣西吉努	约138—约142
9	St Pius Ⅰ		圣庇护一世	约142—约155
10	St Anicetus		圣阿尼塞图	约155—约166
11	St Soter		圣索特	约166—约174
12	St Eleutherius		圣伊留德里	约175—约189
13	St Victor		圣维克多	约189—约199

续表

序号	教宗名	教名	译名	在位时间
14	St Zephyinus		圣泽菲林	约199—约217
15	St Callistus I		圣卡利克图斯一世	约217—222
	St Hippolytus		圣希波利斯斯	217—约235
16	St Urban I		圣乌尔班一世	约222—230
17	St Pontian		圣庞提安	230.7.21—235.9.28
18	St Anterus		圣安特努斯	235.11.21—236.1.3
19	St Fabian		圣法比安	236.1.10—250.1.20
20	St Cornelius		圣柯尼留斯	251.3—253.6
	Novatian		诺瓦蒂安	251.3—258
21	St Lucius I		圣卢修斯一世	253.6.25—254.3.5
22	St Stephen I		圣斯蒂芬一世	254.5.12—257.8.2
23	St Sixtus II		圣塞克图斯二世	257.8—258.8.6
24	St Dionysius		圣狄奥尼修斯	260.7.22—268.12.26
25	St Felix I		圣菲利克斯一世	269.1.3—274.12.30
26	St Eutychian		圣优迪奇安	275.1.4—283.12.7
27	St Gaius(Caius)		圣盖乌斯	283.12.17—296.4.22
28	St Marcellinus		圣马西利努斯	296.6.30—? 304年12月25日卒
29	St Marcellus		圣马西鲁斯	约308—309
30	St Eusebius		圣犹西比乌	310.4.18—10.21
31	St Miltiades (Melchiades)		圣米迪亚德斯	311.7.2—314.1.10
32	St Sylvester I		圣西尔维斯特一世	314.1.31—335.12.31
33	St Mark		圣马可	336.1.18—10.7
34	St Julius I		圣朱利安一世	337.2.6—352.4.12

续表

序号	教宗名	教名	译名	在位时间
35	Liberius		利贝留斯	352.5.17—366.9.24
	St Felix Ⅱ		圣菲利克斯二世	355—365
36	St Damasus Ⅰ		圣达玛苏一世	366.10.1—384.12.11
	Ursinus		乌尔西努斯	366—367;384年卒
37	St Siricius		圣西里修斯	384.12.17?—399.11.26
38	St Anastasius Ⅰ		圣阿纳斯塔修斯一世	399.11.27—401.12.19
39	St Innocent Ⅰ		圣英诺森一世	401.12.21—417.3.12
40	St Zosimus		圣佐西玛	417.3.18—418.12.26
	Eulalius		优拉留斯	418;423年卒
41	St Boniface		圣博尼法斯	418.12.28—422.9.4
42	St Celestine Ⅰ		圣西莱斯廷一世	422.9.10—432.7.27
43	St Sixtus Ⅲ (Xystus)		圣塞克图斯三世	432.7.31—440.8.19
44	St Leo Ⅰ(the Great)		圣利奥一世（伟人）	440.9.29—461.11.10
45	St Hilarus (Hilary)		圣希拉利	461.11.19—468.2.29
46	St Simplicius		圣辛朴力修	468.3.3—483.3.10
47	St Felix Ⅲ(Ⅱ)		圣菲利克斯三世（二世）	483.3.13—492.3.1
48	St Gelasius Ⅰ		圣杰拉斯一世	492.3.1—496.11.21
49	Anastasius Ⅱ		阿纳斯塔修斯二世	496.11.24—498.11.19
50	St Symmachus		圣辛玛古	498.11.22—514.7.19
	Laurence		劳伦斯	498—499;501—506;508年卒

续表

序号	教宗名	教名	译名	在位时间
51	St Hormisdas		圣何尔米斯达	514.7.20—523.8.6
52	St John Ⅰ		圣约翰一世	523.8.13—526.5.18
53	St Felix Ⅳ (Ⅲ)		圣菲利克斯四世(三世)	526.7.12—530.9.22
	Dioscorus		狄奥斯科鲁	530
54	Boniface Ⅱ		博尼法斯二世	530.9.22—532.10.17
55	John Ⅱ	*Mercury*	约翰二世	533.1.2—535.5.8
56	St Agapitus Ⅰ		圣阿格丕一世	535.5.13—536.4.22
57	St Silverius		圣西尔维	536.6.8—537.11.11;被废,537年12月2日卒
58	Vigilius		维吉里	537.3.29—555.6.7
59	Pelagius Ⅰ		帕拉纠一世	556.4.16—561.3.3
60	John Ⅲ		约翰三世	561.7.17—574.7.13
61	Benedict Ⅰ		本笃一世	575.6.2—579.7.30
62	Pelagius Ⅱ		帕拉纠二世	579.11.26—590.2.7
63	St Gregory (the Great)		圣格雷戈里一世(伟人)	590.9.3—604.3.12
64	St Sabinian		圣萨比尼昂	604.9.13—606.2.22
65	Boniface Ⅲ		博尼法斯三世	607.2.19—11.12
66	St Boniface Ⅳ		圣博尼法斯四世	608.9.15—615.5.8
67	St Deusdedit Ⅰ (Adeodatus)		圣多伊德迪特一世(阿狄乌达一世)	615.10.19—618.11.8
68	Boniface Ⅴ		博尼法斯五世	619.12.23—625.10.25
69	Honorius Ⅰ		霍诺留一世	625.10.27—638.10.12
70	Severinus		赛维林	640.5.28—640.8.2

续表

序号	教宗名	教名	译名	在位时间
71	John Ⅳ		约翰四世	640.12.24—642.10.12
72	Theodore Ⅰ		西奥多一世	642.11.24—649.5.14
73	St Martin Ⅰ		圣马丁一世	649.7.5—653.6.17;被废,655年9月16日卒
74	St Eugenius Ⅰ		圣尤金一世	654.8.10—657.6.2
75	St Vitalian		圣威塔利安	657.7.30—672.1.27
76	Adeodatus Ⅱ		阿狄乌达二世	672.4.11—676.6.17
77	Donus		多奴	676.11.2—678.4.11
78	St Agatho		圣阿加托	678.6.27—681.1.10
79	St Leo Ⅱ		圣利奥二世	682.8.17—683.7.3
80	St Benedict Ⅱ		圣本笃二世	684.6.26—685.5.8
81	John Ⅴ		约翰五世	685.7.23—686.8.2
82	Conon		柯农	686.10.21—687.9.21
	Theodore		西奥多	687
	Paschal		帕斯夏	687;692年卒
83	St Sergius Ⅰ		圣赛吉阿斯一世	687.12.15—701.9.9
84	John Ⅵ		约翰六世	701.10.30—705.1.11
85	John Ⅶ		约翰七世	705.3.1—707.10.18
86	Sisinnius		西西尼乌斯	708.1.15—2.8
87	Constantine Ⅰ		君士坦丁一世	708.3.25—715.4.9
88	St Gregory Ⅱ		圣格雷戈里二世	715.5.19—731.2.11
89	St Gregory Ⅲ		圣格雷戈里三世	731.5.18—741.11.28
90	St Zacharias		圣扎迦利	741.12.3—752.3.15

附录一 历任教宗与对立教宗表

续表

序号	教宗名	教名	译名	在位时间
91	Stephen Ⅱ(Ⅲ)①		斯蒂芬二世（三世）	752.3.26—757.4.26
92	St Paul Ⅰ		圣保罗一世	757.5.29—767.6.28
93	Constantine		君士坦丁	767—768
	Philip		菲利普	768
	Stephen Ⅲ(Ⅳ)		斯蒂芬三世（四世）	768.8.7—772.1.24
94	Hadrian Ⅰ		哈德良一世	772.2.1—795.12.25
95	St Leo Ⅲ		圣利奥三世	795.12.27—816.6.12
96	Stephen Ⅳ(Ⅴ)		斯蒂芬四世（五世）	816.6.22—817.1.24
97	St Paschal Ⅰ		圣帕斯夏一世	817.1.24—824.2.11
98	Eugenius Ⅱ		尤金二世	824.6.5/6—827.8.27
99	Valentine		瓦伦丁	827.8—9
100	Gregory Ⅳ		格雷戈里四世	827年末—844.1.25
	John		约翰	844
101	Sergius Ⅱ		赛吉阿斯二世	844.1—847.1.27
102	St Leo Ⅳ		圣利奥四世	847.4.10—855.7.17
103	Benedict Ⅲ		本笃三世	855.9.29—858.4.17
	Anastasius Bibliothecarius		图书员阿纳斯塔修斯	855
104	St Nicholas Ⅰ (the Great)		圣尼古拉一世（伟人）	858.4.24—867.11.13
105	Hadrian Ⅱ		哈德良二世	867.12.14—872.12
106	John Ⅷ		约翰八世	872.12.14—882.12.16

① 752年3月,有位年长的长老斯蒂芬当选为教宗,但在晋升为主教之前就死了。易容混淆的是,他的继任者也叫斯蒂芬。依据现行教会法,一个人自当选那一刻起,就是教宗。因而,现代有些罗马天主教名单将这两个斯蒂芬的第一个算作教宗斯蒂芬二世,结果,此后的斯蒂芬们的顺序就乱了。我们的名单将他略去,但会标明序号的变化。

续表

序号	教宗名	教名	译名	在位时间
107	Marinus I (Martin II)		马林一世(马丁二世)	882.12.16—884.5.15
108	St Hadrian III		圣哈德良三世	884.5.17—885.9
109	Stephen V (VI)		斯蒂芬五世(六世)	885.9—891.9.14
110	Formosus		福尔摩赛	891.10.6—896.4.4
111	Boniface VI		博尼法斯六世	896.4
112	Stephen VI (VII)		斯蒂芬六世(七世)	896.5—897.8
113	Romanus		罗马努	897.8—10
114	Theodore II		西奥多二世	897.11/12
115	John IX		约翰九世	898.1—900.1
116	Benedict IV		本笃四世	900.5/6—903.7/8
117	Leo V		利奥五世	903.7/8—9;904年被谋杀
	Christopher		克里斯托弗	903—904
118	Sergius III		赛吉阿斯三世	904.1.29—911.4.14
119	Anastasius III		阿纳斯塔修斯三世	911.3/4—913.7/8
120	Lando		兰顿	913.8—914.3
121	John X		约翰十世	914.3/4—928.5:被废,929年被谋杀
122	Leo VI		利奥六世	928.5—12
123	Stephen VII (VIII)		斯蒂芬七世(八世)	928.12—931.2
124	John XI		约翰十一世	931.2/3—935.12/936.1
125	Leo VII		利奥七世	936.1.3—939.7.13
126	Stephen VIII (IX)		斯蒂芬八世(九世)	939.7.14—942.10

附录一　历任教宗与对立教宗表

续表

序号	教宗名	教名	译名	在位时间
127	Marinus Ⅱ (Martin Ⅲ)		马林二世（马丁三世）	942.10.30—946.5
128	Agapitus Ⅱ		阿格丕二世	946.05.10—955.12
129	John ⅩⅡ		约翰十二世	955.12.16—964.5.14
130	Leo Ⅷ①		利奥八世	963.12.4—965.3.1
131	Benedict Ⅴ		本笃五世	964.5.22—6.23；被废，966年卒
132	John ⅩⅢ		约翰十三世	965.10.1—972.9.6
133	Benedict Ⅵ		本笃六世	973.1.19—974.7
	Boniface Ⅶ		博尼法斯七世	974.6—7；984.8—985.7.20
134	Benedict Ⅶ		本笃七世	974.10—983.7.10
135	John ⅩⅣ	Peter Canepanova	约翰十四世	983.12—984.8.20
136	John ⅩⅤ	John Crescentius	约翰十五世	985.12—996.3
137	Gregory Ⅴ	Bruno of Carinthia	格雷戈里五世	996.5.3—999.2.18
	John ⅩⅥ		约翰十六世	997.2—998.5；1001年卒
138	Sylvester Ⅱ	Gerbert of Aurillac	西尔维斯特二世	999.4.2—1003.5.12
139	John ⅩⅦ	John Sicco	约翰十七世	1003.5.16—11.6
140	John ⅩⅧ	John Fasanus	约翰十八世	1003.12.25—1009.6/7

---

① 因为约翰十二世被皇帝奥托一世废除，利奥八世选举的有效性一直存在争议，许多教宗名单将他列为对立教宗。不过，罗马天主教会的官方教宗名单，如正式出版的《教宗年表》(Annuario Pontificio)，承认他是真正的教宗。

续表

序号	教宗名	教名	译名	在位时间
141	Sergius IV	Pietro Buccaporca: 'Pig's snout'	赛吉阿斯四世	1009.7.31—1012.5.12
	Gregory VI		格雷戈里六世	1012.5—12
142	Benedict VIII	Theophylact II of Tusculum	本笃八世	1012.5.17—1024.4.9
143	John XIX	Romanus of Tusculum	约翰十九世	1024.4.19—1032.10.20
144	Benedict IX	Theophylact III of Tusculum	本笃九世	1032.10.21—1044.9,1045.3.10—5.1,1047.11.8—1048.7.16；被废，1055/6年卒
145	Sylvester III	John of Sabina	西尔维斯特三世	1045.1.20—3.10；被废，1063年卒
146	Gregory VI	John ofGratian	格雷戈里六世	1045.5.1—1046.12.20；被废，1047年卒
147	Clement II	Suidger of Bamberg	克莱门特二世	1046.12.24—1047.10.9
148	Damasus II	Poppo of Brixen	达玛苏二世	1048.7.17—8.9
149	St Leo IX	Bruno of Egisheim	圣利奥九世	1049.2.12—1054.4.19
150	Victor II	Gebhard of Dollnstein-Hirschberg	维克多二世	1055.4.13—1057.7.28
151	Stephen IX (X)	Frederick of Lorraine	斯蒂芬九世（十世）	1057.8.2—1058.3.29

附录一　历任教宗与对立教宗表

续表

序号	教宗名	教名	译名	在位时间
	Benedict Ⅹ	John Mincius	本笃十世	1058—1059，1074年卒
152	Nicholas Ⅱ	Gérard of Lorraine	尼古拉二世	1058.21.6—1061.7
153	Alexander Ⅱ	Anselm of Baggio	亚历山大二世	1061.9.30—1073.4.21
	Honorius（Ⅱ）	Peter Cadalus	霍诺留（二世）	1061—1064
154	St Gregory Ⅶ	Hildebrand	圣格雷戈里七世	1073.4.22—1085.5.25
	Clement Ⅲ	Guibert of Ravenna	克莱门特三世	1080,1084—1100
155	BL. Victor Ⅲ	Desiderius of Monte Cassino	（宣福）维克多三世	1086.5.24，1087.5.9—9.16
156	BL. Urban Ⅱ	Odo of Lagery	（宣福）乌尔班二世	1088.3.12—1099.7.29
	Paschal Ⅱ	Rainerius of Bieda	帕斯夏二世	1099.8.13—1118.1.21
157	Theodoric		西奥多里克	1100.9—1101.1；1102年卒
	Albert		阿尔伯特	1101/1102
	Sylvester Ⅳ	Maginulf	西尔维斯特四世	1105—1111
	Gelasius Ⅱ	John of Gaeta	杰拉斯二世	1118.1.24—1124.1.29
158	Gregory（ⅩⅣ）	Maurice Burdanus—'the donkey'	格雷戈里（九世）	1118—1121,1140年卒
159	Callistus Ⅱ	Guido of Burgundy	卡利克图斯二世	1119.2.2—1124.12.14

续表

序号	教宗名	教名	译名	在位时间
160	Honorius II	Lambert Scannabecchi	霍诺留二世	1124.12.21—1130.2.13
	Celestine II	Teobaldo	西莱斯廷二世	1124,1126年卒
161	Innocent II	Gregorio Papareschi	英诺森二世	1130.2.14—1143.9.24
	Anacletus II	Pietro Pierleoni	圣阿纳克利特二世	1130—1138
	Victor IV	Gregorio Conti	维克多四世	1138
162	Celestine II	Guido di Castello	西莱斯廷二世	1143.9.26—1144.3.8
163	Lucius II	Gherardo Caccianemici	卢修斯二世	1144.3.12—1145.2.15
164	BL. Eugenius III	Bernardo Pignatelli	（宣福）尤金三世	1145.2.15—1153.7.8
165	Anastasius IV	Conrad of Rome	阿纳斯塔修斯四世	1153.7.8—1154.12.3
166	Hadrian IV	Nicholas Breakspear	哈德良四世	1154.12.4—1159.9.1
167	Alexander III	Orlando Bandinelli	亚历山大三世	1159.9.7—1181.8.30
	Victor IV	Ottaviano of Monticelli	维克多四世	1159—1164
	Paschal III	Guido of Crema	帕斯夏三世	1164—1168
	Callistus III	Giovanni of Struma	卡利克图斯三世	1168—1178
	Innocent III	Lando of Sezze	英诺森三世	1179—1180
168	Lucius III	Ubaldo Allucingoli	卢修斯三世	1181.9.1—1185.11.25

附录一　历任教宗与对立教宗表

续表

序号	教 宗 名	教 名	译 名	在 位 时 间
169	Urban III	Uberto Crivelli	乌尔班三世	1185.11.25—1187.10.20
170	Gregory VIII	Alberto di Morra	格雷戈里八世	1187.10.21—12.17
171	Clement III	Paolo Scolari	克莱门特三世	1187.12.19—1191.3
172	Celestine III	Giacinto Boboni	西莱斯廷三世	1191.3.30—1198.1.8
173	Innocent III	Lothar of Segni	英诺森三世	1198.1.8—1216.7.16
174	Honorius III	Cencio Savelli	霍诺留三世	1216.7.18—1227.3.18
175	Gregory IX	Ugolino dei Conti di Segni	格雷戈里九世	1227.3.19—1241.8.22
176	Celestine IV	Goffredo da Castiglione	西莱斯廷四世	1241.10.25—11.10
177	Innocent IV	Sinibaldo Fieschi	英诺森四世	1243.6.25—1254.12.7
178	Alexander IV	Rainaldo dei Conti di Segni	亚历山大四世	1254.12.12—1261.5.25
179	Urban IV	Jacques Pantaléon	乌尔班四世	1261.8.29—1264.10.2
180	Clement IV	Guy Foulques	克莱门特四世	1265.2.5—1268.11.29
181	BL. Gregory X	Tedaldo Visconti	（宣福）格雷戈里十世	1271.9.1—1276.1.10
182	BL. Innocent V	Pierre of Tarantaise	（宣福）英诺森五世	1276.1.21—6.22
183	Hadrian V	Ottobono Fieschi	哈德良五世	

续表

序号	教宗名	教名	译名	在位时间
184	John XXI ①	*Pedro Juliano*, '*Peter of Spain*'	约翰二十一世	1276.9.8—1277.5.20
185	Nicholas III	*Giovanni Gaetano Orsini*	尼古拉三世	1227.11.26—1280.8.22
186	Martin IV	*Simon de Brie (or Brion)*	马丁四世	1281.2.22—1285.3.28
187	Honorius IV	*Giacomo Savelli*	霍诺留四世	1285.4.2—1287.4.3
188	Nicholas IV	*Girolamo Masci*	尼古拉四世	1288.2.22—1292.4.4
189	St Celestine V	*Pietro del Morrone*	圣西莱斯廷五世	1294.7.5—12.13；辞职,1296年卒
190	Boniface VIII	*Benedetto Caetani*	博尼法斯八世	1294.12.24—1303.10.11
191	BL. Benedict XI	*Niccolo [2] Boccasino*	(宣福)本笃十一世	1303.10.22—1304.7.7
192	Clement V	*Bertrand de Got*	克莱门特五世	1305.6.5—1314.4.20
193	John XXII	*Jacques Duèse*	约翰二十二世	1316.8.7—1334.12.4
	Nicholas (V)	*Pietro Rainalducci*	尼古拉(五世)	1328—1330
194	Benedict XII	*Jacques Fournier*	本笃十二世	1334.12.20—1342.4.25
195	Clement VI	*Pierre Roger*	克莱门特六世	1342.5.7—1352.12.6

① 因为中世纪记数的错误,没有教宗取约翰二十世的名号。

续表

序号	教宗名	教名	译名	在位时间
196	Innocent VI	Etienne Aubert	英诺森六世	1352.12.18—1362.9.12
197	BL. Urban V	Guillaume de Grioard	（宣福）乌尔班五世	1362.9.28—1379.12.19
198	Gregory XI	Pierre Roger	格雷戈里十一世	1370.12.30—1378.3.27
199	Urban VI	Bartolommeo Prignano	乌尔班六世	1378.4.8—1389.10.15
	Clement VII	Robert of Geneva	克莱门特七世	1378—1394
200	Boniface IX	Pietro Tomacelli	博尼法斯九世	1389.11.2—1404.10.1
	Benedict XIII	Pedro de Luna	本笃十三世	1394.9.28—1417.7.26；1423年卒
201	Innocent VII	Cosmo Gentile dei Migliorati	英诺森七世	1404.10.17—1406.11.6
202	Gregory XII	Angelo Correr	格雷戈里十二世	1406.11.30—1415.6.4：在康斯坦茨公会议上辞职，1417年9月18日卒
	Alexander V	Pietro Philargi	亚历山大五世	1409—1410
	John XXIII	Baldassare Cossa	约翰二十三世	1410—1415；1419年卒
203	Martin V	Odo Colonna	马丁五世	1417.11.11—1431.2.20
	Clement VIII	Gil Sanchez Munoz	克莱门特八世	1423—1429,1446年卒
	Benedict（XIV）	Bernard Garier	本笃（十四世）	1425—？

续表

序号	教宗名	教名	译名	在位时间
204	Eugenius Ⅳ	Gabriele Condulmaro	尤金四世	1431.3.3—1447.2.23
	Felix Ⅴ	Amadeus of Savoy	菲利克斯五世	1439—1449；1451年卒
205	Nicholas Ⅴ	Tommaso Parentucelli	尼古拉五世	1447.3.6—1455.3.24
206	Callistus Ⅲ	Alfonso Borgia	卡利克图斯三世	1455.4.8—1458.8.6
207	Pius Ⅱ	Aeneas Silvio Piccolomini	庇护二世	1458.8.19—1464.8.15
208	Paul Ⅱ	Pietro Barbo	保罗二世	1464.8.30—1471.7.26
209	Sixtus Ⅳ	Francesco della Rovere	塞克图斯四世	1471.8.9—1484.8.12
210	Innocent Ⅷ	Giovanni Battista Cibo	英诺森八世	1484.8.29—1492.7.25
211	Alexander Ⅵ	Roderigo de Borgia	亚历山大六世	1492.8.11—1503.8.18
212	Pius Ⅲ	Francesco Todeschini	庇护三世	1503.9.22.—10.18
213	Julius Ⅱ	Giuliano della Rovere	朱利安二世	1503.11.1—1513.2.21
214	Leo Ⅹ	Giovanni de'Medici	利奥十世	1513.3.11—1521.12.1
215	Hadrian Ⅵ	Adrian Dedel	哈德良六世	1522.1.9—1523.9.14
216	Clement Ⅶ	Giulio de'Medici	克莱门特七世	1523.11.18—1534.9.25
217	Paul Ⅲ	Alessandro Farness	保罗三世	1534.10.13—1549.11.10

续表

序号	教宗名	教名	译名	在位时间
218	Julius III	Giovanni del Monte	朱利安三世	1550.2.8—1555.3.23
219	Marcellus II	Marcello Cervini	马西鲁斯二世	1555.4.9—5.1
220	Paul IV	Giovanni Pietro Caraffa	保罗四世	1555.5.23—1559.8.18
221	Pius IV	Giovanni Angelo Medici	庇护四世	1559.12.25—1565.12.9
222	St Pius V	Michele Ghislieri	圣庇护五世	1566.1.8—1572.5.1
223	Gregory XIII	Ugo Buoncompagni	格雷戈里十三世	1572.5.14—1585.4.10
224	Sixtus V	Felice Peretti	塞克图斯五世	1585.4.24—1590.8.27
225	Urban VII	Giambattista Castagna	乌尔班七世	1590.9.15—27
226	Gregory XIV	Nicolo [2]Sfondrati	格雷戈里十四世	1590.12.5—1591.10.16
227	Innocent IX	Giovanni Antonio Fachinetti	英诺森九世	1591.10.29—12.30
228	Clement VIII	Ippolito Aldobrandini	克莱门特八世	1592.1.30—1605.3.5
229	Leo XI	Alessandro de' Medici	利奥十一世	1605.4.1—27
230	Paul V	Camillo Borghese	保罗五世	1605.5.16—1621.1.28
231	Gregory XV	Alessandro Ludovisi	格雷戈里十五世	1621.2.9—1623.7.8

续表

序号	教宗名	教名	译名	在位时间
232	Urban Ⅷ	*Maffeo Barberini*	乌尔班八世	1623.8.6—1644.7.29
233	Innocent Ⅹ	*Giambattista Pamfili*	英诺森十世	1644.9.15—1655.1.1
234	Alexander Ⅶ	*Fabio Chigi*	亚历山大七世	1655.4.7—1667.5.22
235	Clement Ⅸ	*Giulio Rospigliosi*	克莱门特九世	1667.6.20—1669.12.9
236	Clement Ⅹ	*Emilio Altieri*	克莱门特十世	1670.4.29—1676.7.22
237	BL. Innocent ⅩⅠ	*Benedetto Odescalchi*	（宣福）英诺森十一世	1676.9.21—1689.8.11
238	Alexander Ⅷ	*Pietro Ottoboni*	亚历山大八世	1689.10.6—1691.2.1
239	Innocent Ⅻ	*Antonio Pignatelli*	英诺森十二世	1691.7.12—1700.9.27
240	Clement ⅩⅠ	*Gianfrancesco Albani*	克莱门特十一世	1700.11.23—1721.3.19
241	Innocent ⅩⅢ	*Michelangelo de' Conti*	英诺森十三世	1721.5.8—1724.3.7
242	Benedict ⅩⅢ	*Pietrorancesco Orisini-Gravina*	本笃十三世	1724.5.27—1730.2.21
243	Clement Ⅻ	*Lorenzo Corsini*	克莱门特十二世	1730.7.12—1740.2.8
244	Benedict ⅩⅣ	*Prospero Lorenzo Lambertini*	本笃十四世	1740.8.17—1758.5.3

附录一 历任教宗与对立教宗表

续表

序号	教宗名	教名	译名	在位时间
245	Clement XIII	Carlo della Torre Rezzonico	克莱门特十三世	1758.7.6—1769.2.2
246	Clement XIV	Lorenzo Ganganelli	克莱门特十四世	1769.5.19—1774.9.22
247	Pius VI	Giovanni Angelo Braschi	庇护六世	1775.2.15—1799.8.29
248	Pius VII	Barnaba Chiaramonte	庇护七世	1800.3.14—1823.7.20
249	Leo XII	Annibale della Genga	利奥十二世	1823.9.28—1829.2.10
250	Pius VIII	Francesco Saverio Castiglione	庇护八世	1829.3.31—1830.11.30
251	Gregory XVI	Bartlommeo Cappellari	格雷戈里十六世	1831.2.2—1846.6.1
252	Pius IX	Giovanni Maria Mastai-Ferretti	庇护九世	1846.6.16—1878.2.7
253	Leo XIII	Gioacchino Vincenzo Pecci	利奥十三世	1878.2.20—1903.7.20
254	Pius X	Giuseppe Melchior Sarto	庇护十世	1903.8.4—1914.8.20
255	Benedict XV	Giocomo della Chiesa	本笃十五世	1914.9.3—1922.1.22
256	Pius XI	Achille Ratti	庇护十一世	1922.2.6—1939.2.10
257	Pius XII	Eugenio Pacelli	庇护十二世	1939.3.2—1958.10.9

续表

序号	教宗名	教名	译名	在位时间
258	John XXIII	*Angelo Giuseppe Roncalli*	约翰二十三世	1958.10.28—1963.6.3
259	Paul VI	*Giovanni Battista Montini*	保罗六世	1963.6.21—1978.8.6
260	John Paul I	*Albino Luciani*	约翰·保罗一世	1978.8.26—9.28
261	John Paul II	*Karol Jozef Wojtyla*	约翰·保罗二世	1978.10.16—2005.4.2
262	Benedict XVI	*Joseph Alois Ratzinger*	本笃十六世	2005.4.19—2013.2.28
263	Francis I	*Jorge Mario Bergoglio*	方济各一世	2013.3.13—

附录二 小　辞　典

Ad Limina：拉丁语"进门槛"，意即参觐使徒彼得的住所，即罗马或圣彼得教堂。该词原系指朝拜使徒的陵墓。现代具体是指主教每五年朝觐一次罗马，向教宗汇报其所辖教区的情况。当前，一般认为这是主教与教宗共担责任的表现，而在历史上，它被认为是实施和强化教宗权威的方式。

Antipope：对立教宗。经选举或任命产生的声称有权接任教宗权位从而与官方稍后认可的"真教宗"并立的教宗。其完整名单见附录一。

Apocrisiary：宗使。教宗派驻拜占庭皇宫的大使。

Archbishop：大主教。一个地区的高级主教。从中世纪早期以来，大主教高于下属主教或主教代理的权威，一直以教宗授以披肩为标志。

Arianism：阿里乌斯派。初为亚历山大里亚的长老阿里乌斯宣扬的基督教异端派别，否认耶稣基督完整的神性，认为基督作为"神子"，虽系创世之前受造于上帝，但要低于父神。这一教义似乎源于要保护上帝的权能和不变性，以避免化身为人的教义暗含的局限性。

Beatification：宣福礼。教宗庄严地授权崇拜一位死亡的基督徒；封圣或宣布受封之人为圣徒的一个步骤。

Bishop：主教。源于希腊文 *episcopos*（监督）；高级司牧（"牧羊人"）和一个基督教会内部统一的核心：最初可能与"长老"（希腊文"presbyter"，"priest"一词来源于此）没有区别。基督教最初的一个世纪，主教变成了主要的管理者，由他治理教会，并有权按立其他牧者。主教治理的区域称教区，尽管早期的主教可能只管理一个城市的教会。教宗即是罗马主教。

Brief：书简。教宗的正式信函，不如教宗敕令庄严。

Bull：诏书或谕令。宣布某项决定并盖有大印的庄严的教宗文件或令状。

Byzantium, Byzantine：拜占庭。博斯普鲁斯海岸的一个希腊城市，330年，君士坦丁在此修建罗马帝国的新都，改称君士坦丁堡。这个名字也给了整个帝国、帝国教会和独特的教会礼仪。与奉教宗为最高权威的拉丁教会相较，拜占庭教会特别尊重皇帝的基督教权威。1453年土耳其征服后，拜占庭被改名为伊斯坦布尔。

Canon / Canon Law：教规或教会法，(1)教会法的条文；(2)一次大公会议或教职会议颁布的教令。

Canonisation：封圣。庄严地宣布一位已亡故的基督徒是一个圣徒，向他奉上祈祷和其他宗教荣耀。封圣最初属于地方教会事务，常常以主教将圣徒的遗骸"转移"到某个现存的神龛为标志并官方化，并将他们的节日插入当地教会的日历中。目前所知的第一次教宗封圣是993年册封奥格斯堡的乌尔里希；自12世纪晚期以来，封圣权一直由教宗保有。

Cardinal：枢机。来源于拉丁"门栓"（*cardo*）一词。最初指属于一个重要教堂的任何神父，稍后限指罗马的堂区神父、外堡教区的主教和罗马各区的执事。后来也扩及教宗的特别顾问和助手，1179年后，专指有权选举新教宗的高级教士。1970年后，排出了年满80岁不再参与密室会议投票的高级神职人员。自保罗六世以来，所有枢机都必须是主教，但在历史上，他们可以是"小品"（minor orders），而且也有许多最著名的枢机从未当过神父的情况。

Collegiality：共享权。所有主教在共融中与教宗一起为整个教会共担责任。早期神学家如西普里安就强调这一主张，但随着教宗君主制的兴起，它被隐蔽了，在梵二会议上被重新强调。

Conclave：密室会议。源于拉丁文"上锁"（*con clave*）一词。自1271年以来，枢机们集会以便选举新教宗的密室要上锁，广义也指枢机们自己集会的场所。直到最近，相关规定还是强调要让密室的条件尽可能地不舒适，以加快选举过程。

Concordat：协约。教会与政府就宗教事务的相关规定达成的协议。

Consistory：枢机会议。由教宗动议并主持的枢机集会，以便向教宗建言或验证一份庄严的教宗法规。

Council, Ecumenical Council, General Council：公会议或大公会议。一次隆重的主教大会，以决断教会的教义或教纪事务。面向整个帝国或整个世界召开的大会，称为"普世"公会议或大公会议，会议通过的庄严教诲被认为"永无谬误"。第一次大公会议是尼西亚会议，325年由君士坦丁大帝召开，以解决阿里乌斯之争。依据天主教神学，不经教宗同意，不能召开大公会议。

Curia：教廷。"court"一词的拉丁文。指教宗的宫廷和罗马天主教会的中央行政部门，由一些各司其职的部门组成，各部门由一名被称为"部长"的枢机主理。

Deacon：执事或助祭。基督教教牧人员，负责协助主教举行宗教仪式，帮助管理教会尤其是慈善活动。在传统的三级教牧品级中，它常常被认为是最低的一等，但在古代晚期和中世纪，罗马的执事通常比任何城市的神父和副主教都更有权势。因为他们富有管理经验并密切接触教廷政府，教宗也常常从他们中间选举产生。

Decretals：教令。教宗信函，常常是对请求指导或管理事宜做出回复。它们在中世纪被整理成册，成为教会法的基础。

Dicastery：梵蒂冈的部（委）。

Diocese：教区。一位主教管辖的区域。这个词及其所指的地域，最初均是从罗马世俗政府的区域规划中接管而来。

Donatism：多纳图斯派。4世纪及后来广布非洲的一个分裂教派，他们拒绝服从那些在迫害时期堕落的教士的管理，宣称这类教士曾经举行的圣事已经玷污了教会。得名于3世纪努米底亚主教多纳图斯。

Encyclical：通谕。教宗向所有主教、教士、全体基督徒以及近来还有"一切善良之人"发出的庄重信函。通谕在本笃十四世时期开始使用，自19世纪早期以来，逐渐成为教宗宣布教诲最喜爱的方式。单份通谕以第一段的最初两三个词命名，一般为拉丁文。

Exarch：拜占庭皇帝派驻意大利和非洲的代理人或"总督"。

Excommunication：开除教籍或破门律。由主教或教宗做出的革除某人或某个群体参与教会圣事和祈祷的判决。在中世纪，开除教籍事实上就是剥夺了一个人的所有民事权利。

Filioque："和子"。拉丁词，意为"并来自于子"；这个短语在6世纪的西班牙被插入《尼西亚信经》，后被整个西部教会采用，成为西部版的三位一体教义的组成部分,它宣扬圣灵来自于圣父和圣子。东部教会拒绝这一说法,并成为中世纪东西部教会断绝共融的主要原因之一。不过,有些东部神学家同意,尽管在《信经》中擅自插入这一句属于非法,但如解释得当,含有"和子"句的教义还是可以接受的。

Gallicanism:高卢主义。源于法兰西的拉丁名"Gallia"一词。指中世纪晚期以来尤其在法国流行的一种教诲,主张地方或国家教会独立,不受教宗的控制。

Gnostic, Gnosticism:诺斯替,诺斯替主义。源于希腊文"灵智"(*gnosis*)一词。用来指各种不同形式的异端基督教教义的一个笼统的术语,从2世纪开始流行,主张在灵(spirit)与物(matter)之间划出严格的界限,声称唯有灵才能获得救赎。

Heresy:异端。源于希腊词"*haeresis*",意为选择或选择之物;正式否认或质疑天主教的教义;一个表示不赞同宗教错误的术语。

Iconoclasm:意为"破坏圣像"的希腊单词,尤指7—8世纪东部教会攻击宗教画像的运动。

Incarnation:化身为人或道成肉身。该教义认为在拿撒勒人耶稣的一生中,三位一体的第二个位格即圣子,既是上帝本人,又具有人的肉身(拉丁"*carnis*"一词),并变成了一个人。

Indulgence:赎罪券或赦罪。教会尤其教宗免除已被宽恕之罪应受的此世之罚。在中世纪西部神学中,罪即便经过忏悔并获得宽恕后,还是会留下此世之"罪债"或疤痕,此"罪债"唯有使用斋戒或朝圣等补赎行为方能消除。主教因执掌罪与赦免、捆绑与释放的"钥匙权"的部分权力,有权免去罪人履行此等补赎义务。神学家为阐释这一点,将"赦罪"解释为是将基督和圣徒们积累的"善功"分发给罪人,就像从一个取之不尽的银行账户拨款到一个透支的账户那样。在中世纪后期,人们相信这些赎罪券也可以适用于炼狱中受苦的灵魂,能够让他们早日进天堂。赎罪券可以是赦免部分罪罚,即免除一段时期的补赎,如 40 天或一年;也可以是"大赦",即免除因罪而应受的所有此世之罚。

Infallible, Infallibility:不犯错,永无谬误。拉丁词,意为不犯错。自古以来,教会人士就相信:教会在根本的信仰真理上不会犯错。作为一个否定性的概念,永无谬误并不意味着教会及其导师们得到神启,而是指在一些特定场合,他们不会犯根本性的错误。从最早时代起,一般就认为教会的集体教诲永无谬误,后扩及大公会议的教令。1870 年,梵一会议颁布的《永恒之文》教令(*Paster Aeternus*)规定,教宗端坐于宝座(*ex cathedra*)或其最庄严的教导具有永无谬误性,因基督愿意教会如此。

Interdict:停止教权。断绝整个群体或国家共享教会圣事的严正的教会判决。

Jansenism:詹森主义。得名于其创始人柯尼留斯·詹森。该思潮是 17 世纪以来天主教内部的一场宗教与教义运动,强调人的罪性、预定论和神的万能恩典。由于历任教宗的谴责,以及它对早期教会史的兴趣,詹森主义逐渐与反教宗主义合流,并强调主教的独立权威;因而,它常常与高卢主义和约瑟夫主义纠葛在一起。

Josephinism:约瑟夫主义。得名于奥地利皇帝约瑟夫二世。高卢主义的一个变种,强调地方教会与主教独立于教宗的控制。约瑟夫主义是世俗统治者宣扬的一种说教,他们渴望掌控自己领土上的教会,因而一心限制教宗超越国界的影响。

Jubilee or Holy Year:大赦年。教宗对在这一年中凡来罗马朝圣并完成某些义务的人实行大赦。1300年由博尼法斯八世创设，原定为一百年一次。克莱门特七世缩短为五十年一次，乌尔班六世改为三十三年一次（以基督被钉十字架的猜测年龄为依据），保罗二世更是缩短为二十五年一次。与大赦年相关的最重要的仪式是打开圣彼得教堂的圣门，这扇大门在两次大赦年期间是关闭的。

Legate：使节。教宗派出的教士代表，可行使广泛的教宗权力。

Legations：使节领。教宗国最富庶的地区，位于意大利西北部和亚得里亚海沿岸，由教宗使节治理。

Magisterium：拉丁词，意为"训导"。该词通常指天主教会尤其教宗与主教的训导职权，以及他们发布的正式训导。在中世纪，神学家被普遍认为可行使类似的补充性的训导职权——因而，亨利八世被教宗拒绝离婚后，他就征询欧洲各大学神学院的建议。

Metropolitan：都主教。赐予高级主教（已是大主教）的头衔，他们拥有高于一个地区其他主教的权威。从早期教会到18世纪初，都主教和教宗权威时有矛盾。在罗马天主教会里，都主教如无教宗授予的披肩，不能行使职权。

Monophysitism：一性论。源于希腊词，意为"只有一个性"。该教义认为，耶稣基督只有一个性，即神性，或其神性与人性不分彼此地完全融为一体。正统基督教认为，耶稣基督是拥有二性即人性与神性的一个位格，在他身上，这两个本性结合在一起但互不混淆。一性论被斥为异端，其实它旨在保护神性，以免有人议论道成肉身会带来变化或局限。

Monothelitism：一志论。该教义认为耶稣基督只有一个意志。7世纪拜占庭帝国面临宗教分裂的危险，出于政治考虑，故启用这一术语来软化基督兼具二性的教义，以赢得一性论派基督徒的支持。

Nestorianism：聂斯脱利派。该派认为，在耶稣基督身上，有两个不同的位格，神和人，而不只是两个本性。该教义得名于君士坦丁堡宗主教聂斯脱利（卒于451年），在451年的卡尔西顿大公会议上遭到谴责。虽然现在认为，他本人并未坚持这一教义。

Nuncio：教宗大使。教宗派往一个主权国家的常驻外交代表，他也是教宗将权威施行于地方教会的工具。

Pallium：披肩。用羔羊毛制成的白色圆形披肩，绣有十字架，由教宗赐予其他主教，原本是荣誉和共融的具体标志，现已成为都主教在其辖区拥有权威的正式标记。自教宗改革时代以来，历任教宗都会传召大主教到罗马接受披肩，作为教宗统领他们的标志。

Papal States：教宗国。意大利和法国南部承认教宗是其主权者的区域，也称圣彼得祖业或教会国。最初得益于君士坦丁、罗马皇室和贵族皈依基督教后对教会的恩赐和捐献，但得到丕平和查理曼的正式认可，他们都曾为维护圣彼得的利益而加以保护。最终在1870年被取消，当时意大利没收了教宗的最后一块领土。

Patriarch：宗主教。从5世纪开始，这个头衔就授予普世教会的五个资深教座——安提柯、亚历山大里亚、君士坦丁堡、耶路撒冷和罗马。宗主教对其整个地区行使权威，并有权晋升都主教；从中世纪开始，这个头衔扩及东西部的其他主教，如威尼斯，尽管不再拥有该头衔原有的权力。

Patrimony of St Peter：圣彼得祖业，见"教宗国"。

Pentapolis：彭塔波利斯，意为"五城"，教宗国在意大利的一块领土，由里米尼、皮萨诺、法诺、塞尼加尼亚和安科纳"五个城市"

组成。

Pontiff, Supreme Pontiff：意为"建桥者"，拉丁异教头衔，原系罗马宗教各祭司和大祭司的尊称，后扩及皇帝，最后被主教和教宗袭用。

Pope：教宗。表达爱慕和尊敬的一个拉丁词（papa），意即爸爸。在早期教会，广泛适用于各主教（迦太基主教就被称为pope），在东部正教诸教会，甚至适用于本堂神父，但在西部，从中世纪早期开始，该称呼成为罗马主教的专称。

Purgatory：炼狱。在西部天主教神学中，乃是那些据认为可获救赎但不完美的灵魂涤净罪孽，以便等待瞻觐上帝的地方或国度。有人认为，生者的祷告和赎罪券这类教会特权，可以帮助炼狱中的灵魂通过这一涤净过程。

Sacred College：枢机团。

Shism：意为"撕裂"的希腊单词。指教会内部因教义或其他原因而发生的正式分裂。

Simony：西门行径或买卖圣职。得名于大西门，一位试图向使徒购买神奇力量的术士。专指付出或接受钱财或恩惠以换取神职或晋升的罪孽。在教宗改革时期，它被认为是异端行为。

Subarbicarian Bishoprics：堡外教区。罗马城郊七个古老的教区，其主教都是枢机团的资深成员。

Synod：教职会议。由主教召集其教区全体教士而开的地方性会议，或由一群地方主教召开的地方会议，其权威性不如大公会议。

Ultramontanism：越山主义。拉丁词，意为"山的另一边"，这里的"山"即阿尔卑斯山，因而该教义就是坚决强调教宗对其自己教区以外的整个教会具有无上的权威:这与高卢主义正相反。大体说来,这种虔诚风格和教职任免方式与19世纪的教廷和意大利教会相关。

Vatican:梵蒂冈。现代教廷所在地,位于罗马古老的梵蒂冈山丘,由圣彼得大教堂和周围建筑组成。梵蒂冈位于罗马古城外,并不是教宗原来的定居地。圣约翰·拉特兰教宫,而非圣彼得大教堂,才是罗马的大教堂。不过,自1870年意大利吞并罗马以来,梵蒂冈就成为教宗的主要居住地和教会的行政中心。依据1929年拉特兰条约,梵蒂冈城被认为是一个教宗拥有主权的独立国家。

附录三　新教宗如何产生

教宗大位不会出现空缺,除非是在任教宗辞职或去世;在教会法中,没有罢免教宗的规定,即便他愚蠢无能。自 1294 年圣西莱斯廷五世以来,还不曾有教宗自愿辞职;虽然为解决教会大分裂,康斯坦茨大公会议在 1415 年同时罢免了三位自称教宗者,但还是允许"真正的"(罗马)教宗格雷戈里十二世体面地辞职。1996 年 2 月,教宗约翰·保罗二世发布使徒宪章《主的普世羊群》(*Universi Dominici Gregis*),对选举新教宗的规则做了最后一次修改,从而为数百年来本质上已经标准化的选举程序,带来了一些革命性的变化。

教宗一去世,梵蒂冈各部门首脑立即放下手中工作:仅枢机司库(Camerlengo,教宗宫室的总管)、枢机特赦大法官(Major Penitentiary,负责裁决重大的良心案件)、枢机罗马代理(Vicar of Rome,负责管理罗马教区)和圣彼得大教堂(教宗将安葬于此)的枢机大神父(Archpriest)仍坚守岗位。如果教宗谢世时没有司库,身在罗马的枢机会选一个。司库负责探明和验证教宗确已死亡(有一个传统仪式,他用象牙小锤轻轻拍打教宗的前额,呼唤他的教名三次,但这个惯例现已废止)。司库也要举行一个击碎"渔人权戒"(Fisherman's Ring)的仪式,渔人权戒是一枚用来在教宗文件上盖印的金质图章戒指,每位教宗需要翻新,刻上他的名字。枢机监理（Cardinal Dean，资深枢机）随即传召整个枢机团，每天在梵蒂冈举行各部门全体会议，集体行使空位期间教廷的惯常权力。教廷各部门在各部副部长或秘书长的领导下，继续完成其日常事务。

先是为期九天的哀悼，然后在圣彼得大教堂举行教宗的葬礼。传统上，教宗安殓于三重棺椁中，最里一层是柏木，中间是铅，最外一层为原色榆木。在宣布教宗去世后，不得早于15天也不得晚于20天，枢机们必须聚集于密室选出继任者。准备前往密室前，有两位布道家致辞，提醒枢机们做出选择时要始终牢记，选举要坚守正统，开动智慧，考虑教会的需要，并深思熟虑。密室会议开始于圣彼得教堂举行的祈求圣灵护佑的隆重弥撒，随即枢机们在一片"圣灵颂"中步入梵蒂冈教宫的西斯廷礼拜堂。过去，在梵蒂冈教宫为枢机和他们的随员提供足够的房间一直是一个问题，住宿条件也极其简陋。1996年5月，约翰·保罗二世在梵蒂冈兴建了圣马莎堂（Domus of S Marthae），现在，枢机们在密室会议期间可以住在一个建造别致的舒适旅馆里了。圣马莎堂一般用作会议中心和梵蒂冈一些专员的驻地，但主要是出于密室会议的需要而建的。它有130个套间和单间可供枢机和随员居住，这些随员包括各宗教团体来的神父（以便听取枢机们用各种语言做的忏悔）；两个药剂医生；以及供应餐食的服务人员。教宗保罗六世将参选枢机的人数限定为120人，1996年约翰·保罗二世确认了这个数字，年过八旬的枢机无权投票选举教宗。不过，将参选人员限定为120人，事实上证明不可能，因为教宗希望枢机团尽可能具有包容性和代表性，能够代表整个教会，这必然导致参选人数的膨胀。2001年2月的枢机会议，擢升了37位新枢机（这是有史以来晋升枢机人数最多的一次枢机会议），使枢机总人数达到了178人，有资格选举教宗者128人。要从中挑选120位有权投票者，但又没有适当的程序；如果要维持或增加既定人数，却又根本不清楚多出的人员在密室会议期间住在哪里。

枢机们一旦进入密室，圣马莎堂和西斯廷礼拜堂就马上封闭，禁止与外界有任何联系，枢机和随员发誓保守密室议程的秘密。"密室"（Conclave）意即"上锁"，并有各种规定，旨在确保枢机做出选择时不受外界任何干扰。不过，依照现行规则，因不可避免的原因而迟到的枢机，还是允许入内的，即便密室已开始运作（在空中旅行时代以前，美洲和其他非欧洲的枢机常常抵达太晚，而不能行使其作为选民的权利，但可以理解，他们会极度不满）。

八百多年来，选举教宗的正常方式一直是匿名投票。现在，选举在西斯廷礼拜堂举行，投票期间，所有随员一律退场，只留下枢机们。从枢机中随机选出三名"监票员"（scrutineer）监督投票。每位枢机发一小张长方形的选票，上面用拉丁文写着："我选择至高无上的教宗"，下面留出填写名字的空白处。枢机们在空白处填上一个名字，折叠起来以便掩盖他们的选择。可能的话，他们也被鼓励掩饰笔迹。然后，枢机们用拇指和食指夹住折叠的选票，以长幼为序，鱼贯走到西斯廷礼拜堂的祭坛前，每人都用清晰的声音宣布："我请求我主基督做我的见证人，他会为我判定：在上帝面前，我将选票投给了我认为应该当选的人。"祭坛上有一个盖着金属碟的大圣杯。在其他枢机的监督下，枢机们将选票放在碟上，再倒进杯中，然后回到座位上。年老或体弱的枢机，会有一位监票员来收取选票。因病不能离开房间的枢机，会有三名随机选出的"监护枢机"（Cardinal Infirmarian）将一个密封的投票箱带入房中来收取选票;但他们要确保在这一过程中不做手脚。

在理论上,枢机们可以将选票投给任何一位成年的男性天主教徒,并不用局限于选择枢机团的某位成员。事实上,自1389年以来,每位教宗都曾是枢机,而选出一位非枢机人士,现今看来几乎是不可想象的。

每完成一轮投票,三位监票员就会一一清点选票,放入另一圣杯中。如果票数与选民数不符,所有选票不用打开,立即烧毁,而后再投一次。但若两数相符,就开始计票。三位监票员依次查看每张选票,记下所填的名字,第三位大声叫出名字,以便所有枢机能自己记录。算出每位被提名之人的票数后,每组选票分别用线扎好,贴上"eligo"(我选举)一词。然后正式宣布结果,再由会前随机选出的三名"校对枢机"(cardinal revisers)核查。自18世纪以来,如果未出结果,这些成扎的选票会被投入一个特制的壁炉,添加一种化学剂烧掉,使之冒出浓厚的黑烟,壁炉的烟囱,站在圣彼得广场上可以看到。这就告诉外界,投票还没选出教宗。如果投票成功,烧选票时就不加化学剂,冒出白烟。

要选出一位教宗,必须获得三分之二加一(以防有枢机投自己一票)的多数票。每天上午投两轮,下午再投两轮,但第一天,通常只投一轮。如果连续三天投票没有结果,枢机们会停下来祈祷慎思,为期不超过一天。然后开始另七轮投票,如仍未选出教宗,再做暂停。如此30轮后,枢机司库会邀请枢机们协商打破僵局的办法。然后再行投票时,不再要求三分之二的绝对多数票,只需获得简单多数票就够了。这是12世纪以来选举程序真正令人震惊的变化,表面看来,也极不明智。枢机团的国际性构成和较大的选民数量,意味着枢机们有时间去熟悉潜在的候选人,拖延选举出结果,这绝非没有可能。在"紧急情况下"放松三分之二绝对多数原则的一个风险是,它可能会真的经常发生,结果选出的教宗并不要求获得整个枢机团的一致支持。这就为滥用新规则留下了空间:一撮心意已决(和不择手段)的枢机可以蓄意阻止当选所必需的三分之二多数,直到第30轮投票;那个时候,就能以简单多数让他们自己的人当选(不过,他们绝对不会不知道:选举教宗时,绝对禁止任何形式的结党营私和密谋勾结,违者开除教籍)。

一旦选举成功,密室会议秘书(无枢机衔)和教廷掌礼大臣(Master of Ceremonies)会被传唤到西斯廷礼拜堂。枢机监理走近当选者问:"你愿意接受选举成为至高无上的教宗吗?"如果他接受,枢机监理会问:"你希望采用什么名字?"新教宗这时会选择并宣布他的教宗名号。(除了极少的例外,近千年来所有新教宗都选择了一个不同于其教名的名字。)如果他还不是主教(枢机一般都已晋升为大主教,但一位新枢机有可能尚未获得此教职,有些枢机选择继续当神父),枢机监理立即擢升他。新教宗随即换上白色长袍,系上腰带,头戴白色小圆帽,脚蹬红色便鞋,再穿上镶边的白色法衣或主教法服,外罩红色短披肩。(这三件套,早已备下大中小各种型号。)教宗然后端坐在祭坛前的凳子上,由司库授以渔人权戒,枢机们以长幼为序,一一前来亲吻他以示效忠。整个仪式以吟唱一首庄重的感恩颂"我们赞美你,上帝"(*Te Deum Laudamus*)而结束。

当这一切正在进行时,因为白烟的警示,圣彼得广场上已是人潮涌动。资深枢机执事(Senior Cardinal Deacon)走向俯览广场的阳台,宣布"我向你们宣告一个特大喜讯,我们有教宗啦"(Annuntio vobis Gaudium Magnum, habemus Papam),并告诉众人教宗的旧名和他的教宗新名。新教宗随后现身,面向罗马也面向全世界,做"万国四方"的祝福。对新教宗而言,在这个场合做这样一个演讲,并不习惯:当年卡罗尔·沃伊蒂瓦发表祝福时,就有一个不耐烦的主流声音直嚷嚷"够啦!够啦!"(Basta! Basta!),清晰得高过了扬声器。

直到并包括保罗六世时期,新教宗都会端坐在教宗御座(*Sedia Gestatoria*)上,由罗马贵族成员用肩扛着,伴以两把孔雀翎制成的大扇(拜占庭宫廷仪式的遗风),前往圣彼得教堂,在此举行隆重的登基典礼,戴上三重教宗冠。约翰·保罗二世废止了这项庆典,因为这似乎太容易让人想起中世纪教宗与皇帝的冲突,以及教宗那些不合适的世俗权力主张。现在,教宗只是在圣彼得教堂内或教堂外举行一场简单而特别的就职弥撒,由资深枢机执事为他披上白色的羊毛披肩,称为"授披肩"(Pallium)。该弥撒在重复"万国四方"的祝福声中结束。

参考文献

这不是一份完整的教宗史参考文献，仅旨在就本书涉及的主要时段和议题提供一份进一步阅读的指南。重点是英文图书，但一些其他语言的著作，适当时也会列出。

A. 总论与工具书

令人遗憾的是，关于18世纪末以前的教宗，最好的通史只有德文著述：F. X. Seppelt, *Geschichte der Päpste*（Munich 1954-9）；同样出色的作品也包括 J. Schmidlin, *Papstgeschichte der neuesten Zeit*（Munich 1933-9），从庇护七世讲起。Yves-Marie Hilaire ed., *Histoire de la Papauté: 2000 Ans de Mission et de Tribulations*（Paris 1996），是今人撰写的一卷本教宗通史，表现了一位备受尊敬的罗马天主教徒的视角，附有最新的参考文献。Horst de Fuhrmann, *Die Päpaute: von Petrue zu Johannes Paul II*（Munich 1998），尽管其篇章结构表明它原为一系列广播节目的脚本，但仍不失为出自一位杰出的中世纪学者之手的杰作。一些优秀的词典也可利用，如 P. Levillain (ed.), *The Papacy, An Encyclopedia*（New York and London 2002, 3vols）; J. N. Kelly, *The Oxford Dictionary of the Popes*（Oxford 1986）；两书各有千秋，Kelly 侧重个人生平，Levillain 覆盖更广泛的议题。F. J. Coppa, *Encyclopedia of the Vatican and the Papacy*（London 1999），虽然比前两书简略，但仍然有用。三卷本的 *Encyclopedia dei Papacy*（Rome 2000），是意大利百科研究院为庆祝第二个千禧年而出版的，尽管一些条目原本是为其他参考书而写的，且稍显陈旧，但总体而言，还是为那些能够阅读意大利文的人提供了丰富的资料来源，特别 Mgr. Charles Burns 推荐的那些文献目录，不仅条目丰富，更有一些是不常见的插图，包括一些弥足珍贵的教宗的"加冕服饰"。

就单个教宗而言,除了上述总体介绍,下列百科全书的条目一般也颇为可信,虽然并不是每位教宗都收录在内:*The New Catholic Encyclopedia* (New York 1967)及其补卷;*Encyclopedia Cattola* (Vatican City 1949-54)。至于被封圣的教宗,意大利文的 *Bibliotheca Sanctorum* (Rome 1961)中的条目,通常都是佳作。梵蒂冈的藏品极为丰富,其中展出的物品与画作,揭示了教宗诸多不为人知的一面。Allen Duston and Roberto Zagnoil eds., *St Peter and the Vatican* (Alexandria, Virginia 2003)对此编有一份详尽的目录。

就一般参考而言,E. A. Livingstone ed., *The Oxford Dictionary of the Christian Church* (3rd edition, Oxford 1997)为我们提供了简而精的条目和卓越的文献。

有许多教会通史,包括 H. Jedin and J. Dolan ed., *History of the Church* (10vols, London 1965-81),该书最初是德文版,有时显得烦琐,但内容极为充实。对英语读者而言,一个不利因素是,其参考文献很大程度上依赖于德文著作;还要注意的是,在德文原版中,该书第 1 卷与第 3 卷的书名为 *The Handbook of Church History*。法文的多卷本教会史是 Jean-Marie Mayeur, Charles and Luce Pietri, André Vauchz and Mark Venards ed., *Histoire du Christianisme des Origines à nos Jours* (Paris 1990-),乃属上乘之作。篇幅稍短但仍属精品也更实用的,是 R. Aubert, D. Knowles and L. J. Rogier ed., *The Christian Centuries* (London 1969-78),但目前只出版第一、二、五卷,涵盖早期教会、中世纪教会、19 世纪中期和 20 世纪的教会史;其参考文献如今也需要更新。

有三本概述性著作讨论了教廷的神学,为我们提供了有益的导引:T. G. Jalland, *The Church and the Papacy* (London 1944); J. Tillard, *The Bishop of Rome* (London 1983); K. Schatz, *Papal Primacy from its Origins to the Present* (Collegeville Minnesota 1996)。关于梵二会议后从神学和教会论的角度对教宗制所做的反思,可参见:Robert Markus and Eric John, *Papacy and Hierarchy* (London 1969)(这两位杰出的历史学家呼吁抛弃格雷戈里七世的遗产和教宗君主制);Patrick Granfield, *The Limits of the Papacy* (London 1987)(这是一位教会法学家的慎重解释);H. Urs Von Balthasar, *The Office of Peter and the Structure of the Church* (San Francisco 1986)(这是教宗约翰·保罗二世时期影响最大的一位神学家的理论重建尝试)。

B. 分时段

第一章 "磐石之上"(约 33—461 年)

早期教会通史提供了最初四个世纪教宗史的基本脉络。Louis Duchesene 的三卷本巨著 *The Early History of the Christian Church* (London 1909),尽管出版较早,但在许多方面,仍不失为上乘之作。H. Chadwick, *The Early Church* (Harmondsworth 1993)对早期教会做了简洁而生动的描述。R. B. Eno, *The Rise of the Papacy* (Wilmington, Delaware 1990)聚焦于文本和神学。

达玛苏一世及其以前有关教宗史的绝大多数古代文献,均已译为英文收录于 J. T. Shotwell and L. R. Loomis eds., *The See of Peter* (New York 1927, 1991 年重印)一书中。其补编后延至利奥一世时期,见 J. Stevenson ed., *Creeds, Council and Controversies: Documents Illustrative of the History of the Church A. D. 337-461* (London 1966)。*Eusebius, The History of the Church from Christ to Constantine* (*Harmondsworth 1989*)是一份基本的史料。M. Staniforth ed., Early Christian Writings (*Harmondsworth 1987*)收录了克莱门特和伊格纳修的书信集;这些信函,连同希-英对照版的 The Shepherd of Hermas,也被收录于 *J. B. Lightfoot* (*edited by J. R. Harmer*), The Apostolic Fathers (*London 1898*)一书。

关于基督教的背景和帝国,可以参见 *Peter Brown*, The World of Late Antiquity (*London 1971*), The Rise of Western Christendom (*Cambridge, Massachusetts 1996*); *Robin Lane Fox*, Pagans and Christians in the Mediterranean World from the Second Century A. D. to the Conversion of Constantine (*Harmondsworth 1988*); *R. A. Markus*, Christianity in the Roman World (*London 1974*)。

有关《新约》中的彼得的讨论,可参见名家荟萃的 *R. E. Brown, K. P. Donfried and J. R. Eumann*, Peter in the New Testament (*London 1974*);另见 *Oscar Culmann*, Peter: Disciple, Apostle, Martyr (*London 1962*); *T. V. Smith*, Petrine Controversies in Early Christianity (*Tübingen 1985*)。

关于彼得在罗马及可能存在的彼得墓,有大量的论著,但其中许多不足凭信。研究入门可阅读 *L. Hertling and E. Kirschbaum*, The Roman Catacombs and Their Martyrs (*Milwaukee 1956*); *E. Kirschbaum*, The Tombs of St Peter and St Paul (*London 1959*); *J. Toynbee* and *J. W. Perkins*, The Shrine of St Peter and the Vatican Excavations (*London 1956*); *D. W. O'Connor*, Peter in Rome (*New York 1969*)。关于彼得及其在圣塞巴斯蒂安教堂的神龛受到罗马崇拜的过程,可参见 *H. Chadwick*, 'St Peter and St Paul in Rome', History and Thought of the Early Church (*London 1982*), pp. 31-52。

罗马的犹太社团是 *H. J. Leon*, The Jews of Ancient Rome (*Philadelphia 1960*) 一书的主题。

关于 1—2 世纪罗马的教会,以前的一些论述仍有其价值,尤其是 *G. La Piana*, 'The Roman Church at the End of the Second Century', Harvard Theological Review 18 (1925), pp. 201-277。但现在有关这些议题的任何讨论,都必须首先参阅 *Peter Lampe*, From Paul to Valentinus: Christians at Rome in the First Two Centuries (*London 2003*) 一书所做的详尽且富有说服力的分析。对于非专业人士而言,它很难阅读;但对于早期罗马基督教的超常发展,它提供的信息远胜于其他任何著作。早期罗马基督徒社群的建筑背景,可参见 *R. Krautheimer* and *S. Curāiç*, Early Christian and Byzantine Architecture (*New Haven and London 1986*); *G. Snyder*, Ante-Pacem: Archaeological Evidence of Church Life Before Constantine (*Macon, Georgia 1985*)。

关于迫害与早期教会,除了 *Lane Fox*, Pagans and Christians 第九章,还可参见 *W. H. Frend*, Martyrdom and Persecution in the Early Church (*Oxford 1965*)。西普里安论教会统一及其与教宗制的关系,见 *Jalland*, The Church and the Papacy; *Eno*, The Rise of the Papacy(这两本书前已提及); *M. Bévenot ed.*, St Cyprian, the Lapsed, and The Unity of the Church (*London 1957*)。

关于君士坦丁宗教信仰的最好叙述,见 *N. H. Baynes*, Constantine the Great and the Christian Church (*London 1929*); *A. H. M. Jones*, Constantine and the Conversion of Europe (*Harmondsworth 1962*); *R. MacMullen*, Constantine (*London 1970*)。

关于多纳图斯派,见 *W. H. Frend*, The Donatist Church (*London 1952*); 关于阿里乌斯主义,见 *R. D. Williams*, Arius: Heresy and Tradition (*Oxford 1987*); *R. P. C. Hanson*, The Search for the Christian Doctrine of God: the

Arian Controversy *318-381* (*Edinburgh* 1988)。关于君士坦丁扶植基督教为帝国宗教背后的考量与策略，*H. A. Drake*, Constantine and the Bishops：the Politics of Intolerance (*Baltimore, Maryland* 2001) 一书做了揭示。

论述君士坦丁和后君士坦丁时代的罗马，以及利贝留斯和达玛苏两位教宗的首要论著是 *C. Pietri*, Roma Christina：Recherches sur l'Eglise de Rome... de Miltiade à Sixte III (*311—440*) (*Rome* 1976, 1994 年再版)。*R. Krautheimer*, Profile of a City *312-1308* (*Princeton, New Jersey* 1980) 涉及的绝不只是建筑；*John Beckwith*, Early Christian and Byzantine Art (*New Haven and London* 1979)。

有关米兰和安布洛斯的研究，见 *R. Krautheimer*, Three Christian Capitals (*Berkeley* 1983), *pp.* 69-92；*N. B. Mclynn*, Ambrose of Milan：Church and Court in a Christian Capital (*Berkeley* 1994)。教宗与非洲的关系见 *J. E. Merdinger*, Rome and the African Church in the time of Augustine (*New Heaven* 1997)。关于伟人利奥，见 *T. G. Jalland*, The Life and Times of Leo the Great (*London* 1941)；*P. A. Mcshane*, La Romanitas et le Pape Leon le Grand (*Paris* 1979)；*W. Ullmann*, 'Leo I and the Theme of Papal Primacy', Journal of Theological Studies, *New Series* II (1960), *pp.* 25-51。利奥的布道词和书信集的英译本，见 *C. L. Feltoe*, Library of Nicene and Post Nicene Father of the Christian Church (*2nd series* 12)。

第二章 两个帝国之间 (461—1000 年)

这一时期的总体研究有：Peter Llewellyn, *Rome in the Dark Ages* (London 1993)；Peter Brown, *The World of Late Antiquity* and *The Rise of Western Christendom*；Judith Herrin, *The Formation of Christendom* (London 1989)；出版较早的论著 H. St. L. B. Moss, *The Birth of the Middle Ages 395-814* (Oxford 1935)，至今仍值得一读。Jeffrey Richards, *The Popes and the Papacy in the Early Middle Ages 476-752* (London 1979) 是基础，应与 Walter Ullmann, *A Short History of the Papacy in the Middle Ages* (London 1974) 一起阅读，后者过于条理化，但思想丰富。Bernard Schimmelpfennig, *The Papacy* (New York 1992) 是一部引发争议的概览性论著，出自一位杰出的罗马天主教学者之手，但译自德文的英文版，让人失望之处太多。G. Barraclough, *The Medieval Papacy* (London 1968) 是最好的中世纪教廷简史。

关于哥特人和其他蛮族,可以参见 J. M. Wallace-Hadrill, *The Barbarian West 400-1000*（London 1967）;P. S. Barnwell, *Emperor, Prefects and Kings: The Roman West 395-565*（London 1992）;C. Wickham, *Early Medieval Italy*（London 1981）。R. McKitterick ed., *The New Cambridge Medieval History Volume 2 c. 700—900*（Cambridge 1995）吸收了许多直接相关的研究成果。有关这一时期的宗教背景,可参阅一卷本的 D. Knowles and D. Obolensky, *The Christian Centuries Volume 2: the Middle Ages*（London 1969,对拉丁-拜占庭关系的研究尤为精彩）;C. Mango, *Byzantium: The Empire of New Rome*（London 1980）更全面地探讨了拜占庭教会及其与西部的关系;J. M. Hussey, *The Orthodox Church in the Byzantine Empire*（Oxford 1986）提供了概览和很好的参考书目;J. Pelikan, *The Christian Tradition Volume 2: The Spirit of Eastern Christendom 600—1700*（Chicago 1977）对神学与灵性做了精彩的分析。L. Duchesne, *L'Eglise au VIe. Siecle*（Paris 1925）着重讨论了6世纪经常出现的那些令人眼花缭乱的神学争端以及教宗在其中扮演的角色。

这一时期教宗的基本文献是 *Liber Pontificalis*,这部大部头的教宗纪年为我们提供了6—9世纪诸教宗的生平。L. Duchesne ed., *Le Liber Pontificalis: Teste, Introduction et Commentaire*（Paris 1886-92）系拉丁文本,但附有详尽的法文注解,而后,在收入 C. Vogel 编辑的第三卷补编后,于1955—1957年在巴黎重新发行。Duchesne版已被 Raymond Davis 译为高质量的三卷本英文版,附有原书注释中提及的许多资料: *The Book of Pontiffs* (*Liber Pontificalis*)（Liverpool 1989）; *The Lives of the Eighth-Century Popes* (*Liber Pontificalis*)（Liverpool 1992）; *The Lives of the Ninth-Century Popes* (*Liber Pontificalis*)（Liverpool 1995）。

对这一时期教宗史最全面的叙述,是 H. K. Mann, *The Lives of the Popes in the Early Middle Ages*（18 vols., London 1902-32）。曼恩是罗马天主教的神父和罗马英国学院院长,他的书有扎实的史料基础,但偏见显而易见;它缺乏批判,但可读性强,而且（大体而言）,所述的事实还是可信的。

有关拉文纳、罗马和帝国,可参见 R. A. Markus, 'Ravenna and Rome 554-604', *Byzantion* 51(1981); T. S. Brown, 'The Church of Ravenna and the Imperial Administration in the Seventh Century', *English Historical Review* 94 (1979) pp. 1-28; G. Bovini, *Ravenna Mosaics*（Oxford 1978）; L. Von Matt and G. Bovini, *Ravenna* (Cologne 1971); J. Meyendorf, *Imperial Unity and Christian Divisions* (New York 1989)。

关于一性论，见 A. A. Luce, *Monophysitism：Past and Present* (London 1920); W. H. C. Frend, *The Rise of the Monophysite Movement* (Cambridge 1972)。

有关伟人格雷戈里的研究：F. H. Dudden, *Gregory the Great：His Place in History and Thought* (2vols, London 1905)仍有价值; Jeffrey Richards, *Consul of God：The Life of Gregory the Great* (London 1980); R. A. Markus, *From Augustine to Gregory the Great* (London 1983, 因相关英文论著稀少, 故本书尤为重要)和同一作者的 *Gregory the Great and His World* (Cambridge 1997); C. Straw, *Gregory the Great：Perfection in Imperfection* (Berkeley 1988); C. Dagens, *Saint Gregoire le Grand：Culture et Experience Chretiennes* (Paris 1977)。他的信函与《教牧规则》(Pastoral Rule)已被译为相当生硬的英文, 见 J. Barmby ed., *The Books of Pastoral Rule and Selected Epistle of Gregory the Great*, Library of Nicene and Post-Nicene Fathers, second series 12 and 13 (New York 1895); 其对话录也有英文本, 见 *The Dialogues of St Gregory*, translated by E. G. Gardner (London 1911)。对圣彼得祖业的最佳研究, 仍然是 E. Spearing, *The Patrimony of the Roman Church in the Time of Gregory the Great* (Cambridge 1918), 但也要参见 Jeffrey, *The Popes and the Papacy* 第18章。

关于爱尔兰教会, 见 K. Hughes, *The Church in Early Irish Society* (London 1966); 新近发现的相关文献概览, 见 Dáibhí ó Cróinín, *Early Medieval Ireland 400—1200* (London 1995)。

格雷戈里时代的"微型基督教国度", 可参见 Herrin, *Formation of Christendom* 和 Brown, *Rise of Western Christendom*。

有关盎格鲁-撒克逊时代的基督教, 见 H. Mayr-Harting, *The Coming of Christianity to Anglo-Saxon England* (London 1972); 关于英格兰和罗马的讨论, 见 Eamonn ó Carragáin, *The City of Rome and the World of Bede* (Newcastle upon Tyne 1994); 关于林迪斯法尼福音文选及其在南部意大利的影响, 见 J. Backhouse, *The Lindisfarne Gospels* (London 1981) 第3章。基本文献已由 J. F. Webb 和 D. H. Farmer 编译出版, 见 *The Ages of Bede*

(Harmondsworth 1983),Eddius Stephanus 的"Life of Wilfred"也收录其中;Bede,*The Ecclesiastical History of the English People*,edited by J. McClure and R. Collins (Oxford 1994) 也是基本文献。

关于罗马的格雷戈里反对派,见 Peter Llewellyn,'The Roman Church in the Seventh Century: the Legacy of Gregory the Great',*Journal of Ecclesiastical History* 35 (1974),pp. 363-80。

关于伊斯兰的兴起,可见 F. Gabrieli,*Muhammad and the Conquests of Islam* (London 1968); H. Kennedy, *The Prophet and the Age of the Caliphates* (London 1986)。

有关破坏圣像运动,可见 Herrin,*Formation*, chapter 8; Brown,*Rise*, chapter 14;'A Dark Ages Crisis:Aspects of the Iconoclastic Controversy',*English Historical Review* 88 (1973), pp.1-34; Hussey, *The Orthodox Church in the Byzantine Empire*,pp.30-68。

关于罗马朝圣,见 Debra J. Birch,*Pilgrimage to Rome in the Middle Ages* (Woodbridge 1998);不过,一项对英格兰人朝圣的令人耳目一新的探讨,更侧重稍后的时段,见 Judith Champ,*The English Pilgrimage to Rome: A Dwelling for the Soul* (Leominster 2000)。

关于教宗国的兴起,见 L. Duchesne,*The Beginning of the Temporal Sovereignty of the Popes A. D. 754—1073* (London 1908);P. Partner,*The Lands of St. Peter* (London 1972); T. F. X. Noble, *The Republic of St. Peter*,680—825 (Philadelphia 1984)。

关于教宗和法兰克,可见 Noble,*The Republic of St. Peter*,680-825;R. McKiterrick,*The Frankish Kingdoms and the Carolingians 751-987*(London 1983); J. M. Wallace-Hadrill, *The Frankish Church* (Oxford 1983); D. Bullough,*The Age of Charlemagne* (London 1973);L. Wallach,'The Roman Synod of 800 and the alleged trail of Leo Ⅲ',*Harvard Theological Review* 49 (1956) pp. 123-42;L. Thorpe,*Two Lives of Charlemagne* (Harmondsworth 1969);B. W. Scholz and B. Rogers eds.,*Carolingian Chronicles*(Ann Arbor, Michigan 1970); C. H. Talbot ed., *The Anglo-Saxon Missionaries in Germany* (London 1954)(该书含有圣博尼法斯和 8 世纪一系列教宗的通信选辑,可以揭示当时人对教宗的各种态度,以及这一时期教宗的自我认知)。

关于尼古拉一世和东部,见 F. Dvornik,*The Photian Schism:History*

and Legend (Cambridge 1948);Dvornik 的大多数学术成果,已被提炼为短小精悍却可读性强的 Byzantium and the Roman Papacy(New York 1966)。另见 F. A. Norwood,'The Political Pretension of Nicholas I',Church History 15(1946),pp. 271-285; Y. Congar,'Nicolas Ier: Ses Position Ecclésiastiques', Rivista di storia Della Chiesa in Italia 21(1967),pp. 393-410。对这一时期东西部教会关系研究最为深入的,是学术大师 Henry Chadwick,East and West: The Making of a Rift in the Church: From Apostolic Times until the Council of Florence(Oxford 2003)。

对"黑暗世纪",目前尚无令人满意的研究成果。Mann,The Lives of the Popes in the Early Middle Ages 的几卷和 F. Gregorovius,History of the City of Rome in the Middle Ages(8 vols.,London 1894-1902)第三卷,可用来构建一份详尽的描述;而 Peter Partner,The Land of St Peter 的前几章,提供了一份过于侧重政治的叙述。关于奥托王朝的复兴,C. N. L. Brooke,Europe in the Central Middle Ages 962—1154(London 1994)第 211 页及随后几页做了简洁却有益的讨论。Liudprand of Cremona 是编年史家和外交官,也是 10 世纪最伟大的"长舌妇",因而成为这一时期有关教宗的那些最有趣却不可信的故事的源头。他对教廷的观察,当使节时对拜占庭的观察,以及对奥托大帝时期的观察,现已由 F. A. Wright 翻译出版,见 The Works of Liudprand of Cremona(London 1930)。

第三章 位于国家之上(1000—1447 年)

Mann,The Lives of the Popes in the Early Middle Ages; Gregorovius, City of Rome; Krautheimer, Rome; Barraclough, Medieval Papacy 和 Ullmann, Short History,对这一时期仍然有价值。R. W. Southern 的两部著作对中古世界和教会在其中的位置做了深入的导论,见 The Making of the Middle Ages(London 1987)和 Western Society and the Church in the Middle Ages(Harmondsworth 1970),后者对教宗制演进的论述尤为精当。Brooke, Europe in the Central Middle Ages 提供了总体的政治背景,强调了宗教的维度,附有最新的阅读书目。这一时段的后期,有两本书(尤其是后者)价值重大,且属于同一书系:J. H. Mundy, Europe in the Middle Ages 1150-1309(London 1991);D. Hay, Europe in the Fourteenth and Fifteenth Centuries(London 1989)。

关于教宗改革,有两份重要且互补的研究:Colin Morris,The Papal

Monarchy;*The Western Church from 1050—1250* (Oxford 1989)行文优美，内容充实全面，并附有详尽的参考论著；而 I. S. Robinson, *The Papacy 1073—1198* (Cambridge 1990)对教宗制和神学思想的转型做了深入的探讨。G. Tellenbach, *The Church in Western Europe From the Tenth to the Early Twelfth Centuries* (Cambridge 1993)同样有价值，但较为枯燥。

极为有趣的早期资料，已编译出版，见 Ian Robinson, *The Papal Reform of the Eleventh Century: Lives of Pope Leo IX and Pope Gregory VII* (Manchester 2005)。

有关克吕尼和修院改革，见 B. Bolton, *The Medieval Reformation* (London 1983); C. H. Lawrence, *Medieval Monasticism* (London 1984); H. E. J. Cowdrey, *The Cluniacs and Gregorian Reform* (Oxford 1970); N. Hunt, *Cluny under St Hugh* (London 1967); N. Hunt ed., *Cluniac Monasticism in the Central Middle Ages* (London 1971)。

关于教士独身制，见 A. L. Bartow, *Married Priests and the Reforming Papacy* (New York 1982); C. N. L. Brooke, *Medieval Church and Society* (Cambridge 1971), pp. 69-99（主要论述诺曼时代的英格兰）。

关于诺曼人在南方，见 R. H. C. Davis, *The Normans and Their Myth* (London 1976); D. C. Douglas, *The Norman Achievement 1050-1100* (London 1969), *The Norman Fate 1100-1154* (London 1976); D. Mack Smith, *Medieval Sicily 800-1713* (London 1968); J. J. Norwich, *The Normans in the South 1016-1130* (London 1967), *The Kingdom in the Sun, 1130-1194* (London 1970)（该书为大众普及读物）。关于拜占庭和罗马，见 Hussey, *Orthodox Church*; C. M. Brand, *Byzantium Confronts the West* (Cambridge Massachusetts 1968)。

有关枢机的研究，见 Robinson, *Papacy*, Chapter 2; S. Kuttner, 'Cardinalis: The History of a Canonical Concept', *Traditio* 3 (1945), pp. 129-214。

关于格雷戈里七世，Ullmann, Morris, Robinson, Brooke 等人已有广泛深入的讨论；权威性传记是 H. E. J. Cowdrey, *Pope Gregory VII, 1073-1085* (Oxford 1998), Cowdrey 还编译了格雷戈里的书信, *The Register of Gregory VII, 1073-1085* (Oxford 2002)。最好的简历载 *Bbliotheca Sanctorum*；现代学者们的研究综述，见 I. S. Robinson, 'Pope Gregory VII 1073-1085, Bibliographical Survey', *Journal of Ecclesiastical History* 36(1985), pp. 439-

83。其书信选集,见 E. Emerton ed. , *The correspondence of Pope Gregory* *Ⅶ*:*Selected Letters from the Registrum* (New York 1932);还可参见 H. E. J. Cowdrey ed. ,*Epistolae Vagantes of Pope Gregory* *Ⅶ* (Oxford 1972)。关于格雷戈里七世后的教廷,最好的研究之一是 H. E. J. Cowdrey,*The Age of Abbot Desiderius* (Oxford 1983),内容包括宣福者维克多三世和其他几位教宗。

关于授职权之争,见 B. Tierney ed. , *The Crisis of Church and State 1050—1300* (New Jersey 1964)(文献集); K. Morrison, *Tradition and Authority and Resistance in the Investiture Contest* (Manchester 1978); W. Ullmann, *The Growth of Papal Government* (London 1970)。Y. Congar, *Eglise et Papauté*:*Regards Historiques* (Paris 1994)出自一位伟大的历史神学家之手,收入了一些论述教宗神学的重要文件,第 6 章讨论了明谷的圣伯尔纳的金点子的影响。伯尔纳对教宗尤金三世的点拨已被编译成册:J. D. Anderson and E. T. Kennan et. & trans. , *St. Bernard of Clairvanx*:*Five Books on Consideration*:*Advice to a Pope* (Kalamazoo,Michigan 1976)。

关于十字军,Jonathan Riley-Smith,*What Were the Crusades?* (London 1992)附有参考书目;同一作者还著有 *The First Crusade and the Idea of Crusade* (Princeton,New Jersey 1977);此外,可见 H. E. Mayer,*The Crusade* (London 1972); S. Runciman,*A History of the Crusades* (3 vols,Cambridge 1951-4); Robinson,*Papacy* 第 9 章也很重要。

关于教宗哈德良四世,可参见 E. M. Almedingen,*The English Pope*:*Adrian Ⅳ* (London 1925); W. Ullmann, 'The Pontificate of Adrian Ⅳ', *Cambridge Historical Journal* Ⅱ (1953-5), pp. 232-52; R. W. Southern, *Medieval Humanism and Other Studies* (Oxford 1970), pp. 234-52;尤其是 Brenda Bolton 和 Anne J. Duggan 编辑的论文与文献集 *Adrian Ⅳ*:*The English Pope* (1154-1159) (Brookfield,Vermont 2002)。我关于教廷、诺曼人和爱尔兰的讨论,主要依据 F. X. Martin, 'Diarmuid Mac Murchada and the Coming of the Anglo-Normans', in A. Cosgrave ed. , *A History of Ireland Volume 2*:*Medieval Ireland 1169-1534* (Oxford 1987), pp. 43-66。巴巴罗萨标准的英文传记是 P. Munz,*Frederick Barbarossa* (London 1969),尽管他对巴巴罗萨政策的解读很少有人赞同。

关于 12—13 世纪教廷的总体性研究,见 K. Pennington,*Pope and*

Bishops: *The Papal Monarchy in the Twelfth and Thirteenth Centuries* (Philadelphia 1984); Agostino Paravicini Bagliani, *Il Trono di Pietro: l'Universalità del papato da Allesandro Ⅲ a Bonifacio Ⅷ* (Rome 1996). R. Brentano,*Rome before Avignon* (London 1974)。关于英诺森三世,最完整的中世纪实录已有英文版,见 James M. Powell,*The Deeds of Pope Innocent Ⅲ ,by an Anonymous Author* (Washington 2004);今人撰写的标准传记是 H. Tillmann,*Pope Innocent Ⅲ* (Amsterdam 1980); J. Sayers, *Innocent Ⅲ : Leader of Europe 1198—1216* (London 1994)相对简洁,附录的参考文献很有用。相关议题的论文集,见 James M. Powell ed. , *Innocent Ⅲ : Vicar of Christ or Lord of the World*? (Washington 1994);还可参考 C. R. Cheney, *Pope Innocent Ⅲ and England* (Stuttgart 1976); D. P. Waley, *The Papal State in the Thirteenth Century* (London 1961)。

有关镇压异端,可参见 R. I. Moore,*The Origins of European Dissent* (London 1977); B. Bolton, 'Innocent Ⅲ's Treatment of the Humiliati', in D. Baker ed. ,*Studies in Church History Volume 8* (Oxford 1971), pp. 73-82; J. R. Strayer,*The Albigensian Crusades* (New York 1971); B. Hamilton,*The Medieval Inquisition* (London 1981. 侧重于后期的发展); E. A. Synan,*The Popes and the Jews in the Middle Ages* (New York 1965)。有关第四次十字军东征,见 D. E. Queller,*The Fourth Crusade: The Conquest of Constantinople* (Leicester 1978); J. Godfrey, *1204: the Unholy Crusade* (Oxford 1980)。J. Gill,*Byzantium and the Papacy 1198-1400* (New Jersey 1979)比较全面地讨论了拜占庭与罗马的关系; Aidan Nicholas,*Rome and the Eastern Churches, A Study in Schism* (Edinburgh 1992)是从罗马天主教的视角所做的一项神学分析。关于托钵修士,可参考 R. M. Brooke,*The Coming of the Friars* (London 1975); C. H. Lawrence,*The Friars* (London 1994)。

关于腓特烈二世和教廷,见 T. C. Van Cleve,*The Emperor Frederick Ⅱ of Hohenstaufen* (Oxford 1972); D. Abulafia, *Frederick Ⅱ : a Medieval Emperor* (London 1988)。关于教宗的特权, G. Barraclough, *Papal Provisions* (London 1935)较全面地揭示了教宗的统治与权威。关于教宗的财政,见 W. E. Lunt,*Papal Revenues in the Middle Ages* (2 vols, New York 1934),这是一份财政文献与评注的汇编。有一个偶发事件可以揭示教宗在13世纪意大利政治中的角色,有关这一事件的生动叙述,见 S. Runciman,

The Sicilian Vespers (Cambridge 1958)。

关于不幸的西莱斯廷五世,已有一部备受推崇的传记 Paolo Golinelli, *Il Papal Contadino : Celestino V e il Suo Tempo* (Florence 1996)。至于博尼法斯八世,见 T. S. R. Boase, *Boniface VIII* (London 1933); F. M. Powicke, 'Pope Boniface VIII', *History* 18(1934) pp. 307-29; C. T. Wood, *Philip the Fair and Boniface VIII* (London 1971)。指控博尼法斯八世的法文档案材料经过编订、校勘与(大幅度的)删节,现已出版,见 Jean Coste ed., *Boniface VIII en Proces : Articlès d'Accusation et Déposition des Temoins* (1303-1311) (Rome 1995)。关于大赦年,见 H. Thurston, *The Holy Year of Jubilee : An Account of the History and Ceremonial of the Roman Jubilee* (London 1900); 该书与 K. L. Kessler and J. Zacharias, *Rome 1300 : On The Path of the Pilgrim* (New Haven and London 2000)的相关章节联在一起,为第一个大赦年间罗马城内的朝圣盛况提供了一幅富有想象力的优美画面。以教宗为中心的天启式期盼与恐慌,见 Marjorie Reeves, *The Influence of Prophecy in the Late Middle Ages : A Study in Joachimism* (Oxford 1979)的第四部分。

中世纪盛期教廷的艺术和建筑背景,见 Krautheimer, *Rome*, chapter 8; Jone White, *Art and Architecture in Italy 1250-1400* (New Haven and London 1993), chapter 4, 7 and 10; P. Hetherington, *Pietro Cavallini : A Study in the Art of Late Medieval Rome* (London 1979); W. Oakeshott, *The Mosaics of Rome* (London 1967); E. Hutton, *The Roman Marble Workers of the XIIth and XIIIth Centuries* (London 1950)。

有关阿维农教廷的研究,见 B. Guillemain, *Le Cour Pontificale d'Avignon, 1309-1376* (Paris 1962); G. Mollat, *The Popes at Avignon 1305-1378* (Edinburgh 1963); Y. Renouard, *The Avignon Papacy 1305-1403* (Hamden, Connecticut 1970)。 Sophia Menache, *Clement V* (Cambridge 1998) 详尽地探究了第一位阿维农教宗的具体状况。Patrick Nold, *Pope John XXII and his Franciscan Cardinal* (New York and Oxford 2003) 探讨了贫困问题的复杂性及其对教宗的影响。J. Gardner, *The Tomb and the Tiara : Curial Sculpture in Rome and Avignon in the Late Middle Ages* (Oxford 1992) 揭示了阿维农时期教廷的一个侧面,具有重要价值。

关于教会大分裂和公会议运动,见 W. Ullmann, *The Origins of the Great Schism* (London 1948); J. H. Smith, *The Great Schism, 1378* (London

1970); B. Tierney, *Foundations of the Conciliar Theory* (Cambridge 1955); E. F. Jacob, *Essays in the Conciliar Epoch* (Manchester 1963); H. Jedin, *A History of the Council of Trent* (Vol. 1, London 1949); J. Gill, *The Council of Florence* (Cambridge 1959); G. Alberigo ed., *Christian Unity: The Council of Ferrara/Florence 1438-1409* (Leuven 1991); Francis Oakley, *The Conciliarist Tradition: Constitutionalism in the Catholic Church, 1300-1870* (Oxford 2003),该书追踪了这些公会议争论在后来的教会与教宗史上的余响。这一时期的教会,最好最全面的概述是 E. Delaruelle, E. R. Laband and P. Ourliac, *L'Eglise au Grand Schism et la Crise Conciliaire* (Paris 1952-5);较之上书,Oakley 的英文著作 *The Western Church in the Later Middle Ages* (Cornell 1979)更为简洁,但仍是一份精彩的概论。C. M. D. Crowder, *Unity, Heresy and Reform 1378-1460: The Conciliar Response to the Great Schism* (London 1977)是一部文献集。关于意大利和教宗国,可参见 Partner, *Lands of St Peter* 和同一作者的 *The Papal State under Martin V* (London 1958);关于教会大分裂对教宗和意大利教会的影响,D. Hay, *The Church in Italy in the Fifteenth Century* (Cambridge 1977), pp. 26-48 有精彩的讨论。

第四章 抗议与分裂(1447—1774 年)

文艺复兴产生了大量属于它自己的文献,这里甚至无法触及。J. Hale, *The Civilization of Europe in the Renaissance* (London 1993)是一部很好的导论。D. Hay and J. Law, *Italy in the Age of the Renaissance 1380-1530* (London 1989)勾画了文艺复兴的意大利背景。这一时期的宗教史,见 Oakley, *The Western Church in the Later Middle Ages* (Cornell 1979); Hay, *The Church in Italy in the Fifteenth Century*。John Bossy, *Christianity in the West 1400-1700* (Oxford 1985)很少论及教宗,更多关注的是观念。F. Hartt, *History of Italian Renaissance Art* (London 1987)全面考察了这一时期的艺术与建筑。

任何有关 15—18 世纪教廷的叙述,其基本的源头都是 L. Pastor, *History of the Popes from the Close of the Middle Ages* (40 vols, London 1912-1952)。帕斯托身为奥地利天主教徒,属于越山派,他是站在强烈的教宗主义立场来写作的,但这部博大而详尽的巨著是建立在他异常熟悉各种资料的基础之上的。有关这一时期天主教的任何研究,本书都是一个起点;而且,在绝大多数情况下,帕斯托为单个教宗所作的传记,至今仍是最全面的记录。

文艺复兴时期教宗的制度与活动的概览,见 J. A. F. Thomson, *Popes and Princes*, *1417-1517*: *Politics and Policy in the Late Medieval Church* (London 1980); P. Prodi, *The Papal Prince* (Cambridge 1987)和 K. P. Lowe, *Church and Politics in Renaissance Italy* (Cambridge 1993)进一步探讨了政治维度。

关于文艺复兴前夕的罗马,见 P. Partner, *Renaissance Rome 1500-1559*: *A Portrait of a Society* (Berkeley 1976); Loren Partridge, *The Renaissance in Rome 1400-1600* (London 1996)勾画了艺术和建筑的资助人。

关于尼古拉五世和罗马的重建方案,见 C. W. Westfall, *In this Most Perfect Paradise*: *Alberti*, *Nicolas V and the Invention of Conscious Urban Planning in Rome 1447-1455* (Pennsylvania 1974); P. A. Ramsey ed., *Rome in the Renaissance*, *the City and the Myth* (Binghampton, New York 1982)。有关锡耶纳的圣伯尔纳迪诺,见 Iris Origo, *The World of San Bernardino* (London 1963)。

更一般性地论述文艺复兴和教廷,见 C. L. Stinger, *The Renaissance in Rome* (Bloomington, Indiana 1985); J. F. D'Amico, *Renaissance Humanism in Papal Rome*: *Humanism and Churchmen on the eve of the Reformation* (Baltimore and London 1983); E. Lee, *Sixtus IV and Men of Letters* (Rome 1978); A. Grafton ed., *Rome Reborn*: *The Vatican Library and Renaissance Culture* (New haven and London 1993); J. W. O'Malley, *Praise and Blame in Renaissance Rome*: *Rhetoric*, *Doctrine and Reform in the Sacred Orators of the Papal Court 1450-1521* (Durham, NC 1979)。

关于西斯廷礼拜堂,见 C. Pietrangeli et al, *The Sistine Chapel*: *The Art*, *the History and the Restoration* (New York 1986); Pietrangeli 还编有一本有大量插图的作品即 *Paintings in the Vatican* (Boston, New York, Toronto and London 1996)。另见 L. D. Ettlinger, *The Sistine Chapel before Michelangelo*: *Religious Imagery and Papal Primary* (Oxford 1965); C. F. Lewine, *The Sistine Chapel Walls and the Roman Liturgy* (Pennsylvania 1993)。

关于庇护二世,较早的著作 C. M. Ady, *Pius II* (London 1913)依然有用。其生动有趣的自传 *Commentaries* 已被译为简略版 F. A. Gragg, *Memoirs of*

442 a Renaissance Pope: The Commentaries of Pius II (London 1960)。作为罗马城和罗马教座的重建者,另一位文艺复兴教宗的抱负已被探究,见 Jill E. Blondin,'Power Made Visible: Pope Sixtus IV as Urbis Restaurator in Quattrocento Rome', Catholic Historical Review CXI (2005), pp. 1-25。关于朱利安二世,今人已著有两部优秀的传记:C. Shaw, Julius II, the Warrior Pope (Oxford 1988); I. Cloulas, Jules II (Paris 1990); 关于卡利克图斯三世和亚历山大六世,见 M. Mallet, The Borgias (London 1969)。

有关教廷和圣战,见 N. Housley, The Later Crusades 1274-1580 (Oxford 1992); C. A. Frazee, Catholics and Sultans: The Church and the Ottoman Empire 1453-1923 (Cambridge 1983)。

关于文艺复兴时期的枢机与教廷,见 P. Partner, The Pope's Men: The Papal Civil Service in the Renaissance (Oxford 1990); Lowe, Church and Politics, pp. 46-52; A. V. Antonovics,'Counter-Reformation Cardinals 1534-1590', European Studies Review 2 (1970), pp. 301-27; D. S. Chambers, Cardinals Bainbridge in the Court of Rome 1509-1514 (Oxford 1965), 也见同一作者的'The Economic Predicament of Renaissance Cardinals', Studies in Medieval and Renaissance History 3 (1966); B. M. Hallman, Italian Cardinals, Reform, and Church as Property (Berkeley 1985)。

关于教廷财政,见 J. Delumeau, Vie Economique et Sociale de Rome dans la Second Moitié du XVIe Siècle (2vols, Paris 1957-9); 他的一些结论可见其论文'Rome: Political and Administrative Centralization in the Papal State in the Sixteenth Century', in E. Cochrane ed., The Late Italian Renaissance 1525-1630 (New York 1970), pp. 287-304; F. Gibert, The Pope, his Banker and Venice (Cambridge, Massachusetts 1980) 研究了朱利安时期的资金问题。最近关于近代早期教廷经济的研究,最有分量的成果是:P. Partner,'Papal Financial Policy in the Renaissance and Counter-Reformation', Past and Present 88 (1980), pp. 17-60。

至于萨沃纳罗拉,见 R. Ridolfi, The Life of Girolamo Savonarola (New York 1959); D. Weinstein, Savonarola and Florence: Prophecy and Patriotism in the Renaissance (Princeton, New Jersey 1970)。天主教改革文本,见 J. C. Olin ed., The Catholic Reformation: Savonarola to Ignatius Loyola: Reform in the Church 1495-1540 (New York 1969)。

研究伊拉斯谟的著作数以百计：R. H. Bainton, *Erasmus of Rotterdam* (New York 1969)是一部基础性的叙述，也可参见 R. J. Schoeck, *Erasmus and Europe: The Making of a Humanist* (Edinburgh 1990); A. G. Dickens and W. R. D. Jones, *Erasmus the Reformer* (London 1994)。在某些方面，最为生动的介绍依然是 J. A. Froude, *Life and Letters of Erasmus* (London 1895)，这部维多利亚时代出版的传记，大量取材于书信，尽管有偏见，却异常生动，趣味横生。Julius Exclusus(《朱利安被拒于天门外》)已有英译本，见 J. Kelley Sowards, *The Julius Exclusus of Erasmus* (Bloomington, Indiana 1968)。

关于第五次拉特兰公会议和特伦特公会议，见 H. Jedin, *History of the Council of Trent* (London 1957-)，虽然五卷中只有两卷译为英文，但有法文版、意大利文版和德文版可供参考。

研究路德的书不计其数。最出色的导论是 E. G. Rupp, *Luther's Progress to the Diet of Worms, 1521* (London 1951);最好的传记是 R. H. Bainton, *Here I Stand: A Life of Martin Luther* (New York 1950); A. G. Dickens, *The German Nation and Martin Luther* (London 1974)探究了德意志的背景(和反教宗主义)。对宗教改革的总体性研究，见 S. Ozment, *The Age of Reform* (New Haven and London 1980); H. J. Grimm, *The Reformation Era, 1500-1650* (London 1973)。R. W. Scribner, *For the Sake of Simple Folk: Popular Propaganda for the German Reformation* (Cambridge 1981)讨论了德意志的图像宣传。

关于罗马之劫，见 J. Hook, *The Sack of Rome* (London 1972); A. Chastel, *The Sake of Rome 1527* (Princeton, New Jersey 1983); Pastor, *History of the Pope* 第九卷的描述也极为生动，仍值得一读。

关于反宗教改革，有几部简洁而精当的总论，其中权威之作可能是 Robert Bireley, *The Refashioning of Catholicism, 1450-1700* (London 1999); R. Po-Chia Hsia, *The World of Catholic Renewal 1540-1770* (Cambridge 1998)。M. D. W. Jones, *The Counter-Reformation: Religion and Society in Early Modern Europe* (Cambridge 1995)是一部精挑细选的文献选集。J. Delumeau, *Catholicism Between Luther and Voltaire* (London 1977)才华横溢，引人入胜，但在解释反宗教改革时期天主教的"新颖性"时，有极端之嫌; H. O. Evennett, *The Spirit of the Counter-Reformation* (Cambridge 1968)也

是一系列才华横溢的阐释性文稿,但对于初学者而言,不是很适用。

关于"属灵派",权威之作是 D. Fenlon, *Heresy and Obedience in Tridentine Italy* (Cambridge 1972);最好的耶稣会研究是 W. O'Malley, *The First Jesuits* (Cambridge, Massachusetts 1993)。在某些方面(且直到 Fenlon 的 Philip Neri 传出版),有关16世纪罗马宗教的最好著作,还是 L. Ponnelle and L. Bordet, *St. Philip Neri and the Rome Society of his Times 1515-1595* (London 1932)。一部极为有趣且不可或缺的著作,是当时人对1575年大赦几年后的罗马所做的评估,见 Gregory Martin, *Roma Sancta 1581*, ed. by G. B. Parks (Rome 1969)。

H. Jedin, *Crisis and Closure of the Council of Trent* (London 1967)对特伦特公会议关键的最后阶段做了简洁而精当的讨论。关于波洛梅欧、教廷与公会议,见 J. M. Headley and J. B. Tomaro, *Son Garlo Borromeo: Cathloic Reform and Ecclesiastical Politics in the Second Half of the Sixteenth Century* (Washington 1984), pp. 47-63.

令人奇怪的是,反宗教改革时期的教宗很少有出色的传记,除了 Pastor 的相关几卷,几无英文近著。N. Lemaître, *Saint Pie V* (Paris 1994) 和 I. de Feo, *Sisto V: Un Grande Papa tra Rinascrimento e Barocco* (Milan 1987) 或可参阅。关于反宗教改革时期罗马城的重建,见 G. Labrot, *L'Image de Rome. Une Arme pour la Counter-Reformation 1534-1677* (Seyssel 1987); H. Gamrath, *Roma Sancta Renovata* (Rome 1987)(论述塞克图斯五世的方案); S. Ostrow, *Art and Spirituality in Counter-Reformation Rome* (Cambridge 1996); J. Freiberg, *The Lateran in 1600: Christian Concord in Counter-Reformation Rome* (Cambridge 1995); L. Rice, *The Altars and Altarpieces of New St Peter's: Outfitting the Basilica 1621-1666* (Cambridge 1997); Torgil Magnuson, *Rome in the Age of Bernini* (2vols, Stockholm and Atlantic Heights, New Jersey 1982-6); R. Wittkower, *Art and Architecture in Italy, 1600-1750* (Harmondsworth 1980). Irene Polverini Fosi, 'Justice and its Image: Political Propaganda and Judicial Reality in the Pontificate of Sixtus V', *Sixteenth Century Journal* 24 (1993), pp. 75-95,对塞克图斯清除教宗国匪患的宣传神话做了考察,同时也揭示了反宗教改革时期教宗的目标和自我认知;同一作者的 *La Societa Violenta. Il banditismo nello Stato pontificio* nella seconda metà del Cinquecento (Rome 1985)更全面地探究了这一议题。A. D. Wright, *The Early Modern Papacy: from the Council of Trent to the French Revolution*, 1564-1789 (London 2000)对旧制度时期教廷的运作做了极有价值的研究。关于反宗教改革时期教廷的研究近著,一篇有价值的研究综述是 Simon Ditchfield, 'In Search of Local Knowledge: Rewriting Early Modern Italian Religious History', *Cristianesimo nella Storia* 19(1998), pp. 255-296。关于教廷,见 H. D. Fernandez, 'The Papal Court at Rome c. 1450-1700', John Adamson ed., *The Princely Courts of Europe* (London 1999), pp. 141-63。该文也被收录于 G. Signorotto and M. A. Viscaglia eds., *Court and Politics in Papal Rome*, 1492-1700 (Cambridge 2002),从而置于更大的背景下。

关于反宗教改革时期帝国的宗教状况,可参见 R. J. W. Evans, *The Making of the Habsburg Monarchy 1550-1700* (Oxford 1979)。有关威尼斯的研究,见 W. J. Bouwsma, *Venice and the Defense of Republican Liberty* (Berkeley 1968); P. E. Grendler, *The Roman Inquisition and the Venetian Press 1540-1605* (Princeton, New Jersey 1977)。关于教派政治两极化与三十年战争,见 J. Lecler, *Toleration and the Reformation* (2 vols, London 1960); C. C. Eckhardt, *The Papacy and World Affairs as Reflected in the Secularization of Politics* (Chicago 1937); G. Parker ed., *The Thirty Years War* (London 1984)(对政治的叙述和阐释尤为精当); R. Bireley, *Religion and Politics in the Age of the Counterreformation: Emperor Ferdinand II, William Lamormaini SJ, and the Formation of Imperial Policy* (Chapel Hill 1981)。

关于传信部与教宗干预传教,见 Delumeau, *Catholicism*; R. H. Song, *The Sacred Congregation for the Propagation of the Faith* (Washington 1961);还可参见 *Sacrae Congregationis de Propaganda Fide Memoria Rerum* (Freiburg 1971-6)(五卷本中的前三卷),这是一部极有价值的纪念文集。

关于乌尔班八世时期和巴洛克时代的罗马,见 Wittkower, *Art and Architecture*; F. Haskell, *Patrons and Painters: Italian Art and Society in the Age of the Baroque* (London 1963); A Leman, *Urbain VIII et la rivalité de la france et de la Maison d' Autriche de 1631 à 1635* (Lille 1920); J. Grisar, *Pä* pstliche Finanzen, Nepotismus und Kirchenrecht unter Urban Ⅷ (Rome 1943)。关于伽利略事件,Stillman Drake,Galileo (Oxford 1980)短小精悍,附有参考文献;M. A. Finnochiaro, The Galileo Affair: A Documentary History (Berkeley 1989)收入了相关文献;梵蒂冈召开的相关会议,见 G. V. Coyne ed., The Galileo Affair: A Meeting of Science and Faith (Vatican City 1985)。

有关教宗卷入詹森派争论,最好是阅读 Pastor 的相关卷次,但要了解这一问题的总论,可以参见 N. J. Abercrombie, The Origins of Jansenism (Oxford 1936); L. Cognet, Le Jansénisme (Paris 1961); A. Sedgwick, Jansenism in Seventeenth-Century France (Charlottesville 1977)。关于"神唯一圣子"教谕,见 J. M. Gres-Gayer,'The Unigenitus of Clement Ⅺ: a Fresh Look at the Issues', Theological Studies 49(1988), pp. 259-82; A. le Roy, La France et Rome de 1700 à 1715 (Paris 1892)。有关英诺森十一世,见 J. Orcibal, Louis ⅩⅣ contre Innocent Ⅺ (Paris 1949); L. O'Brien, Innocent Ⅺ and the Revocation of the Edict of Nantes (Berkeley 1930)。

关于 18 世纪的教会和教宗,除了 A 部分所列的通论著述和 Wright, Early Modern Papacy 外,还有三部英文著作翔实地展现了其基本的发展取向:W. J. Callahan and D. Higgs ed., Church and Society in Catholic Europe of the Eighteenth Century (Cambridge 1979)吸收了许多优秀的研究成果,也附有很好的参考文献;Owen Chadwick, The Popes and European Revolution (Oxford 1981)是一部精彩纷呈、内容翔实、引人入胜之作,名为研究教宗与革命,其实绝大多数内容都涉及整个 18 世纪;Hanns Gross, Rome in the Age of Enlightenment: The Post-Tridentine Syndrome and the Ancient Regime (Cambridge 1990)精于社会背景的分析。C. M. S. Johns, Papal Art and Cultural Politics: Rome in the Age of Clement Ⅺ (Cambridge 1993)重点论述了 18 世纪早期的意识形态和教宗赞助;F. Heyer, The Catholic Church from 1648 to 1870 (London 1969)简略,有时也不够准确,但含有教宗与德国关系的大量一手史料,这在英文著述中是不易得到的。F. Nielsen, The History of the Papacy in the Nineteenth Century (London 1906)出版较早,其第一卷着力研究 18 世纪后期的教宗。S. J. Mliier, Portugal and Rome c. 1748-1830: An Aspect of the Catholic Enlightenment (Rome 1978)是一项很有价值的个案研究。关于本笃十四世,Pastor 在第 35 卷和 36 卷中的叙述很精彩很

全面；R. Haynes, *Philosopher King: The Humanist Pope Benedict XIV* (London 1970)也举足轻重。1979年11月在博洛尼亚召开了本笃十四世学术研讨会，会议论文集价值很高，探讨了他作为教会法学家、主教和教宗的方方面面，见 M. Cecchelli ed., *Benedetto XIV (Prospero Lambertini)*, (3vols, Ferrara 1981)。

关于解散耶稣会，Pastor 在论述克莱门特十四世的第38卷做了最全面，也最公正的描述。Chadwick, *Popes and European Revolution* 第五章做了稳妥和同情性的研究；而 W. J. Banger, *A History of the Society of Jesus* (St Louis 1986)第五至六章从耶稣会的角度描述了这一事件。

第五章　教宗与人民(1774—1903年)

除了 A 部分推荐的多卷本历史著作，研究18世纪末和19世纪初教廷的代表作是 F. Nielsen, *The History of the Papacy in the Nineteenth Century* (London 1906); E. E. Y. Hales, *Revolution and Papacy* (Notre Dame, Indiana 1966)叙述生动，行文慎重；Chadwick, *The Popes and European Revolution* 也不可或缺。Chadwick 的另一著作 *A History of the Popes 1830-1914* (Oxford 1998)延续了他对教宗的一贯看法，也是一部引人入胜的厚重之作。F. J. Coppa, *The Modern Papacy since 1789* (London 1998), 结论稍显老套，缺乏新意，但具有丰富的史料价值。关于庇护六世，Pastor 的最后两卷(第39、40卷)仍不失为最好的传记，也可参见 A. Latreille, *L'Eglise Catholique et la Revolution Francaise* (Paris 1946-50)。Jeffrey Collins, *Papacy and Politics in Eighteenth-Century Rome: Pius VI and the Arts* (Cambridge 2004)探究了庇护六世的一个重要却不为人知的方面。关于约瑟夫主义，除了 Chadwick 和 Hales 的论著，还有 T. C. W. Blanning, *Joseph II and Enlightened Despotism* (London 1970); S. K. Padover, *The Revolutionary Emperor: Joseph II of Austria* (London 1967); M. C. Goodwin, *The Papal Conflict with Josephinism* (New York 1938)。关于斯齐比奥·里希和皮斯托亚教职会议，见 C. A. Bolton, *Church Reform in Eighteenth Century Italy* (The Hague 1969)。

关于法国大革命和教会，见 Latreille, *L'Eglise Catholique et la Revolution Francaise* (Paris 1946-50); A. Dansette, *Religious History of Modern France* (Edinburgh and London 1961)第一卷对整个拿破仑时代的论述尤为精彩；另见 J. McManners, *The France Revolution and the Church*

(London 1969)。有关庇护七世,除 Hales 的论著外,还可参见 J. Leflon, *Pie VII : Des Abbayes Bénédictines à la Papauté* (Paris 1958)。

英文著作中,关于教宗利奥十二世或格雷戈里十六世,除了 Nielson、Hales 和 Chadwick 的通论和资料外,没有专门性的研究。J. D. Holmes, *The Triumph of the Holy See : A Short History of the Papacy in the Nineteenth Century* (London 1978)有所涉及,但分量不够。关于天主教自由派运动和对它的谴责,见 A. R. Vidler, *Prophecy and Papacy : A Study of Lamennais, the Church and the Revolution* (London 1954)。Bernard Reardon, *Liberalism and Tradition : Aspects of Catholic Theology in Nineteenth-Century France* (Cambridge 1975)分析了越山主义的神学基础。有一份有趣且富有启发性的时人文献,见 N. Wiseman, *Recollections of the Last Four Popes and of Rome in Their Times* (London 1858),内容涉及庇护七世、利奥十二世、庇护八世和格雷戈里十六世。

关于庇护九世,除了 Chadwick 的论著,还有四种一流的专著,其中两种是英文。最全面的传记是 G. Martin, *Pio Nono* (3 vols, Rome 1974-90);可读性最强,尤擅于政治背景的是 E. E. Y. Hales, *Pio Nono* (London 1954);Frank Coppa, *Pope Pius IX : Crusader in a Secular Age* (Boston 1979)属于大手笔;R. Aubert, *Le Pontificat de Pie IX 1846-1878* (Paris 1952)是将庇护九世置于 19 世纪教会大背景下加以研究的最好作品。Aubert 还编有五卷本的 *The Christian Centuries*(见 A 部分),其第五卷 *The Church in a Secularised Society* 囊括了这一时期教会的各个层面。Hales, *The Catholic Church in the Modern World* (London 1958)内容充实,可读性强。"罗马问题"的一个有趣的侧面,是由英国政府派驻罗马的官员奥多·罗素(Odo Russell)提供的,他记录了与庇护九世的多次会谈,见 N. Blackiston ed., *The Roman Question* (London 1962)。R. De Cesare, *The Last Days of Papal Rome 1850-1870* (London 1909)对庇护九世时期的罗马做了栩栩如生的描绘。G. F.-H. Berkeley, *The Irish Battalion in the Papal Army of 1860* (Dublin and Cork 1929)描绘了教宗国陷落的悲惨一幕。关于梵一会议,最好的记录仍然是 C. Butler, *The Vatican Council 1869-1870* (London 1962);A. B. Hasler, *How the Pope Became Infallible : Pius IX and the Politics of Persuasion* (New York 1981)抱有敌意,充满偏见,但含有一些有趣的史料。梵一会议上的一位关键角色也留下了记录,见 H. E. Manning, *The True Story of the Vatican*

Council(London 1877)。曼宁与庇护九世精神错乱的宠臣塔尔伯特的通信，是 E. S. Purcell 的名著 *Life of Cardinal Manning*（2 vols, London 1896）第二卷的主要内容，可用来充分地揭示越山派的态度。Garrett Sweeney 的两篇论文"The Forgotten Council"和"The Primacy: The Small Print of Vatican I"，均载 A. Hastings ed., *Bishops and Writers*（Wheathampstead 1977），为越山主义和梵一会议提供了有益的神学评论：本书所引教宗任命主教的数据，也来自 Sweeney 的论文"The Wound in the Right Foot"，载同一论文集。莫塔拉事件是 David I. Kertzer, *The Kidnapping of Edgardo Mortara*（New York 1997）一书的主题。

关于"文化斗争"，除了 Jedin and Dolan, *History of the Church* 第九卷提供的史料，还可参见 G. Goyua, *Bismarck et l'Eglise: Le Culturkampf 1870-1878*（4 vols, Paris 1911-13）; M. L. Anderson, *Windhorst*（Oxford 1981）, pp. 130-200。David Blackbourn, *Marpingen: Apparitions of the Virgin Mary in Bismarckian Germany*（Oxford 1993）对信奉越山主义的天主教徒和普鲁士国家的冲突做了精彩的剖析；另见 R. J. Ross, *The Failure of Bismarck's Kulturkampf: Catholics and State Power in Germany 1871-1887*（Washington 1998）。E. Helmreich ed., *A Free Church in a Free State?*（Boston 1964）是有关"复兴运动"和"文化斗争"的文献资料和论文的汇编。研究 1870 年后罗马问题的标准论著是 A. C. Jemolo, *Church and State in Italy 1850—1950*（Oxford 1960）。

利奥十三世还没有合适的传记。C. de T'Serclaes, *Le Pape Léon XIII*（3 vols, Lille 1894-1906）和 E. Soderini, *Il Pontificato di Leone XIII*（Milan 1932-1923）两书的叙述，或多或少都是"官方的"生平，缺乏超然的批判精神（利奥十三世曾读过 T'Serclaes 一书的清样），但都使用了许多有价值的史料，第二本的前两卷已译为英文。Lillian P. Wallace, *Leo XIII and the Rise of Socialism*（Durham, North Carolina 1966）是一部深思熟虑之作，其内容远较标题所示更为丰富有趣。E. T. Gargan ed., *Leo XIII and the Modern World*（New York 1961）是一部价值很高的论文集。关于天主教的社会教义，见 Paul Misner, *Social Catholicism in Europe*（London 1991）; M. P. Fogarty, *Christian Democracy in Western Europe 1820-1953*（London 1957）; A. R. Vidler, *A Century of Social Catholicism 1820-1920*（London 1964）; P. Furlong and D. Curtis eds., *The Church Faces the Modern World: Rerum

Novarum and its Impact (Hull 1994). Joe Holland, *Modern Catholic Social Teaching: The Popes Confront the Industrial Age 1740-1958* (New York 2003)。有一部有用的利奥十三世通谕选集, 见 H. Parkinsoned., *The Pope and the People: Select Letters and Address on Social Questions by Pope Leo XIII* (London 1920); J. J. Wynne, *The Great Encyclical Letters of Pope Leo XIII* (New York 1903)内容更丰富(含 30 份通谕, 包括"使徒的救治"[*Apostolicae Curae*])。考察 19 世纪欧洲教会与工人阶级渐行渐远的关系, 见 H. McLeod, *Religion and the People of Western Europe 1789-1970* (Oxford 1981)。

关于法国与"妥协", 可参见 A. Dansette, *Religious History of Modern France* 第二卷, 尤其是 J. Manners, *Church and State in France 1870-1914* (London 1972)。关于梵蒂冈档案的开放, 见 W. O. Chadwick, *Catholicism and History: The Opening of the Vatican Archives* (Cambridge 1978); 关于思想自由化和美国方式, 见 Jedin and Dolan, *History of the Church*, vol. 9, pp. 307-34 和 Hales, *The Catholic Church in the Modern World*, pp. 179-88; 对安甘立宗的谴责, 见 J. J. Hughes, *Absolutely Null, Utterly Void: The Papal Condemnation of Anglican Orders 1896* (London 1968)。

第六章 上帝的谕示(1903—2005 年)

20 世纪教廷的各个方面, Jedin and Dolan, *History of the Church* 第九、十卷极有价值, 也可参见 Aubert, *Christian Centuries Volume 5: The Church in a Secularised Society*。J. D. Holmes, *The Papacy in the Modern World 1914-78* (London 1981)是一部值得信赖的简史。Carlo Falconi, *The Popes in the Twentieth Century* (London 1967)语言尖酸刻薄, 但信息量极大, 论旨也富有挑战性。R. A. Graham, *Vatican Diplomacy: A Study of the Church and State on the International Plane* (Princeton, New Jersey and London 1960)对整个 20 世纪的相关领域做了研究; H. E. Cardinale, *The Holy See and the International Order* (Gerrards Cross 1976)出自一位高级教廷外交官之手, 分析了教宗外交的合理性。F. J. Coppa, *Controversial Concordats: the Vatican's relations with Napoleon, Mussolini and Hitler* (Washington 1999)探讨了教宗外交的一个重要方面。John Pollard, *Money and the Rise of the Modern Papacy: Financing the Vatican 1850-1950* (Cambridge 2005)论旨宏丰, 关注的绝不仅仅是财政问题, 尤其有价值。关于 19 世纪末和 20 世纪的密室选举

会议，可参见 Francis Burkle-Young, *Papal Electins in the Age of Transition 1878-1922* (Lanham 2000) 和他的 *Passing the Keys: Modern Cardinals, Conclaves and the Election of the Next Pope* (Lanham 2001)。

迄今还没有令人满意的庇护十世传记作品。X. R. Bazin, *Pius X* (London 1928) 和 I. Giordani, *Pius X: A Country Priest* (Milwaukee 1954) 两书都使用了大量的史料，却淹没于令人生厌的虔诚诉求中。C. Ledré, *Pie X* (Paris 1952) 论述了这任教宗的绝大多数特征，但缺乏批判性；H. Dal-Gal, *Pius X* (Dublin 1953) 也如此。G. Romanato, *La Vita di Papa Sarto* (Milan 1992)，我还没有读过。

关于现代主义，可参见 J. Rivière, *Le Modernisme dans L'Eglise* (Paris 1929); E. Poulat, *Histoire, Dogme et Critique dans la Crise Moderniste* (Paris 1979); A. R. Vidler, *The Modernist Movement in the Roman Church* (Cambridge 1934) 和同一作者的 *A Variety of Catholic Modernists* (Cambridge 1970); B. M. G. Rearcdon, *Roman Catholic Modernism* (London 1970) 是一部出色的原始资料选集，包括 *Pascendi* 和 *Lamentabili* 的长篇摘录。最为精辟的神学分析是 G. Daly, *Transcendence and Immanence: A Study of Catholic Modernism and Integralism* (Oxford 1980)，但带有强烈的反教宗色彩。至于反现代主义运动和教宗在其中的作用，见 E. Poulat, *Intégrisme at Catholicisme Intégral* (Tournai-Paris 1969)。

关于法国的教会和国家的分离，可参见 McManners, *Church and State*; H. W. Paul, *The Second Ralliement: The Rapprochement Between Church and State in France in the Twentieth Century* (Washington 1967), chapter I。

关于本笃十五世，最有价值的传记包括 John Pollard, *The Unknown Pope: Benedict XV (1914-1922) and the Pursuit of Peace* (London 1999); H. E. G. Rope, *Benedict XV: The Pope of Peace* (London 1941); W. H. Peters, *The Life of Benedict XV* (Milwaukee 1959)，以及 F. Hayward, *Un Pape méconnu: Benoît XV* (Tournai 1955)。Falconi, *Popes in the Twentieth Century*, pp. 89-150 做了同情性的勾勒。

庇护十一世尚无令人满意的传记作品，较好的两部为：R. Fontenelle, *His Holiness Pope Pius XI* (London 1939); P. Hughes, *Pope Pius XI* (London 1937)。后者成书于传主生前，故有为尊者讳之嫌，但仍不失为一部准确、合

理、全面的著作,一直写到1937年发布的那些著名通谕。它们都没有涉及教宗的个性,E. Pellegrinetti, *Pio XI, l'uomo nel Papa e il Papa nell'uomo* (Rome 1940)正好弥补了这一点。同时,米兰教区也赞助出版了一部论文集: *Pio XI nel Trentesimo della Moete* (Milan 1969)。A. Rhodes, *The Vatican in the Age of the Dictators 1922-1945* (London 1973)对庇护本人做了出色的剖析。关于罗马问题和法西斯国家,可以参见 Jemolo, *Church and State*; D. A. Binchy, *Church and State in Fascist Italy* (Oxford 1941); P. C. Kent, *The Pope and the Duce: the International Impact of the Lateran Agreements* (New York 1981); J. F. Pollard, *The Vatican and Italian Fascism, 1929-1932: A Study in Conflict* (Cambridge 1985)。*Humani Generis Unitas*(《统一的人类》)是庇护关于犹太人的通谕,现已丢失,Georges Passelecq and Bernard Suchecky, *The Hidden Encyclical of Pius XI* (New York and London 1997)对它进行了重构和解释。

现代对庇护十二世的任何书写,都受到这一问题的左右,即他对纳粹种族屠杀犹太人保持所谓的"沉默"。在这场论战中,明显缺乏客观与中立的态度。最新出版的传记 P. Chenaux, *Pie XII: Diplomate et Pasteur* (Paris 2003),较之以前的研究,毫无新意,令人惊讶;这些既有研究中,最出色的是 O. Halecki, *Pius XII: The Pope of Peace* (London 1954) 和 N. Padellaro, *Portrait of Pius XII* (London 1956),尽管两书都缺乏批判精神。D. Tardini, *Memories of Pius XII* (Westminster, Maryland 1961)是帕萨利的一位前国务秘书的证言。A. Riccardi ed., *Pio XII* (Rome 1985)是一部意大利文的论文集,涉及这一任教宗各个方面。A. Spinosa, *Pio XII: L'Ultimo Papa* (Milan 1992)满怀偏见地认为庇护十二世是最后一位"真正的"教宗。

研究庇护十二世与大屠杀这一令人纠结的问题的著作,数量庞大,充满恶意,缺乏共识,本就是一笔糊涂账。Owen Chadwick, *Britain and the Vatican During the Second World War* (Cambridge 1986)利用"二战"期间英国驻梵蒂冈的外交官达西·奥斯本(Darcy Osborne)的日记,深入剖析了庇护十二世和未来教宗保罗六世的性格,或许是最好的研究起点。Chadwick 的长篇评论文章"Weizsacker, the Vatican and the Jews of Rome",载 *Journal of Ecclesiastical History* 28(1977), pp.179-99,查清了罗夫·霍克霍夫借以创作其名剧《代理人》(Rolf Hockhuth, *The Deputy*, New York 1964)一事的真相。John Cornwell, *Hitler's Pope: The Secret History of Pius XII*

(London and New York 1999)满怀敌意,把庇护十二世对德国的灾难性态度归咎于其潜意识中的反犹主义,归咎于教会神学的缺陷,归咎于教宗难以释怀的偏见和特权。一些论著考察了梵蒂冈战时对犹太人的态度,Susan Zuccotti,*Under His Very Windows:The Vatican and the Holocaust in Italy* (New Haven and London 2000)毫不留情地予以批判,但所用文献让人印象深刻;Carol Rittner and John K. Roth ed., *Pope Pius XII and the Holocaust* (Leicester 2002)是一部论文集(质量参差不齐),作者有犹太人也有基督徒,源于 Cornwell 著作所引发的论战而举行的一次研讨会。José M. Sánchez, *Pius XII and the Holocaust:Understanding the Controversy*(Washington 2002)对 2002 年以前出版的著述做了审慎的评论。为庇护辩护的也不乏其人,但就其大部分而言,这类论著不能令人信服,或不触及批评者具体关注的问题。如 Pierre Blet, *Pius XII and the Second World War According to the Archives of the Vatican* (Hereford 1997),实质上就是反复利用下文提及的 *Actes et Documents du Saint Siège Relatifs à la Seconde Guerre Mondiale* 这一经过编辑的史料;而 M. Marchione,*Pope Pius XII:Aechitect for Peace*(New Jersey 2000)则不加批评,一味颂扬。G. Miccoli, *I Dilemmi e i Silenzi di Pio XII* (Milan 2000)剖析了教宗不恰当回应的语境:在一种过时的教会观下,很难相信有暴行,因而过多地寄望于外交努力。对纳粹和教会更全面的研究,有不少早期作品,其中 G. Lewy, *The Catholic Church and Nazi Germany*(New York 1964)和 J. S. Conway,*The Nazi Persecution of the Churches 1933-45* (London 1968),至今仍有价值。Michael Phayer,*The Catholic Church and the Holocaust 1930-1965* (Bloomington,Indiana 2000)出自一位信奉罗马天主教的历史学家之手,富于批判精神,却不失中肯。梵蒂冈档案馆仍未开禁庇护十二世一朝的档案,令人遗憾,但梵蒂冈在"二战"期间的各种活动已被大规模地编订成册,见 P. Blet, R. A. Graham, A. Martini and B. Schneider eds., *Actes et Documents du Saint Siège Relatifs à la Seconde Guerre Mondiale*(11vols,Vatican City 1965-78)。至于战后的态度,可参见 Owen Chadwick,*The Christian Church in the Cold War* (Harmondsworth 1993)。E. O. Hanson,*The Catholic Church in World Politics* (Princeton,New Jersey 1987)是一项重要的分析,但过于偏重美国。H. Stehle,*Eastern Politics of the Vatican 1917-79*(Athens,Ohio 1975)考察了梵蒂冈东部政策的转变(强烈批判庇护十二世)。Cardinal Joseph Mindzenty,*Memoirs*(London 1974)是一

位对抗共产主义的关键人物的生动有趣的实录。

关于梵二会议以前天主教神学的发展,可参见 Jedin and Dolan, *History of the Church*, vol. 10, pp. 260-98; Aubert, *Christian Centuries Volume 5：The Church in a Secularised Society*, pp. 607-23; E. O'Brien, *Theology in Transition：A Bibliographical Evaluation of the 'Decisive Decade' 1954-1964* (New York 1965); A. Nichols, *The Shape of Catholic Theology* (Edinburgh 1991), pp. 321-48, esp. 335 ff. 。

W. A. Purdy, *The Church on the Move* (London 1966)是一位聪明的局内人的反思,剖析了庇护十二世和约翰二十三世两朝在风格和本质上的诸多差异,对研究两者均有启迪。约翰二十三世的精彩传记是 Peter Hebblethwaite, *John XXIII：Pope of the Council* (London 1984); E. E. Y. Hales, *Pope John and His Revolution* (London 1965) 出自一位现代一流的教宗史家之手,对他做了热情的评价。意大利文的相关论著,见 Mario Benigni and Goffredo Zanchi, *Giovanni XXIII, Biografia Ufficiale a Cura della Diocesi di Bergamo* (Milan 2000)。约翰的日记已辑录成书,见 *Journal of a Soul* (London 1980); 并收入 *Letters to his Family* (London 1969)。*Cristianesimo nella storia*, 25 (2005) 刊出了 Giuseppe Alberigo 主编的一期专辑,探讨了约翰二十三世的许多方面,虽然绝大多数论文为意大利文,但附有英文简介。

关于保罗六世,也有一部一流的传记,见 Peter Hebblethwaite, *Paul VI：The First Modern Pope* (London 1993)。梵二会议文件和保罗六世在会后发表的许多最重要的言论,包括 *Humanne Vitae*(《人类的命运》),已编辑出版,见 Austin Flannery ed., *The Conciliar and Post-Conciliar Documents* (Leominster 1981); *Vatican Council II：More Post-Conciliar Documents* (Northport New York 1982)。对现代影响深远的四次分会的记录,见 'Xavier Rynne' (Fr. F. X. Murphy), *Letters from Vatican City* (4 vols., London 1963-6); H. Vorgrimler ed., *Commentary on the Documents of Vatican II* (5 vols., Freiburg and London 1967-9); G. Alberigo and J. A. Komonchak eds., *History of Vatican II* (5 vols., Maryknoll and Leuven 1995-); G. Alberigo and J.-P. Jossua and J. A. Komonchak, *The Reception of Vatican II* (Washington 1987); A. Stacpoole ed., *Vatican II by Those Who Were There* (London 1986); A. Hastings, *Modern Catholicism：Vatican II and*

After (London 1991)是一部有价值的论文集,几乎论及后梵二会议时代天主教的方方面面,对梵二会议的运作和它发布的文件也做了有益的评论,稍嫌不足的是,有的论文质量不高。

至于任期很短的约翰·保罗一世,可参见 P. Hebblethwaite, *The Year of Three Popes* (London 1978); John Cornwell, *A Thief in the Night: The Death of Pope John Paul I* (Harmondsworth 1990)令人信服地推翻了他死于梵蒂冈内部谋杀这一近乎偏执狂的阴谋论,代之以一个照料不周、心悸而死的悲情故事。

关于约翰·保罗二世,迄今最全面的传记是 George Weigel, *Witness to Hope: The Biography of Pope John Paul II* (New York 1999),该书极为厚重,内容异常充实,对了解其波兰生涯尤其有价值,可惜缺乏批判精神,只是一味地赞扬。篇幅稍小(也是称颂有加)的另一著作 Garry O'Connor, *Universal Father: A Life of Pope John Paul II* (London 2005)行文夸张,富于戏剧性。

约翰·保罗二世的通谕已编订成册,见 J. M. Miller, *The Encyclicals of John Paul II* (Huntington, Indiana 1997)。他的其他重要著作也已出版,如 *The Acting Person* (Dordrecht 1979); *Sources of Renewal: The Implementation of the Second Vatican Poems* (London 1982); *Collected Plays and Writing on Theater* (Berkeley 1987); *Crossing the Threshold of Hope* (London 1994)。关于他的思想,可参阅 G. H. Williams, *The Mind of John Paul II: Origin of His Thought and Action* (New York 1981); J. M. McDermott ed., *The Though of John Paul II* (Rome 1993); Avery Dulles, *The Splendour of Faith: The Theological Vision of Pope John Paul II* (New York 1999)。

关于约翰·保罗二世涉足东欧剧变,见 Stehle, *Eastern Politics of the Vatican*; P. Michel, *Politics and Religion in Eastern Europe* (Oxford 1991)。关于解放神学,见 A. T. Hennelly ed., *Liberation Theology: A Documentary History* (Maryknoll, New York 1990); P. E. Sigmund, *Liberation Theology at the Crossroads: Democracy or Revolution?* (New York and Oxford 1990);关于奥斯卡·罗梅罗,见 J. R. Brockman, *The World Remains: A Life of Oscar Romero* (Maryknoll and London 1982)。至于封圣的政治学,Kenneth L. Woodward, *Making Saints: How the Catholic Church Determines Who*

Becomes a Sait, *Who Doesn't and Why* (New York 1996)做了扎实且饶有趣味的讨论。

关于教宗本笃十六世,迄今最有价值的传记是 John L. Allen, *Pope Benedict XIX: A Biography of Joseph Ratzinger* (London 2005),它其实是 2000 年首次出版的一项有关拉辛格枢机研究作品的翻版。当然,在 2005 年版中,他做了更新,见 *The Rise of Benedict XIX* (New York and London 2005),它主要关注密室会议,考量教宗人选的可能优势。拉青格本人的文选及其评注,已编订出版,见 Robert Moynihan ed., *Let God's Light Shine Forth: the Spiritual Vision of Pope Benedict XIX* (New York and London 2005)。其神学的最佳导引仍然是 Aidan Nichols, *The Theology of Joseph Ratzinger* (1st edition, Edinburgh 1988),所附的参考文献也很有价值。研究教宗本笃思想的第一手资料,当然是他自己的作品:Joseph Ratzinger, *Milestones: Memoirs 1927-1977* (San Francisco 1998);Joseph Ratzinger with Vittorio Messori, *The Ratzinger Report: An Exclusive Interview on the State of the Church* (San Francisco 1985);Joseph Ratzinger, *Salt of the Earth: Christianity and the Catholic Church at the End of the Millennium: An Interview with Peter Seewald* (San Francisco 1997)和 *God and the World: A Conversation with Peter Seewald* (San Francisco 2002)。

索 引

（索引页码为原书页码，即本书边码）

Aachen 亚琛 95,96,101,147
Abercius of Heropolis 赫洛波利斯的亚伯西斯 17
Abyssinia 阿比西尼亚 342
Acacius of Constantinople, Acacian Schism 君士坦丁堡的阿卡西乌斯,阿卡西乌斯分裂 49,51
Achaia 亚该亚 19
Acta Sanctorum 《圣徒传》242
Action Française 法兰西在行动 336—337
Acton, Sir John 约翰·阿克顿勋爵 298
Acts of the Apostles 《使徒行传》6
ad limina visits 定期觐见 219, 324,342,396
Adoloald, prince of the Lombards 伦巴德的亚多洛亚德王子 65
Aeneas Silvio Piccolomini (Pope Pius Ⅱ) 埃涅阿斯·西尔维欧·皮科洛米尼（庇护二世）184,193
Aeterni Patris 《永恒之父》314
Africa 非洲 16,18—22,24,27,28, 35,37,40—42,44,53,56,59, 64,67,85,279,293,309,353, 366,399,422
Agapitus Ⅰ (535-536) pope 教宗阿格丕一世（535—556年）53—54,60,388
Agapitus Ⅱ (946-955) pope 教宗阿格丕二世 105,391
Agatho (678-881) pope 教宗阿加托 77,389
Agca Mehmet Ali 莫梅特·阿里·阿加 376,396
'aggiornamento' "革新" 357
Agnes, Empress 皇太后阿格丽丝 119
Agnus dei 《羔羊经》84
Aistulf, King 艾斯杜夫国王 87
Albani, cardinal 枢机阿尔巴尼 282, 394
Albania 阿尔巴尼亚 274
Albano 阿尔班诺 141
Alberic Ⅱ of Rome 罗马的阿尔伯里克二世 105

Alberic Ⅲ 阿尔伯里克三世 110

Albigensian Crusade 进攻阿尔比派的十字军 149,428

Albigensians 阿尔比派 149,151

Alboin, King 阿尔波音国王 60

Albrecht of Brandenburg 勃兰登堡阿尔布雷希特亲王 200

Alcuin 阿尔昆 71,93—94

Alessandro Borgia 亚历山大·博尔贾 188

Alexander Ⅰ (c.109 - c.116) pope 教宗亚历山大一世(约109—约116年)387

Alexander Ⅱ (1061 - 1073) pope 教宗亚历山大二世(1061—1073年)119—121,391

Alexander Ⅲ (1159 - 1181) pope 教宗亚历山大三世(1159—1181年)132,141,144,392

Alexander Ⅳ (1254 - 1261) pope 教宗亚历山大四世(1254—1261年)145,154,392

Alexander Ⅴ (antipope) 亚历山大五世(对立教宗)170,393

Alexander Ⅵ (1492 - 1503) pope 教宗亚历山大六世(1492—1503年)176,186,189—191,193,196,202,209,228,394

Alexandria 亚历山大里亚 28—30,35,41,66—67,73,403

Alexius Ⅲ, Emperor 皇帝亚历克斯三世 150

Alfonso Ⅰ of Sicily 西西里的阿方索一世 180

Algiers, toast of 阿尔及尔祝酒词 309

Alum-mine of Tolfa 托尔发明矾矿 194

Ambrose of Milan, St 米兰的圣安布罗斯 2,35—37,39,46,198

Ambrosian Library, Milan 米兰的安布罗斯图书馆 335

'Americanism' "美国方式" 314,316,325,439

Americas 美洲 279,285,292,318,373

Ammianus Marcellinus 阿米亚努斯·马西利努斯 38

Anacletus Ⅰ (c.79 - c.91) pope 教宗阿纳克利特一世(约79—约91年)307

Anacletus Ⅱ (antipope) 阿纳克利特二世(对立教宗)130,134,141,392

Anagni, Outrage of 亚南宜之辱 162

Anastasius, Emperor 皇帝阿纳斯塔修斯 50—51

Anastasius Ⅰ (399 - 401) pope 教宗阿纳斯塔修斯一世(399—401年)37,41,388

Anastasius Ⅱ (496 - 498) pope 教宗阿纳斯塔修斯二世(496—498年)50,388

Anastasius Ⅳ 阿纳斯塔修斯四世

索　引

139,392

Anastasius of Antioch　安提柯的阿纳斯塔修斯 67

Anastasius of Thessalonica　帖撒罗尼迦的阿纳斯塔修斯 44

Anatolia　安纳托利亚 55

Ancona　安科纳 79,146,179,195,268,272,277,289,403

Angelico,Fra　弗拉·安杰利科 180—181

Angelo Roncalli(John)　安杰洛·罗卡利(约翰) 170,321,328,355,370,377,384,395,417,441—442

Anglican church　安立甘宗 367
　orders condemned　谴责安立甘宗的谕令 317,439

Anglo-Saxon church　盎格鲁-撒克逊教会 71,120

Anicetus (c. 155 – c. 166) pope　教宗安尼塞图(约155—约166年) 13,387

Anthinous,Patriarch of Constantinople　君士坦丁堡宗主教安提摩斯 52

Anthony of Egypt,St　埃及的圣安东尼 30

Antichrist　敌基督者 66,197,229—230,242,342
　pope as　作为敌基督者的教宗 153,228

Anti-Modernist Oath　反现代主义宣誓 329—330,360

Antioch　安提柯 3,5—6,8-10,24,26,30,35,41,50,66—67,73,304,403

antipopes　对立教宗 90,144,168—169,387—395

anti-semitism　反犹主义 309,343—349,362,383

Antonelli,Cardinal　安东内利枢机 295,306

apocrisiary　宗使 54,62,73,75,396

apostles,twelve　十二门徒 3—4,26

apostolic delegates　使徒代牧区 304,313,317

appellants (against *Unigenitus*)　詹森派上诉分子(反对唯一圣子者) 244

Appian Way　阿庇安大道 13

Appolinarius,St　圣阿波利纳里 75

Apulia　阿普里亚 119

Aquila　亚居拉 9,11

Aquilea　阿奎莱亚 58

Arabs　阿拉伯人 73,80,83,86,99

Aragon, kingdom of　阿拉贡王国 156

Aran Islands　亚兰群岛 72

Arians,Arianism,Arius　阿里乌斯派,阿里乌斯主义,阿里乌斯 29,30,34—36,48,53,65

Aristotelianism　亚里士多德主义 165

Arles　阿尔勒 21,28,32,35,41,58

Armada, Spanish 西班牙无敌舰队 219
Armagh 阿尔玛 143
Armenian Catholics 亚美尼亚天主教徒 313
armies, papal 教宗军队 240, 289
Arnold of Brescia 布雷西亚的阿诺得 142
Arns, Cardinal Evaristo 枢机伊瓦里斯托·阿恩斯 372—373
Aruppe, Pedro 佩德罗·阿鲁普 376
Asia 亚洲 10—11, 15—17, 19, 22, 279
 South-East 东南亚 338
assassination attempt: Paul Ⅵ 图谋暗杀保罗六世 367
 John Paul Ⅱ 图谋暗杀约翰·保罗二世 377—378
Assisi 阿西西 379
Associations Culturelles 文化协会 331—332
Assumption of the Blessed Virgin Mary 圣母升天 353
Astrology 占星术 209
Athanasius, St 圣阿塔纳修斯 30—32
Athenagoras, Patiarch 亚纳哥拉斯牧首 365
Athens 雅典 82
Attila the Hun 匈奴人阿提拉 46, 186
Auctorem Fidei 《信仰的约束》251

Augsburg 奥格斯堡 124
 Peace of 《奥格斯堡合约》216
Augustine of Canterbury, St, *pl* 坎特伯雷的圣奥古斯丁 10
Augustine of Hippo, St 希波的圣奥古斯丁 2, 19, 42
Augustinus 《奥古斯丁》238
Auschwitz 奥斯维辛 384
Australia 澳大利亚 366
Austria 奥地利 261—261, 267, 271—274, 281, 288, 321
Auxentius of Milan 米兰的奥克森 35
Avars 阿瓦尔人 73
L'Avenir 《未来报》281, 283
Avignon 阿维农 142, 163—170, 245, 256, 259, 266, 273

Balkans 巴尔干 43, 103
Baltic 波罗的海 151
Baltimore, Third Council of 第三届巴尔的摩全体主教大会 318
banner of St Peter 圣彼得军旗 120
Barberini family 巴贝里尼家族 232—234
Barbie, Klaus 克劳斯·巴比 349
Basil the Great, St 伟人圣巴西尔 34
Basle, Council of, 巴塞尔公会议 172, 175, 178
Bavaria 巴伐利亚 273, 274
 elector of 巴伐利亚选侯 247
Bayezit, Sultan 苏丹巴耶济德 196

Beards, papal 教宗的胡子 190
Becket, St Thomas 圣托马斯·贝克特 144
Bede, Venerable 尊者彼得 85
Belgium 比利时 274, 282, 306
Belisarius 贝利萨留 53, 55—56
Bellarmine, Cardinal Robert 枢机罗伯特·贝拉明 218
Bellone, La 贝隆号 262
Benedetto Caetani (Pope Boniface Ⅷ) 本尼迪托·卡耶塔尼（教宗博尼法斯八世）159
Benedict, St 圣本笃 105, 394
Benedict Ⅰ (575 - 579) pope 教宗本笃一世(575—579年) 62
Benedict Ⅱ (684 - 685) pope 教宗本笃二世(684—685年) 83
Benedict Ⅵ (973 - 974) pope 教宗本笃六世(973—974年) 107
Benedict Ⅶ (974 - 983) pope 教宗本笃七世(974—983年) 108
Benedict Ⅷ (1012 - 1024) pope 教宗本笃八世(1012—1024年) 107, 113—114
Benedict Ⅸ (1032 - 1044) pope 教宗本笃九世(1032—1044年) 111
Benedict ⅩⅢ (antipope) 本笃十三世（对立教宗）170
Benedict ⅩⅢ (1724 - 1730) pope 教宗本笃十三世(1724—1730年) 241
Benedict ⅩⅣ (1740 - 1758) pope 教宗本笃十四世(1740—1758年) 242—244
Benedict ⅩⅤ (1914 - 1922) pope 教宗本笃十五世(1914—1922年) 329, 332—338, 341, 347, 394
Benedict ⅩⅥ (2005 -) pope 教宗本笃十六世(2005—) 386—396
Benetti, Cardinal 枢机贝尼提 281
Benigni, Umberto 乌贝托·比尼尼 328—329
Bergamo 贝尔加莫 328, 355
Berlin 柏林 341
Bernard of Clairvaux, St 明谷的圣伯尔纳 128, 131—133, 138, 141
  bad mistake of 圣伯尔纳糟糕的失误 143
Bernardino of Siena, St 锡耶纳的圣伯尔纳迪诺 182—183
Bernier, Abbe 亚比·贝尔尼 262
Bernini, Gian Lorenzo 乔凡尼·洛伦佐·贝尔尼尼 223, 229, 232, 235
Berthier, General 贝尔捷将军 259
Besalu 贝萨鲁 113
Besanson, Archbishop of 贝桑松大主教 115
  Diet of 贝桑松帝国议会 143
Bessarion, Cardinal John 枢机约翰·贝萨里翁 180
Beziers 贝吉尔 149
Bible, German 德文《圣经》201
  pontific study of 教宗《圣经》研

究 314
biblical studies 圣经研究 327
Billot, Cardinal 枢机毕罗特 337
Biscop, Benedict 本笃·比斯科普 85
bishops 主教
    emergence of 主教的出现 9—12
    papal appointment of 教宗任命的主教 155—156, 303, 324
    state appointment of 王室任命的主教 265, 275—276
Bismarck, Chancellor of Prussia 普鲁士首相俾斯麦 304—305, 309, 319
Black death 黑死病 164
'black cardinals' "黑名单上的枢机" 271
Boethius 波伊修斯 52
Boff, Leonardo 莱奥纳多·鲍夫 391
Bohemia 波希米亚 148
Boleyn, Ann 安·博琳 208
Bolivar, Simon 西蒙·玻利瓦尔 276
Bologna 博洛尼亚 35, 145, 259, 333
    University of 博洛尼亚大学 164
Bolshevism 布尔什维主义 341, 345, 376
Bonaparte, Joseph 约瑟夫·波拿巴 260
Boniface Ⅰ (418-422) pope 教宗博尼法斯一世(418—422年) 41, 43, 71

Boniface Ⅲ (607) pope 教宗博尼法斯三世(607年) 73
Boniface Ⅳ (608-615) pope 教宗博尼法斯四世(608—615年) 58, 73
Boniface Ⅴ (619-625) pope 教宗博尼法斯五世 619—625年 73
Boniface Ⅷ (1294-1303) pope 教宗博尼法斯八世(1294—1303年) 159—164, 304
Borgo 村/区 85, 185
Boris I, King of Bulgaria 保加利亚国王鲍里斯一世 103
Bormann, Martin 马丁·博尔曼 349, 352
Borromeo, St Carlo 卡洛·波洛梅欧 218, 355
Botticelli, Sandro 桑德罗·波提切利 185, 197
'bourgeois monarchy' 资产阶级君主制 281
boy-scouts, Catholic 天主教童子军 344
Brahe, Tycho 泰可·布拉耶 230
Bramante 布拉曼特 177
Breakspear, Nicholas (Pope Hadrian Ⅳ) 尼古拉·布雷克斯比尔(教宗哈德良四世) 131, 141
breviary, reform of 祈祷书改革 325
brief, papal 教宗书简 256
brigands 土匪 280
Britain 不列颠 280

索 引

papal visit to 教宗造访不列颠 379
Brunhild, Queen 布兰喜儿王后 68
Bruno, Giordano 乔尔丹诺·布鲁诺 309
Bruno of Toul (Pope Leo IX) 图勒的布鲁诺（利奥九世）112
Buber, Martin 马丁·布伯 370
Budapest 布达佩斯 366
Bulgaria 保加利亚 102—105,355
Bullfighting, sinful 罪恶的斗牛 225
Burgundy 勃艮第 169

Cadaver Synod 鞭尸会议 105
Caecilian of Carthage 迦太基的西塞里安 27—28
Caedwalla, King 科迪瓦拉国王 85
Caelian Hill 西莲山丘 61
Calabria 卡拉布里亚 119
Callistus I (217-222) pope 教宗卡利克图斯一世（217—222年）19
Callistus II (1119-1124) pope 教宗卡利克图斯二世（1119—1124年）140
Callistus III (1455-1458) pope 教宗卡利克图斯三世（1455—1458年）184,191,195
camalaucum 荣耀的帽子 89,也见 tiara
Camerlengo 司库 307
Campagna 坎帕尼亚 60
Canon law 教会法 133,164—165, 338
Code of 1917 1917年教会法典 162—163
canonization 封圣 231,378
Canons 教规 41,121—122
of Constantinople 君士坦丁堡教规 45
Canossa 卡诺萨 124—125,304
Canterbury 坎特伯雷 84—85,145, 365
Capitalism 资本主义 312,372—373
Capitol 卡匹托尔丘 213
Cappellari, Dom Mauro (Pope Gregory XVI) 多姆·毛洛·卡斐拉里（格雷戈里十六世）280
Caprara, Cardinal 枢机卡普拉拉 267
Caprocorum 卡普洛科伦 92
Caput orbis 世界之首 47
Caraffa, Gianpietro (Pope Paul IV) 吉安佩德罗·卡拉法（教宗保罗四世）211—213
Caranza, Cardinal 枢机卡兰萨 216
Carbonari 烧炭党 281
Cardenal, Fr. Ernesto 恩涅斯托·卡得纳神父 372
Cardinals 枢机 118,130—135, 158—159,164—165,168—170, 190—193,218—219,222,233, 348,356,368
Carey, George, Archbishop of Canterbury 坎特伯雷大主教乔治·

凯里 381
Carlos Ⅳ, of Spain　西班牙国王卡洛斯四世 272
Carnival, Roman　罗马式狂欢 184
Caroline Islands　加罗林群岛 318
Carthage　迦太基 27,73
Castel Gandolfo　冈多佛城堡 301,338,343
Castro, Fidel　菲德尔·卡斯特罗 380
Cathars　纯洁派 149
Catherine of Aragon　阿拉贡的凯瑟琳 208
Catherine of Siena, St　锡耶纳的圣凯瑟琳 168—169
Catholic Action　公教进行会 324—325,338—342,379
Catholic League, French　法国天主教联盟 226
Catholicism　大公教会天主教 182
Celestine Ⅰ (422-432) pope　教宗西莱斯廷一世（422—432年）41,69
Celestine Ⅲ (1191-1198) pope　教宗西莱斯廷三世（1191—1198年）134
Celestine Ⅴ (1294) pope　教宗西莱斯廷五世（1294年）159,164
Celibacy　独身 78,103,120,355,377
Cellini, Benvenuto　贝文托·契里尼 206
Cem　契门 196

Cencius　西塞奥 134
Centre Party　中央党 302,340
Ceolfrid　科尔弗雷德 85
Cesare Borgia　切萨雷·博尔贾 189—190
Cesena　切塞纳 261
Chalcedon, Council of　卡尔西顿大公会议 77
Chamberlain, Neville　纳维尔·张伯伦 344
chandelier, St Peter's　圣彼得教堂的吊灯 92
chapter, episcopal election by　由教士团选举主教 264
Chapters, Three　《三章》55—56
Charlemagne　查理大帝 89—99,106,163
Charles Ⅱ of Sicily　西西里的查理二世 161
Charles Ⅴ　查理五世 202—206,209,214
Charles Ⅷ of France　法国的查理八世 188
Charles Ⅹ of France　法国的查理十世 275,280—281
Charles, King of Hungary　匈牙利国王查理 161
Charles of Anjou　安茹的查理 155
Charles the Bald　秃头查理 98,100,235
Charles the Fat　胖子查理 98
Chenu, Marie-Dominique　马里-多米

索 引

尼克·切努 351
Chi ro "基督"(旗标) 25
Chiaramonte, Barnaba (Pope Pius Ⅶ) 巴尔纳巴·基亚拉蒙蒂(教宗庇护七世)259,261
Chiesa, Giacomo della (Benedict ⅩⅤ) 贾科莫·德拉·基耶萨(教宗本笃十五世)333
Childeric Ⅲ, King 国王希尔德里克三世 127
China, bishops for 中国主教 337
　missions in 中国传教 237
Chosroes, King 国王乔斯罗斯 73
Christ the King, Feast of 基督君王节 338
Christian Democracy 基督教民主 324,325,354
Christian Democratic Party 基督教民主党 352,368
Christian League 基督教同盟 224
Chur, diocese of 库尔教区 379
Church and State, separation in France 法国的政教分离 330—332
'Church of silence' 沉默的教会 370
Circus of Nero 尼禄竞技场 181
Cistercians 西多会 135,143
Civil Constitution of the Clergy 《教士公民宪章》254—255
civil marriage 民事婚姻 258,265,273
Clairvaux 明谷 135
Claudius, Emperor 皇帝克劳狄 9

Clement Ⅰ (c. 91 – c. 101) pope, St 教宗克莱门特一世(约91—约101年) 10,17—18
Clement Ⅱ (1046-1047) pope 教宗克莱门特二世(1046—1047年) 111
Clement Ⅲ (1187-1197) pope 教宗克莱门特三世(1187—1197年) 145
Clement Ⅲ (antipope) 克莱门特三世(对立教宗) 125,134,139
Clement Ⅳ (1265-1268) pope 教宗克莱门特四世(1265—1268年) 154—155
Clement Ⅴ (1305-1314) pope 教宗克莱门特五世(1305—1314年) 163
Clement Ⅵ (1342-1352) pope 教宗克莱门特六世(1342—1352年) 167
Clement Ⅶ (antipope) 克莱门特七世(对立教宗) 168
Clement Ⅶ (1523-1534) 教宗克莱门特七世(1523—1534年) 204—205
Clement Ⅷ (1592-1605) pope 教宗克莱门特八世(1592—1605年) 224—226
Clement Ⅺ (1700-1721) pope 教宗克莱门特十一世(1700—1721年) 237,240
Clement ⅩⅢ (1758-1769) pope 教宗克莱门特十三世(1758—1769

年）244—245

Clement Ⅻ（1769-1774）pope 教宗克莱门特十四世（1769—1774年）245—246

'Clementines' 《克莱门特教令集》164

Clermont, Council of 克莱芒大会 128—129

Cluny 克吕尼修院 112—113, 135, 140

  end of 克吕尼修院的终结 254

Cnut, King 国王克努特 108—109

Cold War 冷战 356, 376

Collegiality, episcopal 主教共享权 130—131, 358, 361, 365—366, 368, 380

Subverted 共享权的破坏 304

Cologne 科隆 120, 247, 273, 284

  archbishop of 科隆大主教 101, 347

  Church struggle 科隆教会抗争 285

Colonna family 科隆纳家族 160, 166, 179

Columbanus, St 科隆巴 58, 69, 71

Colombia 哥伦比亚 275

Columbus, Numidian bishop 努米底亚主教科伦布斯 67

Combes, Emile 埃米尔·孔柏 330—331

Commodus, Emperor 康茂德皇帝 17

communion, child 孩童共融礼 321

  frequent 频繁的共融 321

Communione e Liberazione "共融与解放" 379

Communium Rerum "共融问题" 324

Communism 共产主义 336, 342, 344—345, 348, 351—353, 366, 367—369, 372, 376, 380

  Soviet 苏联共产主义 347

Conciliar movement 公会议运动 158, 172—173, 178, 181, 192

Concilium 公会议 381

Conclaves 密室会议 153, 158, 163, 192—193, 236, 237, 333, 354, 381

Concordats 宗教协约 175, 242, 272—275, 334, 338—344, 352

  Bologna 1516 1516年博洛尼亚协约 199, 263

  France 1801 1801年法国宗教协约, 263—265, 271, 308, 330, 332, 335

Concordia discordantium canonum 《歧义教规之协调》132

Congar, Yves 伊夫斯·康迦 350, 351, 359, 388

Congregation for the Doctrine of the Faith 信理部 373, 382, 391—392

  也见 Inquisition

Conrad Ⅱ, Emperor 皇帝康拉德二

世 108
Consalvi, Cardinal Ercole 枢机康萨尔维 260, 264—266, 268—272, 277—278
Consilium de Emendenda Ecclesia 《教会改革方案》211
Constans, Emperor 皇帝君士坦斯 31
Constans Ⅱ, Emperor 皇帝君士坦斯二世 77
Constantine, Emperor 皇帝君士坦丁 14, 23—30, 58, 81, 88—89, 138, 246, 362
Constantine (antipope) 君士坦丁 (对立教宗) 90
Constantine Ⅳ Emperor 皇帝君士坦丁四世 77—78
Constantinople 君士坦丁堡 26, 28, 41, 48, 50, 78—80, 84, 102—103, 184
  Ist Council of 第一届君士坦丁堡公会议 34—35, 45
  2nd Council of 第二届君士坦丁堡公会议 57, 77—78
  Fall of 君士坦丁堡的陷落 173, 195
  Latin kingdom 拉丁王国的君士坦丁堡 153—154
  Sack of 劫掠君士坦丁堡 150—152, 381
Constantinopolitan/Nicene creed 《君士坦丁堡/尼西亚信经》33—34
Constantius, Emperor 皇帝康斯坦蒂乌斯 25, 29—32
Constituent Assembly 制宪议会 254—257
Constitutional Church 宪章教会 256—257, 263, 276
Contarini, Gasparo 加斯帕罗·康塔里尼 210—212
Copernicanism 哥白尼学说 234
Corinth 哥林多 8, 9, 10, 16, 82
Cornelius (251-253) pope 教宗柯尼留斯(251—253年) 20—23
coronation, papal 教宗加冕 260—261
  Charlemagne 查理加冕 95—96
  rituals 加冕仪式 106
Corrigan, Archbishop 克里根大主教 315
Coscia, Nicolo 尼可洛·科西亚 241
Cosmati work 科斯马提工艺 106, 195
Councils, Conciliarism 公会议主义运动 170—175
Counter Reformation 反宗教改革运动 208—230, 323
Cracow 克拉科夫 363
Crescentii family 科雷森提家族 104
Cross, true 真十字架 73—74
Crusade 十字军或圣战 136—138, 149—151, 163, 168, 194, 195

Indulgence 圣战赦罪 160
vow 圣战誓约 147
Cuba 古巴 380
Cuius regio, eius religio 教随国定 216
Cullen, Archbishop Paul 大主教保罗·库伦 399
Cum Occasione 《适当之时》239
Cure d'Ars 库雷·达尔 324
Curia 教廷 115,133,164,177,188,191—195,313,366
 reform of 教廷改革 183,222
Curran, Charles 查尔斯·柯伦 391
Cyprian of Carthage, St 迦太基的圣西普里安 21
Cyril and Methodius, Sts 西里尔与梅多迪乌 103

'Dark Century' 黑暗世纪 104,110—111,140
Damasus Ⅰ(366-384) pope, St 教宗达玛苏一世(366—384年) 33—39,40
Damasus Ⅱ(1048) pope 教宗达玛苏二世(1048年) 111
Damian, Peter 彼得·达米安 109,115,117—118,130
Dante Alighieri 但丁 154
Danube 多瑙河 73
De Concordantia Catholica 《论天主教的和谐》183
Deacons 执事或助祭 41,78

Decius, Emperor 皇帝德西乌斯 19
decretals 教令集 42,132—133,151
 False 《伪教令集》98—100
Dei Filius 《神子》296
Dei Verbum 《上帝之言》388
del Val, Cardinal Merry 枢机梅利·德·瓦 328,331—333
della Rovere, Francesco (Sixtus Ⅳ) 弗朗西斯科·德拉·罗维尔(塞克图斯四世) 184—185
della Rovere, Giuliano (Julius Ⅱ) 朱利安诺·德拉·罗维尔(朱利安二世) 184—185
democracy 民主 257—259,288,294,308,312
Denmark 丹麦 230
Desiderius, King 伦巴德王德西迪里厄斯 89
Dezza, Paolo 保罗·德扎 376
Diaconiae 施济点 92
Diarmuid Mac Murchada 迪亚穆·马可·穆哈达 143
Dictatus Papae 《教宗如是说》121—122,133
dioceses, papal creation of new 教宗新创的教区 286
Diocletian, Emperor 皇帝戴克里先 20,24—25,52
Dionysio-Hadriana 狄奥尼修-哈德良教规 91
Dives in Misericordia 《任由富人摆布》373

Divine Comedy 《神曲》160

Divini Afflante 《神的感召》350

Divini Redemptoris 《救赎之神》343

divorce, of Henry Ⅷ 亨利八世离婚案 207

Dollinger, Ignaz von 伊格纳兹·杜林格 298, 303

Dominic, St 圣多明我 148

Dominicans 多明我会 150, 152, 156, 304, 350

Doininus Iesus 《我主耶稣》382, 392

Domuscultae 家传耕地 92, 99

Donation of Constantine 《君士坦丁赠礼》107, 119, 121, 127, 133, 138, 146, 180, 205

Donation of Pepin 丕平献地 87, 90

Donatism, Donatists 多纳图斯派 20, 27—28

Dreyfus affair 德雷福斯事件 309

Droste, Clemens August 克莱门斯·奥古斯特·德洛斯特 285

Du Pape 《论教宗》276

Duchesne, Louis 路易·杜肯森 109, 328

Dupanloup, Archbishop 大主教杜彭路 296—298, 300, 310

Duphot, General 杜普特将军 259

Dupuis, Jacques 雅克·杜普斯 391

Easter, date of 复活节日期 10, 12, 15

Eastern-Rite Catholics ('Uniates') 东仪天主教会 282, 304

Eastern Schism 东部教会分离 151

Ecole Biblique 圣经学院 314

Ecumenism 普世合一 365—366
　　condemned 谴责普世合一 316, 344
　　Decree on 普世合一教令 361, 364

Edmund, King of Sicily 西西里国王埃德蒙 154

Edward Ⅰ of England 英王爱德华一世 161

Edward Ⅵ of England 英王爱德华六世 212

Edward, St 圣爱德华 154

Eger, Golden Bull of 《埃格尔黄金诏书》147

Egypt 埃及 26

Einhard 艾因哈德 95

Ekthesis 《阐释》75

Elders 长老 7, 8, 10, 11, 12

election decree 1059 1059年教宗选举法 119, 130, 140

elections, episcopal 主教选举 140, 147
　　papal 教宗选举 118, 130, 191

Eleutherius (c. 174 - 189) pope, St 教宗伊留德里(约174—189年) 2, 9, 12

Elizabeth Ⅰ of England 英女王伊丽莎白一世 218

Emilia 艾米利亚 88
Empire, Roman 罗马帝国 3,23
　　Western 西罗马帝国 95
Ems, Congress of 埃姆斯会议 247
Encyclicals 通谕 243,317,372
Enlightenment 启蒙 244,248,275,290,362,378
enthronement, papal 教宗就职典礼 144
Ephesus, Council of 以弗所公会议 45
Erasmus of Rotterdam 鹿特丹的伊拉斯谟 188,197—198,200,208
Escriva, Bl Jose Maria 宣福者约瑟·马利亚·埃斯克里瓦 379—380
d'Estouteville, Cardinal 枢机戴斯特维勒 193
Ethelbert, King 国王埃塞尔伯特 70
Eucharistic Congresses 圣餐大会 317,322
Eugenius Ⅰ (654 - 657) pope 教宗尤金一世（654—657年）77
Eugenius Ⅱ (824 - 827) pope 教宗尤金二世（824—827年）97
Eugenius Ⅲ (1145 - 1153) pope 教宗尤金三世（1145—1153年）131,133,136
Eugenius Ⅳ (1431 - 1447) pope 教宗尤金四世（1431—1447年）172,175,178,179
Eulogius of Alexandria 亚历山大里亚的犹洛杰斯 67

Eusebius of Caesaria 恺撒里亚的优西比乌 15,25,29
Eutyches 优迪克 45
Evangelium Vitae 《生命的福音》371
L'Evangile et L'Eglise 《福音与教会》327
Evaristus (c. 100 - c. 109) pope St 教宗伊瓦里图斯（约100—约105年）1

Falk Laws 《福克法》302,308
False Decretals 《伪教令集》98—100
Farnese farmily 法尔内斯家族 191
　　Alessandro (Pope Paul Ⅲ) 亚历山大·法尔内斯（教宗保罗三世）209
Fascism 法西斯主义 340—341,343,344,346,377,349,350
Fascist Italy, Concordat with 与意大利法西斯的协约 338—340
Fatima, Our Lady of 法蒂玛圣母 376—377
Faulhaber, Cardinal 枢机费尔哈巴 342
Febronianism 费布隆主义 244
Ferdinand Ⅶ of Spain 西班牙费迪南七世 275
Fermo Proposito, Il 《坚定的目标》325
Ferrara 费拉拉 189,258,277,287
Ferrara/Florence, Council of 费拉

拉/佛罗伦萨公会议 131
Fesch, Mgr（Cardinal） 枢机费希 264—265,270
Fides et Ratio 《信仰与理性》383
Filioque 和子句 96,97,103,108,159,173
finances, papal 教廷财政 166,169,183,252
First World War 第一次世界大战 302,333,335
Fisher, St John 圣约翰·费舍尔 197
Fitzgerald, Bishop 费兹杰罗主教 300
Flavian of Constantinople 君士坦丁堡的弗拉维 45
Florence 佛罗伦萨 118,161,173,177,180,189—190,196,206—207,263,267
Fontainebleau, Pius Ⅶ at 庇护七世在枫丹白露 271—272
Fonte Avellana 封特·阿维兰 111
Formosus (891-6) pope 教宗福尔摩赛 105
Forum 广场 178
Fourth Crusade 第四次十字军东征 150,382
Fra Angelico 弗拉·安杰利科 150,382
France 法国 154,161—63,165,169
  church of 法国教会 253—258,260—270
  ralliement in 天主教徒与法国共和政府的妥协 308—310
  separation of Church and State in 法国的政教分离 330—332
Francis Ⅰ, King of France 法国国王弗朗西斯一世 203,205,209
Francis Ⅱ, Emperor 皇帝弗朗西斯二世 256,260
Francis, St 圣方济各 150—151
Franciscans 方济各会 149—150,156
Franco, General 弗朗哥将军 342
Franco-Prussian War 普法战争 301
Frangipani family 弗兰吉帕尼家族 140
Frankfurt, Diet of 法兰克福议会 257
  Synod of 法兰克福教职会议 92
Frankish church 法兰克教会 96,98,101,122
Franks 法兰克 88—90
  King of the 法兰克国王 92
Frederick Barbarossa 腓特烈·巴巴罗萨 149,202
Frederick Ⅱ, Emperor 皇帝腓特烈二世 146,147,152,156
Frederick the Great of Prussia 普鲁士腓特烈大帝 248
Frederick Ⅲ, King 国王腓特烈三世 179
Frederick of Bohemia 波希米亚的腓特烈 230

Frederick of Liege (Pope Stephen Ⅸ) 列日的腓特烈(教宗斯蒂芬九世) 115

Frederick of Sicily 西西里的腓特烈 147

Frederick William Ⅳ of Prussia 普鲁士的腓特烈·威廉四世 285

'Free Church in a Free State' "自由国家中的自由教会" 282,295,338

Freemasonry 共济会 280,284,295,331,339

French Revolution 法国大革命 239—240,362

Fribourg, Union of 弗莱堡协会 310

Frings, Cardinal 枢机弗林斯 391

Gaeta 加埃塔 288

Gaiseric the Vandal 汪达尔人盖赛瑞克 46

Galerius, Caesar 恺撒·伽勒留 24—25

Galileo Galilei 伽利略 234—235

Galley-slaves 船奴 253

Gallican Articles 《高卢条款》250,265,300

Gallicanism 高卢主义 238,244,265,276,281,295

Gandhi, Mahatma 甘地 379

Ganganelli, Lorenzo (Pope Clement ⅩⅣ) 罗伦佐·甘加内利(教宗克莱门特十四世)246

Garibaldi 加里波第 288
　Monument 加里波第纪念碑 307

Garrigou-Legrange, Reginald 雷金纳德·加里戈-勒格朗热 370

gas-chambers 毒气室 319

Gasparri, Cardinal 枢机加斯帕里 322,335,339,347

Gaudet Mater Ecclesia 《教会愉悦的母亲》358

Gaudium et Spes 《喜乐与希望》360—362,364,371—372,388

Gaul 高卢 27

Gelasius Ⅰ (492-496) pope 教宗杰拉斯一世(492—496年) 49—50,52—53,126

Gelasius Ⅱ (1118-1119) pope 教宗杰拉斯二世(1118—1119年) 135,140

GeneralCouncils 大公会议 129
　也见 Constance
　Constantinople, Ephesus, Lateran
　Nicaea, Trent, Vatican Ⅰ & Ⅱ

Geneva 日内瓦 212,366

Genga, Annibale della (Pope Leo ⅩⅡ) 亚尼巴勒·德拉·真加(教宗利奥十二世)278

Geoffrey of Villehardouin 维勒哈朵因的杰弗里 135

'German Catholic Church' 德意志天主教会 285

German princes 德意志诸侯 125,139,153

索 引

Germanicum（College） 德意志神学院 215,221

Germany 德意志或德国 169
    Nazi 纳粹德国 319,337—339,341,343—345,347—348,385

Gestapo 盖世太保 350

Gesu 耶稣堂 222

ghetto,Roman 罗马犹太区 216,278

Ghibellines 吉柏林派 154,161

Ghislieri,Michele（Pope Pius Ⅴ） 迈克尔·吉斯雷利（教宗庇护五世）218

Gibbons,Cardinal 枢机吉本 315—318

Giberti,Gian Matteo 吉安·马太欧·吉伯提 211

Giovanni Battista Montini（Pope Paul Ⅵ） 乔凡尼·巴蒂斯塔·蒙提尼（教宗保罗六世）339,349,350,353—354,364

'Glories of the Sacred Heart' 《圣心的荣耀》293

Gonzaga family 贡扎加家族 191,253

Gordianus 乔尔迪安 61

Gorze 戈尔泽 105,113

'Gospel and the Church' 《福音与教会》326

Got,Bertrand de（Pope Clement Ⅴ） 贝特朗·德戈（教宗克莱门特五世）163

Goths 哥特人 19,48 及以下

Grand Tour 大旅行 252

Gratian（canon lawyer） 格拉蒂安（教会法学家）132—133

Gratian,John（Pope Gregory Ⅵ） 约翰·格拉蒂安（教宗格雷戈里六世）111

Gravissimo 《履行最庄重的职责》332

Great Schism 教会大分裂 168—175

Greece 希腊 274,381

Greek church 希腊教会 158—159,365
    Literature 希腊文学 180,186
    popes 希腊籍教宗 83—85
    quarter in Rome 罗马的希腊人区 84

Gregoire,Henri 亨利·格雷戈里 263

Gregorian Calendar 格雷戈里历 229,304
    Chant 格雷戈里颂 291,323

Gregory the Great（590-604）pope 教宗伟人格雷戈里（590—604年）60—73,87,122,365

Gregory Ⅱ（715-731） 格雷戈里二世（715—731年）80—83

Gregory Ⅲ（731-741） 格雷戈里三世（731—741年）81—82,86

Gregory Ⅴ（991-999）pope 教宗格雷戈里五世（991—999年）107,108

Gregory Ⅵ(1045-1046)pope 教宗格雷戈里六世(1045—1046年)111

Gregory Ⅶ(1037-1085)pope,St 教宗格雷戈里七世(1037—1085年)116,121,129,134,135,136,140,186

feast of 格雷戈里七世节 241

Gregory Ⅷ(antipope) 教宗格雷戈里八世(对立教宗)129

Gregory Ⅸ(1227-1241)pope 教宗格雷戈里九世(1227—1241年)145,151

Gregory Ⅹ(1271-1276)pope 教宗格雷戈里十世(1271—1276年)158,173

Gregory Ⅺ(1370-1378)pope 教宗格雷戈里十一世(1370—1378年)168

Gregory Ⅻ(1406-1415)pope 教宗格雷戈里十二世(1406—1415年)170

Gregory ⅩⅢ(1572-1585)pope 教宗格雷戈里十三世(1572—1585年)218—219,221,222,225

missions 格雷戈里十三世传教 229

Gregory ⅩⅤ(1621-1623)pope 教宗格雷戈里十五世(1621—1623年)223,227,231

Gregory ⅩⅥ(1831-1846)pope 教宗格雷戈里十六世(1831—1846年)279—288,292,356

Guelphs 圭尔夫派 154

Gueranger,Prosper 普洛斯普·贵兰格 291

Guibert of Ravenna(antipope Clement Ⅲ) 拉文纳的吉伯特(对立教宗克莱门特三世)125

Guidi,Cardinal 吉迪枢机 298—299

Guiscard,Robert 罗伯特·吉斯卡 126

Gulag 古拉格 319—320

Gustavus Adolphus 古斯塔夫·阿道夫 231

Guttierez,Gustavo 古斯塔夫·古特雷斯 372

Guy Foulques(Pope Clement Ⅳ) 盖·法尔奎(教宗克莱门特四世)154

Haas,Mgr Wolfgang 沃尔夫冈·汉斯大人 379—380

Habsburg Empire 哈布斯堡帝国 234

Hadrian Ⅰ(772-792)pope 教宗哈德良一世(772—792年)91—93

Hadrian Ⅱ(867-872)pope 教宗哈德良二世(867—872年)103—104

Hadrian Ⅳ(1154-1159)Pope 教宗哈德良四世(1154—1159年)131,139—141

Hadrian Ⅵ(1522-1523)pope 教宗哈德良六世(1522—1523年)203

Hanover, 汉诺威 273—274

Harmel, Lucien 路西安·哈梅尔 309

Hecker, Fr 赫克尔神父 315

Hegel, Georg Wilhelm Friedrich 乔治·威廉·弗里德里希·黑格尔 316,326

Heidelberg, Library of 海德堡图书馆 231

Henri Ⅳ (Henri of Navarre) 亨利四世（纳瓦尔的亨利）225—226, 236

Henry Ⅱ, Emperor 皇帝亨利二世 108

Henry Ⅱ of England 英王亨利二世 143

Henry Ⅲ, King of England 英王亨利三世 154

Henry Ⅲ of Germany 德意志的亨利三世 111,117,119,120

Henry Ⅳ, King and Emperor 国王和皇帝亨利四世 120,123,241

Henry Ⅴ, Emperor 皇帝亨利五世 129,139,140

Henry Ⅵ, Emperor 皇帝亨利六世 146,147

Henry Ⅷ of England 英王亨利八世 197,205,207,211,263

Herakleios, Emperor 皇帝希拉克略 74

hierarchies, new 新教阶制 303

Hilary of Arles 阿尔勒的希拉里 44

Hildebrand (Pope Gregory Ⅶ) 希尔德布兰德（教宗格雷戈里七世）116,118,120

Hincmar of Rheims 兰斯的辛克马 100,103

Hippolytus, St (antipope) 希波利图斯（对立教宗）14

Hitler, Adolf 阿道夫·希特勒 341,343

  plot against 刺杀希特勒密谋 347

HIV-Aids 艾滋病 371

Hochhuth, Rolf 罗夫·霍克霍夫 349

Hohenstaufen dynasty 霍亨斯陶芬王朝 144,153

  empire 霍亨斯陶芬帝国 153—154

Holland 荷兰 230,240,241,282

Holy Ghost Fathers 圣魂神父 338

Holy Lance 圣矛 196

Holy Land 圣地 73,136,152,163,381

Holy Roman Emperor 神圣罗马皇帝 248

Holy Roman Empire, end of 神圣罗马帝国的终结 273

Holy Week Liturgy 圣周仪式 351

Holy Year 圣年 160,244,380—381

Homoousios "同质" 29

Honorius Ⅰ (625 - 638) pope 教宗霍诺留一世（625—638年）74—75,78,83,150

Honorius Ⅱ (1124-1130) pope 教宗霍诺留二世(1124—1130年) 119,140

Honorius Ⅲ (1216-1227) pope 教宗霍诺留三世(1216—1227年) 151

Honorius Ⅳ (1285-1287) pope 教宗霍诺留四世(1285—1287年) 156

Hormisdas (514-523) pope 教宗何尔米斯达(514—523年) 50,51, Formula of 何尔米斯达信条 51—52,173

Hosius of Cordoba 科尔多瓦的霍西乌斯 30—31

Hugh of Cluny 克吕尼修院院长休 115—116,122,135

Huguenots 胡格诺教徒 237

Human rights 人权 363

Humanae Vitae 《人类的生命》367, 309,370—372,374

Humani Generis 《人类》351,353, 357,371

Humani Generis Unitas 《统一的人类》343,358,372

Humbert of Moyenmoutier 穆瓦延穆捷的亨伯特 115—116

Humbert of Silva Candida 席尔瓦·坎迪达的亨伯特 117,121,171

Hume, Cardinal Basil 枢机巴西尔·休谟 369

Hungarian Revolution 1956 1956年匈牙利革命 352,366

Hungary 匈牙利 148,159,204, 225,352

Hus, John 约翰·胡斯 172,183

Iamdudum Cernimus 《我们历来关注》296

Iconoclasm 破坏圣像 81—83,87, 91,102

Icons 圣像 74,80

Ignatius of Antioch, St 安提柯的伊格纳修 8,10

Illyria 伊利里亚 41

Illyricum 伊利里亚区 44,103

Immaculate Conception (sinlessness of Mary) 无玷原罪成胎说(玛利亚无玷原罪说)291—294

Immortal Dei 《不朽之神》309

Imola 伊莫拉 259,261

imperial coronation, last 最后的皇帝加冕仪式 179

In Coena Domini 《神所诅咒的》226—227,244—246

Incarnation 道成肉身 45

Index of Prohibited Books, Roman 《罗马禁书目录》216,221,242, 337

India 印度 338

indifferentism 信仰无差别论 283, 295,315

Indulgence, Crusade 圣战赦罪 160

Infallibility, papal 教宗永无谬误

173—174,193,297—300,305,332,353,375

Inferno of Dante 但丁的《地狱》160

Innocent Ⅰ(401 - 417) pope 教宗英诺森一世(401—417年) 41—42

Innocent Ⅱ(1130 - 1443) pope 教宗英诺森二世(1130—1443年) 130,134,139,140—142

Innocent Ⅲ(1198 - 1216) pope 教宗英诺森三世(1198—1216年) 128,131,137,144,152,159,162

Innocent Ⅳ(1243 - 1254) pope 教宗英诺森四世(1243—1254年) 153,156

Innocent Ⅷ(1484 - 1492) pope 教宗英诺森八世(1484—1492年) 189,191,193,194,196

Innocent Ⅹ(1644 - 1655) pope 教宗英诺森十世(1644—1655年) 232,235,236—238

Innocent Ⅺ(1676 - 1689) pope 教宗英诺森十一世(1676—1689年) 237,246,260

Inquisition,Roman 罗马宗教裁判所 212,216,218,222,235

Institut Catholique 天主教研究所 315,322,326

Inscrutabili 《天主的奥秘》306

Integralism 纯正主义 334—335,358,363

Inter Multiplices 《在众多的》294

Investiture controversy 授职权之争 139

Ireland 爱尔兰 68,137,279
  Norman invasion of 诺曼人入侵爱尔兰 143

Ireland,Archbishop John 大主教约翰·艾尔兰 315

Irenaeus of Lyons 里昂的伊利奈乌斯 1—2,8,13—14,15,16,19

Irene,Empress 皇太后伊琳尼 91,95

Irish,effects of Italian wine on 意大利葡萄酒对爱尔兰士兵的影响 289

Islam 伊斯兰教 73,77—78,83,86,153,196,258,355

Israel,State of 以色列 377

Italy 意大利 18
  Kingdom of 意大利王国 266,331
  reconquest of 重新征服意大利 59—61

Jacobins 雅各宾派 263

James,brother of the Lord 主的兄弟雅各 3,5,6

James Ⅰ and Ⅵ, King of England and Scodand 英格兰与苏格兰国王詹姆斯一世和詹姆斯六世 231

Jansen,Cornelius 柯尼留斯·詹森 238—239

Jansenism 詹森主义 239—240,

244—245,247,248,251,254,292

Japan 日本 337

Jarrow 雅罗 85

Jeremiah, prophet 先知耶利米 147

Jerome, St 哲罗姆 39—40,46

Jerusalem 耶路撒冷 1,3,40,136,150,153—154

    fall of 耶路撒冷的陷落 3

Jesuits/Society of Jesus 耶稣会 214,220—221,227,284,350,376

    dissolution of 解散耶稣会 248—249

    restoration of 恢复耶稣会 273

Jesus, Sacred Heart of 耶稣的圣心 248—250,292—293

Jesus Christ 耶稣基督 3—5

Jews, genocide against 对犹太人的种族屠杀 348—349,378

    in Rome 罗马的犹太人 9,278,281,286,348

Joan of Arc 贞德 334

John Ⅰ (523-526) pope 教宗约翰一世(523—526年) 52

John Ⅵ (701-705) pope 教宗约翰六世(701—705年) 83

John Ⅷ (872-882) pope 教宗约翰八世(872—882年) 98,104,105

John Ⅺ (931-936) pope 教宗约翰十一世(931—936年) 104

John Ⅻ (955-964) pope 教宗约翰十二世(955—964年) 105,106,391

John XIII (965-972) pope 教宗约翰十三世(965—972年) 108

John XIV (983-984) pope 教宗约翰十四世(983—984年) 106,108

John XV (985-986) pope 教宗约翰十五世(985—986年) 108

John XVI (antipope) 约翰十六世(对立教宗) 104

John XIX (1024-1032) pope 教宗约翰十九世(1024—1032年) 108,110

John XX (1276-1277) pope 教宗约翰二十一世(1276—1277年) 131

John XXII (1316-1334) pope 教宗约翰二十二世(1316—1334年) 157,165—167,174

John XXIII (1958-1963) pope 教宗约翰二十三世(1958—1963年) 321,328,355,377,278,384,440,442

John XXIII (antipope) 约翰二十三世(对立教宗) 170

John, 'beloved disciple' "爱徒"约翰 5,12,16

    Gospel of 约翰福音 4,6

John, King of England 英王约翰 148

John of Capistrano, St 卡皮斯特拉诺的圣约翰 183

John of Ravenna 拉文纳的约翰 100

索 引

John Paul I (1978) pope 教宗保罗·约翰一世(1978年) 321,386
John Paul II (1978 - 2005) pope 教宗保罗·约翰二世(1978—2005年) 363,369—386,391,392—393,395—396
John the Chanter 领唱者约翰 85
John the Faster, Patriarch of Constantinople 君士坦丁堡宗主教斋戒者约翰 66
Joseph II of Austria 奥地利的约瑟夫二世 245,248—249,252,255
Josephine, Empress 皇后约瑟芬 267,269
Josephinism 约瑟夫主义 248—250,285,288
Jubilee 1300 1300大赦年 160
    1450 1450大赦年 181—183
    1575 1575大赦年 222
    1740 1740大赦年 243—244
    1750 1750大赦年 244
Julius I (337 - 352) pope, St 教宗朱利安一世(337—352年) 30—32
Julius II (1503 - 1513) pope 教宗朱利安二世(1503—1513年) 177,185—186,190—191,197,198,208,211
Julius Exclusus 《朱利安被拒于天门外》198—200
Justin, Emperor 皇帝查士丁 51—53
Justinian I, Emperor 皇帝查士丁尼一世 52—58,60
Justinian II, Emperor 皇帝查士丁尼二世 78—79

Kaas, Monsignor Ludwig 路德维希·卡斯大人 340
Kant, Immanuel 伊曼努尔·康德 316,326
Kasper, Cardinal Walter 枢机沃尔特·卡斯帕 382
Kaunitz, Prince, Austrian Chancellor 奥地利首相考尼兹亲王 248,253
Kepler, Johann 约翰·开普勒 229
Kerry-man story, first 第一凯瑞人的故事 72
Ketteler, Archbishop 大主教凯特勒 302,311
Khruschev, Nikita 尼基塔·赫鲁晓夫 356
Kingdom of Italy 意大利王国 300
Knights of Labour 劳工骑士 311
Knights Templar 圣殿骑士团 164
Kolbe, Maximillian 马克西米连·科尔伯 383
Korah 可拉 185
Kulturkampf 文化斗争 303,307,308,342,438
Kung, Hans 汉斯·孔 374,387,388,390

La Fontaine, Cardinal 拉方登枢机

335

Labouré, Catherine 凯瑟林·拉布雷 291

Lacordaire, Henri-Dominique 亨利-多米尼克·拉克戴尔 310

laicisation of priests 神父俗人化 365

Lamb of God 上帝的羔羊 79

Lambertini, Prospero（Pope Benedict XIV） 布拉斯菲洛·兰贝提尼（教宗本笃十四世）242, 394, 436

Lambruschini, Cardinal 枢机兰布鲁斯基尼 286

Lamennais, Felicite de 费利西特·拉蒙内 281—248, 310, 414, 436

Lamentabili 《可悲痛的》326, 327, 416, 440

Langres, Bishop 朗格主教 115

Langton, Stephen 斯蒂芬·兰顿 148

Languedoc 朗格多克 165

Last Judgement, Michelangelo 米开朗琪罗的"末日审判" 204, 213

Lateran basilica and palace 拉特兰教宫 26, 37, 75—76, 79, 93, 145, 160, 181, 338, 363

Lateran Councils 拉特兰大公会议 174

　II 第二次拉特兰大公会议 141

　III 第三次拉特兰大公会议 130, 144

　IV 第四次拉特兰大公会议 147—148, 151

　V 第五次拉特兰大公会议 198—200, 210

Synod（649） 拉特兰教职会议（649年）76

Latin America 拉丁美洲 275, 285, 307, 350, 373—374, 380

　Conference of bishops 拉丁美洲主教会议 318

Latvia 拉脱维亚 338

Laudabiliter 《赞赏》143

Laurence（antipope） 劳伦斯（对立教宗）50—51

Lavigerie, Cardinal 拉维格里枢机 309

Law of Guarantees 《保障法》301, 307

Law of Separation 《分离法》330—332

lay investiture 俗人授职权 140

Le Puy, bishop of 里裴主教 137

Leander of Seville 塞维亚的林安德 70

Lefebvre, Marcel 马塞尔·勒弗费尔 362, 366

Lefarge, John 约翰·勒法奇 343

Legate a latere 特使 266

legates, papal 教宗使节 130, 144, 214, 221, 258, 330

Legations "使节领" 258—259, 260—262, 265, 267, 272, 277, 289

索　引

Leinster　兰斯特 143
Lemius, Joseph　约瑟夫·雷缪斯 327
Leo I (440 - 461) pope, St　教宗利奥一世(440—461年) 41—42, 44—46, 48—49, 80, 82, 84, 91, 174, 299
Leo Ⅲ, Emperor　皇帝利奥三世 80
Leo Ⅲ (795 - 816) pope　教宗利奥三世(795—816年) 93
Leo Ⅳ (847 - 855) pope　教宗利奥四世(847—855年) 99
Leo Ⅴ (903) pope　教宗利奥五世(903年) 104
Leo Ⅵ (928) pope　教宗利奥六世(928年) 104
Leo Ⅶ (936 - 939) pope　教宗利奥七世(936—939年) 105
Leo Ⅷ (963 - 965) Pope　教宗利奥八世 108
Leo Ⅸ (1049 - 1054) pope　教宗利奥九世(1049—1054年) 111—112, 114—117, 129, 131, 175
Leo Ⅹ (1513 - 1521) pope　教宗利奥十世(1513—1521年) 177, 190, 192, 195, 199—200, 201—202, 205, 208
Leo Ⅺ (1605) pope　教宗利奥十一世(1605年) 236
Leo Ⅻ (1823 - 1829) pope　教宗利奥十二世(1823—1829年) 275, 278—279

Leo ⅩⅢ (1878 - 1903) pope　教宗利奥十三世(1878—1903年) 305, 308—318, 320, 324, 325, 327, 330—331, 332, 334
Leonard of Port Maurice, St　莫里斯港口的利奥纳多 244
Leonardo　莱昂纳多 176
Leonine Wall　利奥城墙 99, 160, 181
Leopold of Tuscany　托斯坎纳的利奥波德 249—251
Lepanto, Battle of　勒班陀战役 224
Levada, William　威廉·莱瓦达 395
Lewis of Bavaria　巴伐利亚的路易 166
Liber Censuum　《贡赋册》134
Liber extra　《教令补编》151
Liber Pontificalis　《教宗纪年》26, 38, 46, 56, 72, 77, 81, 104
liberal Catholicism　天主教自由派 286, 296
Liberation Theology　解放神学 362, 372—373, 376, 391
Liberius (352 - 366) pope　教宗利贝留斯(352—366年) 32—33, 35—37, 46
Libertas Praestantissimum　《驳自由主义》310
Lichtenstein,　列支敦士登 379
Licinius, Emperor　皇帝李锡尼 28
Linus (c. 66 - 78) pope, St　教宗圣莱纳斯(约66—78年) 1
Lithuania　立陶宛 338

Little Rock, Arkansas 阿肯色州小石城 300
Liturgical movement 礼拜改革运动 324
liturgy, decree on 礼仪教令 291
　papal 教宗礼拜仪式 252
　transformation of 礼拜仪式的转变 291, 389, 390, 392
Liutprand, King 国王利乌特普朗德 80, 86
Livonia 立窝尼亚 151
Lodi, peace of 《洛迪合约》179, 188
Loisy, Alfred 阿尔弗雷德·路易斯 326—328
Lombards 伦巴德人 60, 62—65, 71, 80—82, 87—88, 90, 143
Lombardy 伦巴德地区 123—124, 204—205, 258
London 伦敦 70, 266, 287, 340
Lorenzo de' Medici 罗伦佐·美第奇 175
Lorenzo Valla 罗伦佐·瓦拉 180
Lothair, Emperor 皇帝罗退尔 97, 99, 101, 103
Lothar of Segni (Pope Innocent III) 塞尼的罗退尔（教宗英诺森三世）145
Louis II, Emperor 皇帝路易二世 101
Louis XII of France 法王路易七世 188, 197
Louis XIV of France 法王路易十四世 236—241

Louis XVI of France 法王路易十六世 254
Louis Philippe of France 法王路易·菲利普 280
Louis the Pious 虔诚者路易 97
Lourdes 鲁德镇 290, 292, 293, 383
Louvain 鲁汶 314
Love and Responsibility 《爱与责任》370
Low Countries 低地国家 152, 279
Loyola, Ignatius 伊格纳修·罗耀拉 213, 215, 217, 231
Luciani, Albino (Pope John Paul I) 阿尔比诺·路西亚尼（教宗约翰·保罗一世）368—369
Lucius II (1144-1145) pope 教宗卢修斯二世（1144—1145年）141
Lubac, Henri de 律贝克的亨利 350, 353, 387
Lumen Gentium 《万民之光》360—362, 388
Lurchan ua Tuathail 卢奇安·图亚太尔 143—144
Luther, Martin 马丁·路德 177, 200—204, 206—207, 211, 212
Lyons 里昂 21
　Council of 里昂大公会议 154—155
　Second Council of 第二次里昂大公会议 158

McQraid, bishop of Rochester, NY

罗切斯特主教麦克科德 315
Machiavelli's *Prince* 马基雅维利的《君主论》189
Maglioni,Luigi 卢基·马格里昂 347—348
Magna Carta 大宪章 148
Mainz 美因茨 156,200,247,273,302
Maistre,Joseph de 约瑟夫·迈斯特 276,281
Malachy,St 圣马拉凯 143
Malamocco 马拉莫科港 262
Malatesta of Rimini 里米尼的马拉特斯塔家族 188
Malines 梅赫伦 293,295
Manichees 摩尼教 44
mankind, religion of 人类的宗教 257
Manning,Cardinal Henry Edward 爱德华·亨利·曼宁枢机 276,281,290—291,293—295,297—299,301,305,311,313,363
Mantua 曼图亚 311,313,320,365
Marcellinus(96-304)pope 教宗马西利努斯(96—304年)20,24,38
Marches of Ancona 安科纳的马尔凯 146,272,287
Marcion,heretical teacher 异端宣教师马西昂 12,14
Marcus Aurelius,statue of 马可·奥勒留的雕像 184,213

Marcus Ⅰ(336)pope 教宗马可一世(336年)37
Maria Theresa,Empress 玛利亚·特蕾莎皇太后 248
Marozia 马洛奇娅 104—105
marriage,civil 民政婚 258,265,273
Marsilius of Padua 帕多瓦的马西利乌斯 165,171
Martel,Charles 查理·马特 86
Martin Ⅰ(649-655)pope 教宗马丁一世(649—655年)72,75
Martin Ⅳ(1281-1285)pope 教宗马丁四世(1281—1285年)156
Martin Ⅴ(1417-1431)pope 教宗马丁五世(1417—1431年)170,172,174,178,179,192,209,430
Martini,Cardinal 枢机马蒂尼 386
Mary,Blessed Virgin 宣福者童贞玛利亚 250,291
  sinlessness of (Immaculate Conception) 玛利亚无玷原罪成胎说 291,292,295
Mary Tudor,Queen 玛丽·都铎女王 215
Mass 弥撒 1,23,48,53,70,84,94—95,103,108,112,226,144,202,250,322,344,350
Mass,Canon of the 弥撒经 23,344
Mastai-Ferretti, Giovanni Maria (Pope Pius Ⅸ) 乔凡尼·马利亚·马斯泰-费勒迪(教宗庇护九世)286

Mater et Magistra 《慈母与导师》356

Mathieu, Cardinal 枢机马修 320

Matilda of Tuscany 托斯坎纳的玛蒂尔达 124,126,134

   lands of 玛蒂尔达的领地 146

Mattei, Cardinal 马太枢机 258

Matthew, Gospel of 《马太福音》1,4,6,22,51,120,356

Maurice (Emperor) 莫里斯(皇帝) 62—65,68

Maurras, Charles 查理·莫拉斯 336—337

Maury, Cardinal 莫瑞枢机 257,270

Maxentius, Emperor 皇帝马克森 25—26

Maximilian of Bavaria 巴伐利亚的马克西米连 231

Maximum Illud 《夫至大》337

Mazarin, Cardinal 马扎然枢机 236

Mazzini, Giuseppe 朱塞佩·马志尼 280,287—288

Mediator Dei 《神的中介》350—351

Medici family 美第奇家族 188,189,191,196,205,206

   bank 美第奇银行 183

Melkites 梅尔凯特 304—305,313

Menas, Patriarch of Constantinople 君士坦丁堡宗主教曼纳斯 56

Mercier, Cardinal 枢机梅西 314

Merovingians 墨洛温 86,127

Methodius and Cyril 西里尔与梅多迪乌 103

Metropolitans 都主教 44,98

   institution by 都主教授予神职 270

Metternich, Chancellor of Austria 奥地利首相梅特涅 279,287

Metz, Johann Baptist 约翰·巴普斯特·梅茨 390

Mexican revolution 墨西哥革命 341

Mexico 墨西哥 228,275

Michael Ⅲ, Emperor of Byzantium 拜占庭皇帝米哈伊尔三世 102

Michael Ⅷ Paleologus, Emperor 皇帝米哈伊尔八世 158

Michael Cerulariua Patriarch of Constantinople 君士坦丁堡宗主教米哈伊尔·赛鲁拉留斯 116

Michelangelo 米开朗琪罗 177,187,204,213

Middle Ages, romanticized 中世纪浪漫化 291

Milan 米兰 31,58,106,117.188,252,335,353,357

   Basilica Nuova 米兰新教堂 35

   republic of 米兰共和国 258

Miltiades (311-314) pope 教宗米迪亚德斯(311—314年) 28

Milvian Bridge, battle of 米尔汶桥战役 25

Mincius, John (antipope Benedict Ⅹ) 约翰·明西乌斯(对立教宗本

笃十世）118

Mindszenty, Cardinal Joseph 枢机约瑟夫·明兹泽提 352,366

Miraculous Medal "金牌显灵"291

Mirari Vos 《你们当惊奇》283—284,310

Misery of the Human Condition 《人类的悲惨处境》145

Missal, reform of 弥撒经改革 221,250,320

Missions, missionaries 差会,传教士 221,226—229,279,285,303,338

Mit Brennender Sorge 《满怀忧虑》343

Modernism 现代主义 325—329,350,359

Mohammed 穆罕默德 73

monarchy, papal 教宗君主制 318,359

monasteries 修院 99,105,112,135,248,250

monasteries, Austrian 奥地利修院 248

monks 修士 72,135

Monoenergism "唯一能量论"74

Monophysitism "一性论"49—50,52,54—55,74

Monothelitism "一志论"75—78

Montalambert, Count Charles 查尔斯·蒙塔朗贝公爵 284,298,310

Monte Cassino 卡西诺山 117,135

'Mother of the Church' controversial title "教会之母"头衔之争 364

Montini, Giovanni Battista (Pope Paul Ⅵ) 乔凡尼·巴蒂斯塔·蒙提尼（教宗保罗六世）339,349,350,353—360

Moro, Aldo 亚多·莫罗 368

Mortnlium Annos 《死亡年代》344,361

Mozarabic rite 莫扎勒布礼仪 120

Müller, Heinrich 海因里希·缪勒 349

Mun, Count Albert de 阿尔伯特·德蒙公爵 311

Munich 慕尼黑 247,308,340,344

Muratori, Ludovico 路得维科·穆拉托利 242

Murrav, John Courtney 约翰·考特尼·莫瑞 362

music, reform of church, 教堂音乐改革 322

Muslims 穆斯林 116,120,136,152,315,379

Mussolini 墨索里尼 60,338—341,342—343,345,349

'Mysteries of the Mass' "弥撒的奥秘"145

Mystici Corporis 《圣体的奥秘》350—351,360—361

Nagasaki, Ist Japanese bishop of 日

本第一任长崎主教 337
Nantes, bishop of　南特主教 115
Naples　那不勒斯 82,169,251,258,
　278,280
　kingdom of　那不勒斯王国 268
Napoleon Bonaparte　拿破仑·波拿
　巴 258,262—273
　divorce of　拿破仑离婚 269
　feast of 'St'　"圣拿破仑节"266
　Imperial Coronation of　拿破仑加
　冕仪式　267,plate　银盒 36
Napoleon Ⅲ　拿破仑三世 289,298,
　301
Napoleonic Code　《拿破仑法典》
　277,322
National Conferences of Bishops　全
　国主教会议 379
Nazi Germany, Concordat with　与
　纳粹德国的协约 338—344
Nazism　纳粹主义 340—350
Nebuchadnezzar　尼布甲尼撒 32
Nepotism　裙带关系 193,232,241
Neri, St Philip　菲利普·奈利 212,
　220,231,433
Nero, Emperor　尼禄皇帝 2,7,17
Newman, Cardinal John Henry　枢
　机约翰·亨利·纽曼 294,313
New Testament　《新约》2—7,196
'New Theology'　"新神学" 362
Nicaea, 1st Council of　第一次尼西
　亚公会议 28—30
　2nd Council of　第二次尼西亚公
　会议 90—91
Nicaragua　尼加拉瓜 372
Nicene Creed　《尼西亚信经》33—34
Nicholas of Cusa　库萨的尼古拉 183
Nicholas Ⅰ (858-867) pope, St　教
　宗尼古拉一世（858—867 年）
　99,104,107
Nicholas Ⅰ, Tsar　沙皇尼古拉一世
　281—282
Nicholas Ⅱ (1058-1061) pope　教
　宗尼古拉二世（1058—1061 年）
　117
Nicholas Ⅴ (1447-1455) pope,　教
　宗尼古拉五世（1447—1455 年）
　xiii-xiv,173,178,184,195. 217,
　431
'Nicolaism'　"尼古拉主义" 114
Nicomedia　尼克梅迪亚 24,30
Nicopolis　尼可波利斯 82
Ninety-five Theses　《九十五条论
　纲》177
Nobilissima Gallorum Gens　《最高
　贵的高卢人》308
Non Abbiamo Bisogno　《我们不需
　要》339
Non expedit　《并非权宜》334
Normans　诺曼人 116,124,134,
　141—144,146,426,428
　Conquest　诺曼征服 114
　in Sicily　西西里的诺曼人 119—
　120,143
Norway　挪威 131,141,148

Novatian (antipope) 诺瓦蒂安(对立教宗)14,20—21
Novatianists, Novatinism 诺瓦蒂安派 21—22
Numidia 努米底亚 26,67
Nuncios, Papal 教宗大使 247,316,330
Nuremberg, diet of 纽伦堡帝国议会 203

observers at Vatican Ⅱ 梵二会议的观察员 360
Oceania 大洋洲 279
Ochino, Bernardino 伯尔纳迪诺·奥契诺 212
Octavianus (Pope John ⅩⅡ) 屋大维(教宗约翰十二世)105
Odo Colonna (Pope Martin Ⅴ) 奥多·科隆纳(教宗马丁五世)170
Odo of Cluny 克吕尼的奥多 105
Odoacer the Rugian 日耳曼将军奥多亚克 46
Olympius, exarch of Italy 意大利总督奥林庇乌斯 76
Opera dei Congressi "议会事工会" 324—325
Opus Dei "主业会" 379—380
Oratory, Birmingham 伯明翰神爱祈祷团体 294
Ordinatio Sacerdotalis 《神职的晋升》374
Organic Articles《附带条约》245,247

Orientalium Dignitatis 《东部的尊严》313
Origen 奥利金 2,18
Orsini family 奥尔西尼家族 190,193
    Matteo 马太·奥尔西尼 153
Orthodox churches 东正教会 375,381
Orvieto 奥维托 156
Osborne, D'Arcy 达西·奥斯本 345
Osiris 奥西里斯 187
Ostia 奥斯提亚 99,117—118,191
'Ostpolitik' "东向政策"366,372
Oswiu, King 国王奥斯温 71,86
Ottaviani, Cardinal 枢机屋大维亚尼 352—353,357,365
Ottaviano of Monticelli (antipope Victor Ⅳ) 蒙提切利的屋大维亚尼(对立教宗维克多四世)142
Otto of Brunswick 布伦瑞克的奥托 147
Otto Ⅰ 奥托一世 105—106
Otto Ⅲ 奥托三世 106,108
Oxford, University of 牛津大学 164,212

Pacca, Cardinal 枢机帕卡 268—269,271—272
Pacelli, Eugenio (Pope Pius ⅩⅡ) 尤金利奥·帕萨利(教宗庇护十二世) 322,332,334,340,346,349,385

Parem in Terris 《此世的和平》356

Pactum Ludovicianum 《路德维协议》97

Paderborn 帕德博恩 94

Padroado 控教权 285—286

palfrey, pope's 教宗的驯马 278

Pallium 披肩 41,68

Palotta, Cardinal 枢机帕洛塔 279

Pantheon 万神殿 184,232

Papa Angelicus 天使教宗 159

Papal Monarchy 教宗君主制 110—176

Papal States 教宗国 88—89,141,153,183,189,207,209,219,241,258,261,263,272—273,277,281,287,289,300

Paris 巴黎 145

    national Council of 1811 1811 年巴黎全国大会 270

    Notre-Dame, Paris, 巴黎圣母院 267

Parlement 巴黎议会 245

    Pius Ⅶ in 庇护七世在巴黎 266

    Sacre Coeur Basilica, Montmartre 巴黎蒙马特圣心教堂 293

    University of 巴黎大学 164

Paris, Matthew 马太·巴黎 150

Parliament of Religions, Chicago 芝加哥宗教大会 315

Parma, Duchy of 帕尔马公国 244

Partito Popolare 人民党 334,339,363

Pascendi 《牧养主的羊群》326,357

Paschal Ⅰ (814-824) pope 教宗帕斯卡一世(814—824 年) 96.98

Paschal Ⅱ (1099-1118) pope 教宗帕斯卡二世（1099—1118 年） 132,134,138

Paschal Ⅲ (antipope) 帕斯卡三世（对立教宗） 144

Paschalis 帕斯卡利斯 94

Pasqualina, Sister 修女帕斯卡琳娜 354

Pasolini, Pier Paolo 帕索里尼 356

'Pastoral Care' (Gregory Ⅰ) "教牧关怀"(格雷戈里一世) 60,66

Patarini "帕塔里尼" 116

Patriarchates 宗主教区 43,66,163,173

Patrimony of Peter 彼得祖业 87,92,116,132,272,287

    也见 Papal States

Paul Ⅰ (757-767) pope 教宗保罗一世(757—767 年) 90

Paul Ⅱ (1464-1471) pope 教宗保罗二世（1464—1471 年） 184,187

Paul Ⅲ (1534-1549) pope 教宗保罗三世（1534—1549 年） 209—210,212,215,217—218

Paul Ⅳ (1555-1559) pope 教宗保罗四世（1555—1559 年） 215,217—219,226

Paul Ⅴ (1605-1621) pope 教宗保

罗五世（1605—1621 年）218，225，227，231—232
Paul Ⅵ（1963 - 1978）pope 教宗保罗六世（1963—1978 年）8，338，361，368，370，375，390
Paul,St,Apostle 使徒保罗 1—9
Paulist Fathers 保罗修会神父 315
Pavelic,Ante 恐怖统治 349
Pavia 帕维亚 86，90
 Synod of 帕维亚教职会议 108
'Peasants' Revolt 1525 1525 年农民起义 200
Pecci,Gioacchino（Pope Leo ⅩⅢ） 乔凡基诺·佩奇（教宗利奥十三世）305—306
Pelagius Ⅰ（566 - 561）pope 教宗帕拉纠一世（566—561 年）42，56，60
Pelagius Ⅱ（579 - 590）pope 教宗帕拉纠二世（579—590 年）62—63，66
Pentapolis 彭塔波利斯 79，88，106
Pepin 丕平 86—90，106，272
Persecution of the church 教会所遭的迫害 17—24，152，342
Persians 波斯人 72
Peru 秘鲁 228
Perugino,Pietro 佩德罗·裴鲁吉诺 185
Peter,St 圣彼得 3—5
 Ist Epistle of 《彼得前书》6
Peter and Paul 彼得和保罗 31
 cult of 彼得和保罗崇拜 26，36
 feast of 彼得和保罗节 16
 in Rome 彼得和保罗在罗马 6，8
Peter Martyr Vermigli 彼得·马蒂·维米格利 212
Peter's Pence 彼得便士 134，194
Philip（antipope） 菲利普（对立教宗）90
Philip Ⅳ of France 法国的菲利普四世 162，234
Philip of Swabia 士瓦本的菲利普 147
Philip the Fair 美男子菲利普 160
Philippines 菲律宾 366
Photius,Photian Schism 佛提乌斯，佛提乌斯分裂 102—103，105，108
Piacenza 皮亚琴察 35，190
Piedmont 皮埃蒙特 281，296
 kingdom of 皮埃蒙特王国 288
Pierleoni farmily 皮埃尔洛尼家族 140—141
Pinturicchio 平图里乔 187
Pio Nono see Pius Ⅸ 见庇护九世
Pisa,Council of 比萨公会议 170，197，199
Pistoia,bishop of 皮斯托亚主教,见 Ricci,Scipio de
 Synod of 皮斯托亚教职会议 248，250，255，266，270，351
Pius Ⅱ（1458 - 1464）pope 教宗庇护二世（1458—1464 年）184，

189,

Pius Ⅲ（1503）pope 教宗庇护三世（1503年）191

Pius Ⅳ（1559-1565）pope 教宗庇护四世（1559—1565年）218,221

Pius Ⅴ（1556-1572）pope 教宗庇护五世（1556—1572年）218—221,224,226,228

Pius Ⅵ（1775-1799）pope 教宗庇护六世（1775—1799年）247,251,255—262,266,269,271,280

Pius Ⅶ（1800-1823）pope 教宗庇护七世（1800—1823年）259,261,266,272—273,276,289

Pius Ⅸ（1846-1878）pope 教宗庇护九世（1846—1878年）284,286,298,321,363,370,378

Pius Ⅹ（1903-1914）pope 教宗庇护十世（1903—1914年）316—317,320—337,340,351—353,355,362

Pius Ⅺ（1922-1939）pope 教宗庇护十一世（1922—1939年）333—341,343—344,346—347,349,362

Pius Ⅻ（1939-1958）pope 教宗庇护十二世（1939—1958年）321—324,345—355,360,362—364,366—367,370,378

Platina, Bartolomeo 巴托洛梅奥·普拉提纳 186

Poitiers 普瓦提埃 86

Poland 波兰 134,161,219,237,282,308,334,336,338,348,369—370,372

Pole, Reginald 雷金纳德·波尔 211

Polycarp of Smyrna, St 士麦那的圣波利卡普 13

Polycrates of Ephesus 以弗所的波利克拉底 15

polyphony 复调音乐 323

Pontifical Biblical Commission 教宗《圣经》委员会 314

Pontine Marshes 彭甸沼泽 252

poor relief in Rome 罗马的济贫 63—64,92

Populorum Progressio 《人民的进步》364,372—373

'Pornocracy' "淫妇政治"105—109

porphyry 斑岩 26,138—139,154,156,178

Portugal 葡萄牙 228,242,245,246,274,286,378

Portuguese empire 葡萄牙帝国 228

Praeclara Gratulationis 《大声祝贺》228,313

Pragmatic Sanction 国务诏书 175,199—200

Prague, Infant of 布拉格圣婴 231

'Praise of Folly' 《愚人颂》198

Prato, riots at 普拉托暴动 250

'pravilege' "特权"139

'preferential love for the poor' "偏

爱穷人"374
Prignano, Bartolommeo (Pope Urban Ⅵ) 巴托罗米欧·普利尼亚诺（教宗乌尔班六世）168
Primacy, papal 教宗首席权 245
prince-bishoprics, end of 主教诸侯的终结 273
Prisca, Priscilla, 百基拉 11
Priscillianist Heresy 普里西里派异端 44
'Prisoner of the Vatican' "梵蒂冈囚徒"302,319—321,375
'Privilege of Ponte Mammolo' "马莫洛桥特权"139
proletariat 无产阶级 310
Propaganda Fide 传信部 229
proprietary churches 地产教会 274
proskynesis 跪拜礼 58,95,121
Protestantism 新教 200—202,207—208,231
protestants, French state persecution of 法国迫害新教徒 253
Providentissimus Deus《神所眷顾者》312
Provisions, papal 教宗的委任权 155,192
Prudentius 普鲁登提乌斯 39,40
Prussia 普鲁士 248,256,273,285,302,303,318,339
Purgatory 炼狱 159,169,200,214

Quadragesimo Anno《第四十年》341
Quanta Cura《何等关心》295,310
Quartodecimans 四旬节 15
Quas Primas《论基督君王瞻礼》338
Quesnel, Pasquier 帕斯奎·奎斯耐 238
Quinisext Council 奎尼塞克斯大公会议 84
Quirinal palace 奎里纳尔宫 269,334
Qur'an《古兰经》73

'race and blood' "种族和血"344
Rahner, Karl 卡尔·拉内尔 359,376,388,389,391
railway age 铁路时代 293
railways 铁路 281,286
ralliement 妥协 310,314,317
Rampolla, Cardinal 枢机朗波拉 318,330—333
Ramsay, Michael 迈克尔·拉姆齐 365
Raphael 拉斐尔 190,203—206,213
Rationalism 理性主义 281,295,297
ratione peccati 完全有理由 147
Ratti, Achille (pope Pius Ⅺ) 亚齐勒·拉提（教宗庇护十一世）334—339
Ratzinger, Cardinal Joseph (Pope Benedict ⅩⅥ) 枢机拉青格（教宗本笃十六世）374—375,378,

382,384,386

Ravenna 拉文纳 48,50—53,58,60,64,72,78—82,86—90,106—107,125

Ravorolla,Cardinal 枢机罗瓦罗拉 279

Raymond of Penafort 雷蒙德 151

Recurred,king of the Visigoths 西哥特国王瑞卡瑞得 68

Redemptor Hominis 《人类的救主》370—371

Rees,Thomas 托马斯·里斯 394

Reform Papacy 教宗改革 110—176

Refractory clergy of France 法国顽固派教士 256

refugee clergy,French 法国流亡教士 256

'regalia' "俗权标志" 139

Regensburg,diet of 雷根斯堡帝国会议 212

Reggio 雷焦 82

Religious Liberty,Decree on 宗教自由教令 362—364

Religious orders,19th century 19世纪的宗教团体 272,302

Remigius,St 圣雷米纠斯 14

Renovatio Imperii Romanorum "复兴罗马帝国"107

Representative,The 《代理人》349

Rerum Novarum 《新事物》311—313,325,342

Rescripts 复文 40,69

Revelations,Book of 《启示录》16

Reversurus 《背叛》305

Revolution,France 1830 1830年法国革命 280

 in Rome 罗马革命 259

 Spanish 1820 1820年西班牙革命 280

Rheims,Council of 1119 1119年兰斯大会 129

 Synod of 兰斯教职会议 114

Rhine provinces 莱茵省 273

Riario farmily 利亚里奥家族 188

Ribbentrop,Joachim von 约希姆·冯·李本特罗普 348

Ricci,Fr,Jesuit General 耶稣会会长里希神父 246

Ricci,Scipio de,bishop of Pistoia 皮斯托亚主教斯齐比奥·里希 249—250,266

Richard of Cornwall 康沃尔的理查 154

Richelieu,Cardinal 黎塞留枢机 231—232

Riforma 《改革》307

Risorgimento,Italian 意大利复兴运动 280,288,290,296,438

Roma Sancta 神圣的罗马 222

Romagna 罗马格纳 190,292

Roman commune 罗马公社 141—142

 Empire 罗马帝国 64

 Missal 罗马弥撒经 291

nobility 罗马贵族 106—107
Republic 罗马共和国 259,260
Romania 罗马尼亚 338
Romanus Ⅰ,Emperor 皇帝罗曼努斯一世 104
Rome,Aventine hill 罗马阿文丁山丘 37,83,85,120
  Campo di Fiori 菲欧里营 307
  Castel Sant'Angelo 天使圣堡 104,126,196,206,218,220,246
  catacomb of S. Callisto 圣卡利克托地下墓室 13
  churches 教堂,修院
    S. Anastasia 圣阿纳斯塔西娅教堂 37
    S. Andrea, monastery 圣安德里亚修院
    S. Clement 圣克莱门特教堂 11,92,157
    SS. Cosmas and Damian 科斯马教堂和达米安双圣教堂 79,83,84
    S. Croce 圣十字教堂 26
    SS. Cyrus and John 塞勒斯和约翰双圣教堂 83
    S. Damasco, Vatican 梵蒂冈圣达玛苏教堂 320
    S. Giorgio in Velabro 维拉博罗的圣乔治教堂 83
    S. Hadrian 圣哈德良教堂 83
    S. Lorenzo fuori le Mura 穆拉的圣洛伦佐修院 135,307
    S. Marco 圣马可教堂 37,261
    S. Maria Antiqua 圣母古教堂 84
    S. Maria in Cosmedin 科斯米丁的圣母教堂 83,93
    S. Maria in Trastevere 特拉斯特维勒的圣母教堂 37
    S. Maria Maggiore 圣母玛利亚大教堂 37—38,92,95,220
    S. Peter's basilica 圣彼得大教堂 1,4—5,26,86,181,213—214,186,220
      也见 Vatican Confessio 92
      Indulgence 为重建圣彼得大教堂而贩卖的赎罪券 194,200
      sacristy of 圣彼得大教堂藏品 252
      Shrine of 圣彼得大教堂神龛 8,34,81,86
    S. Prassede 圣普拉西德教堂 99
    S. Pudenziana 圣普登齐亚教堂 37,40
    SS. Quiricius and Giulitta 库里西乌斯和吉里塔双圣教堂 83
    S. Sabina 圣萨宾娜教堂 37
    S. Sebastiano, shrine at 圣塞巴斯蒂安教堂神龛 16,38
    SS. Sergius and Bacchus 赛吉阿斯和巴克斯双圣教堂 83
  Caelian hill 西莲山丘 279
  Commune of 罗马公社 134
  crypt of the popes 教宗墓室 13

devastation of 受辱 57
Esquiline basilica 艾司奎琳教堂 37
Janiculum hill 雅尼库隆山丘 60
Lateran basilica and palace 拉特兰教宫 26,76,177
Ponte Sant'Angelo 天使圣桥 160,178,182,185,219
Ponte Sisto 西斯托大桥 185
Via Ostienis 奥斯大道 1
Romero, Oscar 奥斯卡·罗梅罗 372—373
Roncalli, Angelo (Pope John XXIII) 安杰洛·罗卡利(教宗约翰二十三世)328—329,354,368
Rossi, Pellegrino 佩莱葛利诺·罗西 288
Rota 圣轮法院 167
Rothschild bankers 罗斯柴尔德银行 281
Rudolf II, Emperor 皇帝鲁道夫二世 230
Rudolf of Swabia 士瓦本的鲁道夫 125
Ruffini, Cardinal 枢机鲁菲尼 352
Russell, Odo 奥多·罗素 296
Russia 俄国 274,282,307
　Napoleonic invasion of 拿破仑远征俄国 271
Russian Revolution 俄国革命 335

Sabinian (604-606) pope 教宗萨比尼昂(604—606年)72—73
Sacred Heart of Jesus 耶稣圣心 262,292
Sadoleto, Jacopo 雅各布·萨多勒托 211
St Albans 圣奥尔本 141
St Bartholomew Massace 圣巴托罗缪大屠杀 225
Salamanca, University of 萨拉曼卡大学 164
Salerno 萨莱诺 126
Salette, La 拉萨勒特 292
Sandanista revolution 桑地诺革命 372
San Salvador 圣萨尔瓦多 372—373
Sao Paulo 圣保罗 372
Saracens 萨拉森 99
Sardica, Council of 萨尔迪加大公会议 31
Sardinia 撒丁尼亚 272
Sarto, Giuseppe (Pope Pius X) 吉赛比·萨托(教宗庇护五世) 320
Satolli, Mgr 萨图里大人 315
Savona, Pius VII at 庇护七世在萨沃纳 269—272
Savanarola, Girolamo 萨沃纳罗拉 197
Savoy 萨伏依 169
Saxony 萨克森 151
Scandinavia 斯堪的纳维亚 279
Scheler, Max 马克斯·舍勒 370
Schmalkaldic League 施马卡尔登同盟 213

索　引

Scott-Holland, Henry　亨利·斯科特-霍兰德 312
Scotland　苏格兰 137,169
Seminaries　神学院 214,249
　reform of　神学院改革 324
Septizonium Palace　赛普提索尼奥宫 153
Sergius Ⅰ (687-701) pope　教宗赛吉阿斯一世(687—701年) 84
Sergius Ⅱ (844-847) pope　教宗赛吉阿斯二世(844—847年) 97
Sergius Ⅲ (904-911) pope　教宗赛吉阿斯三世(904—911年) 104
Servus Servorum Dei　"神的仆人" 65
Serverinus (640) pope　教宗塞维林(640年) 75
sexual abuse　性丑闻 380
Sforza of Milan　米兰的斯福扎 188
Shepherd of Herman, The《赫玛斯的牧羊人》10
Sicilies, Two　两西西里 250—251,319
Sicily　西西里 63,82,116,143,146,152,155
　Papal lordship of　教宗的西西里领地 119,278
Siena　锡耶纳 259
'silence of Pius Ⅻ'　"庇护十二世的沉默" 348—349
Silva Candida　席尔瓦·坎迪达 115
Silverius　西尔维 54—55

Simon Magus　大西门 2,113
Simony　西门行径或买卖圣职 111—116
Sinibaldo Fieschi (lnnocent Ⅳ)　席尼巴多·费耶斯齐(教宗英诺森四世) 153
Siricius (384-399) pope　教宗西里修斯(384—399年) 35,40
'sister churches'　"姊妹教会" 365,375
Sistine Chapel　西斯廷礼拜堂 185—188
Sixtus Ⅰ (c.116-c.125) pope, St　教宗塞克图斯一世(约116—约125年) 1,12
Sixtus Ⅱ (275-278) pope, St　教宗塞克图斯二世(275—278年) 20
Sixtus Ⅲ (432-434) pope　教宗塞克图斯三世(432—434年) 43
Sixtus Ⅳ (1471-1484) pope　教宗塞克图斯四世(1471—1484年) 84,186,188,191—192
Sixtus Ⅴ (1585-1590) pope　教宗塞克图斯五世(1585—1590年) 218—219,222
Socialism　社会主义 295
Sodalitium Pianum　圣庇护五世学会 328—329,334
Solesmes　索莱姆 323
Sollicitudo Ecclesiarum《教会的忧虑》285
Sollicituda Rei Socialis《教会的社

会关怀》373
Solomon, Temple of 所罗门圣殿 258
Soter (c. 166 - c. 174) pope 教宗索特(约166—约174年) 17—18
Soubirous, St Bernadette 贝纳黛特·苏碧露丝 292
Soviet Union 苏联 352,375
Spain 西班牙 54,68
　　Civil War 西班牙内战 341—342
　　concordat 1953 教廷与西班牙1953年协约 352,362
　　Empire 西班牙帝国 227
　　Revolution 1820 1820年西班牙革命 274
　　Succession, War of 西班牙王位继承战争 241
Speyer 斯派尔 273
Spiritual Franciscans 方济各会属灵派 166
Stalin, Joseph 约瑟夫·斯大林 319
Stein, Edith 伊迪丝·施泰因 383
Stephen (254 - 257) pope, St 教宗斯蒂芬(254—257年) 21—23
Stephen Ⅱ (752 - 757) pope 教宗斯蒂芬二世(752—757年) 87
Stephen Ⅲ (768 - 772) pope 教宗斯蒂芬三世(768—772年) 90
Stephen Ⅳ (816 - 817) pope 教宗斯蒂芬四世(816—817年) 97
Stephen Ⅵ (896 - 897) pope 教宗斯蒂芬六世(896—897年) 104
Stephen Ⅶ (928 - 931) pope 教宗斯蒂芬七世(928—931年) 104
Stephen Ⅷ (939 - 942) pope 教宗斯蒂芬八世(939—942年) 104
Stephen Ⅸ (1057 - 1058) pope 教宗斯蒂芬九世(1057—1058年) 115—118
'stirrup service' "牵马执镫礼" 141—142
Strasbourg 斯特拉斯堡 247
Strozzi of Florence 佛罗伦萨的斯托兹 179
Sturzo, Don Luigi 唐·路基·斯托佐 334,339
subarbicarian "堡外" 118
Subiaco 苏比亚科 105,145
Succession-lists 罗马主教世系表 13
Suenens, Cardinal 枢机苏伦 358
Suetonius 苏维托尼乌斯 9
Suhard, Cardinal 枢机苏哈 352
Superiori Anno 《卓越之年》282
Supernae Dispositionis Arbitrio 《天国的裁判》199
Sutri 苏特里 142
　　Synod of 苏特里教职会议 111
Sweden 瑞典 230
Swiss Guard 瑞士卫队 332
Switzerland 瑞士 207,230,256,274,303,307,311
Sydney, Archbishop of 悉尼大主教 366
Syllabus of Errors 《邪说目录》295,

索　引

Sylvester Ⅰ（314－335）pope,St 教宗西尔维斯特一世（314—335年）98

Sylvester Ⅱ（999－1003）pope 教宗西尔维斯特二世（999—1003年）107,108

Sylvester Ⅲ（1045） 教宗西尔维斯特三世（1045年）110

Sylvester Ⅳ（antipope） 西尔维斯特四世（对立教宗）139

Sylvia（sister of Gregory the Great） 西尔维娅（伟人格雷戈里之妹）59

Symmachus（498－514）pope 教宗辛玛古（498—514年）41,51

Symmachus,pagan senator 异教元老辛玛古 39

Synagogues,Roman 罗马犹太会堂 9,384

Synod of Bishops 主教教职会议 365,367

Synods,Roman 罗马教职会议 129,214

Syracuse 叙拉古 28,56,82

Syria 叙利亚 83

Talbot,Mgr George 乔治·塔尔伯特大人 292—295

Talleyrand,Mgr 塔列朗大人 254—256,263

Tamburini,Pietro 佩德罗·塔布里尼 250

Tardini,Mgr 塔蒂尼大人 348

Tarragona 塔拉戈纳 38

Taylor,Myron 米隆·泰洛 348

Temporal Power of the Pope 教宗的属世权力 186,241,259,265,269—270,280,288—292,301—302,306—308 也见 Papal States,Patrimony of Peter,two Power

Teresa of Avila,St 阿维拉的圣特蕾莎 231

Terror,the 恐怖统治 257,263,276

Tertullian,early Christian writer 基督教早期作家德尔图良 16,19

Testem Benevolentiae 《仁慈的明证》315

Tetzel 特策尔 200

Theatines 基耶蒂修会 211

Theodelinda,Queen of the Lombards 伦巴德王后西奥德琳达 65

Theoderic 西奥多里克 48—52

Theodo of Bavaria 巴伐利亚的西奥多 85

Theodora,Empress 西奥多拉皇后 53—55,60

Theodore Ⅰ（642－649）pope 教宗西奥多一世（642—649年）75,80

Theodore Kalliopis,exarch of Italy 意大利总督西奥多·卡里欧皮斯 76

Theodore of Tarsus 塔速士的西奥多 84

Theodosius, Emperor 皇帝狄奥多西 34—36

Theodotians, heretical group 异端西奥多派 14

Theophylact family 提奥菲拉兹家族 104,140

Thessalonica 帖撒罗尼迦 3,36,43,44,82

Theutberga, wife of Lothar of Lorraine 罗退尔的妻子塞蒂贝尔嘉 101

Thirty Years War 三十年战争 225,230—236

Thomas Aquinas, St 圣托马斯·阿奎那 162,172,314

Thomism 托马斯主义 314

Thrace 色雷斯 32,51

'throne and altar' "王座与祭坛" 275—285

tiara, papal 教宗三重冕 138,161,185,202,267,365,409 也见 Camalaucum

Tiber 台伯河 62,83,92,99,105,178,182,185,195

Tiberius Petasius 提比略·佩塔修斯 80

Times, *The* 《泰晤士报》297

Tisserant, Cardinal 枢机提赛兰 365

Tituli 宗教社群中心 11,37

Titus, arch of 提图斯拱门 184

Tolentino, Peace of 《托伦提诺合约》258,259,261

Tomb of Peter 彼得陵墓 163

Tome of Leo 利奥《宝卷》45

totalitarian state 极权国家 340—342

Totila 托提拉 60

Toulouse, Cardinal Archbishop of 图卢兹枢机大主教 253

trade unions 工会 324, 342

tradition, subverted 颠覆传统 299—300

traditores 叛教者 20,26

traffic in hell 地狱中的交通 160

Trastevere 特拉斯特维勒 9,19,37

Treatise against the Heresies 《驳异端篇》13

Trent, Council of 特伦特大公会议 210—224,230,242,290,355,357,433—434

Treviso 特雷维索 322

Tridentine missal, 特伦特弥撒经 221,324

Trier 特里尔 35,101,247,273

Trionfo della Sante Sede 《圣座的辉煌》280

'Trophy', 'Tropaion' "圣徒遗迹" 6

Turkey 土耳其 194,355

Tuscany 托斯坎纳 88,124,126,134,146,161,179,233,241,249—251,259,276

索　引　　613

Tusculani family　托斯坎纳家族 102,140
Two Natures　二性 45,49,74,77,402
two powers　两种权力 50,58,126,138

Ubi Primum　《首要之处》243
Ugolino (Pope Gregory IX)　乌戈立诺（教宗格雷戈里九世）150
Ukraine　乌克兰 381
Ultramontanism, Ultramontanes　越山主义 276,281—283,286—292,294—297,304—309,318—321,360,378
Unam Sanctam　《至一至圣》162
'Uniates'　"东仪天主教" 282,304 也见 Eastern-Rite Catholics
Unification of Italy　意大利的统一 300—301
Unigenitus　《神唯一圣子》240,244
United Nations　联合国 352,365
United States of America　美国 274,286,300—304
L'Univers　《世界周刊》294
Unleavened bread　无酵面包 103,116
Urban II (1088-1099) pope　教宗乌尔班二世（1088—1099年）128—129,132—134,136
Urban IV (1261-1264) pope　教宗乌尔班四世（1261—1264年）154

Urban VI (1378-1389) pope　教宗乌尔班六世（1378—1389年）168
Urban VIII (1623-1644) pope　教宗乌尔班八世（1623—1644年）232—235
Urbanum (College of Propaganda Fide)　乌尔班大学（传信学院）229,233
Urbi et Orbi　万国四方 302,307,335
Ursinus, antipope　对立教宗乌尔西努斯 33—34,36,38
Ustashes　乌斯达沙 349
Ut Unum Sint　《愿它们合一》374—375,383

Valence　瓦朗斯堡 260,262
Valentinus, heretical, teacher　异端宣讲师瓦伦提 12,14
Vandals　汪达尔人 46
Vatican　梵蒂冈
　Archive/Library　梵蒂冈档案馆和图书馆 56—57,160,181,186,312
　Bank　梵蒂冈银行 370
　City　梵蒂冈城 338,364
　Council, First　梵一会议 52,172,297,357,359,360,361
　Second　梵二会议 354—363,366,368,379,388—390,394
　Observatory　梵蒂冈天文台 234
　Shrine of Peter　梵蒂冈彼得神龛

3,7—8,13

Vehementer Nos 《我们热烈》331

Velletri 韦莱特立 118

Vendee 旺代 262,292

Venice 威尼斯 189,319,320,321,325,354

    Conclave of 威尼斯密室会议 260

    Interdict on 威尼斯停止教权事件 226—227

    S. Giorgio 威尼斯圣乔治岛 260—261

Venus 维纳斯 83

Veritatis Splendor 《真理之光》371,383

Veronica's hankerchief 维罗妮卡的手帕 182

Versailles, Treaty of 《凡尔赛合约》333

Veto, of monarchies in papal election 君主在教宗选举中的否决权 320,322

Veuillot, Louis 路易·韦伊洛特 294,303

Vicar of Christ 基督的代理人 128,137—138,291,321

'vicars apostolic' "使徒代理" 229,275

Vicars of St Peter 圣彼得的代理人 128,163

Victor Ⅰ (189-198) pope 教宗维克多一世(189—198年)14—17

Victor Ⅱ (1055-1057) pope 教宗维克多二世(1055—1057年) 111,117

Victor Ⅳ (antipope) 教宗维克多四世,144

Victor Emmanuel Ⅱ 维克多·伊曼努尔二世 228,301

Vienna, Congress of 维也纳会议 272

Vienne, Council of 维埃纳大公会议 164—166

Vigilus (537-555) pope 教宗维吉里(537—555年)54—58

Vincent de Paul, St 文森特·保罗 233

Vincent Ferrar, St 文森特·费拉尔 169

Visiogoths 西哥特人 86

Vitalian (657-672) pope 教宗威塔利安(657—672年) 77,85

Viterbo 维泰博 156

Voltaire 伏尔泰 242,245,252

Vulgate Bible 《拉丁通俗本圣经》39

Walesa, Lech 列赫·瓦文萨 370

Ward, W.G 沃德 297

Warsaw 华沙 336

Wearmouth 威尔茅斯 85

Weizsacker, Ernst von 恩斯特·冯·维茨萨科 347

Westminster Abbey 西敏寺 154

Westphalia 威斯特伐利亚 151,231

Whitby, Synod 惠特比教职会议

70—71

White Mountain, Battle of 白山之战 230

Wilfrid, St 圣威尔弗里德 83

William Durand 威廉·杜兰德 167

William of Aquitaine 阿奎丹的威廉 112

William of Ockham 奥卡姆的威廉 157,171

William of Sicily 西西里的威廉 146

William of Utrecht 乌特勒支的威廉 124

William the Conqueror 征服者威廉 113,127

Willibrord, St 圣威利勃罗 71

Wilsnack, Holy Blood of 威尔斯纳克的圣血 183

Winchester 温彻斯特 256

Windthorst, Ludwig 路德维希·温德赫斯特 300

Wiseman, Cardinal 枢机怀斯曼 295

Wojtyla, Karol (Pope John Paul Ⅱ) 卡罗尔·沃伊蒂瓦(教宗约翰·保罗二世) xi,362,369—386

Women, ordination of 女性晋升神职 375

Worker-Priest movement 工人神父运动 352—353,355

World Council of Churches 世界基督教会联合会 366

World Youth Congress 世界青年大会 395

World Youth Day 世界青年节 376

Worms 沃姆斯 140

Wyclif, John 约翰·威克里夫 155,172

Xavier, St Francis 圣弗朗西斯·沙忽略 228,231

York 约克 25,70

Young Italy 青年意大利 280

Yugoslavia 南斯拉夫 338

Zacharias (741 - 752) pope 教宗扎伽利(741—752年) 80,86,92,127

Zacharias, captain of Imperial Guard 皇帝侍卫队长扎伽利 79

zelanti (in Conclave) (密室会议上的)狂热派 237,278

Zeno, Emperor 皇帝芝诺 49

Zephyrinus (198 - 217) pope 教宗泽菲林(198—217年) 14

Zosimus (417 - 418) pope 教宗佐西玛(417—418年) 41

图书在版编目(CIP)数据

圣徒与罪人:一部教宗史/(英)埃蒙·达菲著;龙秀清译.—北京:商务印书馆,2025
(汉译世界学术名著丛书)
ISBN 978-7-100-22868-8

Ⅰ.①圣… Ⅱ.①埃… ②龙… Ⅲ.①教皇—历史—研究—西方国家 Ⅳ.①B979

中国国家版本馆 CIP 数据核字(2023)第 208918 号

权利保留,侵权必究。

汉译世界学术名著丛书
圣徒与罪人
——一部教宗史
〔英〕埃蒙·达菲 著
龙秀清 译

商 务 印 书 馆 出 版
(北京王府井大街36号 邮政编码100710)
商 务 印 书 馆 发 行
北京市白帆印务有限公司印刷
ISBN 978-7-100-22868-8

2025 年 5 月第 1 版　　开本 850×1168 1/32
2025 年 5 月北京第 1 次印刷　印张 19½
定价:98.00 元